Das polnische Beamtenrecht

STUDIEN DES INSTITUTS FÜR OSTRECHT MÜNCHEN

IOR

Begründet von Professor Dr. Reinhart Maurach
Herausgegeben von Professor Dr. Friedrich-Christian Schroeder,
Dr. h.c. (Breslau), Regensburg

Band 45

PETER LANG
Frankfurt am Main · Berlin · Bern · Bruxelles · New York · Oxford · Wien

Niels von Redecker

Das polnische Beamtenrecht

Entwicklung und Stand beim Beitritt Polens zur Europäischen Gemeinschaft

PETER LANG
Europäischer Verlag der Wissenschaften

Bibliografische Information Der Deutschen Bibliothek
Die Deutsche Bibliothek verzeichnet diese Publikation in der Deutschen Nationalbibliografie; detaillierte bibliografische Daten sind im Internet über <http://dnb.ddb.de> abrufbar.

Zugl.: Hamburg, Univ., Diss., 2002

D 18
ISSN 0073-8492
ISBN 3-631-50972-3

www.peterlang.de

Gliederung

Inhalt 7

Abkürzungen 15

A. Einführung 21

B. Die Zwischenkriegszeit (1918-39):
Strukturelle Verwurzelung im österreichischen Beamtenrecht 47

C. Der Kommunismus (1944-89):
Unzureichender Rechtsschutz und legislative Beliebigkeit 101

D. Die Systemtransformation (1989-2002):
Polen auf dem Weg zu einem Recht des öffentlichen Dienstes 197

E. Zusammenfassung: 16 Thesen 285

Anhang: Gesetzesübersetzungen 289

Verzeichnisse 391

Inhalt

Abkürzungen **15**

A. Einführung **21**

I. Leitfragen und Abgrenzung *22*

II. Methodik und Gang der Untersuchung *26*

III. Terminologie *30*

IV. Forschungsstand und Quellenlage *34*
1. Polnische Literatur 34
   a) Arbeiten zum Beamtenrecht vor der Systemwende 1989 34
   b) Literatur zum neueren Beamtenrecht 37
   c) Das Problem der begrenzten Qualität 39
2. Deutschsprachige Literatur 41
3. Englische und französische Literatur 43
4. Quellenlage 44

B. Die Zwischenkriegszeit (1918-39): Verwurzelung im österreichischen Beamtenrecht **47**

I. Historischer Kontext *47*

II. Die vorläufigen Dienstvorschriften (1918) *48*
1. Wesentliche Regelungen 49

2. Synoptischer Vergleich mit der österreichischen Dienstpragmatik (1914) 52
a) Allgemeine Bestimmungen 57
b) Aufnahme und Beendigung des Dienstverhältnisses 57
c) Pflichten, Rechte und Verantwortlichkeit des Beamten 59
d) Ergebnis: Österreichs Dienstpragmatik in Kurzform 60

III. Das Gesetz über den zivilen Staatsdienst (1922) 61
1. Aufbau des Gesetzes 62
2. Synoptischer Vergleich mit der österreichischen Dienstpragmatik (1914) 63
a) Allgemeine Bestimmungen 64
b) Pflichten 66
c) Rechte des Beamten 68
d) Änderungen im Dienstverhältnis und Auflösung des Dienstverhältnisses 73
e) Dienstliche Verantwortlichkeit 75
f) Ergebnis: Vorbild Österreich 77
3. Einführungsbestimmungen und Übergangsvorschriften 77
a) Räumlicher Geltungsbereich des Gesetzes 78
b) Personeller Anwendungsbereich des Gesetzes 80
c) Statusrechtliche Übergangsregelungen 82
d) Ergebnis: Weitreichende Grundnorm 83
4. Zusammenfassung: Freiwillige Rechtsrezeption 83

IV. Zustandekommen und Hintergründe der Rechtsrezeption 84
1. Die Qualität des österreichischen Rechts 85
2. Österreichische Prägung polnischer Politiker und Beamter 87
3. Österreichs Rechtslehre und die polnische Gesetzgebung 90
4. Zusammenfassung: Rezeption aus Überzeugung 93

V. Die Entwicklung des Beamtenrechts bis 1939 94
1. Gesetzesentwicklung 94
2. Eingeschränkter gerichtlicher Rechtsschutz 96
3. Zusammenfassung 100

C. Das kommunistische Beamtenrecht (1944-89): Unzureichender Rechtsschutz und legislative Beliebigkeit 101

I. Historischer Kontext 101

II. Verkümmerte Rechtsanwendung: Der Beamtenapparat unter dem Diktat der Partei 103

1. Der Primat der Politik und die Frage nach dem Rechtscharakter des Beamtenrechts 103
   a) Die Gewalteneinheit und die führende Rolle der Partei 103
   b) Die kommunistische Kaderpolitik und das Nomenklatursystem 106
   c) Die Frage nach dem Rechtscharakter des Beamtenrechts 113
2. Die führende Rolle der Partei und der Rechtsschutz für die Beamten 117
   a) Die kommunistische Partei und die Richterschaft 117
   b) Entwicklung der gerichtlichen Verwaltungskontrolle 122
      aa) Kontrolle durch die ordentlichen Gerichte 122
      bb) Forderungen nach einer Verwaltungsgerichtsbarkeit (1945-1980) 123
      cc) Seit 1980 Verwaltungsgerichtsbarkeit 125
   c) Die Judikatur zum Beamtenrecht 128
      aa) Bis 1980 allenfalls Inzidentkontrolle 128
      bb) Das Hauptverwaltungsgericht 1980-81: Weite Auslegung der Zuständigkeitsregeln 130
      cc) Der Beschluss des Obersten Gerichts von 1983: Eingeschränkte Justiziabilität 133
      dd) Die beamtenrechtlichen Judikate des Hauptverwaltungsgerichts 1983-88 135
      ee) Drei Erkenntnisse des Obersten Gerichts 138
3. Ergebnis: Unzureichender Rechtsschutz 139

III. Die Entwicklung des Beamtenrechts 140

1. Die Bedeutung der Beamtengesetze im Kommunismus: Rechtssicherheit oder Feigenblatt? 140

2. Modifizierte Fortgeltung des alten Beamtenrechts 142
a) Das Übergangs-Dekret von 1944: Unbeschränkte Personalpolitik 142
b) Vorläufige Regelung des Dienstrechts 1946: Senkung der Qualitätsstandards 143
c) Novelle von 1948: begriffliche Modifizierungen und leichte Veränderungen 145
d) Zusammenfassung und weitere Entwicklung 147
3. Tendenzen zur förmlichen Abschaffung des Beamtenrechts 150
a) Die Rechtsliteratur zur Natur des Dienstverhältnisses: Verwaltungs- oder Arbeitsrecht? 150
b) Das Gesetz über die Bediensteten der Volksräte von 1968: *Lex specialis* zum Arbeitsrecht 153
c) Das Arbeitsgesetzbuch von 1974 158
aa) Auslagerung des Dienstrechts einiger Beschäftigtengruppen auf die Verordnungsebene 159
bb) Aufhebung des alten Beamtengesetzes unter Beibehaltung spezieller Dienstpragmatiken 161
cc) Das „neue“ Dienstrecht der allgemeinen, zivilen Regierungsverwaltung: Die Verordnung v. 1974 164
dd) Zusammenfassung und Bewertung 171
d) Ergebnis: Fehlschlag des Experiments 172
4. Die Rückkehr des Gesetzgebers zum Beamtenrecht 173
a) Die Rechtsliteratur und die Forderungen nach einem neuen Beamtenrecht 173
b) Das Gesetz über die Beschäftigten der staatlichen Ämter von 1982 174
aa) Überblick 176
bb) Vergleich zur Verordnung von 1974: Wichtigste Neuerungen 181
cc) Vergleich mit dem Beamtengesetz von 1922 185
dd) Vergleich mit einigen Grundgedanken des deutschen Dienstrechts 189
ee) Zusammenfassung 192
5. Ergebnis: Legislative Beliebigkeit 192

IV. Zusammenfassung: „Hinkendes“ Recht *195*

D. Die Systemtransformation (1989-2002): Polen auf dem Weg zu einem Recht des öffentlichen Dienstes 197

I. Historischer Kontext 197

II. Die Bedeutung der Dienstrechtsreform im Zuge der Verwaltungstransformation: Ein Überblick 199

1. Ziele und Mittel der Verwaltungstransformation 200
2. Personalfragen im Brennpunkt der Transformation 202
3. Rahmenbedingungen für die strukturelle und personelle Verwaltungstransformation 206
4. Zusammenfassung 209

III. Die erste Etappe der Verwaltungstransformation (1989-1997): Teilreformen und neues Dienstrecht 210

1. Einführung der kommunalen Selbstverwaltung und des lokalen Dienstrechts 1990 211
2. Gründung der Landesschule für öffentliche Verwaltung 1991 212
3. Reform des alten Beamtengesetzes 1994 214
4. Das Gesetz über den zivilen Dienst 1996 216
   a) Wesentliche Regelungen 217
   b) Gesetzeswidrige Umsetzung 223
5. Zusammenfassung 224

IV. Die zweite Etappe der Verwaltungstransformation (1997-2002): Gebietsreform und neuer ziviler Dienst 225

1. Gebietsreform 1998 226
2. Das neue Gesetz über den zivilen Dienst 1998 227
   a) Zustandekommen des Gesetzes 227
   b) Das Beamtenrecht als arbeitsrechtliche Sonderregelung 228
   c) Wesentliche Neuerungen 230

d) Urteil des Verfassungsgerichtshofs zum ZDG 1998 234
aa) Verletzung von Kompetenzvorschriften 234
bb) Sozial ungerechte und gleichheitswidrige Regelung der Dienstbezüge 235
cc) Verletzung der Gewaltenteilung und der Parlamentsautonomie 238
e) Umsetzung des Gesetzes 240
aa) Zahlreiche Durchführungsverordnungen 240
bb) Zögerliche Bildung des neuen Beamtenkorps 242
cc) Politischer Ausblick 2002: Drei Szenarien 244
dd) Ergebnis: Politische Konsolidierung nicht beendet 248

V. Gerichtsentscheidungen zum Beamtenrecht 249
1. Verfassungsgerichtshof 249
a) Gleichheit der Geschlechter bei altersbedingter Kündigung 249
aa) Ausscheiden akademischer Lehrerinnen 250
bb) Entlassung ernannter Beamtinnen 251
cc) Kündigung nach dem Beamtengesetz von 1982 251
b) Weitere Entscheidungen 253
2. Oberstes Gericht 254
a) Auflösung des Dienstverhältnisses 254
b) Weitere Entscheidungen 256
3. Hauptverwaltungsgericht 258
a) Justiziabilität und Kontrolldichte 258
b) Bestandsschutz und Rückwirkungsverbot 262
c) Schutz vor Suspendierung 263
d) Schutz vor Abordnung und Versetzung 264
e) Kündigungsschutz 264
4. Ergebnis: Zunehmender Rechtsschutz 266

VI. Bewertung und Einordnung *267*
1. Ist Polens heutiges Beamtenrechtsmodell neuartig? 267
2. Ist Polen auf dem Weg zu einem Recht des öffentlichen Dienstes? 269
3. Entspricht das polnische Beamtenrecht den Vorgaben der Europäischen Gemeinschaft? 274
a) Rechtliche Vorgaben 274
aa) Gleichbehandlung von Mann und Frau 275
bb) Gleichbehandlung unter dem Gesichtspunkt der Staatsangehörigkeit 280
b) Das Beitrittskriterium der institutionellen Stabilität 282
c) Ergebnis 284

E. Zusammenfassung: 16 Thesen **285**

Anhang: Gesetzesübersetzungen **289**
I. Gesetz über den zivilen Staatsdienst (1922) *289*
II. Gesetz über die Beschäftigten der staatlichen Ämter (1982) *316*
III. Gesetz über den zivilen Dienst (1998) *346*

Rechtsquellenverzeichnis **391**

Literaturverzeichnis **397**

Zeitungsartikelverzeichnis **430**

Homepageverzeichnis **432**

Abkürzungen

a.A.	anderer Ansicht
Abk.	Abkürzung
Abl.	Amtsblatt
Abs.	Absatz
a.E.	am Ende
a.F.	alte Fassung
Anm.	Anmerkung
Annales	Annales Universitatis Mariae Curie-Skłodowska, Sectio G (Zeitschrift)
AO	Anordnung
APuZ	Aus Politik und Zeitgeschichte (Zeitschrift)
ArbGB	Arbeitsgesetzbuch
Art.	Artikel
Aufl.	Auflage
AWS	Akcja Wyborcza Solidarność (Wahlaktion Solidarität)
Az.	Aktenzeichen
Bd.	Band
Bearb.	Bearbeiter(in)
bearb.	bearbeitet
BGBl.	Bundesgesetzblatt
BSC	Biuletyn Służby Cywilnej (Zeitschrift)
bzw.	beziehungsweise
ca.	circa
d.	der; des
ders.	derselbe
dies.	dieselbe(n)
DGO	Deutsche Gesellschaft für Osteuropakunde e.V.
d.h.	das heißt
DokOst	Dokumentation Ostmitteleuropa (Zeitschrift)
DPC	Droit Polonais Contemporain (Zeitschrift)
dt.	deutsch
DVBl.	Deutsches Verwaltungsblatt (Zeitschrift)
DVO	Durchführungsverordnung
Dz. Pr.	Dziennik Praw (polnisches Gesetzblatt v. 1918)
Dz. U.	Dziennik Ustaw (polnisches Gesetzblatt seit 1919)

ebda.	ebenda
EG	Europäische Gemeinschaft
ENA	École Nationale d'Administration
EU	Europäische Union
EuGH	Europäischer Gerichtshof
EuGHE	Entscheidungssammlung des Europäischen Gerichtshofs
EWG	Europäische Wirtschaftsgemeinschaft
e.V.	eingetragener Verein
f.	folgende (Seite)
FAZ	Frankfurter Allgemeine Zeitung
ff.	folgende (Seiten)
Fn.	Fußnote
GDR	German Democratic Republic
gem.	gemäß
gestr.	gestrichen
GG	Grundgesetz
ggf.	gegebenenfalls
hg.	herausgegeben
Hg.	Herausgeber(in)
HVG	Hauptverwaltungsgericht
i.d.F.	in der Fassung
i.Dr.	im Druck
ILO	International Labour Organization
im.	imienia (dt.: namens)
ISPA	Instrument for Structural Policy for Pre-Accession
i.V.m.	in Verbindung mit
JOR	Jahrbuch für Ostrecht (Zeitschrift)
JZ	Juristenzeitung (Zeitschrift)
KSAP	Krajowa Szkoła Administracji Publicznej (Landesschule für Öffentliche Verwaltung)
lit.	litera
m.E.	meines Erachtens
MoP	Monitor Prawniczy (Zeitschrift)
M. P.	Monitor Polski (Amtsblatt)
m.w.Ä.	mit weiteren Änderungen
m.w.N.	mit weiteren Nachweisen
ND	Nowe Drogi (Zeitschrift)
N.F.	Neue Folge

NJW	Neue Juristische Wochenschrift (Zeitschrift)
No.	number; numero
Nr.	Nummer; numer
o.	oben; oder; ohne
o.ä.	oder ähnlich(e)
OCDE	Organisation de Coopération et de Developpement Économique
OECD	Organisation of Economic Co-operation and Development
OER	Osteuropa Recht (Zeitschrift)
ÖzöR	Österreichische Zeitschrift für öffentliches Recht (Zeitschrift)
ÖZP	Österreichische Zeitschrift für Politikwissenschaft (Zeitschrift)
OG	Oberstes Gericht
o.J.	ohne Jahresangabe
ONSA	Orzecznictwo Naczelnego Sądu Administracyjnego (Entscheidungssammlung des HVG)
OSN	Orzecznictwo Sądu Najwyższego (Entscheidungssammlung des OG)
OSNAP	Orzecznictwo Sądu Najwyższego Izba Administracyjna, Pracy i Ubezbieczeń Społecznych (Entscheidungssammlung des OG, Verwaltungs-, Arbeits- und Sozialversicherungskammer, seit 1995)
OSNC	Orzecznictwo Sądu Najwyższego Izba Cywilna (Entscheidungssammlung des OG, Zivilkammer, seit 1995)
OSNCP	Orzecznictwo Sądu Najwyższego Izba Cywilna oraz Izba Administracyjna, Pracy i Ubezbieczeń Społecznych (Entscheidungssammlung des OG, Zivilkammer sowie Verwaltungs-, Arbeits- und Sozialversicherungskammer, bis 1994)
OSP	Orzecznictwo Sądów Polskich (Entscheidungssammlung polnischer Gerichte, seit 1990)
OSPiKA	Orzecznictwo Sądów Polskich i Komisji Arbitrażowych (Entscheidungssammlung polnischer Gerichte, bis 1989)
OSS	Orzecznictwo w Sprawach Samorządowych (Entscheidungssammlung in Selbstverwaltungsangelegenheiten)

OTK	Orzecznictwo Trybunału Konstytucyjnego (Entscheidungssammlung des Verfassungsgerichtshofs)
o.V.	ohne Verfasserangabe
OVGH	Oberster Verwaltungsgerichtshof
PHARE	Poland and Hungary Action for the Restructuring of the Economy
PiP	Państwo i Prawo (Zeitschrift)
PiZS	Praca i Zabezpieczenie Społeczne (Zeitschrift)
PKWN	Polski Komitet Wyzwolenia Narodowego (Polnisches Komitee der Nationalen Befreiung)
PL	Polen
PLN	Polskie Nowe („Polnische Neue“, polnische Währung Złoty)
poln.	polnisch
Pos.	Position
PPR	Polska Partia Robotnicza (Polnische Arbeiterpartei)
PPS	Polska Partia Socjalistyczna (Polnische Sozialistische Partei)
PRL	Polska Rzeczpospolita Ludowa (Polnische Volksrepublik)
PS	Przegląd Sądowy (Zeitschrift)
PSL	Polskie Stronnictwo Ludowe (Polnische Volkspartei, sog. Bauernpartei)
PUMA	Public Management Sercive
PVAP	Polnische Vereinigte Arbeiterpartei
Red.	Redakteur(in)
RGBl.	Reichsgesetzblatt
ROW	Recht in Ost und West (Zeitschrift)
RP	Rzeczpospolita Polska (Republik Polen)
RPEiS	Ruch Prawniczy, Ekonomiczny i Socjalny (Zeitschrift)
Rs.	Rechtssache
S.	Seite
s.	siehe
SAPARD	Special Pre-Accession Programme for Agriculture and Rural Development
SC	Służba Cywilna (Zeitschrift)

SIGMA	Support for Improvement in Governance and Management
SLD	Sojusz Lewicy Demokratycznej (Demokratische Linksallianz)
sog.	so genannt
StGB	Strafgesetzbuch
st. Rspr.	ständige Rechtsprechung
u.	unten
u.a.	unter anderem; und andere
u.ä.	und ähnlich(e)
UdSSR	Union der Sozialistischen Sowjetrepubliken
Übers.	Übersetzung
UP	Unia Pracy (Arbeitsunion)
usw.	und so weiter
UW	Unia Wolności (Freiheitsunion)
v.	von; vom
v.a.	vor allem
Verf.	Verfasser(s)
Verw	Die Verwaltung (Zeitschrift)
VerwArch	Verwaltungs-Archiv (Zeitschrift)
VerwVerfO	Verwaltungsverfahrensordnung
vgl.	vergleiche
VO	Verordnung
VR	Volksrepublik
VRP	Volksrepublik Polen
VSO	Verfassungs- und Verwaltungsrecht der Staaten Osteuropas (Loseblattsammlung)
WGO-MfOR	Die wichtigsten Gesetzgebungsakte in den Ländern Ost- und Südosteuropas – Monatshefte für Osteuropäisches Recht (Zeitschrift)
WiRO	Wirtschaft und Recht in Osteuropa (Zeitschrift)
WP	Wahlperiode
z.B.	zum Beispiel
ZDG 1996	Gesetz über den zivilen Dienst von 1996
ZDG 1998	Gesetz über den zivilen Dienst von 1998
ZfB	Zeitschrift für Beamtenrecht (Zeitschrift)
ZGB	Zivilgesetzbuch

Ziff.	Ziffer
zit.	zitiert
ZN IBPS	Zeszyty Naukowe Instytutu Badań Prawa Sądowego (Zeitschrift)
ZSDG	Gesetz über den zivilen Staatsdienst von 1922
ZSRR	Związek Socjalistycznych Republik Radzieckich (Union der Sozialistischen Sowjetrepubliken)
ZStW	Zeitschrift für die gesamte Strafrechtswissenschaft (Zeitschrift)

A. Einführung

Entwicklung und Stand des polnischen Beamtenrechts sind vor dem Beitritt Polens zur Europäischen Gemeinschaft von besonderem Interesse. Ein gefestigtes Beamtenrecht als funktioneller Rahmen für die Auslese, Schulung, Disziplinierung, Motivierung und Leistungssteigerung der Angehörigen des Verwaltungsapparats ist ein elementarer Bestandteil der „institutionellen Stabilität zur Gewährleistung von Demokratie und Rechtsstaatlichkeit", welche seit dem Europäischen Rat von Kopenhagen im Juni 1993 das erste und entscheidende politische Beitrittskriterium unter den sog. *Kopenhagener Kriterien* ist. Nur qualifizierte und effektive Staatsbeamte in einem gefestigten und sicheren Arbeitsumfeld werden nach einem EG-Beitritt Polens in der Lage sein, das europäische Gemeinschaftsrecht anzuwenden und die Grundsätze von Demokratie und Rechtsstaatlichkeit verlässlich und berechenbar in der täglichen Verwaltungspraxis umzusetzen.

Die Kommission der Europäischen Gemeinschaft beobachtet im Vorfeld der EU-Osterweiterung die Erfüllung der Kopenhagener Kriterien durch die Beitrittskandidaten und somit auch die Rechtsentwicklung im polnischen Beamtenrecht[1]. Allerdings sind die in den jährlichen Fortschrittsberichten veröffentlichten Stellungnahmen der Kommission zum polnischen Beamtenrecht – trotz seiner hohen Relevanz im Zuge des nahenden Beitritts Polens zur Gemeinschaft – eher lapidar und beruhen im Wesentlichen auf den jeweiligen Angaben der betroffenen Regierungen. Ein Hauptgrund hierfür ist sicherlich in dem Sinn und Zweck der Fortschrittsberichte zu sehen, in einer möglichst übersichtlichen Gesamtschau die erzielten Fortschritte sowie die bestehenden Defizite zu präsentieren, um den Kandidatenländern eine grobe Marschrichtung für ihre weitere Vorbeitrittspolitik an die Hand zu geben. Weitere Gründe sind fehlende Sprachkenntnisse, hoher Zeitdruck und die Fülle der betroffenen Rechtsbereiche. Die Kommission ist zur wissenschaftlichen Untermauerung ihrer Berichte daher auf begleitende und vertiefende Forschungsergebnisse angewiesen.

---

1 Näher hierzu sogleich, D.VI.3b.

Es gibt – selbst in der polnischsprachigen Rechtsliteratur – noch keine ausführliche Untersuchung von Entwicklung und Stand des polnischen Beamtenrechts[2]. Diese Lücke soll nachfolgend geschlossen werden. Der hierbei verfolgte, historische und vergleichende Ansatz dient dazu, zu den verschiedenen Wurzeln des polnischen Beamtenrechts vorzudringen und die hieraus erwachsenden Kontinuitäten und Traditionen zu erfassen, um so die derzeitigen legislativen, verwaltungspraktischen und auch rechtskulturellen Schwierigkeiten bei der Einführung und Umsetzung des neuen Beamtenrechts zu erkennen und letztlich einen Beitrag zu ihrer Überwindung zu leisten.

I. LEITFRAGEN UND ABGRENZUNG

Die drei Leitfragen der Untersuchung lauten vor diesem Hintergrund: Ist das im Wesentlichen durch das Gesetz über den zivilen Dienst von 1998 geprägte, neue Recht und System des Staatsdienstes in Polen ein eigenes, neuartiges Dienstrechtsmodell oder hat es historische Vorbilder? Ist Polen auf dem Weg zu einem Recht des öffentlichen Dienstes? Erfüllt das polnische Beamtenrecht die Vorgaben des europäischen Gemeinschaftsrechts und ist es integrationsfähig?

Im Rahmen der Beantwortung der drei Leitfragen sind ferner folgende Fragen zu untersuchen: Wo liegen die Wurzeln des heutigen polnischen Beamtenrechts? Gibt es Parallelen zwischen der derzeitigen Entwicklung des Beamtenrechts im Zuge der Systemtransformation und früheren Übergangszeiten? Waren Rechtsschutz und Rechtssicherheit im kommunistischen Beamtenrecht gewährleistet? Welche Rolle spielt die Entwicklung des Beamtenrechts im kommunistischen Polen für die heutige Rechtskultur, für eingeübte Verhaltensweisen und Denktraditionen im öffentlichen Dienst? Lässt sich für den Bereich des derzeitigen polnischen Beamtenrechts von „institutioneller Stabilität“ sprechen?

Die Befassung gerade mit dem *polnischen* Beamtenrecht ist angesichts der Sonderstellung des Landes lohnenswert. Polen ist mit seinen ca. 40 Mio. Einwohnern nicht nur Deutschlands zweitgrößtes Nachbarland, sondern auch der mit Abstand größte EU-Beitrittskandidat, dem im

---

2 Vgl. hierzu sogleich, IV.

Erweiterungsprozess eine Schlüsselrolle zukommt[3]. Die Reformierung des öffentlichen Dienstes eines derart großen Landes erfordert teilweise komplexere rechtliche Lösungen als die Dienstrechtsreformen kleinerer Länder[4]. Außerdem ist der Weg des polnischen Dienstrechts während der kommunistischen Zeit von besonderem Interesse, weil Polen beide in den sozialistischen Ländern üblichen Varianten der Regulierung der Beschäftigungsverhältnisse im Staatsdienst ausprobiert hat[5]: die Variante eines einheitlichen Arbeitsgesetzbuchs mit ggf. erforderlichen Durchführungsverordnungen für einzelne Beschäftigtengruppen[6] sowie die Variante der Verabschiedung jeweils eigener Dienstpragmatiken durch den Gesetzgeber[7]. Ferner war Polen das einzige sozialistische Land, das – als Reaktion des Gesetzgebers auf die *Solidarność*-Bewegung – 1982 mit dem Gesetz über die *Beschäftigten der staatlichen Ämter* für die Bediensteten der allgemeinen, zivilen Staatsverwaltung ein separates, in Teilen noch heute weitergeltendes Dienstrecht einführte. Auch insoweit lässt sich daher von einem „spezifisch polnischen Transformationspfad"[8] sprechen.

Angesichts dieser besonderen Bedeutung des polnischen Beamtenrechts wird vorliegend – zugunsten einer erstmaligen, tiefer gehenden Analyse seiner Entwicklung und seines Stands vor dem EG-Beitritt – auf einen Vergleich mit der Entwicklung des Dienstrechts in anderen Ländern West- oder Osteuropas verzichtet. Während es im deutsch- und englischsprachigen Raum bereits einige solcher – zwangsläufig eher oberflächlichen – vergleichenden Studien gibt[9], kann gerade die tiefer gehende Auseinandersetzung mit dem polnischen Beamtenrecht als ein wissenschaftliches Desideratum bezeichnet werden[10].

Der Schwerpunkt der Betrachtung liegt auf dem Dienstrecht der in der *allgemeinen, zivilen Regierungsverwaltung* Beschäftigten, welches

---

3 Vgl. hierzu *Redecker*, Polen [2000/2001], S. 437.

4 Vgl. zu dem letzteren Aspekt *Baker* (Hg.), Public Administration in Small and Island States; *Sootla/Roots*, The Civil Service in the Republic of Estonia, S. 236.

5 Vgl. hierzu *Starościak*, DPC 19 (1973), S. 8.

6 Vom 1. 1. 1975 bis zum 31. 12. 1982.

7 Vor 1975 und nach 1982.

8 *Franzke*, WeltTrends Nr. 27 (Sommer 2000), S. 7.

9 Z.B. *Verheijen* (Hg.), Civil Service Systems in Central and Eastern Europe.

10 So *Hesse*, Rebuilding the State: Public Sector Reform in Central and Eastern Europe, S. 142 f.; s.u., IV.

im Regelfall als Vorbild dient für andere Dienstordnungen im öffentlichen Dienst[11] und daher als exemplarisch betrachtet werden kann. Außerdem sind die in den zentralen und territorialen Behörden Beschäftigten die zahlenmäßig größte Gruppe der Staatsdiener[12]. Das Dienstrecht *anderer Beschäftigtengruppen* wie etwa der Lehrer, Krankenschwestern, Feuerwehrleute, Polizei- und Zollbediensteten wird, soweit dies dem Verständnis für Recht und System des Staatsdienstes im Ganzen dient, in begrenztem Umfang zum Zweck der Veranschaulichung herangezogen[13]. Das *militärische* Dienstrecht wird nicht behandelt. Beschäftigungsverhältnisse außerhalb der eigentlichen staatlichen Exekutive im Bereich der *Wirtschaft*, z.B. der Direktoren staatlicher Betriebe zur Zeit der sozialistischen Planwirtschaft, bleiben außer Betracht[14].

Die Arbeit nimmt den *Kernbereich des polnischen Beamtenrechts*, der in den Dienstreglements von 1918, 1922, 1974, 1982, 1996 und 1998 geregelt ist, in den Blick, also v.a. das Statusrecht der ernannten Staatsdiener. Dabei wird den durch Arbeitsvertrag oder Berufung begründeten Beschäftigungsverhältnissen im öffentlichen Dienst Beachtung geschenkt, soweit dies der Vollständigkeit oder der Definition der auf Ernennung beruhenden Dienstverhältnisse der Beamten dient oder soweit die Besonderheiten des polnischen Dienstrechts dies erfordern. Dienstrechtliche *Sondervorschriften* werden im Sinne einer Konzentrierung auf die wesentlichen Merkmale des polnischen Beamtenrechts nur am Rande

---

11 Vgl. etwa zur Vorbildrolle des Gesetzes über den *zivilen Staatsdienst* von 1922 *Bardach/Leśnodorski/Pietrzak*, Historia państwa i prawa polskiego, S. 545, und *Jaśkiewicz*, Studia nad sytuacją prawną pracowników państwowych, Bd. 1, S. 5. Im Jahre 1988 gab es in Polen ca. 20 verschiedene Dienstpragmatiken, wovon einige in eigenen Dienstgesetzen, andere im Verordnungswege ergangen waren, vgl. *Mirończuk,* Prawa i obowiązki pracowników urzędów państwowych, S. 12.

12 Vgl. für die Zwischenkriegszeit *Bardach/Leśnodorski/Pietrzak*, Historia państwa i prawa polskiego, S. 546; vgl. für die Zeit des Kommunismus *Jaśkiewicz/Jackowiak/Piotrowski*, Prawo pracy w zarysie, S. 147.

13 Vgl. für einen Überblick über die zahlreichen gesonderten Dienstpragmatiken etwa *Jełowicki*, Studia Iuridica 18 (1990), S. 86-88.

14 Vgl. hierzu *Jaśkowski,* PiP 1-2/1976, S. 164-176; *Kubot*, Odpowiedzialność dyrektora przedsiębiorstwa państwowego m.w.N.; *Zieliński*, Prace Prawnicze V (1974), S. 71-87. Vgl. zum ausführlichen Meinungsstreit zur Frage nach dem arbeits- oder dienstrechtlichen Rechtscharakter des Beschäftigungsverhältnisses von Direktoren staatlicher Betriebe *Kłosiewicz,* PiP 6/1966, S. 994-1006; *Liszcz,* PiP 8/1986, S. 83-94.

behandelt. Dementsprechend bleiben Fragen zur beamtenrechtlichen Versorgung, zu Bezügen und Pensionen, soweit sie in Sondergesetzen geregelt sind, ebenso wie die beamtenrechtlichen Aspekte des Staatshaftungsrechts[15] großenteils außer Betracht.

Das Dienstrecht der *Territorialverwaltung,* also der regionalen und lokalen Staatsverwaltung in der sozialistischen Zeit[16] bzw. der *territorialen Selbstverwaltung* bis 1950 und seit 1990[17], wird nur insoweit angesprochen, als seine Regelung durch den nationalen Gesetzgeber auch für das Verständnis des Dienstrechts der staatlichen Beschäftigten von Bedeutung ist. Dies gilt in besonderer Weise für das seinerzeit als richtungsweisend empfundene, kurzlebige Gesetz über die *Bediensteten der Volksräte* von 1968[18] sowie für das kurz nach der Systemwende 1989/90 ergangene und insoweit auch richtungsweisende Gesetz über die *Selbstverwaltungsbeschäftigten* von 1990[19]. Die für die lokale Selbstverwaltung spezifischen Fragestellungen und Probleme (etwa die Zersplitterung des lokalen Dienstrechts oder die Beteiligung von Minderheitengruppen)

---

15 Das früher im *Staatshaftungsgesetz* v. 15. 11. 1956 (Dz. U. 1956, Nr. 54, Pos. 243) normierte polnische Staatshaftungsrecht ist heute im Wesentlichen in den Art. 417-421 des *Zivilgesetzbuchs* v. 23. 4. 1964 (Dz. U. 1964, Nr. 16, Pos. 93) geregelt. Vgl. m.w.N. zur vermögensrechtlichen Haftung des polnischen Fiskus für durch staatliche Funktionäre zugefügte Schäden *Bendetson,* Nowe Prawo 3/1957, S. 18-37; *Kobiałka*, Nowe Prawo 2/1960, S. 181-197; *Łętowska*, PiP 4/1980, S. 47-63; *dies.*, Staatshaftung für Schäden, die bei der Ausübung der Verwaltungstätigkeit entstehen; *Szpunar,* Odpowiedzialność Skarbu Państwa za funkcjonariuszy; *Śmieja,* Nowe Prawo 6/1976, S. 777-786; alle jeweils m.w.N.

16 S. hierzu *Adamowitsch*, Fortbildung der öffentlichen Verwaltung auf kommunaler Ebene; *Czechowski*, DVBl. 1987, S. 441-446; *Lammich*, Verw 9 (1976), S. 242-254; *Łętowski*, VerwArch 1975, S. 151-159; *Siarkiewicz*, Staat und Recht 1975, S. 649-661; s. auch den Themenband Studia Iuridica 11 (1982).

17 Näher zur territorialen Selbstverwaltung *Delhaes*, DokOst N.F. 20 (1994), S. 219-276; *Dolnicki*, Verw 28 (1995), S. 65-78; *Izdebski*, Samorząd terytorialny; *Kulesza*, Einführung; *Michaelsen*, ROW 1996, S. 1-8; *Rabska*, RPEiS 2/1991, S. 7-20. Zur territorialen Selbstverwaltung 1944-1950 s. *Ura,* Samorząd terytorialny w Polsce Ludowej 1944-1950.

18 S. hierzu *Florek,* Palestra 2/1971, S. 39-49; *Jaśkiewicz*, PiP 2/1969, S. 275-289.

19 Näher zum Dienstrecht in der territorialen Selbstverwaltung m.w.N. *Baran,* PS 1-3/1991, S. 86-99; *Izdebski*, Samorząd terytorialny, S. 158-161; *Sypniewski*, Służba pracownicza u pracodawcy samorządowego, hier v.a. S. 331-335; *Ura/Ura*, Annales 40 (1993), S. 273-281.

sind für die vorliegende Untersuchung hingegen unbeachtlich und erfordern eine gesonderte Behandlung[20].

In *zeitlicher Hinsicht* beschränkt sich die Untersuchung auf das moderne polnische Dienstrecht seit 1918. Frühneuzeitliche Regelungen aus der Zeit vor den Teilungen Polens bleiben außer Betracht. Allerdings werden einige Rechtsentwicklungen in den polnischen Teilungsgebieten (1772-1918) berücksichtigt, soweit sie für das Verständnis des neueren polnischen Dienstrechts von Bedeutung sind[21]. Die Rechtslage in den polnischen Gebieten unter deutscher bzw. sowjetischer Besetzung 1939-1945 wird nicht behandelt, weil es sich bei dem Dienstrecht der Besatzungsmächte nicht um polnisches Recht handelte[22].

II. METHODIK UND GANG DER UNTERSUCHUNG

Die historisch aufgebaute Untersuchung zum polnischen Beamtenrecht enthält intertemporale und länderübergreifende Rechtsvergleiche[23]. Die somit zugleich rechtsgeschichtliche und -vergleichende Arbeit geht teils normbezogen-deskriptiv und teils problembezogen-funktional vor und ist damit gleichermaßen ein Beitrag zur Auslandsrechtskunde wie zur Rechtsvergleichung[24] sowie – übergreifend – zum Ostrecht[25].

---

20 Näher hierzu *Biro/Kovacs* (Hg.), Diversity in Action: Local Public Management of Multi-Ethnic Communities; *Horvath* (Hg.), Decentralization: Experiments and Reforms; *Kimball* (Hg.), The Transfer of Power: Decentralization in Central and Eastern Europe.

21 Dies gilt in erster Linie für die Zeit der galizischen Autonomie auf dem österreichischen Teilungsgebiet, dazu sogleich, B.IV.

22 S. zur deutschen Verwaltung in den „neuen Ostgebieten" und im polnischen Generalgouvernement *Broszat*, Nationalsozialistische Polenpolitik 1939-1945, S. 49-84. S. auch *Bardach/Leśnodorski/Pietrzak*, Historia państwa i prawa polskiego, S. 606 f.

23 Zu den temporalen und räumlichen Aspekten der Rechtsvergleichung s. *Schnitzer*, Vergleichende Rechtslehre, S. 118.

24 Zur Unterscheidung zwischen Auslandsrechtskunde und Rechtsvergleichung s. *Rheinstein*, Einführung in die Rechtsvergleichung, S. 22-28. *Roggemann*, Aufgaben der Ostrechtsforschung, S. 65, Fn. 32 m.w.N. wendet sich gegen die Abgrenzung zwischen Auslandsrechtskunde und Rechtsvergleichung und bezeichnet die „zweckfreie, jedenfalls zunächst wert- und voruteilsfreie Darstellung fremden Rechts", die jeder angewandten Rechtsvergleichung vorgelagert ist, als „einfache Rechtsvergleichung". Gegen die Diffamierung der Auslandsrechtsforschung als

In dem umfassenden, zunehmend dichter werdenden Überblick über die moderne Geschichte des polnischen Dienstrechts in der Zwischenkriegszeit, im Sozialismus und seit der Systemwende 1989/90 wird das polnische Dienstrecht auf eine weitgehend induktive, systemimmanente Weise erfasst[26]. Mögliche argumentative Schieflagen, die sich aus dem durch das deutsche Rechtssystem und Rechtsdenken geprägten, juristischen Vorverständnis des Verfassers ergeben könnten, sollen vermieden werden durch die Begründung der Analyse von Recht und System des Staatsdienstes in Polen nicht nur im reinen Gesetzestext (*law in the books*), sondern auch in der Rechtswirklichkeit (*law in action*)[27]: Das metajuristische – also soziale, politische, historische und wirtschaftliche – Umfeld[28] wird in vertretbarem Umfang und im Rahmen des Möglichen[29] berücksichtigt, um eine „sich auf abstrakte Textvergleiche beschränkende Betrachtungsweise" zu vermeiden[30]. Mit einer solchen Berücksichtigung der zu lösenden Sachprobleme sowie eventueller gesell-

---

bloße Vorstufe der Rechtsvergleichung und für ihre Rehabilitierung hingegen m.w.N. *Schroeder*, Methodenprobleme der Ostrechtsforschung, S. 86; vgl. *ders.*, ZStW 86 (1974), S. 784, 789-790.

25 Zur Ostrechtswissenschaft und ihrer Methode überblickshaft *Luchterhandt*, OER 1976, S. 85-107 m.w.N.; vgl. ferner *ders.*, WGO-MfOR 1996, S. 159-175; zur Abgrenzung der Ostrechts- zur allgemeinen Auslandsrechtsforschung und zur Rechtsvergleichung s. *Westen*, Über die sachliche, institutionelle und personelle Eigenständigkeit der Ostrechtsforschung, S. 43.

26 Zur wichtigen Funktion der historischen Methode für die Ostrechtsforschung s. *Schroeder*, Methodenprobleme der Ostrechtsforschung, S. 98-102.

27 Vgl. *Rheinstein*, Einführung in die Rechtsvergleichung, S. 32: „Eine einzelne Norm für sich ist inhaltlos; ihre Bedeutung lässt sich nur im Zusammenhang mit anderen Normen und auf dem Hintergrund der jeweiligen sozial-kulturellen Gegebenheiten erfassen."

28 Vgl. hierzu *Starck*, JZ 1997, S. 1028.

29 *Luchterhandt*, Thesen zum Verhältnis von Ostrechtsforschung und Politikwissenschaft, S. 105, fordert vom Ostrechtsforscher, v.a. im Bereich des öffentlichen Rechts, welches in der sozialistischen Zeit in stärkerem Maße als andere, weniger politisch bestimmte Bereiche vom Vorrang der Zweckmäßigkeit gegenüber der Rechtmäßigkeit bestimmt war, dass er die Wirklichkeit so weit wie möglich berücksichtigt, um die betroffene Institution hinreichend sichtbar zu machen, „hier bestehen freilich beträchtliche forschungstechnische Schwierigkeiten, da der tatsächliche Ablauf der Vorgänge in Institutionen weitgehend dem Auge verschlossen ist."

30 *Roggemann*, Probleme des postsozialistischen Konstitutionalismus in Osteuropa, S. 147.

schaftlicher Einflussfaktoren bedient sich der Landesbericht neben der deskriptiven und historischen Methode somit zugleich in linearer Weise der rechtlich-funktionalen und der sozialfunktionalen Methode[31].

Die entscheidenden normativen Regelungen werden im Wesentlichen unter *drei Aspekten* untersucht, nämlich im Hinblick erstens auf den historischen Kontext und die Umstände ihres *Zustandekommens*, zweitens auf ihren wesentlichen *Regelungsgehalt* und drittens auf ihre *Anwendung* in der Praxis durch die Behörden und die Gerichte. Die Schwerpunktsetzung in den einzelnen Abschnitten des Landesberichts ist unterschiedlich:

Im Kapitel über die *Zwischenkriegszeit* stehen die beiden erstgenannten Aspekte (Zustandekommen, Regelungsgehalt) im Vordergrund. Es geht es im Wesentlichen darum, die – bis dato in der deutschen ostrechtlichen Literatur kaum näher beachteten – entscheidenden normativen Grundlagen des modernen polnischen Beamtenrechts (das Gesetz über den zivilen Staatsdienst von 1922 sowie auch die bislang selbst in der polnischen Literatur kaum gewürdigten[32] Vorläufigen Dienstvorschriften von 1918) vorzustellen und deren geistige Verwurzelung im österreichischen Dienstrecht herauszuarbeiten[33]. Zu letzterem Zweck werden jene anhand von synoptischen Gegenüberstellungen mit diesem verglichen.

Das Kapitel über das Dienstrecht im *kommunistischen Polen* verdeutlicht das Ringen machtstaatlicher Herrschaftsansprüche mit den in Polen stets vorhanden gewesenen rechtsstaatlichen Konzeptionen und Traditionen, welches nicht nur im Normenmaterial, sondern insbesondere in der gelebten Verwaltungsrealität, der Verwaltungsliteratur und -rechtsprechung, seinen Niederschlag fand. Daher stehen hier die Aspekte der Gesetzesentwicklung und der Gesetzesanwendung im Vordergrund, die unter den Schlagworten „Rechtssicherheit“ und „Rechtsschutz“ untersucht werden.

---

31 Näher zu diesen Methoden des Ostrechts *Luchterhandt*, OER 1976, S. 99-100, 105-106 m.w.N.

32 So verzichtet z.B. *Jaśkiewicz*, Studia nad sytuacją prawną pracowników państwowych, Bd. 1, S. 4, ausdrücklich auf eine Untersuchung der *Vorläufigen Dienstvorschriften*.

33 Zur Bedeutung der Verwurzelung der heutigen ostmitteleuropäischen Rechtsordnungen in Rechtskulturen aus der Zeit vor dem Sozialismus s. *Küpper*, Osteuropa 4/1999, S. 337-353.

Bei der Analyse des Dienstrechts seit dem Systemwechsel 1989/90 geht es darum, die Materie im allgemeinen Zusammenhang der *System- und Verwaltungstransformation* zu verorten. Dementsprechend steht hier der Aspekt des historischen Kontextes der Dienstrechtsreform im Vordergrund, und einige wichtige, über das Beamtenrecht im engeren Sinne hinaus reichende Reformschritte werden in die Betrachtung mit einbezogen. Gleichzeitig werden aber auch der wesentliche Regelungsgehalt des neuen Dienstrechts und die vorhandene Rechtsprechung näher untersucht.

Aus Gründen der Dokumentation[34] sowie zur Befreiung der Arbeit von reinen Wiedergaben der Gesetzesbestimmungen befinden sich im *Anhang* die *Übersetzungen der entscheidenden Gesetzestexte* ins Deutsche, wobei das Gesetz über den zivilen Staatsdienst (ZSDG) von 1922, das im Lauf der über 52 Jahre seiner Geltung unzählige Male geändert wurde, in seiner ursprünglichen Version übersetzt wurde[35], während die Übersetzungen der beiden noch geltenden Gesetze über die Beschäftigten der staatlichen Ämter von 1982 und über den zivilen Dienst von 1998 in ihrer aktuellen Fassung wiedergegeben sind[36].

Im *Rechtsquellenverzeichnis* sind die im Verlauf der Arbeit zitierten, für den vorliegenden Zusammenhang wichtigen polnischen Gesetze und Verordnungen in chronologischer Reihenfolge mit Fundstelle und ggf. unter Hinweis auf bestehende deutsche Übersetzungen aufgeführt, um so einen leicht zugänglichen Überblick über den normativen Bestand

---

34 *Luchterhandt*, WGO-MfOR 1996, S. 165, betrachtet die Dokumentierung der Rechtsentwicklungen in Osteuropa als „erste Aufgabe der Ostrechtsforschung", die von überragender praktischer Bedeutung und die Voraussetzung wirksamer Forschungsarbeit überhaupt sei. Zur „Bereitstellung sprachlich einwandfreier Übersetzungen von Rechtsquellen" als „bedeutsame Informationsaufgabe der Ostrechtsforschung" s. auch *Roggemann,* Aufgaben der Ostrechtsforschung, S. 66-68.

35 Auf diese Weise lässt sich – entsprechend dem inhaltlichen Schwerpunkt des Kapitels über das polnische Dienstrecht der Zwischenkriegszeit – der Einfluss des österreichischen Rechts auf den polnischen Gesetzgeber von 1922 ermessen.

36 Übers. d. Verf. Damit liegen – soweit ersichtlich – sowohl das Gesetz über den *zivilen Staatsdienst* v. 1922 (Anhang I) als auch das Gesetz über die *Beschäftigten der staatlichen Ämter* v. 1982 (Anhang II) erstmals in dt. Übers. vor. Die erstmals in JOR 41 (2000), S. 194-221, veröffentlichte Übers. d. Verf. zum Gesetz über den *zivilen Dienst* v. 1998 (Anhang III) wurde für die vorliegende Arbeit überarbeitet und aktualisiert.

des polnischen Dienstrechts zu gewähren[37]. Das *Literaturverzeichnis* enthält alle Zeitschriftenaufsätze und Monographien, die in der vorliegenden Arbeit zitiert sind[38], Entsprechendes gilt für das *Zeitungsartikel-* und für das *Homepageverzeichnis*.

III. TERMINOLOGIE

Das bei jeder juristischen Arbeit auftauchende *Sprach- und Terminologieproblem*[39] wird bei der vorliegenden Untersuchung zum polnischen Beamtenrecht durch zwei Faktoren vergrößert, nämlich durch die Überschreitung von Sprach- und Systemgrenzen sowie durch die zugleich traditionelle, ideologie- und transformationsbedingte Begriffsvielfalt und -vieldeutigkeit im polnischen Verwaltungsrecht[40]. In den zum polnischen Dienstrecht ergangenen Gesetzen können dieselben Begriffe eine grundsätzlich andere Bedeutung haben[41]. Insbesondere in der sozialistischen Zeit gelang es nicht, ein einheitliches Begriffsinstrumentarium zu etablieren[42]. Die Grenzen zwischen Arbeitsrecht und öffentlichrechtlichem Dienstrecht waren fließend[43]. Es gab in diesem Bereich „eine große terminologische Divergenz, die nicht nur das ‚ästhetische' Niveau des Dienstrechts schmälerte, sondern auch einen negativen Einfluss auf die Rechtsanwendung hatte, weil sie viele Unklarheiten in der

---

37 Von einer Wiedergabe der Fundstellen zu den verzeichneten Rechtsquellen im Fußnotenapparat der Arbeit konnte angesichts dessen zugunsten einer besseren Lesbarkeit verzichtet werden. Im Fußnotenapparat sind also nur die Fundstellen für diejenigen Rechtsquellen aufgeführt, die wegen ihrer geringeren Bedeutung für den vorliegenden Zusammenhang nicht im Rechtsquellenverzeichnis erfasst sind.

38 Vereinzelte „Blindzitate“ aus Arbeiten, die vom Verf. nicht eingesehen wurden, sind im Fußnotentext als solche kenntlich gemacht („zit. nach“). Diese Arbeiten sind nicht im Literaturverzeichnis enthalten.

39 S. hierzu *Larenz/Canaris*, Methodenlehre, S. 141-145.

40 S. hierzu *Izdebski*, BSC 3/1997, S. 41-43.

41 So m.w.N. *Muszalski*, Grundlagen der rechtlichen Regulierung des Staatsdienstes, S. 270.

42 Zur Notwendigkeit der Erfassung des Rechts der sozialistischen Staaten mit einer eigenen Dogmatik bzw. einem „eigens für sie entwickelten Begriffssystem“ mangels eines überzeugenden Begriffsinstrumentariums der betroffenen Rechtsordnungen s. *Schroeder*, Methodenprobleme der Ostrechtsforschung, S. 91.

43 Hierzu sogleich, C.

Ergründbarkeit des Vorschrifteninhalts hervorrief"[44]. Das Oberste Gericht entschied 1971 z.B., dass der Begriff der „dienstlichen Versetzung" nicht auf öffentlichrechtliche Arbeitsverhältnisse beschränkt sei[45], und benutzte den Begriff der „administrativen Anweisung des Vorgesetzten" im Zusammenhang mit einem privatrechtlichen Arbeitsverhältnis[46].

Der Begriff *pracownik* heißt in seiner wörtlichen Übersetzung eigentlich „Arbeiter, Angestellter, Arbeitskraft"[47]. Im dienstrechtlichen Zusammenhang sind die *pracownicy* entweder die auf der Grundlage eines Arbeitsvertrags mit dem Dienstherrn Angestellten (im Gegensatz zu den ernannten Beamten) oder in einem weiteren Sinne *alle*, also auch die ernannten Beschäftigten[48]. Im Sinne dieser letzteren, weiteren Wortbedeutung wird der Begriff *pracownik* im Folgenden grundsätzlich mit „Bediensteter"[49] oder – in einem noch weiteren Sinn – mit „Beschäftigter"[50] übersetzt, soweit nicht eindeutig deutlich gemacht wird, dass entsprechend der ersten Wortbedeutung lediglich die arbeitsvertraglich *Angestellten*, also die nicht ernannten Bediensteten, gemeint sind[51]. Alternativ wird nachfolgend zur Kennzeichnung aller Bediensteten, also der

---

44 So *Jaśkiewicz*, Rechtliche Probleme des Staatsdienstes in der Arbeits- und Verwaltungsrechtslehre, S. 25.

45 Beschluss des OG v. 14. 5. 1971 (Az. III PZP 10/71), OSN 1971, Nr. 11, Pos. 195; vgl. hierzu *Szubert,* PiP 6/1973, S. 127-128.

46 Urteil des OG v. 21. 6. 1972, OSN 1972, Nr. 12, Pos. 224; kritisch hierzu *Łętowski*, PiP 10/1973, S. 165.

47 Vgl. *Kilian* (Hg.), Wörterbuch der Rechts- und Wirtschaftssprache. Bd. 1: polnisch-deutsch; *Piprek/Ippoldt/Kachlak/Wójcik/Wójtowicz*, Großwörterbuch Polnisch-Deutsch, Bd. II.

48 Näher hierzu *Ura,* Studia Iuridica 32 (1996), S. 241-242.

49 Der Begriff „Bediensteter" wird bei *Kilian* (Hg.), Wörterbuch der Rechts- und Wirtschaftssprache. Bd. 2: deutsch-polnisch, die auf Sinnzusammenhänge besonderen Wert legt, mit *pracownik* übersetzt.

50 Die genaue polnische Übersetzung für Beschäftigte wäre *zatrudnieni*; vgl. *Kilian* (Hg.), Wörterbuch der Rechts- und Wirtschaftssprache. Bd. 2: deutsch-polnisch.

51 Damit wird der mit dem ArbGB von 1974 eingeführten Terminologie Rechnung getragen, vgl. *Szubert*, Zarys prawa pracy, S. 83: „Der Begriff *pracownik* wird einheitlich zur Bezeichnung aller natürlichen Personen verwendet, die im Rahmen eines Arbeitsverhältnisses ohne Rücksicht auf die Art seiner Entstehung sowie die Art der ausgeübten Tätigkeit beschäftigt sind".

ernannten und der nicht ernannten Funktionsträger, auch der Sammelbegriff „Funktionär“ (*funkcjonariusz*) gebraucht[52].

Der Begriff „Beamter“ wird nachfolgend aus Gründen der Klarheit nur verwendet, um damit die aufgrund einer Ernennung in einem Amt Bediensteten zu bezeichnen, unter „Angestellten“ sind immer die vertraglich Beschäftigten gemeint[53]. Der Begriff „Beamtenrecht“ (*prawo urzędnicze*) wird hingegen mit Rücksicht auf seine Wortbedeutung im Polnischen vorliegend benutzt zur Bezeichnung der

> „Gesamtheit der Rechtsnormen, welche die rechtliche Situation der Staatsbeamten regeln, sowie auch der Normen, welche die Elemente der Dienstbeziehungen der anderen Beschäftigten der staatlichen Ämter regeln.“[54]

Der Begriff „öffentlicher Dienst“ (*służba publiczna*) ist in Polen (noch) nicht sehr verbreitet[55]. Es gibt aber eine Vielzahl anderer Begriffe wie etwa *administracja państwowa* (Staatsverwaltung), ferner der – in

---

52 So auch *Mirończuk*, Prawa i obowiązki pracowników urzędów państwowych, S. 32. Hierbei ist allerdings zu beachten, dass in Polen der Begriff „Funktionär“ nach den OG-Richtlinien aus dem Beschluss des OG v. 15. 2. 1971 (Az. III CZP 33/70), OSN 1971, Nr. 2, Pos. 59, eigentlich eher ein Systembegriff der Staatshaftung ist und wegen der dort geltenden Regelungsbedürfnisse (Schutz der Geschädigten) sehr weit ausgelegt wird. Dementsprechend gelten als Funktionäre gemäß der Legaldefinition Art. 417 § 2 S. 2 ZGB (Haftung für Staatsfunktionäre) auch Personen, die *im Auftrag* staatlicher Organe handeln, durch Wahl berufene Personen, Richter und Staatsanwälte sowie Soldaten der bewaffneten Streitkräfte. Im Übrigen taucht der Begriff „öffentlicher Funktionär“ außerhalb des eigentlichen Dienstrechts auch im polnischen StGB v. 6. 6. 1997 (Dz. U. 1997, Nr. 88, Pos. 553 m.w.Ä.) im Bereich der Straftaten im Amt auf, z.B. in Art. 246 (Nötigung im Amt), vgl. hierzu *Bednarzak*, Nowe Prawo 3-4/1982, S. 85-90; *Szwedek*, Nowe Prawo 1/1970, S. 18-27; s. hierzu *Dukiet-Nagórska*, Rzeczpospolita, 16. 1. 2002.

53 Die Terminologie im polnischen Dienstrecht ist nicht so eindeutig. Nach dem Gesetz über die Beschäftigten der staatlichen Ämter von 1982 werden z.B. sowohl die ernannten als auch die arbeitsvertraglich angestellten Bediensteten „Staatsbeamte“ genannt; vgl. hierzu etwa *Hebdzyńska*, Ustawa o pracownikach urzędów państwowch z komentarzem, Art. 2, S. 14 f.; *Ura*, Pozycja prawna pracowników terenowej administracji rządowej i samorządu terytorialnego, S. 33 f.

54 *Ura*, Pozycja prawna pracowników terenowej administracji rządowej i samorządu terytorialnego, S. 34.

55 Vgl. *Różycka*, Der öffentliche Dienst und die Ethik seiner Funktionäre; ansonsten taucht der Begriff meist allenfalls im Plural, also als „öffentliche Dienste“ (*służby publiczne*), auf, vgl. *Barzycka-Banaszczyk*, Prawo Pracy, S. 10; *o.V.*, BSC 1/1998, S. 51.

der sozialistischen Zeit seltener verwendete[56] – Begriff der „öffentlichen Verwaltung“ (*administracja publiczna*)[57] sowie die *służba cywilna* („ziviler Dienst“ – in Abgrenzung zur *służba wojskowa*, dem Militärdienst). Der Begriff „ziviler Dienst“ ist die hier verwendete Übersetzung für die neu geschaffene und erst *in nucleo* existierende *służba cywilna*[58]. Die *służba cywilna państwowa* aus dem ZSDG von 1922 wird entsprechend mit „ziviler Staatsdienst“ übersetzt. Hierbei sind bewusst „metasprachliche Begriffe der Rechtsvergleichung“[59] gewählt worden, um Missverständnisse zu vermeiden, die sich aus der Verwendung von Ausdrücken aus der deutschen Rechtsordnung (etwa „öffentlicher Dienst“) ergeben könnten. Der Begriff *korpus służby cywilnej* wird mit „Korps des Zivilstaatsdiensts“ und nicht mit „Personal des Zivilstaatsdienstes“ übersetzt, um die nicht zufälligen militärischen Konnotationen zum Ausdruck zu bringen[60]. Ob der Begriff „öffentlicher Dienst“ im formellen, systematischen Sinn oder im materiellen Rechtssinn gebraucht wird, ergibt sich aus dem jeweiligen Zusammenhang, in keinem Fall ist damit jedenfalls nur die *służba cywilna* gemeint[61].

---

56 Zum ideologischen Hintergrund der Vermeidung des Begriffs „öffentliche Verwaltung“ in der sozialistischen Zeit s. *König*, Zur Transformation einer realsozialistischen Verwaltung, S. 3-4.

57 Die Abgrenzung der staatlichen von der öffentlichen Verwaltung wurde in der sozialistischen Zeit unter rein institutionellen Gesichtspunkten vorgenommen, d.h. die Staatsverwaltung wurde nur von den „staatlichen Organisationseinheiten“ vollzogen, und eine „öffentliche Verwaltung“ lag vor, wenn an ihr neben dem Staat noch „andere Institute und Organe“ beteiligt waren; *Lang*, Eingangsfragen, S. 11-12.

58 So auch *Institut für Ostrecht München*, WiRO 9/1999, S. 346; *Redecker*, JOR 41 (2000), S. 102. Anders noch *Redecker*, Ist Polen auf dem Weg zu einem Recht des öffentlichen Dienstes?, S. 98: „Zivilstaatsdienst“. Letztere Übersetzung ist ungenauer als die wörtliche Übersetzung, weil sie zu einer Verwechslung mit dem zivilen Staatsdienst nach dem ZSDG führen kann.

59 *Starck*, JZ 1997, S. 1027.

60 Vgl. hierzu *Redecker*, JOR 41 (2000), S. 191. Anders *Diemer-Benedict*, OER 1997, S. 223-264, die in ihrer Übersetzung des Art. 153 der *Verfassung* „korpus służby cywilnej“ mit „Personal des öffentlichen Dienstes“ wiedergibt.

61 Im *Kilian* (Hg.), Wörterbuch der Rechts- und Wirtschaftssprache. Bd. 2: deutsch-polnisch, wird „öffentlicher Dienst“ mit „państwowa służba cywilna“ übersetzt. Dies hat wohl rechtshistorische Gründe, denn so hieß der alte öffentliche Dienst nach dem ZSDG von 1922.

IV. FORSCHUNGSSTAND UND QUELLENLAGE

1. Polnische Literatur

a) Arbeiten zum Beamtenrecht vor der Systemwende 1989

Eine umfassende Analyse von Entwicklung und Stand des polnischen Dienstrechts aus heutiger Sicht gibt es – soweit ersichtlich – bislang noch nicht. Auch in allgemeineren Publikationen zur polnischen Staats- und Rechtsgeschichte oder Verwaltungsgeschichte wird das polnische Dienstrecht meist nur am Rande erwähnt[62].

Es gibt einige ältere Arbeiten, welche die Entwicklung des polnischen Beamtenrechts in der Zwischenkriegszeit und in den Anfangsjahren der Volksrepublik Polen behandeln[63]. Jüngere Beiträge, die sich explizit mit der Geschichte des polnischen Dienstrechts befassen, sind selten[64]. Daher ist zum Verständnis der historischen Grundlagen des heutigen polnischen Dienstrechts der Rückgriff auf ältere Monographien zu allgemeinen[65] oder besonderen[66] Fragen des Dienstrechts sowie auf

---

62 Vgl. z.B. *Grzybowski*, Historia państwa i prawa Polski, Bd. 4, S. 405 f.; *Ćwik/Mróz/Witkowski*, Administracja w systemie ustrojowym Polski do 1939 r.; *Izdebski*, Historia administracji; *Malec/Malec*, Historia administracji i myśli administracyjnej; *dies.*; Historia administracji nowożytnej. *Łętowski*, Introduction, S. 22, bezeichnet das Fehlen umfassender Arbeiten zur Geschichte der polnischen Verwaltung es als "ein Versäumnis der polnischen Verwaltungsrechtswissenschaft".

63 *Jaśkiewicz*, Die Entwicklung der rechtlichen Situation der Beschäftigten der Staatsverwaltung in Volkspolen; *ders.*, Studia nad sytuacją prawną pracowników państwowych; s. zur sozialistischen Zeit auch *Jełowicki*, Studia Iuridica 18 (1990), S. 83-92.

64 S. für Vergleiche des heutigen polnischen Beamtenrechts mit der Zwischenkriegszeit *Górski*, SC 1 (2000/2001), S. 73-96, und *ders.*, SC 3 (2001/2002), S. 70-97. Die fehlende Auseinandersetzung mit dem Beamtenrecht in der sozialistischen Zeit ist sicher auch auf die Schwierigkeiten der rechtlichen Analyse eines nur teilweise und bedingt mit rechtlichen Maßstäben zu erfassenden Systems und auf ein damit verbundenes *Unbehagen* der heutigen Autorenschaft zurückzuführen, vgl. *Kulesza*, Studia Iuridica 38 (2000), S. 79: „Vor zehn Jahren zerfiel der Mechanismus der Parteiverwaltung, der ein untrennbarer Schatten der Staatsverwaltung war (oder auch anders herum, ich erinnere mich nicht mehr)".

65 Vgl. das weniger an das Fachpublikum als an die allgemeine Öffentlichkeit gerichtete Heftchen *Górzyńska/Łętowski*, Urzędnicy administracji państwowej, und das

Sammelbände[67] erforderlich. Zudem werden – wegen der unzulänglichen Trennung von Arbeitsrecht und Beamtenrecht – dienstrechtliche, insbesondere statusrechtliche, Fragen sowohl in verwaltungsrechtlichen Lehrbüchern[68] und Sammelbänden[69] als auch in der arbeitsrechtlichen Literatur[70] behandelt. Unter den Autoren aus der sozialistischen Zeit nehmen *Jaśkiewicz*[71] und *Łętowski*[72] angesichts der Dauer und des Umfangs ihrer Beschäftigung mit Polens Dienstrecht herausragende Positionen ein.

In den *älteren polnischen Rechtszeitschriften* und sonstigen Veröffentlichungen finden sich dienst- und beamtenrechtliche Aufsätze und Glossen vornehmlich im engen zeitlichen Zusammenhang mit ergangenen *Gesetzen*, also etwa dem Gesetz über die Beschäftigten der Volksräte von 1968[73], dem ArbGB von 1974[74], dem Gesetz über das Hauptverwaltungsgericht von 1980[75] und dem Gesetz über die Beschäftigten der

---

eher deskriptive Büchlein *Mirończuk*, Prawa i obowiązki pracowników urzędów państwowych.

66 *Leoński*, Odpowiedzialność dyscyplinarna w prawie Polski Ludowej; *Łętowski*, Polecenie służbowe w administracji; *Sypniewski*, Nawiązanie i zmiany stosunku pracy na podstawie mianowania.

67 *Piotrowski* (Red.), Zagadnienia prawne stosunków pracy w administracji państwowej; *Łętowski* (Red.), Pracownicy administracji w PRL.

68 Vgl. *Iserzon*, Das Recht der staatlichen Beschäftigten, S. 115-121; *Łętowski*, Die Verwaltungsbeschäftigten, S. 125-133; *Służewski*, Die beruflichen Beschäftigten der Staatsverwaltung, S. 218-234; *Starościak*, Prawo administracyjne, S. 211-224.

69 *Muszalski*, Grundlagen der rechtlichen Regulierung des Staatsdienstes, S. 269-281.

70 Vgl. etwa *Florek/Zieliński*, Prawo pracy, S. 68-70, 127-128, 258-259; *Jaśkiewicz* (Red.), Studia nad kodeksem pracy; *ders./Jackowiak/Piotrowski*, Prawo pracy w zarysie, S. 142-147, 224; *Szubert*, Zarys prawa pracy, S. 97-101, 118-119, 155-156.

71 Vgl. nur *Jaśkiewicz*, Rechtliche Probleme des Staatsdienstes in der Arbeits- und Verwaltungsrechtslehre; *ders.*, Sozialistische Staaten; für Nachweise seiner wichtigsten Arbeiten zum Dienstrecht s. *Piotrowski*, Einführung, S. 5-10, m.w.N.

72 Vgl. nur *Łętowski*, Studia Prawnicze 2/1975, S. 3-41; *ders.*, ROW 1981, S. 241-246; *ders.*, PiP 1/1974, S. 21-32; *ders.*, Les problèmes juridiques de la direction dans l'Administration; *ders.*, PiP 8-9/1971, S. 383-391; *ders.*, DPC 1-4/1989, S. 15-30 ; *ders.*, PiP 8/1983, S. 17-31.

73 *Łętowski*, PiP 12/1968, S. 985-997; *Zieliński*, Nowe Prawo 7-8/1969, S. 1121-1134.

74 *Łętowski*, PiP 8-9/1975, S. 43-51; *Zieliński*, PiP 6/1974, S. 41-56.

75 Vgl. die Abhandlungen zum gerichtlichen Rechtsschutz für Beamte in dienstrechtlichen Fragen bzw. allgemein zum Kompetenzbereich des HVG *Dawidowicz*, PiP 10/1980, S. 63-68; *Łętowska/Łętowski*, OSPiKA 1984, Nr. 1, Pos. 1, S. 4-8; *Mincer*, Nowe Prawo 5/1981, S. 3-14; *Nowacki*, Nowe Prawo 1/1979, S. 107-119; *Świątkiewicz*, PiP 3/1980, S. 13; *Świątkowski*, Krakowskie Studia Prawnicze 17 (1984),

staatlichen Ämter von 1982[76]. Zu den Dauerthemen in der sozialistischen Zeit gehörten die Frage nach dem rechtlichen Charakter der auf Arbeitsverträgen und Ernennungen beruhenden Dienstbeziehungen[77] sowie Einzelfragen in diesem Zusammenhang wie etwa die rechtlichen Möglichkeiten der Beendigung von Dienstverhältnissen[78]. Probleme des Dienstrechts einzelner Beschäftigtengruppen wie etwa der Richter, Professoren, Lehrer, Gefängnisdirektoren o.ä. werden in einigen Zeitschriftenbeiträgen angesprochen[79].

Auch zur *führenden Rolle der kommunistischen Partei*[80], die aus dem sozialistischen Demokratieverständnis[81] und dem – der klassischen, rechtsstaatlichen Gewaltenteilung entgegengesetzten[82] – Prinzip der Gewalteneinheit[83] entsprang, sowie zu den mit herkömmlicher juristischer Systematik schwer zu erfassenden Fragen nach dem Verhältnis der Partei

---

S. 151-167; *ders.*, OSPiKA 1984, Nr. 7-8, Pos. 144, S. 354-357; *Woś*, PiP 4/1984, S. 136-142; *Zieliński*, PiP 4/1984, S. 131-136.

76 *Filipek*, Krakowskie Studia Prawnicze 15 (1982), S. 135-145; *Florek*, PiP 4/1984, S. 44-57; *Górzyńska*, PiP 9/1983, S. 62-73; *Niedbała*, PiP 6/1986, S. 80-90; *Zieliński*, PiP 9/1982, S. 45-57.

77 Vgl. etwa *Jaśkiewicz*, Der Verwaltungsakt als Grundlage für die Begründung des Arbeitsverhältnisses, S. 52-60; *Krzekotowska*, PiP 1/1986, S. 60-65; *Sypniewski*, Der rechtliche Charakter der Arbeitsbeziehungen auf der Grundlage der Ernennung, S. 209-225.

78 *Świst*, Nowe Prawo 2/1974, S. 165-178; *Wiśniewski*, Nowe Prawo 1/1960, S. 80-87; *Zieliński*, Prace Prawnicze V (1974), S. 71-87.

79 Z.B. *Błachowska*, Nowe Prawo 6/1975, S. 809-816; *Jaroszyński*, PiP 8-9/1972, S. 3-19; *Kijowski*, PiP 11/1987, S. 66-77; *ders./Siemiński*, RPEiS 1/1987, S. 13-29; *Kucharski*, Nowe Prawo 6/1983, S. 46-61; *Korzan*, Studia Iuridica Silesiana 15 (1990), S. 74-97.

80 *Łopatka*, Kierownicza rola partii komunistycznej w stosunku do państwa socjalistycznego.

81 Vgl. hierzu *Leszczyna*, Studia Iuridica 7 (1979), S. 39-50.

82 Nach Auffassung der sozialistischen Autoren galt freilich auch in der Volksrepublik Polen das Prinzip der (sozialistischen) Rechtsstaatlichkeit (*praworządność*), vgl. *Opałek/Zakrzewski*, Z zagadnień praworządności socjalistycznej, S. 46; *Burda*, Demokracja i praworządność, S. 40. Andererseits wurden die rechtsstaatlichen Defizite gerade in dem hier interessierenden Bereich – nämlich der Justiziabilität von Verwaltungshandlungen (z.B. Ernennungen, Entlassungen, Disziplinarstrafen usw.) – schon früh als solche bemängelt (unter Hinweis darauf, dass dies kein Zugeständnis an westliche, „liberal-individualistische Konzeptionen" sei), vgl. etwa *Delorme*, Prace Prawnicze 4 (1974), S. 55-69, hier v.a. S. 63.

83 Vgl. hierzu *Łopatka*, PiP 1/1980, S. 3-12; *Mażewski*, PiP 2/1984, S. 52-64.

und ihrer Mitglieder zur Staatsverwaltung und ihren Bediensteten[84] bzw. nach den Möglichkeiten der Steuerung des Justizapparats und der Rechtsprechung durch die Staatspartei[85] finden sich in der älteren polnischen Rechtsliteratur einige Beiträge. Das in kommunistischer Zeit nur unzureichend befriedigte Rechtsschutzbedürfnis v.a. im Bereich des Verwaltungsrechts spiegelte sich in der schon früh einsetzenden Debatte um die Wiedereinführung der Verwaltungsgerichtsbarkeit wider[86]. Nach der Einführung der Verwaltungsgerichtsbarkeit 1980 wurden das Hauptverwaltungsgericht und seine Rechtsprechung in der polnischen Rechtsliteratur aufmerksam verfolgt[87].

b) Literatur zum neueren Beamtenrecht

Die Dienstrechtsreform als Teil der in die Systemtransformation eingebetteten Verwaltungsreform Polens wird in Aufsätzen zur Verwaltungsreform behandelt[88] und auch in neueren allgemeinen Verwaltungsrechtslehrbüchern[89]. Zu den Gesetzen über den zivilen Dienst von 1996 und 1998 sowie zu dem Gesetz von 1982 gibt es in Polen einige kürzere,

---

84 *Jełowicki*, PiP 6/1976, 63-70; *Łustacz,* Studia Iuridica 7 (1979), S. 65-78; *Rybicki/Skoczny,* PiP 1/1972, S. 13-25; *Sadowski/Zwierzchowski*, Prace Prawnicze 4 (1974), S. 5-21; *Skrzydło,* Annales 26 (1979), S. 51-67; *Zawadzki*, PiP 11/1971, S. 707-718.

85 *Domeracki,* Nowe Prawo 2/1985, S. 3-10; *ders.,* Nowe Prawo 9/1986, S. 3-9; *Oleszko,* Nowe Prawo 10-12/1988, S. 29-46; *o.V.,* Nowe Prawo 10/1967, S. 1231-1238; *Rek,* Nowe Prawo 2/1956, S. 29-39; *Walczak,* Nowe Prawo 3/1986, S. 3-10; *Warzocha,* Nowe Prawo 1/1988, S. 50-62.

86 *Litwin*, Nowe Prawo 10/1956, S. 3-19; *Paliwoda,* Nowe Prawo 1/1960, S. 33-49; *Resich,* Zeszyty Naukowe 3 (1975), S. 63-69; *ders.*, Studia Iuridica 5 (1976), S. 161-172; *Starościak,* PiP 11/1971, S. 719-727; *Ziembiński,* Annales 23 (1976), S. 27-43.

87 Vgl. nur *Janowicz,* RPEiS 3/1991, S. 1-12; *Kleniewska/Krzekotowska*, Palestra 7-8/1985, S. 25-29; *Krzekotowska,* Nowe Prawo 5/1981, S. 59-68; *Sychowicz,* Nowe Prawo 7-8/1986, S. 33-53; *Szypliński,* PiP 5/1988, S. 48-54; *Tarno,* PiP 3/1987, S. 89-95; *Zieliński*, PiP 9/1990, S. 3-12; *ders.,* Nowe Prawo 4/1984, S. 3-17.

88 *Rabska*, Der Aufbau einer neuen öffentlichen Verwaltung.

89 *Ura/Ura*, Prawo administracyjne, S. 182-200; *Cieślak*, Die Beschäftigten der öffentlichen Verwaltung, S. 262-284.

monographische Abhandlungen[90] und Aufsätze[91] sowie jeweils einen (schlanken) Kommentar[92].

Die wichtigste *Zeitschrift* für Fragen zum Dienst- und Beamtenrecht ist die Hauszeitschrift des zivilen Dienstes, die von 1997-1999 unter dem Titel *Biuletyn Służby Cywilnej*[93] erschienen ist und die seit 2000 unter dem Titel *Służba Cywilna* firmiert[94]. Hier sind zahlreiche Aufsätze zum Dienst- und Beamtenrecht, insbesondere zu den neuesten Entwicklungen und Entwicklungsperspektiven[95] des Staatsdienstes in Polen, versammelt. Auch in anderen polnischen Zeitschriften werden bisweilen Beiträge zum Dienstrecht abgedruckt[96].

Die aktuelle Debatte in Polen ist von den antipodischen und daher miteinander korrelierenden Themen der *Ethik* und der *Korruption* in der polnischen Beamtenschaft geprägt[97]. Im gleichen Kontext steht auch die Diskussion über die Politisierung der Beamtenschaft bzw. den *Grundsatz politischer Neutralität*[98]. Angesichts der umfassenden, quasi alle Rechtsgebiete – auch das Verwaltungsrecht[99] – erfassenden Rechtsangleichung Polens an das Gemeinschaftsrecht der EG haben im Hinblick auf die

---

90 *Rydlewski,* Służba cywilna w Polsce; *Sitkowska,* Służba Cywilna w nowym ustawodawstwie.

91 *Krajewski,* SC 1 (2000/2001), S. 97-121; *Pastwa*, BSC 7-8/1998, S. 7-10.

92 *Cieślak/Jagielski/Rączka*, Komentarz do ustawy o służbie cywilnej; *Hebdzyńska,* Ustawa o pracownikach urzędów państwowch z komentarzem; *Jagielski/Rączka,* Komentarz do ustawy o służbie cywilnej.

93 Abk.: BSC. Unter diesem Titel werden nunmehr gemäß Art. 22 Abs. 1 ZDG 1998 lediglich Bekanntmachungen, Ausschreibungen u.ä. veröffentlicht.

94 Abk.: SC. Mit der Herausgabe der 2000 unter diesem Titel neu gegründeten Zeitschrift erfüllt der Chef des zivilen Dienstes seine Aufgabe der „Verbreitung von Informationen über den zivilen Dienst" gemäß Art. 12 Abs. 1 Nr. 9 ZDG 1998; vgl. *Pastwa*, SC 1 (2000/2001), S. 7.

95 *Grosse*, SC 2 (2001), 79-113; *Wysocki*, SC 2 (2001), 25-50.

96 Z.B. *Kucharski*, PiP 5/1992, S. 60-66; *ders.*, PiP 5/1995, S. 78-85; *Kudrycka*, PiP 2/1997, S. 24-37; *Sanetra,* PS 2/1997, S. 3-17; *Ura*, PiP 10-11/1995, S. 58-70.

97 *Itrich-Drabarek,* SC 1 (2000/2001), S. 122-134; *Różycka,* Der öffentliche Dienst und die Ethik seiner Funktionäre.

98 *Długosz,* Die politische Neutralität des zivilen Dienstes; *Jeżewski*, Zu den Problemen der Abgrenzung von Politik und Verwaltung; *Kudrycka*, Neutralność polityczna urzędników; *dies.*, Samorzad Terytorialny 3/1998, S. 3-18; *Kulesza/Barbasiewicz*, SC 1 (2000/2001), S. 50-72; *Zawadzka,* PiP 12/1996, S. 28-39.

99 Vgl. hierzu *Corte-Real,* SC 1 (2000/2001), S. 9-21; *Wróbel*, Der Einfluss des Europarechts auf das polnische Verwaltungsverfahrensrecht; *Wyrzykowski*, Europäisierung des polnischen Verwaltungsrechts.

Weiterentwicklung des polnischen Rechts Vergleiche mit ausländischen Lösungen[100], insbesondere mit denen der OECD-Länder[101], eine große Bedeutung sowie Untersuchungen zum Einfluss des europäischen Gemeinschaftsrechts auf das Recht der Mitgliedstaaten und zu den aus diesem Grund für Polen erforderlichen Anpassungen in der Vorbeitrittsphase[102]. In diesem Zusammenhang fällt auf, dass polnische Autoren im Zusammenhang mit der Dienstrechtsreform zunehmend englischsprachige Schlagworte wie *Business, Human Resources, Marketing, New Public Management* in die Diskussion einbringen, was zeigt, dass die polnische verwaltungswissenschaftliche Forschung den internationalen Diskurswegen zu folgen beginnt[103].

c) Das Problem der begrenzten Qualität

Die rechtswissenschaftlichen polnischen Arbeiten zum Beamtenrecht, insbesondere die Beiträge aus der Zeit vor der Systemwende, haben oft nur einen *beschreibenden oder postulierenden Charakter.* Eine Auseinandersetzung mit der Rechtswirklichkeit, vor allem im kommunistischen Polen, erfolgt oftmals gar nicht oder nur andeutungsweise[104], „während die nach unserer Auffassung wichtigste Funktion der Rechtswissenschaft, nämlich die Auslegung des Rechts, völlig in den Hintergrund" tritt[105].

---

100 *Izdebski/Kulesza*, Administracja publiczna; *Jasiński/Prus*, SC 2 (2001), S. 172-180; *Kapera*, SC 2 (2001), S. 168-171; *Żarczyńska/Jasiński*, SC 1 (2000/2001), S. 166-182.

101 *Bertók*, SC 2 (2001), S. 51-78; *Długosz*, Res Publica nowa 6/1998, S. 32-37; *Jasiński*, SC 2 (2001), S. 158-162.

102 *Czaputowicz*, SC 1 (2000/2001), S. 22-49; *Łętowska*, PiP 4-5/1996, S. 44-58; *Matey*, DPC 1-4/1993, S. 41-57; *Wasilewski*, PS 9/2001, S. 15-46.

103 S. für zahlreiche Beispiele nur die Beiträge in *Ferens/Macek* (Red.), Administracja i polityka; vgl. auch *Najnigier*, SC 2 (2001), S. 8-24, und viele Beiträge in den Zeitschriften BSC und SC.

104 Vgl. *Kulesza*, Studia Iuridica 18 (1990), S. 107.

105 So *Schroeder*, Methodenprobleme der Ostrechtsforschung, S. 97, der seinerzeit „terminologische und sonstige unfruchtbare Kontroversen geradezu typisch" fand und für den eine lebhafte wissenschaftliche Diskussion eines Themas häufig nur dessen „praktische und ideologische Bedeutungslosigkeit" kennzeichnete.

Die Gründe für diese qualitativen Schwächen liegen einerseits im Fehlen einschlägiger Rechtsprechung[106], andererseits in der auch den Wissenschaftsbetrieb durchdringenden Kontrolle durch die Machthaber im kommunistischen Polen[107]: Forschungsarbeiten wurden als „wissenschaftliche Produkte“ verstanden, die im Rahmen der zentralisierten Planwirtschaft auch unter inhaltlichen Kriterien kontrolliert werden müssten[108]. Bereits die Juristenausbildung wurde als Kaderausbildung verstanden, die nicht „gesellschaftlich neutral“ sein dürfe, sondern von den marxistischen Grundsätzen getragen sein müsse[109]. Die Einstellung von Lehrkräften an den Hochschulen durfte daher nur in Abstimmung mit den zuständigen Parteiorganen erfolgen[110]. Die Machthaber waren bestrebt, „das Hochschulpersonal auf eine politische und weltanschauliche Linie zu verpflichten“ und nutzten hierfür die Möglichkeit der Entlassung von Professoren bei einer politisch nicht gewünschten wissenschaftlichen oder didaktischen Tätigkeit[111]. Der personelle Einfluss der PVAP an den Hochschulen ging allerdings in den 1980er Jahren dramatisch zurück: 1986 gehörten 25,7% der Hochschullehrer der Partei an[112].

Dieser Zusammenhang erfordert vom heutigen Ostrechtsforscher angesichts der nicht nur räumlichen, sondern auch zeitlichen und ideologischen Distanz zum sozialistischen Beamtenrecht Polens eine besondere Zurückhaltung und verlangt nach einer Gratwanderung, die zwei Anforderungen zu berücksichtigen hat: Erstens ist eine zu eigenständige Aus-

---

106 Hierzu sogleich, 4.

107 Vgl. zum Primat der Politik sogleich, C.II.1. Vgl. zum gesamtgesellschaftlichen Phänomen der Kaderpolitik und ihren Auswirkungen auf die Universitäten und Forschungsinstitute *Ito*, Nomenklatura in Polen, S. 2; *Lammich*, Regierung und Verwaltung in Polen, S. 201. Vgl. zur Hochschulpolitik der kommunistischen Partei *Hochschulrektorenkonferenz* (Hg.), Das polnische Hochschulgesetz, S. 3-11; zum Prinzip des „demokratischen Zentralismus“ im Hochschulwesen, ebda., S. 20-25; vgl. auch *Ochendowski*, PiP 10/1982, S. 18-30.

108 *Sobczak*, Rechtlich-organisatorische Probleme der wissenschaftlichen Forschungen in den Universitäten, S. 21.

109 *Baszkiewicz*, PiP 4/1975, S. 29; *Borkowski*, PiP 1-2/1976, S. 59-72.

110 Vgl. *Kijowski/Siemiński*, RPEiS 1/1987, S. 14 f.

111 *Hochschulrektorenkonferenz* (Hg.), Das polnische Hochschulgesetz, S. 35-40, *Pusylewitsch*, JOR 27 (2/1986), S. 301. Vgl. zu „politischen Säuberungen“ des Hochschulpersonals auf der Grundlage des Hochschulgesetzes von 1982 auch *Lammich*, ROW 1983, S. 19.

112 *Bingen*, APuZ B39/86 (1986), S. 8.

legung des damaligen positiven Rechts zu vermeiden[113]. Zweitens ist der Rechtsliteratur aus der damaligen Zeit – trotz ihrer genannten qualitativen Schwächen – Beachtung zu schenken.

Für die vorliegende Untersuchung sind insbesondere die größeren, sich teilweise über Jahrzehnte erstreckenden Debatten von Bedeutung, denn die dort formulierten Postulate wurden oftmals nachfolgend gesetzgeberisch umgesetzt (z.B. Einrichtung der Verwaltungsgerichtsbarkeit, Zuweisung des Dienstrechts zum Arbeitsrecht)[114]. Auch eher deskriptive Beiträge, die sich weitgehend darauf beschränken, den Inhalt von Gesetzesnormen wiederzugeben, sind von Interesse, soweit sie hierbei auch einen Einblick in den ideologischen Hintergrund und die Motive des Gesetzgebers gewähren.

Außerdem kann die Rechtswirklichkeit und Gedankenwelt aus der Zeit vor der Systemwende schon deshalb nicht übergangen werden, weil die fortwirkenden Traditionszusammenhänge des heutigen Dienstrechts (z.B. die Einschränkungen der politischen Betätigungsmöglichkeiten von Beamten als Reaktion auf die frühere Politisierung) und der damit zusammenhängenden Reformdiskussion (z.B. teilweise nach wie vor auslegungsschwache, eher deskriptiv-postulierende Beiträge in der Rechtsliteratur) nur vor diesem Hintergrund erfasst werden können.

2. Deutschsprachige Literatur

Der Forschungsstand in der deutschsprachigen Literatur zur Frage nach dem Dienstrecht in Polen ist recht lückenhaft. Eine umfassende Analyse fehlt bislang[115]. Aus der sozialistischen Zeit gibt es einige Lan-

---

113 Diese wird von *Schroeder*, Methodenprobleme der Ostrechtsforschung, als „völlig fruchtlos“ (S. 86) und „völlig sinnlos“ (S. 96) bezeichnet.

114 Dies verwundert nicht sonderlich, wenn man bedenkt, dass der Wissenschaftsbetrieb und der Gesetzgeber von der gleichen Partei gelenkt und gesteuert werden konnten.

115 *Nowotny*, ZfB 1994, S. 261-263, stellt den Entwurf des Gesetzes von 1996 kurz vor; *Redecker*, JOR 41 (2000), S. 191-221, bringt eine Übersetzung des Gesetzes von 1998 mit kurzer Einführung; ausführlicher hingegen *ders.*, Ist Polen auf dem Weg zu einem Recht des öffentlichen Dienstes?; s. hierzu den Bericht zur Tagung der Fachgruppe Recht der DGO 1998: *Prus*, BSC 9/1998, S. 30-32.

desberichte zum polnischen Dienstrecht[116]. Einige ältere Darstellungen führen in das polnische Recht der Zwischenkriegszeit und in der Volksrepublik Polen ein[117], einige Arbeiten erwähnen am Rande auch Fragen mit einem dienstrechtlichen Bezug[118]. Zur Frage nach Polens Dienstrecht in der Zeit vor der Systemwende 1989/90 liegen einige Zeitschriftenbeiträge vor[119]. Ferner lassen sich vereinzelt ostrechtliche Aufsätze finden, die punktuell auch Fragestellungen behandeln, die das Verständnis für die Probleme des Beamtenrechts im Sozialismus fördern können[120]. Aus der jüngeren Zeit gibt es eine Dissertation zu Polens Verwaltung, die aber weitgehend andere Fragestellungen verfolgt[121]. Zu nennen sind ferner Beiträge, die zwar nicht direkt auf das polnische Dienstrecht, wohl aber auf die Rolle der Staatsbeamten in einem anderen Zusammenhang eingehen, etwa dem der Lustration[122] oder dem der Reform der Verwaltungsorganisation vor dem Hintergrund der Rechtsannäherung Polens an das europäische Gemeinschaftsrecht[123]. Zudem gibt es eine ganze Reihe von Publikationen, welche sich mit grundlegenden und daher auch für Polen relevanten Fragen zur Transformation in Mittel- und Osteuropa, gerade auch vor dem Hintergrund deutscher Erfahrungen, auseinandersetzen[124]. Viele politikwissenschaftlichen Arbeiten über die Systemtrans-

---

116 *Urbanowicz*, Die rechtliche und organisatorische Stellung der höheren Kader in der polnischen Verwaltung; *Starościak*, Polen. Der Dienst in den staatlichen Verwaltungsorganen; vgl. auch *ders.*, DPC 19/1973, S. 5-19.

117 Hier insbesondere in die Problematik der Rechtszersplitterung und der Rechtsvereinheitlichung, z.B. *Geilke*, Einführung in das Recht der Polnischen Volksrepublik; *ders.*, JOR 4 (2/1963), S. 105-162.

118 Vgl. etwa zur Kaderpolitik im „demokratischen Zentralismus" *Lammich*, Regierung und Verwaltung in Polen, S. 48-57.

119 Z.B. *Florek*, JOR 24 (1983), S. 275-297; *Lammich*, VerwArch 67 (1976), S. 288-301.

120 *Bilinsky*, ROW 1981, S. 41-60; *Kuss*, JOR 22 (1981), S. 263-303; *Lammich*, ROW 1983, S. 12-22; *ders.*, JOR 11 (1/1970), S. 121-139.

121 *Orlean*, Die öffentliche Verwaltung Polens und die Anpassung von human resources an die neue ökonomisch-soziale Situation.

122 *Banaszak*, ROW 1997, S. 32-35; *Działocha*, Probleme der Lustration der Staatsbeamten.

123 *Tkaczyński*, Verw 30 (1997); S. 259-271, *Filipek*, Wirkungen des Europarechts auf die polnische Verwaltungsorganisation; *Lipowicz*, Wirkungen des Europarechts auf die polnische Verwaltungsorganisation.

124 Z.B. *Bafoil*, Systemumbruch in Ostdeutschland und Polen zwischen außengesteuerter Integration und endogener Systemveränderung, m.w.N.; *Elles*, Europäische

formation in Mittel- und Osteuropa sind für den vorliegenden Zusammenhang relevant, weil sie entweder den metajuristischen Zusammenhang verdeutlichen, in dem die Verwaltungstransformation und die Dienstrechtsreform stehen[125], oder weil sie die Rolle des Staats- und Verwaltungsapparats in der Systemtransformation behandeln[126].

3. Englische und französische Literatur

Aus dem Bereich der *englischsprachigen Literatur* zum Dienst- und Verwaltungsrecht sind zunächst die Veröffentlichungen des von der OECD und der EU gemeinsam finanzierten SIGMA-Programms hervorzuheben[127], welches sich explizit die Unterstützung der Verwaltungsreformen in den mittel- und osteuropäischen Ländern zum Ziel gesetzt hat. Auch die Weltbank hat vergleichbare Studien herausgegeben[128]. Ferner gibt es einige politikwissenschaftlichen Arbeiten, die das System des öffentlichen Dienstes in Polen in vergleichender Perspektive in den Blick nehmen und die bisherige und die weitere Entwicklung des öffentlichen Dienstes in Polen bzw. in der gesamten mittel- und osteuropäischen Region anhand von vorher eigens erarbeiteten, empirischen Erklärungsmustern[129] oder im Hinblick auf gewisse Aspekte der Problematik (z.B. Schulung und Weiterbildung[130], Verwaltungsmodernisierung[131] oder

---

Verwaltungsförderung in Mittel- und Osteuropa; *Glaeßner*, Vom „demokratischen Zentralismus" zur demokratischen Verwaltung?; *König*, VerwArch 84 (1993), S. 311-327.

125 Z.B. *Glaeßner*, *Gert-Joachim*, Demokratie nach dem Ende des Kommunismus, m.w.N.; *Wollmann/Wiesenthal/Bönker* (Hg.), Transformation sozialistischer Gesellschaften, m.w.N.

126 Z.B. *Goetz*, Ein neuer Verwaltungstyp in Mittel- und Osteuropa?, m.w.N.; *Wollmann*, APuZ 5/1997, S. 3-15; *Ziemer,* Politischer Wandel in Osteuropa, S. 19-21.

127 Z.B. *SIGMA*, Papers No. 12, Country profiles of civil service training systems; *SIGMA,* Papers No. 23, Preparing Public Administrations for the European Administrative Space. Die Publikationen sind abzurufen über die SIGMA-Homepage www.oecd.org/puma/sigmaweb.

128 *Nunberg,* The State After Communism.

129 *Bekke/Perry/Toonen* (Hg.), Civil Service Systems in Comparative Perspective; *Verheijen* (Hg.), Civil Service Systems in Central and Eastern Europe.

130 *Hesse*, Staatswissenschaften und Staatspraxis 7 (1996), S. 419-437.

131 *Hesse*, Staatswissenschaften und Staatspraxis 2 (1991), S. 197-217.

allgemein das Erbe aus der sozialistischen Zeit[132]) einzuordnen versuchen. Eine schon etwas ältere, aber grundlegende verwaltungswissenschaftliche Arbeit konzentriert sich auf zahlreiche Fragen der Verwaltungsreform in Polen[133]. Bisweilen veröffentlichen polnische Autoren Beiträge zum polnischen Beamtenrecht und zu den damit zusammenhängenden Fragestellungen auf Englisch[134]. Ferner gibt es englischsprachige polnische Informationsbroschüren zur Verwaltungsreform und zum neuen ZDG[135].

Auch in französischer Sprache sind einige Veröffentlichungen zum polnischen Dienst- und Verwaltungsrecht erschienen. An erster Stelle ist hier das französischsprachige polnische Publikationsorgan *Droit Polonais Contemporain* (DPC) zu nennen[136]. Aber auch in anderen Rechtszeitschriften finden sich gelegentlich Beiträge zu dem hier interessierenden Zusammenhang[137]. Viele SIGMA-Publikationen erscheinen auf Französisch[138].

4. Quellenlage

Die *Quellenlage* zur aus einem Zusammenspiel von Rechtsetzung und Rechtsanwendung resultierenden Rechtswirklichkeit[139] des polnischen Dienstrechts, also die Verfügbarkeit bzw. das Vorhandensein von Normtexten und Gerichtsentscheidungen, lässt einiges zu wünschen üb-

---

132 *Piekalkiewicz/Hamilton* (Hg.), Public Bureaucracies between Reform and Resistance.

133 *Hesse/Goetz*, Staatswissenschaften und Staatspraxis 3 (1992), S. 406-451.

134 *Izdebski*, Studia Iuridica 30 (1995), S. 149-163; *Kudrycka,* The Ethical Codes of Polish Public Officials; *Łętowski* (Hg.), Administration in People's Poland; *Rabska*, European Public Law 1/1997, S. 17-25; *Włodyka,* Archivum Iuridicum Cracoviense 3 (1970), S. 129-147.

135 Z.B. *Office of Civil Service* (Hg.), Poland: The Public Service in Transition.

136 *Górzyńska,* DPC 3-4/1983, S. 41-58; *Łętowski*, DPC 3-4/1976, S. 27-36 ; *Łopatka,* DPC 3-4/1980, S. 5-16 ; *Starościak*, DPC 19/1973, S. 5-19.

137 *Izdebski*, Revue européenne de Droit Public 4 (1992), S. 327-351; *Sobolewski*, Archivum Iuridicum Cracoviense 7 (1974), S. 65-85.

138 S. die Auflistung unter www.oecd.org/puma/sigmaweb.

139 *Schroeder*, Methodenprobleme der Ostrechtsforschung, S. 95 m.w.N., weist darauf hin, dass der „juristische *approach* für die Ostrechtsforschung keine Beschränkung auf eine Darstellung der Normen" bedeutet, dass die richterliche Rechtsanwendung vielmehr ebenfalls eine hervorragende Bedeutung hat.

rig. Rechtsnormen (Gesetze, Dekrete, Verordnungen usw.) sind im polnischen Gesetzblatt *Dziennik Ustaw* umfassend dokumentiert. Anders sieht es aus mit *Gerichtsurteilen.* In der sozialistischen Zeit war das Dienstrecht, so wie das Verwaltungsrecht im Allgemeinen, in weiten Teilen zunächst überhaupt nicht justiziabel[140]. Der Standpunkt der Rechtsprechung lässt sich für diesen Zeitraum allenfalls indirekt aus gerichtlichen *obiter dicta* – etwa zu arbeitsrechtlichen Entscheidungen – entnehmen[141]. Mit der Einrichtung des Hauptverwaltungsgerichts 1980 nahm der gerichtliche Rechtsschutz – nicht zuletzt dank der weiten Auslegung von Zuständigkeitsvorschriften durch die Gerichte[142] – zwar grundsätzlich zu, jedoch werden die Gerichtsurteile häufig gar nicht oder ohne Begründung veröffentlicht. Erschwerend kam in der sozialistischen Zeit hinzu, dass es – selbst in Bereichen, in denen den Staatsbeamten der gerichtliche Rechtsschutz eröffnet war – nur verhältnismäßig wenig Gerichtsverfahren gab, weil die Beamten in ihren dienstrechtlichen Angelegenheiten den Gang zum Gericht scheuten[143]. In jüngerer Zeit verhindert das größer werdende Problem der Überlastung der Gerichte eine zeitnahe Entscheidungsfindung zu neueren Gesetzen wie dem Gesetz über den zivilen Dienst von 1998[144]. Es liegt auf der Hand, dass das Problem der fehlenden Judikatur Rückwirkungen auf die Qualität der häufig theoretisierenden und wenig praxisnahen Rechtsliteratur hat (s.o., 1c).

---

140 Vgl. hierzu etwa *Szubert,* PiP 1-2/1976, S. 199, 211.

141 *Łętowski*, DPC 3/1974, S. 25.

142 Vgl. das Urteil des HVG v. 19. 2. 1981 (Az. SA 240/81), ONSA 1/1981, Pos. 9, wonach Entscheidungen zum Dienstverhältnis von ernannten Beschäftigten solche im Sinne der VerwVerfO sind und daher der Zuständigkeit des Gerichts unterliegen. In letzter Zeit hat das OG den Kompetenzbereich des HVG – teilweise gegen dessen Widerstand – im Hinblick auf das Recht auf den gesetzlichen Richter ausgeweitet, vgl. *Redecker*, WiRO 2000, S. 322.

143 *Łętowska*, Civil servants in administration, S. 148. Dies ist sicherlich zurückzuführen auf die fehlende richterliche Unabhängigkeit (s. hierzu sogleich, C.II.2): die Gerichte und der Dienstherr waren beide von der kommunistischen Staatspartei gesteuert, daher bot dem Beamten eine Klage gegen den Dienstherrn von vornherein wenig Erfolgsaussichten, stellte ihm aber schwerwiegende dienstliche und persönliche Nachteile in Aussicht.

144 Laut der Verfahrensstatistik des HVG waren dort zum Jahreswechsel 2000/2001 insgesamt 70.000 unerledigte Verfahren anhängig; im Jahr 2000 wurden 65.000 Klagen anhängig gemacht und 54.000 entschieden, der Rückstau ist also in diesem Jahr um 11.000 Verfahren angewachsen; vgl. *Bober/Redecker*, WiRO 2001, S. 251. Zur Verfahrensflut beim OG vgl. *Redecker*, WiRO 2000, S. 322.

B. Die Zwischenkriegszeit (1918-1939): Verwurzelung im österreichischen Beamtenrecht

I. HISTORISCHER KONTEXT

Das durch die Gebietsteilungen des polnisch-litauischen Doppelreichs von 1772, 1793 und 1795 zwischen Österreich-Ungarn, Preußen und Russland aufgeteilte Polen erlangte im Verlauf des Ersten Weltkriegs seine Staatlichkeit schrittweise wieder zurück. Die beiden Mittelmächte Österreich-Ungarn und Deutschland proklamierten im November 1916 auf dem Gebiet der beiden Generalgouvernements Lublin und Warschau gemeinsam die Wiedererrichtung des Königreichs Polen, und der daraufhin gebildete Regentschaftsrat berief im Dezember 1917 die erste polnische Regierung. Erst der Waffenstillstand vom 11. November 1918 und die Auflösung des Regentschaftsrats zugunsten des neuen Staatschefs *Piłsudski* brachten Polen die Unabhängigkeit. Die Konsolidierung des Staatsgebiets dauerte noch bis 1923 an[145].

Der aus Gebietsteilen des Deutschen Reichs, Österreich-Ungarns und Russlands neu gebildete polnische Staat zerfiel infolge der vorangegangenen Teilungen in fünf verschiedene Rechtsgebiete, nämlich die vom Deutschen Reich abgetrennten Gebiete, die früher zu Österreich gehörenden Gebiete, vormals zu Ungarn gehörende Gebiete, das früher als „Königreich Polen" zu Russland gehörende sog. Kongresspolen sowie Ostpolen inklusive Mittellitauen[146]. Es lag eine *Rechtszersplitterung* vor, die zu einem erheblichen Bedürfnis der Rechtsvereinheitlichung in dem neu konstituierten Staat führte.

Die sog. *Märzverfassung* von 1921 kleidete den Sejm mit einer starken Stellung insbesondere gegenüber der Regierung aus. Er hatte das Budgetrecht, und alle Minister waren parlamentarisch verantwortlich, was eine innere Konsolidierung Polens und die Stabilität seiner Regie-

---

145 Vgl. für einen Überblick *Geilke*, Einführung in das Recht der Polnischen Volksrepublik, S. 19-21; vgl. ferner *Ćwik/Mróz/Witkowski*, Administracja w systemie ustrojowym Polski do 1939 r., S. 156-164.

146 Näher hierzu *Korkisch*, Das polnische Privatrecht vor 1939, S. 149-186, hier insbesondere S. 149; vgl. zur polnischen Rechtsgeographie der Zwischenkriegszeit auch *Geilke*, JOR 4 (2/1963), S. 105-172, hier S. 105-142.

rungen erheblich erschwerte. Nach einer Zeit ständig wechselnder Regierungen und starker innenpolitischer Spannungen ergriff Marschall *Piłsudski* nach einem blutigen Staatsstreich im Mai 1926 die Macht, ließ sich noch im gleichen Monat zum Staatspräsidenten wählen, installierte dann aber einen Vertrauensmann in diesem Amt und wurde im Oktober Ministerpräsident Polens. Ein verfassungsänderndes Gesetz von 1926, die sog. *Augustnovelle*, gab dem Staatspräsidenten das Recht, das Parlament aufzulösen, und er konnte Dekrete mit Gesetzeskraft erlassen. In den folgenden Jahren wurde die Regierung faktisch zum „wichtigsten gesetzgebenden Organ"[147]. Nach politischen Prozessen 1933 und der Emigration zahlreicher führender Politiker erging im April 1935 eine neue autoritäre *Verfassung*, welche die Stellung des Staatspräsidenten weiter stärkte[148]. Nach dem Tod *Piłsudskis* im Mai 1935 verwandelte sich das eher gemäßigte diktatorische Regime zusehends in ein sog. *Obristenregime*, dessen innenpolitische Unfähigkeit sich in einer stetigen Verschlimmerung der militärischen und ökonomischen Verhältnisse offenbarte[149].

II. DIE VORLÄUFIGEN DIENSTVORSCHRIFTEN (1918)

Bereits im Juni 1918 erließ der von den Mittelmächten abhängige Regentschaftsrat des sog. Königreichs Polen die *Vorläufigen Dienstvorschriften für die Staatsbeamten*, welche übergangsweise bis zur Verabschiedung eines allgemeinen Dienstgesetzes für die Staatsbeamten des Königreichs gelten sollten. Die Vorschrift besteht aus 46 schlanken Artikel in sechs Titeln über die allgemeinen Bestimmungen, die Aufnahme

---

[147] So in seiner verfassungsrechtlichen Untersuchung der *Piłsudski*-Ära *Smoliński*, Rządy Józefa Piłsudskiego w latach 1926-1935, S. 105.

[148] Vgl. hierzu *Piasecki*, Zeitschrift für osteuropäisches Recht N.F. 2 (2/1935), S. 57-71.

[149] Ausführlich zur politischen Entwicklung Polens in der Zwischenkriegszeit *Bardach/Leśnodorski/Pietrzak*, Historia państwa i prawa polskiego, S. 485-516; *Roos*, Geschichte der polnischen Nation 1916-1960, S. 99-170; *Ryszka* (Red.), Historia Państwa i Prawa Polski 19198-1939, S. 97-167; vgl. für eine knappe Zusammenfassung *Alexander*, Geschichtlicher Überblick, S. 24-27.

in den Dienst, die Pflichten, die Rechte und die Verantwortlichkeit der Beamten sowie über die Auflösung des Dienstverhältnisses[150].

1. Wesentliche Regelungen

In den sechs Artikeln der *Allgemeinen Bestimmungen* des ersten Titels werden die Grundlagen des neuen polnischen Dienstrechts gelegt. In Art. 1 heißt es:

> „Das Rechtsverhältnis des Beamten zum Staat gehört zum Bereich des öffentlichen Rechts und kann nicht im Wege eines Vertrags oder auf Forderung des Beamten begründet, geändert, aufgehoben oder aufgelöst werden, sondern nur auf der Grundlage des Gesetzes und der rechtlichen Anordnungen der Staatsgewalt."

Die Staatsbeamten dürfen nicht an illegalen oder solchen Vereinigungen teilnehmen, deren Tätigkeit dem Beamtenwesen und den Beamtenpflichten zuwiderläuft, und sie dürfen keine Verbindungen oder Verträge eingehen, welche die Tätigkeit der Regierungsorgane behindern (Art. 3). Gemäß Art. 4 kann jeder polnische Volkszugehörige unabhängig von seiner bisherigen Staatszugehörigkeit Staatsbeamter werden sowie auch andere Personen, welche die polnische Staatsangehörigkeit besitzen. Unabdingbare Voraussetzung ist aber die mündliche und schriftliche *Beherrschung der polnischen Sprache*. In Art. 5 werden die vier Einstellungsvoraussetzungen genannt, ein Lebensalter von mindestens 18 Jahren, eine entsprechende Eignung, bürgerliche Unbescholtenheit und ein „moralischer Charakter". Laut Art. 6 nicht in den Dienst aufgenommen werden dürfen Minderjährige ohne Zustimmung des Vaters oder Vormunds, Schwangere im Fall eines Protests des Ehemanns und die im Disziplinarweg des Amts Enthobenen vor Ablauf eines Jahres bzw. die Entlassenen vor Ablauf von drei Jahren. Außerdem dürfen Verwandte und Verschwägerte bis zum dritten Grad einschließlich in den jeweiligen Ämtern nicht in einem unmittelbaren Vorgesetzten- bzw. Untergebenenverhältnis miteinander stehen.

---

150 Soweit ersichtlich, wurden bislang die wesentlichen Regelungen der polnischen Vorläufigen Dienstvorschriften von 1918 weder in der deutschsprachigen noch in der polnischen Rechtsliteratur näher behandelt.

Im zweiten Titel (Art. 7-13) ist das Verfahren für die *Aufnahme in den Dienst* recht ausführlich und in chronologischer Reihenfolge geregelt – von den einzureichenden Bewerbungsunterlagen über das Auswahlverfahren durch den Amtsleiter, die Aushändigung des Ernennungsschreibens und die Ablegung des Diensteids bis hin zum Dienstantritt und zur Einweisung in die Tätigkeit. Art. 13 bestimmt, dass der Vorbereitungsdienst der Applikanten und Praktikanten gesondert geregelt wird und dass für *nicht dauerhafte Hilfsdienste* Anstellungsverhältnisse, die nicht dem Beamtenrecht unterfallen, eingegangen werden können.

Der dritte Titel enthält in zehn kurzen Artikeln (Art. 14-23) die *Pflichten des Beamten.* Als allgemeine Grundpflicht bestimmt Art. 14:

> „Der Staatsbeamte ist verpflichtet zur Treue und zum Gehorsam gegenüber dem Staatsoberhaupt, zur Einhaltung der Verfassung wie auch der anderen Gesetze und Vorschriften. Er hat sich dem Dienst mit vollem Eifer und voller Gewissenhaftigkeit zu widmen, seine Pflichten unparteiisch und uneigennützig zu erfüllen und immer auf das öffentliche Wohl und den geordneten Gang der Staatsverwaltung bedacht zu sein."

In Ausprägung dieser Grundpflicht gelten im Einzelnen die folgenden, besonderen Beamtenpflichten: Gemäß Art. 15 schuldet er seinen Vorgesetzten dienstlichen *Gehorsam.* Hält er die Anweisungen für unvereinbar mit seinem Gewissen, kann er seine Bedenken dem unmittelbaren Vorgesetzten oder der nächsthöheren Behörde vortragen (*Remonstration*). Der Beamte muss sich mit den Anordnungen der Behörde *solidarisieren* und hat sich negativer Kritik zu enthalten, und außerdem unterliegt er der *Amtsverschwiegenheit* (Art. 16). Im Verkehr mit den Parteien hat er höflich und strikt unparteiisch zu sein, und er muss das Ansehen seines Standes in und außer Dienst wahren (Art. 17). Alle Anliegen, Vorstellungen und Beschwerden in dienstlichen oder das Dienstverhältnissen berührenden persönlichen Angelegenheiten hat der Beamte im *Dienstweg* und ausschließlich bei den vorgesetzten Behörden vorzubringen, er darf sich damit nicht an andere Stellen oder an die Presse wenden (Art. 18). Bei dienstlichen Anordnungen ist der *Rechtsweg ausgeschlossen* (Art. 19). Gemäß Art. 20 sind die *Amtsstunden* genau einzuhalten, und bei einem dienstlichen Bedürfnis ist die Amtstätigkeit auch über die Amtsstunden hinaus auszudehnen. In den Art. 21-23 sind die *Benachrichtigungs- und Meldepflichten* des Beamten in den Fällen der

Krankheit, der Verehelichung und der Aufnahme von erwerbsmäßigen Nebenbeschäftigungen geregelt.

Die *Rechte des Beamten* sind in den Art. 24-32 (Titel IV) festgelegt. Hervorzuheben ist das *Privileg der Unkündbarkeit*[151] gemäß Art. 24, welches die Beamten nach fünf Jahren erreichen, Richter bereits nach drei Jahren. Es gilt nur für die dauerhaft ernannten Beamten und nicht für die Vertragsbeamten und die provisorischen, d.h. mit dem Vorbehalt des Widerrufs ernannten Beamten sowie ferner nicht für Applikanten und Praktikanten. Die Art. 25-29 normieren das Recht auf die Führung eines Amtstitels, das Recht auf *besonderen Rechtsschutz* gemäß dem Justiz- und Strafrecht, das Recht und auch die Pflicht zum Tragen einer Uniform, das Recht auf den Jahresurlaub nach Ableistung von mindestens sechs Dienstmonaten sowie das Recht auf Vergütung und auf Erstattung von Umzugskosten. Gemäß Art. 30 hat der Beamte das Recht auf dienstliche Beförderung – wird er nicht fristgerecht befördert, so steht ihm eine gesonderte *Dienstalterszulage* zu. Die Art. 31-32 regeln die Einberufung zum Wehrdienst sowie die Ruhegehalts- und Witwen- und Waisenrentenansprüche und verweisen im Übrigen auf die diesbezüglich zu ergehenden Sondervorschriften.

Im Titel V („Verantwortlichkeit der Beamten") ist in aller Kürze das *Disziplinarrecht* der Beamten umrissen (Art. 33-40). Es gibt *neun Disziplinarstrafen*, die Ermahnung, ein Bußgeld von bis zu 100 Mark, die Versagung des Erholungsurlaubs, den Verweis, die Aussetzung der Beförderungsmöglichkeit, die Versetzung in eine andere Ortschaft, die Versetzung in ein Amt einer niedrigeren Gehaltskategorie, die Amtsenthebung und die Entlassung aus dem Dienst. Die ersten drei Strafen können vom Amtsleiter oder dem Leiter der vorgesetzten Dienstbehörde nach Anhörung des Beamten verhängt werden mit der Möglichkeit der Beschwerde bei der nächsthöheren Dienststelle. Die übrigen Disziplinarstrafen werden von den Disziplinarkommissionen, welche zwei Instanzen haben, verhängt. Einen darüber hinaus gehenden, dienstlichen oder gerichtlichen Rechtsweg gibt es nicht.

Die *Auflösung des Dienstverhältnisses* ist im abschließenden, sechsten Titel in den Art. 41-46 geregelt. Der Beamte kann auf eigenen Antrag hin aus dem Staatsdienst *entlassen* werden (Art. 41). Die Einstel-

---

[151] Wörtlich übersetzt: „Unabsetzbarkeit" (*nieusuwalność*).

lungsbehörde kann ihn ferner gemäß Art. 42 auch ohne seinen Antrag *unter Beibehaltung seiner Ruhegehaltsansprüche vom Dienst befreien*, wenn er länger als ein Jahr krankheitsbedingt arbeitsunfähig war, wenn er in seiner Pflichterfüllung unfähig oder nachlässig ist, wenn er die vollen Ruhestandsansprüche erworben hat, wenn er nur provisorisch, d.h. auf Widerruf beschäftigt ist, wenn seine Probezeit, seine Applikantur oder sein Praktikum abgelaufen und er nicht ernannt worden ist, und schließlich bei einer Aufhebung des Haushalts des entsprechenden Amts. Beamte, die noch nicht unkündbar gemäß Art. 24 sind, können auch *ohne Angabe von Gründen* befreit werden. Wird gegen den Beamten ein strafrechtliches Ermittlungsverfahren eingeleitet, so kann er gemäß Art. 43 von seinen Amtspflichten – unter Kürzung der Dienstbezüge auf die Hälfte – entbunden werden. Beamte, die wegen der Auflösung des entsprechenden Haushalts befreit wurden, erhalten unter Beibehaltung ihrer Ruhestandsansprüche für zwei Jahre die Hälfte ihrer Bezüge, soweit sie nicht vorher in ein anderes Amt ernannt werden (Art. 44). Soweit ein Beamter ohne seinen Antrag vom Dienst befreit wurde und eine dreimonatige Kündigungsfrist nicht eingehalten wurde, bezieht er für drei weitere Monate eine Pension und eine wirtschaftliche Zulage (Art. 45). Die Kündigungsfrist und der Entschädigungsanspruch gilt aber gemäß Art. 46 nicht für die Beschäftigten in der Applikantur, im Praktikum oder in der Probezeit.

Mit den Art. 42-46 wird der Grundsatz der Unkündbarkeit gemäß Art. 24 wesentlich modifiziert. Die Befreiungsgründe gemäß Art. 42 betreffen sowohl kündbare als auch „unkündbare" Beamte, mit dem einzigen Unterschied gemäß Art. 42 Abs. 2, dass die Einstellungsbehörde bei der Aussprache der „Befreiung vom Dienst" gegen die „unkündbaren" Beamten einen Befreiungsgrund angeben muss wie z.B. die „nachlässige Pflichterfüllung" durch den Beamten gemäß Art. 42 Abs. 1 lit. b. Einen gerichtlichen Rechtsschutz hat der Beamte hierbei nicht (Art. 19).

2. Synoptischer Vergleich mit der österreichischen Dienstpragmatik (1914)

Die vom Regentschaftsrat des Königreichs Polen innerhalb kurzer Zeit nach seiner Einsetzung durch die Mittelmächte erlassenen *Vorläufigen Dienstvorschriften für die Staatsbeamten* waren streng nach dem sog. deutschen Beamtenrechtsmodell, also dem Beamtenrecht österreichisch-preußischen Typs, ausgerichtet[152]. Wie weit die Übernahme dieses Modells ging, zeigt die folgende synoptische Gegenüberstellung mit der *österreichischen Dienstpragmatik* von 1914[153]:

Titel I (Allgemeine Bestimmungen)

Vorläufige Dienstvorschriften 1918 (Polen)	**Dienstpragmatik 1914 (Österreich)**	**(fast) gleich**	**ähnlich**	**anders**
Art. 1 Definition Dienstverhältnis	keine Entsprechung			
Art. 2 Definition Staatsbeamter	keine Entsprechung			
Art. 3 Abs.1 Vereinigungen **Abs. 2** Verträge, Verbindungen	**§ 25 Abs. 1** **§ 25 Abs. 2**	X X		
Art. 4 Abs. 1-2 Nationalität, Staatsangehörigkeit **Abs. 3** Sprache	§ 1 keine Entsprechung		X	
Art. 5 Bewerber	§ 1		X	
Art. 6 Abs. 1 minderjährige, schwangere, entlassene Bewerber **Abs. 2** verwandte o. verschwägerte Vorgesetzte	§ 2 § 3	 X	X	

---

152 Vgl. *Jaśkiewicz*, Studia nad sytuacją prawną pracowników państwowych, Bd. 1, S. 4, 9-76, 79-80.

153 Gesetz v. 25. 1 1914 betreffend das Dienstverhältnis der Staatsbeamten und der Staatsdienerschaft (*Dienstpragmatik*), Reichsgesetzblatt für die im Reichsrate vertretenen Königreiche und Länder 1914, Nr. 8, Pos. 15. Die Dienstpragmatik war die erste umfassende Kodifizierung des österreichischen Dienstrechts, nachdem das Dienstrecht vorher in verschiedenen, verstreuten Gesetzen geregelt war; vgl. *Jaśkiewicz*, Studia nad sytuacją prawną pracowników państwowych, Bd. 1, S. 18. Weil die Rechtslage zum Beamtenrecht in Preußen 1918 weniger übersichtlich war – es galten ältere Vorschriften des preußischen Landrechts sowie für die Reichsbeamten das Reichsbeamtengesetz v. 31. 3. 1873 in seiner vereinheitlichten Fassung v. 18. 5. 1907 (RGBl. 1907, Nr. 24, Pos. 3336, S. 245-278) – bietet sich vorliegend die österreichische Dienstpragmatik als Vergleichsgrundlage an.

Titel II (Aufnahme in den Dienst)

Vorläufige Dienstvorschriften 1918 (Polen)	Dienstpragmatik 1914 (Österreich)	(fast) gleich	ähnlich	anders
Art. 7 Zulassungsverfahren	keine Entsprechung			
Art. 8 Ernennung, Eid	**§ 7, § 12**		X	
Art. 9 Ernennung und Vergütung gem. Haushaltsplan	keine Entsprechung			
Art. 10 Verfahren der Ausstellung des Ernennungsschreibens	keine Entsprechung			
Art. 11 Pflicht zum Dienstantritt	**§ 7 Abs. 2**	X		
Art. 12 Einweisung, tatsächlicher Dienstantritt	**§ 9**		X	
Art. 13 Abs. 1 Vorbereitungsdienst **Abs. 2** Angestellte im Hilfsdienst	**§ 11** keine Entsprechung		X	

Titel III (Pflichten des Beamten)

Vorläufige Dienstvorschriften 1918 (Polen)	Dienstpragmatik 1914 (Österreich)	(fast) gleich	ähnlich	anders
Art. 14 Grundpflicht	**§ 21**	X		
Art. 15 Gehorsam	**§ 22 Abs. 1**	X		
Art. 16 Solidaritätsgebot, Amtsverschwiegenheit	keine Entsprechung **§ 23**	 X		
Art. 17 S. 1 Parteienverkehr; **S. 2** Verhalten	**§ 26 Abs. 2** **§ 24**	X X		
Art. 18 Dienstweg	**§ 27 Abs. 1**	X		
Art. 19 Dienstliche Anordnungen	**§ 27 Abs. 2**			X
Art. 20 Amtsstunden	**§ 28 Abs. 1**	X		
Art. 21 Fernbleiben vom Dienst	**§ 29**	X		
Art. 22 Meldung des Eheschlusses	**§ 32**	X		
Art. 23 Nebenbeschäftigung	**§ 33**	X		

Titel IV (Rechte des Beamten)

Vorläufige Dienstvorschriften 1918 (Polen)	Dienstpragmatik 1914 (Österreich)	(fast) gleich	ähnlich	anders
Art. 24 Unkündbarkeit erst nach 5 (Richter: 3) Jahren	keine Entsprechung			
Art. 25 Amtstitel	**§ 40**		X	
Art. 26 bes. Rechtsschutz	keine Entsprechung			
Art. 27 Uniform	**§ 41**	X		
Art. 28 Erholungsurlaub	**§ 42**	X		
Art. 29 Bezüge, Umzugskosten	**§ 45** **§ 68**	X X		
Art. 30 Abs. 1 Beförderung **Abs. 2/3** Dienstalterszulage	**§ 49** **§ 51**	X X		
Art. 31 Militärdienst, Staatsrat, Parlament	**§ 30** **§ 71**		X X	
Art. 32 Alters- und Hinterbliebenenversorgung	**§ 60**	X		

Titel V (Verantwortlichkeit der Beamten)

Vorläufige Dienstvorschriften 1918 (Polen)	Dienstpragmatik 1914 (Österreich)	(fast) gleich	ähnlich	anders
Art. 33 Disziplinarstrafen	**§§ 90, 93**			X
Art. 34 Abs. 1 Verhängung durch Vorstand der Behörde **Abs. 2** Benachrichtigung ohne Eintrag in Standesausweis **Abs. 3** Beschwerdefrist 14 Tage, kein weiteres Rechtsmittel	**§ 91 Abs. 1/2** **§ 91 Abs. 3/5** **§ 92**	X X X		
Art. 35 Disziplinarkomm.	**§ 93 Abs. 2**	X		
Art. 36 Abs. 1/2 Disziplinarkommissionen 1./2. Instanz **Abs. 3** Zusammensetzung	**§ 100** **§ 101**	X X		
Art. 37 S. 1 Disziplinarsenate **S. 2** juristische Ausbildung	**§ 104 Abs. 1** keine Entsprechung	X		
Art. 38 Disziplinaranwalt Verteidiger	**§ 107** **§ 109**	X X		
Art. 39 Berufungsfrist	**§ 133**	X		
Art. 40 Zuständigkeit	**§ 102**	X		

Titel VI (Auflösung des Dienstverhältnisses)

Vorläufige Dienstvorschriften 1918 (Polen)	Dienstpragmatik 1914 (Österreich)	(fast) gleich	ähnlich	anders
Art. 41 freiwilliger Austritt	**§§ 84, 86**		X	
Art. 42 Befreiungsgründe	**§§ 73, 74, 76, 80, 86 Abs. 2, 10 und 11**		X	
Art. 43 Ermittlungsverfahren	keine Entsprechung			
Art. 44 Haushaltsauflösung: hälftiges Gehalt für zwei Jahre	**§§ 74 Abs. 1; 76 Abs. 1 Nr. 2**		X	
Art. 45 Abfindung	keine Entsprechung			
Art. 46 fristlose Kündigung bei Angestellten, Applikanten, Praktikanten, Beamten auf Probe	**§§ 10 und 11**		X	

Die *Vorläufigen Dienstvorschriften* sind bereits in ihrer Gliederung eng an das „Erste Hauptstück (Beamte)“ der österreichischen Dienstpragmatik angelehnt[154]. Die fünf Abschnitte der Dienstpragmatik (Allgemeine Bestimmungen, Pflichten, Rechte, Veränderungen im Dienstverhältnis und dessen Auflösung, Ahndung von Pflichtverletzungen) finden ihre Entsprechung in den Titeln I und III-VI der *Vorläufigen Dienstvorschriften.* Lediglich zum Titel II (Aufnahme in den Dienst) findet sich keine Entsprechung in der Gliederung der österreichischen Dienstpragmatik. Die synoptische Gegenüberstellung der einzelnen Vorschriften erhellt, inwieweit eine Regelungsidentität, eine Ähnlichkeit oder eine Andersartigkeit zwischen der polnischen und der österreichischen Dienstordnung vorliegt.

Mit „(fast) gleich“ wurden im Rahmen der Synopse die Bestimmungen bewertet, die entweder eine wörtliche Übersetzung ins Polnische oder eine Kurzform der österreichischen Dienstpragmatik darstellen. Als „ähnlich“ wurden die Vorschriften eingestuft, die in Tatbestand und Rechtsfolge die gleiche Grundrichtung aufweisen, und als „anders“ die

154 Das „Zweite Hauptstück (Staatsdiener)“ betrifft die niedrigeren Funktionäre, für die in Polens Vorläufigen Dienstvorschriften von 1918 keine eigene Regelung getroffen wird.

Vorschriften, die überwiegend unterschiedliche Rechtsfolgen vorsehen. Fragen, die in der österreichischen Dienstpragmatik nicht explizit behandelt werden, haben den Eintrag „keine Entsprechung" erhalten.

a) Allgemeine Bestimmungen

Im Titel I („Allgemeine Bestimmungen") haben drei Regelungen keine Entsprechung im österreichischen Vorbild. Dies erklärt sich in allen drei Fällen aus der *historischen Sondersituation* Polens im Jahr 1918. Die Begriffe *Dienstverhältnis* und *Staatsbeamter* mussten gesetzlich definiert werden, weil die polnische Staatlichkeit erst wieder im Entstehen und der Begriff des staatlichen Beamten sowie dessen Verhältnis zum Staat somit erklärungsbedürftig waren (Art. 1 und 2). Das Erfordernis der *Sprachbeherrschung* (Art. 4 Abs. 3) wurde angesichts der zahlreichen Nationalitäten der Bewohner der Teilungsgebiete Polens gesondert aufgenommen, obwohl es sicherlich auch unter die allgemeine Einstellungsvoraussetzung der Eignung gemäß Art. 5 zu subsumieren gewesen wäre. Die Aufstellung dieser Einstellungsvoraussetzung lag auch deshalb nahe, weil in Art. 4 Abs. 2 ausdrücklich vorgeschrieben ist, dass auch Nichtpolen, welche die polnische Staatsangehörigkeit besitzen, eingestellt werden können. Die Vorschriften der Art. 3 und 6 Abs. 2 sind hingegen fast identisch mit der österreichischen Regelung. Als Beispiel sei hier Art. 3 Abs. 2 S. 1 herausgegriffen: „Die Staatsbeamten dürfen keine Verbindungen oder Verträge eingehen, die eine Störung oder Hemmung der Tätigkeit der Regierungsorgane zum Zweck haben." Die nahezu identische Vorschrift aus der österreichischen Dienstpragmatik (§ 25 Abs. 2) lautet: „Ebenso ist das Eingehen von Verbindungen untersagt, welche den Zweck verfolgen, Störungen oder Hemmungen des Amts- oder Dienstbetriebs herbeizuführen."

b) Aufnahme und Beendigung des Dienstverhältnisses

Die beiden Titel, die dem österreichischen Vorbild am wenigsten entsprechen, sind die Titel II und VI über die Aufnahme in den Dienst und die Auflösung des Dienstverhältnisses. Dies ergibt sich aus dem *Übergangscharakter* der Vorläufigen Dienstvorschriften: Das in Titel II („Aufnahme in den Dienst") geregelte, genaue Verfahren der Aufnahme neuer Beamter war von besonderer Bedeutung, weil das neu geschaffene

Königreich Polen naturgemäß zunächst noch überhaupt keine eigenen Beamten besaß und daher zahlreiche Beamte neu einzustellen hatte. Zugleich musste dies zügig erfolgen, um das neu geschaffene Gemeinwesen möglichst schnell arbeitsfähig zu machen. Diese im Vergleich zu Österreich andere Ausgangslage erklärt die von der österreichischen Dienstpragmatik abweichenden Verfahrensregelungen der Art. 7, 9 und 10 sowie auch die Einrichtung eines *nicht dauerhaften Hilfsdiensts* gemäß Art. 13 Abs. 2. Österreich hatte bei der Verabschiedung der Dienstpragmatik 1914 bereits einen gefestigten Staatsdienst und musste die Dienstaufnahme nicht so detailliert und in einem eigenen Titel regeln.

Titel VI („Auflösung des Dienstverhältnisses“) ist missverständlich bezeichnet, wie ein Vergleich mit dem österreichischen Vorbild zeigt. Das genauso bezeichnete Kapitel in der österreichischen Dienstpragmatik (§§ 84-86) betrifft nur den freiwilligen Austritt aus dem Dienst, der mit dem Verlust aller Ansprüche, auch der Ruhestandsansprüche, verbunden ist. Im polnischen Titel VI sind hingegen neben dem freiwilligen Austritt (unter möglicher Beibehaltung der Ruhestandsansprüche bei Erreichen der Pensionsgrenze und bei dauernder Dienstunfähigkeit) auch einige Fälle geregelt, die in Österreich die Tatbestände der Beurlaubung mit Wartegebühr (§§ 73-74) oder der Versetzung in den (zeitlichen oder dauernden) Ruhestand (§§ 75-83) erfüllen würden. So entspricht der Befreiungsgrund der *krankheitsbedingten Abwesenheit* von länger als einem Jahr (Art. 42 Abs. 1 lit a) der von Amts wegen erfolgenden Versetzung in den zeitlichen Ruhestand gemäß § 76 Abs. 1 Nr. 1 der Dienstpragmatik. Die Befreiung wegen *Unfähigkeit* oder *nachlässiger Pflichterfüllung* und wegen Erreichen der *Pensionierungsgrenze* gemäß Art. 42 Abs. 1 lit. b und c entspricht der Versetzung in den dauernden Ruhestand bei drei aufeinander folgenden negativen Qualifikationsbeurteilungen oder bei bleibender Unfähigkeit sowie bei Erreichen der Altergrenze gemäß § 80 Abs. 1 und 2 der Dienstpragmatik. Die Befreiung und jederzeitige *fristlose und entschädigungsfreie Kündigung* von Probebeamten, Applikanten und Praktikanten gemäß den Art. 42 Abs. 1 lit. e und 46 der Vorläufigen Dienstvorschriften ist vergleichbar mit der Auflösbarkeit des Dienstverhältnisses bei Widerrufsbeamten und Praktikanten gemäß den §§ 10 und 11 der Dienstpragmatik, wobei allerdings die österreichischen Praktikanten gemäß § 11 Abs. 2 eine Abfertigung in Höhe eines monatlichen Praktikantengehalts (*Adjutums*) erhalten. Die Befreiung wegen *Haushaltsauflösung* eines Amts entspricht der sog. Beurlaubung mit Wartegebühr gemäß den §§ 73 und 74 im österreichischen Gesetz. Während in den letztgenannten Fällen die polnischen Beamten zwei Jahre lang ihre Bezüge zur Hälfte erhalten, bekommen die mit Wartegebühr beurlaubten österreichischen Beamten gemäß den §§ 74 Abs. 1 und 76 Abs. 1 Nr. 2 für drei Jahre ihr volles Gehalt ausbezahlt.

c) Pflichten, Rechte und Verantwortlichkeit des Beamten

Das in den Titeln III-V geregelte Kernstück des Beamtenrechts (Pflichten, Rechte und Verantwortlichkeit des Beamten) ist in seinem Regelungsgehalt weitgehend mit dem österreichischen Vorbild identisch. Als ein Beispiel mag ein Wortlautvergleich der oben wörtlich wiedergegebenen Grundpflicht des Art. 14 der Vorläufigen Dienstvorschriften (s.o., 1.) mit dem entsprechenden österreichischen Gegenstück (§ 21) dienen:

> „Der Beamte ist verpflichtet, dem Kaiser treu und gehorsam zu sein und die Staatsgrundgesetze sowie die anderen Gesetze unverbrüchlich zu beobachten. Er hat sich mit voller Kraft und allem Eifer dem Dienst zu widmen und die Pflichten seines Amtes gewissenhaft, unparteiisch und uneigennützig zu erfüllen, jederzeit auf die Wahrung der öffentlichen Interessen bedacht zu sein sowie alles zu vermeiden und nach Kräften hintanzuhalten, was diesen abträglich sein oder den geordneten Gang der Verwaltung beeinträchtigen könnte."

Ansonsten ist im dritten Titel („Pflichten des Beamten") lediglich eine kürzere Vorschrift (Art. 19) grundsätzlich anders als in Österreich geregelt: In Polen ist bei ordnungsgemäß ergangenen dienstlichen Anordnungen der *Rechtsweg* gänzlich ausgeschlossen, in Österreich gibt es den Beschwerdeweg, allerdings ohne aufschiebende Wirkung (§ 27 Abs. 2). Gänzlich neu im Vergleich mit Österreich ist das *Solidaritätsgebot* des Art. 16, eine sicherlich bereits von der Grundpflicht des treuen Dienens umfasste Pflicht, die aber in Polen aus dem offenbaren Bedürfnis heraus, den Zusammenhalt der Beamtenschaft und die Einheitlichkeit des Erscheinungsbilds des neuen Gemeinwesens zu stärken, gesondert aufgeführt wurde. Die *Gehorsamspflicht* bei Anweisungen von Dienstvorgesetzten gemäß Art. 15 ist gegenüber dem österreichischen Vorbild leicht modifiziert: Anders als nach § 22 der Dienstpragmatik hat der Beamte ein *Remonstrationsrecht* bei der vorgesetzten Dienstbehörde, das ihn aber nicht von seiner Gehorsamspflicht entbindet.

Im vierten Titel („Rechte des Beamten") gibt es zwei Regelungen ohne Entsprechung im österreichischen Recht, einerseits den mangels eigener Rechtsfolge eigentlich überflüssigen und wohl als bloße *Absichtserklärung* des Normgebers zu verstehenden Art. 26, der feststellt, dass die Beamten unter dem in den Gerichtsgesetzen und im Strafgesetzbuch gesondert geregelten Schutz stehen, und andererseits Art. 24, der den Status der *Unkündbarkeit* für die ernannten Beamten erst nach Ablauf von fünf Jahren eintreten lässt[155]. Auch hier zeigt sich das Bedürfnis des polnischen Normgebers, in der Personalpolitik flexibel zu bleiben.

Im fünften Titel („Verantwortlichkeit der Beamten") fällt im Vergleich mit Österreich nur Art. 33 aus der Reihe: Neben den auch in Österreich vorhandenen Arten von Disziplinarstrafen gibt es in Polen zusätzlich die Strafen der *Versagung des Erholungsurlaubs*, der *Versetzung* in eine andere Ortschaft und der Versetzung in ein Amt einer *niedrigeren Gehaltskategorie*. Im Übrigen besteht in weiten Teilen des polnischen Disziplinarrechts eine Regelungsidentität mit dem österreichischen Vorbild. So wurde z.B. § 92 der österreichischen Dienstpragmatik[156] folgendermaßen in die polnische Regelung übernommen (Art. 34 Abs. 3):

> „Gegen eine Ordnungsstrafe, die nicht von einer Disziplinarkommission oder dem Chef der Zentralbehörde verhängt worden ist, kann binnen vierzehn Tagen beim Vorstand der nächsthöheren Behörde, dessen Entscheidung verbindlich ist und auf keinem anderen dienstlichen oder gerichtlichen Weg angefochten werden kann, Beschwerde erhoben werden."

d) Ergebnis: Österreichs Dienstpragmatik in Kurzform

Im Ergebnis ist festzuhalten, dass das Königreich Polen das österreichische Dienstrecht in Aufbau und Inhalt weitgehend übernommen hat. Von den 60 vorliegend mit der österreichischen Dienstpragmatik von 1914 verglichenen Bestimmungen aus den polnischen Vorläufigen

---

155 In Österreich gab es allerdings den provisorischen Dienst der sog. *Widerrufsbeamten*, der jederzeit aufgelöst werden konnte (§ 10 Dienstpragmatik).

156 „Gegen eine Ordnungsstrafe, die nicht von einer Disziplinarkommission oder vom Chef der Zentralstelle verhängt worden ist, kann binnen vierzehn Tagen bei der Dienstbehörde die Beschwerde erhoben werden. Über die Beschwerde entscheidet der Vorstand der nächsthöheren Behörde mit Ausschluss eines weiteren Rechtsmittels."

Dienstvorschriften von 1918 wurden im Rahmen der synoptischen Gegenüberstellung mehr als die Hälfte, nämlich insgesamt 32, mit „(fast) gleich“ bewertet. Als „ähnlich“ wurden 13 Bestimmungen eingestuft, als „anders“ nur zwei. Dreizehn Vorschriften haben keine Entsprechung im österreichischen Vorbild. Bei den meisten der mit „(fast) gleich“ bewerteten Regelungen aus den Vorläufigen Dienstvorschriften von 1918 handelt es sich um *Kurzformen* des wesentlich ausführlicheren österreichischen Vorbilds. Insbesondere der *Pflichtenkatalog* des Beamten (Titel III) und das *Disziplinarrecht* (Titel V) können in ihrer auf das Wesentliche reduzierten Kürze geradezu als *Exzerpte der österreichischen Dienstpragmatik* bezeichnet werden. Bei den polnischen Regelungen ohne Entsprechung im österreichischen Vorbild handelt es sich zumeist um Bestimmungen, die dem *Übergangscharakter* der Vorläufigen Dienstvorschriften bzw. der besonderen historischen Situation im Zusammenhang mit der Überwindung der polnischen Teilungen Rechnung tragen.

III. DAS GESETZ ÜBER DEN ZIVILEN STAATSDIENST (1922)

Nach der Erlangung der staatlichen Unabhängigkeit am 11. 11. 1918 galten die *Vorläufigen Dienstvorschriften* des aufgelösten Königreichs Polen sowie auch die anderen beamtenrechtlichen Vorschriften, auf die vorliegend nicht näher eingegangen wird, zunächst weiter fort – mit den Maßgaben der Art. 6 und 7 des Dekrets über die *höchste Repräsentationsgewalt* der Republik Polen v. 22. 11. 1918[157], wonach alle Beamten ihren Treueeid der Republik Polen ablegen und alle höheren Staatsbeamten vom neuen Staatschef *Piłsudski* ernannt werden mussten.

Das *Gesetz über den zivilen Staatsdienst* vom 17. Februar 1922[158], das gemäß seinem Art. 120 Abs. 1 am 1. April 1922 in Kraft trat, war das erste Beamtengesetz des unabhängigen Polen und – bis zur Einführung des Arbeitsgesetzbuchs von 1974 am 1. Januar 1975[159] – die *beamtenrechtliche Grundnorm* in Polen. Die Originalfassung des Gesetzes

157 Dz. Pr. 1918, Nr. 17, Pos. 41.

158 Im Folgenden: ZSDG, s.u., Anhang I.

159 In-Kraft-Treten am 1. 1. 1975 gem. Art. 1 der Einführungsvorschriften zum ArbGB von 1974.

von 1922 wird nachfolgend in seinem Aufbau und mit seinen wesentlichen Regelungen kurz vorgestellt, wobei zugleich die *synoptische Gegenüberstellung* seiner beamtenrechtlichen Vorschriften mit denen der österreichischen Dienstpragmatik von 1914 rechtsvergleichend berücksichtigt wird[160].

1. Aufbau des Gesetzes

Das ZSDG gliedert sich in vier Titel. Die von den kurzen Einführungsbestimmungen und den Übergangsvorschriften eingerahmten beiden Haupttitel über die Beamten und über die niedrigeren Staatsfunktionäre sind identisch aufgebaut, wobei in dem wesentlich kürzeren dritten Titel über die *niedrigeren Staatsfunktionäre* (25 Artikel) weitgehend auf die Regelungen über die Beamten (84 Artikel) verwiesen wird. Sowohl der zweite als auch der dritte Titel haben jeweils fünf gleichlautende Kapitel: Nach den allgemeinen Bestimmungen folgen die Kapitel über die Pflichten, dann über die Rechte der Staatsdiener, schließlich je ein Kapitel zu den statusrechtlichen Veränderungen und zur dienstlichen Verantwortlichkeit. Im Vergleich mit den Vorläufigen Dienstvorschriften von 1918 ist also ein Kapitel weggefallen, nämlich das Kapitel über die *Aufnahme in den Dienst.* Ansonsten sind die Gliederungspunkte die gleichen. Allerdings hat sich die Reihenfolge leicht verändert: Das Disziplinarrecht ist ans Ende gerückt und hat mit den Bestimmungen über statusrechtliche Veränderungen, die nun an vorletzter Stelle stehen, die Plätze getauscht.

Mit den genannten Umstellungen ist das ZSDG bereits rein äußerlich noch näher an die österreichische Dienstpragmatik herangerückt: Der gegenüber den Vorläufigen Dienstvorschriften neu hinzugekommene dritte Titel („Über die niedrigeren Staatsfunktionäre“) hat sein Vorbild im Zweiten Hauptstück der Dienstpragmatik („Dienerschaft“). Er ist

---

160 Ein solcher Rechtsvergleich ist bislang – soweit ersichtlich – noch nicht unternommen worden. Vgl. für zusammenfassende Beschreibungen des Gesetzes – weitgehend ohne Nachweis der jeweiligen Gesetzesnormen oder einschlägiger Literatur und Rechtsprechung – *Florek*, JOR 24 (1983), S. 276; *Jaśkiewicz*, Die Entwicklung der rechtlichen Situation der Beschäftigten der Staatsverwaltung in Volkspolen, S. 44-55; *ders.*, Studia nad sytuacją prawną pracowników państwowych, Bd. 1, S. 100-146.

hinsichtlich der Regelungsgegenstände und der Reihenfolge seiner fünf Kapitel mit jenem identisch und mit seinen 25 Artikeln auch ungefähr gleich lang wie jenes (32 §§). Das gleiche gilt für den zweiten Titel. Die gegenüber den Vorläufigen Dienstvorschriften vorgenommenen, kleinen strukturellen Änderungen in diesem Titel haben zur Folge, dass nunmehr ein mit dem Ersten Hauptstück der österreichischen Dienstpragmatik („Beamte") identischer Aufbau vorliegt. Auch die Länge des zweiten Titels ist mit der des Ersten Hauptstücks vergleichbar: Wenn man in Letzterem die Vorschriften über die Organisation der Disziplinarbehörden und das Disziplinarverfahren (§§ 100-155) außer Betracht lässt, weil diese Fragen gemäß Art. 88 ZSDG durch ein gesondertes Gesetz geregelt werden, so stehen 99 §§ in der Dienstpragmatik 84 Artikeln im ZSDG gegenüber. Alles in allem ist das ZSDG – sieht man einmal von seinen kurzen Einführungsbestimmungen (Art. 1-3) und den Übergangsvorschriften am Ende (Art. 115-120) ab (hierzu sogleich, 3.) – *identisch aufgebaut* wie sein österreichisches Vorbild. Zu prüfen ist anhand des nachfolgenden synoptischen Vergleichs, ob dies im Wesentlichen auch für seine inhaltlichen Bestimmungen gilt.

2. Synoptischer Vergleich mit der österreichischen Dienstpragmatik (1914)

Nachfolgend werden die fünf Kapitel des zweiten Titels des ZSDG, also die beamtenrechtlichen Vorschriften[161], mit der österreichischen Dienstpragmatik von 1914 synoptisch verglichen. Die im Rahmen der Gegenüberstellung vorgenommene Bewertung der Vergleichbarkeit bzw. Ähnlichkeit oder Andersartigkeit der Vorschriften erfolgt nach den gleichen *Bewertungsmaßstäben* wie bei der vorangegangenen Synopse (s.o., II.2.).

---

[161] Der zweite Titel trägt die Überschrift „Über die Beamten", s.u., Anhang I.

a) Allgemeine Bestimmungen

Gesetz über den zivilen Staatsdienst 1922 (Polen)	Dienstpragmatik 1914 (Österreich)	(fast) gleich	ähnlich	anders
Art. 4 Ernennungsschreiben: Aushändigung, Inhalt, Bekanntgabe	**§ 7 Abs. 1; § 6 Abs. 1**		X	
Art. 5 Arten der Ernennung	**§ 6 Abs. 2**		X	
Art. 6 Voraussetzungen: Geschäftsfähigkeit, Eignung, Sprachbeherrschung	**§ 1 Abs. 1-2**		X	
Art. 7 Ausschlussgründe: Straf-, Konkurs-, Entmündigungsverfahren	**§ 1 Abs. 4**		X	
Art. 8 Genehmigungserfordernis: Minderjährige, Ältere, Vorbestrafte	**§ 2**	X		
Art. 9 Genehmigungserfordernis: Verwandte und Verschwägerte	**§ 3**	X		
Art. 10 Keine Verwandten und Verschwägerten im selben Amt bei Kassentätigkeiten, Buchhaltung usw.	**§ 8**	X		
Art. 11 Drei Kategorien von Beamten bzw. Dienstposten	**§ 52**		X	
Art. 12 Einjähriger Vorbereitungsdienst	**Art. II; § 11**		X	
Art. 13 Dienstantritt	**§ 7 Abs. 2; § 9 Abs. 2-3**	X		
Art. 14 Berechnung der Dienstzeit	**§ 9 Abs. 1-2**	X		
Art. 15 Diensteid	**§ 12**	X		
Art. 16 Dienststandsverzeichnis	**§ 13**	X		
Art. 17 Dienstgrad und Amtstitel für die Dienstposten; zwölf Dienstgrade	**§ 52**		X	
Art. 18 Dienstalter	**§ 37**	X		
Art. 19 Dienstalterslisten	**§ 39**	X		
Art. 20 Qualifikationskommissionen (Verweisung); Qualifikationstabellen; Einsichtnahme	**§§ 15-19;** **§ 14;** **§ 20 Abs. 2**	 X X	X	

Die synoptische Gegenüberstellung der Allgemeinen Bestimmungen des ersten Kapitels im zweiten Titel des ZSDG („Über die Beamten") mit der österreichischen Dienstpragmatik von 1914 ergibt ein ähnliches Bild wie der Vergleich der Letzteren mit den Vorläufigen Dienstvorschriften von 1918. Von den 19 ZSDG-Vorschriften sind acht der Dienstpragmatik ähnlich und elf (fast) gleich. Hinsichtlich der Ernennung und der Einstellungsvoraussetzungen (Art. 4-10) fällt auf, dass das polnische Beamtenrecht etwas strenger ist. Anders als nach dem österreichischen Recht und genau wie nach dem Vorläufer von 1918 ist gemäß Art. 6 die *Sprachbeherrschung* eine Einstellungsvoraussetzung, als *Ausschlussgründe* für eine Ernennung kommen gemäß Art. 7 neben dem auch in Österreich bestehenden Grund eines laufenden Konkursverfahrens auch laufende strafgerichtliche und Entmündigungsverfahren hinzu. Die *Genehmigungserfordernisse* (Art. 8-10) sind weitgehend identisch mit dem österreichischen Vorbild, allerdings dürfen Personen, die für eine aus *Gewinnsucht* begangene Straftat bestraft wurden, gemäß Art. 8 Abs. 3 überhaupt nicht in den zivilen Staatsdienst aufgenommen werden, während in Österreich insoweit nur ein Genehmigungserfordernis besteht (§ 2 Abs. 3). Die Regelungen zum Dienstantritt, zur Berechnung der Dienstzeit, zum Diensteid und zum Dienststandsverzeichnis (Österreich: Standesausweis) sowie auch zum Dienstalter und den Dienstalterslisten (Österreich: Dienstrang und Rangslisten) wurden *fast wörtlich* aus der österreichischen Dienstpragmatik übernommen (Art. 13-16; 18-19). Die Normierung des einjährigen *Vorbereitungsdienstes* ist in Polen kürzer und zugleich präziser geregelt als in der Dienstpragmatik, die in Art. II und § 11 lediglich einige Grundfragen regelt (§ 11 Abs. 1 S. 1: „Die Praktikanten stehen im Vorbereitungsdienst"), aber ansonsten gemäß § 11 Abs. 1 S. 2 auf Sondervorschriften verweist. Anders als in Polen (Art. 12 Abs. 1: ein Jahr) ist in Österreich nicht einmal die Dauer des Vorbereitungsdienstes festgelegt. Die polnischen *drei Beamten- und Dienstpostenkategorien* und *zwölf Dienstgrade* (Art. 11 und 17) sind vergleichbar mit den österreichischen fünf Beamtengruppen und elf sog. Rangsklassen. Die Organisation der *Qualifikationskommissionen* ist in Österreichs Dienstpragmatik geregelt (§§ 15-19), während Art. 20 Abs. 2 ZSDG lediglich eine Ermächtigungsgrundlage für den Ministerrat enthält.

Alles in allem sind die im ZSDG enthaltenen Allgemeinen Bestimmungen für die Beamten noch näher am österreichischen Vorbild als die ersten beiden Titel der Vorläufigen Dienstvorschriften von 1918. Mit Ausnahme des *Spracherfordernisses*, das als Einstellungsvoraussetzung beibehalten wurde, hat das ZSDG in seinen Allgemeinen Bestimmungen diejenigen Regelungen aus den Vorläufigen Dienstvorschriften, die keine Entsprechung in der österreichischen Dienstpragmatik von 1914 haben, nicht übernommen. Insbesondere die *Aufnahme in den Dienst* (Dienstantritt, Beginn der Dienstzeit, Diensteid), die in den Vorläufigen Dienstvorschriften recht detailliert und weitgehend ohne Entsprechung in der österreichischen Dienstpragmatik geregelt ist, ist nunmehr in den Art. 13-15 ZSDG fast identisch geregelt wie im österreichischen Vorbild.

b) Pflichten

Gesetz über den zivilen Staatsdienst 1922 (Polen)	**Dienstpragmatik 1914 (Österreich)**	**(fast) gleich**	**ähnlich**	**anders**
Art. 21 Grundpflicht	**§ 21**	**X**		
Art. 22 Anweisungen von Vorgesetzten	**§ 22 Abs. 1**		**X**	
Art. 23 außergewöhnliche Diensthandlungen auf Anweisung	**§ 22 Abs. 2**	**X**		
Art. 24 Geheimhaltung, Meinungsäußerung	**§ 23**	**X**		
Art. 25 Abs. 1 Verhaltensgrundnorm; **Abs. 2** unerlaubte Beziehungen, Abmachungen; **Abs. 3** Vorgesetzte/Untergebene; **Abs. 4** Parteienverkehr; **Abs. 5** Dienstweg; **Abs. 6** Mitteilungen an die Presse	**§24** **§ 25 Abs. 2** **§ 26 Abs. 1** **§ 26 Abs. 2** **§ 27 Abs. 1** keine Entsprechung	**X** **X** **X** **X** **X**		
Art. 26 Geschenkannahme, Vorteilssicherung	**§ 35**	**X**		
Art. 27 schnelle, zielgerichtete Diensterfüllung; Dienststunden	**§ 28**	**X**		
Art. 28 Benachrichtigung bei Dienstverhinderung	**§ 29**	**X**		

Art. 29 keine Beschäftigungen im Widerspruch zu Dienstpflichten; Genehmigungspflicht bei Nebentätigkeiten	**§ 33**	X		
Art. 30 Verbot wirtschaftlicher Tätigkeit	keine Entsprechung			
Art. 31 Sachverständigentätigkeit	**§ 34**	X		
Art. 32 Auswahl des Wohnorts, Bekanntgabe des Aufenthaltsorts	**§ 31**	X		

Auch im Bereich der Beamtenpflichten (Kapitel II) ist eine weitere Annäherung an das österreichische Vorbild von 1914 festzustellen: Die einzige Vorschrift, die in den Vorläufigen Dienstvorschriften als „anders" bewertet wurde, nämlich der *Ausschluss des Rechtswegs* bei dienstlichen Anordnungen gemäß Art. 19, ist im ZSDG nunmehr entfallen. Ferner ist auch die einzige Regelung der Vorläufigen Dienstvorschriften, die keine Entsprechung in der österreichischen Dienstpragmatik hat, nämlich das *Solidaritätsgebot* gemäß Art. 16, fortgefallen. Demgegenüber sind Regelungen, die in den Vorläufigen Dienstvorschriften von 1918 noch fehlten, nunmehr im ZSDG enthalten, wie z.B. das Verbot der *Geschenkannahme* und der Vorteilssicherung (Art. 26), das grundsätzliche Verbot der *Sachverständigentätigkeit* (Art. 31) und das Gebot einer pflichtgemäßen *Wohnortswahl* und der Bekanntgabe des Wohnorts (Art. 32).

Alle Dienstpflichten der polnischen Beamten sind grundsätzlich als „(fast) gleich" mit denen der österreichischen Staatsdiener einzustufen. Sogar die *Normenreihenfolge* ist weitgehend aus dem Mutterrecht übernommen worden: Die Art. 21-25 ZSDG entsprechen den §§ 21-27 der Dienstpragmatik. Viele Regelungen sind *wörtliche Übersetzungen* aus der deutschsprachigen Vorlage, so z.B. Art. 24 Abs. 4:

> „Dem Beamten ist es nicht erlaubt, außerhalb des Amts seine Meinungen über die im Amt erledigten Angelegenheiten von Betroffenen und ihr wahrscheinliches Ergebnis kundzutun."[162]

---

[162] § 23 Abs. 4 der österreichischen Dienstpragmatik lautet: „Den zur Teilnahme an der Entscheidung von Parteisachen berufenen Beamten ist es untersagt, außeramtlich

Eine einzige Vorschrift wurde lediglich als „ähnlich" bewertet: Art. 22 ZSDG verpflichtet die polnischen Beamten nicht wie § 22 der österreichischen Dienstpragmatik zu unbedingtem *Gehorsam* gegenüber den Anweisungen ihrer dienstlichen Vorgesetzten, sondern gibt ihnen bei Zweifeln an der Rechtmäßigkeit der Anweisung ein Remonstrationsrecht und – anders als noch in Art. 15 der Vorläufigen Dienstvorschriften (s.o., II.1.) – auch eine *Remonstrationspflicht*[163]. Insoweit wurde also die dienstliche Verantwortlichkeit der einzelnen Beamten erhöht.

Zwei Vorschriften, nämlich Art. 25 Abs. 6 und Art. 30 ZSDG, finden keine direkte Entsprechung in Österreichs Dienstpragmatik von 1914. Allerdings lassen sich die beiden gesondert aufgeführten Verbote der Mitteilung dienstlicher Angelegenheiten an die *Presse* und der *wirtschaftlichen Tätigkeit* höherer Finanzbeamter ohne Weiteres auch unter die jeweiligen *Generalklauseln* (Geheimhaltungspflicht gemäß Art. 24 ZSDG bzw. Verbot wirtschaftlicher Tätigkeiten im Widerspruch zu den Dienstpflichten gemäß Art. 29 ZSDG) subsumieren. Insofern kann hier nicht von einer bedeutenden Abweichung vom österreichischen Beamtenrecht gesprochen werden.

c) Rechte des Beamten

Gesetz über den zivilen Staatsdienst 1922 (Polen)	**Dienstpragmatik 1914 (Österreich)**	**(fast) gleich**	**ähnlich**	**anders**
Art. 33 Grundsatz der Unkündbarkeit	**§ 36 Abs. 1 und 2**	X		
Art. 34 Rechtsschutz durch Strafgesetze	keine Entsprechung			
Art. 35 Abs. 1 Titel, Dienstgrad; **Abs. 2** Uniform	**§ 40** **§ 41**	 X	X 	
Art. 36 Erholungsurlaub	**§ 42**	X		
Art. 37 Urlaubswiderruf	**§ 43**	X		
Art. 38 Sonderurlaub, Kur	**§ 44**	X		

ihre Ansichten über eine anhängige Parteisache oder deren wahrscheinlichen Ausgang zu äußern."

163 Diese Pflichtenerweiterung entspricht dem modernen Beamtenrecht, vgl. nur die entsprechende Regelung in § 56 Abs. 2 S. 1 des deutschen *Bundesbeamtengesetzes* v. 1985 i.d.F. der Bekanntmachung v. 31. 3. 1999 (BGBl. I S. 675).

Art. 39 Beamtenbezüge (Verweisung)	**§§ 45-66**			X
Art. 40 Praktikantenbezüge	**§ 46**		X	
Art. 41 Beförderungsgrundsätze	**§ 49**	X		
Art. 42 keine Beförderung bei Inaktivität	**§ 78 Abs. 1 S. 1**	X		
Art. 43 keine Beförderung/Dienstalterszulage bei Straf-/Disziplinarverfahren	**§ 54 Abs. 2**	X		
Art. 44 ärztliche Behandlung, Medikamente (Verweisung)	keine Entsprechung			
Art. 45 Vorschuss	**§ 59**	X		
Art. 46 Ruhestands-, Witwen-, Waisengeld (Verweisung)	**§ 60 Abs. 1**	X		
Art. 47 weitgehende Pfändungsfreiheit der Beamtenbezüge	keine Entsprechung			
Art. 48 Pfändungsfreigrenzen bei Unterhaltsansprüchen	keine Entsprechung			
Art. 49 Ausschluss der Pfändbarkeit	keine Entsprechung			
Art. 50 Abtretungsverbot bei den Bezügen	keine Entsprechung			
Art. 51 Wehrdienst (Verweisung)	**§ 30**			X

Der *Grundsatz der Unkündbarkeit* der Beamten gemäß Art. 33 ZSDG lehnt sich an die Regelung des § 36 Abs. 1 und 2 der österreichischen Dienstpragmatik an. Die – im österreichischen Vorbild nicht enthaltene – Maßgabe gemäß Art. 33 Abs. 1 ZSDG, wonach eine *Entfernung oder Beseitigung aus dem Dienst* „nur durch eine rechtskräftige, kraft dieses Gesetzes ergangene Anordnung der Behörde oder kraft einer Entscheidung der Disziplinarkommission“ erfolgen kann, scheint diesen Grundsatz einzuschränken[164]. Allerdings zeigt ein Blick in die diesbezüglichen Gesetzesbestimmungen, auf die hier verwiesen wird, dass kaum eine Abweichung zum österreichischen Recht vorliegt. Denn die

---

[164] Vgl. *Jaśkiewicz*, Studia nad sytuacją prawną pracowników państwowych, Bd. 1, S. 132: „Die Unkündbarkeit der dauerhaft ernannten Funktionäre war in erheblicher Weise beschränkt“.

Möglichkeiten der Entlassung dauerhafter Beamter aus dem Dienst sind fast die gleichen: *Annahme des freiwilligen Austritts* des Beamten durch die Behörde (Art. 60 ZSDG bzw. § 84 Abs. 2 Dienstpragmatik)[165] oder Entlassung im Wege der *Disziplinarstrafe* (Art. 77 Nr. 5 ZSDG bzw. § 93 Abs. 1 lit. e Dienstpragmatik). Auch die Möglichkeit der Entlassung von Widerrufsbeamten und Praktikanten durch behördliche Anordnung (Art. 62 und 63 ZSDG) ist in der österreichischen Dienstpragmatik vorgesehen (§§ 10 und 11). Abweichungen ergeben sich jedoch für die *Ungültigerklärung von Ernennungen* und hierauf beruhenden Entlassungen gemäß Art. 65 ZSDG (hierzu sogleich, d.). Weitere Einschränkungen ergeben sich aus den *Übergangsregelungen*, namentlich aus Art. 116 ZSDG (hierzu sogleich, 3c.).

Die Beamtenrechte gemäß den Art. 35-38 sind in Wortlaut und Reihenfolge weitgehend aus der österreichischen Dienstpragmatik (§§ 40-44) übernommen worden. Insbesondere durch die gegenüber Art. 28 der Vorläufigen Dienstvorschriften ausführlichere Regelung des *Urlaubs* (Art. 36-38) ist das ZSDG näher an das österreichische Vorbild herangerückt. Der jährliche Erholungsurlaub der Beamten gemäß Art. 36 ist länger als der anderer Beschäftigter nach dem Arbeitsrecht und ist insofern als ein *Beamtenprivileg* zu bezeichnen[166]. Das Gleiche gilt für den bezahlten Sonderurlaub von bis zu sechs Monaten für die „Wiederherstellung der Gesundheit“ und von bis zu zwei Monaten zur „Erledigung wichtiger persönlicher, familiärer oder Vermögensangelegenheiten“ gemäß Art. 38 ZSDG.

Die einzelnen im ZSDG getroffenen Regelungen zu den Bezügen und zur Beförderung sind dem österreichischen Dienstrecht ähnlich oder gleich. Bei den *Praktikantenbezügen* wird in beiden Gesetzen zwischen verschiedenen Praktikantenkategorien unterschieden, in Österreich sind es fünf, in Polen (Art. 40) drei. Auch bei den *Beförderungsgrundsätzen* gibt es kaum Unterschiede: In Polen hat die vorgesetzte Behörde neben dem Dienstalter gemäß Art. 41 Abs. 2 außerdem „die Befähigung, die Nützlichkeit und den Vertrauensgrad sowie eine besondere Qualifizie-

---

165 Nicht die Austrittserklärung, sondern erst seine behördliche Annahme bewirkt die Auflösung des Dienstverhältnisses, vgl. *Jaśkiewicz*, Die Entwicklung der rechtlichen Situation der Beschäftigten der Staatsverwaltung in Volkspolen, S. 47.

166 *Jaśkiewicz*, Die Entwicklung der rechtlichen Situation der Beschäftigten der Staatsverwaltung in Volkspolen, S. 50.

rung für einen bestimmten Dienstposten" zu berücksichtigen, in Österreich sind – neben den Fristen für die sog. Zeitvorrückung – gemäß § 49 Abs. 2 „die besondere Eignung für den Posten, die Befähigung, Verwendbarkeit und Vertrauenswürdigkeit maßgebend". Das gesetzlich vorgesehene Institut der Beförderung ist bereits als eine Privilegierung der Beamtenschaft gegenüber den normalen, arbeitsvertraglichen Beschäftigten anzusehen. Jedoch gibt es nach beiden Gesetzen keine *Regelbeförderung*, sondern lediglich eine Dienstalterszulage – sie wird u.a. in den Art. 18, 43 ZSDG vorausgesetzt – bzw. eine sog. Zeitvorrückung (§ 50 Dienstpragmatik) entsprechend den auf einem Dienstposten im gleichen Dienstgrad zugebrachten Dienstjahren (Polen) bzw. der Dienstzeit in einer Gehaltsstufe der gleichen Rangklasse (Österreich). Im Übrigen trifft die vorgesetzte Behörde eine *Ermessensentscheidung* über die Beförderung Art. 41 Abs. 1 ZSDG bzw. § 49 der österreichischen Dienstpragmatik[167].

Für beide Länder gilt ferner der Grundsatz, dass eine *Beförderung während der inaktiven Dienstzeit* (Österreich: zeitlicher Ruhestand) nicht in Betracht kommt (Art. 42 bzw. § 78 Abs. 1 S. 1). Der in Art. 43 ZSDG vorgesehene *Ausschluss der Beförderungsmöglichkeit* bei einem laufenden Straf- oder Disziplinarverfahren oder einer Suspendierung vom Dienst korrespondiert mit § 54 Abs. 2 der Dienstpragmatik. Bei der Frage des *Gehaltsvorschusses* hat der polnische Gesetzgeber gemäß Art. 45 ZSDG – genau wie nach § 59 der österreichischen Dienstpragmatik – eine Rückzahlungsfrist von höchstens zwei Jahren und ein Höchstbetrag von drei Monatsgehältern sowie auch die Möglichkeit der Gewährung eines höheren Vorschusses bestimmt.

Im Übrigen sind die Beamtenrechte im dritten Kapitel des zweiten Titels des ZSDG nur unvollkommen geregelt. Hinsichtlich der genauen Festlegung der Beamtenbezüge, der ärztlichen Grundversorgung, des Ruhestands-, Witwen- und Waisengelds sowie des Dienstverhältnisses bei Ableistung des Wehrdiensts enthält das Gesetz in seinen Art. 39, 44, 46 und 51 lediglich *Verweisungsklauseln* auf Spezialvorschriften, wäh-

---

[167] Eine Regelbeförderung gibt es allerdings gemäß Art. 3 der Verordnung des Staatspräsidenten v. 28. 10. 1933 über die *Bezüge der staatlichen Funktionäre* (Dz. U. 1933, Nr. 86, Pos. 663) für die Lehrer: Hier ist ein „automatischer Übergang der Lehrer in die höheren Bezügegruppen" vorgesehen; vgl. hierzu *Jaśkiewicz*, Studia nad sytuacją prawną pracowników państwowych, Bd. 1, S. 133.

rend im österreichischen Vorbild die Beamtenbezüge (§§ 45-66) und auch der Wehrdienst (§ 30) ohne einen Verweis auf Sondergesetze geregelt sind. In den im Lauf der Zwischenkriegszeit ergangenen, polnischen Spezialvorschriften zu den genannten Regelungsbereichen waren einige Beamtenprivilege enthalten. So kann der im Gesetz über die *Ruhestandsversorgung der staatlichen Funktionäre und der Berufssoldaten* von 1923 näher ausgestaltete Anspruch auf die Ruhebezüge gemäß Art. 46 ZSDG als das wichtigste Privileg der staatlichen Funktionäre bezeichnet werden[168]. Und laut den Ausführungsvorschriften zu den Beamtenbezügen sind die Beamtenbezüge – anders als der Arbeitslohn aus arbeitsrechtlichen Beschäftigungsverhältnissen – bereits zu Monatsbeginn, und nicht erst am Monatsende auszuzahlen, und im Todesfall des Beamten erlischt der Anspruch auf die Bezüge erst mit dem Ende des Monats und nicht bereits mit dem Todestag[169].

Lediglich hinsichtlich des Ruhestands-, Witwen- und Waisengelds (Art. 46) verweist auch die österreichische Dienstpragmatik auf die geltenden Sondervorschriften (§ 60 Abs. 1). Für den im polnischen ZSDG vorgesehenen grundsätzlichen Anspruch auf *ärztliche Grundversorgung* gemäß Art. 44 gibt es in der österreichischen Dienstpragmatik keine Entsprechung. Ebenfalls keine Entsprechung im österreichischen Vorbild haben die Vorschriften zur *Pfändung und zur Abtretung von Dienstbezügen* (Art. 47-50)[170] sowie die bereits in den Vorläufigen Dienstvorschriften enthaltene, eigentlich überflüssige (s.o., II.2c) Vorschrift über den besonderen *Rechtsschutz*, den die Beamten gemäß den Strafgesetzen genießen (Art. 34).

---

168 *Jaśkiewicz*, Die Entwicklung der rechtlichen Situation der Beschäftigten der Staatsverwaltung in Volkspolen, S. 50.

169 Vgl. Verordnung des Ministerrats v. 20. 1. 1934 über die Zahlungstermine für die Bezüge (Dz. U. 1934, Pos. 63); vgl. hierzu *Jaśkiewicz*, Studia nad sytuacją prawną pracowników państwowych, Bd. 1, S. 134.

170 Der im ZSDG vorgesehene Vollstreckungsschutz für Beamtenbezüge war der gleiche wie derjenige für Gehaltsansprüche aus arbeitsrechtlichen Beschäftigungsverhältnissen gemäß Art. 575 des *Zivilverfahrensgesetzbuchs* von 1932 (Dz. U. 1932, Nr. 112, Pos. 934); vgl. *Jaśkiewicz*, Studia nad sytuacją prawną pracowników państwowych, Bd. 1, S. 134.

d) Änderungen im Dienstverhältnis und Auflösung des Dienstverhältnisses

Gesetz über den zivilen Staatsdienst 1922 (Polen)	**Dienstpragmatik 1914 (Österreich)**	**(fast) gleich**	**ähnlich**	**anders**
Art. 52 Versetzung	**§ 67**	**X**		
Art. 53 Wechsel des Verwaltungszweigs	keine Entsprechung			
Art. 54 Inaktivität bei Umstrukturierung der Behörde	**§ 73**	**X**		
Art. 55 Dienstbezüge in der Inaktivität	**§ 74 Abs. 1 und 2**	**X**		
Art. 56 Beendigung der Inaktivität: Rückberufung oder Ruhestand	**§ 74 Abs. 3**		**X**	
Art. 57 Abs. 1 Weiterbezahlung bei Wahl zum Abgeordneten; **Abs. 2** Rückkehr nach Mandatsende; **Abs. 3** Anrechnung auf Dienstzeit; **Abs. 4** Immunität; **Abs. 5** Ausnahme: Minister und Unterstaatssekretäre	**§ 72 Abs. 1** **§ 72 Abs. 3** **§ 72 Abs. 2** **§ 88** keine Entsprechung	**X** **X** **X** **X**		
Art. 58 Auflösung des Dienstverhältnisses	keine Entsprechung			
Art. 59 Austritt aus dem Staatsdienst	**§ 84 Abs. 1**	**X**		
Art. 60 Anmeldung und Annahme des Austritts	**§ 84 Abs. 2 und 3**	**X**		
Art. 61 Widerspruchsrecht bei bedingter oder befristeter Annahme	**§ 85**	**X**		
Art. 62 Abs. 1 Auflösung bei Widerrufsbeamten jederzeit möglich; **Abs. 2** provisorischer Dienst höchstens fünf Jahre	**§ 10** keine Entsprechung	**X**		
Art. 63 Auflösung bei Praktikanten	**§ 11**	**X**		
Art. 64 Verlust aller Beamtenrechte bei Auflösung des Dienstverhältnisses	**§ 86**	**X**		
Art. 65 Ungültigkeit der Ernennung	**§ 4**			**X**

Das Kapitel IV des zweiten Titels des ZSDG über die Veränderungen im Dienstverhältnis und dessen Auflösung ist im Wesentlichen gleich geregelt wie der entsprechende IV. Abschnitt des Ersten Hauptstücks der österreichischen Dienstpragmatik von 1914. Der polnische Gesetzgeber hat hier zugunsten einer Angleichung an das Mutterrecht Abstand genommen von den weit reichenden „Befreiungen" aus dem Dienst, wie sie in den Vorläufigen Dienstvorschriften von 1918 vorgesehen sind. Die synoptische Gegenüberstellung zeigt, dass die Bestimmungen über die *Versetzung* gemäß Art. 52-53, die *Inaktivität* gemäß Art. 54-56 (Österreich: Beurlaubung mit Wartegebühr), die Übernahme eines *Abgeordnetenmandats* gemäß Art. 57, den freiwilligen *Austritt* gemäß Art. 59-61, die Auflösung des Dienstverhältnisses bei Widerrufsbeamten und Praktikanten sowie über den Verlust der Beamtenrechte bei Auflösung des Dienstverhältnisses weitgehend mit dem Regelungsgehalt des österreichischen Vorbilds identisch sind.

Etwas anders geregelt ist lediglich die *Ungültigerklärung von Ernennungen*: Nach Art. 65 ZSDG erfolgt eine solche, wenn die Ernennung auf der Grundlage falscher oder ungültiger Urkunden erfolgt ist, „oder wenn Umstände zutage treten, die gemäß den geltenden Vorschriften eine Ernennung nicht zulassen." Nach dem österreichischen Gesetz (§ 4) ist ein *Disziplinarverfahren* einzuleiten, wenn sich herausstellt, dass der Beamte falsche Urkunden vorgelegt hat. Bei mangelnder Eignung oder Befähigung eines Beamten bleibt in Österreich nur die *Pensionierung* (also eine Beibehaltung der Ruhestandsansprüche), wobei die fehlende Eignung nur dann angenommen wird, wenn der Beamte in drei aufeinander folgenden Jahren eine *negative Qualifikationsbeurteilung* erhalten hat. In Polen hingegen muss die Behörde lediglich die Stellungnahme der Qualifikationskommission einholen und kann den nachträglich für ungeeignet oder unfähig eingestuften Beamten dann unter Ungültigerklärung der Ernennung entlassen, was auch den *Verlust der Ruhestandsansprüche* zur Folge hat. Die mit dem Unkündbarkeitsgrundsatz (s.o., c.) bezweckte Stabilität des Dienstverhältnisses wird hier also zugunsten einer *flexiblen Personalpolitik* stark eingeschränkt.

e) Dienstliche Verantwortlichkeit

Gesetz über den zivilen Staatsdienst 1922 (Polen)	**Dienstpragmatik 1914 (Österreich)**	**(fast) gleich**	**ähnlich**	**anders**
Art. 66 Tadel und Rügen	**§ 89 Abs. 1**	**X**		
Art. 67 Unabhängigkeit von straf- und zivilrechtlicher Verantwortlichkeit	**§ 87**	**X**		
Art. 68 Disziplinar- und Ordnungsverantwortlichkeit	**§ 87**	**X**		
Art. 69 Definition Dienstvergehen und Dienstverstoß	**§ 87**	**X**		
Art. 70 Zusammentreffen mit Strafverfahren	**§ 115**			**X**
Art. 71 Entlassung bei gewissen Strafurteilen	**§ 116**	**X**		
Art. 72 Abgrenzung von zivilrechtlichen Forderungen gegen den Beamten	**§ 89 Abs. 1**	**X**		
Art. 73 Ordnungsstrafenkatalog	**§ 90**			**X**
Art. 74 Zuständigkeiten, Anhörungspflicht bei Ordnungsstrafen	**§ 91 Abs. 1 und 2**	**X**		
Art. 75 Mitteilung der Ordnungsstrafen, kein Eintrag ins Dienststandsverzeichnis	**§ 91 Abs. 3 und 5**	**X**		
Art. 76 Eingeschränkte Widerspruchsmöglichkeit gegen Ordnungsstrafen	**§ 92**	**X**		
Art. 77 Disziplinarstrafenkatalog	**§ 93 Abs. 1**	**X**		
Art. 78 Zuständigkeit, Zumessungsgrundsatz bei Disziplinarstrafen	**§§ 93 Abs. 2/3; 99 Abs. 1**	**X**		
Art. 79 Aberkennung von Dienstjahren	**§ 94**	**X**		
Art. 80 Degradierung	**§ 95**		**X**	
Art. 81 zeitweiliger Beförderungsausschluss	**§ 96**		**X**	
Art. 82 Folgen der Entlassung	**§ 98 Abs. 1**			**X**
Art. 83 Ansprüche der Angehörigen Entlassener	**§ 98 Abs. 2 und 3**	**X**		
Art. 84 Verantwortlichkeit der inaktiven Beamten	**§ 153**	**X**		

Art. 85 Disziplinarstrafen gegen inaktive Beamte	**§ 154**	**X**		
Art. 86 Kürzung der Bezüge bei inaktiven Beamten	keine Entsprechung			
Art. 87 keine Verjährung	keine Entsprechung			
Art. 88 Disziplinarbehörden und Disziplinarverfahren (Verweisung)	**§§ 100-155**			**X**

Anders als die Dienstpragmatik regelt das ZSDG in seinem Kapitel V (Art. 66-88) nur das *materielle Disziplinarrecht* der Beamten, während Art. 88 für das Organisations- und Verfahrensrecht auf eine *lex specialis* verweist[171]. Wie bereits die Vorläufigen Dienstvorschriften von 1918, so ist auch das ZSDG in seinem materiellen Disziplinarrecht eng am österreichischen Vorbild orientiert: Von den 23 synoptisch gegenübergestellten Vorschriften wurden 15 als „(fast) gleich" bewertet. Damit ist das ZSDG noch näher an die Dienstpragmatik herangerückt als die Vorläufigen Dienstvorschriften mit ihren nur sechs Vorschriften zum Disziplinarrecht. So wird nunmehr z.B. – genau wie im Mutterrecht (§ 87) – zwischen *Ordnungs- und Disziplinarverantwortlichkeit* unterschieden (Art. 68). Ferner gibt es einige fast *wörtliche Übersetzungen* ins Polnische wie z.B. die Art. 74 und 75. Wo das polnische Disziplinarrecht vom österreichischen abweicht, ist es meist strenger: Anders als in Österreich kann ein Disziplinarverfahren kumulativ neben ein *Strafverfahren* treten, während nach § 115 der Dienstpragmatik das Disziplinarverfahren während eines laufenden Strafverfahrens zu ruhen hat (Art. 70)[172]. Anders als nach der Dienstpragmatik kann als Ordnungsstrafe der *Erholungsurlaub gekürzt* oder ganz versagt werden (Art. 73). Und die Disziplinarstrafe der

---

171 Vgl. das Dekret v. 7. 10. 1932 über die Organisation der Disziplinarkommissionen und das Disziplinarverfahren gegen die staatlichen Funktionäre (Dz. U. 1932, Nr. 87, Pos. 738).

172 Angesichts der möglichen Gleichzeitigkeit von Straf- und Disziplinarverfahren nach Art. 70 ZSDG kam es hier des Öfteren zu (scheinbar) widersprüchlichen Entscheidungen, z.B. Freispruch im Strafverfahren und Disziplinarstrafe. Der Oberste Verwaltungsgerichtshof (OVGH) hielt dies für gerechtfertigt angesichts der unterschiedlichen Blickrichtung der Disziplinarkommissionen und der Strafgerichte; vgl. Urteil des OVGH v. 18. 10. 1928 (Az.: 1998/26), OSP, Bd. 6, Nr. A 222.

Entlassung hat nach Art. 82 ZSDG zwangsläufig den Verlust aller beamtenrechtlichen Ansprüche zur Folge, während nach § 98 Abs. 1 der österreichischen Dienstpragmatik dem entlassenen Beamten im Bedürftigkeitsfall ein Unterhaltsbeitrag zugesprochen werden kann.

f) Ergebnis: Vorbild Österreich

Im Ergebnis ist festzuhalten, dass das materielle Beamtenrecht im polnischen Gesetz über den zivilen Staatsdienst von 1922 eng an das österreichische Vorbild angelehnt ist[173]: Knapp zwei Drittel (63) der 98 untersuchten Gesetzesbestimmungen wurden mit „(fast) gleich" eingestuft, 14 waren „ähnlich" und nur sieben „anders". Keine Entsprechung im österreichischen Mutterrecht haben 14 Bestimmungen. In den meisten Einzelfragen, wo Abweichungen festzustellen sind, ging es dem polnischen Gesetzgeber darum, die Stellung des polnischen Dienstherrn im Vergleich zu seinem österreichischen Pendant zu stärken und die rechtliche Stellung der Staatsbeamten zu beschneiden.

3. Einführungsbestimmungen und Übergangsvorschriften

Unter den Einführungsbestimmungen ist Art. 1 als statusrechtliche *Definition des Beschäftigungsverhältnisses* im zivilen Staatsdienst hervorzuheben. Dieses hat einen öffentlich-rechtlichen Charakter und „kann ausschließlich unter Anwendung der Vorschriften des öffentlichen Rechts [...] geändert, aufgehoben oder aufgelöst werden." Ähnlich wie bereits nach Art. 1 der Vorläufigen Dienstvorschriften wird das Dienstrecht streng von privatrechtlichen Arbeitsverhältnissen getrennt[174]. Es gab im polnischen Dienstrecht der Zwischenkriegszeit keine einzige Vorschrift, die auf das Arbeitsrecht verwies[175]. Zum Abschluss von *Arbeitsverträgen* kam es im polnischen Staatsapparat der Zwischenkriegszeit allerdings ausnahmsweise, so z.B. im Ordnungsdienst, bei der An-

---

173 *Służewski*, Die beruflichen Beschäftigten der Staatsverwaltung, S. 222.

174 Vgl. *Jaśkiewicz*, Studia nad sytuacją prawną pracowników państwowych, Bd. 1, S. 5; *Zieliński*, Das Arbeitsverhältnis und das Dienstverhältnis in der staatlichen Verwaltung, S. 91.

175 *Jaśkiewicz*, Die Entwicklung der rechtlichen Situation der Beschäftigten der Staatsverwaltung in Volkspolen, S. 46.

stellung von Spezialisten oder bei der Beschäftigung von Handwerkern[176].

In den *Übergangsvorschriften* sind statusrechtliche Bestimmungen (Art. 115-116) geregelt, ferner das In-Kraft-Treten (Art. 120), Zuständigkeiten (Art. 119) und Fragen zum räumlichen und personellen Anwendungsbereich (Art. 117-118 und 120). Angesichts der eingangs erwähnten *Rechtszersplitterung* im neu konsolidierten Polen ist von besonderem Interesse, was sich aus den Übergangsvorschriften für den räumlichen und personellen Anwendungsbereich des ZSDG ergibt, also auf welchem Gebiet und für welche Beschäftigtengruppen das Gesetz Geltung beansprucht (s.u., a. und b.). Ferner zeigt ein Blick auf die statusrechtlichen Übergangsregelungen, wie lange es im neu erstandenen Polen brauchte, bis der Rechtsstatus der Beamten gefestigt und ihr Dienstverhältnis im Sinne des o.g. Unkündbarkeitsgrundsatzes stabilisiert war (s.u., c.).

a) Räumlicher Geltungsbereich des Gesetzes

Fraglich ist, ob das ZSDG von Anfang an als die Dienstpragmatik für die Staatsbeamten und niedrigeren Funktionäre in dem gesamten polnischen Staatsgebiet, und nicht nur in einigen Teilgebieten des konsolidierten Staatsgebiets im 1918 wieder unabhängig gewordenen Polen anzusehen ist. Die *landesweite Geltung* des Gesetzes ist an keiner Stelle ausdrücklich geregelt. Andererseits wird seine Geltung aber auch an keiner Stelle nur auf einzelne Teilgebiete beschränkt. Der *systematische Zusammenhang* spricht für eine landesweite Geltung. So wird in Art. 120 Abs. 1 S. 2 der Ministerrat ermächtigt, den Termin des In-Kraft-Tretens „in einigen Gebieten der Republik“ zu verschieben (höchstens jedoch um drei Monate). Und in Art. 117 wird auf die jeweiligen Gebietsstraf- und Gebietsstrafverfahrensgesetze verwiesen, soweit es noch keine einheitlichen straf- und strafverfahrensrechtlichen Vorschriften auf dem gesamten Gebiet der Republik Polen gibt. Im Umkehrschluss aus diesen beiden

---

176 Näher zu den sog. Vertragsbeamten (wörtlich: „Kontraktfunktionären“) *Jaśkiewicz*, Studia nad sytuacją prawną pracowników państwowych, Bd. 1, S. 140-144; *ders.*, Die Entwicklung der rechtlichen Situation der Beschäftigten der Staatsverwaltung in Volkspolen, S. 45, 52.

Regelungen lässt sich folgern, dass das Gesetz grundsätzlich im ganzen polnischen Staatsgebiet gelten soll[177].

In diesem Sinn entschied auch das *Oberste Gericht* der Republik Polen im Jahr 1927, ohne allerdings den systematischen Zusammenhang der Norm zu bemühen. Vielmehr stützte es sich auf *teleologische Überlegungen*. Es handle sich bei dem ZSDG um ein Gesetz der allgemeinen Staatsverwaltung, und deshalb könnten nicht in einzelnen Teilgebieten der Republik andere Vorschriften gelten. In dem zugrunde liegenden Verfahren war die Anwendbarkeit des ZSDG für das ehemals *preußische Teilgebiet*, das sog. Gebiet der westlichen Provinzen, mit dem Argument bestritten worden, dass laut einem Sejm-Beschluss vom 19. Februar 1919[178] Gesetze dort nur Gültigkeit haben, die nicht nur vom Marschall und vom Ministerpräsidenten, sondern auch vom zuständigen *Fachminister* unterschrieben wurden. Das OG befand demgegenüber, das ZSDG

> „regelt jedoch die Dienstverhältnisse der zivilen Beamten, somit einen Gegenstand allgemeiner Natur, welcher gleichbedeutend ist für sämtliche Gebiete der Staatsverwaltung. Als solcher fällt dieser Gegenstand nicht in den Bereich der speziellen Kenntnisse eines der Minister, woraus hervorgeht, dass keiner der Minister als Fachminister dafür angesehen werden kann. Da der Minister für das ehemals preußische Teilgebiet in den westlichen Provinzen die Funktionen verschiedener Minister der Republik zu erfüllen, jedoch keine ihm speziell zugewiesenen Kompetenzen hatte, welche anderen Ministern nicht zustanden, so ist klar, dass er auch auf diesem Gebiet nicht als Fachminister angesehen werden kann“[179].

Somit lässt sich konstatieren, dass das 1922 eingeführte Dienstrecht der polnischen Staatsbeamten und der niedrigeren Funktionäre einen vergleichsweise frühen Beitrag zur *Rechtsvereinheitlichung* im wieder unabhängig gewordenen Polen geleistet hat – anders als namentlich das Zivil- und das Strafrecht, die trotz intensiver Vereinheitlichungsbestre-

---

177 So ohne nähere Begründung auch *Malec/Malec*, Historia administracji i myśli administracyjnej, S. 175.

178 Dz. U. 1919, Pos. 226.

179 Urteil des OG v. 2. 3. 1927 (C 240/26), OSP, Bd. 6, Nr. 175, S. 196; dt. Übers.: Zeitschrift für Ostrecht 1927, S. 1382-1383 (m. ablehnender Anm. v. *Juljan Makowski*, S. 1383-1384).

bungen noch lange in interlokaler Zersplitterung verharrten[180]. Der Grund hierfür ist naheliegend: Mit der Wiedererlangung der polnischen Unabhängigkeit und der Errichtung einer souveränen polnischen Staatsgewalt nach vielen Jahrzehnten der Teilung entstand mit dem Dienstrecht der staatlichen Beamten ein völlig neuer Regelungsbereich, für den eine unterschiedliche Regelung in den jeweiligen ehemaligen Teilungsgebieten abwegig gewesen wäre. Während eine sofortige Rechtsvereinheitlichung in anderen Rechtsbereichen (Kaufrecht, Mietrecht, Erbrecht usw.) nicht unbedingt erforderlich war und aus Gründen des *Bestandsschutzes erworbener Rechtspositionen* der Rechtsunterworfenen sogar schädlich gewesen wäre, drängte sich für die Beamten des wiedererrichteten Staates eine einheitliche Regelung geradezu auf, zumal es – anders als in anderen historischen Konstellationen (etwa dem Beitritt der neuen Bundesländer zur Bundesrepublik Deutschland 1990) – in den jeweiligen ehemaligen Teilungsgebieten Polens mangels vorheriger staatlicher Souveränität Polens kein bestehendes Dienstrecht für Beamte des polnischen Staates gab, welches einen Bestandsschutz hätte beanspruchen können[181].

b) Personeller Anwendungsbereich des Gesetzes

Der personelle Anwendungsbereich des ZSDG ist verhältnismäßig weit gefasst. Der von dem Gesetz erfasste Beschäftigtenkreis ist nicht enumerativ aufgezählt, vielmehr gilt das Gesetz grundsätzlich für alle *Staatsbeamten und niedrigeren Staatsfunktionäre*[182], die nicht gemäß Art. 118 von seinem Anwendungsbereich ausgeschlossen sind. Hier wird

---

180 Vgl. zur unvollendet gebliebenen Unifizierung des polnischen Rechts in der Zwischenkriegszeit *Geilke*, Einführung in das Recht der Polnischen Volksrepublik, S. 29-35.

181 Abgesehen von vorläufigen Übergangsregelungen, vgl. die V*orläufigen Dienstvorschriften für die Staatsbeamten* v. 11. 6. 1918.

182 Nicht erfasst waren demnach die *Beschäftigten der Selbstverwaltung*, für die auf den jeweiligen, ehemaligen Teilungsgebieten Polens das alte Recht der Teilungsmächte weiter in Geltung war. Auch das *Gesetz über die teilweise Änderung der territorialen Selbstverwaltung* v. 23. 3. 1933 (Dz. U. 1933, Nr. 35, Pos. 294) hob die alten Vorschriften nicht auf. Erst 1939 gab es einen Gesetzesentwurf zur Rechtsvereinheitlichung auf diesem Gebiet, es kam aber wegen der deutschen Besetzung nicht mehr zu seiner Verabschiedung; vgl. hierzu *Jaśkiewicz*, Studia nad sytuacją prawną pracowników państwowych, Bd. 1, S. 101-102.

zwischen drei Kategorien unterschieden: Gänzlich ausgenommen sind gemäß Art. 118 Abs. 1 die Richter, Staatsanwälte und Gerichtsapplikanten sowie die Beschäftigten der Staatsbetriebe Eisenbahn und Post, Telegraf, Telefon, ferner die Lehrer aller staatlichen Schulen[183]. Für die Beamten der Staatlichen Kontrolle ist das ZSDG gemäß seinem Art. 118 Abs. 2 eine Auffangnorm, die immer dann gilt, wenn nicht im Gesetz über die Staatliche Kontrolle spezialgesetzlich etwas anderes bestimmt ist. Ähnliches gilt für die Polizei-, Zoll- und Gefängnisaufsichtsbeamten (Art. 118 Abs. 3). Für die genannten Beschäftigtengruppen führte also das ZSDG keine landesweite Vereinheitlichung der Rechtslage herbei. Die alten, bisherigen *Vorschriften aus den ehemaligen Teilungsgebieten* galten insoweit fort und wurden in den Jahren 1921 bis 1934 durch eigene Dienstpragmatiken für die genannten Bedienstetengruppen ersetzt[184]. So galten z.B. für die Postbediensteten in den jeweiligen, ehemaligen Teilungsgebieten noch bis zum Jahr 1934 die österreichische *Dienstpragmatik* von 1914 bzw. das deutsche *Reichsbeamtengesetz* von 1873[185], und auch die *Vorläufigen Dienstvorschriften* des Königreichs Polen von 1918 waren für die Postbediensteten noch bis zu diesem Zeitpunkt anwendbar[186]. Mit der Verabschiedung der gesonderten Dienstpragmatiken für die genannten Beschäftigtengruppen kann aber von einer weitgehenden Vereinheitlichung insofern gesprochen werden, als die Dienstpragmatiken am ZSDG, das als Vorbild diente, orientiert waren[187].

---

183 Für diese Berufgruppen wurden nachfolgend eigene Dienstpragmatiken erlassen, die am ZSDG als beamtenrechtliche Grundnorm angelehnt waren; vgl. etwa die Verordnung des Ministerrats v. 8. 7. 1929 über das Dienstverhältnis der Beschäftigten des Unternehmens „Polnische Staatsbahnen" (Dz. U. 1929, Nr. 57, Pos. 447); vgl. zur Vorbildrolle des ZSDG *Bardach/Leśnodorski/Pietrzak*, Historia państwa i prawa polskiego, S. 545.

184 Einen Überblick über die genannten Dienstpragmatiken gibt *Jaśkiewicz*, Studia nad sytuacją prawną pracowników państwowych, Bd. 1, S. 101.

185 Vgl. RGBl. 1873, S. 61; vgl. für die vereinheitlichte Fassung v. 17. 5. 1907 RGBl. 1907, S. 245.

186 Die genannten Vorschriften wurden für die Postbediensteten erst durch § 90 Abs. 2 der Verordnung des Ministerrats v. 1. 1. 1934 über das Dienstverhältnis der Beschäftigten des Staatsunternehmens „Polnische Post, Telegraf und Telefon" (Dz. U. 1934, Nr. 4, Pos. 25) außer Kraft gesetzt.

187 *Jaśkiewicz*, Die Entwicklung der rechtlichen Situation der Beschäftigten der Staatsverwaltung in Volkspolen, S. 45.

Die Anwendung des ZSDG in der Praxis zeigte, dass die *Ausnahmetatbestände eng ausgelegt* wurden. So stellte das OG 1927 fest, dass das Gesetz auch auf die Berufsrichter des woiwodschaftlichen Verwaltungsgerichts anzuwenden sei. Denn der Ausnahmetatbestand des Art. 118 verwende für die Richter und Staatsanwälte die nähere Bezeichnung „Justiz". Damit könnten nur *Richter im Sinne der Verfassung* gemeint sein. Diese spreche in Teil 4 ausdrücklich nur von Zivil- und Strafgerichten und erwähne nichts von Verwaltungsgerichten. Daher sei klar, dass Art. 118 Abs. 1 auf die Verwaltungsrichter nicht anzuwenden und die Letzteren folglich vom personellen Anwendungsbereich des Gesetzes erfasst seien[188].

c) Statusrechtliche Übergangsregelungen

Dieser *integrative Ansatz* gilt teils auch bei den Übergangsregelungen zum Statusrecht, also den Fragen der *Einstellung*, der *Beibehaltung* im und der *Entfernung* aus dem Dienst (Art. 115-116): Gemäß Art. 115 werden für die ersten fünf Jahre der Geltung des ZSDG die Eignungserfordernisse, die an die Beamten und die niedrigeren Funktionäre gestellt werden, gesenkt, und zwar sowohl hinsichtlich des erforderlichen Ausbildungsniveaus als auch der polnischen Sprachkenntnisse. Diese Regelung dient offenbar u.a. dazu, die Ausbildungs- und Sprachunterschiede in den unterschiedlichen ehemaligen Teilungsgebieten auszugleichen.

Einen *restriktiveren Ansatz* verfolgt Art. 116 ZSDG. Hier geht es darum, innerhalb einer „Probezeit" von zwei Jahren die niedrigeren, mittleren und gehobenen Beamten der Kategorien IV-XII aussondern zu können, ohne an förmliche Verfahrensvorschriften gebunden zu sein. Eine Weiterbeschäftigung dieser Personen als Staatsbeamte wird gemäß Art. 116 Abs. 6 von einer *Bestätigung im Dienst* abhängig gemacht. Beim Fehlen einer Bestätigung hat die Entlassung des Beamten zu erfolgen. Die Stetigkeit des Dienstverhältnisses wird hier also für zwei Jahre außer Kraft gesetzt zugunsten einer Neuordnung des zivilen Staatsdienstes. In den auf die Verabschiedung des ZSDG folgenden Jahren wurde diese Frist durch Novellen zum ZSDG[189] mehrfach verlängert: Erst nach

---

188 Urteil des OG v. 2. 3. 1927 (C 240/26), OSP, Bd. 6, Nr. 175, S. 196.

189 Vgl. für Nachweise der Fundstellen der genannten Novellen das Rechtsquellenverzeichnis.

Ablauf des Jahres 1929 waren die Beamten nicht mehr von der Bestätigung im Dienst abhängig. Rechnet man die Zeit der Geltung der Vorläufigen Dienstvorschriften von 1918 mit, so dauerte es mithin über elf Jahre, bis die polnischen Beamten nach der Wiedererlangung der Unabhängigkeit ihres Landes ein gesetzlich abgesichertes, dauerhaftes und halbwegs stabiles[190] Beschäftigungsverhältnis hatten, nämlich vom November 1918 bis Januar 1930[191].

d) Ergebnis: Weitreichende Grundnorm

Es kann festgehalten werden, dass das ZSDG nicht nur räumlich, sondern auch hinsichtlich der Verwaltungsbereiche, in denen es Geltung beansprucht, weit gefasst ist. Es kann als weitreichende dienstrechtliche Grundnorm mit engen Ausnahmetatbeständen für bestimmte Beamtengruppen bezeichnet werden. Aufgrund nachfolgender Novellierungen der statusrechtlichen Übergangsbestimmungen konnte eine Stabilisierung des Dienstverhältnisses der Beamten entsprechend dem Unkündbarkeitsgrundsatz erst 1930 erzielt werden.

4. Zusammenfassung: Freiwillige Rechtsrezeption

Alles in allem ist festzustellen, dass das polnische Dienstrecht, wie es 1922 durch das ZSDG geschaffen wurde, dem österreichischen Beamtenrechtsmodell weitgehend nachempfunden war[192]. Waren bereits die polnischen Vorläufigen Dienstvorschriften von 1918 als ein Exzerpt der österreichischen Dienstpragmatik anzusehen, so kann das ZSDG als

---

190 Zu den Einschränkungen des Unkündbarkeitsgrundsatzes s.o., 2c.

191 S. hierzu *Jaśkiewicz*, Studia nad sytuacją prawną pracowników państwowych, Bd. 1, S. 133: „Die Situation eines bedeutenden Teils der Funktionäre, die sich in einem Dienstverhältnis öffentlichrechtlicher Art befanden, gestaltete sich unter dem Blickwinkel der Absicherung der Dauerhaftigkeit des Dienstverhältnisses nicht günstiger als die Situation der Vertragsfunktionäre [...] und wich genauso wenig von der Situation der Angestellten ab".

192 Dementsprechend bezeichneten sozialistische Autoren die polnischen Beamten der Zwischenkriegszeit als „eine privilegierte Berufsgruppe, deren Auswahl und Rechtsstatus nach den Bedürfnissen des bourgeoisen Staates ausgestaltet waren", *Mirończuk*, Prawa i obowiązki, S. 7-8; vgl. auch *Zieliński*, Das Arbeitsverhältnis und das Dienstverhältnis in der staatlichen Verwaltung, S. 91.

weitgehende Kopie der Letzteren bezeichnet werden. Der Gesetzgeber des unabhängigen Polen rückte also noch näher an das österreichische Dienstrechtsmodell heran als der von den Mittelmächten abhängige Regentschaftsrat 1918. Diese aus freien Stücken vollzogene *Rechtsrezeption* legt die Frage nach dem Zustandekommen und den Hintergründen hierfür nahe.

IV. ZUSTANDEKOMMEN UND HINTERGRÜNDE DER RECHTSREZEPTION

In den *parlamentarischen Debatten* über das künftige Modell des öffentlichen Dienstes gab es verschiedene Konzeptionen[193]. Es fragt sich, warum sich ausgerechnet das *österreichische Modell* durchsetzen konnte, und ob die Übernahme dieses Modells eine bloße Formalrezeption war oder auf einer geschichtlich gewachsenen Überzeugung beruhte. Beantwortet man diese Fragen und dringt zu den dem polnischen Beamtenrecht von 1922 zugrunde liegenden *Denk- und Rechtstraditionen* vor, so erlangt man nicht nur rückblickend eine *Erklärung* für die konstatierte Rechtsrezeption, sondern gewinnt zugleich ein *Vorverständnis* für die geistige Verwurzelung des rezipierten Rechts zum Zeitpunkt der Einführung des kommunistischen Systems im Polen der Nachkriegszeit sowie für eventuell fortdauernde Rechtstraditionen in der Zeit nach der Systemwende 1989[194].

---

193 Ausführlich zu möglichen Vorbildern (das historische polnische Beamtenrecht aus der Zeit vor den Teilungen, die Beamtenrechte des russischen Zarenreichs, Frankreichs, Englands und der Sowjetunion) und zum Verlauf der parlamentarischen Debatte *Jaśkiewicz*, Studia nad sytuacją prawną pracowników państwowych, Bd. 1, S. 81-98, der es bedauert, dass Polen seine „historische Chance der Steuerung seiner Entwicklung auf den Weg des sozialen Fortschritts im Rahmen der radikalsten Form der Demokratie", nämlich der sozialistischen, seinerzeit noch nicht genutzt hat (S. 82).

194 *Geistlinger*, Verfassung und Verwaltung in Osteuropa, S. 391, beobachtet im Hinblick auf das Verwaltungsrecht im heutigen Osteuropa, „dass ein Wandel des polizeistaatlichen Charakters dieses Rechtsgebietes zu einem rechtsstaatlichen bislang nur dort stattgefunden hat, wo auf einer rechtsstaatlichen Tradition aufgebaut werden konnte, die vor der Sowjetisierung bereits bestand". *Luchterhandt*, Zu Stand und Inhalten der Kodifikation des Allgemeinen Verwaltungsrechts in Ostmittel-, Ost- und Südosteuropa, S. 19, 25, 32, 85, verweist mit Nachdruck auf die *Bedeu-*

1. Die Qualität des österreichischen Rechts

Die für den Bereich des Beamtenrechts festgestellte Rezeption des österreichischen Rechts durch das wiedererrichtete Polen erfolgte in der Zwischenkriegszeit in mehr oder weniger starker Ausprägung für viele Rechtsbereiche – insbesondere das Zivil-, Handels-, Prozess- und Strafrecht – in vielen osteuropäischen Ländern (oder zumindest in Teilgebieten dieser Länder), insbesondere in Jugoslawien, Polen, Rumänien und der Tschechoslowakei. Die *Aufrechterhaltung der österreichischen Rechtskontinuität* in Ländern, deren Gebiete der Donaumonarchie vor ihrem Zerfall zumindest teilweise angehört hatten, kann somit als ein allgemeines Phänomen bezeichnet werden, welches auch auf den *integrativen Charakter* des gesamten österreichisch-ungarischen Rechts zurückzuführen ist, namentlich „seine Entstehung durch eine sorgfältige Auslese der eingelebten und erprobten Rechtsvorstellungen und Rechtseinrichtungen aller Völker des einstigen Vielvölkerstaates und ihre Nutzbarmachung für die Allgemeinheit“[195]. Das Problem der Rechtszersplitterung und das hierauf beruhende Bedürfnis nach Rechtsvereinheitlichung, denen sich Polen nach der Konsolidierung seines Staatsgebiets gegenüber sah, waren dem Vielvölkerstaat Österreich seit jeher bekannt[196].

Ein weiterer allgemeiner Grund für die Übernahme österreichischer Regelungen in den nach dem Ersten Weltkrieg neu errichteten Staaten Ostmitteleuropas war auch die – zumal im Bereich des Verwaltungsrechts – hohe *gesetzgeberische Qualität und praktische Funktionalität* des österreichischen Rechts. Als Paradebeispiel hierfür gilt das 1925 kodifizierte *Verwaltungsverfahrensrecht*, das in den folgenden Jahren

---

tung des historischen, rechtskulturellen Entwicklungsniveaus (S. 85) und hier insbesondere auf „das in Ostmitteleuropa im Verlauf von Jahrhunderten mitgewachsene Niveau der gemeineuropäischen Rechtskultur, die in der Mentalität, im Denken und gewohnheitsmäßigen Verhalten breiter Schichten der Bevölkerung verankert ist“ (S. 32) – hierzu gehört für ihn auch die Teilnahme an der „Entfaltung des modernen Verwaltungs- und Beamtenstaates“ vor der Einführung des kommunistischen Systems (S. 19). Vgl. hierzu auch *Küpper*, Osteuropa 4/1999, S. 337-353.

195 *Slapnicka*, Österreichs Recht außerhalb Österreichs, S. 9.

196 Polen war im Übrigen in seinen neuen Grenzen auch zu einem Vielvölkerstaat mit nur noch 70% ethnischen Polen unter den Einwohnern geworden; vgl. hierzu *Alexander*, Geschichtlicher Überblick, S. 25.

von Polen sowie auch von Estland, Jugoslawien, der Tschechoslowakei und Ungarn – teilweise sogar wörtlich – übernommen wurde[197]:

„Keinerlei äußerer Druck oder Zwang, sondern ausschließlich die Überzeugung von der Zweckmäßigkeit und Notwendigkeit eines solchen Gesetzes, in dem die Verwaltungskunst Alt-Österreichs ihren Niederschlag gefunden hat, hat den österreichischen Verwaltungsverfahrensgesetzen den Weg in die Nachfolgestaaten gebahnt“[198].

Diese allgemeinen qualitativen Überlegungen waren für den parlamentarischen Gesetzgeber Polens im Übrigen auch historisch motiviert: Ein Hauptargument der Befürworter des österreichischen Dienstrechtsmodells war, dass die Ursache der Teilungen Polens die Schwäche der zentralen Behörden und der Verwaltung gewesen sei und dass durch die Übernahme des österreichischen Beamtenrechts mit den weiten Befugnissen für den Dienstherrn, dem ausgedehnten Pflichtenkatalog für Beamte und der Stabilität des Dienstverhältnisses eine *Stärkung des öffentlichen Dienstes* bewirkt werde[199].

Das österreichische Dienstrecht galt als ein *bereits erprobtes Modell*. Die polnische Beamtenschaft konnte sich in den drei Jahren vor der Verabschiedung des neuen ZSDG an das österreichische Dienstrechtsmodell in der Form der Vorläufigen Dienstvorschriften von 1918 gewöhnen. Schon aus diesem Grund konnten sich im Lauf des Gesetzgebungsverfahrens eingebrachte Minderheitenanträge, die das polnische Beamtenrecht am sowjetischen Vorbild ausrichten wollten, nicht durchsetzen[200]: Es ging im gerade unabhängig gewordenen, rechtlich zersplitterten Polen nicht um revolutionäre Umgestaltungen in einem überholten Staats- und Regierungssystem, sondern um die Schaffung eines sicheren

---

197 Näher *Jungwirth*, ÖzöR N.F. 1 (1948), S. 497-503; vgl. *Łopatka*, Annales 25 (1978), S. 33: „Die Schöpfer des Gesetzesentwurfs waren Universitätsprofessoren, die hauptsächlich in österreichischen Universitäten ausgebildet worden waren und die das seinerzeit in Österreich geltende Verwaltungsverfahrensgesetz von 1925 gut kannten. Dieses war für sie gewissermaßen ein Vorbild, was bereits bei einem rein mechanischen Textvergleich beider Akte deutlich wird“; vgl. m.w.N. *Luchterhandt*, Zu Stand und Inhalten der Kodifikation des Allgemeinen Verwaltungsrechts in Ostmittel-, Ost- und Südosteuropa, S. 20.

198 *Slapnicka*, Österreichs Recht außerhalb Österreichs, S. 37.

199 Vgl. *Florek*, JOR 24 (1983), S. 276 m.w.N.

200 So *Jaśkiewicz*, Studia nad sytuacją prawną pracowników państwowych, Bd. 1, S. 83.

rechtlichen Rahmens für einen geregelten Verwaltungsablauf in den Händen einer zuverlässigen, berechenbaren Beamtenschaft[201].

2. Österreichische Prägung polnischer Politiker und Beamter

Wichtiger als die o.g. abstrakten Qualitäten des österreichischen Rechts war sicherlich der alltägliche Kontakt polnischer Beamter und Politiker mit Verwaltungsrecht und Verwaltungspraxis Österreichs, insbesondere seit dem sog. kleinen Ausgleich der Jahre 1867-73, welcher Galizien schrittweise den Autonomiestatus brachte[202] und zu einer rasch zunehmenden *Polonisierung des galizischen Beamtenapparats* führte[203]. Von 1871 bis 1918 gab es in jedem Kabinett der österreichischen Reichsregierung mindestens einen, meist zwei und mehr polnische Minister, 1893-1895 gab es ein sog. „polnisches Kabinett" unter dem polnischen Ministerpräsidenten *Badeni*[204]. Polen konnten in Österreich im Staatsapparat Karriere machen[205], und zwar nicht nur in der gesamten Landesverwaltung, den Gerichten und Schulen, sondern sie stiegen auch in höchste Ämter des Staates Österreich auf und waren an der Politikgestaltung im Habsburgerreich maßgeblich beteiligt[206]. Weite Teile des damaligen österreichischen Beamtenrechts (Gehaltsgesetz 1907, Pensions-

201 Vgl. ebda., S. 98.

202 Ausführlich hierzu *Marschall v. Bieberstein*, Freiheit in der Unfreiheit, S. 37-177. Vgl. auch *Dziadzio*, Czasopismo Prawno-Historyczne 50 (1998) 1, S. 83-115.

203 *Ćwik/Mróz/Witkowski*, Administracja w systemie ustrojowym Polski do 1939 r., S. 127; *Grzybowski*, Historia państwa i prawa Polski, Bd. 4, S. 405 f.

204 Vgl. *Marschall v. Bieberstein*, Freiheit in der Unfreiheit, S. 126, 158.

205 *Grodziski,* Archivum Iuridicum Cracoviense 17 (1984), S. 52, weist darauf hin, dass im Galizien der autonomen Periode der Staatsdienst sowohl für den verarmten polnischen Landadeligen als auch für den Bürgerlichen der „hauptsächlichste Weg zu einem gesellschaftlichen Aufstieg" war.

206 Als ein Beispiel kann der Professor für Verwaltungs- und Finanzwissenschaft an der Universität Krakau *Julian Dunajewski* genannt werden, der als österreichischer Finanzminister 1880-1891 u.a. die Einkommensteuer eingeführt und die Grund- und Gebäudesteuer reformiert hat, vgl. *Slapnicka*, Österreichs Recht außerhalb Österreichs, S. 53. Vgl. für zahlreiche weitere Beispiele der Einnahme politischer Spitzenpositionen durch Polen *Marschall v. Bieberstein*, Freiheit in der Unfreiheit, S. 158.

gesetz 1898 und 1906) wurden unter der Verantwortung eines polnischen Spitzenbeamten ausgearbeitet[207].

Ein plastisches Beispiel für die Verwurzelung polnischer Beamter in den Denkkategorien des österreichischen Beamtenrechts und gleichzeitig für den Grad ihrer Auseinandersetzung mit der habsburgischen Bürokratie ist eine 1903 auf Polnisch und 1904 auf Deutsch erschienene Streitschrift[208], weltweit die erste Monographie, die sich ausschließlich mit dem Beamtenapparat und seiner Funktionsweise auseinander setzte[209]. Ihr Autor *Olszewski* war zum Zeitpunkt ihrer Veröffentlichung ein 34-jähriger polnischer Verwaltungsbeamter, der nach Abschluss seiner juristischen Studien an der Universität Lemberg bereits eine Karriere in der galizischen Verwaltung – zuletzt als Kreiskommissar – hinter sich hatte[210]. Anders als später für *Max Weber*[211] ist der Begriff „Bürokratie" für ihn vor dem Hintergrund seiner Erfahrungen negativ belegt und steht für Formalisierung, Zentralisierung und Vergrößerung des Staatsapparats sowie für Routine, übertriebene Schreiberei, Beamtenton und Kleinlichkeit. Die Bürokratie ruft seiner Auffassung nach den gefährlichsten gesellschaftlichen Antagonismus hervor: den Widerspruch zwischen der Staatsgewalt und der Gesellschaft, was den Staat nicht nur schwäche, sondern sogar seine Existenz bedrohe[212] – eine These, die viele Jahrzehnte später unter dem bekannten Schlagwort *My – i oni* zur Kennzeichnung der Dichotomie zwischen Parteibürokratie und Gesellschaft im kommunistischen Polen wieder auftaucht[213].

---

207 *Severin Kniazołucki* war zunächst Sektionschef, dann Leiter des österreichischen Finanzministeriums, vgl. *Slapnicka*, Österreichs Recht außerhalb Österreichs, S. 53.

208 *Olszewski*, Biurokracya; *ders.*, Bureaukratie.

209 So *Albrow*, Bureaucracy, S. 30 f., 37, 45, 66, 129.

210 Vgl. zu diesen biographischen Angaben *Seidler,* Annales 22/23 (1985/1986), S. 2, 23; *ders.*, Zwei Konzeptionen der Bürokratie, S. 9, 25.

211 Die erste Arbeit *Webers* zu dem Thema („Wesen, Voraussetzungen und Entfaltung der bürokratischen Herrschaft") entstand 1911-13, abgedruckt in *Weber*, Wirtschaft und Gesellschaft, S. 551-579.

212 So in seiner Zusammenfassung der Thesen *Olszewskis Seidler,* Annales 22/23 (1985/1986), S. 25. *Olszewski*, Bürokratie, S. 303, spricht von dem „zwischen der Gesellschaft und dem Beamtentum bestehenden Missklang". *Olszewski* verließ nach dem Erscheinen seiner Streitschrift konsequenterweise die Verwaltung und wurde Kaufmann, vgl. *Seidler,* Annales 22/23 (1985/1986), S. 2, 23; *ders.*, Zwei Konzeptionen der Bürokratie, S. 9, 25.

213 S.u., D II.2; vgl. *Hahn*, Zur Dichotomie von Gesellschaft und Staat in Polen, S. 1-3.

Während polnische Beamte im preußischen und russischen Teilungsgebiet nur selten Verwaltungserfahrung sammeln oder gar in Führungspositionen vordringen konnten[214], machte die *intensive Regierungs- und Verwaltungsbeteiligung* ihrer Landsleute in Österreich diese nach 1918 naturgemäß zu Führungspersonen im neuen polnischen Staat, insbesondere in der Verwaltung: „Der galizische Beamte in Oberschlesien und Posen ist ein typisches Bild“[215]. Viele Minister und Spitzenpolitiker im Polen der Zwischenkriegszeit hatten ihre Karriere vor 1918 in Österreich begonnen. Es gab sogar Politiker, die sowohl in Österreich als auch später im unabhängigen Polen ein Ministeramt innehatten[216]. Galizien kann folglich als *politische und administrative Schule für das wiederentstehende Polen* bezeichnet werden[217], mit der Folge, dass seine Verwaltungspraxis

> „weitgehend von dem in den Wiener Ministerien entwickelten Arbeitsstil geprägt war, dass sie ein getreues Abbild der österreichischen Administrative und ihrer korrekten, aber liberalen Verwaltungstradition blieb“[218].

---

214 Vgl. *Marschall v. Bieberstein*, Freiheit in der Unfreiheit, S. 371: „In Preußen konnten Polen allenfalls kleine und mittlere Beamte bei Post und Bahn werden. Doch gelangten sie kaum in bessere Positionen in der Verwaltung oder im Bildungswesen“. *Grodziski*, Archivum Iuridicum Cracoviense 17 (1984), S. 42, weist darauf hin, dass im russischen Teilungsgebiet „nach der Niederschlagung des Januar-Aufstands vom Jahre 1863 strenge und langwährende Verfolgungen auftraten“ und dass im preußischen Landesteil „insbesondere unter dem Regime des Kanzlers *Bismarck* der ganze, mächtige deutsche Verwaltungsapparat gegen das polnische Volk gerichtet war“, während von Galizien als von einem „polnischen Piemont“ gesprochen wurde.

215 *Marschall v. Bieberstein*, Freiheit in der Unfreiheit, S. 371; vgl. auch *Malec/Malec*, Historia administracji i myśli administracyjnej, S. 176.

216 *Leon Biliński* war österreichischer und 1919 polnischer Finanzminister; vgl. hierfür und für zahlreiche weitere Beispiele *Marschall v. Bieberstein*, Freiheit in der Unfreiheit, S. 372, Fn. 4. Weitere Beispiele für österreichisch-polnische Beamtenkarrieren bringt *Slapnicka*, Österreichs Recht außerhalb Österreichs, S. 53, 60.

217 So *Marschall v. Bieberstein*, Freiheit in der Unfreiheit, S. 371. Laut *Grodziski*, Krakowskie Studia Prawnicze 25 (1992), S. 90, formte die galizische Selbstverwaltung „ganze Generationen von Aktivisten und harten Realisten“, die „sowohl [...] unter der österreichischen Herrschaft als auch im wieder aufgebauten Polen nach 1918“ eine wichtige Rolle spielten.

218 *Slapnicka*, Österreichs Recht außerhalb Österreichs, S. 61-62.

Bereits bei der Ausarbeitung der Vorläufigen Dienstvorschriften von 1918[219], insbesondere aber bei der Vorbereitung des Gesetzesentwurfs zum ZSDG hatte die polnische Beamtenschaft einen erheblichen Einfluss, den sie zugunsten des österreichischen Beamtenrechtsmodells geltend machte: Die von der Regierung eingesetzte, interministeriale sog. *Qualifikationskommission*, deren eigentliche Aufgabe die Befreiung des Beamtenapparats von unfähigen Beamten war, konzentrierte sich 1921 zunächst auf die Erarbeitung des ZSDG-Entwurfs, der schließlich vom Präsidium des Ministerrats angenommen und Anfang 1921 von der Regierung im Parlament eingebracht wurde[220]. Darüber hinaus wurde die polnische Beamtenschaft auch im Wege einer Umfrage an den vorbereitenden Arbeiten zum Gesetzesentwurf beteiligt, und die überwältigende Mehrheit der in verschiedenen Verbänden organisierten Beamten sprach sich für eine Übernahme des österreichischen Dienstrechtsmodells aus:

> „Der Druck der organisierten Beamtenschaft beeinflusste in erheblicher Weise das Schicksal der Gesetzesentwürfe aus dem Bereich des Beamtenrechts, was von einigen Abgeordneten als ein großer Erfolg der Beamten bewertet wurde“[221].

3. Österreichs Rechtslehre und die polnische Gesetzgebung

Die auf dem österreichischen Teilungsgebiet belegenen Universitäten *Krakau* und *Lemberg* waren vor der Wiedererlangung der polnischen Unabhängigkeit die einzigen polnischen, das heißt v.a. polnischsprachigen, Universitäten, denn in den beiden anderen Teilungsgebieten gab es keine polnische Universität[222]. Die Rechtsfakultäten dieser beiden Universitäten wurden in der zweiten Hälfte des 19. Jahrhunderts zu „auf europäischem Niveau stehenden Zentren der Rechtslehre“[223], und sie waren die Ausbildungsstätten polnischer Juristen. Nachdem in Lemberg mit den „Annales Jurisprudentiae pro Regnis Galiciae et Lodomeriae“

---

219 So *Jaśkiewicz*, Studia nad sytuacją prawną pracowników państwowych, Bd. 1, S. 4.

220 Ebda., S. 91.

221 Ebda., S. 92.

222 So *Marschall v. Bieberstein*, Freiheit in der Unfreiheit, S. 371. In Warschau gab es allerdings die sog. Hauptschule, an welcher der Verfasser des ersten umfassenden polnischen Verwaltungsrechtslehrbuchs *Okolski* lehrte; vgl. *Malec/Malec*, Historia administracji i myśli administracyjnej, S. 144.

223 *Bartel*, Krakowskie Studia Prawnicze 23 (1990), S. 175.

bereits 1810 die erste Rechtszeitschrift des Landes veröffentlicht worden war (zunächst auf Latein, dann auf Deutsch unter dem Titel „Annalen der Rechtsgelehrsamkeit für Beamte und Geschäftsmänner")[224], wurden in Krakau und Lemberg gegen Ende des 19. Jahrhunderts zahlreiche polnischsprachige Rechtszeitschriften gegründet[225]. Man kann also feststellen, dass der *nationale Nachwuchs im österreichischen Teilungsgebiet ausgebildet* wurde[226]. Nicht nur die Studenten an diesen beiden Universitäten waren zum überwiegenden Teil Polen, sondern – schon wegen der Sprachbarriere[227] – auch die Professoren. Jedoch waren die polnischen Professoren in ihrem Tätigkeitsfeld keineswegs auf die beiden polnischen Landesuniversitäten beschränkt, sondern wirkten auch in den anderen Universitäten der Donaumonarchie[228].

Die führende geistige Rolle der polnischen Lehrkräfte an den Universitäten Krakau und Lemberg wurde 1887 bei der Ersten *Versammlung der Juristen und Ökonomen* in Krakau deutlich. Hier und auf den bis 1912 (Lemberg) folgenden vier Versammlungen wurde immer wieder der Wille zur Ausbildung einer die Teilungsgebiete überschreitenden *polnischen Rechtsschule* deutlich gemacht[229]. Die Rolle einer „Koordinatorin der polnischen Wissenschaft"[230] – auch im Bereich der Rechtslehre – fiel hierbei der Krakauer Akademie der Wissenschaften zu. Der so begründete, enge geistige Zusammenhalt aller polnischen Juristen unter Federführung der österreichisch-polnischen Rechtslehrer ermöglichte nach der Proklamierung des Königreichs Polen Ende 1916 einen raschen Beginn der zur Vereinheitlichung des Rechts erforderlichen Kodifizierungsarbeiten, insbesondere auf den Gebieten des Zivil- und Strafrechts.

---

224 Einige Beiträge in den Annalen erschienen auch auf Polnisch, ihr Erscheinen wurde 1813 wieder eingestellt. Die Zeitschrift war ein „Kristallisationspunkt der polnischen Rechtslehre" jener Zeit; so *Litwin*, Nowe Prawo 12/1961, S. 1573, 1580 f.

225 Vgl. die Auflistung bei *Slapnicka*, Österreichs Recht außerhalb Österreichs, S. 57.

226 So *Marschall v. Bieberstein*, Freiheit in der Unfreiheit, S. 371.

227 In Krakau wurde 1871 Polnisch als alleinige Vorlesungssprache eingeführt; vgl. *Slapnicka*, Österreichs Recht außerhalb Österreichs, S. 52.

228 Beispiele bringt *Slapnicka*, Österreichs Recht außerhalb Österreichs, S. 52.

229 Näher zu den Versammlungen und zur führenden Rolle Krakaus und Lembergs bei den genannten Vereinheitlichungsbemühungen *Bartel,* Krakowskie Studia Prawnicze 23 (1990), S. 175-177.

230 Ebda., *S.* 175.

Auch im Bereich des Verwaltungsrechts kamen die meisten einflussreichen Professoren aus Krakau und Lemberg[231].

Auch nach der Wiedererlangung der Unabhängigkeit Polens entstammten die meisten erfahrenen Hochschullehrer Polens – auch im Bereich des Verwaltungsrechts – der österreichischen Schule[232]. An den Arbeiten der in den Jahren 1919-1939 tätigen *Kodifizierungskommission* der Republik Polen, die sich im Schwerpunkt mit dem Zivil- und Strafrecht befasste, hatten die Vertreter der beiden galizischen Universitäten und der Krakauer Akademie der Wissenschaften einen herausragenden Anteil[233]. Darüber hinaus machten die Hochschullehrer aus Krakau und Lemberg ihren Einfluss auf die Gesetzgebung auch im Bereich des Verwaltungsrechts, namentlich bei der Ausarbeitung der Vorläufigen Dienstvorschriften von 1918 und des ZSDG, geltend[234]. Einige der österreichisch-polnischen Verwaltungsrechtslehrer erhielten ein Ministeramt[235]. Die Beteiligung der österreichisch geprägten Rechtslehrer an der Regierung und den Gesetzgebungsarbeiten hatte wiederum Rückwirkungen auf die Lehre: „Am wenigsten wurde die Rechtslehre durch die staatsrechtliche Neuordnung der Jahre 1918/19 berührt. Die Beibehaltung der österreichischen Rechtsordnung hat eine kaum gestörte Fortsetzung der Lehrveranstaltungen an den Universitäten ermöglicht“[236]. Auf

---

231 Vgl. *Malec/Malec*, Historia administracji i myśli administracyjnej, S. 143-145.

232 Vgl. für einen Überblick *Malec/Malec*, Historia administracji i myśli administracyjnej, S. 178-181.

233 Ausführlich hierzu *Bartel*, Krakowskie Studia Prawnicze 23 (1990), S. 175-184; vgl. *Grodziski*, Archivum Iuridicum Cracoviense 18 (1985), S. 59-77.

234 *Jaśkiewicz*, Studia nad sytuacją prawną pracowników państwowych, Bd. 1, S. 4.

235 So 1922 der Krakauer Professor für Verwaltungsrecht *Kumaniecki*, vgl. *Malec/Malec*, Historia administracji i myśli administracyjnej, S. 179.

236 *Slapnicka*, Österreichs Recht außerhalb Österreichs, S. 62. Anzumerken ist, dass im kommunistischen Polen viele Autoren die Vorbildrolle des österreichischen Rechts für die Gesetzgebung und die Rechtslehre im Polen der Zwischenkriegszeit heruntergespielt und z.B. auf die geistige Eigenständigkeit der „Krakauer Schule“ verwiesen haben, die sich bei der Ausarbeitung des neuen polnischen Rechts nicht auf das Rechtssystem einer der Teilungsmächte habe stützen wollen; vgl. *Grodziski*, Archivum Iuridicum Cracoviense 18 (1985), S. 59. Dem kann – zumindest für den hier interessierenden Bereich des Beamtenrechts – nach dem obigen Rechtsvergleich nicht zugestimmt werden.

diese Weise wurde auch die *neue Juristengeneration* im Polen der Zwischenkriegszeit im Geist der österreichischen Rechtslehre ausgebildet[237].

4. Zusammenfassung: Rezeption aus Überzeugung

Alles in allem war die Übernahme des österreichischen Beamtenrechts durch den polnischen Gesetzgeber 1922 eine natürliche Folge der *tiefen Verwurzelung der polnischen Juristenschaft in den österreichischen Denk- und Rechtstraditionen*, welche sich nicht auf den rein akademischen Bereich beschränkte, sondern sich zugleich in der Gesetzgebung des unabhängigen Polen manifestierte[238]. Die bereits auf Einigungsbestrebungen in der Zeit der Teilungen zurückgehende Rechtsvereinheitlichung wurde unter der Federführung galizischer Politiker und Beamter sowie an der Gesetzgebung beteiligter und vom österreichischen Rechtssystem geprägter polnischer Rechtsgelehrter in die Tat umgesetzt[239]. Der integrative Charakter des österreichischen Rechts und die Überzeugung der Parlamentsmehrheit von der praktischen Funktionalität und Stabilität des österreichischen Beamtenrechtsmodells waren ausschlaggebend für die durch die Verabschiedung des ZSDG erfolgte Rechtsrezeption.

---

237 Nach allem kann daher – zumindest für den hier untersuchten Bereich des Beamtenrechts – auch keine Rede davon sein, dass die österreichische Rechtsordnung für die Polen in der Zwischenkriegszeit „eine aufgedrängte und daher verhasste Rechtsordnung" eines Annexionsstaats gewesen sei, so aber *Jaśkiewicz,* Studia nad sytuacją prawną pracowników państwowych, Bd. 1, S. 82.

238 A.A. offenbar, allerdings ohne Argumente und Nachweise *Zieliński,* PiP 6/1974, S. 42: „Das Gesetz von 1922 war bereits zum Zeitpunkt seiner Verabschiedung den polnischen Traditionen entgegengesetzt, und im neuen [d.h. kommunistischen, d. Verf.] System ist es endgültig zum Anachronismus geworden".

239 Es gab allerdings auch Lösungen im Bereich des Verwaltungsrechts, in denen sich der polnische Gesetzgeber der Zwischenkriegszeit an Modellen aus den anderen beiden ehemaligen Teilungsmächten orientierte: Das in der Verfassung von 1921 vorgesehene, aber letztlich nur unvollkommen umgesetzte Recht der territorialen Selbstverwaltung war in weiten Teilen am preußischen Modell ausgerichtet, die Finanzkontrolle teilweise an russischen Vorbildern, so *Izdebski/Kulesza,* Administracja publiczna – zagadnienia ogólne, S. 59. Vgl. zum „kleinen" *Selbstverwaltungsgesetz* v. 23. 3. 1933 (Dz. U. 1933, Nr. 35, Pos. 294) *Luchterhandt,* Zu Stand und Inhalten der Kodifikation des Allgemeinen Verwaltungsrechts in Ostmittel-, Ost- und Südosteuropa, S. 21 m.w.N.

V. DIE ENTWICKLUNG DES BEAMTENRECHTS BIS 1939

1. Gesetzesentwicklung

In der Zwischenkriegszeit unterlag das ZSDG insgesamt 14 Änderungen, wobei allein die Hälfte hiervon die Übergangsvorschriften des Art. 116 betrafen (s.o., III.3c.)[240]. Bis zur letztendlichen Einführung des Grundsatzes der *Unkündbarkeit* gemäß Art. 33 Abs. 1 und des den Beamten hierdurch gewährten Rechtsschutzes Anfang 1930 schwebte über der polnischen Beamtenschaft das Damoklesschwert der *Entlassung aus dem Staatsdienst* nach freiem Ermessen des Dienstherrn gemäß Art. 116 Abs. 6.

Hintergrund für diese lange Übergangszeit war v.a. die *schlechte Qualität* der dem polnischen Staat zur Verfügung stehenden Verwaltungskader – insbesondere in den ehemaligen preußischen und russischen Teilungsgebieten. Zahlreiche Dienstposten mussten zunächst mit Beamten ohne hinreichende Bildung und Ausbildung besetzt werden. Im Jahr 1923 waren in der polnischen Staatsverwaltung 120.000 Personen beschäftigt, wovon nur 15.000 eine höhere Bildung hatten[241]. Nach dem Staatsstreich *Piłsudskis* von 1926 machte die polnische Regierung von der Möglichkeit der Entlassung extensiv Gebrauch, und es kam zu einem grundlegenden Austausch der Verwaltungskader und zur Beamtung politischer Anhänger des neuen Regimes[242]. Diese nach politischen Kriterien vorgenommene Personalpolitik war nicht an qualitativen Gesichtspunkten wie einer guten Ausbildung orientiert und führte somit auch nicht zu einer Verbesserung der Situation.

Eine Novelle vom 21. 3. 1924 dehnte den Grundsatz der *disziplinarischen Verantwortlichkeit* auf die Ruhestandsbeamten aus, allerdings – ähnlich wie bei den inaktiven Beamten (Art. 84 ZSDG) – nur für die Dienstvergehen, die während des aktiven Dienstes begangen wurden. Durch diese Novelle sollte die Disziplin der aktiven Beamten gestärkt werden, denn sie mussten damit rechnen, selbst im Ruhestand noch we-

---

240 Für die Fundstellen zu allen Änderungen des ZSDG in der Zwischenkriegszeit s.u., *Rechtsquellenverzeichnis*.

241 *Malec/Malec,* Historia administracji i myśli administracyjnej, S. 176.

242 Vgl. hierzu *Bardach/Leśnodorski/Pietrzak*, Historia państwa i prawa polskiego, S. 546.

gen begangener Dienstvergehen zur Verantwortung gezogen zu werden und ihre erworbenen Rechte zu verlieren[243].

Hervorzuheben sind ferner die gesetzgeberischen Schritte nach dem Staatsstreich *Piłsudskis* von 1926, die alle ebenfalls dazu dienten, den gesetzlichen Rechtsstatus der Staatsdiener zu beschneiden, um auf diese Weise die Regierungsgewalt des autoritären Regimes stärken und Dienstposten nach dienstherrlicher Willkür mit dem politisch genehmen Personal besetzen zu können[244]. Zwei Dekrete von 1928 waren der erste Schritt in diese Richtung. Sie bewirkten, dass auch im Staatsdienst individuelle Arbeitsverträge mit Angestellten oder Arbeitern abgeschlossen werden konnten[245], um so dem Dienstherrn eine größere Handlungsfreiheit bei der Gestaltung der Dienstverhältnisse zu ermöglichen[246]. Es folgte eine Novelle des ZSDG vom 3. 12. 1930, die der *Übernahme von Offizieren* in den zivilen Staatsdienst diente. Es lag im Interesse des Militärregimes, die Führungspositionen in der Zivilverwaltung mit Soldaten zu besetzen. Dementsprechend betrug zur Zeit des sog. *Obristenregimes* 1937 der Anteil demobilisierter Soldaten unter den Woiwoden 75%[247].

Die gewichtigste Änderung des ZSDG in der Zwischenkriegszeit erfolgte durch die *Novelle vom 7. 10. 1932*. Hiernach war nicht mehr der Dienstgrad der Beamten zur Festlegung des Verhältnisses von Vorgesetzten und Untergebenen entscheidend, sondern ihr Dienstposten. Außerdem wurde die Verbindung zwischen Dienstgrad und Dienstposten aufgelöst. Diese beiden Änderungen ermöglichten dem Dienstherrn, rasch neue Unterordnungsverhältnisse in den Behörden zu schaffen. Die *Beförderungsvorschriften* zum Dienstalter wurden aufgehoben. Damit gab es keine gesetzlichen Vorgaben für die Beförderungen mehr. Der Dienstherr konnte nach eigenem Ermessen die Personalentscheidungen

---

243 *Jaśkiewicz*, Studia nad sytuacją prawną pracowników państwowych, Bd. 1, S. 98.

244 Vgl. hierzu *Jaśkiewicz*, Studia nad sytuacją prawną pracowników państwowych, Bd. 1, S. 98-99.

245 Dekret v. 16. 3. 1928 über den Arbeitsvertrag der Angestellten (Dz. U. 1928, Nr. 35, Pos. 323); Dekret v. 16. 3. 1928 über den Arbeitsvertrag der Arbeiter (Dz. U. 1928, Nr. 35, Pos. 324).

246 Vgl. hierzu *Ura*, Pozycja prawna pracowników terenowej administracji rządowej i samorządu terytorialnego, S. 20-21.

247 *Bardach/Leśnodorski/Pietrzak*, Historia państwa i prawa polskiego, S. 546. Vgl. *Luchterhandt*, Zu Stand und Inhalten der Kodifikation des Allgemeinen Verwaltungsrechts in Ostmittel-, Ost- und Südosteuropa, S. 21.

hinsichtlich der Beförderungen treffen. Die gesetzlichen *Qualifikationserfordernisse* wurden erheblich eingeschränkt, um dem Dienstherrn auch in dieser Hinsicht freie Hand zu geben. So wurden die Qualifikationskommissionen aufgelöst und ihre Kompetenzen den vorgesetzten Dienstbehörden übertragen. Auch die Kompetenzen der Disziplinarkommissionen wurden beschränkt: Das Recht zur Verhängung von Ordnungsstrafen stand nunmehr dem Dienstvorgesetzten zu. Starke statusrechtliche Einschnitte waren ferner die Möglichkeiten der *Entbindung vom Dienst* bei einem eingeleiteten Disziplinar- oder Strafverfahren und der Befreiung des Beamten vom Dienst, wenn seine Qualifikationszeugnisse ihn als nicht geeignet auswiesen.

Zu erwähnen ist schließlich noch die Novelle vom 28. 10. 1933, welche die bisherigen Dienstgrade durch sog. *Vergütungsgruppen* ersetzte, um so die bereits mit der Novelle von 1932 erfolgten statusrechtlichen Änderungen auch nach außen hin sichtbar zu machen. Am gleichen Tag erging auch die Verordnung des Präsidenten der Republik über die *Bezüge* der staatlichen Funktionäre, die den einzelnen Vergütungsgruppen eine monatliche Vergütungsquote zuwies.

Der Rechtsstatus der Bediensteten, deren Dienstverhältnis nicht im ZSDG, sondern in eigenen Dienstpragmatiken geregelt war, wie z.B. der *Post- und Bahnbediensteten*, unterlag nachfolgend vergleichbaren Einschnitten[248].

2. Eingeschränkter gerichtlicher Rechtsschutz

Der gerichtliche Rechtsschutz für die Beamten in dienstrechtlichen Angelegenheiten war in der Zwischenkriegszeit recht gering. Das ZSDG enthält keine Bestimmung, die eine Klage der Beamten vor den ordentlichen oder Verwaltungsgerichten vorsieht. Vielmehr erschöpft sich der

---

[248] Vgl. nur die vier Verordnungen des Ministerrats v. 1. 1. 1934 über das Dienstverhältnis sowie über die Bezüge der Beschäftigten des Unternehmens „Polnische Staatliche Eisenbahnen" sowie des Staatsunternehmens „Polnische Post, Telegraf und Telefon" (Dz. U. 1934, Nr. 4, Pos. 23-26) und die auf dieser Grundlage ergangenen Anordnungen wie z.B. die im Anordnungswege erlassenen Vorschriften über den Vorbereitungsdienst, die Examen und die Weiterbildung der Beschäftigten des Staatsunternehmens „Polnische Post, Telegraf und Telefon" des Ministers für Post und Telegrafen v. 1. 8. 1935 (Dziennik Urzędowe Ministerstwa Poczt i Telegrafów = Amtsblatt des Ministeriums für Post und Telegrafen 1935, Nr. 20, Pos. 57).

hier vorgesehene Rechtsweg in innerbehördlichen Rechtsmitteln. So bestimmt Art. 25 Nr. 5 ZSDG, dass der Beamte „alle seine Bitten, Vorstellungen und Beschwerden in Personal- und Beamtenangelegenheiten, die aus dem Dienstverhältnis herrühren, auf dem Dienstweg vorzubringen" hat. Und Art. 78 S. 1 ZSDG bestimmt, dass *nur* die Disziplinarkommission Disziplinarstrafen verhängen kann.

Diese Rechtslage änderte sich auch nicht durch das In-Kraft-Treten des Gesetzes über den *Obersten Verwaltungsgerichtshof* vom 3. 8. 1922[249]. Der Oberste Verwaltungsgerichtshof (OVGH) – entgegen der Verfassung von 1921 blieb er in der Zwischenkriegszeit die einzige verwaltungsgerichtliche Instanz[250] – besaß in beamtenrechtlichen Fragen zwar grundsätzlich eine Entscheidungskompetenz[251]. Jedoch waren u.a. die Angelegenheiten, die Ernennungen auf öffentliche Ämter oder Dienstposten betrafen, ferner Ermessensentscheidungen der Behörden, wehrrechtliche Angelegenheiten sowie alle Disziplinarsachen, von seinem Zuständigkeitsbereich ausdrücklich ausgeschlossen[252]. Es waren also von vornherein alle statusrechtlichen Fragen im Zusammenhang mit den Beamtenernennungen sowie auch alle Disziplinarsachen von der Gerichtskontrolle ausgeschlossen.

Der Ausschlussgrund des Vorliegens einer *Ermessensentscheidung* schloss die meisten anderen beamtenrechtlichen Streitigkeiten aus, da das ZSDG in der Regel keine gebundenen Behördenentscheidungen vorsah. Zwar gab es grundsätzlich die Möglichkeit der Klage vor dem OVGH wegen Ermessensfehlgebrauch durch die Behörde[253], aber von

---

249 Dz. U. 1922, Nr. 67, Pos. 600; vgl. hierzu und zur Novelle v. 25. 3. 1926 (Dz. U. 1926, Nr. 37, Pos. 237) *Chmurski*, Zeitschrift für Ostrecht 2 (2/1928), S. 196-203; *Kuss*, Gerichtliche Verwaltungskontrolle in Osteuropa, S. 78-86.

250 Allerdings gab es auf dem ehemaligen *preußischen Teilungsgebiet* noch niedrigere Verwaltungsgerichte; vgl. *Kuss*, Gerichtliche Verwaltungskontrolle in Osteuropa, S. 79. Außerdem wurde durch das Gesetz über das *Invalidenverwaltungsgericht* v. 26. 3. 1935 (Dz. U. 1935, Nr. 26, Pos. 177) übergangsweise ein sog. Invalidenverwaltungsgericht eingerichtet. Die im Gesetz über die *Sozialversicherungsgerichtsbarkeit* v. 28. 7. 1939 (Dz. U. 1939, Nr. 71, Pos. 476) vorgesehenen Gerichte konnten wegen der deutschen Besetzung Polens 1939 ihre Arbeit nicht mehr aufnehmen. Vgl. hierzu *Malec/Malec,* Historia administracji i myśli administracyjnej, S. 178.

251 *Bardach/Leśnodorski/Pietrzak*, Historia państwa i prawa polskiego, S. 546.

252 Vgl. hierzu *Bardach/Leśnodorski/Pietrzak*, Historia państwa i prawa polskiego, S. 548.

253 *Kuss*, Gerichtliche Verwaltungskontrolle in Osteuropa, S. 80.

dieser Möglichkeit machten die polnischen Beamten in dienstrechtlichen Angelegenheiten selten Gebrauch[254]. Ein gerichtlich nicht nachprüfbares Ermessen lag nach der überkommenen Gerichtspraxis auch dann vor, wenn das Gesetz eine behördliche Entscheidung gemäß dem „öffentlichen Interesse", dem „öffentlichen Wohl" oder dem „dienstlichen Interesse" vorsah[255]. So entschied der OVGH 1924, die Bewertung, ob die Umstände für die Versetzung eines Beamten in den inaktiven Zustand im Hinblick auf das dienstliche Wohl vorliegen und ob diese Umstände eine Inaktivierung rechtfertigen, unterfalle dem freien Ermessen der Behörde und könne gerichtlich daher nicht überprüft werden[256]. Die Entscheidungskompetenz des OVGH und damit auch der Verwaltungsrechtsschutz für die Beamten wurden noch weiter eingeschränkt, als nach dem Staatsstreich 1926 der behördliche Ermessensspielraum im Bereich des Beamtenrechts (s.o., 1.) – wie in allen Verwaltungsbereichen[257] – ausgedehnt wurde.

Die beamtenrechtlichen Urteile des OVGH betrafen angesichts dieses eingeschränkten Kompetenzbereichs oft Fragen zur Pensionierung der Beamten[258], zu den Bezügen[259] und zum Rechtsstatus der Selbstverwaltungsbeamten in den ehemaligen Teilungsgebieten[260].

Der ohnehin eingeschränkte gerichtliche Rechtsschutz der Beamten vor den Personalentscheidungen der Behörden wurde unter Verletzung

---

254 So *Ura*, Pozycja prawna pracowników terenowej administracji rządowej i samorządu terytorialnego, S. 19. Sie führt dies auf die Befürchtung der Beamten zurück, ihre Privilegien oder sogar ihren Dienstposten zu verlieren (S. 21).

255 *Jaśkiewicz*, Studia nad sytuacją prawną pracowników państwowych, Bd. 1, S. 88.

256 Urteil v. 21. 10. 1924 (Az.: 226/24), zit. nach *Kościołek*, Państwowa służba cywilna, S. 125; vgl. *Jaśkiewicz*, Studia nad sytuacją prawną pracowników państwowych, Bd. 1, S. 110.

257 Vgl. *Bardach/Leśnodorski/Pietrzak*, Historia państwa i prawa polskiego, S. 548.

258 Vgl. die Zusammenstellung beamtenrechtlicher Urteile des Gerichtshofs aus den Jahren 1922-1925 in dt. Übers. in: Ostrecht 1 (2/1925), S. 263-273.

259 Vgl. *Jaśkiewicz*, Studia nad sytuacją prawną pracowników państwowych, Bd. 1, S. 139 m.w.N.

260 Vgl. die Urteile des OVGH v. 4. 10. 1928 (OSP, Bd. 8, A 490) und v. 4. 2. 1932 (OSP, Bd. 11, A 215). Im ehemaligen preußischen Teilungsgebiet waren die Selbstverwaltungsbeamten mittelbare Staatsbeamte und standen in einem öffentlichrechtlichen Dienstverhältnis, in den anderen beiden ehemaligen Teilungsgebieten standen sie in einem privatrechtlichen Beschäftigungsverhältnis, vgl. *Jaśkiewicz*, Studia nad sytuacją prawną pracowników państwowych, Bd. 1, S. 101-102.

des Gewaltenteilungsprinzips in der Zeit des Militärregimes seit 1926 zudem dadurch verkürzt, dass sich die Staatsregierung die Richterschaft zunehmend gefügig machte – gerade auch unter Ausnutzung der Ermessensspielräume im Bereich der *Personalpolitik*, die ihr das Dienstrecht gewährte, sowie auch durch die Unterstellung des OVGH unter die *Aufsicht des Ministerpräsidenten*[261]. Als ein Beispiel hierfür mag ein Urteil des Gerichtshofs von 1928 dienen, das die Wortlautschranke der ausgelegten Norm unter Missachtung von Sinn und Zweck der Vorschrift zugunsten eines möglichst weiten Entscheidungsspielraums der Behörde in ihren Personalentscheidungen durchbricht: Art. 11 Abs. 1 ZSDG, wonach die Unterteilung der Beamten bzw. Dienstposten in drei Kategorien „unter Berücksichtigung des von den Beamtenkandidaten verlangten Ausbildungsniveaus" erfolgt, sei so auszulegen, dass über die Zugehörigkeit eines Beamten zu einer der drei Kategorien nicht sein Ausbildungsniveau entscheide, sondern der von ihm eingenommene Dienstposten[262]. Damit war es den Behörden möglich, Beamte mit Dienstposten zu versehen, für die sie nicht das eigentlich erforderliche Ausbildungsniveau besaßen – oder auch eigentlich überqualifizierte Beamte in niedrigere Dienstposten einzuweisen. Die Entscheidung des OVGH, die Art. 11 ZSDG in sein glattes Gegenteil verwandelt – das Ausbildungsniveau eines Beamten war nun nicht mehr ausschlaggebend für seine Zuordnung zu einer Beamten- und damit auch Bezügekategorie – antizipierte gewissermaßen in vorauseilendem Gehorsam die Gesetzesänderungen von 1932 (s.o., 1.).

Bisweilen entschieden die ordentlichen Gerichte beamtenrechtliche Fragen, für die sie eigentlich nicht zuständig waren[263]. So entschied das Appellationsgericht Kattowitz 1925 – in Verkennung des öffentlichrechtlichen Charakters des Dienstverhältnisses auf der Grundlage einer Ernennung auf Lebenszeit – über die Entlassung zweier Lehrerinnen aus

---

261 Vgl. *Bardach/Leśnodorski/Pietrzak*, Historia państwa i prawa polskiego, S. 548.

262 Urteil des OVGH v. 9. 3. 1928 (Az.: 2258/26), zit. nach *Kościołek*, Państwowa służba cywilna, S. 34; vgl. *Jaśkiewicz*, Studia nad sytuacją prawną pracowników państwowych, Bd. 1, S. 109.

263 Eine Zuständigkeit der ordentlichen Gerichte gab es nur im Bereich des – hier nicht näher behandelten – *Staatshaftungsrechts* bei den Regressforderungen des Dienstherrn gegen die Beamten; so in Auslegung des Art. 72 ZSDG der OVGH in seinem Urteil v. 6. 12. 1930 (Az.: 2507/28), Urteilssammlung des OVGH 1931, Nr. A 320.

dem Schuldienst in der fälschlichen Annahme, dem Beschäftigungsverhältnis liege ein zivilrechtlicher Dienstvertrag zugrunde[264].

3. Zusammenfassung

Zusammenfassend kann die Zeit nach dem In-Kraft-Treten des polnischen Gesetzes über den zivilen Staatsdienst von 1922 als eine Zeit der *permanenten Schwächung der Rechtsstellung der Beamten* bezeichnet werden. Der Abbau beamtenrechtlicher Rechtspositionen zugunsten der Stärkung der Regierungsgewalt exemplifiziert, dass es dem 1918 wieder errichteten Polen nicht gelang, sich demokratisch zu verfestigen und die rechtsstaatlichen Institutionen auszubauen[265]. Insbesondere die beiden Gesetzesnovellen von 1930 und 1932, die nach dem Staatsstreich *Piłsudskis* von 1926 willkürlichen Personalentscheidungen des Dienstherrn den Boden bereiteten, waren wichtige Schritte auf dem Weg der Festigung des autoritären Militärregimes.

Der OVGH war nicht imstande, die rechtliche Stellung der Beamten gegenüber ihrem Dienstherrn entscheidend zu schützen oder auszubauen, weil er einen eingeschränkten Zuständigkeitsbereich in beamtenrechtlichen Fragen hatte und zunehmend in eine politische Abhängigkeit vom Regime geriet. Mit dem kontinuierlichen Abbau beamtenrechtlicher Rechtspositionen in der Zwischenkriegszeit war im polnischen Dienstrecht bereits eine Entwicklung eingeleitet, die nach der Überwindung der deutschen Besetzung (1939-1945) und mit der Einführung des kommunistischen Herrschaftssytems ab 1944 ihren Fortgang nahm.

---

264 Entscheidung v. 7. 1. 1925 (Az.: 6s U. 30/24), in dt. Übers. abgedruckt in: Zeitschrift für osteuropäisches Recht 1 (1/1925), S. 14-20, mit ablehnender Anmerkung von *E. Warschauer* (S. 20-21).

265 Dies war in der mitteleuropäischen Verwaltungswirklichkeit der Zwischenkriegszeit angesichts des Vordringens autoritärer Regime in den 30er Jahren ein allgemeiner Trend, vgl. nur *Luchterhandt*, Zu Stand und Inhalten der Kodifikation des Allgemeinen Verwaltungsrechts in Ostmittel-, Ost- und Südosteuropa, S. 21 f.

C. Das kommunistische Beamtenrecht (1944-89): Unzureichender Rechtsschutz und legislative Beliebigkeit

I. HISTORISCHER KONTEXT[266]

Die Zeit der kommunistischen Herrschaft begann in Polen bereits 1944 mit dem weiteren Vorrücken der sowjetischen Armee auf polnisches Gebiet und der Gründung des moskauhörigen Polnischen Komitees der Nationalen Befreiung PKWN am 22. Juli. Dieses sog. Lubliner Komitee wurde am 1. Januar 1945 in „Provisorische Regierung" umbenannt und baute eine kommunistisch geprägte Verwaltung in Polen und den deutschen Ostgebieten auf. Die bereits 1943 gegründete Polnische Arbeiterpartei PPR mit *W. Gomułka* an der Spitze schaltete gewaltsam die demokratischen und oppositionellen Kräfte aus und erlangte mit dem von ihr geführten „Demokratischen Block" bei den unfreien und gefälschten Parlamentswahlen vom 16. 1. 1947 über 90% der Mandate. Mit der Vereinigung der beiden Arbeiterparteien PPR und PPS zur Polnischen Vereinigten Arbeiterpartei (PVAP)[267] 1948 kam es zur nahezu uneingeschränkten Machtübernahme der Kommunisten. Im gleichen Jahr wurde *Gomułka* durch *B. Bierut* als Parteichef abgelöst. Die dem stalinistischen Staatsverständnis entsprechende Verfassung von 1952[268] machte die Abkehr vom rechtsstaatlichen Prinzip der Gewaltenteilung zugunsten der Prinzipien der Gewalteneinheit und der führenden Rolle der kommunistischen Partei deutlich. Die gefälschten Parlamentswahlen von 1952 waren keine eigentlichen Wahlen, sondern eine Abstimmung über die Wahlliste der „Nationalen Front", die sich aus der PVAP und gleichgeschalteten Blockparteien und Massenverbänden zusammensetzte und 99,8% aller Stimmen erhielt.

---

266 Der nachfolgende historische Abriss ist angelehnt an den Überblick bei *Bingen*, Tausend Jahre wechselvoller Geschichte, S. 9-13; vgl. auch *Alexander*, Geschichtlicher Überblick, S. 29-36.

267 Näher zur Entstehung, Organisation und Rolle der PVAP in der Volksrepublik Polen und m.w.N. *Lammich*, Die Polnische Vereinigte Arbeiterpartei.

268 Näher *Lammich*, Verfassungsordnung der Volksrepublik Polen; *ders.*, JOR 16 (2/1975), S. 159-180.

Nach Stalins Tod 1953 begann auch in Polen 1956 der Prozess der Entstalinisierung. Nach einem Streik und Massendemonstrationen in Posen wurde *Gomułka* erneut zum Parteichef gewählt. Er versuchte – genau wie alle seine kommunistischen Nachfolger – vergeblich, die wirtschaftliche Entwicklung des Landes zu verbessern, insbesondere die Produktivität und die Kaufkraft zu steigern, um so die Bevölkerung mit dem kommunistischen System zu versöhnen. Immer wieder kam es zu Unruhen, so 1968 zu einer niedergeschlagenen Studentendemonstration in Warschau. Die Proteste richteten sich zumeist gegen Preiserhöhungen, so in Danzig im Dezember 1970, wo es zu blutigen Auseinandersetzungen zwischen den Protestierenden und den Sicherheitskräften kam. Infolge der „Dezember-Ereignisse" wurde *Gomułka* abgesetzt und *E. Gierek* als neuer Parteichef installiert, der zunächst in der Lage war, einige politische, wirtschaftliche und soziale Zugeständnisse an die Bevölkerung zu machen. 1976 kam es jedoch wieder zu drastischen Preiserhöhungen, die wiederum Unruhen, diesmal in Radom und Ursus, zur Folge hatten. Gegen die Brutalität des Regimes bildete sich ein zunehmender gesellschaftlicher, insbesondere kirchlicher Widerstand.

Die Machterosion der PVAP wurde 1979 beim Polenbesuch des 1978 neugewählten, polnischen Papstes *K. Wojtyla* offenbar. Nach einer wegen der miserablen Wirtschaftslage erneut erforderlichen kräftigen Preiserhöhung kam es 1980 zu einer landesweiten Streikbewegung unter der Führung des Elektrikers *L. Wałęsa*. Die sog. August-Vereinbarung zwischen der Arbeiterschaft und der Regierung mit der Anerkennung der unabhängigen Gewerkschaften mit Streikrecht stellte ein weiteres Einlenken der Staatsmacht dar. Ende 1980 waren bereits zehn der 16 Mio. polnischen Werktätigen Mitglieder der neuen Gewerkschaft „Solidarität". Parteichef *Gierek* wurde durch *S. Kania* ersetzt, dieser wiederum musste 1981 dem Vorsitzenden des Ministerrats und Verteidigungsminister *W. Jaruzelski* weichen. Nach Spannungen zwischen der immer stärker werdenden unabhängigen Gewerkschaft und der Regierung verhängte der neue Parteichef am 13. 12. 1981 den bis Juli 1983 andauernden Ausnahmezustand als letzte Möglichkeit des realsozialistischen Systems, seine Machtposition zu behaupten[269]. Es kam zu zahlreichen Verhaftungen und dem Verbot der unabhängigen Gewerkschaft „Solidari-

[269] Näher zur politischen und rechtlichen Entwicklung in Polen zu Beginn der 1980er Jahre *Lammich*, ROW 1983, S. 12-22.

tät". In der Folgezeit ging es der kommunistischen Führung vorrangig darum, den Staatsapparat zu stärken[270]. Gleichzeitig verweigerten immer mehr Polen ihre Zusammenarbeit mit dem System, die für die Umsetzung der dringend erforderlichen Wirtschaftsreformen jedoch nötig war[271]. So kam es 1986 zu erneuten Zugeständnissen der Partei- und Staatsführung in Form einer Freilassung aller politischen Gefangenen und einer Amnestie. Dennoch verweigerte 1987 die Bevölkerung in einem Referendum der von der Regierung vorgestellten Wirtschaftsreform die Zustimmung. 1988 kam es wieder zu landesweiten Streiks. Das 10. Plenum des Zentralkomitees der PVAP sah im Januar 1989 keinen anderen Ausweg als eine Kooperation mit der gesellschaftlichen Opposition und stimmte den Verhandlungen am sog. Runden Tisch vom 6. 2. bis 5. 4. 1989 zu, deren Ergebnisse in drei Protokollen über die politischen Reformen, den Gewerkschaftspluralismus und die Wirtschafts- und Sozialpolitik zusammengefasst waren. Mit dem so ausgehandelten Übergang war das Ende des kommunistischen Systems in Polen eingeleitet. Im Sommer 1989 gab es die ersten halbwegs freien Wahlen.

II. VERKÜMMERTE RECHTSANWENDUNG: DER BEAMTENAPPARAT UNTER DEM DIKTAT DER PARTEI

1. Der Primat der Politik und die Frage nach dem Rechtscharakter des Beamtenrechts

a) Die Gewalteneinheit und die führende Rolle der Partei

Funktional betrachtet, gab es in den kommunistischen Machtstaaten zwar die drei Staatsgewalten in Form der Gesetzgebung, Gesetzesausführung und Rechtsprechung, jedoch gab es keine Gewaltenteilung im rechtsstaatlichen Sinne der sich gegenseitig kontrollierenden und beschränkenden drei Staatsgewalten[272]. Das kommunistische Polen – ge-

---

270 *Bingen*, APuZ B39/86 (1986), S. 6 f.

271 Die Partei veränderte folglich ihr soziales Antlitz und verwandelte sich „von einer Arbeiterpartei in eine Partei der Bürokraten und Staatsbeamten", *Bingen*, ebda., S. 9.

272 Vgl. etwa *Łętowski*, DPC 1-4/1989, S. 15. *Zawadzki*, PiP 11/1971, S. 707.

nauso wie die anderen kommunistisch regierten Staaten – war vielmehr geprägt vom System des „politischen Monismus“[273]. Nach den Grundsätzen des sog. „demokratischen Zentralismus“, des organisatorischen Grundprinzips der PVAP[274], und der *Gewalteneinheit*[275] galt die kommunistische Staatpartei als die Verkörperung des Volkswillens und damit als Garantin der Demokratie[276].

Der Grundsatz der *führenden Rolle der kommunistischen Partei,* der dementsprechend als „unabdingbare Existenzbedingung“ der sozialistischen Demokratie angesehen wurde[277], war auch verfassungsrechtlich verankert[278]. Er war in der Verfassung von 1952 im Unterschied zu den Verfassungen anderer sozialistischer Länder zunächst nicht ausdrücklich fixiert, ergab sich aber nach Auffassung der polnischen Rechtsliteratur aus der Verfassungspräambel[279]. Nach der Verfassungsänderung von 1976 bestimmte Art. 3 Abs. 1 der Verfassung ausdrücklich:

> „Die leitende Kraft der Gesellschaft beim Aufbau des Sozialismus ist die Polnische Vereinigte Arbeiterpartei“[280].

Der Führungsanspruch der kommunistischen Partei gegenüber dem Staatsapparat wurde u.a. dahin gehend verstanden, dass die Partei ihre Kontrolle über alle Teile des Staatsapparats ausübe und die „Inspirationsquelle“ für diesen Apparat sei[281]. Dies betraf die ausführenden und

---

273 *Łustacz,* Studia Iuridica 7 (1979), S. 75.

274 *Lammich*, Die Polnische Vereinigte Arbeiterpartei, S. 12-14.

275 Ausführlich hierzu *Mażewski,* PiP 2/1984, S. 52-64.

276 Vgl. etwa die Rede des Ersten Sekretärs des Zentralkomitees der PVAP *Gierek* auf der XVII. Vollversammlung der Partei 1976, *o.V.*, Nowe Prawo 6/1976, S. 771.

277 *Łopatka*, Kierownicza rola partii komunistycznej w stosunku do państwa socjalistycznego, S. 282.

278 *Sadowski/Zwierzchowski,* Prace Prawnicze 4 (1974), S. 5, verweisen darauf, dass dieser Grundsatz auch ohne seine verfassungsrechtliche Verankerung gelten würde: „Denn er bildet einen der grundlegenden *politischen* Grundsätze, auf die das Verfassungssystem des sozialistischen Staates aufgebaut ist“ [Hervorhebung nur hier].

279 „Die Grundlage der gegenwärtigen Volksmacht in Polen bildet das Bündnis der Arbeiterklasse mit der werktätigen Bauernschaft. In diesem Bündnis steht der Arbeiterklasse als der führenden Gesellschaftsklasse die leitende Rolle zu.“

280 Vgl. hierzu *Łopatka,* Die jüngsten Änderungen in der Verfassung der Volksrepublik Polen, S. 25-27; *Schultz,* JOR 16 (2/1975), S. 15 f.

281 Vgl. *Rybicki,* PiP 6/1968, S. 865 f.; *Skrzydło,* Annales 26 (1979), S. 53; *Ziembiński,* Annales 23 (1976), S. 29. Vgl. für einen Überblick über die verschiedenen Funktio-

verwaltenden, rechtsprechenden und alle anderen staatlichen Organe. Nicht nur innerhalb des Parteiapparats, sondern auch in den Beziehungen zwischen der Partei und dem Staatsapparat galt das Prinzip des „demokratischen Zentralismus“[282], wonach die zentralen Parteiorgane verbindliche Direktiven zu allen Tätigkeitsbereichen des Staatsapparats auf nationaler, regionaler und lokaler Ebene mit unmittelbarer Verbindlichkeit für alle staatlichen Organe erlassen können[283]. Dies gewährte der Parteizentrale die unumschränkte Einflussnahme auf alle Ebenen der Staatsverwaltung unter Umgehung der territorialen Parteiinstanzen[284].

Damit kam die „Diktatur des Proletariats“ faktisch der Diktatur der (kommunistischen) Partei gleich[285]. Ihrer Grundfunktion nach war die Partei kein staatliches Organ, sondern stand – als Vorhut der herrschenden Klasse, des Proletariats – über dem Staat, der ihr als Instrument zur Verwirklichung ihrer Ziele diente[286]. Die übergeordnete, lenkende Funktion der Partei wurde unter der – in der Gierek-Ära geprägten – Parole zusammengefasst „Die Partei lenkt, die Regierung regiert“[287].

---

nen der Partei „in der Struktur der politischen Organisation der sozialistischen Gesellschaft“ *Zawadzki,* PiP 11/1971, S. 711.

282 Vgl. etwa den Beschluss des VI. Parteitags der PVAP, *o.V.*, Nowe Prawo 1/1972, S. 3: „Der höchste Organisationsgrundsatz des wirtschaftlichen und politischen Lebens im Lande ist der demokratische Zentralismus, der den Demokratismus in der Festlegung der Politik und in der Kontrolle der Massen über den Staatsapparat miteinander verbindet.“

283 *Burda,* Annales 25 (1978), S. 9; vgl. auch *Rybicki/Skoczny,* PiP 1/1972, S. 19-21.

284 *Lammich,* Regierung und Verwaltung in Polen, S. 53; vgl. *Rybicki/Skoczny,* PiP 1/1972, S. 16.

285 Vgl. *Lammich*, Regierung und Verwaltung in Polen, S. 48; *Łopatka*, Kierownicza rola partii komunistycznej w stosunku do państwa socjalistycznego, S. 94 f., 97; vgl. aber auch die in sich widersprüchliche These Lenins, ebda., S. 97: „Aus der Tatsache, dass die kommunistische Partei die führende Rolle in der Diktatur des Proletariats einnimmt, dass sie den sowjetischen Staats steuert, dass sie die einzige regierende Partei und die einzige legale Partei ist, resultiert nicht, dass die Partei die Diktatur ausübt. Die Steuerung durch die Partei ist nicht dasselbe wie die Diktatur der Partei.“

286 So *Lammich*, Regierung und Verwaltung in Polen, S. 48.

287 Vgl. m.w.N. *Łustacz,* Studia Iuridica 7 (1979), S. 76; *Rybicki,* Die systematische Position der Regierung im politischen System der VRP, S. 11 f.; vgl. zur Koexistenz von wirklicher Macht (Partei) und vorgeblicher Macht (Staat) in totalitären Systemen *Arendt*, The Origins of Totalitarianism, S. 395 ff.

Dies bedeutete, dass die Partei die allgemeine Richtung der gesellschaftlichen, politischen und wirtschaftlichen Entwicklung des Landes durch ihre Programme und Direktiven bestimmen, deren Konkretisierung aber den zuständigen Staatsorganen überlassen und nur bei Angelegenheiten von grundlegender politischer Bedeutung Entscheidungen fällen sollte, welche die laufenden Tätigkeiten der von ihr kontrollierten Organe betrafen[288]. Allerdings lag es im freien und rechtlich nicht näher eingegrenzten Ermessen der Partei, zu bestimmen, welche Probleme von grundlegender politischer Bedeutung waren[289]. Von dieser Linie ließ sich die Partei auch nicht abbringen. Versuchen, irgendeinen Teil des Staatsapparats ihrem Einfluss zu entziehen, begegnete die Partei „mit größter Entschiedenheit“[290]. Man kann daher von einer „wachsenden Dominanz, ja sogar Omnipotenz des Parteiapparats“ sprechen[291].

b) Die kommunistische Kaderpolitik und das Nomenklatursystem

Die Lenkung des Staates und des Staatsapparats durch die Partei erfolgte in den kommunistisch regierten Staaten im Wege der *Kaderpolitik*[292]. Die Parteimitglieder im Staatsapparat waren zur „aktiven Realisierung der Linie der Partei“ verpflichtet[293]. Die Mitglieder, aber auch die Nichtmitglieder der Staatspartei konnten bei erkannten Verstößen gegen die politische Linie der Partei zur „politischen Verantwortung“ gezogen werden, und zwar sowohl durch parteiinterne als auch durch dienstrechtliche Sanktionen:

„Die von der Partei ausgeübte Funktion der politischen Kontrolle über die Tätigkeit der Staatsverwaltung verleiht den Parteiorganisationen und -instanzen

---

288 Vgl. *Skrzydło,* Annales 26 (1979), S. 53 f.; *Zawadzki,* PiP 11/1971, S. 713.

289 Vgl. *Lammich*, Regierung und Verwaltung in Polen, S. 51 f. Vgl. zur fehlenden rechtlichen Eingrenzung des Grundsatzes der führenden Rolle der Partei *Sadowski/Zwierzchowski,* Prace Prawnicze 4 (1974), S. 5; *Zawadzki,* PiP 11/1971, S. 715.

290 So *Walczak,* Nowe Prawo 3/1986, S. 4.

291 *Rybicki,* Die systematische Position der Regierung im politischen System der VRP, S. 12.

292 Ausführlich hierzu *Głowacki/Jełowicki/Ostapczuk,* Kaderpolitik in der Verwaltung; *König*, VerwArch 73 (1982), S. 37-59. Vgl. auch *Jełowicki*, PiP 6/1976, S. 64 f.

293 Vgl. nur den Beschluss des VI. Parteitags der PVAP, *o.V.*, Nowe Prawo 1/1972, S. 3.

das Recht und die Pflicht, innerparteiliche Konsequenzen gegenüber den Beschäftigten zu ziehen, die Parteimitglieder sind, aber auch die Möglichkeit, an die entsprechenden Dienstorgane heranzutreten mit einem Antrag auf Verhängung von Sanktionen auch gegen Beschäftigte, die keine Parteimitglieder sind."[294]

Das wichtigste Mittel der Kaderpolitik im kommunistischen Polen war das nach sowjetischem Vorbild nach dem Zweiten Weltkrieg installierte, sozialistische *Nomenklatursystem*[295]. Unter dem Begriff „Nomenklatura" wird zweierlei verstanden: erstens ein Register von *Positionen*, für deren Besetzung eine zuvor eingeholte Bestätigung durch eine übergeordnete Instanz erforderlich ist, und zweitens ein Register von *Personen*, die zur Besetzung jener Positionen allein berechtigt sind[296]. Das System der Nomenklatura erfüllte im Wesentlichen drei Funktionen: Es diente der Kaderrekrutierung, der gesellschaftlichen Kontrolle und Integration sowie der gesellschaftlichen Schichtung[297].

Über die genaue *Funktionsweise* des Nomenklatursystems im polnischen Beamtenapparat wurde der Öffentlichkeit zunächst nichts bekannt gegeben[298]. Die Effektivität dieses Instruments beruhte gerade darauf,

---

294 *Jełowicki*, PiP 6/1976, S. 70.

295 Grundlegend zum Nomenklatursystem sowjetischer Prägung *Voslensky*, Nomenklatura; vgl. ferner *Harasymiw*, Canadian Journal of Political Science 1969, S. 493-512; *Lewytzkyj*, Osteuropa 6/1961, S. 408-412; vgl. für Polen die umfassende Studie von *Ito*, Nomenklatura in Polen, sowie ferner *Łętowska*, Civil servants in administration, S. 143.

296 *Ito*, Nomenklatura in Polen, S. 3. Vgl. für die erste Wortbedeutung *Górzyńska/Łętowski*, Urzędnicy administracji państwowej, S. 43; *Jaśkiewicz*, Rechtliche Probleme des Staatsdienstes in der Arbeits- und Verwaltungsrechtslehre, S. 13; ; für die zweite Wortbedeutung *Łętowski*, Die Verwaltungsbeschäftigten, S. 129.

297 *Ito*, Nomenklatura in Polen, S. 4-10. Die mittels der Nomenklatura betriebene gesellschaftliche Integration wurde laut der Studie einer polnischen Soziologin in den 1970er Jahren so weit getrieben, „dass etwa ein Drittel aller männlichen Bürger Polens im Alter von 40 bis 50 Jahren irgendwelche Führungspositionen innegehabt haben", vgl. *Jadwiga Staniszkis*, Die Dialektik der sozialistischen Gesellschaft, Warschau 1981, zit. nach *Ito*, Nomenklatura in Polen, S. 97; vgl. zum Phänomen der Aufblähung des Verwaltungsapparats in totalitären Staaten *Arendt*, The Origins of Totalitarianism, S. 401 f.

298 Vgl. *Łętowski*, PiP 8/1983, S. 24 f.

dass es dem Blick der Öffentlichkeit verborgen blieb[299]. Die Nomenklatura führte „eine informelle, offiziell gar nicht vorhandene Existenz“[300]. Erst der *Beschluss des Politbüros* der PVAP „Über die weitere Vervollkommnung der Kaderpolitik und die Hebung des Arbeitsniveaus der leitenden Kader“, der im Oktober 1972 zusammen mit den *Direktiven des Politbüros* „Betreffend die Nomenklatura von Kadern der Parteiführung gemeinsam mit einem Verzeichnis der unter die Nomenklatur fallenden Stellen“[301] in kleiner Auflage veröffentlicht wurde, gewährte einen allgemeinen Einblick in die Praxis der Nomenklatura. Wie die Entscheidungsmechanismen der Partei bei der Besetzung von Beamtenstellen allerdings im konkreten Einzelfall funktionierten, blieb auch danach mangels schriftlicher Unterlagen hierzu verborgen:

> „Es ist schwer, die Regeln der Parteinomenklatur [...] zu bewerten, nach denen der Ernennung und der Berufung in der Praxis eine Empfehlung oder eine Bestätigung der Bewerber durch die zuständigen Parteikomitees vorausgehen. Die Parteidokumente, welche die Grundsätze der Beteiligung der Parteiinstanz an der Übertragung der Posten formulieren, sind nicht veröffentlicht.“[302]

Aus dem insoweit einzigen verfügbaren, schriftlichen Dokument, den Direktiven der PVAP von 1972, geht hervor, dass u.a. alle Positionen, die durch *Ernennung* besetzt wurden, einschließlich jener von nichtparteilichen Organisationen und Institutionen, unter die Nomenklatur der Partei fielen. Das hieß, dass bei den ernannten Staatsbeamten alle personellen Entscheidungen der Behördenleiter, die Auswirkungen auf den Beschäftigungsstatus der Beamten hatten (Ernennung, Entlassung usw.) praktisch nur als Anträge galten, die, um gültig zuwerden, der Bestätigung durch die zuständige Parteistelle bedurften. Außerdem konnte das

---

299 Nach den Erkenntnissen der Totalitarismustheorie über die versteckten Machthierarchien und den Fassadencharakter der staatlichen Verwaltungsapparate sind in einem totalitären Staat die Institutionen am mächtigsten, über die in der Öffentlichkeit am wenigsten bekannt ist, vgl. *Arendt*, The Origins of Totalitarianism, S. 403: „The only rule of which everybody in a toatlitarian state may be sure is that the more visible government agencies are, the less power they carry, and the less is known of the existence of an institution, the more powerful it will ultimately turn out to be“; vgl. auch *Turska*, Studia Iuridica 22 (1990), S. 26; *Voslensky*, Nomenklatura, S. 243-317.

300 *Ito*, Nomenklatura in Polen, S. 52.

301 Abgedruckt in deutscher Übersetzung bei *Ito*, Nomenklatura in Polen, S. 113-116.

302 *Górzyńska/Łętowski*, Urzędnicy administracji państwowej, S. 43.

zuständige Parteiorgan jederzeit Ernennungen oder Abberufungen „vorschlagen" und damit die Kaderverwaltung direkt steuern: solche Vorschläge wurden für die betroffenen Behörden als bindend aufgefasst. Laut den Direktiven des Politbüros von 1972 konnten die Behördenleiter auch bei der Besetzung von Stellen, die nicht der Nomenklatur unterfielen, „den zuständigen Parteiapparat über beabsichtigte personelle Umbesetzungen konsultieren", was in der Praxis dazu führte, dass die „Konsultierung" und damit die Letztentscheidung durch die Partei zur Regel wurde[303].

Aus den Direktiven des Politbüros lässt sich nicht der Schluss ziehen, dass alle beamtenrechtlichen Entscheidungen der Dienstvorgesetzten, z.B. Dienstanweisungen, Disziplinarmaßnahmen, Urlaubsgewährung, Nebentätigkeitserlaubnis usw., im konkreten Einzelfall immer der Letztentscheidung durch die Parteiorgane unterlagen[304]. Im Hinblick auf die statusbegründenden und statusverändernden beamtenrechtlichen Entscheidungen können die 1972 bekannt gewordenen Direktiven des Politbüros jedoch bezeichnet werden als

> „[...] nichts anderes als die Kodifizierung des vom Parteiapparat ausgeübten Monopols in allen Personalangelegenheiten, ganz unabhängig davon, ob es sich um Positionen in der Partei oder außerhalb der Partei, um durch Wahlen oder durch Ernennungen zu besetzende Positionen, um unter die Nomenklatur fallende oder auch nicht darunter fallende Positionen handelt."[305]

Unter Anwendung des Nomenklatursystems wurde mithin die alte Verwaltungselite durch neues Verwaltungspersonal ersetzt, das nach sozialen und politischen, nicht nach fach- und sachbezogenen Kriterien ausgesucht war. Dies führte zu einer Abhängigkeit und Unterordnung des Beamtenapparats unter den Parteiapparat und gleichzeitig auch zu einer zunehmenden *Symbiose* zwischen beiden[306]. Diese Symbiose kam

---

303 *Ito*, Nomenklatura in Polen, S. 14.

304 Für diese Annahme spricht allerdings, dass es eine allgemein eingeübte Verhaltensweise der Staatsverwaltung war, den „gesellschaftlichen Faktor" in den Entscheidungsprozess einzubinden, also vor einer Entscheidung die Stellungnahme der ständigen oder *ad hoc* einberufenen Kollegialorgane des Parteiapparats einzuholen; vgl. *Borkowski*, PiP 1-2/1976, S. 68.

305 *Ito*, Nomenklatura in Polen, S. 15.

306 *Lang*, Eingangsfragen, S. 15, begründet die bestehende „direkte persönliche Verbindung zwischen der Partei und der Verwaltung" damit, dass erst diese der Partei

mit der Einführung der sog. Personaldienste 1973 deutlich zum Ausdruck: Die Regierung installierte in Befolgung der Beschlüsse des Politbüros in allen staatlichen Organisationseinheiten diese für die Personalfragen zuständigen Parteistellen, die den Behördenleitern alle Personalentscheidungen abnahmen[307]. Damit war die Partei die eigentliche „Superregierung"[308]. Die Staatsbeamten standen gewissermaßen in einem der Kontrolle durch die Staatsgewalten weitgehend entzogenen[309] „besonderen Gewaltverhältnis" zur kommunistischen Partei[310].

Rechtliche Kriterien spielten bei den Ernennungen und Beförderungen der Beamten eine untergeordnete Rolle, im Vordergrund standen

---

die Möglichkeit gebe, „die Hand am Puls der Ereignisse zu behalten" und somit im Rahmen der Planung der weiteren Entwicklung des Landes schnell auf die Bedürfnisse der Zeit reagieren zu können. Vgl. *Jaśkiewicz*, Rechtliche Probleme des Staatsdienstes in der Arbeits- und Verwaltungsrechtslehre, S. 14, der das System der Kadernomenklatur der kommunistischen Partei folgendermaßen zusammenfasst: „In der Zusammenarbeit mit dem Staatsapparat üben sich die verschiedenen Zusammenschlüsse von Bürgern in der Ausübung und schrittweisen Übernahme von Staatsaufgaben, die sich in der weiteren Perspektive in eine nationale Selbstverwaltung umzugestalten hat. Darauf beruht die erzieherische Einwirkung des Staatsapparats auf die Zusammenschlüsse von Bürgern beim Aufbau einer entwickelten sozialistischen Gesellschaft. Der gesellschaftliche Faktor wirkt seinerseits erzieherisch auf den Staatsapparat, und insbesondere auf seine beruflichen Kader ein, indem er die gesellschaftliche Kontrolle in ihren verschiedenen Formen ausübt und der Bürokratisierung des Staatsapparats vorbeugt. Es findet hier das Phänomen der gegenseitigen Rückkopplung statt."

307 Vgl. *Jaśkiewicz*, Rechtliche Probleme des Staatsdienstes in der Arbeits- und Verwaltungsrechtslehre, S. 14.

308 So *Rybicki*, Die systematische Position der Regierung im politischen System der VRP, S. 12.

309 S. hierzu sogleich, 2.

310 Bezeichnenderweise lehnten kommunistische Verwaltungsrechtler in den 1970er Jahren den dem preußischen Verwaltungsrecht entstammenden Gedanken des „besonderen Gewaltverhältnisses" als undemokratisch, monarchistisch, polizeistaatlich und unvereinbar mit dem Gedanken der sozialistischen Rechtsstaatlichkeit ab, ohne hierbei aber auf die faktische und rechtlich nicht eingebundene Einflussnahme der kommunistischen Partei auf die Personalentscheidungen im Beamtenapparat oder allgemein auf das Problem des unvollkommenen Rechtsschutzes einzugehen, vgl. *Ochendowski*, Das Konzept des besonderen Gewaltverhältnisses und seine Rolle, S. 45, 47. Nach der Verabschiedung des Beamtengesetzes von 1982 wurde hingegen ein „besonderes Unterordnungsverhältnis" bzw. ein „besonders verwaltungsrechtliches Vollziehungsverhältnis" anerkannt, vgl. *Filipek*, Archivum Iuridicum Cracoviense 18 (1985), S. 177 f.

politische Kriterien, über welche die Partei zu entscheiden hatte. Es gab einen Selektionsmechanismus, der „von der Übernahme einer Anfangsstelle bis zum Aufstieg in Spitzenpositionen der politisch-ideologischen Qualifikation vor dem Sachverstand den Vorrang“ gab, was „systematisch zur Verdünnung des fachlichen Potentials nach oben hin“ führte[311]. In dem „auf die Partei fokussierten Zentralismus“ hatte die staatliche Verwaltung keinen Dienstcharakter gegenüber dem Volk:

> „Die Amtstreue der Bürokraten, der Parteikader, der Mitarbeiter des von der Partei gelenkten „Verwaltungsstabes“, war keine sachliche Diensttreue, sondern parteiliche Dienertreue, die ihre Geltungsgründe nicht im Glauben an die Legalität gesetzter Regeln, sondern in der persönlichen Hingabe an die Partei hatte“[312].

Die Kritik der polnischen *Verwaltungsrechtsliteratur* sowie auch der breiteren Öffentlichkeit an der sozialistischen Kaderpolitik erreichte ihre Höhepunkte nach den Wechseln in der Parteiführung 1956 und 1970 sowie im Zusammenhang mit den gesellschaftlichen Unruhen 1980-81. Vor allem nach dem Oktober 1956 wurde vielfach die Forderung nach einer strikten Abgrenzung zwischen den beiden Tätigkeitsbereichen des Staatsapparats und der Partei erhoben, die jedoch auf eine entschiedene Ablehnung der Partei stieß. In der Debatte von 1970 wurden die Fehler, die durch die Kaderpolitik entstanden, als verursachende Faktoren für die Dezemberkrise dieses Jahres angesehen. Es wurde im Wesentlichen gefordert, die Rolle der Vertretungsorgane als Transmissionsriemen des Parteiwillens zu stärken. Hiernach sollten die Direktiven der Partei für die Parteimitglieder in der Staatsverwaltung erst nach ihrer Umsetzung in Form von Gesetzen und Beschlüssen der Vertretungsorgane verbindlich werden. Auch diese Forderungen machte sich die PVAP jedoch nicht zueigen[313].

Als Ergebnis der Reformforderungen von 1970 wurde 1973 mit der *Kaderreserve* eine Institution ins Leben gerufen, die lediglich eine neue Spielart der Nomenklatura war: Laut einem Ministerratsbeschluss durften in Führungspositionen der Staatsverwaltung in der Regel nur Perso-

---

311 *König*, VerwArch 84 (1993), S. 321; so auch *Mirończuk*, Prawa i obowiązki pracowników urzędów państwowych, S. 9 f.

312 *Glaeßner*, Vom „demokratischen Zentralismus“ zur demokratischen Verwaltung?, S. 70.

313 *Lammich*, Regierung und Verwaltung in Polen, S. 49, 52, 54.

nen berufen werden, die zuvor diesem besonders geschulten und ideologisch zuverlässigen Kreis potenzieller Führungskräfte angehört hatten[314]. An der Eigenart des Nomenklaturasystems änderte diese Neuerung nichts[315], zumal bis zum Ende des kommunistischen Systems in Polen unklar blieb, nach welchen Grundsätzen die Institution der Kaderreserve funktionierte und ob sie überhaupt wirklich, und nicht nur auf dem Papier existierte[316].

Im Zusammenhang mit der Reformdebatte der Jahre 1980-81 wurde das Nomenklatursystem in Polen, das nicht nur den Staatsapparat, sondern weite Teile der Arbeitsbetriebe und der gesellschaftlichen Organisationen erfasste, von der Gewerkschaft „Solidarität" sowie von zahlreichen führenden Intellektuellen in Beschuss genommen. Man kann geradezu von einer „Anti-Nomenklatura-Bewegung breiter Massen" sprechen[317]. Die Partei reagierte darauf und kritisierte ihrerseits auf dem IX. außerordentlichen Parteitag der PVAP 1981[318] – in der Geschichte der kommunistischen Parteien bis dahin wohl einmalig[319] – die „negative Auslese" im Rahmen der Kaderpolitik und die „Einengung des Personenkreises, aus dem sich die Kader rekrutieren"[320]. Die Verhängung des

314 Näher hierzu *Głowacki/Jełowicki/Ostapczuk*, Kaderpolitik in der Verwaltung, S. 186-188; *Lammich*, VerwArch 67 (1976), S. 299 f.

315 Die ständige Schaffung neuer Institutionen – hier der Kaderreserve – unter Beibehaltung der alten Institutionen kann als ein Kennzeichen für den Machterhalt totalitärer Regime bezeichnet werden, denn letztlich wird durch das mit dem „constant shifting of power" verbundene Versteckspiel der Einflussbereich der totalitären Herrscher weiter erhöht, so *Arendt*, The Origins of Totalitarianism, S. 401.

316 *Górzyńska*, Die Problematik der Führungsposten in den Ämtern der Staatsverwaltungsorgane, S. 214.

317 *Ito*, Nomenklatura in Polen, S. 51; vgl. ausführlich zur Revolte der Arbeiter gegen die Nomenklatura und zur gesamten Kontroverse der Intellektuellen ebda., S. 24-95 m.w.N.

318 Vgl. hierzu *Lammich*, Die Polnische Vereinigte Arbeiterpartei, S. 19-21.

319 Vgl. *Ito*, Nomenklatura in Polen, S. 40: „Wahrscheinlich wird der IX. Außerordentliche Parteitag der PVAP in die Geschichte als das erste Treffen einer kommunistischen Partei eingehen, auf dem das Problem der Nomenklatura öffentlich diskutiert worden ist."

320 Beschluss über „Die Hauptprobleme der Kaderpolitik der PVAP", vgl. hierzu ebda., S. 137-140; *Górzyńska*, Die Problematik der Führungsposten in den Ämtern der Staatsverwaltungsorgane, S. 208 f.

Ausnahmezustands Ende 1981 setzte dieser Debatte ein Ende[321]. Wesentliche Reformschritte, die auf dem Parteitag von 1981 zur Überwindung des bisherigen Nomenklatursystems angemahnt worden waren, wie etwa die Einführung eines wettbewerblichen Verfahrens für die Auswahl von Führungskadern, wurden – etwa im Gesetz über die Beschäftigten der staatlichen Ämter von 1982 und den hierzu ergangenen Ausführungsvorschriften – nicht umgesetzt[322]. Das Nomenklatursystem wurde in der Volksrepublik Polen bis zu ihrem Ende beibehalten.

Gegen Ende der 1980er Jahre überwogen eher pragmatische Debattenbeiträge, die nicht mehr die radikale Zerschlagung der Nomenklatura verlangten. Das bestehende System wurde entweder in Schutz genommen[323], oder es wurden wesentlich vorsichtigere Forderungen gestellt wie etwa „die Einbindung der Partei in das Rechtssystem unter Festlegung ihrer Rechte und Pflichten"[324], die „weitgehende Umbewertung der aktuellen Richtungen der Personalpolitik in der Verwaltung"[325] oder – in Anlehnung an den nicht umgesetzten Parteitagsbeschluss von 1981 – ein „wettbewerbliches" Modell zur Rekrutierung neuer Staatsbeamter[326].

c) Die Frage nach dem Rechtscharakter des Beamtenrechts im Rahmen der sozialistischen Rechtsstaatlichkeit

Angesichts der Überlagerung des Beamtenrechts im kommunistischen Polen durch den Primat der Politik in der Gestalt des Nomenklatursystems stellt sich die Frage nach seinem *Rechtscharakter*: Von Recht

---

321 Vgl. für einen weitgehend kritikfreien, lediglich deskriptiven Beitrag zur Kaderpolitik aus der Zeit nach 1981 *Muranowski,* Probleme der Ethik der Beschäftigten der Staatsverwaltung, S. 370-372.

322 *Florek*, PiP 4/1984, S. 54; *Górzyńska*, Die Problematik der Führungsposten in den Ämtern der Staatsverwaltungsorgane, S. 213.

323 Ein Paradebeispiel hierfür ist die Schrift von *Górzyńska/Łętowski*, Urzędnicy administracji państwowej, aus dem Jahr 1986, die an zahlreichen Stellen den Beamtenapparat und das Nomenklatursystem als – gerade auch im internationalen Vergleich – „gar nicht so schlecht" in Schutz nimmt und um Verständnis für beide wirbt, vgl. etwa ebda., S. 15, 17, 23.

324 *Stembrowicz*, Über die Konzeption und Rolle der Regierung, S. 112.

325 *Głowacki/Jełowicki/Ostapczuk*, Kaderpolitik in der Verwaltung, S. 196.

326 Vgl. *Florek*, PiP 4/1984, S. 54; *Liszcz,* Annales 34 (1987), S. 245-266; *Niedbała*, PiP 6/1986, S. 80-90.

kann in einem Rechtsstaat erst dann gesprochen werden, wenn Rechtsschutz und Rechtssicherheit gegeben sind[327].

Die Frage nach dem Recht im Kommunismus stellte sich im Prinzip überhaupt nicht, legte man der Untersuchung allein die *marxistisch-leninistische Theorie* zugrunde, wonach Recht und Kommunismus sich gegenseitig ausschließen. Die Diktatur des Proletariats war hiernach „nichts anderes als eine durch nichts beschränkte Macht, durch keine Gesetze behindert, absolut keine Vorschriften“[328].

Untersucht man jedoch nicht die reine Theorie, sondern die Rechtswirklichkeit, also die Rechtssetzung und -anwendung in der machtstaatlich geprägten sozialistischen Rechtsordnung[329] der Volksrepublik Polen, so zeigt sich, dass die Frage nach dem Rechtscharakter des polnischen Beamtenrechts diesem nicht aus westlich-rechtsstaatlicher Sicht „übergestülpt“ ist: Dass die Rechtsbeziehungen im kommunistischen Beamtenapparat vom Primat der Politik überlagert waren, wurde auch in der seinerzeitigen polnischen *Verwaltungsrechtsliteratur* erkannt:

> „Im Licht der öffentlich zugänglichen Informationen über den Verlauf des Entscheidungsprozesses in unserem Land werden Entscheidungen, die den Charakter der Auswahl von Mitteln zur Realisierung staatlicher Aufgaben haben, nicht durch die Regierung getroffen, sondern durch das Politbüro und die Vorlage von Anweisungen an die Regierung. [...] Wir können die Beziehungen im Rahmen der Regierungsverwaltung *nicht ausschließlich als Rechtsbeziehungen* behandeln. In einem deutlich größeren Ausmaß als in anderen Staatsorganen gestalten sie sich nicht im Ergebnis von Rechtsnormen, sondern infolge des direkten Einflusses politischer Faktoren und häufig auch persönlicher Absprachen.“[330] [Hervorhebung d. Verf.]

Dementsprechend fand nicht nur das Postulat der Gesetzlichkeit und Rechtssicherheit, sondern auch die rechtsstaatlich geprägte Forderung nach einem gerichtlichen Verwaltungsrechtsschutz schon früh zahlreiche

---

327 Vgl. hierzu *Krebs*, in: *Münch/Kunig* (Hg.), Grundgesetz-Kommentar, Art. 19, Rn. 47-50.

328 *Lenin*, Dzieła. Tom 10, S. 239. Vgl. für weitere Nachweise nur *Litiński*, O prawie i sądach początków Polski Ludowej, S. 273 f.; *Walicki*, Marksizm i skok do królestwa wolności, S. 328.

329 Vgl. ausführlich hierzu *Westen*, Die sozialistischen Rechtsordnungen.

330 *Ciemniewski*, PiP 8/1981, S. 46, 48.

Anhänger[331], und Mitte der 1970er Jahre war dies der fast einhellige Standpunkt der polnischen Verwaltungsrechtler[332]. Hierbei ließen sie sich von einer sozialistischen Konzeption der *Rechtsstaatlichkeit* leiten[333], welche verstanden wurde als „Organisation und Ausübung der staatlichen Tätigkeit [...] auf der Grundlage von Rechtsvorschriften"[334] oder – noch weiter gehend – als

„[...] ein tatsächlicher Sachverhalt im gesellschaftlichen Leben, der dadurch charakterisiert wird, dass die Methode der Realisierung der Staatsgewalt im weitesten Sinne dieses Wortes darauf beruht, dass jedwede Untergeordnetheit des Bürgers der Staatsmacht gegenüber durch das Gesetz geregelt ist und dass die entsprechenden gesetzlichen Regelungen von den rechtsanwendenden Staatsorganen befolgt werden, was die durch das Gesetz eingesetzten Rechtsgarantien verbürgen."[335]

Im Ergebnis war also das Bestreben nach (sozialistischer) Gesetzlichkeit[336] und Rechtssicherheit sowie auch nach der Gewährung von Rechtsschutz unverkennbar[337]. Das „real existierende" sozialistische Recht zeichnete sich nicht dadurch aus, „dass es den Marxismus ernst nähme und in prinzipieller Abkehr von den Idealen des bürgerlichen Rechtsstaates darauf abzielte, sich selbst überflüssig zu machen", vielmehr nahm es für sich in Anspruch, jene rechtsstaatlichen Ideale von der Ideologie in die Wirklichkeit umzusetzen[338]. So betonte die PVAP in ihren Richtlinien zum VIII. Parteitag 1979, dass Polen „in seiner tausendjährigen Geschichte noch nie ein so einheitliches, fortschrittliches, dem Volk zugängliches und so tief polnisches Recht" gehabt habe. Da-

---

331 Vgl. für die mit der Entstalinisierung 1956 einsetzende Debatte nur *Ehrlich,* PiP 8-9/1958, S. 238; *Izdebski*, PiP 3/1957, S. 443, 448, 452; *Zawadzki*, PiP 4-5/1957, S. 912; ausführlich hierzu und m.w.N. *Kuss,* JOR 22 (1981), S. 266-272; vgl. auch sogleich, 2b.

332 So *Łętowski*, Besondere Organe der Kontrolle der Gesetzlichkeit des Verwaltungshandelns, S. 108 f.; vgl. etwa *Delorme,* Prace Prawnicze 4 (1974), S. 55-69.

333 Vgl. m.w.N. *Delorme,* Prace Prawnicze 4 (1974), S. 55 f.

334 *Opałek/Zakrzewski*, Z zagadnień praworządności socjalistycznej, S. 46; vgl. hierzu auch *Burda*, Demokracja i praworządność, S. 40.

335 *Burda,* Die sozialistische Konzeption der Rechtsstaatlichkeit, S. 37 f.

336 Vgl. allgemein hierzu *Bender/Falk* (Hg.), Recht im Sozialismus, Band 3: Sozialistische Gesetzlichkeit.

337 Vgl. ausführlich hierzu und m.w.N. *Fincke*, JOR 16 (1/1975), S. 11 f., 30.

338 Ebda., S. 35 f.

her hätten in der künftigen Parteipolitik „die Stabilität des Rechts und seine Unveränderlichkeit“ im Vordergrund zu stehen. Das Recht, das ein Ausdruck der Interessen und des Willens des arbeitenden Volkes sei, habe eine „wichtige Rolle bei der Festigung der sozialistischen Gesellschaftsbeziehungen“ zu spielen, und es habe der „Realisierung der gesellschaftlichen und wirtschaftlichen Ziele des Sozialismus sowie dem Schutz der Interessen des Staates und der Bürger“ immer besser zu dienen[339].

Auch die Tatsache, dass sich die Machthaber des Rechts als *Herrschaftsinstruments* bedienten und eine Fülle an Dekreten, Gesetzen und Verordnungen erließen, denen eine Regelungswirkung zukam, zeigt, dass das Recht im Kommunismus eine Rolle spielte[340]. Insbesondere Regelungsbereiche, die nicht unmittelbar mit dem kommunistischen Machterhalt verknüpft waren, konnten sich relativ selbständig entfalten. Beim kommunistischen Beamtenrecht, dem hier vorliegenden, politisch relevanten Untersuchungsgegenstand, der weitgehend dem Willen der kommunistischen Partei zur Machterhaltung untergeordnet war, stellt sich aber – stärker noch als in den weniger politischen Rechtsbereichen wie etwa dem Zivilrecht, welche mehr „Raum für eine relative Selbständigkeit des Rechts als eigenständigem Wirkungsfaktor“[341] ließen – die Frage, ob und inwieweit es trotz des Damoklesschwerts einer im Konfliktfall mit vitalen Machtinteressen jederzeit möglichen Parteiintervention eine *relative Selbständigkeit* entfalten und als rechtliches Regelwerk mit Befolgungsanspruch zur abstrakt-generellen Gestaltung einer Vielzahl konkreter Einzelfälle in der Lebenswirklichkeit beitragen konnte.

Es ist daher zunächst zu prüfen, welche Auswirkungen die „führende Rolle der Partei“ auf den *Rechtsschutz* im polnischen Beamtenrecht hatte (II.2. und II.3), bevor im Rahmen der Untersuchung der Gesetzesentwicklung die Frage nach der Rechtsbefolgung und der Rechts-

---

339 Vgl. *Łopatka*, PiP 1/1980, S. 9-11.

340 *Gotchold/Ostapczuk*, PiP 6/1973, S. 70, sprechen von einer „immer größer werdenden Rolle des Rechts“. Vgl. zur Rolle des Rechts im totalitären Staat *Turska*, Studia Iuridica 22 (1990), S. 32: „An die Stelle der Funktion des Rechts als Vermittler zwischen Staat und Bürger trat eine neue Funktion des Rechts, die auf der unbedingten Unterwerfung des Bürgers unter den Staat beruhte.“

341 *Luchterhandt*, Thesen zum Verhältnis von Ostrechtsforschung und Politikwissenschaft, S. 104.

bestimmtheit und -klarheit im kommunistischen Beamtenrecht als Aspekten der *Rechtssicherheit* gestellt wird (III.).

2. Die führende Rolle der Partei und der Rechtsschutz für die Beamten

Der Rechtsschutz der polnischen Beamten vor den parteilich gesteuerten und beeinflussten Personalentscheidungen war bereits dadurch in Frage gestellt, dass die Partei im Rahmen der Gewalteneinheit auch die Richterschaft steuerte (a). Hinzu kam, dass die Kontrolle der Verwaltung durch die Gerichte im kommunistischen Polen nur schwach ausgeprägt war (b). Das Dienstrecht blieb auch nach der Einführung der Verwaltungsgerichtsbarkeit 1980 nur in beschränktem Umfang justiziabel (c).

a) Die kommunistische Partei und die Richterschaft

Es gab im kommunistischen Polen keine unabhängige Richterschaft. Die Grundsätze der führenden Rolle der Partei und der Einheit der Staatsgewalt galten auch für die Justiz[342]. Die PVAP-Direktive lautete:

> „Die Partei kümmert sich – und wird sich kümmern – um die Gleichheit aller Bürger vor dem Recht, um eine einheitliche Anwendung des Rechts sowie um eine einheitliche Verantwortlichkeit für seine Verletzung. Die Partei wird eine unbedingte Befolgung dieser Grundsätze von allen Verwaltungsorganen fordern. Dies ist die Grundlage der sozialistischen Rechtsstaatlichkeit."[343]

---

342 Vgl. etwa *Pomorski*, Nowe Prawo 1/1972, S. 75, der als wichtigsten Faktor zur Sicherstellung der unmittelbaren oder mittelbaren Kontrolle der Gesellschaft über die Tätigkeit der Gerichtsorgane die „Realisierung des Grundsatzes der Einheit der Staatsgewalt" nennt, der durch die führende Rolle der Arbeiterpartei in Bezug auf den gesamten Staatsapparat garantiert werde; vgl. grundlegend hierzu *Rzepliński*, Die Justiz in der Volksrepublik Polen.

343 Direktive des VI. Parteitags der PVAP, zit. nach *Jędrzejewski*, Nowe Prawo 4/1972, S. 543. Vgl. im gleichen Sinne auch das Programm des X. Parteitags der PVAP von 1986, zit. nach *Domeracki*, Nowe Prawo 2/1985, S. 3: „Die Rechtsstaatlichkeit muss mit höchster Priorität behandelt werden und immer der Gegenstand der besonderen Fürsorge der Partei sein. [...] Die Behauptung des Rechts und seine Anwendung müssen den Grundsätzen der Rationalität, des Demokratismus und der sozialistischen Gerechtigkeit entsprechen. [...] Es kann keine Menschen sowie Institutionen außerhalb der Kontrolle, der Bewertung und der Kritik geben."

Der *Grundsatz der richterlichen Unabhängigkeit* wurde diesen Grundsätzen untergeordnet. Unabhängig sei ein Richter, der eine immer enger werdende Beziehung zum Kampf um die Verwirklichung der Partei- und Staatspolitik habe und der spontan und ohne Direktanweisung entsprechend den Parteiinteressen urteile[344]:

„Die beste Gewähr für die richterliche Unabhängigkeit, die sicherste Garantie eines in jedem Fall mit der eigenen Überzeugung zu vereinbarenden Vorgehens ist das Verständnis für und die bewusste Eingliederung in die Lehre und die Richtlinien der Partei, die das Gewissen und der Verstand der Arbeiterklasse, die Avantgarde unseres Volkes ist."[345]

Die Unabhängigkeit der Justiz wurde so verstanden, dass sie sich lediglich auf die „besondere Stellung der Justiz im Verhältnis zu den anderen Staatsgewalten", also auf seine organisatorische Trennung von den übrigen Teilen des Staatsapparats beziehe[346]. Inhaltlich beruhe die richterliche Unabhängigkeit auf der Diktatur des Proletariats, der Richter sei gerade auf Grund des Willens des Parteiapparats unabhängig[347]. Der Richter dürfe in seiner Rechtsprechung nicht politisch neutral sein, er sei vielmehr als Individuum in die politische Tätigkeit des Staates eingebunden[348] und nachgerade dazu verpflichtet, politisch Stellung zu beziehen[349]. Das Gesetz dürfe von ihm nicht entgegen den Grundsätzen des Marxismus-Leninismus ausgelegt werden, welche die Richtlinien des sozialistischen Aufbaus bestimmten[350]. Richter sollten „Befürworter und Mitschöpfer der sozialistischen Gesellschaftsordnung sein"[351]. Die Justiz

---

344 *H. Świątkowski*, Die Justiz der Volksrepublik Polen im Kampf um die Festigung der Volksgesetzlichkeit (poln.), ND 5 (1955), passim, zit. nach *Rzepliński*, Die Justiz in der Volksrepublik Polen, S. 54.

345 *Rek*, Nowe Prawo 2/1956, S. 39.

346 *Resich*, Nauka o ustroju organów ochrony prawnej, S. 48.

347 *M. Cieślak*, Die richterliche Unabhängigkeit und die Partei (poln.), Palestra 2 (1957), S. 6 f., zit. nach *Rzepliński*, Die Justiz in der Volksrepublik Polen, S. 25.

348 *Murzynowski*, Istota i zasady procesu karnego, S. 210.

349 *Włodyka*, Organizacja sądownictwa, S. 125.

350 *Resich*, Nauka o ustroju organów ochrony prawnej, S. 55.

351 Vgl. *Waszczyński*, Ustrój organów ochrony prawnej, S. 52; *Murzynowski*, Istota i zasady procesu karnego, S. 210.

sei ein Instrument zur Verwirklichung der Ziele und der politischen Ausrichtung des Staates[352].

Dementsprechend war „die entschiedene Mehrheit der Richter und auch der anderen Justizbeschäftigten in der Tätigkeit der Partei und in den Arbeiten der verschiedenen politischen und gesellschaftlichen Organisationen engagiert“[353]: Im Jahr 1953 gehörten 28,8% der Richter der PVAP an, davon hatten die meisten keine juristische Hochschulausbildung absolviert[354], 1979 waren unter den Richtern an den Rayongerichten 56,9% Parteimitglieder und an den Woiwodschaftsgerichten 69,3%, Ende 1987 waren 48,2% der polnischen Richter PVAP-Mitglieder, hinzu kamen die Mitglieder anderer Blockparteien[355]. Die aktive Tätigkeit eines Richters als Parteimitglied wurde gar als eine Möglichkeit angesehen, gesellschaftlichen Respekt zu erwerben[356]. Die Justiz war somit eine wichtige Absicherung des Machterhalts der kommunistischen Partei, indem sie für die Legitimierung ihrer Machtausübung und ihrer Politik sorgte.

Die Einflussnahme der kommunistischen Partei auf die Rechtsprechung erfolgte auf mehreren Ebenen: Die Partei überwachte und kontrollierte die Einhaltung der generellen Parteilinie und kümmerte sich – neben der Kaderauswahl – auch um die sog. Erziehungs- und Bewusstseinsarbeit[357]. Zudem erließ sie Richtlinien, welche die politische Linie und die Hauptaufgaben der Justiz festlegten[358]:

„Die Direktiven der PVAP, welche die überwiegende Mehrheit der Gesellschaft und deren Sejm-Vertretung repräsentiert, stellen das wertvollste Material

---

352 *M. Pomorski*, Der Verfassungsgrundsatz der richterlichen Gewalt durch die Gerichte in der Volksrepublik Polen (poln.), Annales 17 (1970), S. 130, zit. nach *Rzepliński*, Die Justiz in der Volksrepublik Polen, S. 25 f.

353 *Domeracki*, Nowe Prawo 2/1985, S. 7.

354 Dies entsprach dem Leninschen Postulat, dass die Gerichte „proletarisch“ sein müssen und nur Arbeiter über Arbeiter richten dürfen, vgl. *o.V.*, Nowe Prawo 10/1967, S. 1233.

355 Vgl. mit weiteren Zahlenangaben *Walczak*, Sprawowanie kierowniczej roli Partii w sądach i prokuraturze w Polsce Ludowej, S. 377 f.

356 So *W. Michalski*, Richter – ein Modellversuch (poln.), ZN IBPS 26 (1987), S. 8, 11, zit. nach *Rzepliński*, Die Justiz in der Volksrepublik Polen, S. 28.

357 *Walczak*, Nowe Prawo 3/1986, S. 7.

358 Vgl. *Rzepliński*, Die Justiz in der Volksrepublik Polen, S. 94: „Die Richtlinien zwingen dazu, bei der Rechtsprechung die Auffassungen einer im Verhältnis zum Gericht externen Kraft, d.h. der Partei, zu berücksichtigen“.

für die Erläuterung und das Verständnis der analysierten gesellschaftlichen und politischen Prozesse dar, und kein Richter, nicht nur kein Mitglied der PVAP, darf diese Prozesse anders erklären. [...] In diesem Sinne kann festgestellt werden, dass der Richter, und zwar jeder und nicht nur das PVAP-Mitglied, an die in den Parteibeschlüssen enthaltenen Bewertungen allgemeiner Erscheinungen gebunden ist."[359]

Die Partei nahm auch im Wege der *Gerichtsverwaltung* auf den Inhalt der Rechtsprechung Einfluss[360]. In den Anfangsjahren der Volksrepublik Polen (1948-1955) hatten alle Richter ein Verifikationsverfahren zu durchlaufen[361], und die kommunistischen Machthaber entfernten politisch unliebsame Richter und ersetzten sie durch Parteimitglieder, die oft keine juristische Hochschulbildung genossen hatten und fachlich ungeeignet waren[362]. Die Grundsätze der Unkündbarkeit und Unversetzbarkeit der Richter in der Volksrepublik Polen wurden entscheidend eingeschränkt[363]: Sie konnten ohne Durchführung eines Disziplinarverfahrens abberufen werden[364], und zwar bis 1956 ohne nähere Begründung, bis 1963 u.a. in Fällen fehlender moralisch-politischer Qualifikation, und seit 1963 bei „fehlender Gewähr für die ordnungsgemäße Erfüllung der Pflichten eines Richters", was nach Auffassung der Rechtsliteratur u.a. der Fall war bei einer Missachtung der Richtlinien der Partei[365]. Außerdem erließ der Justizminister Richtlinien und Rundschreiben, in denen eine für die Gerichte verbindliche Auslegung der geltenden Vorschriften vorgegeben wurde[366].

Auch das *Oberste Gericht*, das im Rahmen seiner *Aufsicht* über die Rechtsprechung aller Gerichte verbindliche Richtlinien und Beschlüsse erlassen konnte[367], diente der Einflussnahme durch die Partei: das Ge-

---

359 *Resich,* Nauka o ustroju organów ochrony prawnej, S. 36; vgl. auch *Lammich,* Das Justizrecht der Volksrepublik Polen, S. 42.

360 Vgl. zur Gerichtsverwaltung *Oleszko,* Nowe Prawo 10-12/1988, S. 29-46.

361 Vgl. *Rzepliński,* Principles and Practice of Socialist Justice in Poland, S. 15 f.

362 Näher hierzu *Litiński,* O prawie i sądach początków Polski Ludowej, S. 129-145.

363 Ebda., S. 272.

364 Vgl. *Warzocha,* Nowe Prawo 1/1988, S. 54.

365 Näher hierzu *Lammich,* Das Justizrecht der Volksrepublik Polen, S. 42-44.

366 Ebda., S. 53.

367 Vgl. *Włodyka,* Archivum Iuridicum Cracoviense 3 (1970), S. 146; vgl. für die judikative Aufsicht des OG über das Hauptverwaltungsgericht *Sychowicz,* Nowe Prawo 7-8/1986, S. 33-53.

richt war seit 1962 dem Staatsrat (vorher: Justizministerium) untergeordnet, der seinerseits verbindliche Richtlinien bezüglich der Tätigkeit des OG – und zwar sowohl zu organisatorischen Frage als auch zur Rechtsprechung selber – erlassen konnte[368].

Fälle der sog. *Telefonjustiz* waren in den ersten Jahrzehnten der kommunistischen Herrschaft an der Tagesordnung[369]: Vor der Verkündung von Urteilen erhielten Richter einen Anruf aus der Parteizentrale, in dem ihnen der Urteilstenor vorgegeben wurde. In der Endphase des Kommunismus wurde in der kommunistischen Rechtsliteratur zunehmend der Standpunkt vertreten, eine solche unmittelbare Einflussnahme auf konkrete Rechtsstreitigkeiten sei unzulässig, weil sie dem Ansehen der Gerichte wie auch der Partei schade und zu Desorientierung führe[370].

Alles in allem war die Judikative im kommunistischen Polen keine unabhängige Staatsgewalt im Sinne der Gewaltenteilung, sondern als *Gerichtsapparat*[371] des Staates ein Korps abhängiger Funktionäre, deren Aufgabe es war, die Klassenpolitik der Partei zu verwirklichen[372]. Lediglich in besonderen politischen Situationen, in denen der gesellschaftliche Druck kanalisiert werden musste, so etwa 1956 und 1980, gestand die Partei „Fehler gegenüber der Justiz“ ein, formulierte sogar 1981 ein umfangreiches Reformprogramm – um nach der Wiedererlangung der Kontrolle über die Ereignisse sofort wieder zur alten Praxis zurückzukehren[373].

---

368 *Lammich*, Das Justizrecht der Volksrepublik Polen, S. 21 f.

369 *Ebda.*, S. 32; vgl. *Rzepliński*, Die Justiz in der Volksrepublik Polen, S. 72: „*ius telephonicum*“.

370 *Walczak*, Nowe Prawo 3/1986, S. 7. Die in der Rechtsliteratur formulierte, heftige Ablehnung solcher Praktiken kann auch als Hinweis darauf verstanden werden, dass diese Praktiken weiterhin bestanden.

371 Vgl. *Chajn*, Trzy lata demokratyzacji prawa i wymiaru sprawiedliwości, S. 155; *Litiński*, O prawie i sądach początków Polski Ludowej, S. 270.

372 Vgl. *Rek*, Nowe Prawo 2/1956, S. 30: „Unsere Gerichtsbarkeit [...] wird ihrer Aufgabe nur insoweit gerecht, wie sie den Willen und die Interessen der arbeitenden Massen verwirklicht und im Dienst dieser Massen verbleibt.“

373 So *Rzepliński*, Die Justiz in der Volksrepublik Polen, S. 197 f.

b) Entwicklung der gerichtlichen Verwaltungskontrolle

aa) Kontrolle durch die ordentlichen Gerichte. Die erwähnte Verlagerung der drei Staatsgewalten in den unmittelbaren Einflussbereich der *Kommunistischen Partei* führte in den kommunistisch regierten Staaten auch dazu, dass es an einer umfassenden, rechtsstaatlichen Kontrolle der Verwaltungsapparate durch die Gerichtsbarkeit fehlte[374]. Im Nachkriegspolen bildeten sich zunächst in einzelnen Sachgebieten verschiedene Formen gerichtlicher Verwaltungskontrolle heraus[375]. So überprüften *Zivilgerichte* die Rechtmäßigkeit von Verwaltungsakten bei der Erteilung von wasserrechtlichen Nutzungserlaubnissen, der Festlegung der Mietzinshöhe, der Ausweisung aus einer Mietwohnung[376], der Verweigerung der Aussonderung in der Verwaltungsvollstreckung, der Streichung aus der Wählerliste und bei Entscheidungen in Personenstandsangelegenheiten. Außerdem gab es die richterliche Inzidentkontrolle, so z.B. in den zivilrechtlichen Staatshaftungsfragen[377]. Auch die *Strafgerichte* konnten eine solche inzidente Legalitätsprüfung vornehmen, etwa in den Fällen der Amtsdelikte[378] und des Widerstands gegen Amtshandlungen sowie in Steuerstrafverfahren. Ferner gab es die von den ordentlichen Gerichten organisatorisch getrennte *Sozialgerichtsbarkeit*[379].

Im Rahmen der Inzidentkontrolle nutzte das Oberste Gericht in den fünfziger Jahren mehrfach die Gelegenheit, auf verschiedene Begriffe, die auch im Beamtenrecht eine Rolle spielen, inzident einzugehen, so

---

374 Vgl. hierzu *Hegedüs*, Sozialismus und Bürokratie, S. 77. Vgl. für andere Formen der Verwaltungskontrolle (gesellschaftlich, politisch, staatsanwaltlich usw.) *Resich*, Studia Iuridica 5 (1976), S. 163; *ders.*, Zeszyty Naukowe 3 (1975), S. 64; *Starościak*, PiP 11/1971, S. 719-727.

375 *Kuss*, Gerichtliche Verwaltungskontrolle in Osteuropa, S. 280; vgl. auch *Boć*, Die rechtliche Kontrolle der Verwaltung, S. 225-237; *Paliwoda*, Nowe Prawo 1/1960, S. 33-49.

376 Vgl. etwa Entscheidung des OG v. 29. 6. 1957 (Az. 2 CR 499/57), OSP 1958, Pos. C 135, S. 297-301.

377 Vgl. z.B. Entscheidung der Obersten Arbitragekommission v. 20. 2. 1957 (Az. III 4 358/56), OSP 1957, Pos. A 52, S. 131 f.

378 Vgl. z.B. Urteile des OG v. 5. 6. 1957 (Az. I K 244/57), OSP 1958, Pos. K 82, S. 171-174, und v. 6. 3. 1958 (Az. IV KRn 877/57), OSP 1958, Pos. K 241, S. 567 f.

379 Näher zu dem Ganzen und m.w.N. *Kuss*, JOR 22 (1981), S. 272-275; *Łętowski*, DPC 3/1974, S. 25-30.

etwa die Begriffe „Beamter“ und „Beamtenpflichten“[380]. Ungeachtet dessen gab es aber bis 1980 keine Möglichkeit der direkten gerichtlichen Kontrolle von Verwaltungsentscheidungen aus dem Bereich des Beamtenrechts[381].

bb) Forderungen nach einer Verwaltungsgerichtsbarkeit (1945-1980). Die Verwaltungsrechtsliteratur im kommunistischen Polen kritisierte das Fehlen einer Verwaltungsgerichtsbarkeit von Anfang an[382]. Insgesamt können vier Diskussionsetappen unterschieden werden, die eng mit der politischen Gesamtentwicklung des Landes zusammenhingen[383]. Es überwogen die Befürworter der Errichtung eines eigenen Verwaltungsgerichts[384]. Ein Grund hierfür war, dass die Mehrzahl der polnischen Juristen noch im Rechtsdenken der aus der Zwischenkriegszeit überkommenen bürgerlichen Verwaltungsrechtsdoktrin österreichischer Tradition verwurzelt war[385]. Insbesondere in der ersten Diskussionsetappe 1945-48 wurde die polnische Verwaltungsgerichtsbarkeit der Zwischenkriegszeit als vorbildhaft und erstrebenswert bezeichnet[386]. Demgegenüber waren „die Einwände der marxistisch-leninistisch geprägten Gegenposition nicht prinzipieller Natur“[387]. Vielmehr beriefen sich auch die Befürworter der Verwaltungsgerichtsbarkeit ausdrücklich auf die Leninschen Grundsätze:

---

380 Vgl. *Paliwoda,* Nowe Prawo 1/1960, S. 36 m.w.N. Freilich handelte es sich hierbei nicht um beamtenrechtliche Entscheidungen, sondern um die Klärung dieser Begriffe für andere Rechtsbereiche wie etwa das Strafrecht, vgl. für diese Unterscheidung etwa *Szwedek,* Nowe Prawo 1/1970, S. 19.

381 Vgl. *Łętowski,* DPC 3/1974, S. 24. A.A. offenbar, aber ohne jeglichen Nachweis *Paliwoda,* Nowe Prawo 1/1960, S. 36 o.

382 Ausführlich hierzu und m.w.N. *Kuss,* JOR 22 (1981), S. 266-272.

383 Vgl. ausführlich und m.w.N. zu den vier Etappen (1945-48, 1956-59, 1971-72, 1977-80) *Wyrzykowski,* Sądownictwo administracyjne w PRL, S. 28-45.

384 Vgl. für Nachweise *Kuss,* Gerichtliche Verwaltungskontrolle in Osteuropa, S. 271; *Lammich,* JOR 11 (1970), S. 126-128. Die Gegner einer eigenen Verwaltungsgerichtsbarkeit verwiesen im Wesentlichen darauf, dass der bestehende Rechtsschutz ausreichend sei, vgl. etwa *Paliwoda,* Nowe Prawo 1/1960, S. 35.

385 *Kuss,* JOR 22 (1981), S. 269.

386 Vgl. *Wyrzykowski,* Sądownictwo administracyjne w PRL, S. 28.

387 *Kuss,* JOR 22 (1981), S. 269. Vgl. zum Verhältnis der marxistisch-leninistischen Staatstheorie zur Verwaltungsgerichtsbarkeit *ders.*, Gerichtliche Verwaltungskontrolle in Osteuropa, S. 130-166.

„In der Frage nach dem Bedürfnis der Gewährleistung rechtmäßigen Verwaltungshandelns sind die Ansichten der Rechtslehre einhellig. Eine solche Garantie kann nur eine Kontrollinstitution bieten, die objektiv und effektiv handelt und auf die Problematik des Verwaltungsrechts spezialisiert ist. Diese Institution kann nur die gerichtliche Kontrolle sein. Die Idee der Berufung einer solchen Kontrolle scheint durch die Leninsche Konzeption der Sicherung der Rechtmäßigkeit der Verwaltung durch.“[388]

Ein Hauptargument der Befürworter war, dass Rechtsnormen bereits begrifflich den Schutz durch rechtsprechende Organe voraussetzten[389]. Staatsrechtlich untermauert wurde dieses Argument durch die Abkehr von der bisherigen Auslegung des aus der sowjetischen Staatslehre übernommenen Begriffs der Volksrechtsstaatlichkeit (*praworządność ludowa*): In der polnischen Reformdiskussion nach 1956[390] wurde dieser nicht mehr nur – aber auch – im Sinne einer „strikten Einhaltung der Gesetze“ verstanden, sondern um die Elemente der Gleichheit aller Bürger vor dem Gesetz und der Sicherung der Bürgerrechte durch materielle und formelle Garantien erweitert[391].

Im Zuge der Entstalinisierung entwarf die Gesetzgebungskommission Ende der 50er Jahre ein „Gesetz über die Verwaltungsgerichtsbarkeit“, das aber vornehmlich wegen der ablehnenden Haltung der Parteiführung und des sie stützenden Verwaltungsapparats, der eine Machtverschiebung zugunsten der Justiz nicht hinnehmen wollte, nicht verabschiedet wurde[392].

Auch in der Folgezeit forderten die polnischen Verwaltungsrechtler die Einführung der Verwaltungsgerichtsbarkeit[393], die – möglichst mittels einer Generalklausel – eine möglichst weite Zuständigkeit erhalten sollte[394]. Hierbei wurde stets deutlich gemacht, dass dies kein Zugeständnis an „liberal-individualistische politische Konzeptionen“ sei, welche

---

388 *Jędrzejewski*, Nowe Prawo 4/1972, S. 544.

389 *Iserzon*, Nowe Prawo 2/1960, S. 165.

390 Vgl. allgemein hierzu *Lammich*, JOR 11 (1/1970), S. 121-139; vgl. speziell zur Reformdiskussion über die Verwaltungsgerichtsbarkeit *Kuss*, Gerichtliche Verwaltungskontrolle in Osteuropa, S. 275-280.

391 Vgl. *Ehrlich*, PiP 8-9/1958, S. 238; *Izdebski*, PiP 3/1957, S. 443, 448, 452; *Zawadzki*, PiP 4-5/1957, S. 912.

392 Näher hierzu *Kuss*, JOR 22 (1981), S. 271.

393 Nachweise ebda., S. 276-280.

394 Vgl. hierzu m.w.N. *Nowacki*, Nowe Prawo 1/1979, S. 109 f.

die „schutzbedürftige Einheit“ dem Staat gegenüberstellen, da es im Sozialismus keinen solchen Gegensatz gebe. Vielmehr sei es im Sinne der grundsätzlichen politischen Linie des sozialistischen Staats, seine Bürger „vor unredlichen und gesellschaftsfeindlichen Kräften innerhalb der Staatsverwaltung, die ihre Position für egoistische Zwecke ausnützen“, zu schützen[395].

cc) Seit 1980 Verwaltungsgerichtsbarkeit. Mit dem Verwaltungsverfahrensgesetzbuch vom 17. März 1980[396], das zusammen mit dem Gesetz über das Hauptverwaltungsgericht vom 31. Januar 1980[397] am 1. September 1980 in Kraft trat, wurde in Polen der *Verwaltungsrechtsweg* eingeführt[398]. Art. 196 § 1 VerwVerfGB bestimmt, dass die Entscheidung eines Organs der Staatsverwaltung wegen Verletzung des Rechts vor dem Verwaltungsgericht angefochten werden kann.

Der *Kontrollumfang* des HVG ist allerdings dadurch beschränkt, dass es nur die Rechtmäßigkeit, nicht dagegen die *Zweckmäßigkeit* von Verwaltungsentscheidungen überprüfen kann[399]. Mangels einer grundrechtsorientierten Lehre von der Verhältnismäßigkeit im kommunistischen Polen waren außerdem die Ermessensentscheidungen der Verwaltung nur in eingeschränktem Umfang justiziabel[400]:

---

395 *Delorme*, Prace Prawnicze 4 (1974), S. 63. Dass der Staat erst durch seine Organe handlungsfähig ist, und dass sich das Handeln von „unredlichen Kräften innerhalb der Staatsverwaltung“ somit auch als ein Handeln des Staates darstellt, das dieser sich zurechnen lassen muss, wurde hierbei übersehen. So beruft sich z.B. die Oberste Arbitragekommission in ihrer Entscheidung v. 20. 2. 1957 (Az. III 4 358/56), OSP 1957, Pos. A 52, S. 133, auf den vom OG aufgestellten „Grundsatz, dass das Handeln der Organe als ein Handeln der juristischen Person anzusehen“ sei.

396 Dz. U. 1980, Nr. 9, Pos. 26, dt. Übers.: *Kuss*, JOR 22 (1981), S. 487-550.

397 Dz. U. 1980, Nr. 4, Pos. 8, dt. Übers. in Auszügen: *Kuss*, JOR 22 (1981), S. 483-485.

398 Grundlegend hierzu *Wyrzykowski*, Sądownictwo administracyjne w PRL. Vgl. zum Verfahren vor dem HVG auch *Janowicz*, Nowe Prawo 11-12/1985, S. 16-27; *Kuss*, Gerichtliche Verwaltungskontrolle in Osteuropa, S. 351-365; *Łopatka*, DPC 3-4/1980, S. 5-16; *Służewski*, Nowe Prawo 6/1980, S. 16-29; *Świątkiewicz*, PiP 3/1980, S. 5-17; vgl. auch *Łętowski*, ROW 1981, S. 241-246.

399 Vgl. *Florek*, JOR 24 (1983), S. 291; *Zieliński*, Nowe Prawo 9/1985, S. 8.

400 Vgl. hierzu *Adamiak*, Wadliwość decyzji administracyjnej, S. 154; *Borkowski/Jendrośka/Orzechowski/Zieliński*, Kodeks postępowania administracyjnego, Art. 196, S. 281 f.; *Krzekotowska*, Nowe Prawo 5/1981, S. 68; *Służewski*, Postępowanie administracyjne, S. 193; *Zieliński*, Nowe Prawo 9/1985, S. 8; *ders.*, PiP

„Sieht eine Rechtsnorm vor, dass das Verwaltungsorgan eine Entscheidung erlassen ‚kann', so hat diese Ermessenscharakter. Diese Entscheidungen sind insoweit von der gerichtlichen Kontrolle ausgeschlossen, wie das ihren Inhalt gestaltende Verwaltungsorgan sich vom Ermessen in den von den angewendeten Vorschriften des materiellen Rechts zugewiesenen Grenzen leiten lässt."[401]

Art. 196 § 2 VerwVerfGB enthält in seinen insgesamt 20 Unterpunkten einen umfangreichen Katalog von Angelegenheiten, die der Zuständigkeit des HVG unterfallen (*Enumerationsprinzip*)[402]. Darüber hinaus bestimmt Art. 196 § 3 VerwVerfGB:

„Besondere Gesetze können vorsehen, dass Verwaltungsentscheidungen aus den in § 1 bezeichneten Gründen auch in anderen, nicht in § 2 genannten Angelegenheiten vor dem Verwaltungsgericht angefochten werden können."

Das *Hauptverwaltungsgericht* legte die Zuständigkeitsregelung des Art. 196 VerwVerfGB von Anfang an weit aus[403]. Es entschied in einem Urteil von 1981, dass der Gesetzgeber, indem er mit dem Zuständigkeitskatalog des Art. 196 § 2 VerwVerfGB die deutliche Mehrheit der Verwaltungsentscheidungen der gerichtlichen Kontrolle unterwarf, im Wesentlichen vom Grundsatz der allgemeinen Kontrolle dieser Entscheidungen ausging, und diese Vermutung führe in der Praxis zur Anwendung des Grundsatzes *in dubio pro actione*[404]. Diese Auslegung fand in der polnischen Rechtsliteratur weitgehend Zustimmung, allerdings

---

9/1990, S. 6; vgl. auch *Nowacki*, Kontrola decyzji opartych na uznaniu administracyjnym, S. 135 f., der die grundsätzliche Justiziabilität von Ermessensentscheidungen eher postuliert als feststellt, wenn er zu dem Ergebnis gelangt, „die in Polen geltenden Vorschriften über die Justiziabilität von Verwaltungsentscheidungen beim Hauptverwaltungsgericht erlauben die Kontrolle eines bedeutenden Teils von auf das Ermessen gestützten Entscheidungen"; vgl. mit diesem Postulat bereits *ders.*, Nowe Prawo 1/1979, S. 118.

401 Urteil des HVG v. 28. 6. 1982 (SA Wr 245/81), ONSA 1982, Nr. 1, Pos. 62.

402 Näher hierzu *Kuss*, JOR 22 (1981), S. 286-291.

403 Vgl. *Zawadzki/Świątkiewicz*, PiP 6/1981, S. 10; *Tadeusz Zieliński*, Die gerichtliche Kontrolle von Verwaltungsentscheidungen in Beschäftigungsangelegenheiten (poln.), PiZS 4/1981, S. 2, zit. nach *Świątkowski*, Krakowskie Studia Prawnicze 17 (1984), S. 155.

404 Urteil des HVG v. 21. 8. 1981 (Az. II SA 108/81) (nicht veröffentlicht); zit. nach *Kmieciak/Tarno*, Postępowanie administracyjne oraz postępowanie przed naczelnym sądem administracyjnym, S. 139. Vgl. hierzu m.w.N. *Zieliński*, Nowe Prawo 4/1984, S. 7.

war die Reichweite der so begründeten Zuständigkeit des HVG umstritten[405].

Die Einführung der Verwaltungsgerichtsbarkeit 1980 war zwar für die Justiziabilität des Verwaltungsrechts im kommunistischen Polen – und auch für die Weiterentwicklung verfassungsrechtlicher Grundsätze wie etwa des Gleichheitsgebots[406] – ein „gewaltiger Schritt nach vorn", aber letztlich blieben wegen des *Enumerationsprinzips* bei der Zuständigkeitsregelung weite Teile des Verwaltungsrechts nicht justiziabel[407]. Bestimmte, politisch wesentliche Arten von Verwaltungsentscheidungen blieben außerhalb der gerichtlichen Kontrolle, und der Grundsatz dieser Kontrolle selber war seiner verfassungsrechtlichen Garantie beraubt[408]. Die Zuständigkeit des Hauptverwaltungsgerichts hatte keinen umfassenden Charakter, bestimmte Kategorien von Angelegenheiten blieben vom Rechtsweg ausgeschlossen[409]. Die polnische Verwaltungsrechtsliteratur und die Öffentlichkeit forderten daher in den 1980er Jahren eine Ausweitung der Zuständigkeiten des Hauptverwaltungsgerichts im Sinne einer Generalklausel[410].

Erschwerend kam hinzu, dass die Verwaltungsrichter genau wie die Verwaltungsdiener unter der leitenden Aufsicht der gleichen Herrin, nämlich der kommunistischen Partei, standen. Dies hatte zur Folge, dass auch in den Fällen, in denen sich das Hauptverwaltungsgericht für zuständig befand, kein wirklicher Konflikt mit der Staatsverwaltung entstehen konnte. So konnte Ende der 1980er Jahre, ganz im Sinne des sozialistischen *Harmoniedogmas*[411], rückblickend festgestellt werden, dass

---

405 Vgl. *Kuss*, Gerichtliche Verwaltungskontrolle in Osteuropa, S. 303; *Świątkowski,* Krakowskie Studia Prawnicze 17 (1984), S. 155 f. m.w.N.

406 Vgl. hierzu *Kmieciak*, PiP 10/1988, S. 56-65.

407 *Garlicki,* Annales 37 (1990), S. 63.

408 Vgl. ebda. Einen Überblick über die nicht justiziablen Verwaltungsentscheidungen gibt *Wyrzykowski*, Sądownictwo administracyjne w PRL, S. 104-111.

409 Vgl. *Zieliński*, PiP 2/1986, S. 43-59.

410 Vgl. *Kleniewska/Krzekotowska*, Palestra 7-8/1985, S. 27; *Szypliński,* PiP 5/1988, S. 49.

411 Vgl. hierzu *Fincke*, JOR 16 (1/1975), S. 27 f. Vgl. auch *Rozmaryn*, Polskie Prawo państwowe, S. 252, wonach in der auf das Bündnis der Arbeiter- und Bauernklasse gestützten Volksrepublik Polen ein *Konflikt zwischen den obersten Organen unmöglich* sei, es könne lediglich Unterschiede in den Aufgaben der für diese Organe tätigen Personen geben, „aber diese Unterschiede in den Aufgaben können nicht die Form des Konflikts zwischen Staatsorganen annehmen, zumal die führende Rolle

die Tätigkeit des Hauptverwaltungsgerichts „zu überhaupt keinen Konflikten zwischen der Verwaltung und dem Gericht, welche die Funktionsfähigkeit beider Kategorien staatlicher Einheiten hätten erschweren können", geführt habe[412].

c) Die Judikatur zum Beamtenrecht

aa) Bis 1980 allenfalls Inzidentkontrolle. Die gerichtliche Überprüfung beamtenrechtlicher Entscheidungen war bis zur Einführung der Verwaltungsgerichtsbarkeit in Polen 1980 grundsätzlich nicht möglich[413]. So erkannte das Oberste Gericht in einem Beschluss von 1973, dass bei allen aus einem verwaltungsrechtlichen Beschäftigungsverhältnis resultierenden Forderungen des Funktionärs gegen den Dienstherrn die Zulässigkeit des Gerichtswegs *ausgeschlossen* sei[414]. Dies galt nicht nur für die Beschäftigungsverhältnisse auf der Grundlage der Ernennung, sondern auch für die *Berufungsverhältnisse*:

> „Die Berufung auf diese Stelle und die Abberufung von dieser Stelle sind Herrschaftsakte der staatlichen Verwaltung, die nicht der gerichtlichen Kontrolle unterliegen. Die Forderung nach einer Wiedereinsetzung auf diese Stelle nach vorheriger Abberufung kann gerichtlich nicht geprüft werden."[415]

---

der Arbeiterklasse und -partei [...] immer die angemessene Erledigung der Differenzen in den Aufgaben gewährleistet". Die polnischen Staats- und Verwaltungsrechtler rückten unter dem Eindruck der Dezemberereignisse von 1970 zunehmend vom Harmoniedogma ab, vgl. *Mażewski*, PiP 2/1984, S. 54 m.w.N., nach den Augustereignissen von 1980 gab es Autoren, die von einer „neuen Vision der Machtausübung" sprachen, nach der es auch Konflikte und Gegensätze zwischen den Organen der Staatsgewalt geben könne, vgl. ebda., S. 63.

412 *Woś*, Archivum Iuridicum Cracoviense 24-25 (1991-92), S. 136. Vgl. auch die rückblickende Bemerkung von *Zieliński*, Nowe Prawo 9/1985, S. 3: „Allzu verwunderlich erscheinen die früheren Streitigkeiten über die Zweckmäßigkeit der Errichtung der Verwaltungsgerichtsbarkeit, insbesondere darüber, ob sie [...] nicht zu Konflikten zwischen der Verwaltung und der Gerichtsbarkeit führen und die Realisierung der Ziele dieser beiden Organe erschweren könnte."

413 Vgl. *Jaśkiewicz/Jackowiak/Piotrowski*, Prawo pracy w zarysie, S. 145; *Kijowski*, Das System der Entscheidung von Arbeitnehmerstreitigkeiten, S. 229.

414 Beschluss des OG v. 20. 3. 1973 (Az. II PR 29/73), OSN 1973, Nr. 12, Pos. 226; vgl. hierzu *Szubert*, PiP 1-2/1976, S. 211.

415 Urteil des OG – Kammer für Arbeit und Sozialversicherung – v. 7. 9. 1972, OSPiKA 1973, Nr. 5, Pos. 95.

Allerdings konnten Entscheidungen des Dienstherrn – ähnlich wie die Verwaltungsentscheidungen in anderen Rechtsbereichen (s.o., b) – insoweit auf ihre Rechtmäßigkeit überprüft werden, als ein Verstoß gegen andere als beamtenrechtliche Vorschriften in Frage stand[416]. Im Übrigen ließ sich die Stellung der Gerichte zu einzelnen dienstrechtlichen Fragen allenfalls aus *obiter dicta* – etwa zu arbeitsrechtlichen Entscheidungen – entnehmen[417]. Ein Beispiel für die gerichtliche Überprüfung einer beamtenrechtlichen Entscheidung des Dienstherrn hinsichtlich eines Verstoßes gegen andere als beamtenrechtliche Vorschriften ist der *Beschluss des Obersten Gerichts von 1971*, in welchem das Gericht erkennt, dass für die Dienstverhältnisse auf der Grundlage von Ernennungen der Gerichtsweg zwar nicht eröffnet ist, aber dass die persönlichen Rechte unbedingte Rechte sind, die unabhängig von dem Rechtsverhältnis zwischen der verletzenden und der verletzten Person gültig sind[418]. Der Verletzte sei in solchen Fällen nicht als Beschäftigter oder Untergebener anzusehen, sondern als *Subjekt des zivilen Rechts*, das sein unbedingtes Recht geltend macht. Es gelte daher der Rechtsgrundsatz, dass die ernannten Beschäftigten gemäß Art. 23 und 24 ZGB Forderungen nach der *Erteilung einer anderen Dienstbeurteilung* geltend machen können, wenn der Inhalt der streitigen Beurteilung Formulierungen enthält, die ein höchstpersönliches Rechtsgut verletzen. Zugleich erkannte das OG, dass eine Verletzung der Würde i.S.d. Art. 23 ZGB vorliegt bei der Formulierung einer Beurteilung, welche unabhängig vom Beruf und der Art der ausgeübten Arbeit der Ehre jedes Menschen Abbruch tut in den Grenzen der durchschnittlichen, aktuell in der Gesellschaft vorherrschenden Bewertungen und nicht in dem individuellen Empfinden des Rechtsschutzsuchenden. Das OG befand die Absonderung einer „Arbeitnehmerwürde“ als eines besonderen Schutzgegenstands für unbegründet[419].

---

416 Näher hierzu *Janiszewski*, PiP 5/1976, S. 87-97.

417 *Łętowski*, DPC 3/1974, S. 25.

418 Beschluss des OG v. 28. 5. 1971 (Az. III PZP 33/70), OSN 1971, Nr. 11, Pos. 188; vgl. hierzu *Szubert*, PiP 6/1973, S. 133.

419 Vgl. *Starościak*, DPC 19 (1973), S. 7: „[...] Der Beschäftigte der Verwaltung bleibt auch nach seiner Einstellung ein gewöhnlicher Bürger, den man in keiner Weise seiner bürgerlichen Freiheiten berauben kann.“

bb) Das Hauptverwaltungsgericht 1980-81: Weite Auslegung der Zuständigkeitsregeln. Nach der Einführung des Verwaltungsrechtswegs 1980 schien sich das Blatt zugunsten einer grundsätzlichen Justiziabilität des polnischen Beamtenrechts zu wenden. Zwar entzieht Art. 3 § 3 VerwVerfGB sowohl die Beziehungen der „organisatorischen Über- und Unterordnung" von Organen der Staatsverwaltung und anderer staatlicher Organisationseinheiten untereinander als auch die „dienstliche Unterstellung" ihrer Beschäftigten ausdrücklich dem Anwendungsbereich des Gesetzes[420]. Mit dieser Ausnahmevorschrift war und ist aber keineswegs das gesamte Beamtenverhältnis gemeint. Die nachfolgende Rechtsprechung, an der sich auch bis heute nicht geändert hat[421], stellte vielmehr von Anfang an klar, dass es hier um die – auch dem deutschen Recht bekannte (vgl. § 35 VwVfG) – *Unterscheidung zwischen dem Statusverhältnis und dem Innenverhältnis* geht. Interne Dienstanweisungen des Vorgesetzten sind damit vom Anwendungsbereich des VerwVerfGB ausgeschlossen. Nur Akte, die das Grundverhältnis des Beamten betreffen, unterfallen seinem Anwendungsbereich. Dies sind im Wesentlichen die Personalentscheidungen zur Aufnahme, Veränderung oder Auflösung des Dienstverhältnisses von ernannten Beschäftigten[422].

Umstritten war jedoch, inwieweit für diese grundsätzlich dem Anwendungsbereich des VerwVerfGB unterfallenden statusrechtlichen Entscheidungen des Dienstherrn die Zuständigkeit des HVG zur Streitentscheidung gegeben war. Der erwähnte, umfangreiche Zuständigkeitskatalog des Art. 196 § 2 VerwVerfGB (s.o., b) enthält auch eine Zuständigkeit des HVG für „Angelegenheiten der Beschäftigung von Arbeitskräften und soziale Angelegenheiten" (Nr. 19). Der Wortlaut der Norm spricht dafür, dass mit diesen „Angelegenheiten der Beschäftigung von Arbeitskräften" auch die statusrechtlichen Entscheidungen des Dienstherrn gemeint sind. Dementsprechend entschied sich das HVG bereits kurz nach seiner Errichtung – und noch vor der Verabschiedung des Gesetzes über die Beschäftigten der staatlichen Ämter von 1982 – zu-

---

420 *Kuss*, Gerichtliche Verwaltungskontrolle in Osteuropa, S. 300; vgl. auch *Borkowski*, PiP 5/1980, S. 38.

421 Vgl. hierzu sogleich, D V.3a.

422 Vgl. nur Urteil des HVG v. 20. 7. 1981 (Az. SA 1163/81), OSPiKA 1982, Nr. 9-10, Pos. 169; *Janowicz*, Kodeks postępowania administracyjnego, Art. 1, Rn. 6; *Jaśkowska/Wróbel*, Kodeks postępowania administracyjnego, Art. 3, S. 98 f.

gunsten einer grundsätzlichen Justiziabilität des Statusrechts der Beamten. Das Gericht nahm die Zuständigkeitsbestimmung des Art. 196 § 2 VerwVerfGB entsprechend seinem o.g. Grundsatz *in dubio pro actione* (s.o., b) zum Anlass, sich für das Statusrecht der Beamten für zuständig zu erklären. Es befand bereits im Februar 1981, dass Entscheidungen zum Dienstverhältnis von *ernannten Beschäftigten* solche im Sinne des VerwVerfGB sind und daher der Zuständigkeit des HVG unterliegen[423]. Im Juli 1981 erging ein weiteres Urteil, in dem sich das HVG für zuständig erklärte für die Entscheidung von Klagen gegen Entscheidungen über die Rechte und Pflichten von ernannten Beschäftigten[424]:

„[...] Die Entscheidungen in individuellen Angelegenheiten über die Aufnahme, Veränderung oder Auflösung des Dienstverhältnisses von ernannten Beschäftigten sowie über Ansprüche aus diesem Verhältnis sind Entscheidungen im Sinne des Art. 1 § 1 Nr. 1[425] sowie Art. 104 VerwVerfGB[426] und unterliegen der Kontrolle des HVG nach den in diesem Gesetz festgelegten Grundsätzen."

Die weite Auslegung des Art. 196 § 2 Nr. 19 VerwVerfGB durch das Hauptverwaltungsgericht fand unter den polnischen Verwaltungsrechtlern Zustimmung[427]. Schließlich war die Forderung nach Einführung einer Gerichtskontrolle von Beamtenstreitigkeiten schon jahrzehntelang in der polnischen Rechtsliteratur erhoben worden (s.o., b). Es wurde gar die These von der „Omnipotenz des Verwaltungsgerichts [...] in den Beschäftigungs- und sozialen Angelegenheiten" formuliert[428].

---

423 Urteil des HVG v. 19. 2. 1981 (Az. SA 240/81), ONSA 1981, Nr. 1, Pos. 9.

424 Urteil des HVG v. 20. 7. 1981 (Az. SA 1163/81), OSPiKA 1982, Nr. 9-10, Pos. 169; vgl. die zustimmende Glosse von *Borkowski*, ebda., S. 351-352.

425 Art. 1 § 1 Nr. 1 VerwVerfGB bestimmt: „Das Verwaltungsverfahrensgesetzbuch regelt das Verfahren vor den Organen der Staatsverwaltung in den zu deren Aufgabenbereich gehörenden individuellen Angelegenheiten, die durch Verwaltungsentscheidung entschieden werden."

426 Art. 104 VerwVerfGB lautet: „§ 1. Ein Organ der Staatsverwaltung erledigt eine Verwaltungssache durch Erlass einer Entscheidung, es sei denn, die Vorschriften dieses Gesetzbuchs bestimmen etwas anderes. § 2. Entscheidungen erledigen die Verwaltungssache in der Hauptsache im Ganzen oder zum Teil oder beenden sie in der gegebenen Instanz auf andere Weise."

427 Vgl. *Florek*, JOR 24 (1983), S. 291.

428 So *Świątkowski*, Krakowskie Studia Prawnicze 17 (1984), S. 157.

Eine Einschränkung wurde allerdings in Bezug auf die Bewerberauslese im Rahmen der kommunistischen *Kaderpolitik* gemacht. Hier wurde selbst von Vertretern einer möglichst weiten Justiziabilität des Beamtenrechts die Auffassung vertreten, dass eine Verwaltungsentscheidung, welche den *Grundsatz des gleichen Zugangs zum Staatsdienst* verletzt, nicht vom Verwaltungsgericht überprüft werden könne, denn dieser Grundsatz habe lediglich den Charakter eines „allgemeinen Hinweises", der die Kaderpolitik im Apparat der Staatsverwaltung gestalte und aus dem sich für den betroffenen Bewerber kein Recht auf die Übernahme in den Staatsdienst ergeben könne[429].

Ferner kam es in einigen Bereichen zu einer *Selbstbeschränkung* des HVG. Bei Klagen aus *Berufungsverhältnissen* befand es sich für unzuständig. Im Oktober 1981 wies das Gericht die Klage eines berufenen Beschäftigten ab, der sich gegen die Abberufung von seinem Dienstposten an das HVG gewandt hatte[430]. Laut dem Gericht ist die Abberufung als gleichwertig mit einer fristlosen oder fristgerechten Kündigung eines Arbeitsvertrags anzusehen, und

> „[...] der Verwaltungsakt, mit dem der Beschäftigte von einem Dienstposten abberufen wird, auf dem er aufgrund einer Berufung beschäftigt war, ist keine Verwaltungsentscheidung im Sinne der Vorschriften des Verwaltungsverfahrensgesetzbuchs."[431]

Auch bei Klagen gegen *Disziplinarentscheidungen* lehnte das HVG seine Zuständigkeit ab. Begründet wurde dies mit dem Geltungsbereich des Gesetzes, denn

> „[...] gemäß Art. 3 § 2 VerwVerfGB werden die Vorschriften des Gesetzes nicht auf Disziplinarverfahren angewendet. Diese Vorschrift schließt daher auch die Möglichkeit aus, gegen Entscheidungen, die im Zusammenhang mit einem laufenden Disziplinarverfahren und auf der Grundlage der dieses Verfahren normierenden Vorschriften ergangen sind, beim HVG Klage zu erheben."[432]

---

429 So der Verwaltungsrichter *Świątkowski,* Krakowskie Studia Prawnicze 17 (1984), S. 161 f.

430 Vgl. ausführlich zur Abberufung *Jaśkowski,* PiP 1-2/1976, S. 164-176.

431 Urteil des HVG v. 21. 10. 1981 (Az. SA 670/81), ONSA 1981, Nr. 2, Pos. 102.

432 Beschluss des HVG v. 18. 1. 1982 (Az. II SA 1252/81) (nicht veröffentlicht); zit. nach: *Kmieciak/Tarno,* Postępowanie administracyjne oraz postępowanie przed naczelnym sądem administracyjnym, S. 140.

cc) Der Beschluss des Obersten Gerichts von 1983: Eingeschränkte Justiziabilität. Das Oberste Gericht, das gemäß Art. 5 HVG-Gesetz „die Aufsicht über die Tätigkeit des Hauptverwaltungsgerichts im Bereich der Rechtsprechung" ausübt, bestätigte zunächst die weite Auslegung der Zuständigkeitsvorschriften des HVG. In einem Beschluss von Ende 1982 beantwortete es eine ihm vom Generalstaatsanwalt vorgelegte Rechtsfrage dahingehend,

> „[...] dass die Auflösung des durch hoheitliche Ernennung begründeten Beschäftigungsverhältnisses mit dem leitenden Mitarbeiter einer staatlichen Organisationseinheit als Verwaltungsentscheidung zu qualifizieren sei, die beim HVG angefochten werden könne, sofern nicht eine spezielle Rechtsvorschrift etwas anderes bestimmt"[433].

Bereits kurze Zeit später, im März 1983, nahm das OG jedoch diesen Beschluss durch einen Beschluss in erweiterter Zusammensetzung wieder zurück und legte sich auf den gegenteiligen Standpunkt fest, indem es den Grundsatz *in dubio pro actione* ausdrücklich zurückwies und so der ausufernden Zuständigkeit des HVG in beamtenrechtlichen Angelegenheiten einen Riegel vorschob[434]: Die Tatsache, dass der Gesetzgeber keine Generalklausel zur Zuständigkeit des HVG in Verwaltungssachen verabschiedet, sondern nur einen enumerativen Zuständigkeitskatalog aufgestellt habe, zeige, dass die Annahme eines solchen Grundsatzes ungerechtfertigt sei. Ein systematischer Vergleich einiger Dienstpragmatiken, die zeitlich nach dem VerwVerfGB verabschiedet wurden[435], zeige, dass der Gesetzgeber nicht grundsätzlich für alle Beamtenrechtsstreitigkeiten die Zuständigkeit des HVG begründen wollte. Mit den „Angelegenheiten der Beschäftigung von Arbeitskräften" gemäß Art. 196 § 2 Nr. 19 VerwVerfGB seien nicht die beamtenrechtlichen

---

433 Beschluss des OG v. 11. 11 1982, zit. nach *Kuss*, Gerichtliche Verwaltungskontrolle in Osteuropa, S. 330.

434 Beschluss des OG – Zivil- und Verwaltungskammer und Arbeitskammer als verbundene Kammern – v. 1. 3. 1983 (Az. III AZP 11/82), OSPiKA 1984, Nr. 1, Pos. 1, S. 1-3; vgl. hierzu *Zieliński*, Nowe Prawo 4/1984, S. 11. Diesen Beschluss übersieht *Kuss*, Gerichtliche Verwaltungskontrolle in Osteuropa, S. 330.

435 Das Gericht nennt neben dem Gesetz über die Beschäftigten der staatlichen Ämter von 1982 die *Lehrercharta* von 1982 (Dz. U. 1982, Nr. 3, Pos. 19) und das Gesetz über das *Hochschulwesen* von 1982 (Dz. U. 1982, Nr. 14, Pos. 113). Nach den letzteren beiden Gesetzen sind die Arbeitsgerichte für die Angelegenheiten der ernannten Beschäftigten zuständig.

Streitigkeiten gemeint, sondern Fälle wie die Arbeitsvermittlung, der Anwerbung von Beschäftigten und der Beschäftigung von Behinderten. Die Zuständigkeit des HVG für beamtenrechtliche Streitigkeiten könne sich daher allenfalls aus einer sonderrechtlichen Zuweisung gemäß Art. 196 § 3 VerwVerfGB ergeben. Im Ergebnis stellte das OG fest:

„Die Vorschrift des Art. 196 § 2 Nr. 19 VerwVerfGB begründet nicht die Zuständigkeit des HVG zur Entscheidung von Angelegenheiten über die Auflösung eines auf der Grundlage der Ernennung begründeten Arbeitsverhältnisses; jedoch ist das HVG zuständig zur Entscheidung von Angelegenheiten dieser Art, wenn eine besondere Vorschrift dies bestimmt."

Diese Entscheidung der beiden verbundenen Kammern des OG von 1983 wurde im beamtenrechtlichen Schrifttum heftig kritisiert[436]. Insbesondere wurde darauf hingewiesen, dass der Begriff „Beschäftigung" (zatrudnienie) im polnischen Arbeitsrecht zur Bezeichnung der Angelegenheiten benutzt wird, die mit der Entstehung des Arbeitsverhältnisses und mit der Konkretisierung der Rechte und Pflichten verbunden sind[437]. Daher sei es systemwidrig, bei der Auslegung des Art. 196 § 2 Nr. 19 VerwVerfGB unter „Beschäftigungsangelegenheiten" alle anderen Angelegenheiten als das Statusrecht der Beschäftigten zu verstehen[438].

Festzuhalten ist, dass die Entscheidung des OG von 1983 ein *Wendepunkt* für die Justiziabilität des Beamtenrechts nach der weitreichenden Auslegung der Zuständigkeitsregelung durch das HVG 1981 war[439]. Denn nun galt in der gerichtlichen Praxis Art. 196 § 2 Nr. 19 VerwVerfGB nicht mehr als grundsätzliche Zuständigkeitsregelung für alle beamtenrechtlichen Streitigkeiten (mit Ausnahme des Disziplinarrechts

---

436 Vgl. *Kmieciak/Tarno*, Postępowanie administracyjne oraz postępowanie przed naczelnym sądem administracyjnym, S. 140; *Łętowska/Łętowski*, OSPiKA 1984, Nr. 1, Pos. 1, S. 4-8; *Sychowicz*, Nowe Prawo 9/1985, S. 75 f. m.w.N.; *Świątkowski*, OSPiKA 1984, Nr. 7-8, Pos. 144, S. 354-357 m.w.N.

437 Vgl. *J. Pacho*, Das Verwaltungsverfahrensgesetzbuch und das Arbeitsrecht (poln.), Rada narodowa, gospodarka, administracja 11/1980, S. 20, zit. nach *Świątkowski*, Krakowskie Studia Prawnicze 17 (1984), S. 153; *Korzan*, Studia Iuridica Silesiana 15 (1990), S. 80 f.

438 *Świątkowski*, Krakowskie Studia Prawnicze 17 (1984), S. 153. Vgl. auch *Kuss*, Gerichtliche Verwaltungskontrolle in Osteuropa, S. 339.

439 Vgl. die Glosse von *Łętowska/Łętowski*, OSPiKA 1984, Nr. 1, Pos. 1, S. 4: „Die Abkehr von der weit verbreiteten Auslegung der Rechtslage [...] ist keine Kleinigkeit, von der man leicht zur Tagesordnung übergehen kann".

und der Berufungsverhältnisse). Die Zuständigkeit des HVG ergab sich nunmehr nur noch aus der allgemeinen, durch konkrete Zuständigkeitszuweisungen auszufüllenden Rahmenregelung des Art. 196 § 3 VerwVerfGB. Damit waren die Staatsbeamten vom Rechtsschutz durch das HVG weitgehend abgeschnitten. Zugleich bestätigte die einschränkende Auslegung des OG die generelle Tendenz, die der Gesetzgeber mit der Einführung der Verwaltungsgerichtsbarkeit bezweckt hatte: Es ging um die „justizielle Bereinigung der alltäglichen, ‚unpolitischen' Streitigkeiten zwischen Bürger und Verwaltung", die zur Stabilität des Systems beitragen und dem herrschenden Regime von Nutzen sein sollte[440], und nicht darum, politische Fragen wie die Personalentscheidungen des Dienstherrn unter die Kontrolle des Gerichts zu stellen[441].

dd) Die beamtenrechtlichen Judikate des Hauptverwaltungsgerichts 1983-88. Im Gesetz über die Beschäftigten der staatlichen Ämter von 1982 (im Folgenden auch: *Beamtengesetz*)[442], das am 1. 1. 1983 in Kraft trat, befindet sich lediglich eine konkrete Zuständigkeitszuweisung i.S.d. Art. 196 § 3 VerwVerfGB, nämlich Art. 38 Abs. 2, der die Zuständigkeit des HVG für die Angelegenheiten der Veränderung oder Auflösung des Dienstverhältnisses von ernannten Staatsbeamten in der allgemeinen, zivilen Staatsverwaltung bestimmt[443]. Art. 38 lautete in seiner ursprünglichen Fassung von 1982[444]:

„(1) Gegen die Entscheidungen in den Angelegenheiten der Kündigung oder der Auflösung des Arbeitsverhältnisses mit dem ernannten Staatsbeamten, seiner Versetzung oder Einweisung in die Ausübung einer anderen Arbeit, seiner Versetzung auf einen niedrigeren Dienstposten oder seiner Suspendierung von der Erfüllung der Dienstpflichten kann dieser Beamte innerhalb von sieben Tagen beim Leiter des dem Amt, in dem er beschäftigt ist, übergeordneten Or-

---

440 So *Kuss*, JOR 22 (1981), S. 302.

441 Für diese historischen und teleologischen Erwägungen kann auch der systematische Vergleich mit Art. 3 § 3 VerwVerfGB ins Feld geführt werden, wonach Fragen der dienstlichen Unterstellung der Staatsdiener nicht in den Anwendungsbereich des Gesetzes fallen; vgl. *Dawidowicz*, PiP 10/1980, S. 65; *Kuss*, Gerichtliche Verwaltungskontrolle in Osteuropa, S. 300 f.

442 S. hierzu das Rechtsquellenverzeichnis sowie die dt. Übersetzung im Anhang II.

443 Damit ist Art. 38 des Beamtengesetzes eine „besondere Vorschrift" i.S.d. Art. 3 § 3 Abs. 2 VerwVerfGB, welche den Anwendungsbereich des Gesetzbuchs eröffnet.

444 Zur aktuellen Fassung s.u., Anhang II.

gans Widerspruch erheben. Gegen die von einem Minister erlassene Entscheidung gibt es kein Widerspruchsrecht.

(2) Gegen die Entscheidungen in den in Abs. 1 bestimmten Angelegenheiten steht dem ernannten Staatsbeamten die Klage beim Verwaltungsgericht nach den im Verwaltungsverfahrensgesetzbuch vorgesehenen Grundsätzen zu.“

Soweit ersichtlich, gab es auf dieser Grundlage in den sechs Jahren von Anfang 1983 bis zur Zeit des ausgehandelten Übergangs im April 1989 insgesamt sieben beamtenrechtliche Entscheidungen des Hauptverwaltungsgerichts:

In zwei Erkenntnissen hielt sich das HVG für nicht zuständig: 1986 urteilte das Gericht, die *Änderung des Tätigkeitsbereichs* des ernannten Staatsbeamten unterfalle nicht den Streitigkeiten, für die das HVG gemäß Art. 38 des Beamtengesetzes von 1982 zuständig sei[445]. Und 1988 fällte es den Beschluss, die Weigerung des Dienstherrn, der Rücknahme einer durch den Beamten ausgesprochenen *Kündigung* zuzustimmen, sei keine Verwaltungsentscheidung und daher auch nicht vom HVG zu überprüfen[446].

Demgegenüber stellte es in einem Beschluss von 1985 seine Zuständigkeit für die Überprüfung der Rechtmäßigkeit einer als Disziplinarstrafe verhängten *Entlassung* gemäß Art. 14 Abs. 1 Nr. 2 des Beamtengesetzes von 1982 fest[447].

In vier Entscheidungen befasste sich das Hauptverwaltungsgericht mit dem Inhalt der betroffenen Verwaltungsentscheidungen. Zwei Urteile betrafen die Frage der *Versetzung* von Staatsbeamten und damit die Frage nach der Stabilität des Dienstverhältnisses[448]. In seinem Urteil vom April 1984 erhöhte das Gericht den Rechtsschutz der Staatsbeamten, indem es befand, das Beamtengesetz von 1982 kenne keine andere

---

445 Urteil des HVG v. 30. 9. 1986 (Az. SA/Wr 750/86), ONSA 1986, Nr. 2, Pos. 55.

446 Beschluss des HVG v. 29. 4. 1988 (Az. SA/Lu 308/88), ONSA 1988, Nr. 1, Pos. 51.

447 Beschluss v. 30. 4. 1985 (Az. II SA 897/85), ONSA 1985, Nr. 1; zit. nach *Hebdzyńska,* Ustawa o pracownikach urzędów państwowch, Art. 37, S. 59. Das OG hielt diese Auffassung in seinem Urteil v. 11. 10. 1994 (Az. I PRN 78/94), OSN 1995, Nr. 7-8, Pos. 149, für falsch und befand, dass mit der rechtskräftigen Verhängung der Disziplinarstrafe die Entlassung bewirkt werde.

448 Vgl. zum ambivalenten Problem der Stabilität des Dienstverhältnisses im kommunistischen Herrschaftssystem *Sypniewski*, Einige Probleme der Stabilisierung des Beschäftigungsverhältnisses der Beschäftigten des Staatsapparats.

Form der Versetzung eines Staatsbeamten auf einen anderen, niedrigeren Dienstposten innerhalb derselben Behörde als die in Art. 34 Abs. 3 Nr. 4 (Disziplinarstrafe der Degradierung) und in Art. 10 Abs. 5 (Versetzung wegen Arbeitsunfähigkeit) beschriebenen Fälle. Das Kapitel 2 des Gesetzes über die Begründung, Änderung und Auflösung des Arbeitsverhältnisses sei insoweit abschließend, Vorschriften des Arbeitsgesetzbuchs dürften nicht ergänzend herangezogen werden[449]. Und in seinem Urteil vom 1. April 1988 befand das Gericht, die *zeitweise Versetzung* des ernannten Staatsbeamten in eine andere Behörde gemäß Art. 10 Abs. 3 des Beamtengesetzes sei eine Verwaltungsentscheidung und keine Dienstanweisung gemäß Art. 18 Abs. 1 des Gesetzes. Eine solche Verwaltungsentscheidung dürfe erst nach Abschluss des Widerspruchsverfahrens vollzogen werden, soweit sie nicht für sofort vollstreckbar erklärt oder von einem Hauptorgan der Staatsverwaltung erlassen wurde. Die Weigerung des Beamten, einer solchen, nicht rechtskräftigen Entscheidung nachzukommen, könne nicht als eine Verletzung von Dienstpflichten angesehen werden, und der Amtsleiter könne den Beamten in der Zeit bis zur Rechtskrafterlangung der Entscheidung nicht gemäß Art. 12 Abs. 1 des Gesetzes vom Dienst suspendieren[450].

Mit seinem Urteil vom Dezember 1985 schützte das Hauptverwaltungsgericht einen Staatsbeamten vor einer rechtswidrigen *Suspendierung*: Es erkannte, dass für eine Suspendierung vom Dienst gemäß Art. 12 Abs. 1 des Beamtengesetzes die Einleitung des Disziplinarverfahrens gegen den Beamten erforderlich sei. Die Einleitung des Ermittlungsverfahrens im Wege der Beauftragung des Disziplinaranwalts durch den Behördenleiter reiche daher für eine Entbindung von den Dienstpflichten nicht aus[451].

Schließlich gab es noch ein Urteil des HVG aus dem Jahr 1987, in dem es feststellte, dass die von der zuständigen Disziplinarkommission verhängte Disziplinarstrafe der *Entlassung* eines Staatsbeamten aus dem Dienst bindend sei, der betroffenen Behörde verbleibe kein Ermessensspielraum, sie habe den Beamten zu entlassen[452].

---

449 Urteil des HVG v. 19. 4. 1984 (Az. II SA 451/84), ONSA 1984, Nr. 1, Pos. 43.
450 Urteil des HVG v. 1. 4. 1988 (Az. II SA 265/88), ONSA 1988, Nr. 1, Pos. 46.
451 Urteil des HVG v. 16. 12. 1985 (Az. SA/Lu 572/85), ONSA 1985, Nr. 2, Pos. 36.
452 Urteil des HVG v. 29. 6. 1987 (Az. II SA 883/87), ONSA 1987, Nr. 1, Pos. 42.

ee) Drei Erkenntnisse des Obersten Gerichts. Der Rechtsweg nach dem Beamtengesetz von 1982 ist gespalten. Nach dem auch heute noch in seiner ursprünglichen Fassung geltenden Art. 39 werden „Streitigkeiten über Forderungen aus dem Arbeitsverhältnis der Staatsbeamten in den nicht in Art. 38 Abs. 1 aufgeführten Angelegenheiten [...] nach dem im *Arbeitsgesetzbuch* bestimmten Verfahren untersucht". Auf der Grundlage dieser Rechtswegzuweisung ergingen, soweit ersichtlich, während der kommunistischen Herrschaft drei Entscheidungen des Obersten Gerichts zum Beamtengesetz von 1982. In einem Urteil von 1984 befand das OG über die Reichweite des Art. 39:

> „Die gegenständliche Reichweite des Art. 39 [...] umfasst die ernannten Staatsbeamten, aber nur in den Angelegenheiten, die nicht in Art. 38 des Gesetzes aufgeführt sind, sowie die auf der Grundlage eines Arbeitsvertrags beschäftigten Staatsbeamten[453] in den in Art. 38 § 1 aufgeführten Angelegenheiten wie auch in den in dieser Vorschrift nicht aufgeführten Angelegenheiten."[454]

Außerdem gab es zwei Erkenntnisse des OG zur Frage der *Abfindung* der Staatsbeamten gemäß Art. 28 des Beamtengesetzes. Im August 1985 fällte das Gericht den Beschluss, dass ein Staatsbeamter, der als ernannter Lehrer auf einem pädagogische Qualifikationen erfordernden Dienstposten in der allgemeinen zivilen Staatsverwaltung beschäftigt ist, beim Übergang in den Ruhestand keinen Anspruch auf die einmalige Abfindung nach dem Beamtengesetz habe[455], sondern gemäß Art. 53 des Beamtengesetzes nur auf die niedrigere Abfindung nach Art. 87 der *Lehrercharta* von 1982[456]. Art. 53 gewähre den auf pädagogischen Posten eingesetzten Staatsbeamten nach dem Beamtengesetz nicht eine zusätzliche Abfindung, sondern schließe sie von der höheren Beamtenabfindung nach Art. 28 des Beamtengesetzes aus[457]. Und im Dezember 1985 erging ein Urteil des OG, wonach einem in den Organen der Staatsverwaltung

---

453 Hier zeigt sich die unsaubere Terminologie des Beamtengesetzes von 1982, s.o., A.III.

454 Urteil des OG v. 16. 5. 1984 (Az. I PRN 69/84), OSNC 1984, Nr. 11, Pos. 205.

455 Urteil des OG v. 16. 8. 1985 (Az. III PZP 32/85), OSNC 1986, Nr. 4, Pos. 50.

456 Dz. U. 1982, Nr. 3, Pos. 19 m.w.Ä.

457 Begründet wird dies im Wesentlichen mit einem systematischen Vergleich. Kritisch hierzu die Glosse von *Kucharski*, PiP 11/1987, S. 140-143.

tätigen Funktionär der Feuerwehr beim Übergang in den Ruhestand eine Abfindung zustehe, und zwar die für ihn günstigere[458].

3. Ergebnis: Unzureichender Rechtsschutz

Nach der Einführung der Verwaltungsgerichtsbarkeit 1980 trachtete das Hauptverwaltungsgericht – sicherlich unter Einfluss des von der Gewerkschaft „Solidarität" ausgehenden Reformdrucks – zunächst nach einer umfassenden Zuständigkeit in allen beamtenrechtlichen Streitigkeiten (mit Ausnahme des Disziplinarrechts und der Berufungsverhältnisse) und somit nach einer gerichtlichen Kontrolle der kommunistischen Kaderpolitik in der Staatsverwaltung. Diesen Bemühungen schob das Oberste Gericht während des Ausnahmezustands durch seinen umstrittenen Beschluss von 1983 einen Riegel vor.

Lediglich über die Art. 38-39 des Gesetzes über die Beschäftigten der staatlichen Ämter von 1982 war der Rechtsweg für die gerichtliche Überprüfung beamtenrechtlicher Entscheidungen nach diesem Gesetz eröffnet. Da diese Angelegenheiten jedoch in die Domäne der Kaderpolitik der kommunistischen Partei fielen, war der Spielraum der Gerichte auch hier äußerst gering, zumal die Richterschaft in den als politisch eingestuften Angelegenheiten unter der faktischen Kontrolle der kommunistischen Partei stand[459]. Dementsprechend gab es in den mehr als sechs Jahren von 1983 bis zum durch den Runden Tisch im April 1989 eingeleiteten Ende des kommunistischen Herrschaftssystems in Polen nur sieben Judikate des HVG und drei Erkenntnisse des OG zu dem Beamtengesetz von 1982, die allesamt keinen großen Einfluss auf die Entwicklung des kommunistischen Beamtenrechts hatten.

Festzuhalten ist, dass es trotz aller rechtlichen und politischen Beschränkungen einen gewissen, wenn auch unzureichenden gerichtlichen Rechtsschutz für die Staatsbeamten im kommunistischen Polen gab. Verwaltungspraxis und Justiz waren der letztlich außerrechtlichen, fakti-

---

458 Urteil des OG v. 10. 12. 1985 (Az. I PRN 85/85), PiZS 5/1986, S. 82.

459 Vgl. zur von der Partei gesteuerten Einflussnahme auf das HVG im Wege der Gerichtsverwaltung *Wyrzykowski*, Sądownictwo administracyjne w PRL, S. 59-63, hier S. 60: „Eine der gefährlichsten Bedrohungen für die richterliche Unabhängigkeit ist der Einfluss des administrativen Faktors, von dem die Ernennung des Richters, seine Beförderung und die Abberufung von seinem Dienstposten abhängen."

schen Einflussnahme der kommunistischen Partei ausgesetzt. Die Rechtsprechung spielte bei der Entwicklung des Beamtenrechts eine marginale Rolle. Dies ist zurückzuführen auf das Staats- und Rechtsverständnis im kommunistischen Machtstaat: Es galten die Grundsätze der Gewalteneinheit und der führenden Rolle der kommunistischen Partei. Personalfragen in der Regierungsverwaltung wurden im Rahmen der kommunistischen Kaderverwaltung von der Partei, die auch die Justiz steuerte und daher einer Kontrolle durch die Gerichte generell entzogen war, letztlich nach politischen und ideologischen und nicht nach rechtlichen Kriterien entschieden. Mit der politischen Art und Weise der Entscheidungsfindung wurde der Regelungsgegenstand des Beamtenrechts ausgehöhlt: Die staatlichen Beschäftigten standen zu ihrem Dienstherrn nicht in einer Rechtsbeziehung, sondern befanden sich in einem politischen Abhängigkeitsverhältnis.

III. DIE ENTWICKLUNG DER BEAMTENRECHTLICHEN GESETZGEBUNG

1. Die Bedeutung der Beamtengesetze im Kommunismus: Rechtssicherheit oder Feigenblatt?

Das festgestellte Defizit im Bereich des Rechtsschutzes, also das weitgehende Fehlen juristischer „Testfälle“ in Form gerichtlicher Streitigkeiten, legt die Frage nach der *Rechtssicherheit* nahe: Wurde das Beamtenrecht im kommunistischen Polen befolgt oder war es als Feigenblatt der kommunistischen Machthaber bedeutungslos und hatte keinen Rechtscharakter? Rechtssicherheit ist gegeben beim Vorhandensein eines den Rechtsunterworfenen bekannten und allgemein zugänglichen, abstrakt-generellen Regelwerks mit Geltungsanspruch, das hinreichend bestimmt und klar ist und in der Praxis befolgt wird.

Gegen eine Bedeutungslosigkeit des Beamtenrechts unter dem Aspekt der Rechtssicherheit spricht bereits das Vorhandensein eines umfangreichen abstrakt-generellen Regelwerks: Angesichts der nachfolgend geschilderten, facettenreichen, teils widersprüchlichen *Gesetzesentwicklung*, die von der Öffentlichkeit, d.h. der polnischen Verwaltungsrechtsliteratur, kommentierend und postulierend begleitet wurde, lässt sich die These formulieren, dass das Beamtenrecht, gerade weil es unter dem

Primat der Politik stand, in noch stärkerem Maße als andere, weniger politische Rechtsbereiche ein *Steuerungsinstrument* der kommunistischen Partei war, das dazu diente, die Kontrolle über den Beamtenapparat zu behalten. Im Vordergrund stand freilich nicht der rechtsstaatliche Schutz der Beamten oder der Bürger gegenüber dem Staatsapparat, sondern das machtstaatliche Interesse der kommunistischen Partei, einen festen Rahmen für die Auswahl, Erziehung und Disziplinierung der Staatsdiener zu gestalten, oder anders ausgedrückt: die sozialistische Entwicklung des kommunistischen Staatsapparats durch ein entsprechendes, den Direktiven der Partei folgendes Regelwerk zu „vervollkommnen".

Für die These der rechtlichen Relevanz des Beamtenrechts im kommunistischen Polen spricht ferner, dass die beamtenrechtlichen Vorschriften von den Rechtsanwendern – also etwa den Behördenleitern – schon deswegen zu befolgen waren, weil sie auf den Willen der Partei, die im Rahmen des „demokratischen Zentralismus" auch die Gesetzgebung beherrschte, zurückzuführen waren. Der Grundsatz der *Volksrechtsstaatlichkeit* forderte von den Rechtsanwendern eine strikte Befolgung der sozialistischen Gesetze (s.o., II.2b). Es ist somit davon auszugehen, dass die beamtenrechtlichen Vorschriften im Verwaltungsalltag im Großen und Ganzen befolgt wurden, solange die zuständigen Parteiinstanzen im konkreten Einzelfall nichts Gegenteiliges verlangten. Insoweit hatten sie – trotz des weithin fehlenden Rechtsschutzes und des Damoklesschwerts einer jederzeit möglichen Parteiintervention – einen Geltungsanspruch und gewährten somit eine gewisse Rechtssicherheit.

Die Frage nach der Rechtsklarheit und Rechtsbestimmtheit kann erst auf der Grundlage der nachfolgenden Untersuchung zur Entwicklung der beamtenrechtlichen Gesetzgebung im kommunistischen Polen (1944-1989) beantwortet werden. Hierbei ist u.a. zu klären, ob das Regelwerk ausreichend verlässlich und stabil und in sich widerspruchsfrei war und ob die gesetzlichen Verordnungsermächtigungen hinsichtlich Inhalt, Zweck und Ausmaß hinreichend klar bestimmt waren[460].

---

[460] Die Überprüfung der gesetzlichen Verordnungsermächtigungen erfolgt hier also nicht unter dem rechtsstaatlichen Gesichtspunkt der Gewaltenteilung, der in den kommunistisch regierten Ländern wegen des Prinzips der Gewalteneinheit ja nicht galt, sondern unter dem Aspekt der Rechtsbestimmtheit und Rechtsklarheit. Im Übrigen kannten die sozialistischen Rechtsordnungen bei ihrer Gesetzgebung grund-

2. *Modifizierte Fortgeltung des alten Beamtenrechts*

In der Übergangszeit während des Systemwechsels nach der kommunistischen Machtübernahme in Polen 1944 galt das alte Beamtenrecht aus der Zwischenkriegszeit in modifizierter Weise fort. Zugleich wurden aber die entscheidenden gesetzgeberischen Weichen für die Durchführung der kommunistischen Kaderpolitik (s.o., II.1), insbesondere für die Einschleusung fachlich ungeeigneter, aber ideologisch genehmer Personen gestellt[461]:

a) Das Übergangs-Dekret von 1944: Unbeschränkte Personalpolitik

Das Lubliner Komitee erließ bereits kurz nach seiner Gründung am 27. 12. 1944 ein Dekret über die *vorläufige Regelung des Dienstverhältnisses und die Einstufung der staatlichen Funktionäre*, welches gemäß seinem Art. 1 die am 1. September 1939, dem Tag des deutschen Einmarsches, geltenden dienstrechtlichen Vorschriften wieder in Geltung setzte. Damit war im Dienstrecht der Bogen zur Zeit vor der deutschen Besetzung geschlagen und die rechtliche Kontinuität zum Vorkriegspolen hergestellt[462].

Ähnlich wie bei der Etablierung des ZSDG von 1922 wurden Übergangsvorschriften dekretiert, die dem Dienstherrn in der Personalpolitik freie Hand ließen, um das ihm genehme Personal in den Ämtern unterzubringen: Art. 6 Abs. 1 des Dekrets bestimmt, dass die zuständige Be-

---

sätzlich auch den Gedanken des Gesetzesvorbehalts, der aber nicht mit dem Rechtsstaats-, sondern mit dem Demokratieprinzip begründet wurde, vgl. *Westen*, Die sozialistischen Rechtsordnungen, S. 422: „In dem grundsätzlichen Gesetzgebungsmonopol der Volksvertretungen findet nicht der Grundsatz der Gewaltenteilung Niederschlag [...], sondern der Gedanke, dass sich das durch seine Volksvertretung repräsentierte Volk [...] seine Rechtsakte selbst gibt."

461 Vgl. *Starościak/Iserzon*, Prawo administracyjne w zarysie, S. 116, die über die Zugangsvoraussetzungen zum Staatsdienst schreiben: „Im Volkspolen wurden die Ausnahmen zur Regel. Dies war für die Einführung von Personen, die das Vertrauen der neuen Klasse hatten, in den Verwaltungsapparat unerlässlich."

462 Dies zeigte sich auch daran, dass gemäß Art. 2 des Dekrets die Beschäftigungszeiten der bereits vor dem 1. 9. 1939 beim polnischen Staat beschäftigten Beamten anerkannt wurden, wenn sie sich nach dem 22. 7. 1944 wieder zum Dienst gemeldet hatten. Das Dekret galt gemäß seinem Art. 10 seit dem Tag seiner Bekanntmachung am 29. 12. 1944 und in Teilen rückwirkend bereits ab 1. 8. 1944.

hördenspitze für die Zeit eines Jahres seit dem In-Kraft-Treten des Dekrets

> „die Vergütungsgruppe und den Dienstposten ändern, den Funktionär in den Ruhestand versetzen oder ihn vom Dienst befreien kann, ohne die in den betreffenden Dienstvorschriften vorgesehenen Voraussetzungen und Fristen einzuhalten".

Und Art. 8 des Dekrets befreit den Dienstherrn von der Beachtung der an die Beamten zu stellenden *Qualifikationsanforderungen*: Die Behördenspitze kann für eine Übergangszeit von drei Jahren die staatlichen Funktionäre ohne Rücksicht auf ihre Ausbildung in höhere Kategorien und Vergütungsgruppen einstufen und sie von der Ablegung der Beamtenexamen befreien.

b) Vorläufige Regelung des Dienstrechts 1946: Senkung der Qualitätsstandards

Das vom Ministerrat am 14. Mai 1946 beschlossene Dekret über die *vorläufige Regelung der Dienstbeziehung der staatlichen Funktionäre*, welches das o.g. Dekret von 1944 außer Geltung setzte, trat laut Art. 13 rückwirkend zum 29. 12. 1945 in Kraft, also genau ein Jahr nach dem In-Kraft-Treten des Dekrets von 1944. Der Grund für diese Rückwirkung liegt auf der Hand: Die genannte Ausnahmevorschrift des Art. 6 des Dekrets von 1944 war auf ein Jahr befristet. Nun ging es darum, alle formlosen Entlassungen und anderen Personalentscheidungen nachträglich zu sanktionieren und auch weiterhin zu ermöglichen. Ähnlich wie Art. 6 des Dekrets von 1944 sieht daher Art. 10 des Dekrets über die vorläufige Regelung der Dienstbeziehung der staatlichen Funktionäre von 1946 vor, dass die zuständige Behördenspitze in dem Zeitraum bis zum 31. 12. 1947 ohne Einhaltung von Voraussetzungen und Fristen

> „die Vergütungsgruppe und den Dienstposten des staatlichen Funktionärs ändern, ihn vom praktischen Examen befreien, ihn in den Ruhestand versetzen und ihn vom Dienst befreien kann".

Die Übergangsvorschrift des Art. 10 des Dekrets von 1946 geht weit über den Regelungsbereich des vergleichbaren Art. 116 ZSDG hinaus: Der Dienstherr kann nicht nur wählen zwischen Entlassung und Versetzung in den Ruhestand, sondern er kann auch von Qualitätsanforderungen absehen (Befreiung vom praktischen Examen) und mit den jederzeit formlos möglichen Veränderungen der Vergütungsgruppe bzw. des Dienstpostens der staatlichen Funktionäre ohne weitere Einschränkungen statusrechtliche Eingriffe vornehmen, die sonst allenfalls im Wege eines förmlichen Disziplinarverfahrens zu erreichen wären.

Die *Stabilität der Dienstverhältnisse* der polnischen Staatsbeamten und ihre durch das frühere Dienstrecht eröffnete, relative Rechtssicherheit waren mit dem In-Kraft-Treten dieser Regelung entschieden geschwächt[463]. Art. 10 wurde – genau wie die statusrechtliche Übergangsregelung des Art. 116 ZSDG, die den Unkündbarkeitsgrundsatz für Beamte von 1918 bis Ende 1929 außer Kraft setzte (s.o., B III.3c) – in den nachfolgenden Jahren mehrfach verlängert, und zwar zunächst befristet, schließlich unbefristet[464].

Mit der dermaßen perpetuierten Übergangsregelung *legitimierte* die kommunistische Führung die Besetzung der Dienstposten in den Ämtern nach ihren eigenen, ideologischen Vorstellungen, ohne hierbei an Fristen und Verfahren gebunden zu sein[465]. Die Regelung vermochte nicht, die erstrebte „Umwandlung des Staatsdienstes von einem elitären Stand in einen demokratischen, für die Allgemeinheit der Bürger zugänglichen Beruf", für die ausdrücklich auch eine Absenkung des fachlichen Niveaus der Verwaltungskader in Kauf genommen wurde[466], zu erreichen. Es wurde lediglich die oben (II.1b) erwähnte *Umschichtung* der Funktionärselite nach politischen, klassenbezogenen anstelle von qualitäts- und ausbildungsbezogenen Kriterien legitimiert[467]. Daher kann auch keine

---

463 Vgl. *Starościak/Iserzon*, Prawo administracyjne w zarysie, S. 117; *Zieliński*, Das Arbeitsverhältnis und das Dienstverhältnis in der staatlichen Verwaltung, S. 92.

464 S. Art. 1 des Dekrets über die Änderung des Dekrets v. 14. 5. 1946 über die *vorläufige Regelung der Dienstbeziehung der staatlichen Funktionäre* v. 22. 20. 1947 (Dz. U. 1947, Nr. 65, Pos. 382); Art. 1 des Dekrets über die Änderung des Dekrets v. 14. 5. 1946 über die *vorläufige Regelung der Dienstbeziehung der staatlichen Funktionäre* v. 25. 10. 1948 (Dz. U. 1948, Nr. 50, Pos. 382); vgl. *Starościak/Iserzon*, Prawo administracyjne w zarysie, S. 117.

465 Vgl. zur Legitimationsfunktion des sozialistischen Rechts *Fincke*, JOR 16 (1/1975), S. 32 f. Vgl. zur marxistischen Vorstellung vom Übergangscharakter der Bürokratie auf dem Weg zum Kommunismus *Dubel,* Annales 22/23 (1985/1986), S. 70 f.

466 Vgl. für diese Auffassung z.B. *Zieliński*, Das Arbeitsverhältnis und das Dienstverhältnis in der staatlichen Verwaltung, S. 92.

467 Vgl. *Jełowicki*, Studia Iuridica 18 (1990), S. 91: „Es besteht kein Zweifel, dass das sozialistische Beamtenrecht ebenfalls tiefe Klasseninhalte birgt."

Rede davon sein, dass „der Begriff des Staatsdienstes im Ergebnis dieser Veränderungen seinen politischen Sinn verloren" habe[468].

Im Übrigen ist das mit seinen 13 Artikeln recht schlanke Dekret in seinem Regelungsbereich an das Dekret von 1944 angelehnt. Bemerkenswerte Abweichungen ergeben sich für die *Anrechnung früherer Beschäftigungszeiten*. Die Dienstzeit vor dem 1. 9. 1939 wird angerechnet, wenn die Beamten sich innerhalb von drei Monaten nach der Bekanntgabe des Dekrets[469] zum Dienst melden. Die so zum Ausdruck gebrachte *Rechtskontinuität* mit der Republik Polen aus der Zwischenkriegszeit ging aber nicht so weit, dass sich die neuen Machthaber an die damaligen Personalentscheidungen gebunden sahen. Vielmehr bestimmte Art. 4 des Dekrets, dass die Dienstbehörde

> „nach freiem Ermessen den sich zum Dienst meldenden staatlichen Funktionär entweder erneut aufnehmen oder seine Aufnahme in den Dienst ablehnen kann".

Dem abgelehnten Funktionär blieben jedoch gemäß Art. 5 immerhin die erworbenen Ruhestandsanprüche. So wurde ein Anreiz für die ehemaligen Staatsbeamten geschaffen, sich auch den neuen Machthabern als Funktionäre zur Verfügung zu stellen. Nur wer sich meldete, hatte eine Chance auf Beibehaltung seiner Ruhestandsansprüche. „Dies bot die Gelegenheit der Durchführung einer Selektion der sich meldenden ehemaligen Beamten"[470].

c) Novelle von 1948: begriffliche Modifizierungen und leichte Veränderungen

Am 25. 10. 1948 beschloss der Ministerrat das Dekret zur Änderung des ZSDG, das am 1. 1. 1949 in Kraft trat. Die Novelle diente der Er-

---

468 So aber *Zieliński*, Das Arbeitsverhältnis und das Dienstverhältnis in der staatlichen Verwaltung, S. 93. Dem Autor ist lediglich darin zuzustimmen, dass „die neue Konzeption des Staatsdienstes in vollkommenster Weise mit der politischen Doktrin des sozialistischen Staates harmonisiert".

469 Die Veröffentlichung des Gesetzblatts erfolgte am 5. 6. 1946.

470 *Ura*, Pozycja prawna pracowników terenowej administracji rządowej i samorządu terytorialnego, S. 22.

gänzung der Vorschriften des Dekrets von 1946 und setzte sie gemäß Art. 5 Nr. 1 ausdrücklich nicht außer Kraft[471].

Eine entscheidende Änderung der bisherigen Rechtslage ist die Aufhebung der Unterscheidung zwischen den Kategorien „Beamte" und „niedrigere Funktionäre": Gemäß Art. 1 Nr. 1 der Novelle werden Art. 3 ZSDG (Einteilung in zwei Kategorien) sowie die gesamten Vorschriften über die niedrigeren Funktionäre (Art. 90-114 ZSDG) gestrichen. Zudem bestimmt Art. 2 der Novelle, dass die Begriffe „Beamter" und „niedrigerer Staatsfunktionär" fortan einheitlich durch den Begriff „Staatsbeschäftigter" ersetzt werden. Die hierdurch sichtbar gemachte *Abkehr vom hergebrachten Beamtenrecht* ist nicht ausschließlich begrifflicher Art. Die Novelle enthält auch die Streichung einiger Beamtenprivilegien. So wird der Jahresurlaub gemäß dem durch Art. 1 Nr. 13 der Novelle eingefügten, neuen Art. 36 ZSDG einheitlich für alle Staatsbeschäftigten auf 30 Tage festgelegt. Damit ist das bisherige Privileg eines sechswöchigen Erholungsurlaubs für ältere Beamte gemäß Art. 36 ZSDG a.F. abgeschafft.

Gleichzeitig werden durch die Novelle einige *Schutzrechte* für bestimmte Beschäftigtengruppen eingeführt. Nach dem neuen, ausführlichen Art. 38a ZSDG gilt nunmehr ein expliziter Schwangeren- und Mutterschutz, der vorher allenfalls über die allgemeinen Vorschriften des Art. 38 ZSDG zum Sonderurlaub zu erreichen war. Und nach dem neu eingefügten Art. 27 Abs. 2 ZSDG darf die Dienstzeit überwiegend körperlich arbeitender Staatsbeschäftigter auf nicht mehr als acht Dienststunden täglich festgelegt werden.

Außerdem enthält der dritte Titel, in dem bislang das Dienstrecht der niedrigeren Staatsfunktionäre recht ausführlich geregelt war, einen neuen Regelungsgegenstand, der auch die Abkehr vom hergebrachten Beamtenrecht deutlich macht, nämlich die „Beteiligung der *Gewerkschaften* an der Anwendung des Gesetzes", so die neue Bezeichnung des dritten Titels. Allerdings wird lediglich ein kurzer Artikel eingefügt, wonach die zuständigen Gewerkschaften in einigen Angelegenheiten mit beratender Stimme mitwirken können, nämlich bei der Erstellung der

---

471 Das „Übergangs"-Dekret von 1946 wurde gemäß Art. IV § 1 Nr. 8 der Einführungsvorschriften zum Arbeitsgesetzbuch (ArbGB) vielmehr erst mit dem In-Kraft-Treten des ArbGB am 1. 1. 1975, also nach einer Geltungsdauer von über 29 Jahren, außer Kraft gesetzt.

Qualifikationsbeurteilungen, der Versetzung von Beschäftigten gegen ihren Willen und bei der Befreiung und dem Übergang in den inaktiven Zustand. Die Regelung der genauen Einzelheiten wird wiederum dem Ministerrat ohne Festlegung von Inhalt, Zweck und Ausmaß der Ermächtigung übertragen.

Kennzeichnend für die Novelle von 1948 – in gleicher Weise wie für das Dekret von 1946 – ist die Abkehr von den bisherigen *Qualifikationserfordernissen* zur Ermöglichung der Einstellung und Ernennung fachlich unqualifizierter Personen. Nach dem neu gefassten Art. 11 ZSDG werden die Staatsbeschäftigten nicht mehr in drei Kategorien eingeteilt, die sich nach dem Ausbildungsniveau richten. Es wird nur noch zwischen Beschäftigten des besonderen und des allgemeinen Dienstes unterschieden. Etwaige Anforderungen an das Ausbildungsniveau sollen im Verordnungsweg festgelegt werden. Gesetzliche Vorgaben werden dem Verordnungsgeber hierbei wiederum nicht auferlegt.

d) Zusammenfassung und weitere Entwicklung

Mit der Novelle von 1948 waren die den kommunistischen Machthabern im Zuge des Systemwechsels notwendig erscheinenden gesetzgeberischen Veränderungen im Gesetz über den zivilen Staatsdienst fürs Erste im Wesentlichen abgeschlossen. Mit den Dekreten aus den Jahren 1944-1948 war – unter Anknüpfung an das Dienstrecht der Zwischenkriegszeit – der rechtliche Rahmen für eine kaum beschränkte Personalpolitik geschaffen worden. Unqualifizierte Bewerber konnten eingestellt, fachlich qualifizierte abgelehnt werden. Das hergebrachte, „bürgerliche“ Beamtenrecht wurde an einigen Stellen modifiziert, und die Besonderheiten der Rechtsstellung der Beamten wurden teilweise abgebaut,

> „man betrachtete nämlich die Sonderstellung der Beamten als Überbleibsel der früheren Gesellschaftsordnung und die Privilegien der Beamten als Ausdruck des Kastengeistes“[472].

Die in den Novellen von 1944-1948 zum Ausdruck gelangten egalitären Tendenzen machten sich in der *Verwaltungspraxis* v.a. dadurch bemerkbar, dass die Begründung des Beschäftigungsverhältnisses zunehmend im Wege des Abschlusses von Arbeitsverträgen erfolgte und

---

[472] *Florek*, JOR 24 (1983), S. 276.

die Zahl der Ernennungen zurückging[473]. Dementsprechend stellte der Vorsitzende des Ministerrats in einem Rundschreiben von 1949 die Direktive auf, dass die Dienstverhältnisse nur bei einem unabdingbaren Bedürfnis im Hinblick auf den Charakter des zu besetzenden Dienstpostens im Wege der Ernennung begründet werden durften[474].

Außerdem nutzten die kommunistischen Machthaber in ausgiebiger Weise die durch die dienstrechtlichen Dekrete von 1944-1948 eröffnete Möglichkeit, unqualifizierte Personen, v.a. Arbeiter und Bauern, in den Staatsdienst einzustellen und Beschäftigte nach freiem Gutdünken zu versetzen oder zu entlassen[475]. Fachlich ungeeignete Bewerber wurden bereits deswegen eingestellt, weil es nach dem Krieg an voll qualifizierten Arbeitskräften mangelte. Außerdem hatte der Staatsapparat im ersten Jahrzehnt des kommunistischen Regimes im Zuge der Zentralisierung und Verstaatlichung einen hohen Personalbedarf, der nicht mit fachlich qualifizierten Kräften gedeckt werden konnte. Im Übrigen war die fachliche Qualifikation der Staatsbediensteten für die neuen Machthaber auch nicht von entscheidender Bedeutung. Ausschlaggebend war vielmehr „das Kriterium der Bereitschaft zur Realisierung eines neuen gesellschaftlich umwälzenden Programms“[476], also gewissermaßen die „ideologische Qualifikation“ (s.o., II.1b).

Festzuhalten bleibt aber, dass trotz der Aufnahme arbeitsrechtlicher Elemente die sonderrechtliche Stellung der in der Staatsverwaltung Beschäftigten nicht aufgegeben wurde, was seinerzeit begründet wurde mit den

> „Besonderheiten, wie z.B. der viel längeren Vorbereitung für diesen Beruf, den geringeren Möglichkeiten zur Ausnutzung der Berufsvorbereitung für andere als Verwaltungsarbeit, der größeren persönlichen Abhängigkeit vom Leiter des Organs im Vergleich zu anderen Beschäftigten, der besonderen Art der

---

473 *Jaśkiewicz*, Rechtliche Probleme des Staatsdienstes in der Arbeits- und Verwaltungsrechtslehre, S. 15; *Starościak/Iserzon*, Prawo administracyjne w zarysie, S. 117.

474 Rundschreiben Nr. 1 v. 31. 1. 1949, Dziennik Urzędowy Ministerstwa Administracji Publicznej 1949, Nr. 12, Pos. 57; vgl. hierzu *Muszalski*, Grundlagen der rechtlichen Regulierung des Staatsdienstes, S. 271.

475 *Jaśkiewicz*, Die Entwicklung der rechtlichen Situation der Beschäftigten der Staatsverwaltung in Volkspolen, S. 57.

476 *Starościak*, Polen. Der Dienst in den staatlichen Verwaltungsorganen, S. 227; *ders.*, DPC 19 (1973), S. 5.

Kontrolle über den Beschäftigten hinsichtlich seiner Berechtigung, über Mittel der Staatsmacht zu verfügen, usw."[477]

Die nur *halbherzige Loslösung vom hergebrachten Beamtenrecht* zeigte sich auch außerhalb des lediglich modifizierten, nicht aber gänzlich abgeschafften ZSDG von 1922. Selbst in Regelungsbereichen, für die neue Gesetze ergingen, wurde die Hinwendung zum Arbeitsrecht nicht ganz bzw. nur scheinbar vollzogen. So setzte zwar das Gesetz über die *Bezüge der staatlichen Beschäftigten* von 1949 die bisherigen beamtenrechtlichen Sondervorschriften – z.B. die Bezüge-Verordnung von 1933 – außer Kraft. Jedoch wurde mit dem Gesetz wiederum ein eigenes Bezügerecht für die staatlichen Beschäftigten geschaffen, anstatt eine Anpassung an das Arbeitsrecht zu bewirken.

Ein weiteres Beispiel für die nur scheinbare Nivellierung der Beschäftigungsverhältnisse bietet die Regelung der Altersversorgung der Staatsdiener. Im Juni 1954 erging das Dekret über die *Altersversorgung der Beschäftigten* und ihrer Familien, dessen Anwendungsbereich gemäß seinem Art. 4 Abs. 1 Nr. 2 neben den arbeitsvertraglich Beschäftigten in gleicher Weise auch die ernannten Beschäftigten betraf[478]. Bereits anderthalb Jahre später wurde diese Nivellierung für einige Beschäftigtengruppen wieder rückgängig gemacht: Im November 1955 erging das Dekret über die *Altersversorgung der Funktionäre der Bürgermiliz und der Gefängnisdienstes* sowie ihrer Familien, das zahlreiche Sonderprivilegien für diese Berufsgruppen enthielt. So waren bereits die Leistungen in Geld und Natur, die den Angehörigen der Bürgermiliz und des Gefängnisdienstes nach dem Gesetz zustanden, deutlich umfangreicher als die allgemeine Altersversorgung. Über die gängigen neun Versorgungsleistungen (Alters-, Invaliden-, Familienrente, Unterbringung im Altersheim u.a.) hinaus gab es die Abfindung, die Gewährung einer Wohnung, die Zuteilung von Arbeit und die Zuteilung eines Grundstücks sowie Baumaterialien und Baukredite.

Alles in allem lässt sich feststellen, dass die Rechtssicherheit für die Staatsdiener mit den Umgestaltungen des Beamtenrechts in den An-

---

[477] *Starościak*, Polen. Der Dienst in den staatlichen Verwaltungsorganen, S. 226; *ders.*, DPC 19 (1973), S. 6-7.

[478] Vgl. hierzu *Jaśkiewicz*, Die Entwicklung der rechtlichen Situation der Beschäftigten der Staatsverwaltung in Volkspolen, S. 58; *Starościak/Iserzon*, Prawo administracyjne w zarysie, S. 117.

fangsjahren der Volksrepublik Polen verloren gegangen war. Die kommunistische Staatsführung hatte freie Hand bei ihrer Kaderpolitik (s.o., II.1) und veranlasste den Gesetzgeber, dies durch entsprechende Gesetzesänderungen zu legitimieren. Die Stabilität der Dienstverhältnisse wurde durch den Rückgang der Ernennungen zugunsten einer arbeitsvertraglichen Beschäftigung in Frage gestellt[479]. Kennzeichnend für die Entwicklung des Dienstrechts waren die Absenkung der fachlichen Qualifikationsanforderungen zugunsten ideologischer Qualitäten der staatlichen Bediensteten sowie der Abbau einiger beamtenrechtlicher Schutzpositionen im Bereich der Versetzungen und Entlassungen.

Die Gesetzeslage wurde zunehmend unbestimmter. Es wurden einige arbeitsrechtliche Elemente in das Dienstrecht aufgenommen, ohne dass jedoch die förmliche Trennung zwischen Arbeits- und Dienstrecht aufgegeben wurde, und die Beamtengesetze enthielten unklare Verordnungsermächtigungen.

3. Tendenzen zur förmlichen Abschaffung des Beamtenrechts

a) Die Rechtsliteratur zur Natur des Dienstverhältnisses: Verwaltungs- oder Arbeitsrecht?

Die *arbeits- und beamtenrechtliche Literatur* im sozialistischen Polen, die mit ihren Postulaten teilweise die weitere Gesetzesentwicklung gedanklich vorwegnahm[480], setzte sich über Jahrzehnte hinweg intensiv mit der systematischen Verortung des Dienstrechts, insbesondere mit der Frage nach der Rechtsnatur des Dienstverhältnisses auseinander[481], die als „das vielleicht komplizierteste theoretische Problem aus dem Grenzbereich des Arbeits- und Verwaltungsrechts“ bezeichnet wurde[482].

Die diesbezügliche Debatte zeigte, ähnlich wie andere Debatten in der polnischen Rechtsliteratur (z.B. zur Wiedereinführung der Verwal-

---

479 *Jaśkiewicz*, Die Entwicklung der rechtlichen Situation der Beschäftigten der Staatsverwaltung in Volkspolen, S. 61; *Muszalski*, Grundlagen der rechtlichen Regulierung des Staatsdienstes, S. 271.

480 S.o., A.IV.1c.

481 S. ausführlich zu der Diskussion m.w.N. *Zieliński*, Das Arbeitsverhältnis und das Dienstverhältnis in der staatlichen Verwaltung, S. 94-147; vgl. auch *ders.*, PiP 6/1974, S. 43-45, und *ders.*, Stosunek prawa pracy do prawa administracyjnego.

482 *Zieliński*, PiP 6/1974, S. 42.

tungsgerichtsbarkeit, s.o., II.2b,bb), dass sich die aus der Zwischenkriegszeit überkommene Gedankenwelt nicht ohne Weiteres ausschalten ließ. Noch 1968 wurde die klassische Auffassung vertreten, dass das Beschäftigungsverhältnis im staatlichen zivilen Dienst kein arbeitsrechtliches, sondern ein „Verhältnis dienstlicher Zugehörigkeit“ sei, dass „in die Sphäre des Verwaltungsrechts eingebunden“ sei[483].

Unter dem Eindruck der legislativen Veränderungen im Bereich des Beamtenrechts seit 1944 (s.o., 2.) setzte sich in der Debatte aber zunehmend kommunistisches Gedankengut durch. Im Jahr 1957 wurde erstmals der „pionierhafte Gedanke“[484] formuliert, dass

> „die Ähnlichkeit der Lebenssituation der arbeitenden Menschen in den Ämtern und außerhalb sowie andererseits die zweifelhafte Argumentation zur Begründung der Unterschiede in der rechtlichen Situation der etatmäßigen und der vertraglich Beschäftigten in den Ämtern Zweifel erwecken, ob die an den Akt der Ernennung anknüpfende, traditionelle Aufteilung weiterhin nach den früheren Grundsätzen und im bisherigen Umfang aufrecht zu erhalten ist.“[485]

Die Gegenüberstellung von Verwaltungs- und Arbeitsrecht im Rahmen der Beschäftigungsverhältnisse sei im kapitalistischen Staat verständlich, hätte aber unter den Bedingungen des sozialistischen Systems keine Begründung und sei allenfalls mit der hergebrachten Konvention des ZSDG zu erklären, so eine Arbeit aus dem Jahr 1960[486]. Die Tatsachen der Ernennung bzw. der mit der Ausübung von Hoheitsgewalt verbundenen Tätigkeit hätten im Sozialismus als Kriterien für die Definition des Dienstverhältnisses an Bedeutung verloren[487]. Die Ansicht, es sei letztlich irrelevant, ob ein Beschäftigungsverhältnis auf einer Ernennung oder einem Arbeitsvertrag beruhe, setzte sich zunehmend auch bei den Verwaltungsrechtlern durch[488]. So wird in einem Verwaltungsrechts-

---

483 *Filipek*, Stosunek administracyjnoprawny, S. 118.

484 So *Zieliński*, Das Arbeitsverhältnis und das Dienstverhältnis in der staatlichen Verwaltung, S. 95.

485 *Salwa/Szubert/Święcicki*, Podstawowe problemy prawa pracy, S. 21.

486 *Jaśkiewicz*, Stosunek służbowy a stosunek pracy, RPiE 2/1960, S. 36, zit. nach *Zieliński*, Das Arbeitsverhältnis und das Dienstverhältnis in der staatlichen Verwaltung, S. 95.

487 *Szubert*, PiP 7/1964, S. 91.

488 S. *Jaśkiewicz*, Studia nad sytuacją prawną pracowników państwowych, Bd. 2, S. 250 f.

lehrbuch von 1969 von der „Begründung von *Arbeitsverhältnissen* mit den Verwaltungsbeschäftigten im Wege der Ernennung" gesprochen[489].

Beginnend mit einer Arbeit aus dem Jahr 1968 setzte sich schließlich in Polen zur Begründung der Vermischung öffentlichrechtlicher und arbeitsrechtlicher Elemente im Dienstverhältnis die aus der sowjetischen Verwaltungslehre übernommene *Lehre vom Doppelverhältnis* durch, wonach namentlich jeder Beschäftigte in einem Verhältnis der „vertraglich untergeordneten" Arbeit stehe, selbst wenn die Grundlage dieser Beschäftigung der Ernennungsakt oder die Berufung ist[490]. Die mit hoheitlichen Befugnissen ausgestatteten Funktionäre seien mit dem Staat durch ein öffentlichrechtliches Dienstverhältnis verbunden, stünden aber zugleich zum Staat als ihrem Arbeitgeber in einem privatrechtlichen Arbeitsverhältnis[491]. Die Beschäftigungsverhältnisse der ernannten Staatsdiener seien „dienstliche Arbeitsverhältnisse"[492].

Das grundlegende Problem der Lehre vom Doppelverhältnis war, dass sie die beiden Rechtsbereiche nicht überzeugend von einander abzugrenzen vermochte und so auch nicht zur Überwindung der *Rechtsunsicherheit* beitragen konnte[493]. Kennzeichnend für die begriffliche Verwirrung war die 1974 geäußerte These, das auf der Ernennung beruhende Dienstverhältnis sei ein „arbeitsrechtliches Verhältnis verwaltungsrechtlichen Typs", die Qualifizierung des Dienstverhältnisses als verwaltungsrechtliches bedeute aber nicht, dass es ein Verhältnis des Verwaltungsrechts sei[494]. Auch für das Berufungsverhältnis gelang es bis

---

489 *Starościak*, Prawo administracyjne (1969), S. 220.

490 *Jaśkiewicz*, Der Verwaltungsakt als Grundlage für die Begründung des Arbeitsverhältnisses, S. 52-55; *Święcicki*, Prawo pracy, S. 134 und 196; *ders.*, PiP 11/1969, S. 752.

491 *Jaśkiewicz*, Sozialistische Staaten, S. 75; vgl. m.w.N. auch *ders.*, Die Entwicklung der rechtlichen Situation der Beschäftigten der Staatsverwaltung in Volkspolen, S. 60; *Łętowska*, Civil servants in administration, S. 149; *Zieliński*, Stosunek prawa pracy do prawa administracyjnego, S. 143 f.; *ders.*, Das Arbeitsverhältnis und das Dienstverhältnis in der staatlichen Verwaltung, S. 87-155.

492 *Zieliński*, PiP 6/1974, S. 48 f.

493 So *Jaśkiewicz*, Die Entwicklung der rechtlichen Situation der Beschäftigten der Staatsverwaltung in Volkspolen, S. 60.

494 *Sypniewski*, Nawiązanie i zmiany stosunku pracy z nominacji, S. 54; vgl. *ders.*, Der rechtliche Charakter der Arbeitsbeziehungen auf der Grundlage der Ernennung, S. 222; *Zieliński*, Das Arbeitsverhältnis und das Dienstverhältnis in der staatlichen Verwaltung, S. 106.

zum Ende der kommunistischen Herrschaft in Polen nicht, eine überzeugende rechtliche Qualifizierung zu finden[495]. Aus dem Unbehagen über diese fehlende terminologische Trennschärfe wurde abschwächend darauf hingewiesen, dass die Unterscheidung zwischen ernannten und vertraglichen Beschäftigten „rein formalen Charakter" habe und nichts über das Rangverhältnis der Beschäftigungsverhältnisse aussage[496].

Festzuhalten ist, dass es in der Rechtsliteratur bis 1974 eine Tendenz zur „Herauslösung der Erwerbsarbeit im Staatsapparat aus dem ungeteilten Regelungsbereich des Verwaltungsrechts"[497] gab. Es wurde zunehmend eine einheitliche Regelung aller Beschäftigungsverhältnisse durch die Vorschriften des Arbeitsrechts gefordert[498].

Diese Tendenz zeigte sich auch in der *Gesetzgebung* zum polnischen Beamtenrecht bis 1974. Richtungsweisend war insofern das Gesetz über die Bediensteten der Volksräte von 1968, das für die Beschäftigten der staatlichen Territorialverwaltung das alte ZSDG von 1922 aufhob und das Institut der Ernennung durch die Berufung ersetzte (b). Das 1974 verabschiedete Arbeitsgesetzbuch schließlich setzte das ZSDG außer Kraft, wies das Statusrecht aller staatlichen Beschäftigten dem Arbeitsrecht zu und führte zu einer kollektiven Umwandlung aller Ernennungsverhältnisse in der allgemeinen, zivilen Regierungsverwaltung in Beschäftigungsverhältnisse auf der Grundlage von Arbeitsverträgen oder Berufungen (c).

b) Das Gesetz über die Bediensteten der Volksräte von 1968: *Lex specialis* zum Arbeitsrecht

Das Gesetz über die *Bediensteten der Volksräte* von 1968, das gemäß seinem Art. 78 am 1. 1. 1969 in Kraft trat[499], war insofern eine Neu-

---

495 So *Lewandowski*, RPEiS 4/1988, S. 33.

496 *Sypniewski,* Der rechtliche Charakter der Arbeitsbeziehungen auf der Grundlage der Ernennung, S. 223.

497 *Zieliński*, Das Arbeitsverhältnis und das Dienstverhältnis in der staatlichen Verwaltung, S. 107 f.

498 *Jaśkiewicz*, Studia nad sytuacją prawną pracowników państwowych, Bd. 2, S. 251-257; *Łętowski*, Polecenie służbowe w administracji, S. 33.

499 Vgl. hierzu *Jaśkiewicz*, PiP 2/1969, S. 275-289; zur legislativen Vorgeschichte und zum Zustandekommen des Gesetzes *ders.*, Die Entwicklung der rechtlichen Situation der Beschäftigten der Staatsverwaltung in Volkspolen, S. 59-68.

heit, als Art. 2 des Gesetzes[500] festlegt, dass auf diese Gruppe staatlicher Beschäftigter „die allgemein verbindlichen Vorschriften der Arbeitsgesetzgebung angewendet werden". Das bisherige, im Wesentlichen durch das ZSDG von 1922 und das Übergangs-Dekret von 1946 bestimmte Statusrecht wird für die Bediensteten der Volksräte gemäß Art. 77 Abs. 1 Nr. 1 und 2 des Gesetzes ausdrücklich außer Geltung gesetzt.

Wie sich aus dem personellen Anwendungsbereich des Gesetzes ergibt, hat es eine gewisse *Leitbildfunktion*. Gemäß Art. 1 Abs. 1 ist es anwendbar auf die in den Abteilungen der Präsidien der Volksräte Beschäftigten, und damit auf eine ca. 100.000 Personen umfassende Beschäftigtengruppe[501]. Darüber hinaus kann der Ministerrat gemäß Art. 1 Abs. 2 im Verordnungswege den Anwendungsbereich des Gesetzes „auf die Beschäftigten der anderen Territorialorgane der Staatsverwaltung" erstrecken[502].

Diese beiden Neuerungen – Verweis auf das allgemeine Arbeitsrecht und Möglichkeit der Erstreckung auf andere Beschäftigtengruppen durch einfache Verordnungen – machen deutlich, dass es dem kommunistischen Gesetzgeber um eine weitere Nivellierung der Unterschiede zwischen dem hergebrachten und als „bourgeois" empfundenen Beamtenrecht und dem Arbeitsrecht ging[503].

Allerdings bewirkte auch dieses Gesetz nicht die förmliche Abschaffung des Beamtenrechts. Das ZSDG von 1922 galt für die anderen Beschäftigtengruppen weiter. Und bei genauerer Betrachtung galten selbst für die Bediensteten der Volksräte viele der altbekannten, beamtenrechtlichen Sondervorschriften fort. Denn gemäß Art. 2 des Gesetzes über die

---

500 Die im nachfolgenden Abschnitt (3b) zitierten Gesetzesbestimmungen sind solche des Gesetzes über die Bediensteten der Volksräte, soweit nicht ausdrücklich anders bezeichnet.

501 *Jaśkiewicz*, PiP 2/1969, S. 275.

502 Allerdings wurde von dieser Möglichkeit in den sechs Jahren der Geltung des Gesetzes über die Bediensteten der Volksräte (1969-74) nicht Gebrauch gemacht, so dass das Gesetz letztlich einen „partikularen Charakter" behielt, so *Jaśkiewicz*, Die Entwicklung der rechtlichen Situation der Beschäftigten der Staatsverwaltung in Volkspolen, S. 77.

503 Damit folgte der polnische Gesetzgeber dem sowjetischen Vorbild. So wurde in der sowjetischen Rechtsliteratur „nachdrücklich darauf hingewiesen, dass das Fehlen einer Bevorrechtigung der Staatsangestellten ein Grundprinzip des sowjetischen Rechts sei", so *Luchterhandt*, Zur Klassifizierung und Rechtsstellung der sowjetischen Staatsangestellten, S. 150 m.w.N.

Bediensteten der Volksräte gilt für den allgemeinen Verweis auf das Arbeitsrecht der entscheidende Vorbehalt, dass die Vorschriften des Gesetzes dem allgemeinen Arbeitsrecht vorgehen und somit wiederum ein *Sonderrecht* statuieren[504]: In seinen 78 Artikeln finden sich die aus dem hergebrachten Beamtenrecht bekannten Regelungen. Bereits an den Überschriften der 14 Kapitel lässt sich erkennen, dass für jeden aus dem ZSDG bekannten Regelungsbereich auch im neuen Gesetz über die Bediensteten der Volksräte Sonderregelungen getroffen sind: Einführungsvorschriften, Aufgaben und Pflichten, Persönliche und berufliche Qualifikationen, Aufnahme des Arbeitsverhältnisses, Änderungen im Arbeitsverhältnis, Auflösung des Arbeitsverhältnisses, Vergütungen und andere Leistungen, Arbeitszeit und Urlaub, Arbeitsschutz für Frauen, Auszeichnungen und Preise, dienstliche und disziplinarische Verantwortlichkeit, Entscheidung von Streitigkeiten aus dem Arbeitsverhältnis, Berechtigungen der Gewerkschaft der Staatlichen und Gesellschaftlichen Beschäftigten, Übergangs- und Schlussvorschriften.

Die bedeutsamste statusrechtliche Änderung enthält Art. 13 Abs. 1 des Gesetzes, wonach das Beschäftigungsverhältnis der Bediensteten der Volksräte durch den Abschluss eines *Arbeitsvertrags* begründet wird. Anders als nach Art. 4 Abs. 1 ZSDG ist die Ernennung nicht mehr vorgesehen. Allerdings gilt für Beschäftigte in Führungspositionen gemäß Art. 13 Abs. 2 des Gesetzes über die Bediensteten der Volksräte das – ursprünglich dem Recht der Staatsunternehmen entstammende[505] – Institut der *Berufung*[506]. Statt der Einstellung durch einen gegenseitigen Vertrag wird das Berufungsverhältnis der höheren Bediensteten gemäß Art. 15 des Gesetzes im Wege eines (einseitigen) Beschlusses der Präsidien der Volksräte begründet[507]. Welche Dienstposten als Führungsposi-

---

504 Vgl. *Jaśkiewicz*, Die Entwicklung der rechtlichen Situation der Beschäftigten der Staatsverwaltung in Volkspolen, S. 69 („lex specialis“).

505 Der Begriff der „Berufung“ taucht erstmals auf im Dekret v. 3. 1. 1947 über die Gründung von Staatsunternehmen (Dz. U. 1947, Nr. 8, Pos. 42).

506 Ausführlich hierzu *Florek*, Palestra 2/1971, S. 39-49.

507 Von dieser das Beschäftigungsverhältnis originär begründenden Berufung ist die sog. *Scheinberufung* zu unterscheiden, also die Berufung einer Person im Rahmen eines bereits auf der Grundlage eines Arbeitsvertrags oder einer Ernennung beruhenden Beschäftigungsverhältnisses auf einen bestimmten Posten, vgl. hierzu *Florek*, Palestra 2/1971, S. 39 f.; *Kłosiewicz*, PiP 6/1966, S. 994 f.

tionen anzusehen sind, wird gemäß Art. 13 Abs. 3 vom Vorsitzenden des Ministerrats festgelegt.

Die höchstrichterliche Rechtsprechung sah die Berufung – genauso wie die Abberufung – als einen „Herrschaftsakt der staatlichen Verwaltung“ an[508]. Dennoch sind die Unterschiede zwischen Arbeitsvertrag und Berufung nicht so ausgeprägt wie zwischen Arbeitsvertrag und Ernennung[509]. Dies zeigt sich bereits daran, dass die Begründung des Beschäftigungsverhältnisses eines Beschäftigten auf einer Führungsposition gemäß Art. 13 Abs. 2 durch Berufung „mit seiner Zustimmung“ zu erfolgen hat, während für den hoheitlichen Akt der Ernennung gemäß Art. 4 Abs. 1 ZSDG eine solche nicht erforderlich ist. Und gemäß Art. 13 Abs. 4 des Gesetzes über die Bediensteten der Volksräte ist die Berufung als „gleichbedeutend mit dem Abschluss eines unbestimmten Arbeitsvertrags“ anzusehen.

Die weitgehende Gleichstellung der Rechtsfolgen der Berufung mit denen des Arbeitsvertrags zeigt sich daran, dass die meisten Vorschriften des Gesetzes für angestellte und berufene Beschäftigte gleichermaßen gelten und eine Unterscheidung zwischen ihnen nicht getroffen wird. Selbst in den Fällen, in denen das Gesetz Differenzierungen vorsieht, fallen diese bei näherer Betrachtung kaum ins Gewicht. So gelten naturgemäß für die Auflösung – als Spiegelbild zur Begründung – des Beschäftigungsverhältnisses Sondervorschriften: angestellten Beschäftigten wird gekündigt, berufene Beschäftigte werden durch Beschluss abberufen[510]. Die Rechtsfolgen einer solchen Abberufung sind jedoch weitgehend die gleichen wie die einer Kündigung[511]. Auch im Fall der Berufung gilt nicht etwa das (beamtenrechtliche) Prinzip der Unkündbarkeit. Vielmehr ist die Abberufung gemäß Art. 27 Abs. 2 und 3 des Gesetzes „gleichbedeutend“ mit der – je nach Fallgestaltung – ordentlichen oder fristlosen Kündigung[512].

---

508 Urteil des OG – Kammer für Arbeit und Sozialversicherung – v. 7. 9. 1972, OSPiKA 1973, Nr. 5, Pos. 95; vgl. auch *Florek*, Palestra 2/1971, S. 40.

509 Vgl. *Jaśkiewicz*, Der Verwaltungsakt als Grundlage für die Begründung des Arbeitsverhältnisses, S. 52-55.

510 Vgl. hierzu *Zieliński*, Nowe Prawo 7-8/1969, S. 1121-1134.

511 Vgl. hierzu *Jaśkowski*, PiP 1-2/1976, S. 165.

512 Vgl. hierzu *Jaśkiewicz*, PiP 2/1969, S. 282.

Der wesentliche statusrechtliche Unterschied zwischen den arbeitsvertraglich angestellten und den berufenen Beschäftigten liegt im arbeitsrechtlichen *Rechtsschutz*: Für Erstere entscheiden über arbeitsrechtliche Streitigkeiten gemäß Art. 64 des Gesetzes die bei den Volksräten eingerichteten Schlichtungskommissionen. Letztere hingegen sind gemäß Art. 65 Abs. 2 des Gesetzes von dieser außergerichtlichen Rechtsschutzmöglichkeit ausgeschlossen. Der abberufene Beschäftigte hat demnach keine Möglichkeit, den Rechtsweg gegen die Abberufung zu beschreiten, selbst wenn ihr eine fehlerhafte Verwaltungsentscheidung zugrunde liegt[513]. Die einzige Möglichkeit zur Wiedererlangung des Postens ist die erneute Berufung[514].

Die durch einen staatlichen Hoheitsakt mit Zustimmung des Bediensteten erfolgende Berufung nach dem Gesetz über die Bediensteten der Volksräte, die für diese Beschäftigtengruppe an die Stelle des Instituts der (einseitig hoheitlichen) Ernennung trat, hat nach der Lehre vom Doppelverhältnis (s.o., a), die mit dem Gesetz über die Bediensteten der Volksräte erstmals in gesetzgeberische Form gegossen wurde, zwei statusrechtliche Rechtsfolgen: sie begründet zugleich ein verwaltungsrechtliches Dienstverhältnis und ein schuldrechtliches Arbeitsverhältnis zwischen dem Bediensteten und seinem Dienstherrn[515].

Alles in allem kann das Gesetz über die Bediensteten der Volksräte als ein Schritt zur Aushöhlung des ZSDG als der bisherigen beamtenrechtlichen Grundnorm bezeichnet werden. Das Statusrecht der bei den Volksräten Beschäftigten wurde an das Arbeitsrecht angenähert, allerdings unter Beibehaltung zahlreicher dienstrechtlicher Sondervorschriften[516]. Von einer Gleichstellung des Dienstrechts mit dem Arbeitsrecht

---

513 Vgl. *Zieliński,* Nowe Prawo 7-8/1969, S. 1133; vgl. allgemein zur Problematik der Nichtigkeit und der Rücknahme rechtswidriger Verwaltungsentscheidungen im Bereich des polnischen Arbeits- und Verwaltungsrechts *ders.*, PiP 1/1968, S. 14-29.

514 *Zieliński,* Nowe Prawo 7-8/1969, S. 1133.

515 *Florek*, Palestra 2/1971, S. 45; *Jaśkiewicz*, Der Verwaltungsakt als Grundlage für die Begründung des Arbeitsverhältnisses, S. 54 f.

516 Vgl. *Jaśkiewicz*, PiP 2/1969, S. 279, und ebda., S. 89: „Es stellt einen wichtigen Schritt auf der Suche nach modernen Rechtslösungen dar, die der Entwicklungsetappe unseres sozialistischen Staates entsprechen. Dieses Gesetz führt uns näher an die Kodifikation des Arbeitsrechts heran, indem es die traditionellen Barrieren durchbricht, welche die rechtliche Situation der Beschäftigten des Staatsapparats von der Situation der übrigen Arbeitswelt trennen.“

kann daher keine Rede sein. Das Gesetz hatte nur eine kurze Lebensdauer. Bereits sechs Jahre nach seinem In-Kraft-Treten hatte es seine ihm von Anfang an zugedachte Funktion des „Wegbereiters“[517] für den Arbeitskodex erfüllt: Es wurde zum 1. 1. 1975 gemäß den Art. IV § 1 Nr. 20 und XXV der Einführungsvorschriften zum ArbGB aufgehoben.

c) Das Arbeitsgesetzbuch von 1974

Wie schon aus der Bezeichnung „Gesetzbuch“ hervorgeht, verfolgt das 1974 neu geschaffene und als „einer der wichtigsten Rechtsakte in der Geschichte Volkspolens“[518] gefeierte *Arbeitsgesetzbuch* das Ziel, eine umfassende Regelung der Beschäftigungsverhältnisse aller arbeitenden Menschen herbeizuführen[519]. In Ausprägung des sozialistischen Gleichheitsgebots sollten alle Menschen zur Arbeit unter den gleichen Bedingungen berechtigt – und auch verpflichtet – sein[520]. Der ideologische Hintergrund dieser gleichmacherischen Tendenz war die Überzeugung, dass es im sozialistischen System keinen Daseinsgrund für Unterscheidungen in der Rechtslage der arbeitenden Menschen gibt[521]:

> „Die Vergesellschaftung der Produktionsmittel hat bewirkt, dass die Besetzung verantwortlicher Posten im Wirtschaftsapparat im Hinblick auf die Interessen des Staates nicht weniger wichtig ist als in der Verwaltung.“[522]

---

517 So *Jaśkiewicz*, PiP 2/1969, S. 275.

518 *Jończyk*, Wprowadzenie, S. 5.

519 Auf diesen Zusammenhang weist *Szubert*, Zarys prawa pracy, S. 98, hin. *Piotrowski*, Stosunek pracy, S. 5, spricht von der beabsichtigten „Unifizierung aller Formen des Beschäftigungsverhältnisses“.

520 Vgl. *Bieniek/Brol/Krajewski/Masewicz/Szczersky*, Kodeks Pracy, Art. 1, S. 11; *Starościak*, Prawo administracyjne (3. Aufl.), S. 215.

521 Eine – hier nicht näher zu verfolgende, aber für das Verständnis der rechtlichen Situation der staatlichen Beschäftigten wichtige – Auswirkung dieser Grundüberzeugung war, dass nicht nur das Beamtenrecht dem Arbeitsrecht angenähert wurde, sondern zugleich auch dienstrechtliche Elemente in das Arbeitsrecht aufgenommen wurden, was insbesondere in den im ArbGB festgelegten Arbeitnehmerpflichten und -verantwortlichkeiten zum Ausdruck gelangt, vgl. *Szubert*, Zarys prawa pracy, S. 99.

522 *Ebda.*, S. 97.

Bereits in der *Präambel* des ArbGB ist die vom kommunistischen Gesetzgeber beabsichtigte *Nivellierung der Beschäftigungsverhältnisse* zu erkennen:

„Die Arbeit in der Volksrepublik Polen, einem Staat des arbeitenden Volks, ist ein grundlegendes Recht, eine Pflicht und eine Sache der Ehre jedes Bürgers.

Eine besondere Rolle bei der Gestaltung der sozialistischen Arbeitsbeziehungen kommt dem Arbeitsrecht zu. [...]

In der Volksrepublik Polen sind *alle arbeitenden Menschen gleich.* Im Namen der gesellschaftlichen Gerechtigkeit behandelt das sozialistische Arbeitsrecht alle Arbeitenden gleich, und jedem werden die gleichen Berechtigungen aus dem Rechtsgrund der Erfüllung der gleichen Pflichten zuerkannt. Das Gesetzbuch hebt die Unterschiede in den Berechtigungen der körperlichen und geistigen Beschäftigten auf.

Das Gesetzbuch gestaltet ein *einheitliches System der Rechte und Pflichten der Beschäftigten* [...]“ [Hervorhebungen d. Verf.]

aa) Auslagerung des Dienstrechts einiger Beschäftigtengruppen auf die Verordnungsebene. Anspruch aus der Präambel gemäß definiert Art. 2 ArbGB einen Beschäftigten als „eine auf der Grundlage eines Arbeitsvertrags, der Berufung, Wahl, *Ernennung* oder eines genossenschaftlichen Arbeitsvertrags beschäftigte Person“. Und laut der Legaldefinition gemäß Art. 3 ArbGB ist ein Arbeitsbetrieb

„eine Organisationseinheit mit Beschäftigten, auch wenn sie keine Rechtspersönlichkeit besitzt. Ein Arbeitsbetrieb ist insbesondere ein staatliches Unternehmen, eine *Behörde* oder eine andere staatliche Organisationseinheit, eine Genossenschaft, eine gesellschaftliche Organisation.“ [Hervorhebung d. Verf.]

Damit scheint das Dienstrecht der staatlichen Beschäftigten nunmehr im ArbGB aufgegangen zu sein. Zwischen ernannten, berufenen und angestellten Beschäftigten wird – gleich zu Beginn des ArbGB – zwar noch unterschieden, jedoch werden sie einheitlich als Beschäftigte angesehen, deren Beschäftigungsverhältnis nach dem ArbGB geregelt ist. Und Behörden gelten in gleicher Weise wie staatliche Unternehmen und gesellschaftliche Organisationen als „Arbeitsbetriebe“. Bezeichnend ist, dass es im gesamten ArbGB keine Sondervorschriften zur Arbeit in den Behörden und zur Ernennung gibt. Speziell zur Ernennung findet sich in dem Abschnitt über das Arbeitsverhältnis lediglich eine karge *Verweisungsklausel* – Art. 76 ArbGB bestimmt:

„Das Beschäftigungsverhältnis wird in den durch den besonderen Charakter der Arbeit begründeten Fällen, die in gesonderten Vorschriften oder den auf der Grundlage von Art. 298 erlassenen Vorschriften festgelegt sind, auf der Grundlage der Ernennung begründet.“

Art. 298 ArbGB wiederum enthält weitreichende Ermächtigungen an den Verordnungsgeber:

„§ 1. Der Ministerrat kann nach einer Verständigung mit dem Zentralrat der Gewerkschaften im Verordnungswege in besonderer Weise einige Rechte und Pflichten derjenigen Beschäftigten festlegen, die in den staatlichen Ämtern, in anderen Zweigen des Staatsdienstes [...] beschäftigt sind.

§ 2. Der Ministerrat kann insbesondere in Bezug auf die Beschäftigten gemäß § 1 spezielle Anforderungen im Bereich der persönlichen und beruflichen Qualifikationen, die Grundsätze und das Verfahren der Versetzung auf andere Dienstposten, die Grundsätze der dienstlichen Verantwortlichkeit und der Befreiung vom Dienst, die erforderlichen Abweichungen von den Vorschriften des Gesetzbuchs im Bereich der Arbeitszeit und der Vergütung für Überstunden festlegen.

§ 3. In dem in § 1 festgelegten Verfahren kann der Ministerrat gegenüber den Beschäftigten, von denen in dieser Vorschrift die Rede ist:

- die Begründung des Beschäftigungsverhältnisses auf der Grundlage der Ernennung und auch auf der Grundlage der Berufung durch das zuständige Organ in einem weiteren Bereich, als dies in Art. 68 festgelegt ist, einführen,
- die Anwendung der Vorschriften des Gesetzbuchs über die Entscheidung von Streitigkeiten, die der Zuständigkeit der Berufungskommissionen für Arbeitssachen unterliegen, ausschließen und ein abweichendes Verfahren der Entscheidung dieser Streitigkeiten einführen.“

Hier zeigt sich, dass der polnische Gesetzgeber das Beamtenrecht nicht ganz abgeschafft, sondern lediglich auf die Verordnungsebene ausgelagert und somit in die Hände der Exekutive gegeben hat. Auf der Grundlage der „Blankettdelegation“ in Art. 298 ArbGB kam es zu einer „weit über die Bedürfnisse hinausreichenden [...] gesetzgeberischen Tätigkeit der Regierung“[523]: Es wurden zahlreiche Verordnungen erlassen[524], die auch das Institut der Ernennung zur Begründung der jeweiligen Beschäftigungsverhältnisse enthalten, u.a. die beiden 1974 noch vor

---

523 *Lewandowski,* RPEiS 4/1988, S. 32.

524 Vgl. für einen Überblick *Bieniek/Brol/Krajewski/Masewicz/Szczersky,* Kodeks Pracy, Art. 298, S. 833. S. auch sogleich, cc.

dem In-Kraft-Treten des ArbGB und damit auf der Grundlage einer Ermächtigungsnorm, die noch gar nicht in Geltung war [!], ergangenen Verordnungen über die Rechte und Pflichten der *Bahnarbeiter*[525] sowie über die Rechte und Pflichten der Beschäftigten des Staatsunternehmens „*Polnische Post, Telegraf und Telefon*"[526]. Diese gesetzlich nicht näher eingeschränkte Vielzahl von Verordnungen mit ihren jeweils unterschiedlichen rechtlichen Lösungen wurde in der polnischen Verwaltungsrechtsliteratur als „einer der am schlechtesten geregelten Bereiche unseres Arbeitsrechts" bezeichnet[527].

bb) Aufhebung des alten Beamtengesetzes unter Beibehaltung spezieller Dienstpragmatiken. Mit dem Arbeitsgesetzbuch von 1974 schaffte der polnische Gesetzgeber das hergebrachte Beamtenrecht für die in der *allgemeinen zivilen Staatsverwaltung* Beschäftigten förmlich ab[528]. Gemäß Art. IV § 1 der Einführungsvorschriften zum ArbGB wurden zahlreiche beamtenrechtliche Sondervorschriften aufgehoben, so u.a. das ZSDG von 1922 (Art. IV § 1 Nr. 2), das o.g. Übergangs-Dekret von 1946 (Nr. 8), das Gesetz von 1949 über die Bezüge der staatlichen Beschäftigten (Nr. 10) sowie das Gesetz über die Bediensteten der Volksräte von 1968 (Nr. 20). An die Stelle dieser Gesetze traten nunmehr das ArbGB und die hierauf beruhenden Durchführungsverordnungen.

Allerdings zeigt bereits ein Blick in die Einführungsvorschriften, dass mit dem ZSDG von 1922 zwar die beamtenrechtliche Grundnorm für die Bediensteten der allgemeinen zivilen Staatsverwaltung abgeschafft wurde, dass jedoch bei weitem nicht alle Dienstpragmatiken aller Beschäftigtengruppen aufgehoben wurden, sondern als Sonderrecht neben dem allgemeinen Arbeitsrecht bestehen blieben. Von den – vorliegend nicht näher interessierenden[529] – Dienstpragmatiken blieben gemäß Art. VII der ArbGB-Einführungsvorschriften u.a. in Kraft: Die Verordnung über das *Gerichtsverfassungsrecht* von 1928[530], das *Notariatsgesetz*

---

525 VO des Ministerrats v. 27. 12. 1974, Dz. U. 1974, Nr. 51, Pos. 327 m.w.Ä.

526 VO des Ministerrats v. 27. 12. 1974, Dz. U. 1974, Nr. 51, Pos. 329 m.w.Ä.

527 *Lewandowski,* RPEiS 4/1988, S. 32.

528 Insoweit dem sowjetischen Vorbild folgend, vgl. *Luchterhandt,* Zur Klassifizierung und Rechtsstellung der sowjetischen Staatsangestellten, S. 146, 153.

529 S.o., A I.

530 I.d.F. von 1964: Dz. U. 1964, Nr. 6, Pos. 40 m.w.Ä.

von 1951[531], das Gesetz über die *Polnische Akademie der Wissenschaften* von 1960[532], das Gesetz über die *Lehr- und Forschungsinstitute* von 1961[533], das Gesetz über die *Staatsanwaltschaft* der Volksrepublik Polen von 1967[534] sowie die Charta über die Rechte und Pflichten der *Lehrer* von 1972[535]. Kennzeichen dieser – im Wesentlichen am Modell des aufgehobenen ZSDG von 1922 ausgerichteten – Dienstpragmatiken ist, dass sie beamtenrechtliches Sonderrecht mit besonderen Rechten und Pflichten, einem eigenen Disziplinarrecht u.ä. enthalten. Außerdem sehen die genannten Dienstpragmatiken für die Begründung des Beschäftigungsverhältnisses der von diesen Vorschriften betroffenen Beschäftigtengruppen zumeist die Institute der Berufung bzw. der Ernennung vor[536].

Die Notare, Lehrer, Forscher, Staatsanwälte usw. waren also – soweit ihr Dienstverhältnis in den genannten Dienstpragmatiken sondergesetzlich geregelt war – statusrechtlich von der Einführung des ArbGB grundsätzlich nicht betroffen[537]. Im Hinblick auf ihre Regelungsdichte lassen sich zwei Arten von Dienstpragmatiken unterscheiden, die sog. „geschlossenen Pragmatiken", die das allgemeine Arbeitsrecht komplett verdrängen, und die anderen, sog. „offenen Pragmatiken" mit einer geringeren Regelungsdichte[538].

Dass es dem Gesetzgeber bei der Aufrechterhaltung der älteren Dienstpragmatiken nicht nur um einen Bestandsschutz für bereits bestehende Beschäftigungsverhältnisse ging, sondern dass das Institut der Ernennung explizit beibehalten werden sollte, zeigen die *nach* der Verabschiedung des ArbGB ergangenen Vorschriften wie das Dekret „Über den Dienst des *Feuerwehrfunktionärs*" vom 27. 12. 1974[539], das gemäß

---

531 I.d.F. von 1963: Dz. U. 1963, Nr. 19, Pos. 106 m.w.Ä.

532 I.d.F. von 1970: Dz. U. 1970, Nr. 4, Pos. 35 m.w.Ä.

533 I.d.F. von 1975: Dz. U. 1975, Nr. 7, Pos. 41 m.w.Ä.

534 Dz. U. 1967, Nr. 13, Pos. 55 m.w.Ä.

535 Dz. U. 1972, Nr. 16, Pos. 114 m.w.Ä.

536 Vgl. nur Art. 37 Abs. 1 des Gesetzes über die Polnische Akademie der Wissenschaften und Art. 11 Notariatsgesetz.

537 *Filipek*, Krakowskie Studia Prawnicze 15 (1982), S. 140.

538 Nach *Sypniewski*, Der rechtliche Charakter der Arbeitsbeziehungen auf der Grundlage der Ernennung, S. 212, fallen unter die „geschlossenen Pragmatiken" die Lehrer-Charta und das Gerichtsverfassungsrecht, unter die „offenen Pragmatiken" die übrigen Gesetze; vgl. *Filipek*, Krakowskie Studia Prawnicze 15 (1982), S. 140.

539 Dz. U. 1974, Nr. 50, Pos. 321.

seinem Art. 50 zum 1. 1. 1975 in Kraft trat und das gemäß seinem Art. 1 § 2 für die Begründung des Dienstverhältnisses die Ernennung vorsieht.

Allerdings war nach dem In-Kraft-Treten des ArbGB das *Institut der Ernennung* auch für diesen Personenkreis so zu verstehen, dass es zwar weiterhin ein einseitiger, hoheitlicher Akt war, der aber für seine Wirksamkeit der *Zustimmung des Beschäftigten* bedurfte[540]. Denn Art. 11 ArbGB bestimmte, dass „die Begründung des Beschäftigungsverhältnisses ohne Rücksicht auf seine Rechtsgrundlage eine entsprechende Willenserklärung des Arbeitsbetriebs und des Beschäftigten" erforderte. Und Art. 5 ArbGB erstreckte diese Vorschrift auch auf die außerhalb des ArbGB geregelten Dienstpragmatiken[541]:

> „Wenn das Beschäftigungsverhältnis einer bestimmten Beschäftigtenkategorie durch Sondervorschriften geregelt ist, so werden die Vorschriften des Gesetzbuchs in dem durch diese Vorschriften nicht geregelten Bereich angewandt."

Insoweit setzte das ArbGB von 1974 den vom Gesetz über die Bediensteten der Volksräte von 1968 beschrittenen Weg fort (s.o., b), indem es nun auch für die Ernennung die Zustimmung des Bediensteten vorsah. Das Institut der Ernennung war in seinen Rechtswirkungen dem Institut der Berufung weitgehend gleichgestellt[542]. Damit ergaben sich für die polnische Rechtsliteratur hier die gleichen Abgrenzungsschwierigkeiten (s.o., a). Die Frage nach dem Rechtscharakter der (zustimmungsbedürftigen) Ernennung konnte im Wege der Auslegung letztlich nicht überzeugend beantwortet werden[543]. Es wurden die unterschiedlichsten Auffassungen vertreten, die Ernennung wurde als Arbeitsvertrag angesehen, ferner als ein „einseitiger Hoheitsakt", ein „zweiseitiger Hoheitsakt" oder beides zugleich (formell einseitig, materiell zweiseitig).

---

540 Vgl. *Bieniek/Brol/Krajewski/Masewicz/Szczersky*, Kodeks Pracy, Art. 76, S. 269; *Sypniewski*, Der rechtliche Charakter der Arbeitsbeziehungen auf der Grundlage der Ernennung, S. 213 f.

541 Näher hierzu *Bieniek/Brol/Krajewski/Masewicz/Szczersky*, Kodeks Pracy, Art. 5, S. 26-28; *Mirończuk*, Prawa i obowiązki pracowników urzędów państwowych, S. 14.

542 *Łętowski*, Die Verwaltungsbeschäftigten, S. 130.

543 So *Jaśkiewicz/Jackowiak/Piotrowski*, Prawo pracy w zarysie, S. 145.

Im Ergebnis wurde zur „Harmonisierung“ der Dienstpragmatiken mit dem Arbeitsgesetzbuch eine gesetzgeberische Klarstellung gefordert[544].

cc) Das „neue“ Dienstrecht der allgemeinen, zivilen Regierungsverwaltung: Die Verordnung von 1974. Mit dem Fortfall des ZSDG und der anderen Beamtengesetze für die Beschäftigten der allgemeinen, zivilen Regierungsverwaltung war für diese Beschäftigtengruppe nunmehr das Arbeitsgesetzbuch die einschlägige statusrechtliche Grundnorm[545]. Die Anpassung ihrer Dienstverhältnisse an das allgemeine Arbeitsrecht erfolgte insbesondere durch die gesetzliche *Umwandlung* aller bisherigen Ernennungsverhältnisse in Beschäftigungsverhältnisse auf der Grundlage von Arbeitsverträgen oder Berufungen. Art. XV der ArbGB-Einführungsvorschriften bestimmt:

> „§ 1. Das Beschäftigungsverhältnis der ernannten Beschäftigten nach dem Gesetz v. 17. Februar 1922 über den zivilen Staatsdienst wird – vorbehaltlich § 2 – in ein Beschäftigungsverhältnis auf der Grundlage eines *unbefristeten Arbeitsvertrags* umgewandelt.
>
> § 2. Das Beschäftigungsverhältnis der auf der Grundlage des in § 1 erwähnten Gesetzes ernannten Beschäftigten wird in ein Beschäftigungsverhältnis auf der Grundlage einer *Berufung* umgewandelt, wenn sie Dienstposten innehaben, für die im Sinne des Arbeitsgesetzbuchs die Begründung des Beschäftigungsverhältnisses durch Berufung durch das zuständige Organ vorgesehen ist.“ [Hervorhebungen d. Verf.]

Damit unterschieden sich die Bediensteten der allgemeinen, zivilen Regierungsverwaltung der Gesetzeslage nach nicht mehr von den übrigen, nach dem allgemeinen Arbeitsrecht Beschäftigten. Allerdings erließ der Ministerrat noch vor dem In-Kraft-Treten des ArbGB auf der Grundlage der Ermächtigung in Art. 298 ArbGB auch für diese, uns hier interessierende Beschäftigtengruppe eine eigene Dienstpragmatik, die gemäß ihrem § 28 am 1. 1. 1975 zusammen mit dem ArbGB in Kraft trat:

Die *Verordnung über die Rechte und Pflichten der Bediensteten der staatlichen Ämter* v. 20. 12. 1974 enthält in 28 Paragraphen in aller Kürze diejenigen Vorschriften, die den kommunistischen Machthabern trotz der angestrebten Nivellierung der Beschäftigungsverhältnisse für den

---

544 Vgl. hierzu ebda., S. 145-147 m.w.N.

545 Vgl. hierzu *Lammich*, VerwArch 67 (1976), S. 288-301.

Dienst in den staatlichen Ämtern unabdingbar schienen. Die Abweichungen vom allgemeinen Arbeitsrecht betreffen insbesondere die persönlichen Qualifikationen der Beschäftigten, den Diensteid, die dienstlichen Pflichten, die Arbeitszeit, die Versetzung auf andere Posten, die Suspendierung vom Dienst sowie die Entscheidung von Arbeitsstreitigkeiten[546].

Bereits der *personelle Anwendungsbereich* der Verordnung ist weit gefasst. Gemäß § 1 wird die VO auf die Beschäftigten der Haupt-, Zentral- und Territorialorgane der Staatsverwaltung angewandt sowie auch auf die Beschäftigten der den Haupt- und Zentralorganen der Staatsverwaltung unterstellten Behörden, ferner auf die Beschäftigten der Kanzlei des Sejm, der Kanzlei des Staatsrats und der Höchsten Kontrollkammer.

Gemäß § 2 kann nur staatlicher Beschäftigter sein, wer polnischer Staatsangehöriger ist, das 18. Lebensjahr vollendet hat, voll rechtlich handlungsfähig ist und wem alle öffentlichen Rechte zustehen. Außerdem muss der Bewerber

> „im Hinblick auf seine *ideell-moralische Haltung* die Gewähr einer angemessenen Erfüllung der Aufgaben eines Behördenbeschäftigten bieten". [Hervorhebung d. Verf.]

Dieses letzte Erfordernis ist die Grundlage für die *politische Auslese* der Bewerber, allerdings enthält die Verordnung keine Maßstäbe, nach denen die „ideell-moralische Haltung" zu beurteilen ist. In der kommunistischen *Verwaltungspraxis* war die Einstellung gegenüber der Politik der PVAP das entscheidende Kriterium[547]. Dies zeigte sich daran, dass vor der Einstellung eines Bewerbers eine „Stellungnahme der Grundorganisation der PVAP bzw. bei wichtigeren Stellen eine Stellungnahme der territorialen Parteiinstanzen" eingeholt wurde[548].

---

546 Vgl. *Lammich*, VerwArch 67 (1976), S. 289.

547 In anderen Dienstpragmatiken kommt dies deutlicher zum Ausdruck, z.B. der VO v. 17. 1. 1975 „über die Rechte und Pflichten der Beschäftigten des diplomatischen und konsularischen Dienstes", Dz.U. 1975, Nr. 3, Pos. 17, wonach in den konsularischen Dienst nur eingestellt werden kann, wer sich „durch seine aktive Haltung und sein aktives Engagement für die Realisierung der Politik der PVAP und der Regierung der Volksrepublik Polen auszeichnet"; vgl. hierzu *Lammich*, VerwArch 67 (1976), S. 291.

548 *Lammich*, VerwArch 67 (1976), S. 291; s.o., II.1b.

Die Partei war bei der Beurteilung der „ideell-moralischen Haltung" der Bewerber an keinerlei rechtliche Vorgaben gebunden, und ihre Entscheidungsfindung war wegen des Primats der Politik (s.o., II.1.) nicht nachvollziehbar und kontrollierbar. Weil dieses Kriterium somit nur die Funktion eines rechtlich unverbindlichen „Hinweises für die Kaderpolitik in der Verwaltung" hatte, wurde in der polnischen Verwaltungsrechtsliteratur die Sachdienlichkeit seiner Aufnahme in den Katalog der persönlichen Voraussetzungen der Bewerber angezweifelt[549]. Gelegentliche Versuche einiger Autoren, den Begriff „ideell-moralische Haltung" näher zu definieren[550], waren daher für die Verwaltungspraxis belanglos und hatten keine Auswirkungen auf die willkürliche Kaderpolitik der Partei. Das machtstaatliche „Fassadenrecht" stieß hier an die Grenzen seiner Tragfähigkeit.

Hinsichtlich der beruflichen Qualifikationen verweist § 3 ganz allgemein auf „andere gesonderte Vorschriften", und § 4 schließt die Beschäftigung von nahen Verwandten in derselben Behörde aus, wenn zwischen ihnen ein dienstliches Unterordnungsverhältnis entstehen würde.

Das Institut der Ernennung ist in der Verordnung nicht vorgesehen, es finden sich nur Regelungen zum Arbeitsvertrag und zur *Berufung*. Letztere erfolgt gemäß § 5 der VO zur Begründung eines Beschäftigungsverhältnisses auf Führungspositionen oder anderen selbständigen, vom Ministerrat festgelegten Dienstposten. Auch hier folgt das neue Dienstrecht also dem vom Gesetz über die Bediensteten der Volksräte vorgezeichneten Weg[551]. Das bereits bei diesem Vorgängergesetz aufgetauchte Problem der rechtlichen Einordnung der Berufung – staatlicher Hoheitsakt oder Arbeitsvertrag (s.o., b) – wurde vom Gesetzgeber nicht

---

549 *Sypniewski*, Das Arbeitsverhältnis der Beschäftigten der Staatsverwaltung, S. 266.

550 Vgl. für die Auffassung, ein Bewerber mit der erforderlichen ideologischen Haltung müsse „ausgeprägte politische Ansichten besitzen, die mit der marxistisch-leninistischen Ideologie und den Systemgrundsätzen des sozialistischen Staats übereinstimmen", *Surma*, Niektóre aspekty statusu prawnego pracownika, S. 95 f. Vgl. für den Hinweis auf Art. 25 des 1977 von Polen ratifizierten *Internationalen Pakts der bürgerlichen und politischen Rechte* von 1966 und die Auffassung, es könne nicht auf die Ansichten ankommen, sondern nur darauf, keine politischen Ansichten zu äußern, die den Systemgrundsätzen der Volksrepublik Polen widersprechen, *Sypniewski*, Das Arbeitsverhältnis der Beschäftigten der Staatsverwaltung, S. 267.

551 Vgl. hierzu *Niedbała*, Die rechtliche Situation der Beschäftigten auf Führungsposten.

gelöst, die Schwierigkeiten der begrifflichen Abgrenzung blieben bestehen[552].

Gemäß § 7 der Verordnung haben die berufenen Staatsbeschäftigten folgenden *Diensteid* abzulegen:

„Ich schwöre feierlich, auf dem mir übertragenen Dienstposten mit allen Kräften zur vorteilhaften, sozialistischen Entwicklung der Volksrepublik Polen beizutragen, ihr immer die Treue zu halten, meine Pflichten gewissenhaft und sorgfältig zu erfüllen, die Grundsätze der Volksrechtsstaatlichkeit einzuhalten und mich vom gesellschaftlichen Interesse und den Grundsätzen des sozialistischen Aufbaus leiten zu lassen."

Außerdem müssen die Staatsdiener – über die in Art. 100 ArbGB vorgesehenen, allgemeinen Arbeitnehmerpflichten hinaus[553] – gemäß § 8 Abs. 2 der VO die folgenden besonderen *Dienstpflichten* einhalten:
- Einhaltung der Grundsätze der Volksrechtsstaatlichkeit und Befolgung des gesellschaftlichen Interesses und der Grundsätze des sozialistischen Aufbaus,
- Wahrung der Autorität der Volksgewalt und Stärkung des Vertrauens der Bürger in die Volksgewalt und ihre Organe,
- genaues, schnelles und unparteiliches Vorgehen,
- Erteilung der nötigen Informationen an die Bürger und Erläuterung von Rechtsvorschriften,

---

552 *Świst,* Der Rechtscharakter des Berufungsverhältnisses nach der Kodifizierung des Arbeitsrechts, S. 127, 138.

553 Art. 100 ArbGB i.d.F. v. 1974 bestimmt:
„§ 1. Der Beschäftigte ist verpflichtet, die Arbeit gewissenhaft und ordentlich zu leisten, die Arbeitsdisziplin zu wahren und die Weisungen der Vorgesetzten bezüglich der Arbeit zu befolgen.
§ 2. Der Beschäftigte ist insbesondere verpflichtet:
- die im Betrieb festgelegte Arbeitszeit zu beachten und diese auf eine möglichst effektive Art und Weise zu nutzen,
- danach zu streben, bei der Arbeit die bestmöglichen Ergebnisse zu erzielen und die diesem Ziel entsprechende Initiative zu zeigen,
- die Arbeitsordnung und die im Betrieb festgelegten Regeln zu beachten, die Vorschriften und Grundsätze der Arbeitssicherheit und -hygiene sowie die Feuerschutzvorschriften zu beachten,
- auf das Wohl des Betriebs bedacht zu sein,
- das Betriebsvermögen zu schützen und es entsprechend seiner Bestimmung zu verwenden,
- das Staats- und Dienstgeheimnis zu wahren,
- die Grundsätze des gesellschaftlichen Zusammenlebens zu beachten."

- ständige Anhebung der beruflichen Qualifikationen und Vervollkommnung bei der Ausübung der übertragenen Aufgaben.

Eine Art. 22 ZSDG ähnelnde *Gehorsamspflicht* enthält § 9 der VO: Der staatliche Beschäftigte muss den Dienstanweisungen seiner Vorgesetzten Folge leisten. Diese Pflicht ist umfassender als die entsprechende Pflicht der Arbeitnehmer nach Art. 100 § 1 ArbGB, „die Weisungen der Vorgesetzten *bezüglich der Arbeit* zu befolgen"[554]. Denn gemäß § 9 der VO muss der Staatsdiener grundsätzlich allen Dienstanweisung des Vorgesetzten Folge leisten[555], also auch solchen, die nicht den im engeren Sinn verstandenen Aufgabenbereich des Beschäftigten betreffen[556] – bei einer schriftlichen Bestätigung der Anweisung selbst dann, wenn er sie für rechtswidrig hält. Diese Befolgungspflicht ist weiter gehend als die entsprechende Regelung aus dem Gesetz über die Beschäftigten der Volksräte von 1968, die es den Beschäftigten der Volksräte verbietet, eine für offensichtlich rechtswidrig gehaltene Dienstanweisung zu befolgen[557]. Daher lässt sich feststellen, dass durch § 9 der VO von 1974 eine weitere Stärkung der Autorität der Dienstvorgesetzten bewirkt wird[558].

Ein gesondertes *Disziplinarrecht* zur Ahndung von Pflichtverstößen ist – anders als nach dem ZSDG und dem Gesetz über die Beschäftigten der Volksräte von 1968 – nach der Verordnung von 1974 nicht mehr gegeben. Die Beschäftigten der allgemeinen, zivilen Staatsverwaltung können also – trotz ihres im Vergleich mit anderen Arbeitnehmern deutlich umfangreicheren Pflichtenkatalogs – nur nach den Bestimmungen des allgemeinen Arbeitsrechts zur Verantwortung gezogen werden (Verwarnung, Rüge, Geldstrafe)[559]. Als Rechtsmittel steht nur der Widerspruch zur Verfügung. Ein beamtenrechtliches Disziplinarrecht gibt

---

554 Vgl. *Łętowski*, PiP 8-9/1975, S. 48.

555 *Lammich*, VerwArch 67 (1976), S. 296 f.

556 *Łętowski*, Studia Prawnicze 2/1975, S. 33.

557 Vgl. hierzu *Jaśkiewicz*, Die Entwicklung der rechtlichen Situation der Beschäftigten der Staatsverwaltung in Volkspolen, S. 71 f.; *Łętowski*, Polecenie służbowe w administracji, S. 186-192; *ders.*, PiP 12/1968, S. 985-997; *ders.* PiP 1/1974, S. 21-32; *ders.*, PiP 8-9/1975, S. 48 f.

558 So *Łętowski*, Studia Prawnicze 2/1975, S. 36, der außerdem meint, die Rechtssicherheit der einzelnen Angestellten werde erhöht, weil die Zahl möglicher Zweifelsfälle reduziert werde; so auch *Łętowska*, Civil servants in administration, S. 152.

559 Vgl. hierzu *Leoński*, Die „Ordnungsverantwortlichkeit" im Arbeitsgesetzbuch und die disziplinarische Verantwortlichkeit der Staatsbeamten.

es somit nur für die nach speziellen Dienstpragmatiken beschäftigten Staatsdiener wie z.B. die Lehrer, Post- und Bahnbeschäftigten[560].

In der polnischen *Rechtsliteratur* wurde die Abschaffung des Disziplinarrechts durch die VO von 1974 kritisiert[561]. Begründet wurde dies mit den Anforderungen des Staatsapparats und dem deutlich umfangreicheren Pflichtenkatalog der staatlichen Bediensteten, dem auch ein anderer Sanktionenkatalog entsprechen müsse[562]. Außerdem wurde zugunsten der disziplinarischen Verantwortlichkeit ins Feld geführt, dass sie sowohl der Interessenlage des Staats als Dienstherrn als auch den Interessen der einzelnen Staatsbeamten eher entspreche. Ein öffentliches und nach ähnlichen Grundsätzen wie ein Gerichtsverfahren gestaltetes Disziplinarverfahren würde eine allseitige und sachgerechte Aufklärung des in Frage stehenden Dienstvergehens gewähren und zugleich eine Disziplinierung der Beamten bewirken[563]. Ferner würde den Beamten zugute kommen, dass außerhalb der normierten disziplinarischen Verantwortlichkeit keine weiteren Repressionen des Dienstherrn gegen den Beamten möglich seien[564]. Die Streichung des Disziplinarverfahrens durch die VO von 1974 eröffne hingegen die Möglichkeit, „dass ein wichtiger Bereich der Repressionierung der Beschäftigten sich außerhalb des Einflussbereichs der rechtlichen Regulierung befindet“[565].

Ein *Nebentätigkeitsverbot* mit Erlaubnisvorbehalt (ähnlich wie Art. 29 ZSDG) ist in § 10 der VO enthalten, und § 11 verweist auf Sondervorschriften zur Pflicht zum Tragen einer *Uniform* für bestimmte Staatsbeschäftigte[566].

Die „Entbindung von den Dienstpflichten“ genannte *Suspendierung vom Dienst* gemäß den §§ 13-14 ist eine weitere, dem allgemeinen Ar-

---

560 Vgl. *Lammich*, VerwArch 67 (1976), S. 298.

561 Vgl. aber auch *Łętowski,* PiP 8-9/1971, S. 391: „Die disziplinarische und dienstliche Verantwortlichkeit in der Verwaltung kann nicht als ein Ziel in sich selbst angesehen werden, sie ist auch im Rahmen des Staatsdienstes keine *condition sine qua non*, nichts Unabdingbares und nicht zu Ersetzendes.“

562 So *Leoński*, Die „Ordnungsverantwortlichkeit“ im Arbeitsgesetzbuch und die disziplinarische Verantwortlichkeit der Staatsbeamten, S. 123-125.

563 Vgl. *Florek*, JOR 24 (1983), S. 288 f.

564 So nach der Verabschiedung des Beamtengesetzes von 1982 *Łętowski*, PiP 8/1983, S. 30.

565 *Łętowski*, PiP 8-9/1975, S. 50; *ders.*, DPC 3-4/1976, S. 35.

566 Bezeichnenderweise war das Tragen einer Uniform in Art. 35 Abs. 2 ZSDG noch als ein *Recht* ausgestaltet.

beitsrecht nicht bekannte Institution[567]. Sie erfolgt von Rechts wegen unter hälftiger Gehaltskürzung für einen Zeitraum von bis zu drei Monaten, wenn sich der staatlich Beschäftigte in Untersuchungshaft befindet. Sie erfolgt fakultativ für einen Zeitraum von bis zu einem Monat beim Vorliegen von Umständen, die eine fristlose Kündigung rechtfertigen würden. Der Beschäftigte hat gegen die Suspendierung nur das Rechtsmittel des Widerspruchs beim Behördenleiter bzw. beim übergeordneten Verwaltungsorgan. Ein gerichtlicher Rechtsschutz besteht nicht[568].

Die gerichtliche Nachprüfbarkeit von *Kündigungen* ist für die vertraglich angestellten Staatsbediensteten gemäß § 15 der Verordnung im Vergleich mit den allgemeinen arbeitsrechtlichen Kündigungsvorschriften eingeschränkt. Nach dem ArbGB können die Arbeitnehmer gegen *alle* Kündigungen klagen, in erster Instanz vor der Berufungskommission für Arbeitssachen und in zweiter Instanz vor dem Arbeits- und Sozialversicherungsgericht. Diese Instanzen erklären bei einem Verstoß gegen die Kündigungsvorschriften oder bei einer ungerechtfertigten Kündigung diese für ungültig und sprechen dem Arbeitnehmer bei Lohnausfall eine Entschädigung zu. Demgegenüber sind die Klagen der staatlichen Angestellten bei ungerechtfertigten Kündigungen nicht justiziabel: Sie können lediglich eine Berufung bei dem übergeordneten Verwaltungsorgan einlagen, dessen Entscheidung endgültig ist[569].

Die *Arbeitszeit* der Staatsbeschäftigten beträgt 42 Wochenstunden, also vier Stunden weniger als die gesetzliche Arbeitszeit nach dem ArbGB von 46 Stunden. Dafür können die Staatsdiener auch zur Sonntagsarbeit und zu Überstunden herangezogen werden, ohne hierfür eine Vergütung, sondern lediglich einen Arbeitszeitausgleich zu erhalten (§ 16). Zu den besonderen Privilegien der Staatsbeschäftigten zählen eine *Ermäßigung für Bahnfahrten* in Höhe von 50% (§ 17) sowie die *Jubiläumszuwendungen* und *Dienstalterszulagen* gemäß § 18. Zu erwähnen ist schließlich § 21, wonach der Minister oder der Woiwode Ausnahmen zum Vorliegen der erforderlichen Berufsqualifikationen zulassen können.

---

567 Auch hier folgt die VO seinem Wegbereiter von 1968, vgl. *Jaśkiewicz*, PiP 2/1969, S. 286.

568 Vgl. hierzu *Lammich*, VerwArch 67 (1976), S. 293 f.

569 Vgl. hierzu *Lammich*, VerwArch 67 (1976), S. 292 f.

dd) Zusammenfassung und Bewertung. Das 1974 neu eingeführte ArbGB erreichte sein in der Präambel verkündetes Ziel der Nivellierung aller Beschäftigungsverhältnisse nur zum Teil[570]. Zahlreiche ältere Dienstpragmatiken blieben als Sonderrecht neben dem ArbGB bestehen. Zudem wurden auf der Grundlage des neuen ArbGB im Verordnungswege weitere Dienstpragmatiken geschaffen, andere Dienstpragmatiken ergingen neben dem ArbGB. Das Institut der Ernennung blieb in vielen dieser Dienstpragmatiken erhalten, wenn auch leicht modifiziert (Erfordernis der Zustimmung des Beschäftigten). Kennzeichnend für die nicht gelungene Abschaffung des Beamtenrechts als eines Sonderrechts für die im öffentlichen Dienst Beschäftigten ist ein Urteil des Hauptverwaltungsgerichts aus dem Jahr 1981, wonach

„[...] die Ernennung eine Institution des Arbeitsrechts außerhalb des ArbGB ist, die in gesonderten Vorschriften normiert ist, den sog. Pragmatiken, welche bestimmte Beschäftigtengruppen betreffen, deren Arbeitscharakter die *Abweichung ihres rechtlichen Status* von dem im allgemeinen Arbeitsrecht geregelten Arbeitnehmerstatus rechtfertigt."[571] [Hervorhebung d. Verf.]

Im Bereich der *allgemeinen, zivilen Regierungsverwaltung* bestand die entscheidende statusrechtliche Veränderung darin, dass die Ernennung der Beamten abgeschafft wurde und die bestehenden Ernennungsverhältnisse in arbeitsvertragliche Beschäftigungsverhältnisse umgewandelt wurden. Für Führungspositionen war nunmehr das Institut der Berufung vorgesehen, dessen Rechtscharakter ungeklärt blieb. Abgesehen davon blieb der *Kernbereich* des hergebrachten Beamtenrechts aber insoweit erhalten, als die Verordnung über die Rechte und Pflichten der Bediensteten der staatlichen Ämter zahlreiche Vorschriften aufstellte, welche die Staatsdiener als Sondergruppe von den übrigen Beschäftigten unterschied[572].

---

570 Vgl. *Piotrowski*, Stosunek pracy, S. 8: „Die weitere Entwicklung des Arbeitsrechts wird mit Sicherheit in die Richtung einer Eliminierung der unberechtigten Differenzierung gehen, die im Zuge der Kodifizierung nicht endgültig überwunden werden konnte".

571 Urteil des HVG v. 23. 10. 1981 (Az. II SA 590/81), OSPiKA 1982, Nr. 12, Pos. 208; vgl. hierzu die Glosse von *Mincer*, ebda., S. 450-452.

572 Angesichts dieser weitgehenden, materiellen Abweichungen bezeichnen *Łętowska*, Civil servants in administration, S. 145, und *Łętowski*, Die Verwaltungsbeschäftigten, S. 128, die VO, die formell gesehen eine Durchführungsverordnung zum

d) Ergebnis: Fehlschlag des Experiments

Der Versuch der kommunistischen Machthaber, die Beschäftigungsverhältnisse zu nivellieren und das Beamtenrecht dem allgemeinen Arbeitsrecht einzugliedern, kann im Ergebnis als fehlgeschlagenes Experiment bezeichnet werden[573]. Er führte darüber hinaus zu einer Zunahme der *Rechtsunsicherheit*. Mit dem Statusrecht der staatlichen Beschäftigten der allgemeinen, zivilen Staatsverwaltung wurde ein wesentlicher Regelungsbereich, dessen Normierung bislang stets dem formellen Gesetzgeber vorbehalten war, aus Gründen der „Tarnung" auf die Verordnungsebene ausgelagert[574]. Die Stabilität der Dienstverhältnisse wurde für diese Beschäftigtengruppe durch die Abschaffung des Instituts der Ernennung weiter geschwächt. Die Rechtsklarheit ging bei der Ummantelung des Dienstrechts durch das allgemeine Arbeitsrecht zunehmend verloren. In Befolgung der Maxime „divide et impera" schufen die kommunistischen Normgeber ein Gestrüpp von Verordnungen, welches den Rechtsunterworfenen einen Überblick über die geltende Rechtslage erschwerte: Zahlreiche spezielle Dienstpragmatiken wurden beibehalten, andere wurden nach dem In-Kraft-Treten des ArbGB neu geschaffen.

ArbGB ist, gar als *lex specialis* zum ArbGB. Dies ist insoweit unzutreffend, als im Rahmen der Normenhierarchie eine untergesetzliche Norm einem Gesetz nicht vorgehen kann (*lex superior derogat legi inferiori*), sondern dieses allenfalls ausführen und näher konkretisieren kann. Letztlich zeigt sich in der genannten Auffassung somit die legislative und terminologische Verwirrung, die durch die Neuregelung herbeigeführt wurde. Die Verstöße gegen die Normenhierarchie und die terminologische Verwirrung wurden auch auf dem VIII. Parteitag der PVAP kritisiert, vgl. etwa *Murzynowski,* PiP 5/1980, S. 9.

573 Dies wurde auch in weiten Teilen der damaligen Rechtsliteratur so gesehen, vgl. etwa *Świst,* Der Rechtscharakter des Berufungsverhältnisses nach der Kodifizierung des Arbeitsrechts, S. 127: „Der neue [...] Rechtsstand trug nicht in dem Ausmaß zur Verbesserung der vorgestellten Situation bei, in welchem dies erwartet werden durfte. Insbesondere das Postulat der notwendigen Vereinheitlichung der bislang vom Gesetzgeber verwendeten Terminologie fand kein Gehör".

574 Dies wurde auch in der seinerzeitigen Verwaltungsrechtsliteratur kritisiert, vgl. hierzu *Jaśkiewicz*, Die Entwicklung der rechtlichen Situation der Beschäftigten der Staatsverwaltung in Volkspolen, S. 81.

4. Die Rückkehr des Gesetzgebers zum Beamtenrecht

a) Die Rechtsliteratur und die Forderungen nach einem neuen Beamtenrecht

Angesichts der Halbherzigkeit der Beamtenrechtsreform von 1974 unterzog die polnische *Rechtsliteratur* diese – insbesondere im Zuge der Liberalisierung nach der August-Vereinbarung von 1980 – einer vielfältigen Kritik. Es wurde betont, dass die Einbeziehung der Staatsdiener in das allgemeine Arbeitsrecht lediglich eine „Gleichheitsillusion" geschaffen habe, zumal die Sonderrechte und -pflichten der Verwaltungsbeschäftigten nicht beseitigt worden seien[575]. Die Abschaffung des ZSDG 1922 zugunsten der Ausdehnung des allgemeinen Arbeitsrechts habe nicht zu einer Eindämmung der Bürokratie geführt, sondern vielmehr zu einer Absenkung der Qualifikationsstandards und der Effizienz des Beamtenapparats[576]. Bereits kurz nach der Verabschiedung des ArbGB wurde die „Rückkehr zum ZSDG" gefordert[577]. Das Erfordernis einer sonderrechtlichen Regelung des Rechtsstatus der Staatsbediensteten ergebe sich bereits aus der „Besonderheit der Arbeit", die in der Staatsverwaltung zu verrichten sei: Anders als im Bereich der Produktion oder der Dienstleistung träten die Staatsdiener „in ihren nach außen gerichteten Handlungen ausdrücklich und zugunsten der Staatsverwaltung" auf[578]. Eine schuldrechtliche Ausgestaltung des Dienstverhältnisses schwäche die öffentliche Funktion, welche die Staatsdiener ausüben[579]. Für die verwaltungsrechtliche Ausgestaltung des Beschäftigungsverhältnisses spreche das Erfordernis einer erhöhten Disziplin und einer beson-

---

575 *Łętowski, Janusz/Teresa Górzyńska*, Die rechtliche und soziale Stellung der Bediensteten der Staatsverwaltung (poln.), Pracownik państwowy i społeczny 11/1981, S. 10, zit. nach: *Florek*, JOR 24 (1983), S. 278; vgl. *ders.* PiP 4/1984, S. 47.

576 *J. Jończyk*, Einführung in die Problematik der öffentlichen Dienste (poln.), in: Służby publiczne (Öffentliche Dienste) – Materialien der IX. Winterschule des Arbeitsrechts, 1982, S. 19, zit. nach: *Florek*, JOR 24 (1983), S. 278; vgl. *ders.*, PiP 4/1984, S. 48.

577 *Jaśkiewicz*, Rechtliche Probleme des Staatsdienstes in der Arbeits- und Verwaltungsrechtslehre, S. 25.

578 *Filipek*, Krakowskie Studia Prawnicze 15 (1982), S. 142-143.

579 *Zieliński*, PiP 6/1974, S. 55; vgl. auch *Florek*, PiP 4/1984, S. 47.

ders engen Bindung des Beschäftigten an die Anweisungen seines Dienstherrn[580]. Daher führe auch an der Wiedereinführung der disziplinarischen Verantwortlichkeit der Staatsdiener – zumal angesichts ihres gegenüber den übrigen Arbeitnehmern erhöhten Pflichtenkatalogs – kein Weg vorbei[581].

Auch die kommunistischen Machthaber erkannten angesichts der landesweiten Streikbewegung 1980 und den damit verbundenen gesellschaftlichen Unruhen schließlich, dass ein neues Beamtenrecht erforderlich war, um die Staatsmacht zu stärken. In der (nicht veröffentlichten) Gesetzesbegründung zum Gesetz über die Beschäftigten der staatlichen Ämter von 1982 schreibt der Gesetzgeber, es sei im Interesse des Staates,

> „[...] die öffentlichen Bediensteten, die für das gute Funktionieren der Verwaltung ausschlaggebende Posten einnehmen, fest mit den Ämtern zu verbinden und das Ausmaß ihrer Unterordnung und Verwendbarkeit, insbesondere die Möglichkeit ihrer Versetzung und anderer Änderungen des Dienstverhältnisses, stärker zu erweitern, als dies in Bezug auf die Gesamtheit der Arbeitnehmer notwendig ist“[582].

b) Das Gesetz über die Beschäftigten der staatlichen Ämter von 1982

Das Gesetz über die Beschäftigten der staatlichen Ämter vom 16. 9. 1982[583], das gemäß seinem Art. 55 am 1. 1. 1983 in Kraft trat und auch heute noch in Geltung ist, bedeutete einen *Wendepunkt* des polnischen Beamtenrechts[584]. Das schon im Ansatz fehlgeschlagene Experiment von 1974, sämtliche Beschäftigungsverhältnisse zu nivellieren, wurde aufge-

---

580 *Filipek*, Krakowskie Studia Prawnicze 15 (1982), S. 143.

581 *Leoński*, Die „Ordnungsverantwortlichkeit“ im Arbeitsgesetzbuch und die disziplinarische Verantwortlichkeit der Staatsbeamten, S. 126.

582 Zit. nach *Florek*, JOR 24 (1983), S. 278.

583 Vgl. hierzu: *Florek*, JOR 24 (1983), S. 279-296; *Górzyńska*, DPC 3-4/1983, S. 41-58; *dies.*, PiP 9/1983, S. 62-73; *Hebdzyńska*, Ustawa o pracownikach urzędów państwowch; *Mirończuk*, Prawa i obowiązki pracowników urzędów państwowych; *Redecker*, Ist Polen auf dem Weg zu einem Recht des öffentlichen Dienstes?, S. 110-114; *Służewski*, Die beruflichen Beschäftigten der Staatsverwaltung, S. 218-234.

584 *Górzyńska*, DPC 3-4/1983, S. 41, spricht von der „Rückkehr zum Konzept eines besonderen Rechtsstatus für die staatlichen Funktionäre“.

geben. Gemäß Art. 54 verlieren die auf der Grundlage von Art. 298 ArbGB ergangenen Verordnungen, also auch die Verordnung über die Rechte und Pflichten der Bediensteten der staatlichen Ämter von 1974, ihre Gültigkeit. Die mit dem ArbGB 1974 eingeführten terminologischen Veränderungen wurden rückgängig gemacht. Der Gesetzgeber spricht im Gesetz über die Beschäftigten der staatlichen Ämter nunmehr wieder ausdrücklich von „Staatsbeamten".

Laut seinem Art. 1 i.d.F. von 1982 gilt das Gesetz „für die Staatsbeamten und anderen Beschäftigten der Haupt-, Zentral- und Territorialorgane, der Kanzlei des Sejm und der Kanzlei des Staatsrats und der den Hauptorganen der Staatsgewalt sowie den Haupt- und Zentralorganen der Staatsverwaltung unterstellten Behörden". Damit ist der *personelle Anwendungsbereich* ähnlich wie derjenige aus § 1 der VO über die Rechte und Pflichten der Bediensteten der staatlichen Ämter von 1974 weitgehend identisch (s.o., 3c,cc). In der Folgezeit wurde der Anwendungsbereich des Gesetzes im Wege von Durchführungsvorschriften auf die Beschäftigten weiterer Ämter ausgedehnt[585]. Der von dem Gesetz über die Beschäftigten der staatlichen Ämter betroffene Personenkreis umfasste schließlich ca. 160.000 Bedienstete[586].

Das Gesetz über die Beschäftigten der staatlichen Ämter kann somit als die *neue beamtenrechtliche Grundnorm* für die Beschäftigten der allgemeinen, zivilen Staatsverwaltung bezeichnet werden[587]. Dies zeigt sich auch daran, dass der Geltungsbereich des Beamtengesetzes nach seiner Verabschiedung noch dadurch erweitert wurde, dass – wie bei der Dienstpragmatik von 1922 – viele Dienstordnungen die Rechtsstellung ihrer Bediensteten nicht erschöpfend regelten, sondern auf das Gesetz über die Beschäftigten der staatlichen Ämter verwiesen[588], so das Gesetz über das *Oberste Gericht* von 1984[589], die *Gerichtsverfassung* von

---

585 Nachweise bei *Mirończuk*, Prawa i obowiązki pracowników urzędów państwowych, S. 20.

586 Ebda., S. 3.

587 *Sypniewski*, Das Arbeitsverhältnis der Beschäftigten der Staatsverwaltung, S. 260, spricht von der „Rolle eines universellen Aktes, der – mehr oder weniger – einen möglichst breiten Kreis staatlicher Beschäftigter umfasst".

588 Vgl. *Florek*, JOR 24 (1983), S. 280; *Mirończuk*, Prawa i obowiązki pracowników urzędów państwowych, S. 20, 22.

589 Dz. U. 1984, Nr. 45, Pos. 241.

1985[590] und das Gesetz über die *Staatsanwaltschaft* der VRP von 1985[591]. Dennoch gab es zahlreiche – hier nicht näher interessierende (s.o., A.I.) – Beamtengruppen, die von dem neuen Beamtengesetz nicht erfasst waren, so etwa die Bediensteten der Feuerwehr, für die weiterhin das auf das ArbGB von 1974 gestützte Dekret von 1974 galt[592]. Alles in allem ist der personelle Anwendungsbereich des Gesetzes „weiter als derjenige der vorigen Pragmatik, aber nicht so weitgehend wie dies der Titel unterstellt“[593].

Der Überblick über den Aufbau und die wesentlichen Regelungen des Gesetzes (aa) zeigt, dass der Gesetzgeber nicht von den in Polen bestehenden Beamtenrechtstraditionen abgewichen, sondern weitgehend an den Traditionen des Beamtenrechts österreichischer Prägung festgehalten hat. Dennoch gab es im Vergleich zu der Verordnung über die Rechte und Pflichten der Bediensteten der staatlichen Ämter von 1974 (bb) und auch zum ZSDG von 1922 (cc) einige Neuerungen und Änderungen. Ein Vergleich mit einigen Grundgedanken des deutschen Dienstrechts zeigt einige Gemeinsamkeiten, offenbart allerdings auch grundlegende Schwächen des polnischen Beamtenrechts unter den Gesichtspunkten des Rechtsschutzes, der Rechtssicherheit und der Stabilität der Dienstverhältnisse (dd).

aa) Überblick. Das Gesetz ist mit seinen 55 Artikeln zwar recht schlank, scheint aber auf den ersten Blick alle bereits aus dem ZSDG von 1922 dem polnischen Recht bekannten, für ein Recht des öffentlichen Dienstes wesentlichen Fragen zu regeln. So lauten die *Kapitelüberschriften* des Gesetzes i.d.F. von 1982: „Allgemeine Vorschriften“, „Begründung, Veränderung und Beendigung des Arbeitsverhältnisses“, „Pflichten und Rechte des Staatsbeamten“, „Orden, Preise, Auszeichnungen“, „Disziplinarische Verantwortung des Staatsbeamten“, „Rechtsschutz des Staatsbeamten“, „Personalvertretung“, „Besondere Vorschriften“ und „Übergangs- und Schlussvorschriften“.

---

590 Dz. U. 1985, Nr. 31, Pos. 137.

591 Dz. U. 1985, Nr. 31, Pos. 138.

592 S.o., 3c,bb. Vgl. für weitere Nachweise *Sypniewski*, Das Arbeitsverhältnis der Beschäftigten der Staatsverwaltung, S. 261-264.

593 *Sypniewski*, Das Arbeitsverhältnis der Beschäftigten der Staatsverwaltung, S. 264.

Im Übrigen machte der Gesetzgeber – wie schon beim ArbGB von 1974 – in umfangreicher Weise von der *Verweisungstechnik* Gebrauch und ermächtigte für zahlreiche Regelungsbereiche den Verordnungsgeber, ohne ihm genaue Vorgaben hinsichtlich Inhalt, Zweck und Ausmaß der Ermächtigung aufzuerlegen. Noch vor dem In-Kraft-Treten des Gesetzes, im November und Dezember 1982, ergingen in diesem Zusammenhang mit Wirkung zum 1. 1. 1983 sieben Durchführungsverordnungen, ein Ministerratsbeschluss und zwei Anordnungen des Vorsitzenden des Ministerrats, die das Gesetz näher konkretisierten[594]. Angesichts dieses zeitgleichen In-Kraft-Tretens sowie auch ihres weit reichenden Inhalts mit statusrechtlicher Bedeutung können sie als *integrale Bestandteile* des 1982 neu geschaffenen Beamtenrechts bezeichnet werden[595]. Auf diesem untergesetzlichen Weg waren u.a. so bedeutsame Fragen geregelt wie die Verwaltungsapplikantur, das Besoldungsrecht, das Disziplinarrecht sowie die Qualifikationsbeurteilung der Staatsbeamten, von der eine mögliche Entlassung aus dem Dienst abhing. Unter dem Gesichtspunkt der *Rechtsklarheit* wurden also durch das Gesetz insoweit keine großen Fortschritte gegenüber der Regelung von 1974 erzielt.

Das gesetzliche Leitbild der Beschäftigtengruppe nach dem Gesetz in seiner Fassung von 1982 ist der *ernannte Beamte*. Auf den sog. Führungsposten[596] und den selbständigen Dienstposten, die gemäß Art. 4 Abs. 3 im Verordnungswege näher festzulegen sind, werden gemäß Art. 4 Abs. 1 grundsätzlich nur ernannte Beamte beschäftigt. Das Institut der Berufung ist nicht mehr vorgesehen[597]. Auf vertraglicher Basis kön-

---

594 Für eine Auflistung mit Fundstellennachweis s.u. das Rechtsquellenverzeichnis; vgl. auch den Überblick bei *Mirończuk*, Prawa i obowiązki pracowników urzędów państwowych, S. 16 f.

595 Vgl. *Górzyńska*, Die Problematik der Führungsposten in den Ämtern der Staatsverwaltungsorgane, S. 202: „Diese Gesamtheit der Vorschriften schaffte einen gesonderten, ausreichend einheitlichen und vollständigen Rechtsstatus der Beschäftigten der staatlichen Ämter". Vgl. ferner *Jełowicki*, Studia Iuridica 18 (1990), S. 85: „Das Gesetz über die Beschäftigten der staatlichen Ämter bildet derzeit zusammen mit den hierzu ergangenen Durchführungsakten die Grundlage des Beamtenrechts in Polen."

596 Vgl. hierzu *Górzyńska*, Die Problematik der Führungsposten in den Ämtern der Staatsverwaltungsorgane, hier v.a. S. 256 f.; *dies.*, DPC 3-4/1983, S. 41-58.

597 Allerdings wird das Institut der Berufung auch nicht abgeschafft. Vielmehr verweist Art. 45 des Gesetzes hinsichtlich der Berufung von Beamten in Führungsposten auf

nen Beamte auf Führungsposten bzw. selbständigen Dienstposten gemäß Art. 6 Abs. 1 und 2 lediglich für eine Probezeit von ein bzw. zwei Jahren beschäftigt werden; auf den sog. selbständigen Dienstposten können „in begründeten Ausnahmefällen" auch dauerhaft Vertragsbeamte beschäftigt werden[598].

Die zeitgleich mit dem In-Kraft-Treten des Gesetzes wirksam gewordene *Durchführungsverordnung*[599] listet unter den Dienstposten, auf denen nur ernannte Beamte beschäftigt werden dürfen, fast alle Beschäftigtengruppen – angefangen bei der Sekretärin und beim Referenten bis hinauf zum Behördenleiter – auf[600]. Dies bedeutet eine genaue Umkehrung der 1974 erfolgten gesetzgeberischen Umwandlung aller Ernennungsverhältnisse in Vertrags- bzw. Berufungsverhältnisse gemäß Art. XV der Einführungsvorschriften zum ArbGB (s.o., 3c, cc). Nach dem Ablauf der Übergangsfrist gemäß Art. 50 Abs. 1 des Gesetzes von 1982, wonach die Amtsleiter die entsprechenden Ernennungen innerhalb von zwölf Monaten nach dem In-Kraft-Treten des Gesetzes am 1. 1. 1983 durchzuführen hatten, waren quasi alle in der allgemeinen, zivilen Staatsverwaltung Beschäftigten ernannte Beamte[601]. Dies wurde damit begründet, dass alle Beschäftigten, die einen Einfluss auf die Funktionsweise des Amts haben, ernannte Beamte sein sollten[602]. Eine derartige *Massenverbeamtung* wurde in der Rechtsliteratur als zu weit kritisiert

---

Sondervorschriften zur Begründung und Auflösung dieser Beschäftigungsverhältnisse, welche insoweit dem Beamtengesetz als *leges speciales* vorgehen; vgl. hierzu *Sypniewski*, Das Arbeitsverhältnis der Beschäftigten der Staatsverwaltung, S. 272 f.

598 Diese unklare Formulierung wurde im polnischen Schrifttum so verstanden, dass ein „begründeter Ausnahmefall" dann vorliege, wenn es sich um eine Teilzeitbeschäftigung handelt oder wenn es der Bedienstete wünscht und diesem Wunsch stattgegeben wird; vgl. *Mirończuk*, Prawa i obowiązki pracowników urzędów państwowych, S. 48.

599 DVO v. 8. 11. 1982 über die Beschreibung der Beamtenposten sowie der Grundsätze der Begründung des Arbeitsverhältnisses mit den Staatsbeamten auf der Grundlage der Ernennung.

600 Eine begriffliche Abgrenzung zwischen den Führungsposten und den selbständigen Posten erfolgt aber weder im Gesetz noch in der DVO, vgl. *Górzyńska*, Die Problematik der Führungsposten in den Ämtern der Staatsverwaltungsorgane, S. 205.

601 Diese Regelung galt bis zur Gesetzesnovelle v. 2. 12. 1994 (Dz.U. 1994, Nr. 136, Pos. 704), gemäß deren Art. 2 Abs. 1 die Ernennung nicht mehr vorgenommen wird; vgl. *Hebdzyńska*, Ustawa o pracownikach urzędów państwowch z komentarzem, Art. 2, S. 14.

602 *Mirończuk*, Prawa i obowiązki pracowników urzędów państwowych, S. 29.

„[...] und lässt sich nur durch das Bemühen des Ministerrats erklären, mit Rücksicht auf die Unterordnung und Verwendbarkeit von Beamten einer möglichst großen Gruppe von Bediensteten diese Rechtsstellung zu verleihen.“[603]

Diese aus der Sicht des Dienstherrn bessere Verwendbarkeit und Verfügbarkeit der ernannten Staatsbeamten zeigt sich insbesondere in Art. 10 des Gesetzes: Dem Beamten kann bei einem dienstlichen Bedarf nicht nur – für einen Zeitraum von bis zu drei Monaten – eine andere als die im Ernennungsakt vorgesehene, seinen Qualifikationen entsprechende Arbeit übertragen werden (Art. 10 Abs. 1)[604], sondern er kann in begründeten Fällen auch zeitweilig in ein anderes Amt und sogar in eine andere Ortschaft versetzt werden (*Grundsatz der Disponibilität*)[605]. Auch die Suspendierung von den Dienstpflichten gemäß Art. 11 des Gesetzes geht über die statusrechtlichen Möglichkeiten des Arbeitgebers nach dem allgemeinen Arbeitsrecht hinaus[606].

Der *Pflichtenkatalog* der Art. 17-20 enthält neben den Pflichten, Staat und Recht zu schützen, Dienstgeheimnisse zu wahren und schnell und unparteiisch zu handeln, u.a. das Streikverbot (Art. 19 Abs. 3)[607] und das Verbot, eine dienstliche Anweisung zu befolgen, die ein Verbrechen darstellen würde (Art. 18 Abs. 2). Die Aufnahme von Nebentätigkeiten ist gemäß Art. 19 Abs. 1 nur mit vorheriger Zustimmung der Dienststelle erlaubt.

---

603 *Florek*, JOR 24 (1983), S. 279.

604 Dies ist gemäß Art. 42 § 4 ArbGB auch nach dem allgemeinen Arbeitsrecht möglich, vgl. *Sypniewski*, Das Arbeitsverhältnis der Beschäftigten der Staatsverwaltung, S. 282 ff.

605 Vgl. hierzu *Górzyńska*, Die Problematik der Führungsposten in den Ämtern der Staatsverwaltungsorgane, S. 223 f. *Muszalski*, Grundlagen der rechtlichen Regulierung des Staatsdienstes, S. 280, weist in seinem Beitrag von 1987 darauf hin, dass in der Praxis die Disponibilität der Beamtenschaft durch die fortschreitende „Feminisierung der Kader“, also die zahlenmäßige Zunahme weiblicher Beschäftigter, wegen der diesbezüglichen gesetzlichen Schutzbestimmungen und wegen der familiären Verpflichtungen vieler Frauen erheblich geschmälert wurde, und meint sogar, dass außerhalb des Staatsdienstes die Disponibilität der – mehrheitlich männlichen – Beschäftigten letztlich höher sei.

606 *Sypniewski*, Das Arbeitsverhältnis der Beschäftigten der Staatsverwaltung, S. 287. Vgl. zur normativen Ausgestaltung der Suspendierung vom Dienst in den anderen Dienstpragmatiken ebda., S. 288 f.

607 Vgl. hierzu *Florek*, JOR 24 (1983), S. 295 f.

Unter den *Rechten* des Beamten[608] finden sich in den Art. 21-24 Vorschriften zur Besoldung. Hervorzuheben ist hier Art. 21 Abs. 2, wonach ein Staatsbeamter, der im Dienst Eigeninitiative entfaltet und seine Pflichten gewissenhaft erfüllt, in eine höhere Vergütungsgruppe eingestuft oder auf einen höheren Dienstposten befördert werden „soll". Diese scheinbar anspruchsbegründende Norm wurde in der kommunistischen Verwaltungspraxis aber keineswegs als ein subjektives oder gar einklagbares Recht aufgefasst[609], sondern lediglich als ein Hinweis auf die nötige „Einbindung der gesellschaftlichen Kontrolle"[610], also auf die freie Entscheidung der Parteigremien im Rahmen der rechtlich nicht näher beschränkten Kaderverwaltung durch die Partei (s.o., II. 1b). Art. 25 enthält das – bereits aus § 17 der Verordnung über die Rechte und Pflichten der Bediensteten der staatlichen Ämter von 1974 bekannte – Recht der Staatsbeamten und ihrer Ehegatten auf eine 50%ige Ermäßigung auf Bahnfahrten auf Lebenszeit. Gemäß den Art. 26-28 stehen dem Staatsbeamten bei Vorliegen der gesetzlichen Voraussetzungen die Erstattung von Reise- und Umzugskosten, ferner das Ruhestandsgehalt und die Invalidenrente zu. Hierbei wird allerdings weitgehend auf die für alle Beschäftigten geltenden Grundsätze und Vorschriften verwiesen, insoweit handelt es sich nicht um beamtenrechtliches Sonderrecht. Zu erwähnen ist lediglich die einmalige Abfindung für langjährige Dienstzeiten bei Überwechseln in den Ruhestand gemäß Art. 28 des Gesetzes. Die Arbeitszeit soll im Regelfall 40 Wochen- und acht Tagesarbeitsstunden nicht überschreiten (Art. 29 Abs. 1)[611].

Das *Disziplinarverfahren* nach den Art. 34-37 wird vor den Disziplinarkommissionen erster und zweiter Instanz durchgeführt.

Nach den Art. 38 und 39 hat der Beamte die Möglichkeit zum Widerspruch und danach zur *Klage vor dem Verwaltungsgericht* in Angelegenheiten der Veränderung und Beendigung seines Dienstverhältnisses,

---

608 Vgl. hierzu *Sypniewski*, Das Arbeitsverhältnis der Beschäftigten der Staatsverwaltung, S. 336-345.

609 *Górzyńska/Łętowski*, Urzędnicy administracji państwowej, S. 41, bezeichnen diesen Gedanken 1988 gar als „gegenwärtig allzu kühn".

610 Ebda.

611 Damit ist die Dienstzeit der Staatsbeamten kürzer als die Wochenarbeitszeit nach dem seinerzeitigen ArbGB (46 Stunden) und als die Wochenarbeitszeit in den volkseigenen Betrieben (42 Stunden); vgl. *Florek*, JOR 24 (1983), S. 287.

während für alle anderen Streitigkeiten das Verfahren nach dem Arbeitsgesetzbuch[612] einschlägig ist.

Im Kapitel 7 (Art. 40-42) ist die *Vereinigungsfreiheit* der Beamten verhältnismäßig restriktiv geregelt[613]. Beamte, die nicht in leitenden Funktionen bzw. auf politischen Positionen tätig sind, dürfen sich gemäß Art. 40 Abs. 1 in Gewerkschaften zusammenschließen. Die Staatsbeamten in leitenden Funktionen dürfen hingegen gemäß Art. 41 lediglich Personalräte bilden, deren Aufgabe der Schutz und die Vertretung der beruflichen und sozialen Interessen der Bediensteten gegenüber den Behördenleitern ist, die aber nicht den Charakter einer gewerkschaftlichen Vertretung haben[614]. Ein Blick auf die gemäß Art. 40 Abs. 2 Nr. 1 des Beamtengesetzes ergangene AO Nr. 27 des Vorsitzenden des Ministerrats v. 25. 11. 1982 „Über die Bestimmung der Dienstposten in den staatlichen Ämtern, deren Besetzung das Recht zur Vereinigung in Gewerkschaften ausschließt", zeigt, dass die Vereinigungsfreiheit gemäß Art. 40 Abs. 1 des Gesetzes letztlich nur für einen kleinen Kreis von Beschäftigten, und zwar auf den rangniedrigsten Dienstposten (Referenten, Kassierer, Sekretärinnen und Schreibkräfte) galt. Damit hatte der Ministerratsvorsitzende die gesetzliche Ausnahme zur Regel gemacht[615]: Es gab – mit Ausnahme der rangniedrigsten Beschäftigten – grundsätzlich keine Vereinigungsfreiheit für die Staatsbeamten.

bb) Wichtigste Neuerungen im Vergleich zur VO von 1974. Als die wichtigste Neuerung des Gesetzes über die Beschäftigten der staatlichen Ämter sind sicherlich die Erhebung der Dienstpragmatik in den *Gesetzesrang* und die Wiedereinführung des Instituts der *Ernennung* und der Differenzierung zwischen *Staatsbeamten* und anderen staatlichen Beschäftigten anzusehen[616]. Durch die Regelung der Dienstverhältnisse der Beschäftigten der allgemeinen, zivilen Staatsverwaltung auf Gesetzesebene wurde die Unterordnung dieses Regelungsbereichs unter das all-

---

612 Vgl. hierzu *Lammich,* Das Justizrecht der Volksrepublik Polen, S. 57 f.
613 1994 gestr.
614 Näher hierzu *Florek,* JOR 24 (1983), S. 292-296.
615 So *Krzekotowska,* PiP 1/1986, S. 63.
616 *Florek,* PiP 4/1984, S. 50.

gemeine Arbeitsrecht grundsätzlich wieder aufgegeben und insoweit ein Fortschritt unter dem Gesichtspunkt der Rechtsklarheit erzielt[617].

Der insoweit vollzogenen Abtrennung des Beamtenrechts vom allgemeinen Arbeitsrecht entsprach die teilweise Einführung des *verwaltungsgerichtlichen Rechtsschutzes* für Beamte durch Art. 38 Abs. 2[618], wonach den ernannten Staatsbeamten gegen die Entscheidungen in den Angelegenheiten der Kündigung oder Beendigung des Dienstverhältnisses, der Versetzung u.ä. die Klage beim Verwaltungsgericht nach den im Verwaltungsverfahrensgesetzbuch vorgesehenen Grundsätzen zusteht[619].

Allerdings erfolgte keine vollständige Loslösung vom allgemeinen Arbeitsrecht. Gemäß Art. 39 des Gesetzes galt für alle anderen Forderungen aus dem Arbeitsverhältnis der Staatsbeamten „das im ArbGB bestimmte Verfahren“. Dieser aufgespaltene Rechtsweg verdeutlicht die *Zwitterstellung* des neuen Beamtenrechts zwischen allgemeinem Arbeitsrecht und Verwaltungsrecht.

Mit der Einführung des Leitbilds des ernannten Beamten durch das Gesetz von 1982 war auch eine *Anhebung der Qualifikationserfordernisse* für die Staatsdiener verbunden: Gemäß Art. 3 des Gesetzes kann nur Staatsbeamter sein, wer neben den Einstellungsvoraussetzungen aus der VO von 1974 (Staatsbürgerschaft, Alter, ideell-moralische Haltung)[620] zudem „eine entsprechende Ausbildung hat und die Verwaltungsapplikantur absolviert hat“ (Art. 3 Nr. 3) und „einen Gesundheitszustand hat, der eine Beschäftigung auf dem bestimmten Dienstposten zulässt“ (Art. 3 Nr. 5). Die zusätzlichen Anforderungen der gesundheitlichen Eignung, der entsprechenden Ausbildung und insbesondere der Ableistung des „Verwaltungsapplikantur“ genannten Vorbereitungsdienstes zeigen das mit dem neuen Gesetz verfolgte Ziel, die Qualität der Staatsbeamten zu erhöhen.

Der vom Gesetzgeber angestrebten Qualitäts- und Effizienzsteigerung unter den staatlichen Bediensteten dienen auch die umfangreichen Dienstpflichten der Staatsbeamten: Vergleicht man den *Katalog der all-*

---

617 Allerdings blieb das allgemeine Arbeitsrecht über Art. 5 ArbGB zur Auffüllung der Regelungslücken anwendbar, hierzu sogleich, cc.

618 Seit 1982 unverändert.

619 Zur Problematik der dennoch eingeschränkten Justiziabilität s.o., II.2c,cc.

620 S.o., 3c, cc, dort auch zur Problematik des politischen Kriteriums der „ideell-moralischen Haltung“.

gemeinen Dienstpflichten der Staatsbeamten aus Art. 17 Abs. 1 und 2 des Gesetzes von 1982 mit dem Pflichtenkatalog, der sich aus der Zusammenschau von Art. 100 ArbGB i.V.m. § 8 der Verordnung von 1974 ergibt[621], so zeigt sich ein deutliches Anwachsen der allgemeinen Dienstpflichten. Über die bereits aus den Regelungen von 1974 bekannten Regelungen hinaus sind nunmehr die Beamten zusätzlich ausdrücklich dazu verpflichtet, die Verfassung der Volksrepublik Polen, die Gesetze und die anderen Rechtsvorschriften einzuhalten (Art. 17 Abs. 2 Nr. 1), sich von den Grundsätzen der gesellschaftlichen Gerechtigkeit sowie vom Staatsinteresse leiten zu lassen (Art. 17 Abs. 2 Nr. 3), eine besondere Mühe auf den Schutz des staatlichen und gesellschaftlichen Vermögens zu verwenden (Art. 17 Abs. 2 Nr. 6), sich mit Würde bei der Arbeit und außerhalb der Arbeit zu verhalten (Art. 17 Abs. 2 Nr. 7), ihr Wissen zu vertiefen und die beruflichen Qualifikationen zu verbessern (Art. 17 Abs. 2 Nr. 11)[622].

Eine Neuheit im polnischen Recht ist die – bis heute geltende – Pflicht zur *Offenlegung der Vermögensverhältnisse* gemäß Art. 17 Abs. 4 des Gesetzes über die Beschäftigten der staatlichen Ämter:

> „Diese an westlichen Vorbildern orientierte Pflicht ist in das Beamtengesetz unter dem Einfluss der Erfahrungen der Jahre 1980-1982 eingeführt worden, als man das Ausmaß der materiellen Vorteile festgestellt hat, die Personen erzielt haben, die unter anderem die höchsten Beamtenposten bekleideten."[623]

Beachtlich sind ferner zwei Pflichten, die sich auf das *Verhalten gegenüber den Bürgern* beziehen: Gemäß Art. 17 Abs. 1 ist der Staatsbeamte verpflichtet, nicht nur das Staatsinteresse, sondern auch „die Rechte und berechtigten Interessen der Bürger zu schützen". Und gemäß Art. 17 Abs. 2 Nr. 4 hat er die Pflicht, „auf sachliche Weise auf kritische Hinweise der Bürger und auf Klagen und Anträge bezüglich der Tätigkeit des Beamten zu reagieren"[624]. Hier ging es dem Gesetzgeber offenbar

---

621 S.o., 3c, cc.

622 Nach Art. 102 § 2 ArbGB trifft diese letztere Pflicht nach dem allgemeinen Arbeitsrecht nur diejenigen Angestellten, die nicht die beruflichen Qualifikationen für die von ihnen eingenommene Arbeitsstelle haben, vgl. *Sypniewski*, Das Arbeitsverhältnis der Beschäftigten der Staatsverwaltung, S. 326. Vgl. allgemein zu den zusätzlichen Beamtenpflichten ebda., S. 331-333.

623 *Florek*, JOR 24 (1983), S. 288.

624 1994 gestr.

darum, auf den gesellschaftlichen Widerstand, der 1980 in der landesweiten Streikbewegung zum Ausdruck kam, in einer konstruktiven Weise zu reagieren und gesellschaftliche Bedürfnisse nach mehr Mitsprache und Beachtung zu kanalisieren.

Die umfangreichen Beamtenpflichten wurden ergänzt durch den sog. *Pflichtenkodex der Staatsbeamten der VRP* und ein Dokument unter dem Titel „Die Rechte des Bürgers und die Pflichten des Beamten in den staatlichen Ämtern der Polnischen Volksrepublik". Beide Dokumente wurden im Juli 1984 vom Vorsitzenden des Ministerrats „bestätigt" und als Bekanntmachung im Amtsblatt veröffentlicht[625]. Es handelt sich um ohne Rechtsgrundlage ergangene, rechtlich unverbindliche Dokumente, in dem die gesetzlichen Pflichten der Staatsbeamten aus dem Gesetz über die Beschäftigten der staatlichen Ämter sowie auch aus dem Verwaltungsverfahrensgesetzbuch und aus anderen Vorschriften wiederholt werden. Darüber hinaus sind weitere, sog. *moralische Obliegenheiten* enthalten, wie z.B. die Pflicht, „ein Beispiel persönlicher Kultur zu geben" und die Pflicht zur Bescheidenheit. Diese so begründeten Zusatzpflichten haben keinen Rechtscharakter.[626] Es ging den Machthabern darum, auf die gesellschaftliche Kritik am Beamtenapparat zu reagieren und eine stärkere Berücksichtigung der Interessen der Bürger zu demonstrieren. Der unverbindliche Verhaltenskodex wurde seinerzeit folgendermaßen gewürdigt:

> „Es ist derzeit schwer zu beurteilen, wie die erwähnten Dokumente ‚funktionieren' werden. Gut, dass es sie gibt, gut sogar, dass sie einige in anderen Akten geregelte Anforderungen und Pflichten wiederholen. Sie schaffen ein gewisses Verhaltensmuster, das vielleicht nach einiger Zeit langsam übernommen wird. Die Gestaltung menschlicher Verhaltensweisen wird nicht sofort umgesetzt, nachdem diese für gut befunden wurden. Dies ist ein Prozess, der Zeit in Anspruch nimmt. Entscheidend ist, dass etwas davon in das Bewusstsein der Menschen hinter dem Schreibtisch eingedrungen ist."[627]

Die stärkere Bezugnahme auf die Bürger kommt auch im neuen Diensteid zum Ausdruck: Der Diensteid ist gegenüber seinem Vorgänger aus § 7 der VO von 1974 in gleicher Weise umfangreicher geworden wie

---

625 M. P. 1984, Nr. 20, Pos. 135.

626 *Mirończuk*, Prawa i obowiązki pracowników urzędów państwowych, S. 24 f.

627 *Górzyńska/Łętowski*, Urzędnicy administracji państwowej, S. 59.

der Pflichtenkatalog. Gemäß Art. 8[628] des Gesetzes von 1982 schwören die Beamten:

„Im vollen Bewusstsein meiner Pflichten schwöre ich feierlich, dass ich auf dem mir übertragenen Dienstposten mit allen Kräften zur sozialistischen Entwicklung der Volksrepublik Polen beitragen, ihr immer die Treue halten, dem Staat *und den Bürgern* dienen, die mir übertragenen Aufgaben sorgfältig und gewissenhaft erfüllen und bei ihrer Erfüllung das Recht und die Grundsätze der sozialen Gerechtigkeit beachten, *Entgegenkommen für die Bürger und Verständnis für ihre Interessen zeigen* und das Staats- und Dienstgeheimnis wahren werde.“ [Hervorhebungen d. Verf.]

cc) Vergleich mit dem Beamtengesetz von 1922. Zahlreiche Bestimmungen des Gesetzes von 1982 und der dazu ergangenen Ausführungsbestimmungen haben das ZSDG von 1922 als Vorbild[629]. Zu nennen sind hier in erster Linie die Wiedereinführung einer sondergesetzlichen Regelung für die Beamten der allgemeinen, zivilen Regierungsverwaltung, die Rückkehr zum Institut der Ernennung als Ausdruck des Grundsatzes der (bedingten) Stabilität der Dienstverhältnisse[630] und die Wiedereinführung eines (beschränkten, s.o., II.2) verwaltungsgerichtlichen Rechtsschutzes für die Beamten[631].

Ein weiteres Beispiel für die Vorbildrolle des ZSDG ist der wieder eingeführte einjährige *Vorbereitungsdienst* (sog. Verwaltungsapplikantur) gemäß Art. 7, der auch in Art. 12 Abs. 1 ZSDG 1922 vorgesehen ist und der im Nachkriegspolen bis 1982 unbekannt war[632]. Aus der auf Art. 7 Abs. 6 beruhenden *Durchführungsverordnung* „Über die Verwaltungsapplikantur sowie die Qualifikationsbeurteilungen der Staatsbeamten“ ergibt sich allerdings, dass der Vorbereitungsdienst bei weitem nicht für alle Beamtenposten, sondern im Wesentlichen nur für die Führungs-

---

628 1994 gestr.

629 Vgl. hierzu *Górzyńska*, Die Problematik der Führungsposten in den Ämtern der Staatsverwaltungsorgane, S. 257 f.

630 Vgl. hierzu *Sypniewski*, Das Arbeitsverhältnis der Beschäftigten der Staatsverwaltung, S. 312 ff.

631 Zum eingeschränkten Rechtsschutz nach dem ZSDG 1922 s.o., A.V.2; vgl. *Górzyńska*, Die Problematik der Führungsposten in den Ämtern der Staatsverwaltungsorgane, S. 256.

632 Vgl. *Florek*, JOR 24 (1983), S. 281.

posten in der Territorialverwaltung erforderlich ist[633]. Im Vergleich mit dem ZSDG bleiben einige Punkte ungeklärt, so insbesondere das Verhältnis der Applikantur zur Probezeit nach Art. 6 und die Frage, ob auf die Applikanten in den durch die Verordnung nicht geregelten Fragen das Dienstrecht der ernannten Beamten oder das der vertraglich Angestellten anzuwenden ist (vgl. Art. 12 Abs. 2 ZSDG)[634].

Das wieder eingeführte *Disziplinarrecht* gemäß den Art. 34-37 des Gesetzes von 1982 ist am Disziplinarrecht der Art. 66-88 ZSDG 1922 orientiert. Die aus dem ZSDG übernommene Institution der disziplinarischen Verantwortlichkeit für die ernannten Staatsdiener[635] ersetzt die aus dem ArbGB in die Verordnung von 1974 übernommene Ordnungsverantwortlichkeit[636] und ist wesentlich weiter gehend als diese[637].

Die Rückkehr zum Leitbild des ernannten Beamten bedeutete allerdings nicht das Wiederaufleben aller alten Regelungen aus der Zwischenkriegszeit. Am auffälligsten ist das *Fehlen einer gesetzlichen Zuordnung des Beamtenrechts zum öffentlichen Recht*, die in den Art. 1 der vorläufigen Dienstpragmatik von 1918 bzw. des ZSDG 1922 vorgesehen war. Vielmehr wird an mehreren Stellen auf die Regelungen des Arbeitsrechts verwiesen, so etwa in den – seit 1982 unverändert gebliebenen – Art. 14 Abs. 4 und Art. 16 des Gesetzes (Beendigung des Dienstverhältnisses). Außerdem gilt auch für das Gesetz über die Beschäftigten der staatlichen Ämter Art. 5 ArbGB als Auffangnorm, die für alle Regelungsbereiche, die in dem Gesetz nicht geregelt sind, das ArbGB an-

---

633 Vgl. *Górzyńska*, Die Problematik der Führungsposten in den Ämtern der Staatsverwaltungsorgane, S. 212 f.; *Hebdzyńska*, Ustawa o pracownikach urzędów państwowch, Art. 7, S. 17 f.

634 *Sypniewski*, Das Arbeitsverhältnis der Beschäftigten der Staatsverwaltung, S. 271 f.

635 Für die vertraglich angestellten oder berufenen Staatsdiener gilt weiterhin die Ordnungsverantwortlichkeit nach dem ArbGB; vgl. *Mirończuk*, Prawa i obowiązki pracowników urzędów państwowych, S. 197.

636 Vgl. zur Abgrenzung der Ordnungs- von der disziplinarischen Verantwortlichkeit sowie auch zu anderen Arten der Verantwortlichkeit (politische, materielle und strafrechtliche) *Sanetra*, Die Verantwortlichkeit des Verwaltungsbeschäftigten.

637 Bei einem „Verschulden von geringerem Gewicht" bleibt es allerdings bei der Ordnungsverantwortlichkeit: Gemäß Art. 34 Abs. 2 des Gesetzes über die Beschäftigten der staatlichen Ämter können die ernannten Bediensteten verwarnt werden. Das Gesetz enthält allerdings keine Vorgaben, wann ein Verschulden von geringerem Gewicht vorliegt, vgl. *Mirończuk*, Prawa i obowiązki pracowników urzędów państwowych, S. 196.

wendbar macht[638], so etwa für die Fragen des Erholungsurlaubs und der Arbeitssicherheit und -hygiene[639]. Der Zusammenhang zum Arbeitsrecht zeigt sich ferner in den Ausführungsvorschriften zum Gesetz über die Beschäftigten der staatlichen Ämter: So beruht die Anordnung Nr. 32 des Vorsitzenden des Ministerrats v. 29. 12. 1982 „Über die Grundsätze der Festlegung der Aufteilung und der Dauer der Arbeitszeit der Beschäftigten der staatlichen Ämter" zugleich auf den Art. 30 Abs. 1; 46 des Beamtengesetzes von 1982 und auf Art. 150 ArbGB.

Darüber hinaus gibt es für die Staatsdiener im Vergleich mit dem in Art. 33 Abs. 1 ZSDG 1922 vorgesehenen Kündigungsschutz nur einen *eingeschränkten Schutz vor Entlassung.* Dennoch können die Vorschriften über die Beendigung des Dienstverhältnisses gemäß den Art. 13-16 des Gesetzes als eine Privilegierung der Staatsbeamten gegenüber den arbeitsvertraglich Beschäftigten angesehen werden. Die Möglichkeiten der Beendigung des Dienstverhältnisses sind gegenüber den arbeitsvertraglichen Beschäftigungsverhältnissen, denen gemäß Art. 45 ArbGB aus jedem gerechtfertigten Grund gekündigt werden darf[640], gesetzlich eingeschränkt, was eine gewisse *Stabilität des Dienstverhältnisses* bewirkt. Die fünf in Art. 13 des Gesetzes aufgeführten, ordentlichen Auflösungsgründe für das Dienstverhältnis (zweimalige negative Dienstbeurteilung, Reorganisation der Behörde, unverschuldeter Verlust der Dienstberechtigung, Arbeitsunfähigkeit, Übergang in den Ruhestand) entsprechen ungefähr denen aus dem ZSDG 1922[641].

Allerdings ist es nach dem Gesetz von 1982 deutlich leichter, das Dienstverhältnis zu beenden. So reichen hiernach *zwei negative Dienstbeurteilungen* innerhalb von drei Monaten aus, während dieser Zeitraum nach Art. 65a ZSDG 1922 immerhin drei Jahre betrug[642]. Angesichts der

---

638 *Sypniewski*, Das Arbeitsverhältnis der Beschäftigten der Staatsverwaltung, S. 260.

639 Einen Überblick über die anwendbaren ArbGB-Vorschriften gibt *Hebdzyńska*, Ustawa o pracownikach urzędów państwowch, S. 68 f.

640 Vgl. hierzu *Brol*, PiP 8-9/1977, S. 128-141.

641 Vgl. Art. 46, 54 Abs. 1, 65 Abs. 1 Alt. 2 sowie der 1932 nachträglich eingefügte Art. 65a.

642 *Florek*, PiP 4/1984, S. 57, weist darauf hin, dass auch in anderen Dienstpragmatiken eine deutlich längere Bewährungszeit vorgesehen ist, so z.B. gemäß § 31 Abs. 2 Punkt 4 der VO über die Rechte und Pflichten der Beschäftigten des diplomatisch-konsularischen Dienstes (Dz. U. 1975, Nr. 3, Pos. 10) „mindestens zwei Jahre". Er meint, es sei nicht auszuschließen, dass der Beamte in der kurzen Zeit von

im Rahmen der Qualifikationsbeurteilung gemäß § 13 Abs. 2 der DVO „Über die Verwaltungsapplikantur sowie die Qualifikationsbeurteilungen der Staatsbeamten“ zu bewertenden Kriterien – u.a.: staatsbürgerliche Einstellung des Bediensteten (Nr. 1), Einhaltung der Grundsätze der sozialistischen Rechtsstaatlichkeit und der gesellschaftlichen Gerechtigkeit (Nr. 3)[643], Fähigkeit, das Vertrauen in die Staatsorgane und die Amtsautorität zu stärken (Nr. 6) – bedeutet dies faktisch die Möglichkeit der Kündigung aus politischen Gründen innerhalb von drei Monaten[644]. Wie diese Kriterien in der Verwaltungspraxis der kommunistischen Kaderpolitik gehandhabt wurden, ist unbekannt:

> „Es handelt sich um unklare und nicht eindeutige Begriffe von einem hohen Grad an Allgemeinheit. Die rechtlichen Bestimmungen beschreiben sie nicht, die Praxis hat sicherlich vielerlei Regeln ihrer Interpretation festgelegt.“[645]

Angesichts dessen, dass es für die Beamten in diesen Fragen keinen ausreichenden Rechtsschutz und keine öffentliche Kontrolle der diesbezüglichen Personalentscheidungen gab (s.o. II.2.), ist davon auszugehen, dass die Machthaber mit den Kriterien für die Qualifikationsbeurteilungen der Beamten nach freiem Gutdünken umgingen[646] und dass die Institution der Qualifikationsbeurteilungen in stärkerem Maße der hierarchischen Unterordnung und der Politisierung der Beamten als der Steigerung ihrer fachlichen Qualität diente[647].

---

nur drei Monaten nicht im Stande ist, die Qualität und Effizienz seiner Arbeit zu verbessern.

643 Dies ist eine Pflicht, die im Beamtengesetz überhaupt nicht vorgesehen ist. Somit hat hier der Verordnungsgeber eine neue Beamtenpflicht konstruiert, deren Nichtbefolgung zur Entlassung innerhalb von drei Monaten führen kann, ohne hierzu in der gesetzlichen Delegationsnorm (Art. 20 Abs. 4 des Beamtengesetzes) ermächtigt worden zu sein; vgl. *Florek*, PiP 21, S. 56.

644 So *Florek*, JOR 24 (1983), S. 285.

645 *Górzyńska*, Die Problematik der Führungsposten in den Ämtern der Staatsverwaltungsorgane, S. 220.

646 Vgl. *Florek*, PiP 4/1984, S. 56: „Alles in allem ist der Katalog der Beamtenpflichten derart weitläufig und in einigen Punkten unpräzise formuliert [...], dass er die Gefahr einer gewissen Beliebigkeit bei der Beurteilung der Eignung des Beamten zur Arbeit auf seinem Dienstposten schafft.“

647 So *Górzyńska*, Die Problematik der Führungsposten in den Ämtern der Staatsverwaltungsorgane, S. 221.

Allgemein lässt sich daher feststellen, dass das Gesetz über die Beschäftigten der staatlichen Ämter von 1982 im Vergleich mit dem ZSDG von 1922 dem Dienstherrn eine freiere Hand in der Personalpolitik lässt[648] und „in deutlich stärkerem Maße das Gewicht, ja sogar die dominierende Stellung des Staats- und Behördeninteresses unterstreicht“[649]. Eine im Vergleich mit der früheren Regelung „bedeutende Politisierung der Beschäftigten der staatlichen Ämter“ zeigt sich insbesondere in den allgemeinen Zugangsvoraussetzungen, in den Dienstpflichten mit ideologisch-politischem Charakter und in der Beschränkung der Vereinigungsfreiheit[650].

dd) Vergleich mit einigen Grundgedanken des deutschen Dienstrechts. Abgesehen von einigen „verräterischen“ Regelungen[651], die sofort nach der politischen Wende von 1989 abgeschafft wurden[652], wirkt das Gesetz nicht sonderlich „kommunistisch“. So sind die fünf allgemeinen Zulassungsvoraussetzungen für die Beamten nach Art. 3 des Gesetzes fast identisch mit denen in Deutschland: Staatsbürgerschaft, Volljährigkeit, übliche Vorbildung, Treue zur Staatsordnung, körperliche Eignung[653]. Schnelligkeitsgebot, eine gewisse Vereinigungsfreiheit und eingewisser Rechtsschutz für die Beamten, ein angedeuteter Rechtsschutz für die

---

648 Eine Ausnahme zur insoweit erhöhten Disponibilität der Beamten bildet die Versetzung in eine andere Ortschaft, die – anders als nach Art. 52 Abs. 1 ZSDG – nach Art. 10 des Gesetzes von 1982 gegen den Willen des Beamten nicht dauerhaft möglich ist (s. aber Art. 10 Abs. 3). Der Hintergrund hierfür ist, dass es dem Gesetzgeber von 1982 darum ging, den dienstlichen Zusammenhalt zwischen dem Beamten und dem Dienstherrn zu stärken, vgl. *Sypniewski*, Das Arbeitsverhältnis der Beschäftigten der Staatsverwaltung, S. 290.

649 *Górzyńska*, Die Problematik der Führungsposten in den Ämtern der Staatsverwaltungsorgane, S. 255, unter Verweis u.a. auf Art. 3 Abs. 3; 8; 10 des Gesetzes i.d.F. von 1982.

650 So *Górzyńska*, Die Problematik der Führungsposten in den Ämtern der Staatsverwaltungsorgane, S. 255; *dies.*, PiP 9/1983, S. 73.

651 So kann etwa laut Art. 3 des Gesetzes nur Beamter werden, wer mit seiner staatsbürgerlichen Haltung für eine einem *sozialistischen* Staat angemessene Aufgabenerfüllung bürgt. Und laut Art. 8 muss der Beamte mit seinem Diensteid schwören, alle seine Kräfte der *sozialistischen* Entwicklung der *Volksrepublik* Polen zu widmen.

652 Für einen Nachweis aller Änderungen zum Gesetz von 1982 s.u., Anhang II; vgl. BSC 3/1997, S. 5-12.

653 Vgl. hierzu etwa § 6 Abs. 1 Nr. 1-5 des Hamburgischen Beamtengesetzes.

Bürger usw. sind erstaunlich freiheitliche und bürgernahe Regelungen für ein Gesetz aus der Zeit der Volksrepublik Polen. Kein anderes Land Mittel- und Osteuropas hatte damals ein hiermit vergleichbares Gesetz[654]. Dies erklärt sich aus dem enormen, von der Danziger Werft seinen Ausgang nehmenden Druck, dem sich die Regierung Anfang der 1980er Jahre ausgesetzt sah und der

> „ernsthafte Unzulänglichkeiten in der Arbeit der Staatsbeamten enthüllte, welche u.a. aus den zentralistischen Entartungen des Systems resultierten, in dem der bürgerliche Faktor nur einen begrenzten Einfluss auf das Funktionieren des Staates hatte“[655].

Zu den *Schwächen* des Gesetzes über die Beschäftigten der staatlichen Ämter von 1982 zählt sicherlich, dass es in seiner Kürze zu kursorisch ist, um den Beamten einen wirklichen Rechtsschutz und die in Personalangelegenheiten besonders notwendige *Rechtssicherheit* gewähren zu können. Dies zeigt schon ein rein quantitativer Vergleich mit dem zugegebenermaßen fast im Übermaß durchnormierten[656] deutschen Recht des öffentlichen Dienstes. Das Gesetz hat drei Artikel zum Disziplinarrecht und acht zur Besoldung, die deutsche *Bundesdisziplinarordnung* hat 131, das *Bundesbesoldungsgesetz* 82 Paragraphen. Unter einer solchen Kürze muss zwangsläufig auch die Qualität leiden. So wird gemäß Art. 36 Abs. 7 des Gesetzes der Ministerrat ermächtigt, so wesentliche Fragen wie die Zusammensetzung der Disziplinarkommissionen und die Grundsätze des Disziplinarverfahrens, welches einschneidende Maßnahmen wie Degradierung und Entlassung zur Folge haben kann, im Verordnungswege festzulegen, ohne dass im Gesetz Inhalt, Zweck und Ausmaß der Verordnung näher bezeichnet wären. Das Gleiche gilt für die Verfahrensgrundsätze bei dienstlichen Beurteilungen durch den Amtsleiter gemäß Art. 20 Abs. 4 des Gesetzes.

Außer dem Recht auf Besoldung finden sich in dem „Rechtekatalog“ der Art. 21-30 nur verhältnismäßig belanglose Rechte wie das auf eine 40-Stundenwoche und das auf die Ermäßigung bei Bahnfahrten. Die für ein Recht des öffentlichen Dienstes nach deutschem Verständnis cha-

---

654 Vgl. *SIGMA* Papers No. 12, S. 144.

655 *Zieliński*, PiP 9/1982, S. 45.

656 Zu dieser Kritik am deutschen Beamtenrecht vor dem Hintergrund der deutsch-polnischen Rechtsvergleichung s. *Minz*, BSC 5-6/1997, S. 76.

rakteristischen, dem Pflichtenkatalog gegenüberstehenden Rechte des Beamten, wie vor allem das auf *Fürsorge und Schutz*, fehlen völlig. Hinsichtlich der Versorgung ist der Beamte auf das allgemeine Arbeitsrecht angewiesen. Abgesehen von ein paar Abfindungen hat der Beamte keine besonderen Ansprüche auf Unfallfürsorge oder Hinterbliebenenversorgung und kein von der gesetzlichen Rente abweichendes Ruhegehalt. Man „kann daher nicht behaupten, dass sich die Beamten hinsichtlich ihrer Berechtigungen in besonderer Weise von den anderen Beschäftigten unterscheiden."[657] Angesichts der spärlichen Ausstattung der Beamten mit Sonderrechten lässt sich sogar eine Benachteiligung gegenüber anderen Beschäftigtengruppen feststellen:

> „Im Großen und Ganzen sind die Sonderrechte der Beamten nicht allzu weit ausgebaut, insbesondere wenn man sie mit den Rechten anderer Berufsgruppen vergleicht. Was die Vergütungsansprüche betrifft, so befinden sich die Staatsbeamten, ähnlich wie andere aus dem Staatshaushalt finanzierte Berufsgruppen, in einer schlechteren Lage als andere Erwerbstätige, deren Lohnansprüche nicht durch die strengen Haushaltsbestimmungen beschränkt sind und deren Löhne und Gehälter aufgrund einschlägiger Vorschriften durch die Schaffung diverser Zulagen angehoben werden können, was im „nichtproduktiven Bereich" kaum möglich ist. Diese Benachteiligung der öffentlichen Bediensteten besteht in der ganzen Nachkriegszeit."[658]

Alles in allem besteht kein sonderrechtliches „Dienst- und Treueverhältnis", sondern lediglich ein *von besonderen Beamtenpflichten gekennzeichnetes Arbeitsverhältnis*. Laufbahnen und Beförderungen werden überhaupt nicht erwähnt. Für die Auslese von Bewerbern gibt es keine gesetzlich vorgeschriebenen Kriterien wie Eignung, Befähigung und fachliche Leistung. Öffentliche Stellenausschreibungen sind nicht vorgesehen[659]. Und für die dienstliche Beurteilung eines Beamten wird lediglich zwischen „positiver" und „negativer" Beurteilung durch den Vorgesetzten unterschieden, ohne dass die Beurteilungskriterien genannt

---

657 *Górzyńska/Łętowski*, Urzędnicy administracji państwowej, S. 54.

658 *Florek*, JOR 24 (1983), S. 290.

659 Das Fehlen eines ausreichend leistungsbezogenen Auswahlverfahrens zugunsten des Nomenklatursystems wurde schon früh besonders heftig kritisiert, vgl. *Niedbała*, PiP 6/1986, S. 80-90; zum Nomenklatursystem s.o., II.1b.

werden. Dies ist um so bedenklicher, als der Beamte bereits nach der zweiten „negativen" Beurteilung entlassen werden kann (s.o., 4c,dd)[660].

ee) Zusammenfassung. Festzuhalten ist, dass sich das Gesetz in einem Graubereich zwischen Arbeitsrecht und Sonderrecht befindet[661]. Die juristische Ausgangssituation für Verbesserungen und Veränderungen im Verwaltungspersonal, wie sie der polnische Gesetzgeber nach den ersten halbwegs freien Wahlen 1989 vorfand, ist als dürftig zu bezeichnen. Oder in den Worten eines polnischen Kommentators von 1983:

> „Das Gesetz ist Ausdruck der allgemeinen Parole: „Regierung und Gesellschaft wollen gute Beamte haben." Dieser Parole ist zuzustimmen. Das Gesetz muss man jedoch als Programm betrachten, denn der Weg von der Parole zu ihrer Umsetzung ist noch lang"[662].

5. Ergebnis: Legislative Beliebigkeit

Blickt man auf die Entwicklung des polnischen Beamtenrechts zwischen 1944 und 1989 zurück, so ist zu konstatieren, dass die Verwurzelung sowohl des polnischen Beamtenrechts als auch der diesbezüglichen Rechtsliteratur im Recht und Rechtsdenken der Zwischenkriegszeit den Kommunismus überdauerte[663]. Der grundlegende Aufbau der jeweiligen beamtenrechtlichen Vorschriften und Dienstpragmatiken blieb weitgehend gleich. Entfernte der kommunistische Gesetzgeber zeitweise einige Vorschriften, etwa in den Bereichen der Qualifikation oder des Pflich-

---

660 Kritisch hierzu *Florek*, PiP 4/1984, S. 56.

661 Vgl. hierzu *Gorzyńska*, PiP 9/1983, S. 73. S. auch *Sieg/Prujszczyk*, Arbeitsrecht in Polen, S. 12.

662 *Łętowski*, PiP 8/1983, S. 18.

663 So auch *Jełowicki*, Studia Iuridica 18 (1990), S. 83. Die Verwurzelung im von den Kommunisten stets als „reaktionär" und rückständig bezeichneten Rechtsdenken der Zwischenkriegszeit lässt sich auch in anderen Rechtsbereichen als dem Beamtenrecht, das insoweit also dieses allgemeine Phänomen veranschaulicht, feststellen, vgl. hierzu *Łopatka*, Studia Prawnicze 3/1975, S. 6, 12: „Das sozialistische Rechtsbewusstsein in Polen entwickelt sich im unnachgiebigen Kampf mit den *immer noch lebendigen* Elementen des bourgeoisen Rechtsbewusstseins. [...] Es geht um die Beschleunigung der ungeteilten Herrschaft des sozialistischen Rechtsbewusstseins in unserer Gesellschaft und um die restlose Eliminierung dessen, was *in diesem Bewusstsein* bourgeois und reaktionär ist und was die Qualität und Effektivität des Rechtsbewusstseins unseres Volkes schmälert" [Hervorhebungen nur hier].

tenkreises der Beamten, so führte er sie entweder umgehend durch die Hintertür wieder ein (1974) oder kam später wieder auf sie zurück (1982).

Anders als nach dem ZSDG 1922 nahm das Beamtenrecht im kommunistischen Polen allerdings eine *Zwitterstellung zwischen Arbeits- und Verwaltungsrecht* ein[664]. Die eindeutige Verortung des Beamtenrechts der Zwischenkriegszeit im Verwaltungsrecht wurde im Kommunismus zunächst schrittweise, aber nicht vollständig abgelöst durch eine weitgehende Zuweisung zum Arbeitsrecht[665]. Der Höhepunkt dieser Entwicklung war das Arbeitsgesetzbuch von 1974. Mit der Verabschiedung des Gesetzes über die Beschäftigten der staatlichen Ämter von 1982, das mit eingeschränktem Geltungsbereich auch heute noch Bestand hat, rückten zunehmend die öffentlichrechtlichen Elemente (ernannte Staatsbeamte, verwaltungsgerichtlicher Rechtsschutz usw.) wieder in den Vordergrund, ohne dass allerdings die Auffangfunktion des Arbeitsrechts gemäß Art. 5 ArbGB aufgegeben wurde.

Ein wesentliches Merkmal der Dienstrechtsreformen in der kommunistischen Zeit war ihre *Inkohärenz*. Es gab keine Rechtsentwicklung im (kommunistischen) Sinne einer kontinuierlichen Annäherung an ein in der Zukunft liegendes Idealbild. Vielmehr war das Statusrecht der Beschäftigten in der allgemeinen, zivilen Staatsverwaltung in besonderer Weise einer *legislativen Beliebigkeit* unterworfen. Die legislative Technik war unzureichend, und es fehlte an einem zuverlässigen Kriterium,

> „nach dem man entscheiden könnte, ob der Gegenstand der rechtlichen Regelung in die Form eines Gesetzes, einer Regierungs- oder Ministerialverordnung usw. gekleidet werden soll.“[666]

---

664 Vgl. hierzu *Mirończuk*, Prawa i obowiązki pracowników urzędów państwowych, S. 5 f.

665 Zu berücksichtigen ist bei dieser Feststellung, dass in der kommunistischen Planwirtschaft auch das Arbeitsrecht einem begrifflichen Wandel unterlag, denn es gab in der Regel keine privaten Arbeitgeber im konventionellen Sinne, Arbeitgeber waren meistens staatliche Unternehmen oder Genossenschaften. Dementsprechend wurde auch das allgemeine Arbeitsrecht in einigen Bereichen dem Dienstrecht angepasst, insoweit handelte es sich um eine beidseitige Annäherung; vgl. *Muszalski*, Grundlagen der rechtlichen Regulierung des Staatsdienstes, S. 274.

666 So *Jaśkiewicz*, Sozialistische Staaten, S. 77, der darauf hinweist, dass dieser Zustand nicht nur die Orientierung erschwere, sondern auch das „Handeln contra oder praeter legem“ erleichtere.

Der polnische Gesetzgeber befand sich bei der Gestaltung des Beamtenrechts auf einer Gratwanderung zwischen ideologischem Anspruch (Nivellierung aller Beschäftigungsverhältnisse) und den Bedürfnissen der Rechtswirklichkeit (Qualitäts- und Effizienzsteigerung der Beamtenschaft). Aus den verstreuten, einander widersprechenden gesetzgeberischen Maßnahmen im Bereich des Beamtenrechts und den kritischen Stimmen der polnischen Rechtsliteratur hierzu lässt sich der Schluss ziehen, dass es während des Kommunismus trotz unterschiedlicher Reformansätze nicht gelang, einen qualitativ guten Beamtenapparat mit fachlich qualifizierten, sachlichen, effizienten und motivierten Staatsbeamten heranzuziehen[667]. Damit ist die polnische Beamtenrechtsentwicklung dieser Zeit zugleich ein Beispiel für die politische Gesamtentwicklung der Volksrepublik Polen, die durch eine beständig wachsende Kluft zwischen der politischen Führung und der Gesellschaft und durch einen wirtschaftlichen Niedergang trotz zahlloser, unterschiedlicher Reformversuche der jeweiligen kommunistischen Machthaber geprägt war.

Positiv gewendet lässt sich diese Erkenntnis auch so formulieren, dass der kommunistische Gesetzgeber im Bereich des Beamtenrechts nicht an starren Idealvorstellungen festhielt, sondern sich durchaus in der Lage zeigte, in flexibler Weise auf gesellschaftliche Forderungen, etwa nach mehr Bürgerbeteiligung, mehr Rechtsschutz und nach besseren Beamten zu reagieren. Letztlich dienten diese Zugeständnisse aber auch dem Machterhalt, denn schließlich ging es den kommunistischen Machthabern bei der Verabschiedung des Gesetzes über die Beschäftigten der staatlichen Ämter während des Ausnahmezustands 1982 auch darum, die Forderungen aus der Gesellschaft zu kanalisieren und zugleich die gesellschaftlichen Unruhen mit leistungsfähigeren und qualifizierteren, weniger korrupten und pflichtbewussteren Beamten wieder in den Griff zu bekommen.

---

[667] Vgl. etwa *Łętowski,* DPC 1-4/1989, S. 29: „resolute steps should be taken in the sphere of staff policy in administration; the officials' professional competences, prestige and status should be enhanced according to the principle that ‚officials betoken the quality of the State'".

IV. ZUSAMMENFASSUNG: „HINKENDES“ RECHT

Die *Rechtswirklichkeit* des kommunistischen Dienstrechts in Polen war nicht nur durch eine inkonsequente und inkohärente Reformstrategie des Gesetzgebers, sondern auch durch eine unzulängliche Gesetzesanwendung und -umsetzung geprägt. Der kommunistischen Partei gelang es nicht, ein dauerhaftes und stabiles, widerspruchsfreies und leichtläufiges Beamtenrecht zu etablieren. Damit war die Entwicklung von Rechtssetzung und Rechtsanwendung des polnischen Beamtenrechts in der kommunistischen Zeit 1944-1989 exemplarisch für die allgemeine politische Gratwanderung der kommunistischen Machthaber: Die vielfältigen Versuche der Partei, dem gesellschaftlichen Druck, der in den Forderungen der Gewerkschaft „Solidarität“ Anfang der 1980er Jahre einen Höhepunkt hatte, nachzugeben, ohne dabei die machtstaatliche Kontrolle über die Entwicklung des Landes im Sinne der Gewalteneinheit zu verlieren, blieben Stückwerk.

Die *Rechtsklarheit* war durch die seltsame Zwitterstellung des Dienstrechts zwischen Arbeits- und Verwaltungsrecht beeinträchtigt, ferner durch das dienstrechtliche Normengestrüpp, das den Rechtsunterworfenen einen Überblick über die geltende Rechtslage erschwerte. Die *Rechtsbestimmtheit* fehlte bei zahlreichen beamtenrechtlichen Bestimmungen, die den Rechtsanwendern nur vage, kursorisch kurze Vorgaben machten. Insbesondere die gesetzlichen Ermächtigungen an den Verordnungsgeber machten keine Vorgaben zu Inhalt, Zweck und Ausmaß der zu treffenden Regelungen, obwohl diese oft von statusrechtlich hoher Bedeutung waren.

Im Ergebnis ist festzuhalten, dass es im kommunistischen Polen kein Recht des öffentlichen Dienstes im Sinne eines „geschlossenen, kohäsiven Systems, welches bestimmten allgemeinen Grundannahmen untergeordnet ist“, gab[668]. Das kommunistische Beamtenrecht kann allenfalls als *hinkendes Recht* bezeichnet werden. Es gab nur einen *unzureichenden Rechtsschutz*. Dies bedeutete zugleich eine gewissermaßen amputierte Rechtssicherheit. Zwar ist davon auszugehen, dass die beamtenrechtlichen Vorschriften im Regelfall befolgt wurden und somit den Rechtsunterworfenen – und zugleich auch den Machthabern – eine

---

668 So *Jełowicki*, Studia Iuridica 18 (1990), S. 83; vgl. ebenso bereits *Zieliński*, PiP 9/1982, S. 56.

gewisse Verlässlichkeit boten. Jedoch war der Geltungsanspruch der Normen, der sich ja gerade in den Ausnahmesituationen zu bewähren hat, also etwa bei willkürlichen Personalentscheidungen des Dienstherrn, mangels Rechtsschutzes unvollkommen. Ferner bewirkten die vielfachen Änderungen der Rechtslage, die auch mit kollektiven Statusänderungen der Beschäftigten der allgemeinen, zivilen Regierungsverwaltung verbunden waren (Umwandlung aller Ernennungsverhältnisse in das Angestelltenverhältnis 1974, Massenverbeamtung 1982), eine *Rechtsunsicherheit* bei den Rechtsunterworfenen.

D. Die Systemtransformation (1989-2002): Polens Weg zu einem Recht des öffentlichen Dienstes

I. HISTORISCHER KONTEXT

Der *Systemwechsel*[669] vollzog sich in Polen 1989/90 in der Form eines ausgehandelten Übergangs, der mit den historischen Verhandlungen am Runden Tisch von Februar bis April 1989 eingeleitet wurde. Nach den ersten halbwegs freien Wahlen im Sommer 1989 – am Runden Tisch war eine Mandatsaufteilung zugunsten der bisherigen kommunistischen Regierungskoalition vereinbart worden – wurde der dem Gewerkschaftslager angehörende *Mazowiecki* der erste nichtkommunistische Regierungschef in Polen seit 42 Jahren, und *Jaruzelski* wurde zum Staatspräsidenten gewählt. Wichtige Merkmale der am Runden Tisch begonnenen *Systemtransformation*[670] waren die Verfassungsänderungen Ende 1989, welche die Rückkehr Polens zur parlamentarischen Demokratie symbolisierten, und erste einschneidende Maßnahmen zur Einführung der Marktwirtschaft zum 1. 1. 1990 unter Finanzminister *Balcerowicz*[671]. Im Januar 1990 löste sich die kommunistische PVAP selbst auf. Ende 1990 trat der Gewerkschaftsführer *Wałęsa* nach vorgezogenen Neuwahlen als erster, demokratisch gewählter Staatspräsident Polens nach dem Zweiten Weltkrieg sein Amt an[672].

---

669 Ausführlich hierzu *Beyme*, Systemwechsel in Osteuropa; *Merkel/Sandschneider/Segert* (Hg.), Systemwechsel 2; vgl. ferner *Harmathy*, Systemwende, Rechtssystemveränderung in den Mittel- und Osteuropäischen Staaten; *Wollmann*, APuZ 5/1997, S. 3-15. Der Begriff „Systemwechsel" wird vorliegend – in Abgrenzung zur Systemtransformation – punktuell gebraucht, also konkret auf das Wendejahr 1989/90 in Polen bezogen, so auch z.B. *Ziemer*, Politischer Wandel in Osteuropa, S. 11, 20, 21. Andere Autoren unterscheiden nicht zwischen Systemwechsel und Transformation, vgl. etwa *Rüb*, Die drei Paradoxien der Konsolidierung der neuen Demokratien in Mittel- und Osteuropa, S. 509.

670 Zur Systemtransformation als „Gesamtheit der Wandlungen des politisch-administrativen Systems, des Wirtschaftssystems, der Gesellschaft sowie der Beziehungen zwischen ihnen" *Merkel*, Systemtransformation; vgl. *Franzke*, WeltTrends Nr. 27 (Sommer 2000), S. 7.

671 Vgl. hierzu und überblickshaft zur wirtschaftlichen Entwicklung Polens in der Transformationszeit *Quaisser*, Wirtschaftssystem und Wirtschaftspolitik, S. 25-26.

672 Vgl. hierzu *Bingen*, Ausgestaltung der Demokratie, S. 15.

Nach dem Rücktritt *Mazowieckis*, der bei den Präsidentschaftswahlen eine herbe Niederlage erlitten hatte, übernahm Anfang 1991 *Bielecki* mit einer Minderheitsregierung das Amt des Ministerpräsidenten. Nach der Verabschiedung einer neuen, übermäßig repräsentativen Wahlordnung wurden im Oktober 1991 insgesamt 29 Parteien oder Listenverbindungen ins Parlament gewählt. Im Dezember wurde der Konservative *Olszewski* neuer Regierungschef. Bereits im Juni 1992 musste er wegen eines Skandals von seinem Amt zurücktreten, seine Nachfolgerin wurde im Juli *Suchocka*, die wiederum über keine eigene Parlamentsmehrheit verfügte. Wegen der Zerstrittenheit im eigenen Lager wurde ihre Regierung bereits nach zehn Monaten gestürzt. Die Neuwahlen vom September 1993 führten zu einer postkommunistischen Regierungskoalition zwischen der Demokratischen Linksallianz SLD und der Bauernpartei PSL, die knapp zwei Drittel der Parlamentssitze auf sich vereinigen konnte. Diese Koalition hielt die gesamte Legislaturperiode lang bis 1997 zusammen, allerdings gab es in dieser Zeit drei verschiedene Ministerpräsidenten, nämlich *Pawlak*, der 1995 nach einem Konflikt mit Staatspräsident *Wałęsa* wegen fehlender Unterstützung im eigenen Lager zurücktreten musste, *Oleksy*, der 1996 wegen des Vorwurfs der Spionage zurücktrat, und zuletzt *Cimoszewicz*[673]. Dennoch gelang es gegen Ende der Legislaturperiode, nach jahrelangen Vorbereitungen die neue Verfassung für die Republik Polen zu verabschieden, die nach einem Referendum im Oktober 1997 in Kraft trat und das bisherige Provisorium von 1992 ablöste[674].

Nach den Parlamentswahlen im September 1997 war Ministerpräsident *Buzek* an der Spitze der Regierungskoalition zwischen der 1996 gegründeten Wahlaktion Solidarität AWS und der Freiheitsunion UW der erste polnische Ministerpräsident seit dem Systemwechsel, der – trotz einer manifesten Regierungskrise im letzten Jahr der Amtszeit – bis zum Ende der Legislaturperiode im Amt blieb. Die Priorität der Regierung *Buzek* lag zunächst bei der Durchführung von grundlegenden Reformen in den Bereichen Verwaltung, Gesundheit, Renten und Bildung. Anfang 2000 kam es zu einem Prioritätenwechsel hin zur europäischen

673 Vgl. zu den polnischen Regierungen 1991-96 *Bingen*, Ausgestaltung der Demokratie, S. 15-17.

674 Vgl. hierzu *Diemer-Benedict*, OER 2-3/1997, S. 223-264; *Skrzydło*, Ustrój polityczny RP w świetle Konstytucji z 1997 r.

Integration[675]. Die Regierung sah sich dem 1995 gewählten, postkommunistischen Staatspräsidenten *Kwaśniewski* gegenüber, der 2000 in seinem Amt bestätigt wurde und insbesondere gegen Ende der Legislaturperiode 2001 zahlreiche Vetos gegen vom Sejm verabschiedete Gesetze einlegte. Wegen der Zerstrittenheit des Regierungslagers und einiger Skandale, insbesondere einem vertuschten Defizit im Staatsetat, kam es im September 2001 zu einem überwältigenden Wahlsieg der Demokratischen Linksallianz SLD und einem Ausscheiden der Freiheitsunion und der Wahlaktion Solidarität aus dem Sejm. Die SLD ging mit der ebenfalls postkommunistischen Bauernpartei PSL im Oktober eine Regierungskoalition unter *Miller* ein. Als Prioritäten der Regierung nannte der neue Ministerpräsident die Haushaltssanierung und den baldigen EU-Beitritt Polens[676].

Die wichtigsten *außenpolitischen* Ereignisse in der Transformationszeit waren die Unterzeichnungen des deutsch-polnischen Nachbarschaftsvertrags 1991 sowie des sog. Europa-Abkommens mit der Europäischen Gemeinschaft Ende 1991, dessen handelspolitischer Teil 1992 und dessen wirtschaftlicher und politischer Teil 1994 in Kraft traten, ferner die Beitritte zur Welthandelsorganisation 1994, zur OECD 1996 und zur NATO 1999. Für 2004 sind der Beitritt zur Europäischen Gemeinschaft und damit die Aufnahme in die Europäische Union angestrebt[677].

II. DIE BEDEUTUNG DES DIENSTRECHTS IM ZUGE DER VERWALTUNGSTRANSFORMATION: EIN ÜBERBLICK

Polen hat im Verlauf der Systemtransformation bei der Umgestaltung seines Gemeinwesens in einen demokratischen Rechtsstaat, die Phasen „politischer Transformation“ und „politischer Stabilisierung“ bereits passiert. Eine tragfähige, auf Dauer angelegte Verfassung ist seit 1997 in Kraft, und die gewählten Regierungen haben eine größere Stabilität erlangt. Nun geht es um die „politische Konsolidierung“, in der sich

---

675 Vgl. hierzu *Redecker*, Polen [1999/2000], S. 417.

676 Vgl. hierzu *Bingen*, Ausgestaltung der Demokratie, S. 17 f.

677 Vgl. hierzu *Bingen*, Grundzüge der Außenpolitik; *Byrt,* Weg in die Europäische Union.

die demokratischen und rechtsstaatlichen Institutionen und Prozesse insbesondere auf allen Ebenen der Staatsgewalt – Legislative, Exekutive und Judikative – verfestigen müssen[678].

1. Ziele und Mittel der Verwaltungstransformation

Die strukturelle und personelle Erneuerung ist das *Hauptziel* im Rahmen der Transformation der polnischen Verwaltung von einer nach den Grundsätzen des „realen Sozialismus" organisierten und strukturierten, schlecht ausgerüsteten, verstreuten und unkoordinierten, aufgeblähten Verwaltung mit einer mehrheitlich von den Prinzipien der Kaderverwaltung und des Nomenklatursystems geprägten, passiven, politisierten und wenig professionellen Beamtenschaft[679] in eine Verwaltung westlichen Typs[680], die von rechtsstaatlich-demokratischen Grundsätzen geprägt und in das Rechtssystem der Europäischen Gemeinschaft integrierbar ist[681]. Hierbei geht es um die Handlungsfähigkeit des Staates, die Verkleinerung des Behördenapparats, die Dezentralisierung der Verwaltung, die Steigerung der Leistungsfähigkeit und der Leistungsbereitschaft der Beamten, den Rechtsschutz der Beamten, die demokratische Kontrolle und Bürgernähe der Beamten und die Rechtssicherheit der Bürger gegenüber der Verwaltung.

Zur Erreichung dieses Ziels gibt es nach den Erkenntnissen der Verwaltungswissenschaft *vier Mittel*: Neuzuschnitt der öffentlichen Aufgaben, Neustrukturierung staatlicher Entscheidungsprozesse, Neugestaltung der Verwaltungsorganisation und Neuordnung des öffentli-

---

678 Vgl. zu diesem Drei-Phasen-Modell *Brzeziński*, The National Interest, Fall 1993, S. 3-13; vgl. jeweils m.w.N. ferner *Merkel/Sandschneider/Segert,* Einleitung: Die Institutionalisierung der Demokratie, S. 13; *Rüb*, Die drei Paradoxien der Konsolidierung der neuen Demokratien in Mittel- und Osteuropa, S. 511-513; *Süssmuth*, Umbrüche, Übergänge und demokratische Neuanfänge in Politik und Wirtschaft, S. 13-15; *Ziemer*, APuZ 6-7/1998, S. 29-45.

679 Vgl. *Departament Reform Ustrojowych Państwa Kancelarii Prezesa Rady Ministrów* (Hg.), Po co nam reforma administracji?, S. 7-9; vgl. hierzu *St. B.*, Rzeczpospolita, 28. 3. 1998.

680 Näher hierzu *König*, Zur Transformation einer real-sozialistischen Verwaltung.

681 Der EU-Beitritt Polens ist spätestens seit dem Prioritätenwechsel der polnischen Politik Anfang 2000 das erklärte Hauptziel aller wichtigen politischen Parteien in Polen; vgl. hierzu *Redecker*, Polen [1999/2000], S. 417.

chen Dienstes[682]. Eine Verwaltung, die nach dem „realsozialistischen" Grundsatz der Gewaltenkonzentration aufgebaut ist und alle Entscheidungen vom politischen Zentrum aus trifft, ist tendenziell uneffektiv, bürgerfern und daher schwer kontrollierbar[683]. Zumindest auf lokaler und regionaler Ebene müssen handlungsfähige und in dem ihnen zugewiesenen, sachgerechten Kompetenzbereich eigenständige Verwaltungsebenen geschaffen werden. Die ersten drei Mittel zur Erreichung der Verwaltungstransformation können somit unter dem Schlagwort *Gebietsreform* zusammengefasst werden. Mit der 1999 in Geltung gesetzten Verwaltungsreform, deren Schwerpunkt auf der territorialen Selbstverwaltung lag, hat Polen in diesem Bereich bereits entscheidende Schritte zurückgelegt[684].

Entscheidend für eine gelungene Reform ist jedoch zugleich eine Anwendung des vierten Mittels, also die Vornahme *personeller Veränderungen* und Verbesserungen. Ausländische Berater und auch polnische Verwaltungswissenschaftler betonen einhellig, dass eine Verwaltungstransformation nur dann glücken kann, wenn sie breit angelegt ist und nicht auf einzelne Aspekte beschränkt bleibt[685]. Von ausschlaggebender Bedeutung ist insofern, dass das 1999 in Kraft getretene *Gesetz über den zivilen Dienst* von 1998 (ZDG 1998) auch tatsächlich in die Praxis umgesetzt wird[686]: Seit der sog. *Agenda 2000* aus dem Jahr 1997 weist die EU-Kommission in ihren regelmäßigen *Fortschrittsberichten* auf dieses Erfordernis hin[687]. Bereits in ihrem Fortschrittsbericht von 1999 erkannte die EU-Kommission das ZDG 1998 als entscheidenden Schritt für die Etablierung eines professionellen Beamtenkorps an, aber monierte, dass die Umsetzung des Gesetzes bislang nur sehr zögerlich erfolgt sei. Laut

---

682 So *König*, VerwArch 84 (1993), S. 317.

683 Hierzu *Glaeßner*, Vom „demokratischen Zentralismus" zur demokratischen Verwaltung?

684 Vgl. hierzu *Banaszak*, WGO-MfOR 1999, S. 333-350; *Ministerstwo Spraw Wewnętrznych i Administracji*, Polska Administracja publiczna po reformie; *Szewc*, PiP 8/2000, S. 17-26.

685 Vgl. *Izdebski*, PiP 9/1994, S. 50-61; *Kulesza*, Studia Iuridica 38 (2000), S. 83, 85-86; vgl. auch *Hesse*, Staatswissenschaften und Staatspraxis 7 (1996), S. 419; *ders./Goetz*, Staatswissenschaften und Staatspraxis 3 (1992), S. 446-447.

686 *Izdebski/Kulesza*, Administracja publiczna, S. 75. Näher hierzu sogleich, IV.2e).

687 Die Agenda 2000 und die nachfolgenden Fortschrittsberichte der EU-Kommission finden sich im Internet unter www.europa.en.mt/comm/enlargement.

der Stellungnahme der Kommission zur Umsetzung des ZDG 1998 im Fortschrittsbericht 2000 „könnte es sehr lange dauern, bis die angestrebte Zahl unabhängiger Beamter in der polnischen Verwaltung erreicht sein wird. In der Zwischenzeit ist der öffentliche Dienst weiterhin äußeren Einflussnahmen ausgesetzt [...]". Und auch im Fortschrittsbericht 2001 wurden in diesem Feld keine Fortschritte verzeichnet: Das Anwachsen der Zahl der Beamten nach dem neuen Gesetz sei „immer noch zu langsam, um einen unabhängigen, stabilen und kompetenten öffentlichen Dienst in der unmittelbaren Zukunft hervorzubringen"[688]. Festzuhalten ist also, dass im Rahmen der polnischen Verwaltungstransformation und vor dem Hintergrund des angestrebten EU-Beitritts Polens nach der bereits erfolgten Umsetzung der Gebietsreform 1999 für absehbare Zeit die Neuordnung des öffentlichen Dienstes, also der personelle Faktor der Verwaltungstransformation, in den Vordergrund gerückt ist[689].

2. Personalfragen im Brennpunkt der Transformation

Die Bedeutung des personellen Faktors für den Transformationsprozess spiegelt sich in der politikwissenschaftlichen Theorienbildung wider. Kernelemente der demokratischen Konsolidierung sind hiernach Veränderungen auf der Einstellungsebene und Veränderungen des Verhaltens sowie die Entwicklung einer demokratischen politischen Kultur[690]. Hierbei muss insbesondere das „in der Mentalität der Gesellschaft festverwurzelte instrumental-konjunkturelle Verhältnis zum Recht als einem ‚Werkzeug' der Machtausübung" überwunden werden, also der den sozialistischen Rechtsordnungen[691] entstammende, antirechtsstaatli-

---

688 Näher hierzu sogleich, VI.3b.

689 So bezeichnete der in der Europäischen Kommission für die Osterweiterung zuständige Generaldirektor bei einer Polenreise im Januar 2002 die „Vorbereitung der Justiz und der Beamtenschaft auf den EG-Beitritt" als das größte Problem auf dem Weg zur beabsichtigten Beendigung der Beitrittsverhandlungen Polens bis Ende 2002; vgl. *Landaburu*, Rzeczpospolita, 25. 1. 2002.

690 Vgl. nur *Waldrauch*, Was heißt demokratische Konsolidierung?, S. 83, m.w.N. zu den verschiedenen Konsolidierungskonzepten.

691 Vgl. zur schwierigen Frage, ob die sozialistischen Rechtsordnungen seinerzeit einen „sozialistischen Rechtskreis" bildeten, *Neumayer,* Grundriss der Rechtsvergleichung, S. 55; ablehnend *Westen,* Die sozialistischen Rechtsordnungen, S. 225-234; bejahend offenbar *Roggemann*. Aufgaben der Ostrechtsforschung, S. 53, 54, 57 m.w.N., 61, 66. *Brunner,* Rechtskultur in Osteuropa, S. 111, Fn. 1 m.w.N., weist

che Primat der Politik gegenüber dem Recht[692]. Dieser Schritt ist schwieriger und subtiler als die vorangegangenen. Auch wenn formale Strukturen längst Geschichte sind, „können tradierte Verhaltensnormen und Wahrnehmungsmuster noch auf lange Zeit das Handeln der Akteure beeinflussen“[693]. Das Misstrauen gegenüber dem *Sejm* und den von ihm verabschiedeten Gesetzen ist dementsprechend groß[694]. Die demokratisch legitimierte Mehrheit im Parlament gerät angesichts teilweise inflationärer Gesetzgebung[695] leicht in den nicht ganz von der Hand zu weisenden Verdacht des Eigennutzes und des Machtmissbrauchs, eben der Instrumentalisierung des Rechts[696]. Dieser traditionelle Argwohn der „Gesellschaft“ gegenüber dem „Staat“ firmiert in Polen unter den Schlagworten *My – i oni* („Wir – und sie“)[697].

Ein ebensolches Misstrauen schlägt der Verwaltung und ihrem Personal, als dem traditionellen „Mittler zwischen dem politisch gewollten fortschrittlichen formellen Recht und der vom Bürger erfahrenen (erlit-

---

darauf hin, dass die „eigentlichen Ostrechtler“ in Deutschland den von den betroffenen Ländern propagierten und von der westlichen Rechtsvergleichung teilweise übernommenen Ausdruck „sozialistischer Rechtskreis“ stets abgelehnt und am Terminus „Ostrecht“ in der Erkenntnis festgehalten haben: „Der Kommunismus vergeht, Osteuropa besteht“. Seit dem Systemwechsel und dem Verschwinden der sozialistischen Rechtsordnungen in Europa ist die Frage nach dem „sozialistischen Rechtskreis“ nicht mehr aktuell; vgl. *Zweigert/Kötz*, Einführung in die Rechtsvergleichung, S. V; vgl. *Luchterhandt,* WGO-MfOR 1996, S. 173-174.

692 So *Łętowska*, Konflikte zwischen Bürger und Staat im Transformationsprozess, S. 171; vgl. *Wronkowska*, Zur Gesetzgebung in den Ländern des „realen Sozialismus“, S. 29.

693 *Glaeßner*, Vom „demokratischen Zentralismus“ zur demokratischen Verwaltung?, S. 79.

694 Vgl. zum Aspekt des Vertrauens und Misstrauens in staatliche Institutionen im Transformationsprozess *Rose*, Trust and Distrust in an Hour-Glass Society.

695 Vgl. *Herrnfeld*, Recht europäisch, S.14. Ein Beispiel für inflationäre Gesetzgebung ist im vorliegenden Zusammenhang nicht zuletzt die Verabschiedung des neuen Gesetzes über den zivilen Dienst 1998, nachdem sein Vorgänger von 1996 nicht einmal zwei Jahre in Kraft war; hierzu sogleich, IV.2.

696 Kritisch zum „Instrumentalcharakter“ des Rechts als Unterscheidungskriterium zwischen Rechtsstaat und „absolutistischem Machtstaat“ *Luchterhandt*, Thesen zum Verhältnis von Ostrechtsforschung und Politikwissenschaft, S. 105: „auf die vom Recht nicht gebändigte Macht kommt es als Kriterium an“.

697 Vgl. *Hahn*, Zur Dichotomie von Gesellschaft und Staat in Polen, S. 1-3.

tenen) tatsächlichen Rechtswirklichkeit"[698], entgegen. Gesetze, welche sich zudem auch noch mit der Verwaltung und den Beamten beschäftigen (so wie die hier im Mittelpunkt stehenden Gesetze zur Regelung der Dienstverhältnisse im polnischen Staatsdienst), sind in der öffentlichen Wahrnehmung folglich mit einem *doppelten Misstrauen* belastet, nämlich dem gegenüber dem Gesetzgeber und dem gegenüber der Beamtenschaft. Schließlich reflektieren die Besonderheiten des öffentlichen Dienstverhältnisses just die Unterscheidung zwischen Staat und Gesellschaft[699].

Trotzdem – und gerade deswegen – kann hier ein Hebel zur politischen Konsolidierung angesetzt werden. Denn eine Verfestigung der demokratischen Institutionen und Prozesse wird dann gelingen, wenn die Gesetzesausführung und die Gesetzesausführenden selber demokratisch legitimiert und kontrolliert sind. Dies erfordert, dass das Verwaltungshandeln nicht nur sachlich-inhaltlich, sondern auch personell und institutionell an Gesetz und Recht gebunden ist. Also müssen insbesondere Fragen wie die Begründung, Veränderung und Beendigung der Dienstverhältnisse der Beamten transparent, öffentlich und gesetzlich geregelt und von willkürlichen Personalentscheidungen der jeweiligen politischen Führung unabhängig sein. Dieser Befund gilt im Übrigen nicht nur für Polen, sondern auch für die anderen Reformstaaten Mittel- und Osteuropas[700]. In der Mehrzahl dieser Länder wurde die Bedeutung der Schaffung eines öffentlichen Dienstes westlicher, kontinentaler Prägung für die politische Konsolidierung erkannt, und es wurden dort in letzter Zeit zahlreiche Beamtengesetze verabschiedet[701].

Selbstverständlich machen Gesetze alleine noch keine Reform, sondern die den Gesetzen unterworfenen und insbesondere die die Gesetze

---

698 So in anderem Zusammenhang, aber auch hier zutreffend *Levits*, Verfassungsgerichtsbarkeit in Lettland, S. 29-30, Fn. 3.

699 So *Kunig*, Das Recht des öffentlichen Dienstes, S. 584, Rn. 6.

700 Für westliche Länder, die über dauerhafte demokratische Traditionen verfügen, nicht mit der kommunistischen Erbschaft im Bereich der Rechtskultur belastet sind und keine politische Konsolidierung zu bewerkstelligen haben, wie z.B. für die USA, gelten verständlicherweise andere Maßstäbe; vgl. hierzu *Grosse*, SC 2 (2001), S. 82.

701 Vgl. nur *Minz*, ZfB 1996, S. 41-43, *Starilov*, OER 43 (1997), S. 122-147; *Weber*, ZfB 1996, S. 129-145; vgl. für einen Überblick *Verheijen* (Hg.), Civil Service Systems in Central and Eastern Europe.

ausführenden Menschen[702]. Die *Entwicklung des menschlichen Faktors*[703], kann daher als „lang unterschätzter Engpass zur Reform" bezeichnet werden[704]. Zur Überwindung der alten Verwaltungsstrukturen kommt es einerseits darauf an, möglichst schnell neues, von den veränderten „institutionellen Rahmenbedingungen" geprägtes Verwaltungspersonal auszubilden und es dann an herausgehobener Stelle in der Verwaltung zu positionieren. Andererseits muss das alte Personal weitergebildet und den neuen Rahmenbedingungen angepasst werden. Denn ein radikaler „personaler Elitentausch" hat sich aus verschiedenen Gründen als nicht durchführbar und auch nicht unbedingt empfehlenswert erwiesen[705]. Die zahlreichen Versuche zur Entkommunifizierung und „Lustration" durch eine generelle Entlassung von alten Parteifunktionären und Mitarbeitern des Staatssicherheitsdienstes aus dem polnischen Staatsdienst sind aus praktischen, politischen, geschichtlichen und rechtlichen Gründen gescheitert[706]. Ganz abgesehen von rechtsstaatlichen Erwägungen wie *Vertrauensschutz* und *Rechtssicherheit*, die in der polnischen Verfassungsdiskussion eine bedeutende Rolle spielen[707], ist die *Verwaltungserfahrung* einiger „alter" Beamten ein nicht zu unterschätzender Faktor[708]:

> „Im Zusammenspiel zwischen den neuen politischen Eliten und dem bürokratischen Establishment während der Transformation liegt oft der Schlüssel zur Stabilität des Regimes und zur Transformation selbst"[709].

---

702 So *Kulesza,* Studia Iuridica 38 (2000), S. 86.

703 Im angelsächsischen Raum wird gern von der Entwicklung des „Humankapitals" gesprochen.

704 *Hesse*, Staatswissenschaften und Staatspraxis 7 (1996), S. 422; vgl. auch *Herrnfeld*, Recht europäisch, S. 15.

705 Vgl. *Heinemann-Grüder*, Osteuropa 47 (1997), S. 26-37. Grundlegend hierzu *Weber*, Wirtschaft und Gesellschaft, S. 727-728.

706 Näher hierzu *Banaszak*, Die juristische Bewältigung des kommunistischen Unrechts in Polen, S. 41-52, und *ders.*, ROW 1997, S. 32-35.

707 Siehe *Działocha*, OER 1993, S. 1-21; *Lipowicz*, Polen – Rechtsstaat durch Wandel, S. 183; *Zieliński*, PiP 3/1992, S. 3-11.

708 Vgl. *Nunberg/Barbone*, Breaking Administrative Deadlock in Poland, S. 38: „Moreover, as many observers of the Polish bureaucracy note, the extent of political compromise in the previous era makes it difficult to find technically skilled people ‚of a certain age' without some communist ties. Under these conditions, attempts to clean house thoroughly may be illusory".

709 *Szablowski/Derlien*, Governance 1993, S. 313; vgl. *Geistlinger*, Einführung, S. 14.

Anders gewendet: Für eine gelungene Verwaltungstransformation braucht man „Profis, keine Amateure“[710]. Hinzu kommt der Aspekt des *Rechtsfriedens*, der auch bei der Normierung der personellen Kontinuität in der öffentlichen Verwaltung im deutschen Einigungsvertrag von entscheidender Bedeutung war[711]. Im Übrigen beruht der nur schleppende Austausch des Verwaltungspersonals in Polen – wie bereits dargelegt (s.o., C.III.2) – auf einer auf den letzten Systemwechsel nach dem Weltkrieg zurückgehenden Tradition: Obwohl dem rechtsstaatlichen Vertrauensschutz nicht sehr verhaftet, entfernten die neuen Machthaber das alte Verwaltungspersonal – im Interesse von *Stabilität* und einem Mindestmaß an *Professionalität* – nur schrittweise: „Die evolutionäre Natur des Veränderungsprozesses beim Verwaltungspersonal war ein Wesensmerkmal des Wiederaufbaus des Verwaltungsapparats in Volkspolen“[712]. Bei der gemäßigten personellen Entkommunifizierung in Polen[713] geht es, zusammenfassend gesagt, gleichzeitig um die Heranziehung neuer, junger Verwaltungseliten und -beschäftigter und um die Weiterbildung des alten Verwaltungspersonals[714].

3. Rahmenbedingungen für die strukturelle und personelle Verwaltungstransformation

Die allgemeinen Rahmenbedingungen für eine Umsetzung des Ziels der strukturellen und personellen Erneuerung der polnischen Verwaltung mit den o.g. Mitteln haben sich seit dem Systemwechsel mittelfristig gesehen als ungleich schwieriger dargestellt als etwa in den bundesdeutschen fünf neuen Ländern[715], welche bestehenden Strukturen beigetreten

---

710 *Crawford*, East Central European politics today, S. 265.

711 Vgl. zum Weiterbeschäftigungsgrundsatz *Battis*, Neue Justiz 3 (1991), S. 89; vgl. auch *König*, Governance 1993, S. 393.

712 *Łętowska*, Civil servants in administration, S. 143.

713 Vgl. für regionale Unterschiede beim Elitenwechsel in Osteuropa *Ziemer*, Politischer Wandel in Osteuropa, S. 19; *Winderl*, ÖZP 23 (1994), S. 381-393; vgl. für eine umfassende Übersicht zum Elitenwechsel *Hatschikjan/Altmann* (Hg.), Eliten im Wandel.

714 Vgl. *Grosse*, SC 2 (2001), S. 90-97.

715 Vgl. zur Vorteilhaftigkeit exogener Regeln im Vergleich zum Erfordernis endogener Systemveränderung *Bafoil*, Systemumbruch in Ostdeutschland und Polen zwischen außengesteuerter Integration und endogener Systemveränderung, m.w.N.

sind und vom personellen *Input* aus den alten Ländern profitiert haben (in Spitzenzeiten waren ca. 20.000 westdeutsche Beamte in den neuen Ländern tätig)[716]. Längerfristig gesehen sind die Voraussetzungen jedoch besser, da eine wohlüberlegt durchgeführte Reform „von innen heraus" das Potenzial hat, sich nachhaltiger und überzeugender festzusetzen als ein Verwaltungsimport von außen[717].

In der polnischen *Gesellschaft* besteht spätestens[718] seit den Überschwemmungen des Jahres 1997, welche die Ineffizienz und Leistungsunfähigkeit der Verwaltung offenbart und in dieser Hinsicht wie ein (heilsamer) Schock gewirkt haben, ein fortdauernder breiter *Konsens* über die grundsätzliche Notwendigkeit einer Verwaltungsreform[719]. Die Gebietsreform von 1999, die weitgehend als gelungen betrachtet wird[720], hat dazu beigetragen, dass die Mehrzahl der Bürger mittlerweile eher positive Erfahrungen beim Behördengang gemacht hat[721], so dass nicht mit einer rechtsnihilistischen Ablehnung des Fortgangs der Verwaltungsreform, v.a. im personellen Bereich, zu rechnen ist, sondern mit einer grundsätzlichen Offenheit des Wahlvolks für die weitere Umsetzung der

---

716 Vgl. *König*, VerwArch 84 (1993), S. 325; vgl. zur Verwaltungstransformation in den 1990 beigetretenen deutschen Bundesländern auch *Pitschas*, Verwaltungsreform und Reorganisation des öffentlichen Dienstes als Erfolgsbedingungen der Rechtsvereinheitlichung.

717 Vgl. *Wiesenthal*, Die Transformation Ostdeutschlands, S. 155: „Während die Reformen in anderen Ländern nach der anfänglichen Ballung der Nachteile allmählich Früchte zu tragen scheinen, welche die politische Unterstützung für den eingeschlagenen Kurs wachsen lassen, muss ein nicht unerheblicher Teil der Ostdeutschen bemerken, dass den 1990 empfangenen Gratifikationen im Wesentlichen nur noch Nachteile folgen. Dieses zeitliche Verteilungsmuster von Vorteilen und Nachteilen – „goods first, bads later" – ist die in *sozialintegrativer* Hinsicht ungünstigste Konstellation eines Transformationsprojekts".

718 Vgl. zu der auch vorher schon leicht ansteigenden Zufriedenheit der polnischen Bürger mit der Verwaltung *Starosta*, The change of attitudes towards public administration, S. 192-193.

719 Vgl. *Wróbel*, Rzeczpospolita, 16. 1. 1998; vgl. auch *Ludwig*, FAZ, 6. 7. 1998. Vgl. zur „Krise" als Reformbeschleuniger *Nunberg*, Administrative Change in Central and Eastern Europe, S. 261.

720 Es ist allerdings anzumerken, dass die mediale Kommunikation der Verwaltungsreform 1999, insbesondere im öffentlichen Fernsehen, u.a. aus parteipolitischen Gründen, aber auch wegen der großen Eile, mit der die Regierung *Buzek* ihr Reformprogramm durchgezogen hat, zu wünschen übrig ließ, vgl. hierzu *Izdebski/Kulesza*, Administracja publiczna, S. 271.

721 Vgl. *Szwalbe*, SC 1 (2000/2001), S. 138.

Dienstrechtsreform. Auch der gemeinschaftsrechtliche Harmonisierungsdruck spricht eher für ein Fortschreiten des eingeschlagenen Wegs der Dienstrechtstransformation[722].

Als *Motive* für eine strukturelle und personelle Verwaltungsreform können drei miteinander verknüpfte, wirtschaftliche und politische Faktoren ins Feld geführt werden – Geld, EU-Beitritt und Reformen: Eine modernisierte, verkleinerte Verwaltung entlastet unmittelbar den Staatshaushalt, da es mehr Leistung für weniger Geld gibt. Außerdem sind Gelder aus den Hilfsprogrammen der EU und der OECD u.a. an Fortschritte bei der Verwaltungsreform geknüpft[723]. Dies wiederum hängt zusammen mit dem bevorstehenden EU-Beitritt Polens, da der *acquis communautaire* auch im Verwaltungsrecht von Bedeutung ist, und zwar nicht nur bei der Verwaltungsorganisation[724], sondern auch im Bereich des öffentlichen Dienstrechts[725]. Die Notwendigkeit der strukturellen, personellen und sachlich-inhaltlichen Ausrichtung der polnischen Verwaltung an den gemeinschaftsrechtlichen Vorgaben hat sich in besonderer Weise bei der Mittelzuweisung an Polen aus den für die Vorbeitrittszeit eingerichteten EU-Fonds PHARE, SAPARD und ISPA gezeigt[726]. Ein Großteil dieser Mittel konnten u.a. deswegen nicht oder nur verspätet abgerufen werden, weil die Verwaltung nicht in der Lage war, die entsprechenden Projekte zu steuern und zu koordinieren und dann die Förderungsanträge einzureichen[727]. Schließlich wird die Verwaltungsre-

---

722 Vgl. zu diesem Aspekt *Gintowt-Jankowicz*, Rzeczpospolita, 15. 11. 2001; *Nunberg*, Administrative Change in Central and Eastern Europe, S. 266.

723 Vgl. hierzu *Orlean*, Die öffentliche Verwaltung Polens, S. 140-145 und S. 154-159. Die wichtigsten Hilfsprogramme in diesem Zusammenhang sind PHARE und SIGMA.

724 Siehe *Filipek*, Wirkungen des Europarechts auf die polnische Verwaltungsorganisation; *Lipowicz*, Wirkungen des Europarechts auf die polnische Verwaltungsorganisation; vgl. hierzu zuletzt *Sadurski*, Rzeczpospolita, 16. 10. 2001.

725 Vgl. *Czaputowicz*, SC 1 (2000/2001), S. 22-49; *Hillgruber*, ZfB 1997, S. 1-13; *Mantl*, Europäische Integration und öffentlicher Dienst, S. 372-387; näher hierzu sogleich, VI.3.

726 Vgl. allgemein zu dem Einfluss des bevorstehenden EG-Beitritts *Nunberg*, Administrative Change in Central and Eastern Europe, S. 266: „As the case of Poland demonstrates, the EU accession process may prove the most powerful motivator toward bolder administrative reform.“

727 Seit der Gebietsreform 1999 hat sich die Lage allerdings spürbar verbessert; vgl. *Redecker*, WiRO 2001, S. 123. Dementsprechend konnte sich Polen im am 25. 1.

form durch den allgemeinen Reformzusammenhang motiviert. Die Reformen im sozialen Bereich, also z.B. im Gesundheitswesen oder im Schulwesen, sind nur mit veränderten Verwaltungsstrukturen zu erreichen. Ein Fortschreiten der Wirtschaftsreformen, gerade auch im Hinblick auf Polens Wettbewerbsfähigkeit und den EU-Beitritt[728], ist nur mit einer gut organisierten und ausgestatteten, professionellen, aktiven Verwaltung möglich, deren leistungsfähige, bürgernahe, berechenbare und kontrollierbare Beamten darauf ausgerichtet sind, Probleme im Rahmen des Rechts zu lösen[729]. Dieser Zusammenhang hat sich auch in den beigetretenen, östlichen Bundesländern Deutschlands gezeigt. Hier wurde eine gute Verwaltung, etwa in den Bereichen Straßenbau, Liegenschafts- und Sozialverwaltung, zur *conditio sine qua non* für jede unternehmerische Entscheidung gemacht[730].

4. Zusammenfassung

Die „Sicherstellung einer professionellen, redlichen, unparteilichen und politisch neutralen Erledigung der staatlichen Aufgaben“[731] ist ein rechtsstaatliches Kernanliegen Polens auf seinem Weg von der Überwindung des sozialistischen Rechtssystems zur Integration in das Rechtssystem der Europäischen Gemeinschaft. Die Erreichung dieser

---

2001 unterzeichneten Vertrag mit der EG über die mehrjährige Finanzierung aus dem SAPARD-Programm (vgl. M. P. 2001, Nr. 30, Pos. 502-503) dazu verpflichten, „die ordnungsgemäße Umsetzung des Programms in Polen auf eine dezentralisierte und vertragsgemäße Weise sicherzustellen“ (Art. 1 Abs. 2). Der Anhang des Vertrags (Kapitel A-G) enthält zahl- und umfangreiche Konkretisierungen dieser Verpflichtung, insbesondere im Bereich der Dokumentation, Verwaltung und Kontrolle der komplizierten Mittelzuweisung.

728 Vgl. *Quaisser*, Institutionelle Reformen und Wachstum in Polen, S. ix.

729 *Hesse*, Staatswissenschaften und Staatspraxis 7 (1996), S. 420; vgl. hierzu die Begründung des Ministerratsbeschlusses Nr. 101/97 v. 23. 12. 1997 über die Grundsätze der Vorbereitung und Durchführung der öffentlichen Verwaltungsreform, abgedruckt bei *Izdebski/Kulesza*, Administracja publiczna, S. 76-78.

730 So *Elles*, Europäische Verwaltungsförderung in Mittel- und Osteuropa, S. 100.

731 So die – der Vorgabe des Art. 153 Abs. 1 der polnischen *Verfassung* von 1997 entsprechende – Zielsetzung des Art. 1 des polnischen Gesetzes über den *zivilen Dienst* von 1996 und des Art. 1 seines Nachfolgers von 1998 (für die Fundstellen s. Rechtsquellenverzeichnis; vgl. auch die dt. Übers. des Gesetzes von 1998 in Anhang III).

Zielvorstellung ist ein kompliziertes, längerfristig zu verfolgendes Unterfangen[732]: Anders als im Bereich der seit der Systemwende 1989/90 frei wähl- und abwählbaren Legislativorgane hat im Bereich der staatlichen Exekutive eine weit greifende, schlichte Auswechslung des Personals nicht vorgenommen werden können, weil eine stabile, berechenbare und effektive, verantwortungsbewusste und verantwortliche sowie an den Prinzipien der Gewaltenteilung, der Rechtssicherheit und der Gesetzmäßigkeit der Verwaltung orientierte Beamtenschaft grundsätzlich nicht *ex nihilo* herbeigeführt werden kann und ein radikaler Personalaustausch im Übrigen auch gar nicht wünschenswert wäre.

Die Eröffnung eines *Handlungsrahmens* für die bereits vorhandenen wie auch für die künftigen Staatsbediensteten in Form eines neuen Dienstrechts, das die Erreichung des genannten Ziels auf einem längeren, aber womöglich verlässlicheren Weg durch Maßnahmen wie die Bestenauslese, regelmäßige Aus- und Weiterbildung, ein stabiles Beschäftigungsverhältnis, ein ausgeglichenes Rechte- und Pflichtenverhältnis, ein klares System disziplinarischer Verantwortlichkeit sowie Leistungsanreize finanzieller und anderer Art verspricht, ist daher von entscheidender Bedeutung.

III. DIE ERSTE ETAPPE DER VERWALTUNGSTRANSFORMATION (1989-1997): TEILREFORMEN UND NEUES DIENSTRECHT

Für den Zeitraum zwischen 1989 und 1997 sind im Wesentlichen vier gesetzgeberische Reformschritte zu nennen, nämlich die Reform der Lokalverwaltung als Teil der Gebietsreform, die Gründung der Landesschule für Öffentliche Verwaltung (Krajowa Szkoła Administracji Publicznej, KSAP) und einiger anderer Schulen, die Reform des alten Beamtenrechts 1994 sowie die Verabschiedung des Gesetzes über den zivilen Dienst 1996.

---

732 *Ziemer*, Politischer Wandel in Osteuropa, S. 20-21, betrachtet sie gar „auf absehbare Zeit [als] ein Wunschbild ohne Chancen auf Verwirklichung".

1. Einführung der kommunalen Selbstverwaltung und des lokalen Dienstrechts 1990

Für die geglückte *Einführung der kommunalen Selbstverwaltung* 1990[733] gibt es hauptsächlich zwei Gründe. Als Hauptgrund kann die politische Situation während des „ausgehandelten Übergangs" Polens am „Runden Tisch" 1989 genannt werden. Die *Solidarność* hatte schon seit den frühen 1980er Jahren mit der Wiederbelebung der kommunalen Selbstverwaltung die Vorstellung verbunden, zunächst die lokale Ebene als Basis für die Bildung einer „Gegenmacht von unten" zu erobern[734]. Diese Vorstellung ließ sich am „Runden Tisch" auch durchsetzen, während die Regionen und ihre Verwaltungsapparate als regionale Hochburgen zentralistischer Parteiherrschaft nicht angegriffen, sondern als Teil des „dilatorischen Kompromisses" zunächst den Kommunisten überlassen blieben[735]. Als zweiter Grund für die geglückte Einführung der kommunalen Selbstverwaltung kann bezeichnenderweise die Tatsache genannt werden, dass die Regierung hieran kaum beteiligt war und dass die Initiative vielmehr vom Senat ausging[736].

Als ein Teilbereich der Einführung der kommunalen Selbstverwaltung trat 1990 das Gesetz über die in der *kommunalen Selbstverwaltung Beschäftigten* in Kraft, das – genau wie das Gesetz über die Beschäftigten der staatlichen Ämter von 1982 – zwischen Beamten und Angestellten differenziert und an vielen Stellen auf dieses verweist. Dennoch gilt seitdem auf kommunaler Ebene keineswegs ein einheitliches Dienstrecht. Denn einerseits gilt es nur für die bei der allgemeinen und bei der sozialen Verwaltung Beschäftigten (wobei der genaue „Subjektbereich" aufgrund terminologischer Ungenauigkeiten nicht geklärt ist)[737], und andererseits hat es mit seinen nur 33 Artikeln eher den Charakter eines *Rahmengesetzes*, so dass das kommunale Dienstrecht im Einzelnen recht zersplittert ist. Grundlagen für das Arbeits- oder Dienstverhältnis der nach dem Gesetz Beschäftigten können sein: Wahl (vor allem in den

---

733 S. hierzu *Delhaes* (Bearb.), Lokale und regionale Selbstverwaltung in Polen, Dokumentation Ostmitteleuropa 1994, Heft 5.

734 S. hierzu: *Czechowski*, DVBl. 1987, S. 441-446, insbesondere S. 446.

735 *Wollmann*, APuZ 5/1997, S. 8.

736 *Izdebski*, PiP 9/1994, S. 50.

737 Vgl. *Korczak*, Dienstordnung der Selbstverwaltung, S. 143.

Gemeindevorstand), Ernennung (Personen in leitender Stellung), Berufung (nur Sekretär und Kassenwart der Gemeinde) und Vertrag. Für die ernannten Beschäftigten gilt ein gewisses Sonderrecht. Gemäß der Verweisung in Art. 25 des Gesetzes unterliegen sie der disziplinarischen Verantwortung nach dem Gesetz über die Beschäftigten der staatlichen Ämter von 1982. Andererseits genießen sie einen stärkeren Kündigungsschutz als die anderen Beschäftigtenkategorien der Selbstverwaltung[738].

Alles in allem ist das Gesetz nur ein kleiner Schritt in Richtung eines einheitlichen Rechts des öffentlichen Dienstes in Polen. Zwar wird der personelle Anwendungsbereich des Gesetzes von 1982 um die ernannten Gemeindebeschäftigten vergrößert, aber zur dienstrechtlichen Regelungsdichte hat das Gesetz nichts beigetragen[739].

2. Gründung der Landesschule für öffentliche Verwaltung 1991

Die nach dem Vorbild der französischen *École Nationale d'Administration* (*ENA*) errichtete *KSAP* ist seit 1991 in Betrieb und hat sich bislang als ein Erfolg entpuppt[740]. Ihr Ziel ist die Schaffung einer Verwaltungselite auf Staatsebene, die mehr über generalistisches Wissen als über technische Spezialkenntnisse verfügt[741]. Zum breitgefächerten *Curriculum* zählen auch intensiver Unterricht in zwei Fremdsprachen und ein Auslandspraktikum. Die Schulabsolventen, durch einen gewissen *Korpsgeist* verbunden, sind verpflichtet, mindestens fünf Jahre im

---

738 *Korczak*, Dienstordnung der Selbstverwaltung, S. 159.

739 Im Zusammenhang mit der Einführung der kommunalen Selbstverwaltung ist noch die bereits 1989 ins Leben gerufene, gemeinnützige *Stiftung zur Entwicklung der lokalen Demokratie* zu erwähnen, die mittlerweile über ein weites Netzwerk von Schulen und Trainingszentren für die öffentliche Verwaltung verfügt und somit zu Qualitätsverbesserungen beim lokalen Verwaltungspersonal beiträgt; vgl. *Hesse/Goetz*, Staatswissenschaften und Staatspraxis 3 (1992), S. 444-445. Vgl. auch die jährlichen Tätigkeitsberichte der Stiftung: *Fundacja Rozwoju Demokracji Lokalnej* (Hg.), Sprawozdanie z działalności, Warschau 1990 ff.

740 *Nunberg/Barbone*, Breaking Administrative Deadlock in Poland, S. 38, bezeichnen die Arbeit der KSAP als „by far the most energetic and ambitious effort in public administration training“. Für aktuelle Informationen über die KSAP siehe die Internet-Homepage www.ksap.gov.pl. S. auch *Hesse/Goetz*, Staatswissenschaften und Staatspraxis 3 (1992), S. 442-444.

741 Vgl. *r.w.*, Rzeczpospolita, 9. 4. 1998.

Staatsdienst zu arbeiten[742]. So ist es möglich, das Personal des Staatsdienstes in Polen aufzufrischen und vor allem die Führungsämter zu „entkommunifizieren"[743].

Die Beteiligung vieler *KSAP*-Schüler an der öffentlichen Diskussion zur Verwaltungsreform ist auffällig. Die vielfältigen Meinungen und Reformvorschläge zeugen davon, dass an der *KSAP* keine stromlinienförmigen „Einheitsbeamten" herangezogen werden, sondern verantwortungsbewusste Persönlichkeiten, die ihren eigenen Beitrag zur Reform leisten wollen[744]. Seit Mitte der 1990er Jahre sind einige weitere Institute zur Schulung und Verbesserung des polnischen Verwaltungspersonals gegründet worden[745]. Seit 1995 werden beispielsweise am *Europazentrum Natolin* bei Warschau in Zusammenarbeit mit der *ENA* und der Universität Brügge Jahreskurse zum Recht der Europäischen Integration angeboten[746]. Seit 1996 gibt es in Białystok die *Hochschule für Öffentliche Verwaltung*[747], und 1997 wurde in Krakau die *Małopolska Schule für Öffentliche Verwaltung* gegründet, deren erklärte Hauptziele die Schulung einer neuen Verwaltungselite sowie die Umschulung der alten Elite sind[748]. Außerdem bieten zunehmend auch die Universitäten spezielle Magisterstudiengänge in Verwaltungswissenschaften an[749].

---

742 Vgl. *Orlean*, Die öffentliche Verwaltung Polens, S. 107-108. Vgl. zuletzt *Kaps*, FAZ, 13. 6. 2002: „Nicht wenige der jungen Polen haben beispielsweise neben dem Studium bereits die polnische Verwaltungsakademie absolviert, die als Kaderschmiede für Karrierebeamte gilt. [...] wer diese jungen Leute beobachtet hat, wird sich kaum noch leichtfertig und abfällig über ‚Zustände wie in der polnischen Wirtschaft' äußern."

743 *Nunberg*, Administrative Change in Central and Eastern Europe, S. 258, ist eher skeptisch: „Since the school graduates only 60 students each year, its impact on the public service as a whole is unlikely to be dramatic for the foreseeable future."

744 Vgl. nur die Beiträge *Długosz*, Rzeczpospolita, 1. 4. 1998; *Kluczny*, Rzeczpospolita, 24. 3. 1998; vgl. für einen Überblick auch die Zusammenstellung im Internet unter http://saksap.republika.pl/publikacje.html.

745 S. auch *Orlean*, Die öffentliche Verwaltung Polens, S. 168-173 m.w.N. *Gintowt-Jankowicz/Weiss-Gänger*, The role of education and training in civil service, S. 213, verweisen auf die wichtige Rolle dieser Schulen im Transformationsprozess als „agents of change".

746 Vgl. *Sędłak*, BSC 2/1998, S. 53-54.

747 Vgl. *Świątek-Druś*, BSC 9/1998, S. 52-53.

748 Vgl. o.V., BSC 1/1998, S. 51.

749 So z.B. seit Sommer 1996 an der Universität in Thorn, vgl. *Witkowski*, BSC 5/1998, S. 50-51.

3. Reform des alten Beamtengesetzes 1994: Abschaffung der Ernennung

Der polnische Gesetzgeber unterzog die unter den Gesichtspunkten des Rechtsschutzes und der Rechtssicherheit, insbesondere der Rechtsklarheit und -bestimmtheit unbefriedigende Rechtslage der Bediensteten in der allgemeinen, zivilen Regierungsverwaltung (s.o., C.III.4b) erst fünf Jahre nach der Systemwende einer entscheidenden Veränderung. Am 2. Dezember 1994 erging eine Novelle zum Beamtengesetz von 1982, die am 27. 1. 1995 in Kraft trat und einen neuen *Wendepunkt* im Dienstrecht der Beschäftigten der allgemeinen, zivilen Regierungsverwaltung bedeutete[750]: Das Institut der Ernennung wurde wieder abgeschafft, neue Beamte können gemäß Art. 2 Abs. 1 des Änderungsgesetzes nur noch auf der Grundlage eines Arbeitsvertrags oder – in Führungspositionen – durch Berufung eingestellt werden.

Diese Abschaffung der Ernennung stand in einem anderen Zusammenhang als bei der Umwandlung der Dienstrechtsverhältnisse zwanzig Jahre vorher. Anders als bei der Einführung des ArbGB von 1974 ging es nicht um eine Nivellierung aller Beschäftigungsverhältnisse, sondern vielmehr um eine Stabilisierung des Beamtenrechts. Dies zeigte sich bereits daran, dass aufgrund der Novelle von 1994 – wegen des Gesichtspunkts des Schutzes erworbener Rechtspositionen – keine kollektive Umwandlung der bisherigen Ernennungsverhältnisse in Vertragsverhältnisse erfolgte. Die Umwandlung eines Ernennungsverhältnisses in ein Vertragsverhältnis kann gemäß Art. 2 Abs. 3 der Novelle nur in den eng begrenzten Ausnahmefällen nach der Neufassung des Beamtengesetzes von 1982 erfolgen. So hat ein aus einer Führungsposition abberufener Beamter, der vor seiner Berufung ein ernannter Beamter war, gemäß Art. 45 Abs. 2 des Gesetzes über die Beschäftigten der staatlichen Ämter weiterhin einen Anspruch auf Wiederernennung, wenn er die gesetzlichen Voraussetzungen gemäß Art. 3 Pkt. 4 (entsprechende Ausbildung und Ableistung der Verwaltungsapplikantur) erfüllt.

Das gesetzgeberische Motiv für den *Ernennungsstopp* war die in Vorbereitung befindliche Neuordnung des Dienstrechts auf der Grundlage eines gänzlich neuen Beamtengesetzes, das den Anforderungen an

---

[750] Gesetz v. 2. 12. 1994 (Dz. U. 1994, Nr. 136, Pos. 704).

ein modernes Dienstrecht, insbesondere an Rechtsschutz und -sicherheit genügte:

„Im Zuge der parlamentarischen Arbeiten überwog die Ansicht, dass der Aufbau eines professionellen Beamtenkaders nicht länger hinausgezögert werden dürfe. Es wurde anerkannt, dass das Gesetz von 1982 nicht die Grundlage für den Aufbau eines solchen Kaders sein könne und dass möglichst schnell ein neues Gesetz eingeführt werden müsse und ein neues Qualifikationsverfahren vor einer speziell zu diesem Zweck berufenen Stelle, welche die Anlagen und Fähigkeiten des Bewerbers für den zivilen Staatsdienst zu überprüfen hat. Es wurde daher beschlossen, bis zur Verabschiedung des Zivilstaatsdienstgesetzes, die Möglichkeit der Beschäftigung neuer Beamter auf der Grundlage der Ernennung zu eliminieren, um so den Weg zur unkontrollierten Aufblähung des Kaders der ernannten Beamten zu versperren."[751]

Es ging bei der Novelle von 1994 also darum, den Weg für das bevorstehende neue Beamtengesetz zu bereiten, daher sollten auch schon vor seinem In-Kraft-Treten keine neuen Beamten mehr ernannt werden. Bis zur Verabschiedung dieses Gesetzes dauerte es allerdings noch fast zwei Jahre (s.u., 4.).

Ferner wurde das Beamtengesetz von 1982 an zahlreichen weiteren Stellen geändert. So wurde durch den neu eingefügten Art. 7^1 die sog. *Gesetzgebungsapplikantur* eingeführt. Außerdem wurde die *Versetzung* von Beamten erheblich erleichtert. Seit dem In-Kraft-Treten der Novelle von 1994 können die Beschäftigten der staatlichen Ämter im Fall der Reorganisation des Amts und bei besonderen Bedürfnissen des Amts auch gegen ihren Willen versetzt werden (Art. 10 Abs. 1a und 1b). Die *Auflösung* des Dienstverhältnisses ernannter Beamter wurde erleichtert. Sie ist nunmehr auch möglich, wenn keine Verringerung des Beschäftigungsstands in der Behörde damit verbunden ist, allerdings muss der Dienstherr nachweisen, dass keine Versetzung des Beamten innerhalb der Behörde möglich war[752].

---

751 *Hebdzyńska,* Ustawa o pracownikach urzędów państwowch z komentarzem, Art. 10, S. 23.

752 Vgl. hierzu *Hebdzyńska,* Ustawa o pracownikach urzędów państwowch z komentarzem, Art. 13, S. 29.

4. Das Gesetz über den zivilen Dienst 1996

Das Gesetz über den *zivilen Dienst* vom 5. Juli 1996 (*ZDG 1996*), das im Januar 1997 in Kraft trat, erging im Zusammenhang mit der aus insgesamt zehn Gesetzesakten bestehenden *Reform des Wirtschafts- und Verwaltungszentrums* der Regierung Polens. Im Rahmen dieser Reform von 1996 wurden nicht nur die Kompetenzen einzelner Ministerien neu definiert und ein paar Änderungen in der Organisation der Woiwodschaften bewirkt, sondern es gab auch drei in vorliegendem Zusammenhang wichtige Neuerungen: Die Einrichtung der Kanzlei des Ministerpräsidenten ermöglicht eine effektivere Arbeit des Ministerrats und auch des Ministerpräsidenten, wie sich besonders bei den Reformen im Jahr 1998 herausgestellt hat[753]. Die zweite Neuerung ist die Tendenz, zwischen politischen und administrativen Verwaltungspositionen zu unterscheiden[754]. Die damit verbundene höhere „Jobsicherheit" der nichtpolitischen Beamten trägt zu größerer Stabilität und Berechenbarkeit der Regierungsverwaltung bei. Die dritte Neuerung schließlich war die Einrichtung des *Büros des Zivilen Dienstes*, die im Zusammenhang mit dem zeitgleich verabschiedeten Zivildienstgesetz zu sehen ist[755].

Mit dem *ZDG 1996* wurde ein neuer, zusätzlicher Beamtentypus, der „Beamte des Zivilen Dienstes" (*urzędnik służby cywilnej*) geschaffen, ohne dass allerdings die „alten Beamten" nach dem Gesetz von 1982 abgeschafft wurden. Bei der Ausgestaltung des Gesetzes orientierte sich der Gesetzgeber am historischen Vorbild des ZSDG von 1922[756].

Das ZDG 1996 hatte nur eine kurze Geltungsdauer, nämlich vom Januar 1997 bis Juli 1999. Im Nachhinein betrachtet, ist es somit letztlich nur eine *Übergangslösung* auf dem Weg zum neuen ZDG 1998[757]. Für das Verständnis des polnischen Dienstrechts in der Systemtransformation ist es allerdings von einiger Bedeutung, weil das sieben Jahre nach der Systemwende verabschiedete Gesetz der erste gesetzgeberische

---

753 Vgl. zur Kanzlei des Ministerpräsidenten und ihrer Funktion als neues Regierungszentrum *Rydlewski*, WeltTrends 27 (2000), S. 47 f.

754 Vgl. *Rabska*, European Public Law 1/1997, S. 20, 24.

755 Vgl. *Office of Civil Service* (Hg.), Poland: The Public Service in Transition, S. 15.

756 Vgl. *Ura*, Pozycja prawna pracowników terenowej administracji rządowej i samorządu terytorialnego, S. 35; *Ura/Ura*, Prawo administracyjne, S. 192, 194.

757 Hierzu sogleich, IV.2.

Schritt zur Loslösung vom alten Beamtengesetz von 1982 und zur grundlegenden Neuordnung des Statusrechts der Beamten der allgemeinen, zivilen Regierungsverwaltung war[758] und weil auch die Art und Weise seiner Anwendung und Umsetzung in der Praxis ein Licht auf die besonderen, im Zusammenhang mit dieser Umgestaltung auftauchenden Probleme wirft. Daher ist auf seine wesentlichen Regelungen (a) und seine Umsetzung in der Praxis (b) nachfolgend kurz einzugehen[759]:

a) Wesentliche Regelungen[760]

Rein äußerlich betrachtet, fällt auf, dass das ZDG 1996 mit seinen 98 Artikeln knapp doppelt so lang ist wie das Gesetz von 1982. Dies deutet darauf hin, dass die *Regelungsdichte* zugenommen hat, zumal im Wesentlichen keine neuen Regelungsbereiche, wie etwa Versorgungsrecht, hinzugekommen sind. Die im Gesetz von 1982 vorhandenen Regelungsbereiche sind weiter ausgebaut worden. Der Aufbau des Gesetzes folgt dem von 1982[761]. Lediglich zwei neue Abschnitte sind hinzugekommen, einer zur Organisation des zivilen Dienstes und einer zu „Schulung und Vervollkommnung", wobei der Begriff der Vervollkommnung (*doskonalenie*), also die Annahme, der Zustand der Vollkommenheit könne erreicht werden, noch ein Überbleibsel aus der kommunistischen Zeit ist[762].

Das ZDG 1996 gilt gemäß Art. 2 nur für *ernannte Beamte* in der Regierungsverwaltung. Das Institut der vertraglichen Anstellung ist nicht vorgesehen. Und auch die berufenen Beamten, also diejenigen auf den als „politisch" angesehenen Führungspositionen (Minister, Woiwoden, Behördenleiter usw.), fallen nicht unter das ZDG 1996. Mit diesem Schritt zur Entpolitisierung der Beamtenschaft wurde eine Konsequenz aus dem seinerzeit heftig kritisierten Art. 2 ZSDG 1922 gezogen, nach

---

758 Vgl. *Nunberg/Barbone*, Breaking Administrative Deadlock in Poland, S. 47: „The passage of the Civil Service Law is an important step in what is sure to be a much longer process of creating a modern, merit-based civil service".

759 Vgl. hierzu auch *Ura/Ura*, Prawo administracyjne, S. 192-196.

760 Vgl. hierzu *Cieślak/Jagielski/Rączka*, Komentarz do ustawy o służbie cywilnej; *Sitkowska,* Służba Cywilna w nowym ustawodawstwie.

761 Vgl. *Wierzbowski* (Red.), Prawo administracyjne, S. 276.

762 Siehe z.B. *Borkowski*, PiP 1-2/1976, S. 59-72.

dem auch die „politischen" Beamten grundsätzlich unter die Gesetzesregelungen fielen[763].

Dass das Gesetz die neue beamtenrechtliche Grundnorm werden soll, zeigt sich in Art. 3 Abs. 2, wonach die Gesetzesvorschriften durch entsprechende Verweisungsnormen auch auf die Beamten in anderen Ämtern außerhalb der Regierungsverwaltung ausgedehnt werden können[764].

Die wesentliche Neuerung, die das Gesetz gebracht hat, ist, dass es einen Beamtentypus „neuen Rechts" geschaffen hat, den sogenannten „Beamten im zivilen Dienst". Seit Januar 1997 gibt es also in Polen auf Staatsebene zwei unterschiedliche Beamtenrechtsmodelle, die Beamten „alten Rechts" und die Beamten „neuen Rechts"[765]. Nach dem Gesetz von 1996 behalten die Beamten „alten Rechts" ihren Status, der sich im Wesentlichen aus dem Gesetz von 1982 ergibt. Sie können sich aber zu Beamten „neuen Rechts" qualifizieren[766]. Beamte „neuen Rechts" werden alle, die neu ernannt werden. Sie sind zusammengefasst im „Korps des zivilen Dienstes" (Art. 1 Abs. 2). Ein gewisser *Korpsgeist*, das Bewusstsein, besser zu sein, soll wohl auch als ideelle Grundlage und als Motivation für die „neuen Beamten" dienen. Dies drückt sich vor allem darin aus, dass sie besser bezahlt werden als die „alten". Beides soll die „alten Beamten" dazu motivieren, sich ebenfalls zu „neuen Beamten" zu qualifizieren.

Jedes Jahr wird eine bestimmte Zahl freier Stellen im zivilen Dienst ausgeschrieben. Auf diese Weise soll das „Korps des zivilen Dienstes" nach und nach die alte Beamtenschaft ersetzen[767]. Die Beamten des zivilen Dienstes sind verpflichtet – und berechtigt – zur fachlichen Weiter-

---

763 *Cieślak/Jagielski/Rączka*, Komentarz do ustawy o służbie cywilnej, Art. 2, S. 15.

764 Diese Vorschrift ist als gesetzgeberische Absichtserklärung ohne rechtliche Bindungswirkung zu verstehen, denn die hier angesprochenen, künftigen Verweisungsnormen müssen auch Gesetzesrang haben, daher könnte der Gesetzgeber nach dem lex posterior-Grundsatz auch ohne Art. 3 Abs. 2 ZDG 1996 eine solche Verweisung vornehmen; vgl. *Cieślak/Jagielski/Rączka*, Komentarz do ustawy o służbie cywilnej, Art. 3, S. 21.

765 Daran hat auch das neue ZDG 1998 nichts geändert, s. hierzu sogleich, IV.2.

766 Vgl. *Wierzbowski* (Red.), Prawo administracyjne, S. 275.

767 Im Jahr 1996/97 waren 500 Stellen ausgeschrieben, 1997/98 waren es 3.000, vgl. *r.w.*, Rzeczpospolita, 1. 8. 1997.

bildung[768]. Hierbei spielt die *KSAP* eine Rolle als federführende Schulungsinstitution. Beides, der Korpsgedanke und die führende Rolle der Eliteschule *KSAP*, sind, zumindest äußerlich, dem französischen Beamtenrecht nachempfunden[769]. In Frankreich gibt es allerdings über 900 verschiedene Korps, während das polnische „Korps des zivilen Dienstes" das einzige bleiben soll[770].

Auf der Ebene der *Verwaltungsorganisation* führt das Gesetz drei entscheidende Neuerungen ein, das Amt des Chefs des zivilen Dienstes, die Institution des Rats des zivilen Dienstes sowie drei Kommissionen, die speziell für den zivilen Dienst zuständig sind, nämlich die Qualifikationskommission, die Berufungskommission und die Hohe Disziplinarkommission des zivilen Dienstes (Art. 7, 13, 23 ZDG 1996)[771].

Die Beamten des zivilen Dienstes haben gemäß Art. 2 ZDG 1996 einen *einheitlichen Dienstherrn*, nämlich die Republik Polen[772]. Damit ist eine *Stabilisierung des Dienstverhältnisses* der nach dem neuen Gesetz ernannten Beamten des zivilen Dienstes verbunden. Anders als bei den „alten Beamten", deren Dienstverhältnis gemäß Art. 13 Abs. 1 Punkt 2 des Gesetzes über die Beschäftigten der staatlichen Ämter bei einer Reorganisation des Amts aufgelöst werden kann, gilt für die Beamten des zivilen Dienstes die Regelung des Art. 37 ZDG 1996, wonach sie in einem solchen Fall vom Chef des zivilen Dienstes in eine andere Behörde, auch in einer anderen Ortschaft, versetzt werden[773]. Damit wurde ein öffentlich-rechtliches Element in das Dienstverhältnis der Beamten des zivilen Dienstes aufgenommen, ohne dass allerdings der für das polnische Beamtenrecht seit 1944 typische Charakter des arbeits- und öffentlichrechtlichen Mischverhältnisses aufgegeben wurde[774]. Die höhere

---

768 Vgl. zur Ambivalenz fachlicher Weiterbildung *Hesse*, Staatswissenschaften und Staatspraxis 7 (1996), S. 428.

769 Siehe *Ziller*, ZfB 1997, S. 333-341.

770 Zu den unterschiedlichen Beamtenrechtsmodellen und ihrer beschränkten Anwendbarkeit auf die Verwaltungen der Reformstaaten in Mittel- und Osteuropa siehe *Hesse*, Staatswissenschaften und Staatspraxis 7 (1996), S. 425-427.

771 Näher hierzu *Sitkowska,* Służba Cywilna w nowym ustawodawstwie, S. 17-28.

772 Und nicht mehr die Einstellungsbehörde wie nach dem Beamtengesetz von 1982; vgl. *Cieślak/Jagielski/Rączka*, Komentarz do ustawy o służbie cywilnej, Art. 2, S. 15; *Ura/Ura*, Prawo administracyjne, S. 192.

773 *Cieślak/Jagielski/Rączka*, Komentarz do ustawy o służbie cywilnej, Art. 37, S. 124.

774 Näher hierzu *Cieślak/Jagielski/Rączka*, Komentarz do ustawy o służbie cywilnej, Art. 2, S. 16.

Stabilität des Dienstverhältnisses ist also mit einer höheren Disponibilität der Beamten des zivilen Dienstes verbunden worden[775].

Die Beamten sind in *vier Beamtenkategorien* eingeteilt, namentlich *A, B, C* – entsprechend dem Schwierigkeitsgrad der zu bewältigenden Aufgaben – sowie *S* für Ämter, die spezielle Qualifikationen erfordern. Auffällig ist, dass selbst für eine Aufnahme in die Kategorie *C*, die für Hilfsarbeiten gegenüber anderen Beamten vorgesehen ist, eine höhere Ausbildung oder zumindest eine mittlere Ausbildung mit siebenjähriger Berufserfahrung erforderlich ist[776]. Hier zeigt sich wiederum das „Standesbewusstsein" des zivilen Dienstes.

Beamten der Kategorie *A*, also solchen in höheren Positionen, ist jegliche *politische Betätigung verboten.* Mit der Aufnahme in die Kategorie *A* verliert der Beamte sogar kraft Gesetzes seine Mitgliedschaft in Gewerkschaften und politischen Parteien. Entsprechend den Grundgedanken der Reform des Wirtschafts- und Verwaltungszentrums der polnischen Regierung wird hier also die *Grenze zwischen politischen und nichtpolitischen Beamten* gezogen. Unter grundrechtlichen Gesichtspunkten ist diese Regelung sicherlich fragwürdig. Denn sie beschränkt die höheren Beamten des zivilen Dienstes sowohl in ihrem *status activus*, also im Recht auf Teilnahme am öffentlichen Leben, als auch in ihrem *status negativus*, also im Abwehrrecht gegen Grundrechtsverletzungen. Letztlich ist aber dieser gesetzliche Grundrechtseingriff – vornehmlich in die Meinungs- und Vereinigungsfreiheit (Art. 54 und 58 der Verfassung) – bereits aus dem Gedanken des besonderen Gewaltverhältnisses gerechtfertigt[777]. Er dient nicht nur dem öffentlichen Ansehen und der Professionalität des Korps der Beamten des zivilen Dienstes, sondern gerade auch der Zerschlagung grundrechtsfeindlicher Strukturen im Personalwesen, nämlich des politischen Nepotismus. Außerdem erfährt die Regelung eine verfassungsrechtliche Rechtfertigung durch Art. 153 der Verfassung, wonach der zivile Dienst der „professionellen, sachgerech-

---

775 *Sitkowska,* Służba Cywilna w nowym ustawodawstwie, S. 31.

776 Vgl. hierzu *Wierzbowski* (Red.), Prawo administracyjne, S. 276 f.

777 Zum Gedanken des besonderen Gewaltverhältnisses in Deutschland s. nur *Münch*, in: *Münch/Kunig* (Hg.), Grundgesetz-Kommentar, Vorb. Art. 1-19, Rn. 59-61. Vgl. für den Gedanken des „besonderen Unterordnungsverhältnisses" bzw. des „besonderen verwaltungsrechtlichen Vollziehungsverhältnisses" in Polen *Filipek,* Archivum Iuridicum Cracoviense 18 (1985), S. 177 f.

ten, unparteiischen und politisch neutralen Erledigung der staatlichen Aufgaben" dient. Schließlich entspricht die parteipolitische Neutralität höherer Beamter des zivilen Dienstes dem *Gewaltenteilungsgrundsatz*, denn sie schafft eine Distanz zwischen Exekutive und Legislative[778]. Andererseits ist zu beachten, dass die als „politisch" angesehenen Ämter im Staatsdienst gemäß Art. 2 gar nicht vom ZDG 1996 erfasst sind, die hier vollzogene Entpolitisierung also Ämter erfasst, die nicht als Führungspositionen im engeren Sinne verstanden werden.

Die *rechtliche Stellung der Beamten* ist ausgesprochen schwach. So kann das Beamtenverhältnis – wie bereits nach dem Beamtengesetz von 1982 (s.o., C.III.4b,cc) – schon dann aufgelöst werden, wenn ein Beamter zweimal hintereinander ein negatives Dienstzeugnis erhalten hat. Hier genießt er aber, anders als nach dem Beamtengesetz von 1982, gerichtlichen Rechtsschutz: Er kann sich innerhalb von 14 Tagen an die Berufungskommission wenden und danach an das Hauptverwaltungsgericht[779].

Die *Disziplinarverfahren* sind hingegen überhaupt keiner gerichtlichen Nachprüfung unterworfen, obwohl es unter den Disziplinarstrafen so einschneidende Maßnahmen gibt wie die Besoldungsverkürzung, die „Degradierung", also die Einstufung in eine niedrigere Beamtenkategorie, und sogar die Entlassung aus dem Dienst. Hier, in der *mangelnden Gerichtskontrolle*, liegt auch ein Hauptkritikpunkt an dem Gesetz[780]. Alle drei Kommissionen, die über so grundlegende Fragen wie den Zugang zum zivilen Dienst oder Disziplinarmaßnahmen zu entscheiden haben, sind weitgehend verwaltungsinterne Kontrollorgane und Spruchkörper. Eine Gerichtskontrolle ist für Kommissionsentscheidungen nur im Falle der Berufungskommission vorgesehen, und dann auch nur, „wenn es gesetzlich vorgeschrieben ist" (Art. 17 Abs. 2). Die Behauptung, die Stabilität der Beschäftigung im zivilen Dienst sei „garantiert", weil „die Beendigung des Dienstverhältnisses nur in gesetzlich eng beschriebenen Situationen erfolgen kann"[781], ist insofern sicherlich übertrieben.

---

778 *Rydlewski,* Służba cywilna w Polsce, S. 30.

779 Vgl. *Ura/Ura*, Prawo administracyjne, S. 194.

780 Siehe *Kudrycka*, PiP 2/1997, S. 33. Vgl. auch *Sanetra*, Prawo Pracy 10/1996, S. 17.

781 So *Ura/Ura*, Rola aktu administracyjnego w kształtowaniu statusu prawnego urzędnika, S. 263; *dies.*, Prawo administracyjne, S. 193.

Andererseits ist zuzugeben, dass der Rechtsstatus der Beamten im zivilen Dienst noch schwächer sein könnte. So werden beispielsweise mit Schlagwörtern wie „Manager-Beamte“ oder „Vertragsbeamte“ angelsächsisch geprägte Beamtenmodelle in die Reformdiskussion eingeführt, welche die enge Bindung der Beamten an ihren öffentlichen Dienstherrn nicht über ein gesetzlich normiertes und stabilisiertes Dienst- und Treueverhältnis, sondern letztlich durch sehr gute Bezahlung und einen ethischen Verhaltenskodex herbeiführen wollen[782]. Solchen Modellen, welche bereits an der Finanzierbarkeit scheitern[783], hat das Gesetz eine Absage erteilt.

Es ist deutlich erkennbar, dass sich das Gesetz in einem starken *Spannungsverhältnis zwischen Stabilität und Flexibilität*, als den diametral entgegengesetzten Anforderungen des Staates an seine Verwaltung und ihre Beamten, bewegt. Zwar ist im turbulenten Transformationsprozess eine stabile Beamtenschaft erwünscht, andererseits sollen gerade auch wegen der unsicheren Zukunft keine unumkehrbaren Tatsachen geschaffen werden:

> „So sehr die Reformbemühungen darauf abzielen, Stabilität, Verlässlichkeit und Kontinuität in das Verwaltungssystem einzuführen, dürfen sie zur gleichen Zeit spätere Modifikationen nicht verhindern, die mit Sicherheit im Zuge der weiteren Transformation nötig sein werden“[784].

Die Position des Beamten im zivilen Dienst ist lange nicht so gefestigt wie die eines deutschen Beamten. Es gibt kein Laufbahnwesen mit Regelbeförderung. Im Gesetz heißt es hierzu lapidar: „Eine Beförderung kann jederzeit erfolgen.“ Die Besoldung ist nicht gesetzlich geregelt, sondern wird gemäß Art. 6 ZDG 1996 dem jeweiligen Haushalt angepasst[785]. Zudem steigt sie nicht automatisch mit den Dienstaltersstufen, wenn ein negatives Zeugnis des Vorgesetzten vorliegt. Es ist offensichtlich, dass das Gesetz nicht die endgültige Festlegung des neuen polnischen Rechts des öffentlichen Dienstes ist, sondern nur eine Übergangs-

---

782 Vgl. *Bida*, Rzeczpospolita, 6. 3. 1998. Zu ähnlichen Tendenzen im Deutschland der Nachkriegszeit unter Einfluss der Alliierten: *Benz*, Beamtenverhältnis und Arbeitsverhältnis, S. 4 ff.

783 Hierzu *Długosz*, Rzeczpospolita, 1. 4. 1998; *Kluczny*, Rzeczpospolita, 24. 3. 1998.

784 *Hesse*, Staatswissenschaften und Staatspraxis 7 (1996), S. 419.

785 Vgl. hierzu *Cieślak/Jagielski/Rączka*, Komentarz do ustawy o służbie cywilnej, Art. 6, S. 32; *Ura/Ura*, Prawo administracyjne, S. 193.

regelung nach der typisch polnischen Methode *wprowadzimy, poprawimy*[786].

b) Gesetzeswidrige Umsetzung

Die Umsetzung des ZDG 1996 durch den von der *SLD/PSL*-Regierung eingesetzten und seit Ende 1997 wieder abgesetzten Chef des zivilen Dienstes *Szachułowicz* trug nicht zu einer Neuorientierung und Entkommunifizierung der polnischen Beamtenschaft bei, sondern eher zu einer Verfestigung und „Politisierung" der bestehenden Personalstrukturen[787]. Von den insgesamt ungefähr 100.000 Beamten in der Regierungsverwaltung wurden 1997 lediglich 115 Personen zu „neuen Beamten" ernannt, statt wie vorgesehen 500[788].

Der Grundsatz der *parteipolitischen Neutralität* hatte bei der Umsetzung des Gesetzes keine große Auswirkung. Der Posten des Generaldirektors (Kategorie *A*) ist – entgegen dem Gesetzeszweck (s.o., a) – zu einem politischen Dienstposten gemacht worden: Von den Anfang 1997 neu ernannten 48 Generaldirektoren gehörten 15 den postsozialistischen Regierungsparteien und 4 den Oppositionsparteien an, und bei fast allen anderen handelte es sich um ehemalige hohe Funktionäre der *Kommunistischen Partei*[789]. Einige dieser „politischen" Generaldirektoren haben sich 1998 als Kandidaten zu den Woiwodschaftswahlen aufstellen lassen, was schließlich 1998 zur Einleitung disziplinarischer Maßnahmen durch den neuen Chef des zivilen Dienstes führte[790].

Ferner kam es zu Unregelmäßigkeiten bei den Beamtenernennungen. Laut einem Regierungsbericht vom März 1998 wurden die „alten Beamten" bei dem Qualifikationsverfahren zur Besetzung der ersten Posten in unzulässiger Weise privilegiert. Sie wurden für ca. 500.000 PLN auf Staatskosten auf die Tests vorbereitet, und ihnen wurden die

---

786 Vgl. *m.j.j.*, Rzeczpospolita, 23. 3. 1998. Diese experimentelle Herangehensweise („learning by doing") wird von *Hesse*, Rebuilding the State: Public Sector Reform in Central and Eastern Europe, S. 134, als typisch für die Reformen der öffentilchen Verwaltung in der ganzen Region angesehen.

787 *Bida*, Rzeczpospolita, 6. 3. 1998.

788 Vgl. *Torres-Bartyzel/Kacprowicz*, The National Civil Service System in Poland, S. 165.

789 Vgl. *ma.s.*, Rzeczpospolita, 22. 2. 1997.

790 Vgl. *Trusewicz*, Rzeczpospolita, 7. 10. 1998.

Termine und die Aufgabenfelder der Tests früher mitgeteilt als anderen Bewerbern[791]. Außerdem führte die Qualifikationskommission weder die erforderlichen Fremdsprachentests noch die vorgesehenen Charakter- und Eignungsprüfungen durch[792]. Das gesamte Ernennungsverfahren für die „neuen Beamten" nach dem Gesetz von 1996 lief somit dem Zweck dieses Gesetzes diametral zuwider[793].

5. Zusammenfassung

Die erste Etappe der Verwaltungstransformation 1989-1997 brachte Teilreformen im Bereich des Dienstrechts. Die unbefriedigende Rechtslage der Staatsdiener auf der Grundlage des weiterhin geltenden Beamtengesetzes von 1982[794] wurde schrittweise verändert. Ein erster Schritt war die Schaffung eines lokalen Dienstrechts durch das Gesetz über die Beschäftigten der kommunalen Selbstverwaltung von 1990, das aber angesichts seines Rahmencharakters keine Rechtseinheitlichkeit in diesem Bereich herbeiführen konnte. Ein wichtiger Grundstein für die Steigerung der Qualität der künftigen Staatsdiener war die Gründung der Landesschule für öffentliche Verwaltung 1991. Der Weg für einen neuen öffentlichen Dienst wurde mit der Neufassung des Gesetzes über die Beschäftigten der staatlichen Ämter im Jahre 1994 eingeschlagen, weil seitdem keine Ernennungen auf der Grundlage dieses Gesetzes mehr möglich sind. Das 1996 verabschiedete Gesetz über den zivilen Dienst sollte diese Lücke füllen und die Grundlage für die Schaffung eines neuen Korps ernannter Beamter schaffen. Allerdings verfolgte das Gesetz keinen umfassenden Reformansatz, außerdem wurde es von der Regierung in gesetzeswidriger Weise umgesetzt, insbesondere die Politisierung der höheren Beamten setzte sich fort.

Alles in allem gelang es den Regierungen zwischen 1989 und 1997 nicht, eine breit angelegte, strukturelle und personelle Verwaltungsreform durchzuführen. Für die nur *zögerliche und bruchstückhafte Verwaltungsreform* gab es zwei Hauptgründe. Von 1989 bis 1993 waren die

---

791 Vgl. *JOL*, Gazeta Wyborcza, 18. 3. 1998, und *r.w.*, Rzeczpospolita, 6. 3. 1998.
792 Vgl. *ma.s.*, Rzeczpospolita, 5. 3. 1998.
793 Vgl. *Torres-Bartyzel/Kacprowicz*, The National Civil Service System in Poland, S. 169 u.
794 S.o., B III.4b.

Regierungen zu unsicher und zu kurzlebig. So fiel 1992 die Regierung *Olszewski*, bevor sie ihr umfassendes „Harmonogramm“ zur Realisierung der Verwaltungsreform (inklusive einer Dienstrechtsreform) durchführen konnte. Und 1993 wurde der Sejm aufgelöst, bevor die Regierung *Suchocka* ihre Pläne zur Einführung eines zivilen Dienstes und zur umfassenden Verwaltungsreform umsetzen konnte[795]. Die Dauer der Regierungskoalition der *Postkommunisten* 1993-1997 war zwar nicht kurz, jedoch gab die Regierung den bisherigen, umfassenden Reformansatz auf[796] und beschränkte sich bewusst auf Flickwerk. Zudem wurde hinsichtlich des Dienstrechts zunächst die Notwendigkeit einer Reform mit dem Argument bezweifelt, man habe ja das Gesetz über die Beschäftigten der staatlichen Ämter von 1982[797]. Das neue ZDG 1996 konnte erst am Ende der Wahlperiode 1997 in Kraft treten.

IV. DIE ZWEITE ETAPPE DER VERWALTUNGSTRANSFORMATION (1997-2002): GEBIETSREFORM UND NEUER ZIVILER DIENST

Die Regierung unter Ministerpräsident *Buzek* (1997-2001) griff die umfassenden Reformansätze der kurzlebigen Regierungen 1989-1993 wieder auf[798]. Die beiden Kernpunkte der Reform waren die Durchführung des zweiten und abschließenden Teils der Gebietsreform sowie die gleichzeitige umfassende Neuregelung des Rechts der im zivilen Dienst Beschäftigten, denn, so ein bekannter Abgeordneter der *AWS*,

> „ohne tiefgreifende Veränderungen in den Ämtern und ohne eine leistungsbezogene Kaderauswahl (darunter die politische Neutralisierung des zivilen Dienstes) werden die Bürger mit der ganzen Strukturreform des Staates noch über Jahre hinweg ein gigantisches Kuddelmuddel assoziieren“[799].

---

795 Vgl. *Izdebski*, Historia administracji, S. 316.
796 Ausführlich hierzu: *Izdebski*, PiP 9/1994, S. 50-61.
797 Vgl. *SIGMA* Papers No. 12, S. 144.
798 Vgl. hierzu *Nunberg/Barbone*, Breaking Administrative Deadlock in Poland, S. 15-19, 34-48.
799 *Bielecki*, Rzeczpospolita, 16. 2. 1998.

1. Gebietsreform 1998

Die Gebietsreform wurde von dem langjährigen Verwaltungsreformer und zuständigen Abteilungsleiter in der Kanzlei des Ministerpräsidenten *Kulesza* koordiniert. Die beiden Hauptbestandteile der Gebietsreform waren die Wiedereinführung der Kreise als eigenständige Gebietskörperschaften zwischen Gemeinden und Woiwodschaften sowie die Verkleinerung der Zahl der Woiwodschaften von 49 auf 16, womit die Territorialreform von 1975[800] wieder rückgängig gemacht wurde. Die Folgen waren erhebliche Kompetenzverschiebungen nach dem Subsidiaritätsprinzip, letztlich also die seit 1989 angestrebte *Dezentralisierung* des Verwaltungsapparates.

Entsprechend einem von Präsident *Kwaśniewski* und Ministerpräsident *Buzek* auf dem Reformgipfel im Frühjahr 1998 aufgestellten Harmonogramm[801] vollzog sich die Gebietsreform in vier Etappen: Im Sommer 1998 wurden die Reformgesetze verabschiedet, bis zu den Wahlen zu den Kammern der Kreise und Woiwodschaften im Oktober 1998 wurden die Haushalte der neu gebildeten Kreise und Woiwodschaften aufgestellt, bis zum In-Kraft-Treten der Reform am 1. Januar 1999 wurden die neuen Selbstverwaltungsbehörden errichtet, und während des ersten Quartals 1999 wurden die Angestellten und Beamten der neuen Selbstverwaltungseinheiten umgeschult. Anfang 1999 konnten die neuen Selbstverwaltungseinheiten ihre Arbeit aufnehmen, ohne dass es zu auffälligen Komplikationen gekommen wäre. Dies hing sicherlich auch damit zusammen, dass zu der Zeit die Reform der Sozialversicherungen und des Gesundheitswesens, welche sogar zu einem Misstrauensvotum gegen den Gesundheitsminister führten, im Zentrum der Aufmerksamkeit stand[802].

---

800 Vgl. hierzu *Lammich*, Verw 9 (1976), S. 242-254.

801 Vgl. *ma.s.*, Rzeczpospolita, 13. 5. 1998, und *b.i.w./m.d.z.*, Rzeczpospolita, 16. 5. 1998.

802 Vgl. *d.p./pap*, Rzeczpospolita, 5. 1. 1999.

2. Das neue Gesetz über den zivilen Dienst 1998

a) Zustandekommen des Gesetzes

Der von der Regierung *Buzek* mit der Reform des Rechts des öffentlichen Dienstes betraute, neue Chef des zivilen Dienstes *Pastwa* hatte zwei schwierige Aufgaben zu lösen, nämlich eine weitere Politisierung des *zivilen Dienstes* nach dem Gesetz von 1996 zu verhindern und eine an den oben beschriebenen Anforderungen an eine schrittweise Entkommunifizierung des Verwaltungspersonals orientierte Alternative zu erarbeiten. Es bestand weitgehende Einigkeit darüber, dass dafür Änderungen an dem Gesetz von 1996 und an den aufgrund dieses Gesetzes zusammengesetzten Organen nicht ausreichend waren[803]. Also wurden zunächst die Arbeiten der Berufungskommission und anderer Organe beendet[804].

Entsprechend ihrem umfassenden Reformansatz versuchte die Regierung dann, die alten, unzulänglichen Gesetze von 1982 und 1996 durch ein ausführliches neues Gesetz über den zivilen Dienst von 1998 zu ersetzen, welches zeitgleich mit der Gebietsreform zum 1. Januar 1999 in Kraft treten sollte[805]. Diese Pläne ließen sich jedoch weder zeitlich noch inhaltlich (hierzu sogleich, b) durchsetzen:

Der Zeitplan für das In-Kraft-Treten des ZDG 1998 zum 1. 1. 1999 konnte nicht eingehalten werden. Der Gesetzesentwurf der Regierung[806] wurde während der drei Lesungen im Sejm vom 18. Juli, 25. November und 3. Dezember 1998 heftig kritisiert und schließlich auch an vielen Stellen abgeändert. Zwar gelang es, das neue ZDG nach der Berücksichtigung einiger vom Senat vorgeschlagener Änderungen am 18. Dezember 1998 im Sejm zu verabschieden und dem Präsidenten der Republik Polen *Kwaśniewski* zur Unterzeichnung und Bekanntgabe zu überweisen[807]. Dieser machte jedoch am 8. Januar 1999 fristgemäß von seinem Recht aus Artikel 122 Abs. 3 S. 1 der Verfassung von 1997 Gebrauch

---

803 Vgl. *r.w.*, Rzeczpospolita, 6. 3. 1998.

804 Vgl. das Interview mit dem neuen Chef des zivilen Dienstes: *Wróbel*, Rzeczpospolita, 15. 11. 1997.

805 Vgl. *Wróbel*, Rzeczpospolita, 26. 3. 1998.

806 Abgedruckt in BSC 7-8/1998, S. 11-23.

807 Vgl. die Dokumentation *Semprich*, Rzeczpospolita, 4. 12. 1998.

und unterzeichnete das Gesetz nicht, sondern legte es dem Verfassungsgerichtshof zur Überprüfung auf seine *Verfassungsmäßigkeit* vor[808].

b) Das Beamtenrecht als arbeitsrechtliche Sonderregelung

Anders als sein Vorgänger von 1996 gilt das neue Gesetz für *sämtliche Bediensteten der Regierungsverwaltung*, und zwar sowohl für die „Angestellten" aufgrund eines Arbeitsvertrages als auch für die durch Ernennung verpflichteten „Beamten", die zusammen das so genannte „Korps des zivilen Dienstes" bilden. Damit erfasst das Gesetz derzeit einen Personenkreis von ca. 105.000 Personen[809].

Inhaltlich hatte der *Regierungsentwurf* im Wesentlichen darauf abgezielt, den Beschäftigungsstatus aller drei Beschäftigtengruppen, also der vertraglich Angestellten, der „alten Beamten" (nach dem Gesetz über die Beschäftigten der staatlichen Ämter) und der „neuen Beamten", abschließend und umfassend zu regeln[810]. Dies ist jedoch nur teilweise gelungen:

Das ZDG 1998 ist – genau wie seine Vorgänger – *kein inhaltlich geschlossener Regelungsbereich*, der ein vom allgemeinen Arbeitsrecht gesondertes, eigenes Beamtenrecht statuiert. Art 7 ZDG 1998 bestimmt, dass die Vorschriften des ArbGB „und andere arbeitsrechtliche Vorschriften" auf alle nicht in dem Gesetz geregelten Angelegenheiten anwendbar bleiben und die Arbeitsgerichte für die Rechtsstreitigkeiten zuständig sind, soweit das Gesetz nichts anderes bestimmt. Dies bedeutet, dass das Gesetz über die Beschäftigten der staatlichen Ämter von 1982, das ArbGB sowie – über Art. 300 ArbGB – auch das ZGB für alle Beschäftigtengruppen des ZDG 1998, also sowohl für die „Angestellten des zivilen Dienstes" als auch für die „Beamten des zivilen Dienstes" gemäß Art. 3 ZDG 1998, anwendbar bleiben, soweit das ZDG 1998 keine abweichenden Sonderregelungen enthält[811]. Es kann also keine Rede davon sein, dass das Beamtengesetz von 1982 bereits seit 1989 „obsolet"

---

808 Hierzu sogleich, d).

809 *Raszkowska*, Rzeczpospolita, 10. 7. 2002.

810 Vgl. *Pastwa*, BSC 7-8/1998, S. 8, und *Semprich*, Rzeczpospolita, 13. 7. 1998.

811 *Dubowik*, PiZS, 14. 10. 1999; *dies.*, PiZS, 20. 11. 1999.

sei[812]. Da die Regelungsdichte im ZDG 1998 für die Beamten des zivilen Dienstes höher ist als für die Angestellten des zivilen Dienstes, haben die arbeitsrechtlichen Bestimmungen für Letztere eine größere Bedeutung. So ist im ZDG 1998 nur die Auflösung des Ernennungsverhältnisses, nicht aber die des Anstellungsverhältnisses sondergesetzlich geregelt, für die Angestellten des zivilen Dienstes gelten also insoweit die Bestimmungen des ArbGB[813].

Die *ernannten „neuen Beamten"*, die nach dem ZDG 1996 eingestellt wurden, bleiben „neue Beamte", allerdings werden sie auf die niedrigste Dienstgradstufe zurückgesetzt, wobei sie jedoch einen dreimonatigen Vertrauensschutz für die bisherige Höhe ihrer Besoldung genießen (Art. 139 ZDG 1998)[814].

Für die *ernannten „alten Beamten"*, deren Dienstverhältnis vor 1996 begründet wurde, war nach dem Regierungsentwurf geplant, sie statusmäßig nicht mehr als ernannte Beamte nach dem alten Gesetz von 1982 zu behandeln, sondern als „neue Angestellte" im zivilen Dienst. Diese Herabstufung ist nicht gelungen. Für eine Übergangszeit bis zum 31. Dezember 2003 bleibt gemäß Art. 137 ZDG 1998 das alte Gesetz von 1982 auf sie weiterhin anwendbar. Danach werden sie automatisch zu „neuen Angestellten" des zivilen Dienstes, wenn es ihnen bis dahin nicht gelungen ist, sich zu „neuen Beamten" zu qualifizieren. Die „alten Beamten" werden somit in ein *Bewährungsverhältnis* übernommen, das gewisse Ähnlichkeiten mit unserem „Beitrittsbeamtentum" hat[815]. Im oben beschriebenen Spannungsfeld zwischen rechtsstaatlichem Vertrauensschutz und Stabilität einerseits und personeller Entkommunifizierung und Flexibilität andererseits erscheint diese Lösung als sachgerecht.

---

812 Vgl. für diese voreilige Schlussfolgerung *Torres-Bartyzel/Kacprowicz*, The National Civil Service System in Poland, S. 159.

813 Vgl. *Jagielski/Rączka*, Komentarz do ustawy o służbie cywilnej, Art. 7, S. 40.

814 *Jagielski/Rączka*, Komentarz do ustawy o służbie cywilnej, Art. 139, S. 372 f., sehen in Art. 139 Abs. 4 ZDG 1998 insoweit einen ungerechtfertigten Verstoß gegen den Gleichheitsgrundsatz gemäß Art. 32 Abs. 1 der Verfassung und Art. 11^2 ArbGB, als die nach dem ZDG 1996 ernannten Beamten schlechter behandelt werden als die Angestellten, deren Monatsgehalt gemäß Art. 136 Abs. 2 ZDG 1998 nicht niedriger sein darf als ihr früheres Gehalt.

815 Zum „Beitrittsbeamtentum" siehe *Goerlich*, JZ 1991, S. 75-78.

c) Wesentliche Neuerungen[816]

Rein äußerlich ist an dem Gesetz sein Umfang auffällig. Mit 150 Artikeln ist es wesentlich ausführlicher als das alte *ZDG* von 1996[817]. Dies liegt nicht nur an dem nunmehr erweiterten, die Angestellten mit berücksichtigenden personalen Anwendungsbereich des Gesetzes. Vielmehr ist die *Tendenz zur Durchnormierung* auch auf die bislang zum Teil fehlende Gerichtskontrolle innerhalb des Dienstrechts zurückzuführen. Obwohl umfangreicher als das alte, ist das neue *ZDG* nicht verworrener geworden. Im Gegenteil, viele Regelungen, wie etwa die unübersichtlichen Kompetenzverteilungen, das Qualifizierungsverfahren und das Besoldungsrecht sind vereinfacht worden. Die zentrale Institution des zivilen Dienstes ist – mehr noch als vorher – der Chef des zivilen Dienstes[818], und die am meisten privilegierte Beschäftigtengruppe ist die der KSAP-Absolventen.

Das Gesetz regelt weit ausführlicher als sein Vorgänger in zwölf Kapiteln die Organisation des zivilen Dienstes, die Begründung, Änderung und Aufhebung von Dienstverhältnissen, die Besetzung höherer Posten, die Pflichten, Rechte und die disziplinarische Verantwortlichkeit der Bediensteten, die Schulung und Fortbildung im zivilen Dienst sowie das Rechtsverhältnis der vor dem In-Kraft-Treten dieses Gesetzes in den zivilen Dienst aufgenommenen Personen. Die Tätigkeit in der kommunistischen Partei oder im früheren Sicherheitsdienst wird nicht als Dienstzeit im Sinne dieses Gesetzes betrachtet und daher auch nicht bei der Bemessung der Vergütung, des Übergangsgeldes, der Jubiläums- und anderer Zulagen berücksichtigt[819].

Der *Zugang* zum zivilen Dienst ist gemäß Art. 5 ZDG 1998 „offen und wettbewerblich“, darum müssen alle freien Stellen öffentlich ausgeschrieben werden[820]. Die Bewerber für den zivilen Dienst müssen gemäß

---

816 Vgl. hierzu *Grosse,* SC 2 (2001), S. 79-113; *Redecker*, JOR 41 (2000), S. 102.

817 Hinzu kommt eine größere Zahl von Durchführungsverordnungen, s.u. (e,aa) und das Rechtsquellenverzeichnis im Anhang.

818 S. hierzu *Rydlewski,* Służba cywilna w Polsce, S. 37.

819 Zur Frage nach der Verfassungsmäßigkeit dieser Regelungen sogleich (d,bb).

820 Damit wurden die in der polnischen Verwaltungsrechtsliteratur bereits seit den 1980er Jahren erhobenen Forderungen umgesetzt, s.o., C.II.1b a.E.

Art. 4 ZDG 1998 die polnische Staatsangehörigkeit[821], die vollen bürgerlichen ("öffentlichen") Rechte und die für den zivilen Dienst erforderlichen Qualifikationen besitzen, sich „eines unbescholtenen Leumunds erfreuen"[822] und dürfen nicht wegen einer vorsätzlichen Straftat vorbestraft sein.

Für die *Ernennung* zum Beamten gelten gemäß Art. 28 ZDG 1998 noch zusätzliche Zugangsvoraussetzungen: Die Bewerber müssen bereits im zivilen Dienst beschäftigt sein, eine zweijährige Dienstzeit und einen Vorbereitungsdienst abgeleistet haben, den Magister- oder einen gleichrangigen Titel besitzen, mindestens eine Fremdsprache beherrschen sowie Soldaten der Reserve oder vom Wehrdienst befreit sein. Von diesen strengen Zugangsvoraussetzungen werden keine Ausnahmen gemacht[823]. Vom Vorbereitungsdienst sind lediglich Absolventen der Landesschule für Öffentliche Verwaltung befreit (Art. 27 Abs. 1 ZDG 1998). Das Vorliegen der Voraussetzungen überprüft gemäß Art. 30 Abs. 3 ZDG 1998 der Generaldirektor der zuständigen Behörde, welche die Aufnahme in den zivilen Dienst organisiert[824]. Die *Ernennungsurkunde* enthält gemäß Art. 38 ZDG 1998 lediglich Vornamen, Namen und Geburtsdatum des Beamten, nicht aber Dienstposten, Dienstort und Dienstherrn des Beamten. Eine solche Zuweisung ist nicht erforderlich, da die Ernennung gemäß Art. 37 Abs. 3 ZDG 1998 lediglich eine Umwandlung des bisherigen, bereits bestehenden Beschäftigungsverhältnisses in ein Ernennungsverhältnis bewirkt[825].

Angehörige des zivilen Dienstes dürfen weder ihre politische Überzeugung öffentlich manifestieren noch an Streiks oder Protestaktionen teilnehmen, und Beamten ist es sogar verboten, Funktionen bei den Gewerkschaften auszuüben und politischen Parteien anzugehören[826]. Ne-

---

821 Zur Frage der Kompatibilität dieser Zugangsvoraussetzung mit dem gemeinschaftsrechtlichen Primärrecht sogleich, VI.3a,bb).

822 Im Schrifttum wird die Auffassung vertreten, die Zugangsvoraussetzung des „unbescholtenen Leumunds" sei unpräzise und sein Vorliegen nicht objektiv überprüfbar, daher sei sie „abdingbar"; vgl. *Dubowik*, PiZS, 14. 10. 1999. Für eine solche Annahme gibt es im Gesetzeswortlaut allerdings keinen Hinweis.

823 *Jagielski/Rączka*, Komentarz do ustawy o służbie cywilnej, Art. 28, S. 119.

824 So *Dubowik*, PiZS, 14. 10. 1999.

825 *Jagielski/Rączka*, Komentarz do ustawy o służbie cywilnej, Art. 38, S. 141.

826 Der polnische VerfGH hat kürzlich entschieden, dass dieses Verbot der Parteimitgliedschaft nicht gegen die Verfassung verstößt, zumal es sich nur um eine vorü-

bentätigkeiten sind gemäß Art. 72 ZDG 1998 nur mit Genehmigung des Generaldirektors des zuständigen Amtes zulässig. Für Beamte gilt dies gemäß Art. 57 Abs. 3 ZDG 1998 auch in der Zeit der Versetzung in den einstweiligen Ruhestand unter Beibehaltung des Rechts auf Vergütung.

Das Gesetz ist deutlich *leistungs- und pflichtenorientierter* als sein Vorgänger und hat sich gleichzeitig von einem Recht des öffentlichen Dienstes nach unserem Verständnis entfernt. Nach Art. 7 des Gesetzes ist das *Arbeitsgesetzbuch* weiterhin anwendbar und sind die zivilrechtlichen Arbeitsgerichte weiterhin zuständig, wenn gesetzlich nichts anderes geregelt ist[827]. Die alten vier Beamtenkategorien, welche noch entfernt an das Laufbahnwesen des deutschen Beamtenrechts erinnerten[828], sind nunmehr ganz weggefallen. Es gibt nur noch eine Kategorie von Beamten mit neun Dienstgraden. Die mit dem Dienstalter einhergehenden Gehaltserhöhungen sind prozentual niedriger als bisher. Dies liegt wohl daran, dass der personale Anwendungsbereich des Gesetzes nun grundsätzlich größer geworden und somit weniger elitär ist. Gleichzeitig wird allerdings nach Art. 85 des Gesetzes die Möglichkeit von Sonderzahlungen „für besondere Leistungen" eingeführt, welche aus einem Fonds in Höhe von 3% der etatmäßigen Gehälter bezahlt werden[829]. Diese leistungsbezogene Regelung ist sicherlich geeignet, zur Effektivitätssteigerung der Beamtenschaft beizutragen[830].

---

bergehende Beschränkung der Vereinigungsfreiheit für die Zeit der Amtsausübung handele; vgl. *Kroner*, Rzeczpospolita, 11. 4. 2002.

827 Den einzigen Fall der Zuständigkeit des Hauptverwaltungsgerichts für die Beamten des zivilen Dienstes bildet Art. 56 Abs. 3 ZDG 1998.

828 S.o., III.4a).

829 Unklar ist bislang, wo dieser Fonds einzurichten ist, bei jeder Behörde oder zentral für alle Behörden der Regierungsverwaltung. Der Wortlaut der Norm spricht eher für die letztere Lösung, die allerdings kaum praktikabel erscheint. *Jagielski/Rączka*, Komentarz do ustawy o służbie cywilnej, Art. 85, S. 271, halten die Regelung daher für einen unbeabsichtigten „Gesetzesfehler".

830 Vgl. *Hesse*, Staatswissenschaften und Staatspraxis 7 (1996), S. 428: „Eine transparente Gehälterstruktur und die Möglichkeit leistungsbezogener Sonderzuwendungen vervollständigen die Liste an Anreizen, deren Kombination bedeutend dazu beitragen wird, die erwünschte Qualität und Kontinuität im öffentlichen Dienst zu erreichen".

Die *Absolventen der KSAP* erfahren eine ausdrückliche Sonderbehandlung[831]. Sie müssen gemäß Art. 27 Abs. 1 ZDG 1998 keinen Vorbereitungsdienst durchlaufen und gemäß Art. 37 Abs. 2 und 3 i.V.m. 31 Abs. 1; 30 Abs. 2; 29 Abs. 1 ZDG 1998 auch nicht an dem Qualifikationsverfahren teilnehmen. Vielmehr werden sie automatisch als ernannte Beamte in den zivilen Dienst aufgenommen, wenn sie die allgemeinen Ernennungsvoraussetzungen gemäß Art. 28 Punkte 1; 4-6 ZDG 1998 erfüllen (Art. 30 Abs. 2). Hiermit wird letztlich das Ziel umgesetzt, welches bereits bei der Gründung der Eliteschule angestrebt und lediglich bislang vernachlässigt worden war[832], nämlich die personelle „Infiltration" der staatlichen Beamtenschaft mit gut ausgebildetem, aktivem, jungem, ehrgeizigem, leistungsbereitem Verwaltungsnachwuchs.

Diesem Ziel dient auch der *erheblich erweiterte Pflichtenkatalog*. Allen Beamten ist die *Parteimitgliedschaft* verboten, und sie dürfen keine Funktion in einer Gewerkschaft ausüben. Sie dürfen ihre Meinung nicht öffentlich kundtun und nicht an *Streiks* teilnehmen. Ziel dieser restriktiven Regelungen ist offensichtlich die Effektivitätssteigerung der Beamtenschaft. Fraglich ist, ob dieses Ziel so erreicht werden kann. Denn sozial und politisch engagierte und interessierte, junge Menschen fühlen sich von solch strikten Regelungen wohl eher abgeschreckt als herausgefordert. Andererseits sind mit dem erwähnten Abbau der Hierarchien im zivilen Dienst durch Wegfall der Beamtenkategorien und mit der Möglichkeit zu Sonderzahlungen strukturelle und monetäre *Leistungsanreize* in das Gesetz aufgenommen worden, mit denen Polen im kontinentaleuropäischen Vergleich in diesem Bereich eine Vorreiterrolle einnimmt[833].

Einem Hauptkritikpunkt an dem Gesetz von 1996, nämlich der nur eingeschränkten *Gerichtskontrolle*, trägt das neue Gesetz Rechnung. Grundsätzlich sind gemäß Art. 7 ZDG 1998 für Rechtsstreitigkeiten über Ansprüche aus dem Dienstverhältnis eines Korpsmitglieds die Arbeitsge-

---

831 Dies kann als umstrittenste Neuregelung bezeichnet werden, vgl. *Wróbel*, Rzeczpospolita, 13. 5. 1998.

832 Vgl. *Pastwa*, BSC 7-8/1998, S. 8.

833 Siehe *Böhm*, ZfB 1997, S. 101-107.

richte zuständig, soweit das Gesetz nichts anderes bestimmt[834]. In Disziplinarverfahren ist nun die gerichtliche Kontrolle der Verwaltungsentscheidungen eröffnet. Nach dem Durchlaufen der beiden verwaltungsinternen Instanzen, nämlich der Disziplinarkommission in der jeweiligen Behörde und der Höheren Disziplinarkommission, können sich sowohl die betroffenen Parteien als auch der Chef des zivilen Dienstes gemäß Art. 119 Abs. 2 des Gesetzes an das Appellationsgericht in Warschau wenden[835].

d) Urteil des Verfassungsgerichtshofs zum ZDG 1998

Soweit ersichtlich, gibt es zu dem am 18. 12. 1998 verabschiedeten ZDG 1998 erst ein Gerichtsurteil, und dies erging bereits vor seinem In-Kraft-Treten im Juli 1999. Der polnische Verfassungsgerichtshof hatte am 28. 4. 1999 über eine Präsidentenvorlage vom 8. 1. 1999 zu entscheiden, in der drei Verfassungsverstöße gerügt wurden: Das Tribunal folgte in seinem ohne Begründung veröffentlichten Urteil der Argumentation des Staatspräsidenten voll umfänglich lediglich in der Kompetenzfrage[836]:

aa) Verletzung von Kompetenzvorschriften. Der Verfassungsgerichtshof befand die Art. 2 Abs. 1 Punkte 6 und 7, Art. 20 Abs. 4 und Art. 126 Punkt 1 lit. a) und b) sowie Art. 132 ZDG 1998 antragsgemäß für verfassungswidrig, soweit diese Vorschriften die regionalen Finanzämter und die Widerspruchsausschüsse der Selbstverwaltungen betreffen. Denn Art. 153 der Verfassung sieht vor, dass das Korps des zivilen Dienstes (lediglich) „in den Behörden der Regierungsverwaltung" handelt. Die genannten, für verfassungswidrig erklärten Vorschriften haben insoweit eine überschießende Tendenz, da die regionalen Finanzämter und die

---

834 Diese Zuständigkeitsbestimmung wird im Schrifttum umfassend verstanden, vgl. *Dubowik*, PiZS, 14. 10. 1999. Inwieweit die Gerichtspraxis dies bestätigt, bleibt abzuwarten.

835 Art. 119 Abs. 2 ZDG 1998 ist insoweit unpräzise, als die Höhere Disziplinarkommission in gewissen Fällen (Art. 114 Abs. 2 ZDG 1998) auch in erster Instanz entscheiden kann. Nach dem Wortlaut der Vorschrift kann das Appellationsgericht daher auch gegen solche erstinstanzlichen Entscheidungen angerufen werden; so *Jagielski/Rączka*, Komentarz do ustawy o służbie cywilnej, Art. 119, S. 349.

836 Urteil v. 28. 4. 1999 (Az. K 3/99), M.P. 1999, Nr. 16, Pos. 227.

Widerspruchsausschüsse der Selbstverwaltungen nicht der Regierungsverwaltung unterfallen.

bb) Sozial ungerechte und gleichheitswidrige Regelung der Dienstbezüge. Ferner rügte der Staatspräsident in seiner Vorlage zum Verfassungsgerichtshof, dass die gesetzliche Neuregelung der *Bezüge* der Beamten und Angestellten im zivilen Dienst in den Art. 82 Abs. 3; 83 Abs. 3 und 87 Abs. 3 ZDG 1998 den Grundsatz der *sozialen Gerechtigkeit* aus Art. 2 und das *Gleichheitsgebot* aus Art. 32 der Verfassung verletze. Der VerfGH folgte dieser Ansicht nicht und erklärte die genannten Gesetzesvorschriften insoweit für verfassungsgemäß. Dieses Ergebnis erscheint fragwürdig:

Art. 82 ZDG 1998 sieht vor, dass für langjährige Zugehörigkeit zum zivilen Dienst oder für andere anrechnungsfähige Beschäftigungen eine monatliche Zulage von bis zu 20% des Grundgehalts gewährt wird. Als nicht anrechnungsfähig gelten Beschäftigungen in der *Kommunistischen Partei* und in den Organen der Staatssicherheit zwischen Juli 1944 und Juli 1989. Der gleiche Vorbehalt gilt gemäß den Art. 83 und 87 des neuen Gesetzes für einmalige Zuwendungen bei Dienstjubiläen sowie bei Eintritt in den Ruhestand wegen Erreichens der Altersgrenze oder wegen Dienstunfähigkeit. Diese Regelungen hielt der Präsident in seiner Vorlage zum Verfassungstribunal für

> „diskriminierend gegenüber den Personen, die in Übereinstimmung mit dem geltenden Recht eine Beschäftigung im Rahmen der staatlichen Institutionen hatten“[837].

Hier liegen tatsächlich nicht unerhebliche finanzielle *Ungleichbehandlungen*, insbesondere bei der Dienstalterszulage, vor. Eine Diskriminierung ist aber erst gegeben, wenn ehemalige Partei- und Staatssicherheitsmitarbeiter im zivilen Dienst als wesentlich gleich mit den anderen Beschäftigten anzusehen sind, und wenn für die Ungleichbehandlung kein sachlicher Grund ersichtlich ist[838]. Denn nach der ständigen

---

[837] Zitiert aus dem Diensttagebuch des Präsidenten, im Internet unter: www.president.pl.

[838] *Winczorek*, Komentarz do Konstytucji Rzeczypospolitej Polskiej, S. 50; vgl. für Deutschland etwa *Gubelt*, in: *Münch/Kunig* (Hg.), Grundgesetz-Kommentar, Art. 3, Rn. 10-35.

Rechtsprechung des polnischen VerfGH beruht der verfassungsrechtliche Gleichheitsgrundsatz darauf,

> „dass alle Rechtssubjekte (Normadressaten), die durch ein gegebenes wesentliches (relevantes) Merkmal in gleicher Weise gekennzeichnet sind, gleich behandelt werden müssen; das bedeutet nach einem einheitlichen Maßstab ohne Unterscheidungen diskriminierender oder auch favorisierender Art.“[839]

Werden in diesem Sinne gleiche Personen ungleich behandelt, so muss es nach der ständigen Rechtsprechung des VerfGH hierfür einen sachlichen, zweckdienlichen, legitimen und verhältnismäßigen Grund geben[840].

Von einer *wesentlichen Gleichheit* der beiden Beschäftigtengruppen im Sinne des Besoldungsrechts ist auszugehen. Denn beide üben im Wesentlichen die gleiche Tätigkeit aus. Außerdem sind sie beim Eintritt in den Ruhestand, den die Abfindung erleichtern soll, unabhängig von der Art der früheren Beschäftigung in der gleichen Situation. Und hinsichtlich des Jubiläumsgeldes und der Dienstalterszulage sind beide Beschäftigtengruppen als im Wesentlichen gleich anzusehen, weil beide Bezugsarten ausdrücklich dazu dienen, die Langjährigkeit einer Beteiligung am Erwerbsleben anzuerkennen und nicht etwa besondere Verdienste, Qualifikationen oder besondere Lebensumstände.

Bei der Frage nach dem *sachlichen Grund* für die Ungleichbehandlungen sind insbesondere für die Dienstalterszulage nicht nur wegen ihrer großen finanziellen Erheblichkeit strenge Maßstäbe anzulegen, sondern auch weil es sich bei ihr – anders als bei den anderen beiden Zuwendungen – um eine *wiederkehrende Leistung* handelt. Der Bezug zur monatlich geleisteten Arbeit steht hier somit stärker im Vordergrund. Die Regelung des Art. 13 der Verfassung von 1997, wonach in der Republik Polen u.a. kommunistische Parteien verboten sind, kommt als Rechtfertigungsgrund schon wegen des Rückwirkungsverbots nicht in Betracht[841]. Die frühere Mitgliedschaft in einer seinerzeit nicht verbote-

---

839 Entscheidung v. 9. 3. 1988 (Az. U 7/87), zit. nach: *Garlicki*, Polskie prawo konstytucyjne, S. 95.

840 Grundlegend hierzu die Entscheidung des VerfGH v. 3. 9. 1996 (Az. K 10/96), zit. nach: *Garlicki*, Polskie prawo konstytucyjne, S. 95 f.

841 So aber *Jagielski/Rączka*, Komentarz do ustawy o służbie cywilnej, Art. 82, S. 263.

nen Partei kann schwerlich heutige Ungleichbehandlungen rechtfertigen, nur weil eine solche Partei nach heutigen Maßstäben verboten wäre.

Als Rechtfertigungsgrund für die Ungleichbehandlungen kommt hingegen die in Art. 153 der *Verfassung* sowie wortlautgleich in Art. 1 des *ZDG 1998* definierte *Funktion des zivilen Dienstes* in Betracht, nämlich die

„professionelle, sachgerechte, *unparteiische und politisch neutrale* Erledigung der staatlichen Aufgaben“ [Hervorhebung nur hier].

Wenn der Gesetzgeber für diejenigen Beamten und Angestellten im zivilen Dienst finanzielle Anreize schafft, die nicht durch Mitarbeit in der *Kommunistischen Partei* oder in der Staatssicherheit „vorbelastet“ sind, so trägt dies sicherlich zur *politischen Neutralität* der Mitarbeiter bei, und insoweit mögen die weniger schwerwiegenden Eingriffe in das Grundrecht der Gleichheit vor dem Gesetz (Jubiläumszuwendung, Abfindung) gerechtfertigt sein[842].

Für die Rechtfertigung der monatlichen *Dienstalterszulage* gemäß Art. 82 des Gesetzes reicht dieser Rechtfertigungsgrund jedenfalls nicht aus. Die Verhältnismäßigkeit der Maßnahme scheitert bereits an ihrer *Geeignetheit* zur Zweckerreichung[843]. Wenn der Gesetzgeber den Zweck der politischen Neutralisierung des zivilen Dienstes erreichen und den zivilen Dienst von kommunistisch „vorbelasteten“ Mitarbeitern freihalten will, dann ist es inkonsequent, nicht sachgerecht und unverhältnismäßig, sie zwar einzustellen oder weiterzubeschäftigen, ihnen dann aber nicht die gleichen monatlichen Zulagen zu gewähren wie anderen Beschäftigten für die gleiche Arbeit. Als einzige geeignete Mittel zur Erreichung dieses Zwecks wären die Regelungen zum Zugang, zur Ernennung und zur Entlassung anzusehen, zumal bei einer entsprechenden gesetzlichen Regelung, die das Gebot der Verhältnismäßigkeit im engeren Sinne beachtet und der Einstellungsbehörde bei der Überprüfung der parteipolitischen Neutralität der Bewerber ein ausreichendes Ermessen

---

842 Allerdings ist auch bei diesen einmaligen Zuwendungen die Geeignetheit der Maßnahme in Frage zu stellen. Von einer näheren Prüfung wird hier abgesehen.

843 Der polnische VerfGH geht seit seinem Urteil v. 26. 4. 1995 (Az. K 11/94) in st. Rspr. vom Gebot der Verhältnismäßigkeit staatlicher Maßnahmen aus und unterscheidet – wie das deutsche Bundesverfassungsgericht – zwischen den Erfordernissen der Geeignetheit, der Erforderlichkeit und der Verhältnismäßigkeit im engeren Sinne; vgl. *Garlicki*, Polskie prawo konstytucyjne, S. 103.

eröffnet, auf die jeweiligen Umstände des Einzelfalles eingegangen werden kann[844].

Eine pauschale, nicht an leistungsbezogene Rechtfertigungsgründe anknüpfende *„Lustration durch die besoldungsrechtliche Hintertüre"*, nachdem das 1997 in Kraft getretene *Lustrationsgesetz* eine Weiterbeschäftigung von ehemaligen Funktionären der Kommunistischen Partei in den Staatsorganen nicht verhindert hat[845], kommt einem gesetzgeberischen *venire contra factum proprium* gleich, ist unverhältnismäßig und verstößt gegen den Gleichheitsgrundsatz. Dieser Befund mag den Beamten, die sich nicht auf das sozialistische Kadersystem eingelassen haben und dafür in vielen Fällen auch Nachteile hinnehmen mussten, als unbefriedigend erscheinen, aber letztlich

> „werden hier die Grenzen der Personalpolitik in einem rechtsstaatlichen Verwaltungssystem deutlich"[846].

cc) Verletzung der Gewaltenteilung und der Parlamentsautonomie. Laut der Präsidentenvorlage vom 8. Januar 1999 verstößt die Regelung des Art. 15 Abs. 3 ZDG 1998, wonach der Ministerpräsident acht der 16 Mitglieder des Rats des zivilen Dienstes auswählt und beruft, „welche alle Fraktionen (*kluby parlamentarne*) repräsentieren", gegen die Grundsätze der Gewaltenteilung und der Parlamentsautonomie gemäß Art. 10 der Verfassung:

> „1. Die Ordnung der Republik Polen stützt sich auf die Teilung und das Gleichgewicht zwischen der gesetzgebenden Gewalt, der vollziehenden Gewalt und der rechtsprechenden Gewalt.
>
> 2. Die gesetzgebende Gewalt wird vom Sejm und vom Senat ausgeübt, die vollziehende Gewalt vom Präsidenten der Republik Polen und dem Ministerrat und die rechtsprechende Gewalt von den Gerichten und Gerichtshöfen."

---

844 Eine pauschale Nichteinstellung von ehemaligen Mitgliedern der Kommunistischen Partei ohne Berücksichtigung des konkreten Einzelfalls, also etwa der früheren parteipolitischen Aktivität des ehemaligen Mitglieds, wäre sicherlich unverhältnismäßig; vgl. etwa *Winczorek*, Komentarz do Konstytucji Rzeczypospolitej Polskiej, S. 51: „Ein typisches Beispiel einer Diskriminierung ist die Ablehnung der Einstellung einer Person *nur* unter dem Gesichtspunkt, dass sie nicht die politischen Ansichten des Arbeitgebers teilt" [Hervorhebung nur hier].

845 Vgl. *Süssmuth*, Umbrüche, Übergänge und demokratische Neuanfänge in Politik und Wirtschaft, S. 21.

846 *König*, Governance 1993, S. 395.

Auch dieser Einwand des Staatspräsidenten gegen das Gesetz ist berechtigt. Zwar ist die Mitgliedschaft von Abgeordneten im Rat für sich genommen noch kein Verstoß gegen das dem Gewaltenteilungsgrundsatz entnommene *Verbot der Beschäftigung von Abgeordneten und Senatoren in der Regierungsverwaltung* (Art. 103 und 108 der Verfassung). Denn es ist gar nicht die Funktion des Rats, selber exekutiv tätig zu werden. Gemäß Art. 14 ZDG 1998 ist er ein ausschließlich *beratendes* Organ, das seine Stellungnahmen zu allen Fragen des zivilen Dienstes abgibt. Diese parlamentarische Rückbindung von Verwaltungshandeln entspricht dem Gedanken der sich gegenseitig kontrollierenden Gewalten. Die sachlich-inhaltliche Komponente des Gewaltenteilungsgrundsatzes ist durch die beanstandete Regelung nicht verletzt – anders als bei der Mitgliedschaft von Abgeordneten im Rat nach dem alten Gesetz von 1996[847], nach dessen Art. 7 Abs. 3 Nr. 9 der Rat die Abberufung von Kommissionsmitgliedern beantragen und insoweit selber exekutiv tätig werden kann.

Die Neuregelung von 1998 verstößt allerdings insoweit gegen den Gewaltenteilungsgrundsatz gemäß Art. 10 der Verfassung, als die parlamentarischen Ratsmitglieder nach Art. 15 Abs. 3 des Gesetzes vom Ministerpräsidenten „ausgewählt und berufen“ werden, wenn man unter „Auswahl“ eine eigenständige Personalentscheidung des Ministerpräsidenten versteht. Nach dem Wortlaut der Norm ist sein Auswahlermessen vom Gesetzgeber nur unerheblich eingeschränkt worden. Er muss Vertreter aller Fraktionen berufen, welche vorstrafenlose polnische Bürger mit gutem Ruf sind. Zu einer eigenständigen Auswahl ist der Ministerpräsident verfassungsrechtlich nicht legitimiert. Als Exekutivorgan steht er in der demokratischen Legitimationshierarchie vielmehr unter den Abgeordneten. Aufgrund der Parlamentsautonomie kann eine andere Staatsgewalt keine personellen Entscheidungen hinsichtlich der Entsendung von Abgeordneten in ein Gremium fällen.

Der VerfGH hat sich in seinem Urteil zu dieser Frage offenbar vom Gebot der *verfassungskonformen Gesetzesauslegung* leiten lassen, als er befand,

> „dass Art. 15 Abs. 3 ZDG 1998, *verstanden in der Weise,* dass der Ministerpräsident bei der Berufung der Vertreter der parlamentarischen Fraktionen in den Rat des zivilen Dienstes an die Weisungen der parlamentarischen Fraktio-

---

847 Im Rat waren drei Abgeordnete vertreten, vgl. *o.V.*, BSC 7-8/1998, S. 7.

nen *gebunden* ist, mit den Art. 10 und 135 der Verfassung der Republik Polen zu vereinbaren ist" [Hervorhebungen nur hier].

Fraglich ist, ob der VerfGH mit dieser ermessensreduzierenden Auslegung des Auswahlermessens des Ministerpräsidenten gemäß Art. 15 Abs. 3 ZDG 1998 die *Wortlautschranke* durchbrochen hat. Von „Weisungen der parlamentarischen Fraktionen" ist in der Vorschrift nicht die Rede. Andererseits wird durch dieses hinzuzulesende, ungeschriebene Tatbestandsmerkmal die Verfassungsmäßigkeit der Vorschrift erhalten. Denn die Grundsätze der Gewaltenteilung und der Parlamentsautonomie erlauben – wie dargelegt – keine Personalentscheidungen der Regierungsverwaltung in Bezug auf die Parlamentsabgeordneten. Daher kann es – je nach Anwendungsfall – sowohl zu einer *Ermessensreduzierung auf Null* kommen (die Fraktionen benennen genau acht zu berufende Ratsmitglieder) als auch zu einer *Einschränkung des Auswahlermessens* (die Fraktionen benennen mehr als acht Personen, unter denen der Ministerpräsident acht auswählen kann). Die zweite Fallgestaltung hat insoweit keinen Verstoß gegen die Parlamentsautonomie zur Folge, als es den Fraktionen frei steht, genau acht Abgeordnete zu benennen oder mehr.

Bei der Berufung der Ratsmitglieder verbleiben dem Ministerpräsidenten ein Prüfungsrecht und eine Prüfungspflicht, ob die Ratsmitglieder die allgemeinen Voraussetzungen für die Beschäftigung im zivilen Dienst gemäß Art. 4 Punkte 1-3 und 5 ZDG 1998 erfüllen.

e) Umsetzung des Gesetzes

aa) Zahlreiche Durchführungsverordnungen. Das ZDG 1998 enthält insgesamt 16 gesetzliche Ermächtigungen zum Erlass von Durchführungsverordnungen[848] und steht mit dieser vielfältigen Auslagerung wesentlicher Regelungsbereiche auf die Verordnungsebene in der Tradition seiner Vorgänger aus den Jahren 1982 und 1996[849].

---

848 Art. 2 Abs. 2; 13 Abs. 2; 19; 20 Abs. 5; 36; 49; 74 Abs. 3; 80 Abs. 3; 82 Abs. 4; 83 Abs. 4; 86 Abs. 3; 92 Abs. 3; 94; 102 Abs. 3; 104; 113.

849 Vgl. nur die – allerdings nicht vollständige – Auflistung der Durchführungsvorschriften im Rechtsquellenverzeichnis. Soweit ersichtlich, sind zum Gesetz über die Beschäftigten der staatlichen Ämter über zwei Dutzend Durchführungsverordnungen erlassen worden.

Auch die *Qualität* einiger unklarer und unbestimmter Ermächtigungsnormen ist mit der ihrer Vorgänger aus der kommunistischen Zeit vergleichbar. Obwohl Art. 92 Abs. 1 S. 2 der Verfassung von 1997 ausdrücklich bestimmt, dass die gesetzliche Ermächtigung nicht nur das für den Erlass der Verordnung zuständige Organ, sondern auch den Umfang der zur Regelung übertragenen Angelegenheiten und Richtlinien bezüglich des Inhalts nennen muss[850], bezeichnen einige der Ermächtigungsvorschriften des ZDG 1998 lediglich das für den Erlass der entsprechenden Durchführungsverordnung zuständige Organ. Somit kann z.B. Art. 2 Abs. 2 ZDG 1998, der dem Ministerpräsidenten die Festlegung der Dienstposten und der hierfür erforderlichen Berufsqualifikationen überträgt, ohne irgendwelche Inhaltsvorgaben für diese statusrechtlich relevante Materie zu machen, als verfassungswidrig angesehen werden[851]. Das Gleiche gilt für die Verordnungsermächtigung in Art. 82 Abs. 4 ZDG 1998[852].

Seit dem In-Kraft-Treten des ZDG 1998 wurden auf der Grundlage der 16 gesetzlichen Ermächtigungen insgesamt 15 Durchführungsverordnungen erlassen, davon drei Änderungsverordnungen und eine Neufassung[853]. Geregelt werden hier u.a. das Qualifikationsverfahren, das Statut für das Amt des zivilen Dienstes, die Beamtenposten, die erforderlichen Berufsqualifikationen, die Dienstgrade, die Vergütungsmultiplikatoren und die besonderen Grundsätze für die Feststellung und Auszahlung anderer Leistungen, ferner die besonderen Berechtigungen im Bereich der Gehälter und anderer Leistungen, die Grundzüge der Gewährung dieser Leistungen und ihrer Höhe sowie die Vergütungszulagen. Ebenfalls im Verordnungsweg geregelt sind die Wettbewerbe um die höheren Posten, die Vergütung der Mitglieder des Rats des zivilen Dienstes und der Disziplinarkommissionen sowie die Schulungen im zi-

---

850 Die kürzlich im Verordnungsweg verabschiedeten „Grundsätze der Rechtssetzungstechnik" vom Juni 2002 (Dz. U. 2002, Nr. 100, Pos. 908) stellen nunmehr klar, dass die Zweckbestimmung der zu erlassenden Verordnung in den Inhaltsrichtlinien enthalten sein „kann", aber nicht muss; vgl. hierzu *Redecker*, WiRO 10/2002 (i.Dr.). Das somit fehlende Erfordernis der Zweckbestimmung ist sicherlich die entscheidende Abweichung der polnischen verfassungsrechtlichen Regelung dieser Materie von der deutschen Regelung in Art. 80 Abs. 1 GG.

851 So *Dubowik*, PiZS, 14. 10. 1999.

852 So *Jagielski/Rączka*, Komentarz do ustawy o służbie cywilnej, Art. 82, S. 266.

853 Vgl. für einen Überblick das Rechtsquellenverzeichnis im Anhang.

vilen Dienst, die Arbeitszeit, die Gesetzgebungsapplikantur und die Beurteilungen der Beamten des zivilen Dienstes.

Besonders hervorzuheben ist die zuletzt ergangene Durchführungsverordnung v. 6. 5. 2002 „Über die besonderen Grundsätze der Durchführung der *Beurteilungen der Beamten* des zivilen Dienstes", denn hier wird erstmals in der Geschichte des polnischen Beamtenrechts der Maßstab näher bestimmt, nach dem die Dienstbeurteilungen der Beamten durchzuführen sind[854]. Die VO unterscheidet gemäß ihrem § 1 Abs. 2 zwischen den zu beurteilenden Pflichtkriterien und den Wahlkriterien. Die fünf *Pflichtkriterien* sind die Redlichkeit, Pünktlichkeit, Fähigkeit zur Rechtsanwendung, Arbeitsplanung und -organisation und die ethische Haltung. Zu den 23 *Wahlkriterien* zählen u.a. das Fachwissen, die technischen Fertigkeiten, die Fremdsprachenkenntnisse, die mündliche und schriftliche Kommunikationsfähigkeit, die Teamfähigkeit, das Verhandlungsgeschick, die Entschlussfreudigkeit, Selbständigkeit, Initiative und Kreativität, das strategische Denken und die analytischen Fähigkeiten. Jedes Kriterium wird in der VO näher bestimmt. So wird unter der „ethischen Haltung" des Beamten Folgendes verstanden: „Erfüllung der Pflichten in redlicher Weise, die nicht den Verdacht der Parteilichkeit und des Eigeninteresses erweckt; Sorge um den untadeligen Ruf; ein der Berufsethik entsprechendes Vorgehen".

bb) Zögerliche Bildung des Beamtenkorps. Auch auf seiner neuen Rechtsgrundlage, dem ZDG 1998, ist der zivile Dienst bislang nur langsam in Schwung gekommen, insbesondere die Ernennung zu „Beamten des zivilen Dienstes" kommt nur zögerlich voran. Angesichts der wenigen Ernennungen gelangte ein polnischer Kommentator kürzlich zu der Schlussfolgerung: „Die Existenz eines zivilen Dienstes in Polen ist weiterhin in höherem Maße eine Aufgabe als ein faktischer Zustand."[855]

Im Jahre 1997 wurden nur knapp 100 Personen zu Beamten des Zivilen Dienstes ernannt statt wie vorgesehen 500, und in den Jahren 1998-99 wurden überhaupt keine neuen Beamten mehr ernannt. Das Haushaltsgesetz 2000[856] sah für die Beamtenernennungen eine Höchstgrenze

---

[854] Zur Kritik an den unbestimmten Beurteilungskriterien nach dem Gesetz über die Beschäftigten der staatlichen Ämter s.o., C III.4b,cc).

[855] *Rydlewski,* Służba cywilna w Polsce, S. 55.

[856] Dz. U. 2000, Nr. 7, Pos. 85.

von 2.800 vor, jedoch wurde diese Zahl mangels geeigneter Bewerber aus dem Kreis der Staatsbediensteten (vgl. Art. 143, 28 ZDG 1998) nicht erreicht[857]. So nahmen an dem Wettbewerb Mitte Januar 2000[858] lediglich 285 Kandidaten teil, und nur 42 Bewerber bestanden den aus drei Tests bestehenden Wettbewerb mit der ausreichenden Punktzahl – getestet wurden die Psychologie der Bewerber, ihre fachlichen Kenntnisse sowie die Fähigkeit, zusammenhängende und klare Gedanken zu formulieren[859]. Insgesamt wurden im Jahr 2000 nur 465 Bewerber zu Beamten ernannt, darunter befanden sich 260 KSAP-Absolventen[860]. Für das Jahr 2002 ist die Ernennung von 400 Beamten vorgesehen, und nur etwas über 400 Bewerber haben ihre Teilnahme an dem Wettbewerb angemeldet[861].

Ein Grund für die geringe Bewerberzahl liegt sicherlich in den, zumal für ältere Bedienstete, hohen Anforderungen für die Bewerbung um eine Ernennung als Beamter des zivilen Dienstes. Allein durch die an die Bewerber gestellte Anforderung gemäß Art. 28 ZDG 1998, mindestens eine *Fremdsprache* zu beherrschen, scheiden nach Schätzungen das Amts für den Zivilen Dienst bereits über 90.000 der derzeit ca. 105.000 Bediensteten in der Regierungsverwaltung als Bewerber aus[862]. Eine weitere, finanzielle Hürde stellt die *Teilnahmegebühr* für den Wettbewerb gemäß Art. 34 ZDG 1998 dar.

Angesichts dessen ist zu überlegen, ob die *Anreizwirkungen* im zivilen Dienst[863] groß genug sind. Denn den Korpsmitgliedern wird durch das ZDG ein umfänglicher Pflichtenkanon aufgebürdet (vgl. Art. 67-77 ZDG 1998). Hinzu kommen Pflichten aus anderen Gesetzen, z.B. die Pflicht zur umfassenden Offenlegung der Vermögensverhältnisse gemäß

---

857 Vgl. *Redecker*, JOR 41 (1/2000), S. 192.

858 Es handelt sich um die Nachholung des Wettbewerbs für 1999, vgl. Art. 146a ZDG 1998.

859 *R.W.*, Rzeczpospolita, 17. 1. 2000; *R.W.*, Rzeczpospolita, 10. 2. 2000.

860 *Rydlewski,* Służba cywilna w Polsce, S. 44.

861 *Raszkowska*, Rzeczpospolita, 10. 7. 2002; vgl. ferner *Rydlewski,* Służba cywilna w Polsce, S. 43.

862 *Wielopolska/Gawryś*, Rzeczpospolita, 11. 8. 2000.

863 Z.B. eine besondere Dienstgradzulage (Art. 80 Abs. 2 ZDG 1998), ein gegenüber dem allgemeinen Arbeitsrecht leicht verbesserter Kündigungsschutz (Art. 60-63 ZDG 1998) sowie mehr Urlaub (Art. 88-90 ZDG 1998). Außerdem können die höheren Dienstposten in der Staatsverwaltung nach dem Ablauf der Übergangszeit im Jahre 2004 nur noch von Beamten des zivilen Dienstes besetzt werden.

Art. 10 des sog. Antikorruptionsgesetzes von 1997[864]. Die zahlreichen Grundrechtsbeschneidungen (vgl. nur Art. 69 ZDG 1998) sind auch mit dem Gedanken eines Sonderrechtsverhältnisses schwerlich zu rechtfertigen, zumal das Korpsmitglied des zivilen Dienstes vergleichsweise wenige Sonderrechte genießt. So gibt es weder das Recht auf Fürsorge und Schutz durch den Dienstherrn noch das Alimentations- und das Laufbahnprinzip, der Entlassungsschutz ist nicht groß, und das Konzept des Beamten auf Lebenszeit besteht nicht.

Andererseits fällt zugunsten einer Beibehaltung der derzeitigen, hohen Anforderungen der mit dem Gesetz verfolgte Regelungszweck der „Sicherstellung einer professionellen, redlichen, unparteilichen und politisch neutralen Erledigung der staatlichen Aufgaben" gemäß Art. 1 ZDG 1998 ins Gewicht. Hinzu kommt die zeitliche Komponente: Bei einer wachsenden Zahl von Arbeitslosen, insbesondere auch von jugendlichen Arbeitslosen, und angesichts des näher rückenden Beitritts Polens zur Europäischen Gemeinschaft wird eine Tätigkeit im zivilen Dienst – gerade auch für junge Bewerber – immer interessanter. Eine Beschäftigung im zivilen Dienst wird als ein wichtiger, erster Schritt auf dem Weg zu einer künftigen Karriere in den europäischen Institutionen angesehen[865]. Die zunehmende Beliebtheit des zivilen Dienst zeigt sich bei den Bewerbungen für freie Dienstposten: Hier kommen auf eine freie Stelle nach jüngsten Angaben 200-300 Bewerber[866]. Ferner ist die „biologische" Lösung des Problems zu beachten: Von den ca. 2.500 Führungspositionen in der Regierungsverwaltung werden jährlich knapp 100 durch Eintritt in den Ruhestand vakant[867], und die nachrückenden, jüngeren Bewerber sind in der Regel besser ausgebildet und verfügen insbesondere über eine bessere Fremdsprachenkompetenz[868].

cc) Politischer Ausblick 2002: Drei Szenarien. Das derzeitige politische Umfeld für eine gelungene Fortsetzung der Verwaltungstransformation

---

864 Gesetz über die Eingrenzung der Wirtschaftstätigkeit von Personen mit öffentlichen Ämtern, Dz. U. 1997, Nr. 106, Pos. 679, vgl. hierzu *Institut für Ostrecht München,* WiRO 1998, S. 36.

865 *Raszkowska*, Rzeczpospolita, 10. 7. 2002.

866 *Raszkowska*, Rzeczpospolita, 10. 7. 2002.

867 *Wróbel*, Rzeczpospolita, 11. 7. 1999.

868 *Rydlewski,* Służba cywilna w Polsce, S. 45, hält die derzeitigen hohen Anforderungen hingegen für „keine rationale Lösung".

im personellen Bereich ist durchwachsen. Nach dem überwältigenden Wahlsieg des postsozialistischen Wahlbündnisses SLD-UP bei den Parlamentswahlen im September 2001 und der Bildung einer Koalitionsregierung mit der sog. Bauernpartei PSL ist eine Regierung an die Macht gekommen, die sich mit den alten Strukturen und dem alten Personal im Staatsdienst stärker identifiziert als die von der „Wahlaktion Solidarität" AWS angeführte Regierung *Buzek*[869]. Ihre Bereitschaft zu einer personellen Erneuerung in der Exekutive ist daher als eher gering einzustufen. Andererseits wäre die Erhaltung und weitere Umsetzung des von der Vorgängerregierung übernommenen Dienstrechtsgesetzes durch die neue Regierung eine Stärkung der institutionellen Autonomie des geltenden Dienstrechts und somit zugleich ein bedeutsamer Indikator für die fortschreitende politische Konsolidierung Polens in diesem Bereich[870].

Sollte es der neuen Regierung darum gehen, die mit dem Gesetz über den zivilen Dienst von 1998 von der Vorgängerregierung initiierte Dienstrechtsreform zu ver- oder behindern, so sind im Wesentlichen *drei Szenarien* denkbar, nämlich erstens – als sicherlich heftigster Einschnitt in das bestehende Dienstrecht – die Außerkraftsetzung des alten und die Verabschiedung eines wiederum neuen Beamtengesetzes[871], zweitens die Novellierung des ZDG 1998 oder drittens die Verhinderung der Einstellung neuer Beamter nach dem ZDG 1998[872] bzw. die Außerdienststel-

---

869 Dementsprechend betraf das erste dem neuen Sejm im Oktober 2001 zugeleitete Gesetzesprojekt eine Novellierung des *Lustrationsgesetzes*, wonach die Mitarbeit in den Nachrichten- und Grenzschutzdiensten der Volksrepublik Polen nicht als lustrationspflichtig gelten soll, vgl. *E.O./B.K./M.D.Z.*, Rzeczpospolita, 24. 10. 2001. Die Novelle wurde am 15. 2. 2002 vom Sejm mit den Stimmen von SLD, UP und der bäuerlichen Protestpartei „Selbstverteidigung" verabschiedet (Dz. U. 2002, Nr. 14, Pos. 128), vgl. *M.L.*, FAZ, 16. 2. 2002. Der Verfassungsgerichtshof erklärte in seinem Urteil v. 19. 6. 2002 (Az. K. 11/02), Dz. U. 2002, Nr. 84, Pos. 765, die Gesetzesnovelle für teilweise verfassungswidrig.

870 Vgl. zu dieser sog. vertikalen Ebene institutioneller Autonomie im Rahmen der demokratischen Konsolidierung *Rüb*, Zur Funktion und Bedeutung politischer Institutionen in Systemwechselprozessen, S. 62-63; vgl. auch *ders.*, Die drei Paradoxien der Konsolidierung der neuen Demokratien in Mittel- und Osteuropa, S. 518-520; vgl. ferner zur Bedeutung des chronologischen und des generationellen Alters von Institutionen für die Konsolidierung *Huntington*, Political Order in Changing Societies, S. 13-15.

871 Dies nach dem Vorbild der Vorgängerregierung *Buzek*, s.o., a).

872 Nach dem Vorbild des ersten, von der postsozialistischen SLD/PSL-Koalitionsregierung 1996 eingesetzten Chefs des zivilen Dienstes, welcher bei der

lung der bereits nach diesem Gesetz ernannten Beamten im Wege der Umstrukturierung der Behörden und der Entlassung.

Grundsätzlich erscheint ein *erneutes gesetzgeberisches Tätigwerden* als nicht ausgeschlossen – angesichts der traditionellen Reform- und Novellierungsfreudigkeit der polnischen Gesetzgebung[873], gepaart mit dem Vorhandensein der unterschiedlichsten Reformkonzepte im Bereich des Dienstrechts[874]. So äußerte in der zweiten Lesung des ZDG 1998 ein SLD-Abgeordneter die Befürchtung:

> „Polen droht eine Situation, in der jede neue Regierung ihr eigenes Gesetz über den zivilen Dienst und in der trügerischen Überzeugung von seiner Ewigkeit ihren eigenen zivilen Dienst wird haben wollen."[875]

Vieles deutet Mitte 2002 allerdings darauf hin, dass es nicht zum o.g. ersten Schritt, der Verabschiedung eines wiederum neuen ZDG kommen wird. Anfang November 2001, am Tag des zivilen Dienstes, ließ Regierungschef *Miller* noch verlauten, es werde *nicht einmal eine Änderung* des ZDG geben[876].

Ende Dezember wurde dann doch ein *gesetzgeberischer Einschnitt* in das ZDG vorgenommen[877]: Nach dem neu eingefügten Art. 144a ZDG 1998 können bis Ende 2002 die entscheidenden Führungspositionen in den Behörden von Personen besetzt werden, die nicht Mitglieder des Korps des zivilen Dienstes sind. Mit dieser Gesetzesänderung hat sich die neue Regierung für eine Übergangszeit den Weg eröffnet für die

---

Ernennung neuer Beamter nach dem Gesetz von 1996 quasi eine Verweigerungshaltung an den Tag legte, s.o., III.4b), und *Redecker*, Ist Polen auf dem Weg zu einem Recht des öffentlichen Dienstes?, S. 123-124.

873 Schon im 19. Jahrhundert meinte der polnische Historiker *Karol Boromeusz Hoffman*, „in keinem anderen Land der Welt werden mehr Reformkonzepte entwickelt als in Polen", zit. nach *Kulesza*, Rzeczpospolita, 12. 3. 1998; zu Fragen der polnischen Gesetzgebung im aktuellen Reformzusammenhang s. auch *Bober/Redecker*, OER 2002 , S. 83-104.

874 Hierzu *Górski*, SC 3/2001, S. 76-94; *Izdebski*, PiP 9/1994, S. 50-61 m.w.N.

875 Abgeordneter *Nikolski*, zit. nach *Górski*, SC 3/2001, S. 97.

876 Ministerpräsident *Miller* gab am 10. 11. 2001 bekannt, es seien keine Änderungen an dem Gesetz geplant; vgl. *K.S.*, Rzeczpospolita, 12. 11. 2001; Abdruck der Rede in BSC 23/2001, S. 5-7.

877 Änderungsgesetz zum Gesetz über die Organisation und das Arbeitsverfahren des Ministerrats sowie über den Aufgabenbereich der Minister, zum Gesetz über die Zweige der Regierungsverwaltung sowie zu einigen Gesetzen v. 21. 12. 2001 (Dz. U. 2001, Nr. 154, Pos. 1800).

Durchsetzung ihrer eigenen Personalpolitik im zivilen Dienst. Sie kann nunmehr den Weg des gesetzlich vorgeschriebenen Wettbewerbs zur Besetzung höherer Dienstposten (Art. 41-49 ZDG 1998) umgehen und – allerdings gemäß Art. 144a Abs. 4 ZDG 1998 nur für einen Zeitraum von höchsten sechs Monaten[878] – politische Günstlinge in die Führungspositionen im zivilen Dienst einsetzen. Die *Verfassungsmäßigkeit* dieser Neuregelung ist fraglich. Denn Art. 153 Abs. 1 der Verfassung bestimmt, dass das Korps des zivilen Dienstes in den Behörden der Regierungsverwaltung „zur Sicherstellung einer professionellen, redlichen, unparteilichen und politisch neutralen Erledigung der staatlichen Aufgaben" handelt. Von einer Unparteilichkeit kann bei politischem Nepotismus nicht die Rede sein, und die Umgehung des gesetzlich vorgesehenen Wettbewerbs steigert nicht die Professionalität des zivilen Dienstes. Daher hat der polnische Bürgerrechtsbeauftragte kürzlich einen Antrag beim Verfassungsgerichtshof der Republik Polen eingeleitet, um die Verfassungsmäßigkeit der Gesetzesnovelle überprüfen zu lassen[879].

Ferner war bereits zu Beginn der Amtszeit der neuen Regierung abzusehen, dass das sog. *Personalkarussell*[880] in den staatlichen Ämtern erheblich in Schwung gebracht würde. Bereits Ende 2001 kam es zu zahlreichen Personalveränderungen, und zwar nicht nur in den Spitzenämtern, sondern auch auf den nichtpolitischen Dienstposten[881]. Für 2002 plante die Regierung die Auflösung von 23 Behörden und Agenturen mit mehreren Tausend Bediensteten[882], um so eine noch freiere Hand für Entlassungen und Neuernennungen in den staatlichen Ämtern zu erhalten. Ein erster Schritt in diese Richtung ist das „Gesetz über Veränderungen in der Organisation und Funktionsweise der Zentralorgane der Regierungsverwaltung und der ihnen unterstellten Einheiten sowie über die Änderung einiger Gesetze" vom März 2002, das zahlreiche Zentralorgane der Regierungsverwaltung aufgelöst hat[883]. Und im Mai verab-

---

878 Eine gesetzgeberische Verlängerung dieser Frist Mitte 2003 ist bereits jetzt vorherzusehen, falls die postkommunistische Regierung dann noch im Amt und Art. 144a ZDG 1998 noch in Geltung ist.

879 *J.K.*, Rzeczpospolita, 26. 6. 2002.

880 *Górski*, SC 3/2001, S. 95, spricht vom „Kaderkarussell in der Regierungsverwaltung".

881 *M.D.Z./E.O./A.M./MA.S.*, Rzeczpospolita, 15. 11. 2001.

882 *MA.S./AST*, Rzeczpospolita, 16. 11. 2001.

883 Näher hierzu *Redecker*, WiRO 2002, S. 214.

schiedete das Parlament das „Gesetz über die Agentur der Inneren Sicherheit sowie über die Agentur des Nachrichtendienstes“[884], welches das bisherige Amt für den Staatsschutz aufhob. Mit der damit verbundenen *Umstrukturierung* hat die neue postkommunistische Regierung die Grundlage für die Entlassung aller politisch unliebsamen Verfassungsschützer und Nachrichtendienstmitarbeiter sowie für die Wiedereinstellung der alten Riege aus der kommunistischen Zeit geschaffen. Der neue Chef des Nachrichtendienstes ist ein führender SLD-Politiker, und an der Spitze des Verfassungsschutzes steht nun ein früherer Funktionär der PVAP. Art. 230 des Gesetzes sieht vor, dass bis Mitte Juli 2002 alle insgesamt ca. 6.000 Mitarbeiter von den neuen Chefs entweder entlassen oder unter neuen Bedingungen übernommen werden. Frühere Mitarbeiter des kommunistischen Sicherheitsdienstes dürfen, anders als nach dem Vorgängergesetz, in die speziellen Dienste aufgenommen werden[885].

Anfang 2002 wurde außerdem bekannt, dass die postkommunistische Regierungspartei SLD beabsichtigt, die Eliteschule KSAP mit der eigenen Parteischule zu fusionieren, was sicherlich nicht zu einer Entpolitisierung der Beamtenschaft beitragen wird[886].

dd) Ergebnis: Politische Konsolidierung nicht beendet. Das ZDG 1998 ist weitgehend umgesetzt worden, soweit es um den Erlass von Durchführungsverordnungen geht. Das Korps der Beamten des zivilen Dienstes wächst zwar langsamer an als vorgesehen, jedoch gibt es wenig Anlass dafür, die hohen Zugangsvoraussetzungen abzumildern.

Das ZDG 1998 hat bislang auch den Regierungswechsel 2001 überstanden, was grundsätzlich für die Fähigkeit der neuen Regierung zum *institutionellen Lernen* spricht. Die neue postkommunistische Regierung hat lediglich einige Durchführungsverordnungen geändert bzw. erneuert. Schwerer ins Gewicht fällt hingegen, dass sie mit ihrer Parlamentsmehrheit das Gesetz an einer Stelle verändert hat, die ihr die Besetzung von Führungspositionen im zivilen Dienst durch politische Seiteneinsteiger, die nicht dem Korps des zivilen Dienstes angehören und die sich nicht über einen Wettbewerb qualifizieren müssen, ermöglicht.

---

884 Dz. U. 2002, Nr. 74, Pos. 676.

885 Näher hierzu *Redecker*, WiRO 9/2002 (i.Dr.).

886 Vgl. *Wildstein*, Rzeczpospolita, 1. 2. 2002.

Angesichts der gleichzeitigen, weitreichenden Umstrukturierungen im Personalbereich, die ein tief sitzendes Misstrauen der Regierung in die „unparteiliche und politisch neutrale Erledigung der staatlichen Aufgaben“ (Art. 1 ZDG 1998) durch die Beamten offenbaren, kann von politischer Konsolidierung und institutioneller Autonomie des polnischen Dienstrechts (s.o., II.) noch nicht gesprochen werden[887]. Für den Bereich des polnischen Beamtenrechts lässt sich somit festhalten, dass der Prozess der politischen Konsolidierung noch nicht beendet ist.

V. GERICHTSENTSCHEIDUNGEN ZUM BEAMTENRECHT

Obwohl Polen (noch) fern von einer „Gerichtokratie“ ist[888], fällte die Rechtsprechung seit der Systemwende 1989/90 doch einige grundlegende Entscheidungen zum Beamtenrecht und milderte so die Auswirkungen der zeitweisen Lähmung der Gesetzgebung auf dem Gebiet der Verwaltungsreform.

1. Verfassungsgerichtshof

Neben dem bereits untersuchten Urteil zum ZDG 1998 (s.o., IV.2c) war die beamtenrechtliche Rechtsprechung des VerfGH zur Gleichheit der Geschlechter von besonderer Bedeutung (a). Weitere Entscheidungen betrafen die Lustration von Beamten und die Nebentätigkeiten leitender Staatsbeamter (b).

a) Gleichheit von Mann und Frau bei altersbedingter Auflösung des Ernennungsverhältnisses

Seit Anfang der 1990er Jahre ist der Verfassungsgerichtshof darum bemüht, bei der altersbedingten Kündigung von Staatsbeamten die

---

[887] Bei der Schlussfolgerung von *Torres-Bartyzel/Kacprowicz*, The National Civil Service System in Poland, S. 168, der öffentliche Dienst in Polen sei eine „mehr oder weniger unabhängige, politisch neutrale Verwaltung, welche die politische Agenda der Parlamentsmehrheit implementiert“, war wohl eher der Wunsch Vater des Gedankens.

[888] *Łętowska*, Konflikte zwischen Bürger und Staat im Transformationsprozess, S. 182.

Gleichheit von Mann und Frau durchzusetzen. Die Verfassungslage war nach dem Text der alten *Verfassung von 1952* insoweit eindeutig. Art. 67 Abs. 2 normierte allgemein die Gleichheit der Geschlechter vor dem Gesetz, und die spezielle Regelung des Art. 78 bestimmte:

> „1. Die Frau genießt [...] die gleichen Rechte wie der Mann auf allen Gebieten des staatlichen, politischen, wirtschaftlichen, gesellschaftlichen und kulturellen Lebens.
>
> 2. Die Gleichberechtigung der Frau wird gewährleistet durch: 1) das gleiche Recht wie der Mann auf Arbeit und Entlohnung, Sozialversicherung, Bildung, Würden und Auszeichnungen, auf Bekleidung öffentlicher Ämter [...]“

Dennoch war in einigen Beamtengesetzen eine unterschiedliche altersbedingte Auflösung des Ernennungsverhältnisses von Mann und Frau vorgesehen, so im Hochschulgesetz (aa), im ZDG 1996 (bb) und im Gesetz über die Beschäftigten der staatlichen Ämter (cc).

In allen diesen Fällen ist die um fünf Jahre frühere Auflösung des Ernennungsverhältnisses der weiblichen Staatsdiener an das gesetzlich vorgesehene, *frühere Pensionsalter der Frauen* geknüpft. Der Verfassungsgerichtshof befand in einer Entscheidung von 1989, dass der frühere Pensionsanspruch der Frauen grundsätzlich *verfassungskonform* ist:

> „Die biologischen und gesellschaftlichen, d.h. die aus der Mutterschaft und aus der in der Familie ausgefüllten gesellschaftlichen Rolle herrührenden Besonderheiten der Frauen im Verhältnis zu den Männern bilden ein gerechtfertigtes Kriterium für die rechtliche Differenzierung. Die Nichtberücksichtigung dieses Kriteriums im Zuge der Schaffung der rechtlichen Grundlagen eines früheren vollen Ruhegehaltsanspruchs würde mit den Grundsätzen der Gleichheit vor dem Gesetz kollidieren.“[889]

Ungeachtet dessen entschied das Tribunal in drei nachfolgenden Urteilen mit der gleichen Bestimmtheit, dass die genannte, als gerechtfertigt angesehene Privilegierung der Frauen (früherer Pensionsanspruch) nicht in eine Diskriminierung (früherer Ausschluss aus dem Erwerbsleben) umschlagen dürfe:

aa) Ausscheiden akademischer Lehrerinnen aus dem Hochschuldienst. Im Jahr 1991 erkannte der VerfGH die Verfassungswidrigkeit von

---

889 Entscheidung des VerfGH v. 24. 10. 1989 (Az. K 6/89), OTK 1989, Pos. 7.

Art. 95 Abs. 2 Nr. 1 des *Hochschulgesetzes* von 1990[890], wonach „das Beschäftigungsverhältnis mit einem ernannten akademischen Lehrer am Ende des Studienjahres erlischt, in dem der akademische Lehrer das Pensionsalter erreicht hat und die geforderten Beschäftigungszeiten erreicht worden sind". Es liege ein Verstoß gegen den Gleichheitsgrundsatz gemäß Art. 67 Abs. 2 und 78 Abs. 1 und 2 der Verfassung vor. In der Urteilsbegründung heißt es:

> „Die verfassungsrechtlichen Garantien zur Gleichberechtigung von Frauen und Männern umfassen auch die berufliche Gleichheit, darunter auch die Chancengleichheit. Das bedeutet, dass in Bezug auf einige Berufsgruppen (z.B. Gerichtsbarkeit, Staatsanwaltschaft, Wissenschaft usw.) die Herabsetzung des Ruhestandsalters der Frauen als besondere Berechtigung auf einen früheren Übergang in den Ruhestand zu behandeln ist, während die gesetzliche Einführung einer Bestimmung, die zu einer im Vergleich zu den Männern *früheren und zwangsläufigen Auflösung* des Beschäftigungsverhältnisses als Begrenzung der beruflichen Chancen der Frauen anzusehen ist"[891] [Hervorhebung nur hier].

bb) Entlassung ernannter Beamtinnen des zivilen Dienstes. Im gleichen Sinne entschied der Verfassungsgerichtshof 1997, dass die im ZDG 1996 vorgesehene Regelung, dass eine Beamtin fünf Jahre früher als ein Beamter gegen ihren Willen in den Ruhestand versetzt werden kann, gegen das *Diskriminierungsverbot* verstoße[892]. Der Gesetzgeber ist nachfolgend der Auffassung des VerfGH gefolgt: Im neuen ZDG 1998 ist eine solche Regelung nicht mehr vorhanden. Gemäß Art. 61 Abs. 2 Punkt 1 ZDG 1998 können Beamte unabhängig von ihrem Geschlecht beim Erreichen der Altersgrenze von 65 Jahren in den Ruhestand versetzt werden[893].

cc) Kündigung nach dem Beamtengesetz von 1982. Laut dem Urteil des VerfGH aus dem Jahr 2000 zur Kündigung aus Altersgründen nach

---

[890] Dz. U. 1990, Nr. 65, Pos. 385; dt. Übers. in: *Hochschulrektorenkonferenz* (Hg.), Das polnische Hochschulgesetz vom 12. September 1990.

[891] Entscheidung des VerfGH v. 24. 9. 1991 (Az. Kw 5/91), OTK 1991, Pos. 5.

[892] Urteil des VerfGH v. 29. 9. 1997; vgl. *Kroner*, Rzeczpospolita, 30. 9. 1997; *Torres-Bartyzel/Kacprowicz*, The National Civil Service System in Poland, S. 180 (Fn. 3).

[893] Beachte aber demgegenüber die – nach der Rechtsprechung des VerfGH wohl ebenfalls gleichheitswidrigen – Regelungen in Art. 27 Abs. 2 und 3 des Gesetzes über die Beschäftigten der staatlichen Ämter von 1982 und in Art. 93 Abs. 2 ZDG 1998; vgl. hierzu unten, VI.3a,aa).

Art. 13 Abs. 1 Punkt 5 des Beamtengesetzes von 1982 ist diese Vorschrift, die eine frühere Entlassung der ernannten Staatsbeamtinnen ermöglicht, *verfassungswidrig* wegen Verstoßes gegen den Gleichheitsgrundsatz gemäß Art. 32 und 33 der Verfassung von 1997[894], soweit er die Grundlage bildet für eine im Vergleich zu den männlichen ernannten Staatsbeamten frühere Auflösung des Arbeitsverhältnisses von weiblichen ernannten Staatsbeamten[895].

Dieses Urteil war insoweit von besonderer Bedeutung, als es Bestandteil der andauernden *Kontroverse zwischen dem VerfGH und dem OG* um die jeweiligen verfassungsrechtlichen Kompetenzen dieser beiden Organe wurde[896]. Das OG hatte in einem Urteil von 1996[897] zur gleichen Frage entschieden, es müsse sich nicht an den Verfassungsgerichtshof mit einer Frage zur Verfassungsmäßigkeit der unterschiedlichen Eintrittsalter in den Ruhestand für Frauen und Männer wenden, sondern könne Art. 13 Abs. 1 Punkt 5 des Gesetzes über die Beschäftigten der staatlichen Ämter, der bei Frauen wegen des niedrigeren Eintrittsalters (60 Jahre) eine um fünf Jahre frühere Auflösung des Beschäftigungsverhältnisses durch den Dienstherrn ermöglicht als bei Männern, selbst auf seine Verfassungsmäßigkeit überprüfen. Nach Ansicht des OG verstößt die hier vorgesehene frühere Auflösungsmöglichkeit *nicht* gegen den Grundsatz der Gleichheit von Männern und Frauen. Das OG berief sich in seiner Urteilsbegründung ausdrücklich auf die VerfGH-Rechtsprechung zu dieser Frage, insbesondere auf das o.g. Urteil von 1989 zur Rechtfertigung des früheren Pensionsanspruchs. Das VerfGH-Urteil von 1991, das ausdrücklich eine Diskriminierung feststellt, wurde – ohne eine überzeugende Begründung – als für den vorliegenden Zusammenhang unbeachtlich bezeichnet. In der polnischen *Verwaltungsrechtsliteratur* war die Entscheidung des OG daher zu Recht heftig kritisiert worden. Die vom OG vorgebrachten Argumente zum „Schutz" der Frauen aus biologischen und gesellschaftlichen Gründen seien in Wahr-

---

894 Die Vorschriften der neuen Verfassung von 1997 entsprechen in ihrem hier interessierenden Regelungsbereich weitgehend den Vorschriften in Art. 67 und 76 der alten Verfassung von 1952.

895 Urteil des VerfGH v. 5. 12. 2000 (Dz. U. 2000, Nr. 109, Pos. 1165).

896 Zur streitigen Frage der Normenkontrolle durch die Fachgerichte in Polen s. zuletzt *Banaszkiewicz*, JOR 43 (1/2002), S. 69-90.

897 Urteil des OG v. 14. 5. 1996 (Az. U III ARN 93/95), OSP 1997, Pos. 126, S. 330-334.

heit paternalistische Argumente zur Beibehaltung der Diskriminierung der Frauen im Bereich der Kündigungen[898]. Im Übrigen stehe die Möglichkeit der früheren Entlassung von Frauen nicht im Einklang mit den internationalen Standards, insbesondere mit dem europäischen Gemeinschaftsrecht[899] (näher hierzu sogleich, VI.3a,aa).

Fraglich ist angesichts der andauernden Kontroverse zwischen dem VerfGH und dem OG, ob der Dissens zur Frage der Verfassungskonformität der Kündigungsregelung gemäß Art. 13 Abs. 1 Punkt 5 des Beamtengesetzes Auswirkungen auf die *Rechtsanwendung* hat. Nach Ablauf der Übergangsfrist gemäß Art. 239 Abs. 1 der Verfassung von 1997 haben seit Oktober 1999 die Urteile des VerfGH gemäß Art. 190 Abs. 1 der Verfassung *allgemeinverbindliche Kraft* und sind endgültig. Dennoch behält sich das OG das Recht vor, Gesetzesvorschriften, die der VerfGH ausdrücklich für verfassungskonform erklärt hat, wegen ihrer Verfassungswidrigkeit nicht anzuwenden. Allerdings scheint Einigkeit darüber zu bestehen, dass die vom VerfGH für *verfassungswidrig* erklärten Rechtsvorschriften nicht mehr angewendet werden dürfen[900]. Um einen solchen Fall handelt es sich hier. Daher ist davon auszugehen, dass künftig eine altersbedingte frühere Kündigung von Staatsbeamtinnen nach Art. 13 Abs. 1 Punkt 5 des Beamtengesetzes von 1982 auch vor den ordentlichen Gerichten in Polen keinen Bestand haben wird[901].

b) Weitere Entscheidungen

Anfang 1995 entschied das Tribunal in Auslegung des Gesetzes über die Beschäftigten der staatlichen Ämter von 1982 und des *Antikorruptionsgesetzes* von 1992[902], dass leitende Staatsbeamte nicht in Handelsgesellschaften tätig sein dürfen, weil dies zu einem Interessen-

---

898 *Boruta*, OSP 1997, Pos. 126, S. 335.

899 *Przybysz*, PiP 4/1997, S. 106.

900 Vgl. *Banaszkiewicz*, JOR 43 (1/2002), S. 69-90.

901 Sollte ein ordentliches Gericht künftig Art. 13 Abs. 1 Punkt 5 des Beamtengesetzes dennoch anwenden, so besteht für die betroffene Beamtin die Möglichkeit der *Verfassungsklage* gemäß Art. 79 Abs. 1 der Verfassung. Für Altfälle besteht die Möglichkeit der Wiederaufnahme des Verfahrens gem. Art. 190 Abs. 4 der Verfassung.

902 Gesetz über die Einschränkung der Wirtschaftstätigkeit durch Träger öffentlicher Funktionen v. 5. 6. 1992 (Dz. U. 1992, Nr. 56, Pos. 274).

konflikt zwischen dem Staat und der Wirtschaft führe[903]. Außerdem verhinderte das Tribunal mit mehreren, grundlegenden Entscheidungen die versuchte Lustration von Staatsbeamten, also die Entfernung von kommunistisch „vorbelasteten“ Beamten aus dem Staatsdienst, weil dies nicht mit dem *Rechtsstaatsprinzip* zu vereinbaren sei[904].

2. Oberstes Gericht

Auch das *Oberste Gericht* spielte bei der Entwicklung des öffentlichen Dienstrechts in den 1990er Jahren eine wichtige Rolle[905]. Neben dem bereits erwähnten Urteil von 1996 (s.o., 1a,cc) ergingen zahlreiche weitere Urteile und Beschlüsse zum Gesetz über die Beschäftigten der staatlichen Ämter von 1982.

a) Auflösung des Dienstverhältnisses

Die Frage der *Auflösung des Dienstverhältnisses* gemäß den Art. 13-16 des Beamtengesetzes bildete den Schwerpunkt der beamtenrechtlichen Rechtsprechung des OG. So erging im Jahr 1994 ein wichtiger Beschluss für den Schutz des Besitzstands und der *erworbenen Rechte* der Beamten nach der Auflösung des Beschäftigungsverhältnisses[906]:

> „Ein ernannter Beschäftigter, dessen Arbeitsverhältnis unter den Voraussetzungen aufgelöst wurde, die in Art. 1 Abs. 1 des Gesetzes „Über die besonderen Grundsätze der Auflösung von Arbeitsverhältnissen aus betriebsbezogenen Gründen sowie über die Änderung einiger Gesetze“[907] festgelegt sind, behält das *Recht auf eine Frührente* bei, welche auf der Grundlage von § 1 der VO „Über die Frührenten für die aus betriebsbezogenen Gründen entlassenen Beschäftigten“[908] zuerkannt wurde, *auch wenn* die Entscheidung über die Auflösung des Arbeitsverhältnisses nachfolgend durch ein Urteil des Hauptverwaltungsgerichts aufgehoben wurde“ [Hervorhebungen nur hier].

---

903 Vgl. *Hinze*, WiRO 1995, S. 146-147.

904 Siehe hierzu *Działocha*, Probleme der Lustration.

905 Für einen älteren, allgemeinen Überblick s. *Taras*, PiP 11-12/1993, S. 50-57.

906 Beschluss des OG v. 18. 11. 1994 (Az. II UZP 31/94), OSN 1995, Nr. 5, Pos. 67; vgl. hierzu *Dubowik*, PS 4/1996, S. 94-101; vgl. grundlegend und m.w.N. zum Schutz erworbener Rechte in Polen *Zieliński,* PiP 3/1992, S. 3-11.

907 Gesetz v. 28. 12. 1989, Dz. U. 1990, Nr. 4, Pos. 19 m.w.Ä.

908 VO v. 26. 1. 1990, Dz. U. 1990, Nr. 4, Pos. 27.

Scheinbar im Widerspruch mit diesem Beschluss steht das Urteil des OG aus dem Jahr 1999 zur *Ungültigkeit der Entlassungen* ernannter Staatsbeamter gemäß Art. 13 des Gesetzes über die Beschäftigten der staatlichen Ämter[909]:

„Die Feststellung der Ungültigkeit einer Entscheidung über die Auflösung des Arbeitsverhältnisses mit einem ernannten Staatsbeamten hat deklaratorischen Charakter, und ihr kommt Rückwirkung zu, und daher reaktiviert sie auf diese Weise das Arbeitsverhältnis, d.h. das Beschäftigungsverhältnis bestand die ganze Zeit über, und wenn er zur Erbringung der Arbeit bereit war und er daran vom Arbeitgeber verhindert wurde, so steht ihm für diese Zeit die Vergütung aus Art. 81 ArbGB zu, und nicht die Entschädigung aus Art. 160 § 1 VerwVerfGB.“

Das OG macht in seinem o.g. Urteil von 1999 allerdings deutlich, dass hier kein Widerspruch besteht: In dem ersten Fall geht es um die nachträgliche Aufhebung der Auflösung des Beschäftigungsverhältnisses, im zweiten Fall geht es um die Feststellung der Nichtigkeit der Entscheidung über die Auflösung des Arbeitsverhältnisses mit dem ernannten Staatsbeamten, welche naturgemäß zur Folge hat, dass das Dienstverhältnis weiter besteht. Gemeinsam ist beiden Judikaten jedenfalls der Schutz des Beamten gegen seinen Dienstherrn.

Von diesem Gedanken an den Schutz der Beamtenrechte sind auch zahlreiche weitere Entscheidungen des OG zur Auflösung des Beamtenverhältnisses getragen. In einem Beschluss von 1991 erkannte das Gericht, dass auch ein ernannter Beamter im Erziehungsurlaub, dessen Beschäftigungsverhältnis wegen einer Umstrukturierung des Amts aufgelöst wird, einen Anspruch auf das sechsmonatige *Übergangsgeld* aus dem Staatsschatz hat, das nach Art. 13 Abs. 1 Punkt 2 des Beamtengesetzes in seiner ursprünglichen Fassung zu zahlen war[910]. Zu diesem Übergangsgeld ergingen nachfolgend viele weitere Judikate zugunsten der Beamten. So befand das OG u.a., dass ein ernannter Beamter, der wegen der Behördenauflösung entlassen wird, neben dem Übergangsgeld einen zusätzlichen Anspruch auf die *Abfindung* nach dem Gesetz „Über die besonderen Grundsätze der Auflösung des Beschäftigungsverhältnisses aus betriebsbezogenen Gründen sowie über die Änderung

---

909 Urteil des OG v. 14. 12. 1999 (Az. I PKN 407/99), MoP 2001, S. 695-696.
910 Beschluss des OG v. 18. 4. 1991 (Az. U I PZP 8/91), OSNC 1992, Nr. 2, Pos. 22.

einiger Gesetze“ von 1989 habe[911]. Die Übergangszeit nach Art. 13 Abs. 1 Punkt 2 a.F. sei auch auf die *Beschäftigungszeit* anzurechnen[912]. Das Übergangsgeld dürfe auch nicht um den Betrag der von dem entlassenen Beamten ggf. erhaltenen *Arbeitslosenunterstützung* gekürzt werden[913]. Es folgten weitere Entscheidungen, die den wegen der Behördenumstrukturierung oder -auflösung entlassenen Beamten das Übergangsgeld zusprachen[914].

Nach der im Januar 1995 in Kraft getretenen Abschaffung des Übergangsgelds für die wegen der Behördenumstrukturierung entlassenen Beamten befand das OG im Sinne eines *Bestandsschutzes* zugunsten der Beamten, dass in den anhängigen Verfahren die Altregelung anzuwenden sei[915]. Nach der Neuregelung des Übergangsgelds gem. Art. 13^1 Beamtengesetz entschied das OG, dass auch ein früherer Berufssoldat, der eine gesonderte Pension empfängt, einen Anspruch auf das Übergangsgeld habe[916].

In einem Urteil von 1993 entschied das OG, dass auch die Beamten, denen gemäß Art. 13 Abs. 1 Punkt 5 Beamtengesetz wegen Erreichen des Pensionsalters gekündigt wird, den Schutz gemäß Art. 32 Abs. 1 des *Gewerkschaftsgesetzes* von 1991 genießen und dass im Fall einer nichtigen Kündigung das einbehaltene Gehalt nachzuzahlen sei[917].

b) Weitere Entscheidungen

Auf der Suche nach praktikablen Lösungen traf das OG auch einige Entscheidungen, die unter dem Gesichtspunkt der *Rechtssicherheit* und *Rechtsklarheit* eher fragwürdig sind und mit der bisherigen *HVG-Rechtsprechung* nicht im Einklang stehen. So befand es 1997, dass der Inhalt eines Ernennungsverhältnisses nach dem Gesetz über die Beschäftigten

---

911 Beschluss des OG v. 24. 5. 1991 (Az. U I PZP 1/91), OSNC 1992, Nr. 1, Pos. 2.

912 OG-Beschluss v. 9. 7. 1992 (Az. U N I PZP 36/92), OSNC 1992, Nr. 10, Pos. 182.

913 OG-Beschluss v. 4. 4. 1995 (Az. U I PZP 11/95), OSNAP 1995, Nr. 20, Pos. 247.

914 Beschluss des OG v. 31. 5. 1994 (Az. U I PZP 18/94), OSNAP 1994, Nr. 10, Pos. 159; Urteil des OG v. 22. 11. 1994 (Az. U I PRN 111/94), OSNAP 1995, Nr. 4, Pos. 48.

915 Beschluss des OG v. 18. 10. 1995 (Az. U III AZP 29/95), OSNAP 1996, Nr. 8, Pos. 107.

916 Urteil des OG v. 5. 2. 1998 (Az. U I PKN 516/97), OSNAP 1999, Nr. 2, Pos. 47.

917 Urteil des OG v. 19. 5. 1993 (Az. U III ARN 26/93), OSNC 1994, Nr. 1, Pos. 25.

der staatlichen Ämter nicht nur in den dort genannten Fällen verändert werden könne, „sondern auch im Ergebnis einer Einigung der Beteiligten des Beschäftigungsverhältnisses“[918]. Im konkreten Fall ging es um die *Versetzung* eines ernannten Beamten, die – nach der bisherigen Rechtsprechung des Hauptverwaltungsgerichts[919] – eigentlich in dem Gesetz, insbesondere in Art. 10, abschließend geregelt ist. Das Gericht begründete in seinem Urteil nicht näher, auf welcher Rechtsgrundlage eine solche Abdingbarkeit der einschlägigen Gesetzesvorschriften möglich sein solle. In Betracht käme allenfalls ein Rückgriff auf das allgemeine Arbeitsrecht (Art. 5 ArbGB), hierfür ist aber angesichts der insoweit abschließenden Gesetzesregelung kein Raum[920].

Eine Entscheidung vom September 1997 war richtungsweisend für den *Rechtsschutz* gegen Prüfungsentscheidungen[921]. Laut dem Urteil des OG ist eine Entscheidung der Rekrutierungskommission der *KSAP* ein Verwaltungsakt, gegen den der Rechtsschutz vor dem Hauptverwaltungsgericht gegeben ist.

Weitere Entscheidungen des OG zum Gesetz über die Beschäftigten der staatlichen Ämter betrafen den *personellen Anwendungsbereich* gemäß Art. 1 des Gesetzes[922], den *Vergütungsanspruch* des Beamten während eines anhängigen Disziplinarverfahrens gemäß Art. 12[923], die Rechtsfolgen einer Auflösung des Beschäftigungsverhältnisses infolge einer verhängten Disziplinarstrafe gem. Art. 14 Abs. 1 Punkt 2[924], den Anspruch des Beamten auf die einmalige *Abfindung* gem. Art. 28[925], die

---

918 Urteil des OG v. 16. 5. 1997 (Az. U I PKN 151/97), OSNAP 1998, Nr. 8, Pos. 235.

919 Urteil des HVG v. 19. 4. 1984 (Az. II SA 451/84), ONSA 1984, Nr. 1, Pos. 43; s.o., C II.2c,dd.

920 So zutreffend die kritische Glosse zu dem Urteil *Dubowik*, PS 11-12/1998, S. 186.

921 *Frey*, Rzeczpospolita, 4. 9. 1997.

922 Beschluss des OG v. 21. 4. 1994 zum Beschäftigungsverhältnis eines Inspektors einer regionalen Rechnungskammer (Az. U III PO 4/94), OSNAP 1994, Nr. 6, Pos. 105; Beschluss v. 23. 6. 1993 zu den Ernennungsverhältnissen in der Obersten Kontrollkammer (Az. U I PZP 16/93), OSP 1994, Pos. 93, S. 235-238, mit Glosse von *Kucharski*, ebda., S. 238-240.

923 Urteil des OG v. 8. 4. 1998 (Az. U I PKN 31/98), OSNAP 1999, Nr. 7, Pos. 244.

924 Urteile des OG v. 14. 9. 1998 (Az. U N I PKN 312/98), OSNAP 1999, Nr. 19, Pos. 615; v. 22. 12. 1998 (Az. U N I PKN 514/98), OSNAP 2000, Nr. 4, Pos. 135.

925 Beschluss des OG v. 4. 6. 1991 (Az. U I PZP 17/91), OSNC 1992, Nr. 3, Pos. 37; Urteile des OG v. 30. 3. 1994 (Az. U I PRN 10/94), OSNAP 1994, Nr. 1, Pos. 12; v. 17. 2. 1998 (Az. U I PKN 528/97), OSNAP 1999, Nr. 2, Pos. 55; v. 13. 4. 1999

Frage der Bewertung des Verhaltens des ernannten Beamten im Zuge des *Disziplinarverfahrens* gem. Art. 34[926] und den *Rechtsweg* gem. Art. 38-39 des Gesetzes über die Beschäftigten der staatlichen Ämter[927].

3. Hauptverwaltungsgericht

a) Justiziabilität und Kontrolldichte

Die Vorschriften zur Zuständigkeit des Hauptverwaltungsgerichts wurden gleich zu Beginn der Systemtransformation durch eine *Novelle zum VerwVerfGB* vom Mai 1990[928] geändert. Nach der neu eingeführten *Generalklausel* gem. Art. 196 § 1 VerwVerfGB kann „die Entscheidung eines Organs der Staatsverwaltung dem Verwaltungsgericht aus dem Grund ihrer Rechtswidrigkeit vorgelegt werden". Damit ist das vom OG aufgestellte Erfordernis einer ausdrücklichen Zuweisung durch Sondervorschriften (s.o., C II.2c,cc) entfallen und die Zuständigkeit des HVG auch für Streitigkeiten aus Dienstpragmatiken eröffnet, die – anders als das Gesetz über die Beschäftigten der staatlichen Ämter (Art. 38-39) – keine ausdrückliche Zuweisungsklausel enthalten[929].

(Az. U I PKN 654/98), OSNAP 2000, Nr. 13, Pos. 502; v. 9. 12. 1999 (Az. U N I PKN 408/99, Prawo Pracy 6/2000, S. 35.

926 Urteil des OG v. 11. 10. 1994 (Az. U I PRN 78/94), OSNAP 1995, Nr. 8, Pos. 98.

927 Beschlüsse des OG v. 26. 4. 1991 (Az. U I PZP 9/91), OSNC 1992, Nr. 2, Pos. 27, und v. 3. 4. 1996 (Az. U III PO 7/96), OSNAP 1996, Nr. 19, Pos. 294; Urteil des OG v. 22. 12. 1998 (Az. U N I PKN 514/98), OSNAP 2000, Nr. 4, Pos. 135.

928 Dz. U. 1990, Nr. 34, Pos. 201; vgl. hierzu *Institut für Ostrecht München*, ROW 1990, S. 272.

929 Dies übersieht m.E. *Świątkiewicz*, Naczelny Sąd Administracyjny, Art. 19, S. 112, der noch von der nach dem alten Rechtsstand (keine Generalklausel) ergangenen OG-Rechtsprechung von 1983 (s.o., C II.2c,cc) ausgeht und meint, dass bei Ernennungsverhältnissen grundsätzlich die Arbeitsgerichte zuständig seien, solange die Zuständigkeit des HVG nicht durch ein besonderes Gesetz begründet werde. Gegen diese Auffassung spricht zum einen, dass das OG sein Urteil von 1983 ausdrücklich mit dem Fehlen einer Generalklausel begründete, die seit 1990 nunmehr vorliegt. Zum anderen zeigt auch der systematische Vergleich, dass nunmehr für die statusrechtlichen Angelegenheiten der Beamten bei Fehlen einer Sonderzuweisung grundsätzlich das HVG zuständig ist: In Art. 7 ZDG 1998 wird die Zuständigkeit der Arbeitsgerichte begründet – diese Zuweisung wäre überflüssig, wenn sowieso die Arbeitsgerichte zuständig wären. Zumindest für den vorliegenden Zusammenhang ist diese dogmatische Frage aber letztlich ohne weitere Bedeutung, da die bei-

Ausgenommen von der 1990 eingeführten generellen Zuständigkeitszuweisung sind gem. Art. 196 § 4 Punkte 1-4 VerwVerfGB die Angelegenheiten der „organisatorischen Über- und Unterordnung“ von Organen der Staatsverwaltung untereinander, der „dienstlichen Unterstellung“[930], der Ablehnung der Berufung oder der Ernennung auf Führungsposten und zur Ausübung einer Funktion in den Staatsorganen (soweit keine ausdrückliche Pflicht zur Berufung oder Ernennung besteht[931]) sowie die disziplinarischen Angelegenheiten.

Die neue Generalklausel wurde in der polnischen *Verwaltungsrechtsliteratur* kritisiert, weil sie nicht mit dem Anwendungsbereich des VerwVerfGB gem. Art. 3 abgestimmt war[932]. Der Gesetzgeber hob in der Folge 1995 das gesamte Kapitel VI über das Hauptverwaltungsgericht auf und verabschiedete ein neues *Gesetz über das Hauptverwaltungsgericht*, in dem seither die verwaltungsgerichtliche Zuständigkeit geregelt ist[933]. Gemäß der Generalklausel in Art. 1 HVG-Gesetz übt das HVG die Rechtsprechung durch die gerichtliche Kontrolle des Verwaltungshandelns aus. In Art. 19 HVG-Gesetz sind nunmehr die o.g., insoweit unverändert gebliebenen Ausnahmetatbestände zur Zuständigkeit des Gerichts enthalten (sog. *negative Enumeration*[934]).

Der Gesetzgeber unternahm im Juli 1995 den Versuch, die Justiziabilität beamtenrechtlicher Entscheidungen weiter einzuengen. Durch ein Änderungsgesetz zu einigen Gesetzen[935] sollten die Angelegenheiten der *Entlassungen von Beamten des Staatsschutzes* „aus wichtigen dienstlichen Gründen“ gemäß dem neu eingefügten Art. 19 Nr. 3a HVG-Gesetz von der Zuständigkeit des HVG ausgenommen werden. Diesem Eingriff

---

den hier interessierenden Gesetze (Beamtengesetz von 1982 und ZDG 1998) jeweils eindeutige Zuweisungen vornehmen.

930 Gemeint sind hier nach wie vor nur die Akte im Innenverhältnis (sog. dienstliche Anweisungen), nicht die statusrechtlichen Maßnahmen des Dienstherrn; vgl. *Jendrośka/Jendrośka*, PiP 8-9/1996, S. 19.

931 Eine solche Pflicht ist z.B. in Art. 45 Abs. 2 des Beamtengesetzes von 1982 vorgesehen.

932 *Janowicz*, Kodeks postępowania administracyjnego, Art. 196, Rn. 6a.

933 Dz. U. 1995, Nr. 74, Pos. 368; dt. Übers. v. *Diemer-Benedict*, Osteuropa-Recht 2/1996, S. 164-175. Vgl. hierzu *Świątkiewicz,* Naczelny Sąd Administracyjny.

934 Vgl. *Ochendowski*, Prawo administracyjne, S. 395.

935 Änderungsgesetz zu den Gesetzen: über das Amt des Innenministers, über die Polizei, über das Amt des Staatsschutzes, über den Grenzschutz sowie zu einigen anderen Gesetzen v. 21. 7. 1995 (Dz. U. 1995, Nr. 104, Pos. 515); vgl. hier Art. 8.

in die Justiziabilität statusrechtlicher Entscheidungen des Dienstherrn schob der Verfassungsgerichtshof einen Riegel vor, indem er die *Verfassungswidrigkeit* der neuen Vorschrift feststellte[936].

In letzter Zeit ist der polnische Gesetzgeber darum bemüht, auch für *disziplinarrechtliche* Entscheidungen die Zuständigkeit des Hauptverwaltungsgerichts zu eröffnen. Ende 1999 wurde durch eine Novelle zum HVG-Gesetz der Ausnahmetatbestand des Art. 19 Nr. 3 des Gesetzes eingeschränkt[937]. Das HVG ist seither in Disziplinarangelegenheiten nicht zuständig, „es sei denn, ein Gesetz bestimmt etwas anderes". Gleichzeitig wurde durch die Novelle die Zuständigkeit des HVG für Disziplinarsachen des *Gefängnisdienstes* eröffnet. In der Folgzeit eröffnete der polnische Gesetzgeber – nicht zuletzt unter dem Druck des *Verfassungsgerichtshofs*, der im Ausschluss des Rechtswegs in einigen Disziplinarsachen eine Verletzung des *Rechts auf den gesetzlichen Richter* sieht[938] – durch weitere gesetzliche Zuweisungen den Rechtsweg zum Hauptverwaltungsgericht[939].

Für die *Beschäftigten der staatlichen Ämter* wurde der Rechtsweg zum Hauptverwaltungsgericht in *Disziplinarsachen* durch eine Novelle zum Beamtengesetz von 1982 im Juli 2000 eingeführt[940].

Festzuhalten ist, dass die Justiziabilität des polnischen Beamtenrechts vor dem Hauptverwaltungsgericht seit 1990 zugenommen hat[941]. Unter dem Druck des Verfassungsgerichtshofs musste der Gesetzgeber Versuche zur Einschränkung der HVG-Zuständigkeit wieder zurücknehmen und die Zuständigkeit des Gerichts für Disziplinarsachen aus-

---

936 Urteil des VerfGH v. 8. 4. 1997 (Az. K 14/96), Dz. U. 1997, Nr. 144, Pos. 971.

937 Änderungsgesetz zum Gesetz über den Gefängnisdienst sowie zum HVG-Gesetz v. 15. 12. 1999 (Dz. U. 2000, Nr. 2, Pos. 5).

938 Vgl. zum Urteil des VerfGH über die Verfassungswidrigkeit des Rechtswegausschlusses in Disziplinarsachen m.w.N. *Redecker*, WiRO 2001, S. 346. Vgl. allgemein zum Recht auf den gesetzlichen Richter gemäß Art. 175 der Verfassung in den disziplinarrechtlichen Streitigkeiten der Beamten *Przybysz*, Das Recht auf den gesetzlichen Richter in den Verwaltungsangelegenheiten, S. 353 f.

939 Vgl. Art. 171 Abs. 3 *Hochschulgesetz* (Dz. U. 1990, Nr. 65, Pos. 385; dt. Übers. in: *Hochschulrektorenkonferenz* (Hg.), Das polnische Hochschulgesetz vom 12. September 1990), eingefügt durch Art. 1 Nr. 28 der Hochschulgesetznovelle v. 20. 7. 2001 (Dz. U. 2001, Nr. 85, Pos. 924); vgl. hierzu *Redecker*, WiRO 2001, S. 346.

940 Dz.U., Nr. 66, Pos. 787; vgl. hierzu *Redecker*, WiRO 2000, S. 418.

941 Vgl. *Adamiak/Borkowski*, Polskie postępowanie administracyjne i sądowoadministracyjne, S. 341.

bauen. Das HVG ist weiterhin grundsätzlich zuständig für die gerichtliche Überprüfung statusrechtlicher Entscheidungen des Dienstherrn gegenüber den Beamten der allgemeinen, zivilen Regierungsverwaltung (vgl. Art. 38 des Gesetzes über die Beschäftigten der staatlichen Ämter), soweit nicht in der entsprechenden Dienstpragmatik eine *spezielle Regelung* vorgesehen ist: Nach Art. 7 Abs. 2 ZDG 1998 sind für Rechtsstreitigkeiten aus dem Dienstverhältnis der Beamten des zivilen Dienstes grundsätzlich die Arbeitsgerichte zuständig[942].

Für Entscheidungen des Dienstherrn im Innenverhältnis, also insbesondere für die sog. *dienstlichen Weisungen*, die das Statusverhältnis des Beamten nicht berühren[943], ist der Rechtsweg zum HVG nach wie vor nicht eröffnet (s.o., C II.2c,bb). Allerdings gibt es in letzter Zeit vermehrt Stimmen in der polnischen *Verwaltungsrechtsliteratur*, die auch hier die Durchsetzung des Rechts auf den gesetzlichen Richter und eine grundsätzliche gerichtliche Überprüfbarkeit auch von Maßnahmen des Dienstherrn im Innenverhältnis fordern[944].

Im Herbst 2002 wird die verwaltungsgerichtliche Kontrolldichte in beamtenrechtlichen und anderen Streitigkeiten noch weiter zunehmen, denn Art. 236 Abs. 2 der polnischen Verfassung von 1997 sieht vor, dass nach Ablauf einer fünfjährigen Übergangszeit bis zum 17. Oktober 2002 eine *zweite verwaltungsgerichtliche Instanz* gem. Art. 176 Abs. 1 der Verfassung einzuführen ist[945].

Das Hauptverwaltungsgericht ist – entsprechend seinem allgemeinen Grundsatz *in dubio pro actione* (s.o., C II.2b,cc) – darum bemüht, die *Zuständigkeitsregeln* in beamtenrechtlichen Streitigkeiten möglichst weit auszulegen. So befand das HVG in einem Verfahren aus dem Jahr 1999, es sei für die gesetzlich vorgesehene Übergangszeit auch für die Streitigkeiten der ernannten Beamten zuständig, die infolge der Verwal-

---

942 Bislang sind, soweit ersichtlich, noch keine rechtskräftigen, arbeitsgerichtlichen Judikate zum ZDG 1998 veröffentlicht worden (zum Problem der Gerichtsüberlastung s.o., A IV. a.E.).

943 Vgl. hierzu etwa *Łętowski*, Polecenie służbowe w administracji; *Ochendowski*, Prawo administracyjne, S. 123-125.

944 *Przybysz*, Das Recht auf den gesetzlichen Richter in den Verwaltungsangelegenheiten, S. 356.

945 Vgl. *Ochendowski*, Prawo administracyjne, S. 400.

tungsreform aus dem Staatsdienst in die territoriale Selbstverwaltung übergegangen sind[946].

In einem anderen Verfahren erklärte sich das Gericht für eine Untätigkeitsklage eines Bewerbers gegen die *Qualifikationskommission des zivilen Dienstes* für zuständig, obwohl bei einem Tätigwerden der Kommission, also im Falle einer Entscheidung über die Bewerbung, nach dem Gesetz keine Gerichtskontrolle gegeben wäre[947].

Das Hauptverwaltungsgericht war auch darum bemüht, den *Kontrollmaßstab* seiner Entscheidungen im gesetzlich vorgegebenen Rahmen möglichst weit auszulegen. So befand es in einem Urteil von 1998, dass zur Prüfung der *Rechtmäßigkeit* einer Ermessensentscheidung der Behörde gem. Art. 10 des Beamtengesetzes von 1982 (Abordnung eines Beamten) auch die Prüfung gehöre, ob das Tatbestandsmerkmal der Erforderlichkeit wegen der Bedürfnisse des Amts erfüllt sei. Dies sei keine Prüfung der *Zweckmäßigkeit* der Verwaltungsentscheidung[948].

b) Bestandsschutz und Rückwirkungsverbot

Ein Urteil des Hauptverwaltungsgerichts aus dem Jahr 1995[949] zeigt, dass das Gericht – in Befolgung grundlegender Entscheidungen des Verfassungsgerichtshofs[950] – den *Rechtsschutz für die Beamten* weiter ausbaute. Die Novelle des Beamtengesetzes von 1994, welche für die Zukunft die Ernennungsverhältnisse abschaffte, enthielt *keine intertemporalen Vorschriften* hinsichtlich der Ernennungsverhältnisse, die zum Zeitpunkt des In-Kraft-Tretens der Gesetzesänderung bereits aufgelöst waren, über deren Aufhebung aber noch nicht rechtskräftig entschieden war. Hier befand das Hauptverwaltungsgericht, dass die Novelle keine rückwirkende Kraft haben könne. Es berief sich bei seiner Rechtsfindung auf das *Rückwirkungsverbot* aus Art. 3 ZGB[951], das über die Auffangvor-

946 HVG-Beschluss v. 24. 5. 1999 (Az. II SA/Wr 540/99), OSS 1999, Nr. 3, Pos. 82.

947 Vgl. *d.fr.*, Rzeczpospolita, 27. 11. 1998.

948 Urteil des HVG v. 27. 5. 1998 (Az. II SA/Wr 419/98), Prawo Pracy 4/1999, S. 40.

949 Urteil des HVG v. 12. 5. 1995 (Az. II SA 699/95), OSP 1996, Nr. 10, Pos. 199, vgl. hierzu *Liszcz*, ebda. S. 483-486.

950 Vgl. etwa die Entscheidung des VerfGH zum Rückwirkungsverbot v. 28. 11. 1989 (Az. K 7/89), OTK 1989, Pos. 8, S. 120.

951 „Das Gesetz hat keine rückwirkende Kraft, es sei denn, dass sich dies aus seinem Wortlaut oder Zweck ergibt."

schriften der Art. 300 und 5 ArbGB[952] anwendbar und „einer der fundamentalen Grundsätze des demokratischen Rechtsstaats“ sei.

Außerdem machte das HVG in einem Urteil von 1996 deutlich, dass Art. 45 Abs. 2 des Beamtengesetzes auch nach der Novelle von 1994 weiterhin anwendbar sei, dass also ein von seinem Amt abberufener Beamter auch nach der gesetzlichen Abschaffung des Ernennungsverhältnisses aus Gründen des *Bestandsschutzes* weiterhin einen Anspruch auf Ernennung auf einen Dienstposten habe, der mit seinem vor der Berufung bekleideten Dienstposten gleichwertig ist[953].

c) Schutz vor Suspendierung

Vom Schutzgedanken zugunsten der Beamten waren auch die disziplinarrechtlichen Urteile des HVG geprägt. Art. 12 Beamtengesetz, der die *Suspendierung von den Dienstpflichten* im Fall der Einleitung eines Disziplinarverfahrens gegen den Beamten regelt, müsse wegen der damit verbundenen wesentlichen Beschränkungen der Beamtenrechte eng ausgelegt werden. So müsse die Entscheidung über die Entbindung vom Dienst die genaue Dauer der Suspendierung bezeichnen[954], und die Suspendierung könne erst mit der Einleitung des Disziplinarverfahrens verhängt werden, und nicht schon im Vorfeld[955].

Zur Disziplinarstrafe der *Versetzung auf einen niedrigeren Dienstposten* gem. Art. 34 Abs. 3 Punkt 4 des Beamtengesetzes entschied das HVG, dass die Vorschrift wegen der einschneidenden Wirkung dieser Disziplinarstrafe eng ausgelegt werden müsse und dass ausschließlich eine Versetzung auf einen Dienstposten in Betracht komme, der unmittelbar unter dem bisher eingenommenen Dienstposten liege[956].

---

952 Gemäß Art. 300 ArbGB ist das ZGB in den vom ArbGB nicht geregelten Fällen anwendbar; gemäß Art. 5 ArbGB ist das ArbGB allen Fällen anwendbar, in denen die Sondervorschriften (hier also die Gesetzesnovelle von 1994) keine Regelung getroffen haben.

953 Urteil des HVG v. 5. 1. 1996 (Az. U II SA 2818/95), ONSA 1996, Nr. 4, Pos. 187.

954 Urteil des HVG v. 27. 3. 1996 (Az. II SA 175/92), PS 5/1994, S. 86-92; vgl. die zustimmende Glosse von *Świątkowski*, PS 5/1994, S. 92-101.

955 Urteil des HVG v. 15. 5. 1996 (Az. II SA 2841/95), Prawo Pracy 10/1996, S. 46.

956 Urteil des HVG v. 30. 11. 1998 (Az. II SA/Ka 440/97), Prawo Pracy 5/1999, S. 35.

d) Schutz vor Abordnung und Versetzung

Alle Entscheidungen des HVG zu den *statusrechtlichen Veränderungen* der Beschäftigungsverhältnisse gem. Art. 10 des Beamtengesetzes von 1982 dienten dem Schutz der Beamtenrechte und der Stabilität der Dienstverhältnisse. In einem Urteil von 1997 stellte das HVG klar, dass die Vorschrift auf *berufene Beamte* nicht angewendet werden könne und diese insoweit vor Abordnungen und Versetzungen gem. Art. 10 Beamtengesetz geschützt seien[957].

Zu den Ende 1994 neu in Art. 10 Beamtengesetz eingefügten Abs. 1a und 1b, wodurch die *Versetzung von Beamten* wegen der „Reorganisation des Amts" bzw. ganz allgemein „wegen der besonderen Bedürfnisse des Amts" eingeführt wurden, gab es insgesamt fünf Erkenntnisse des HVG, die allesamt den Spielraum des Dienstherrn einengten. Eine *Auflösung des Dienstpostens* gem. Art. 10 Abs. 1a des Gesetzes liege nur vor, wenn der bisherige Arbeitsplatz des Beamten auch tatsächlich aufgehoben werde[958]. Das Gleiche gelte für die *Reorganisation des Amts*[959]. Und bei einer Versetzung wegen der *besonderen Bedürfnisse des Amts* müsse die Behörde die Notwendigkeit einer personellen Veränderung auf dem konkreten Dienstposten nachweisen und dem versetzten Beamten tatsächlich einen gleichwertigen Dienstposten anbieten[960]. Eine negative Beurteilung der Arbeit des Beamten reiche als Begründung für eine solche Versetzung des Beamten gegen seinen Willen genauso wenig aus[961] wie der Verlust des Vertrauens in den Beamten[962].

e) Kündigungsschutz

Genau wie beim OG ist Art. 13 des Gesetzes über die Beschäftigten der staatlichen Ämter diejenige Vorschrift aus dem Gesetz, zu der das HVG die meisten Entscheidungen traf. Und genau wie das OG war auch

---

957 Urteil des HVG v. 30. 9. 1997 (Az. II SA 383/97), Prawo Pracy 5/1998, S. 38.

958 Urteil des HVG v. 23. 5. 1995 (Az. II SA 687/95), Prawo Pracy 6/1996, S. 44.

959 Urteil des HVG v. 25. 2. 1998 (Az. U N II SA 1429/97), ONSA 1998, Nr. 4, Pos. 152.

960 Urteil des HVG v. 23. 10. 1995 (Az. II SA 2205/95), Prawo Pracy 9/1996, S. 40.

961 Urteil des HVG v. 24. 5. 1996 (Az. SA/Wr 2550/95), Prawo Pracy 3/1997, S. 38.

962 Urteil des HVG v. 25. 3. 1999 (Az. II SA/Po 882/98), Prawo Pracy 9/1999, S. 41.

das HVG um einen möglichst weit reichenden *Kündigungsschutz* der Beamten und um die Stabilität ihrer Dienstverhältnisse bemüht. Die meisten Urteile ergingen zu Art. 13 Abs. 1 Punkt 2 des Beamtengesetzes, also zur Frage der Auflösung des Dienstverhältnisses wegen der Auflösung des Amts oder seiner Reorganisation. Bezeichnend für die Personalpolitik der jeweiligen Regierungen[963] war ein Urteil von 1996:

> „Die Reorganisation des Amts darf nicht als eine Möglichkeit zum Austausch des Führungspersonals ausgenutzt werden. Dies würde nämlich eine Umgehung der Vorschriften des Gesetzes über die Beschäftigten der staatlichen Ämter darstellen, die den ernannten Beamten eine verstärkte Dauerhaftigkeit ihrer Beschäftigung garantieren."[964]

Der Grund für eine Kündigung gem. Art. 13 Abs. 1 Punkt 2 des Gesetzes könne nur eine solche Reorganisation des Amts sein, die mit einer *Verringerung des Beschäftigungsstands* in der Behörde verbunden sei[965]. Eine *Reorganisation der Behörde* sei nicht irgendeine organisatorische Veränderung in der Behörde, also etwa die Veränderung der Geschäftsordnung der Behörde[966], sondern nur eine solche, die ihre Organisationsstruktur betreffe[967]. Sie liege nur dann vor, wenn sie im identischen Verfahren erfolge wie die Festlegung der Behördenstruktur[968].

Die Behörde müsse sich im Fall einer Kündigung gem. Art. 13 Abs. 1 Punkt 2 des Beamtengesetzes bereits vor der Kündigung, und nicht erst danach um die Suche eines *ersatzweisen Dienstpostens* für den entlassenen Beamten bemühen[969]. Von dieser Pflicht sei sie auch im Fall der Einleitung und Durchführung eines Disziplinarverfahrens gegen den

---

963 Vgl. hierzu oben, IV.2e,cc).

964 Urteil des HVG v. 28. 2. 1996 (Az. II SA 91/96), Prawo Pracy 10/1996, S. 44.

965 Urteil des HVG v. 22. 8. 1990 (Az. U II SA 525/90), ONSA 1990, Nr. 2-3, Pos. 53. Das Tatbestandsmerkmal der Verringerung des Beschäftigungsstands war in der alten, bis 1995 geltenden Fassung des Art. 13 Abs. 1 Punkt 2 Beamtengesetz ausdrücklich vorgesehen.

966 Urteil des HVG v. 3. 7. 1998 (Az. U II SA 779/98), ONSA 1999, Nr. 2, Pos. 60.

967 Urteil des HVG v. 24. 5. 1996 (Az. SA/Wr 2106/95), Prawo Pracy 12/1996, S. 46.

968 Urteil des HVG v. 20. 1. 1994 (Az. U II SA 2348/93), ONSA 1995, Nr. 1, Pos. 35.

969 Urteil des HVG v. 24. 9. 1992 (Az. U II SA 945/92), ONSA 1993, Nr. 4, Pos. 97. Nach der a.F. des Gesetzes galt dies nicht nur für einen Dienstposten innerhalb der Behörde, sondern auch in einer anderen Behörde.

Beamten nicht entbunden[970]. Ferner sei eine Entlassung aus dem Beamtenverhältnis wegen Reorganisation des Amts gem. Art. 13 Abs. 1 Nr. 2 des Beamtengesetzes unwirksam, wenn die Entlassung bereits vor der Reorganisation erfolgt war[971].

Die „Unmöglichkeit" der Versetzung auf einen anderen Dienstposten in demselben Amt gem. Art. 13 Abs. 1 Punkt 2 des Gesetzes könne nur so verstanden werden, dass die gesamte Behörde über keinen einzigen freien Dienstposten verfügt, für den der zu entlassende Beamte die entsprechende Vorbereitung besitzt. Sie könne nicht mit dem Fehlen der fachlichen Qualifikationen oder mit seinen unangenehmen Charaktereigenschaften begründet werden und auch nicht damit, dass die Abteilungsleiter der Behörde kein Interesse an der Aufnahme des Beamten haben[972]. Ferner liege auch keine die Kündigung rechtfertigende „Unmöglichkeit" vor, wenn die Behörde zuvor bereits eine Versetzung des Beamten mit der Reorganisation des Amts begründet, die Versetzung dann aber nicht vollzogen habe[973].

4. Ergebnis: Zunehmender Rechtsschutz

Der Überblick über die beamtenrechtliche Rechtsprechung des Verfassungsgerichtshofs, des Obersten Gerichts und des Hauptverwaltungsgerichts hat eine deutliche Zunahme des Rechtsschutzes für die polnischen Beamten gegenüber der Zeit vor der Systemwende 1989/90 (s.o., C II.2) gezeigt. Die Gerichte spielten eine wichtige Rolle im Rahmen der polnischen Verwaltungstransformation. Der Verfassungsgerichtshof verhalf dem Grundsatz der Gleichheit von Mann und Frau in Beschäftigungsverhältnissen zur Geltung, indem er sich vor allem auch gegen das OG durchsetzte. Und er verhinderte bereits im Vorfeld das In-Kraft-Treten einiger verfassungswidriger Gesetzesvorschriften des ZDG 1998. Das OG traf zahlreiche Entscheidungen zum Gesetz über die Beschäftigten der staatlichen Ämter und füllte hierbei insbesondere den Kündigungsschutz für Beamte bei einer Auflösung oder Reorganisation des

---

970 Urteil des HVG v. 14. 11. 1996 (Az. U II SA 1423/96), ONSA 1997, Nr. 4, Pos. 165.

971 Vgl. *Frey*, Rzeczpospolita, 23. 4. 1998.

972 Urteil des HVG v. 19. 6. 1995 (Az. II SA 988/95), Prawo Pracy 6/1996, S. 45.

973 Urteil des HVG v. 26. 8. 1996 (Az. II SA 1132/96), Prawo Pracy 7/1997, S. 40.

Amts mit Leben. Das Gleiche gilt für das Hauptverwaltungsgericht. Angesichts der Tendenz der jeweiligen polnischen Regierungen zur Politisierung ihrer Personalentscheidungen, ist der gerichtliche Ausbau der Stabilität der Dienstverhältnisse in der allgemeinen, zivilen Regierungsverwaltung als ein wichtiger ausgleichender Faktor zu bezeichnen[974].

VI. BEWERTUNG UND EINORDNUNG

1. Ist Polens heutiges Beamtenrechtsmodell neuartig?

Das ZDG 1998 hat kein grundlegend neues Beamtenrechtsmodell eingeführt. Die wesentlichen Gesetzesstrukturen (Institut der Ernennung, Pflichten, Rechte, disziplinarische Verantwortlichkeit usw.) sind bereits aus dem ZSDG 1922 bekannt. Anders als der historische Vorgänger nimmt das ZDG 1998 aber *keine Zuordnung des Beamtenrechts zum öffentlichen Recht* vor. Vielmehr bewegt es sich – genau wie alle seine Vorgänger seit 1944 – in einem Graubereich zwischen Arbeitsrecht und Verwaltungsrecht[975]. Die Gerichtszuständigkeit in dienstrechtlichen Fragen – auch bei den Ernennungsverhältnissen – ist gespalten zwischen Arbeitsgerichtsbarkeit und Verwaltungsgerichtsbarkeit. Auch nach der Beendigung der Übergangszeit Ende 2003 werden das Gesetz über die Beschäftigten der staatlichen Ämter von 1982 und das ArbGB von 1974 für alle im ZDG 1998 nicht geregelten Fragen einschlägig sein, und über Art. 300 ArbGB auch das ZGB.

Der Versuch, alle Beamtenrechtsverhältnisse in der allgemeinen, zivilen Regierungsverwaltung auf eine *neue Rechtsgrundlage* zu stellen, ist nicht neuartig. Dies hat vielmehr bereits eine langanhaltende Tradition (vgl. die Vorschriften aus den Jahren 1974, 1982 und 1996).

Das Neuartige des ZDG 1998 (und auch seines kurzlebigen Vorgängers von 1996) ist der in Art. 1 definierte *Gesetzeszweck*. In Abkehr von

---

974 Allgemein zu diesem Aspekt *Kudrycka*, Neutralność polityczna urzędników, S. 62.

975 Vgl. *Torres-Bartyzel/Kacprowicz*, The National Civil Service System in Poland, S. 176: „The status of Poland's civil service is still ambiguous. This ambiguity is sustained by the fact that the civil service regulation still coexists with the 1982 law which is much more suited to the centrally planned socio-economic system in which it was created."

den Vorgängern aus der kommunistischen Zeit dient das Gesetz der Sicherstellung einer „professionellen, sachgerechten, unparteiischen und politisch neutralen Erledigung der staatlichen Aufgaben“. Zur Erreichung dieses Zwecks werden insbesondere die Zugangsregeln zum Korps des zivilen Dienstes verschärft, und es wird das – bereits seit langem eingeforderte – Prinzip der „Wettbewerblichkeit“ eingeführt, um eine dem Gesetzeszweck entsprechende Bestenauslese zu bewirken. Sowohl die Ernennung zum Beamten des zivilen Dienstes als auch die Besetzung von Führungspositionen können grundsätzlich nur im Wege des Wettbewerbs erfolgen. Auch die gesetzliche Sonderbehandlung der Absolventen der Landesschule für öffentliche Verwaltung und die Regeln zur Schulung und Fortbildung dienen dem genannten Zweck.

Das Bekenntnis des Gesetzgebers und der Regierung zur „Wettbewerblichkeit“ und zur Bestenauslese wird – wegen der schädlichen Erfahrungen mit dem aufgeblähten und fachlich ungeeigneten Verwaltungsapparat aus der kommunistischen Zeit – aufrechterhalten, in der *Verwaltungspraxis* aber nicht im erforderlichen Ausmaß umgesetzt. In den letzten drei Legislaturperioden hat sich keine Parlamentsmehrheit und keine Regierung – weder aus dem rechten noch aus dem linken Lager – an die Erfordernisse der Stabilität und Kontinuität im Bereich des Beamtenrechts gehalten. Es wurden neue Dienstgesetze verabschiedet und zahlreiche, immer wieder neue Übergangsregelungen geschaffen, die bestehenden Gesetze wurden nicht im erforderlichen Umfang umgesetzt, und die Möglichkeit der Entlassung von Beamten im Zuge der Umstrukturierung des Behördenapparats wurde extensiv ausgenutzt.

Damit scheint sich im Beamtenrecht die aus der kommunistischen Zeit herrührende *Tradition der legislativen Beliebigkeit* und der gesetzgeberischen Experimentierfreude fortzusetzen. Ein Grund für die damit verbundene, anhaltende Tendenz zur Politisierung der Beamtenschaft mag auch in der Zwischenkriegszeit liegen, in deren Verlauf das österreichische Modell einer nach fach- und sachbezogenen Kriterien ausgewählten Beamtenschaft zunehmend zugunsten einer Politisierung der Beamtenschaft unterlaufen wurde[976]. Insoweit besteht also nicht die Möglichkeit des Rückgriffs auf ältere Wurzeln des polnischen Beamtenrechts aus der vorkommunistischen Zeit.

---

976 Vgl. hierzu *Górski*, SC 3/2001, S. 70-97; s.o., B V.1.

Die seit über einem Jahrzehnt nicht nachlassende Tendenz der Regierungen sowohl aus dem postkommunistischen als auch aus dem ehemaligen Gewerkschaftslager, trotz des grundsätzlichen Bekenntnisses zur Wettbewerblichkeit „eigene“ Beamte in Führungspositionen unterzubringen[977], spricht dafür, dass es im Personalbereich der Regierungsverwaltung offenbar nicht mehr nur um die Überwindung des alten kommunistischen Nomenklatursystems zur Schaffung rechtsstaatlicher Strukturen geht, sondern vornehmlich um die *Durchsetzung der eigenen Personalpolitik* mit den jeweils „eigenen“, politisch genehmen, nicht zwangsläufig den fachlich besten Beamten.

Neuartig ist der *zunehmende gerichtliche Rechtsschutz* für die Beamten. Bereits seit den zögerlichen Anfängen zu Beginn der 1980er Jahre nimmt die Justiziabilität des Beamtenrechts in Polen zu. Mit der gerichtlichen Konkretisierung des Verfassungsgrundsatzes der Gleichheit vor dem Gesetz und insbesondere des durch Art. 153 der Verfassung von 1997 eingeführten Grundsatzes, dass der zivile Dienst der „professionellen, sachgerechten, unparteiischen und politisch neutralen Erledigung der staatlichen Aufgaben“ dient, nimmt auch die Rechtssicherheit für die Beamten zu. Die Gerichtsbarkeit könnte sich so mittelfristig gesehen zu einem Motor der Professionalisierung und Entpolitisierung der Beamtenschaft entwickeln.

2. Ist Polen auf dem Weg zu einem Recht des öffentlichen Dienstes?

Vor dem so beschriebenen Vergleichshintergrund ist – unter Anlegung des deutschen Dienstrechtsbegriffs als Wertungsmaßstab – die Frage gerechtfertigt, ob Polen überhaupt auf dem Weg zu einem Recht des öffentlichen Dienstes ist[978] – zumal noch Ende 1998 im polnischen

---

977 Vgl. *Górski*, SC 3/2001, S. 96: „Erinnern wir uns daran, dass die verschiedenen Regierungen, trotz der Deklaration der Entpolitisierung der Verwaltung, grundlegende Kaderveränderungen in den Ämtern der zentralen und territorialen Verwaltung durchgeführt haben, oft sehr tief reichende Veränderungen. Die Abgeordneten sowohl der Linken als auch der Rechten warfen sich diese Maßnahmen, die von Tendenzen parteipolitischer Natur beherrscht waren, gegenseitig vor.“

978 Vgl. *Redecker,* Ist Polen auf dem Weg zu einem Recht des öffentlichen Dienstes?, S. 93-96, 135-137.

Unterhaus die provokante Ansicht geäußert wurde, es gebe überhaupt keinen öffentlichen Dienst in Polen[979].

Legt man bei der Beantwortung dieser Frage die gängige, *systematische Definition* für das „Recht des öffentlichen Dienstes" zugrunde, wonach „alle Rechtsnormen gemeint sind, die die Rechtsverhältnisse der Funktionsträger regeln, welche für öffentliche Dienstherrn tätig sind"[980], geht es also im weiteren Sinne um das Sonderrecht der Beamten und Angestellten im öffentlichen Dienst, dann scheint sich das Diktum „Verfassungsrecht vergeht, Verwaltungsrecht besteht" zu bestätigen, denn ein solches Sonderrecht für staatliche Funktionsträger ist im Polen des 20. Jahrhunderts stets vorhanden gewesen.

Beantworten wir die Ausgangsfrage hingegen unter Anlegung materieller, wertbezogener Maßstäbe, machen wir sie also zu einer *Rechtsfrage*[981], so ist zu klären, ob es in Polen *ein Recht* des *öffentlichen Dienstes* gibt. Es ist mithin wertend nach dem einheitlichen Charakter, dem Rechtscharakter, dem öffentlichen Charakter sowie nach dem Dienstcharakter zu fragen.

Für das Vorliegen *eines* Rechts des öffentlichen Dienstes müssten zwei Voraussetzungen erfüllt sein: Es müsste ein eigenständiger, sonderrechtlicher Regelungsbereich sein, der eine gewisse Regelungsdichte hat und sich dadurch von anderen Regelungsbereichen, insbesondere dem Arbeitsrecht, deutlich abhebt, und es müsste, zumindest im Bereich der unmittelbaren Staatsverwaltung, landesweite Geltung haben.

Von *Recht* kann in einem Rechtsstaat außerdem erst dann gesprochen werden, wenn Rechtsschutz und Rechtssicherheit gegeben sind[982].

Öffentliches Dienstrecht ist nur das Beamtenrecht und nicht das privatrechtlich gestaltete Recht der Angestellten und Arbeiter im öffentli-

---

979 Vgl. Sejm-Plenarprotokoll vom 25. 11. 1998, 3. WP, Pos. 36, Tag 1, Punkt 2, Abgeordneter *Hausner* vom Wahlbündnis Solidarität AWS.

980 *Kunig*, Das Recht des öffentlichen Dienstes, S. 582-583, Rn. 1 und 4. Vgl. ferner die genauso formale Definition zum Stichwort „Öffentlicher Dienst" im *Creifelds Rechtswörterbuch*, S. 953.

981 Zur „Rechtsfrage" und der damit verbundenen Bewertung von Sachverhalten im Rahmen eines konkretisierungsbedürftigen Maßstabs s. *Larenz/Canaris*, Methodenlehre der Rechtswissenschaft, S. 128-131.

982 S.o., C II.1c); vgl. hierzu *Krebs*, in: *Münch/Kunig* (Hg.), Grundgesetz-Kommentar, Art. 19, Rn. 47-50.

chen Dienst[983]. Hierbei geht es im Wesentlichen um die, von anderen Arbeitsverhältnissen abweichenden, Begründungen, Veränderungen und Beendigungen des Beamtenverhältnisses, um die Sonderpflichten und Sonderrechte sowie um den Rechtsschutz im Beamtenverhältnis[984]. Der öffentliche Charakter des Beamtenverhältnisses ergibt sich zunächst aus der Funktion der Beamten. Das Volk, die Öffentlichkeit, hat sie zur hoheitlichen, in der Regel gesetzesvollziehenden Tätigkeit legitimiert, indem es das Beamtenverhältnis gesetzlich ausgestaltet hat. Das „Volk“ als öffentlicher Arbeitgeber kontrolliert die Beamten und bindet sie an sich, indem es sie zur besonderen Beachtung der Gesetze verpflichtet. Entsprechend dieser besonderen Nähe zwischen dem Volk als öffentlichem Arbeitgeber und seinen Beamten beeiden diese, dem Allgemeinwohl zu dienen, und unterliegen einem gesetzlichen Pflichtenkatalog. Im Gegenzug werden sie mit besonderen Vergünstigungen ausgestattet. Ihr wichtigstes Recht ist das auf Fürsorge und Schutz durch den Dienstherrn und auf lebenslange Alimentation. Sie sind sozial und finanziell abgesichert durch Versorgungsansprüche für sich und ihre Familien, durch Beihilfevorschriften und besonders erschwerte Bedingungen für die Beendigung des Dienstverhältnisses.

Dieses öffentliche Rechte- und Pflichtenverhältnis ist besonders durch seinen *Dienst*charakter geprägt. Die Staatsdiener sind ihrem Dienstherrn, also der Allgemeinheit, gegenüber besonders loyal. Letzterer wiederum kümmert sich in besonderer Weise um seine Diener.

Legen wir den deutschen Rechtsbegriff als Wertungsmaßstab an, so hat Polen demnach derzeit nicht *ein Recht des öffentlichen Dienstes:* Es gibt immer noch nicht *ein* Recht des öffentlichen Dienstes, sondern mehrere. Auf Staatsebene gelten zwei Gesetze, nämlich das von 1982 und das von 1998 (ergänzend außerdem das ArbGB und das ZGB), und auf kommunaler Ebene wiederum gilt das lückenhafte Gesetz von 1990. Auch das Gesetz von 1998 hat keine Vereinheitlichung herbeigeführt, sondern die Mehrgleisigkeit des Dienstrechts aufrecht erhalten. Der Regelungsbereich ist auch insoweit nicht einheitlich, als er sich immer noch

---

983 *Kunig*, Das Recht des öffentlichen Dienstes, S. 582, Rn. 2.

984 Vgl. hierzu und zum Folgenden für Deutschland die Regelungen des Bundesbeamtengesetzes, des Beamtenrechtsrahmengesetzes sowie der Landesbeamtengesetze. Siehe hierzu z.B. *Scheerbarth/Höffken/Bauschke/Schmidt*, Beamtenrecht, § 4.

in einem Graubereich zwischen Arbeitsrecht und öffentlichrechtlichem Sonderrecht befindet.

Der *Rechtscharakter* des Regelungsbereichs ist sicherlich zu bejahen. Der Rechtsschutz für Beamte ist nach dem derzeit gültigen Gesetz von 1998 stärker ausgeprägt als bei seinem Vorgänger. Allerdings ist hinter die Rechtssicherheit nach dem Hin und Her des Gesetzgebers und der bisher nur zögerlichen Umsetzung des Gesetzes ein Fragezeichen zu setzen. Gerade um sich von dem überkommenen, instrumentellen Verhältnis zum Recht zu distanzieren, wäre es besser gewesen, der *Sejm* hätte 1998 das Gesetz von 1996 weiter ausgebaut, statt wiederum ein neues, zum Teil verfassungswidriges Gesetz zum gleichen Regelungsgegenstand zu verabschieden. Diese gesetzgeberischen Defizite werden jedoch durch die zunehmende Kontrolldichte durch höchstrichterliche Rechtsprechung ein wenig abgemildert.

Von einem *öffentlichen* Dienst in Polen kann man nach dem deutschen Rechtsbegriff nicht sprechen. Es liegt kein eigenständiges öffentlichrechtliches Sonderrecht vor, sondern weiterhin eine Mischung aus Arbeits- und öffentlichem Dienstrecht. Die Beamten sind mit keinerlei besonderen Rechten ausgestattet. Es gibt kein Alimentationsprinzip, und die im Gesetz von 1996 entwickelten Ansätze zum Laufbahnprinzip sind nach dem neuen Gesetz von 1998 wieder fortgefallen. Die Beamten stehen nicht unter der besonderen Fürsorge und dem Schutz ihres öffentlichen Dienstherrn. Ihr Gehalt ist nicht gesetzlich geregelt, sondern es wird vom Generaldirektor der Behörde oder dem Behördenleiter individuell festgelegt. Das Konzept des Beamten auf Lebenszeit existiert nicht, und der Schutz vor Entlassung aus dem Beamtenverhältnis ist – zumal angesichts der ständig wiederkehrenden Umstrukturierungen – nicht groß. Andererseits hat der Gesetzgeber bereits mit dem Gesetz von 1996 auch einer total flexiblen „Vertrags-Beamtenschaft" eine Absage erteilt, weil eine gesetzliche Regelung des Beamtenstatus eine gewisse Stabilität bietet und damit besser geeignet ist, dem „Zustand des Chaos, der Passivität und der Atomisierung der Verwaltung"[985] zu begegnen.

Der im o.g. Sinne verstandene *Dienstcharakter* des polnischen Beamtenrechts ist durch die anhaltende Politisierung der Beamtenschaft in Frage gestellt. Die sachliche Diensttreue der Beamten in der Regie-

---

[985] So die Direktorin der KSAP *Gintowt-Jankowicz*, Rzeczpospolita, 1. 4. 1998.

rungsverwaltung wird durch ihre Abhängigkeit von den – nicht nur die Führungspositionen betreffenden – parteipolitischen Personalentscheidungen der jeweiligen Regierung unterlaufen. Ohne eine ausreichende, auch einen Regierungswechsel überdauernde Stabilität der Dienstverhältnisse werden die –aus der Zeit des Kommunismus stammende – parteiliche Dienertreue und die personengebundene Loyalität des Beamten gegenüber dem Vorgesetzten (s.o., C II.1b) die Oberhand behalten[986].

All dies ist vor dem *Transformationshintergrund* zu sehen. An eine kurz- bis mittelfristige Implantation eines ausdifferenzierten Beamtenrechts, das dem enormen Pflichtenkatalog auch in angemessenem Umfang Rechte gegenüberstellt, ist offensichtlich momentan nicht zu denken. Auch die Bundesrepublik Deutschland brauchte über zwanzig Jahre bis zur Vereinheitlichung des Besoldungs- und Versorgungsrechts[987]. Die Einführung des deutschen Beamtenrechtsmodells wäre zur Zeit nicht finanzierbar[988]. Lediglich für den kleinen Kreis der „neuen", nach dem ZDG 1998 ernannten Beamten sind erhebliche finanzielle Anreize vorgesehen. Es geht also nach wie vor um die allmähliche Herausbildung einer kleinen, professionellen Verwaltungselite auf Staatsebene. Die Anzeichen dafür, dass die so erstrebte Professionalisierung mittel- bis langfristig gesehen Erfolg haben wird, sind – trotz der genannten Rückschläge – weiterhin recht gut. Im Bereich der Schulung und Fortbildung der Beamten sind einige Fortschritte erzielt worden. Und offenbar ist es auch gelungen, unter den künftigen „neuen Beamten" ein gewisses Surrogat für die fehlenden Rechte zu schaffen, nämlich einen *esprit de corps*. Die Überzeugung, „besser" zu sein und hohen ethischen Anforderungen zu genügen, kann für eine Übergangszeit, in der es sich besonders zu bewähren gilt, als Motivation und Leistungsanreiz dienen[989].

Spätestens mit dem Wegfall dieser besonderen Motivationslage, also nach Ablauf der nach dem Gesetz von 1998 vorgesehenen Übergangszeit zum Jahr 2004, wenn sich der Kreis der „neuen Beamten" herausgebildet

---

986 Vgl. *Grosse,* SC 2 (2001), S. 81.

987 Vgl. *Kunig*, Das Recht des öffentlichen Dienstes, S. 589-590.

988 Vgl. *Czaputowicz*, SC 1 (2000/2001), S. 25.

989 Vgl. zur wichtigen Funktion des – jeder Institution eine für ihr Bestehen und Funktionieren notwendige interne Kohärenz gebenden – Korpsgeistes in Übergangssituationen *Rüb,* Zur Funktion und Bedeutung politischer Institutionen in Systemwechselprozessen, S. 64.

haben und wenn das bisherige Beschäftigungsverhältnis der „alten Beamten“ beendet sein sollte, wird es an der Zeit sein, dieses *transitorische Beamtenrechtsmodell*[990] zu überdenken. Angesichts der strukturellen Ähnlichkeit aller drei Gesetze von 1982, 1996 und 1998 mit dem deutschen *Bundesbeamtengesetz* und dem *Beamtenrechtsrahmengesetz* und der erwähnten historischen Verwurzelung des polnischen Beamtenrechts im deutsch-österreichischen Modell ist es denkbar, dass Polen dann den Weg zu *einem Recht des öffentlichen Dienstes* einschreitet und den vielen Beamtenpflichten auch Beamtenrechte, insbesondere die auf Fürsorge und Schutz (insbesondere den Schutz vor Entlassung), gegenüberstellt, um so ein stabiles und tragfähiges Dienst- und Treueverhältnis zwischen dem Staat und seinen Beamten zu schaffen.

3. Entspricht das polnische Beamtenrecht den Vorgaben der Europäischen Gemeinschaft?

a) Rechtliche Vorgaben

Des gemeinschaftsrechtliche Primärrecht sieht kein Modell der öffentlichen Verwaltung vor, dem die Mitgliedstaaten der Europäischen Union entsprechen müssten. Es gibt *keine primärrechtliche Kompetenznorm* der Gemeinschaft zur Regelung des öffentlichen Dienstes. Fragen wie die Verteilung legislativer oder exekutiver Befugnisse, die Organisationsstruktur und die Struktur und Größe der öffentlichen Verwaltung liegen daher – entsprechend dem Subsidiaritätsprinzip gem. Art. 5 EG-Vertrag – im Ermessen der Mitgliedstaaten[991]. Soweit neuerdings von einem „europäischen Verwaltungsraum“ gesprochen wird[992], handelt es sich hierbei lediglich um die deskriptive Feststellung gleichlaufender Tendenzen im Bereich des öffentlichen Dienstes der EU-Mitgliedstaaten, nicht aber um rechtliche Vorgaben. Es wird auch in absehbarer Zukunft

---

990 *Czaputowicz*, SC 1 (2000/2001), S. 48, spricht von einem „gemischten Modell“.

991 Vgl. *Bossaert/Demmke/Nomden/Polet,* Der öffentliche Dienst im Europa der Fünfzehn, S. 3, 279.

992 Vgl. m.w.N. *SIGMA*, Preparing Public Administrations for the European Administrative Space; *SIGMA,* European Principles for Public Administration. *Bossaert/Demmke/Nomden/Polet,* Der öffentliche Dienst im Europa der Fünfzehn, S. 279, meinen demgegenüber, es sei „(noch) nicht möglich, von einem ‚Europäischen Verwaltungsraum’ zu sprechen.“

nicht zu einer Harmonisierung oder gar Egalisierung des Dienstrechts der EG-Mitgliedstaaten kommen[993].

Rechtlich bedeutsam sind im Zusammenhang mit der Ausgestaltung des Beamtenrechts allerdings die gemeinschaftsrechtlichen Vorgaben hinsichtlich des *Gleichheitsgrundsatzes*, insbesondere die Verbote der Diskriminierung aus Gründen des Geschlechts (aa) und aus Gründen der Staatsangehörigkeit im Rahmen der Arbeitnehmerfreizügigkeit (bb).

aa) Gleichbehandlung von Mann und Frau. Die Gleichbehandlung der Geschlechter im Rahmen der Beschäftigungsverhältnisse ist im Wesentlichen in vier EG-Richtlinien geregelt. Hiernach gilt der Grundsatz des gleichen *Entgelts* für Männer und Frauen[994], außerdem sind beide Geschlechter hinsichtlich des Zugangs zur Beschäftigung, zur Berufsbildung und zum beruflichen Aufstieg sowie in Bezug auf die *Arbeitsbedingungen* gleich zu behandeln[995], und Männer und Frauen sind im Bereich der sozialen Sicherheit[996], insbesondere bei den betrieblichen Systemen der *sozialen Sicherheit* gleich zu behandeln[997]. Damit erstreckt sich die Gleichbehandlung der Geschlechter nach dem Gemeinschaftsrecht „heute über das ganze Arbeitsverhältnis und dessen sozialrechtliche Einbindung“[998].

Hinsichtlich des *Entgelts* trifft das polnische Beamtenrecht der allgemeinen, zivilen Regierungsverwaltung – soweit ersichtlich – keine Unterscheidungen zwischen Mann und Frau. Eine solche Ungleichbehandlung verstieße gegen die internationalen Verpflichtungen Polens[999]

---

993 *Mantl*, Europäische Integration und öffentlicher Dienst, S. 385.

994 Richtlinie 75/117/EWG v. 10. 2. 1975, Abl. EG 1975, L 45, S. 19. Der gemeinschaftsrechtliche Grundsatz des gleichen Entgelts für männliche und weibliche Arbeitnehmer ergibt sich im Übrigen auch unmittelbar aus Art. 141 Abs. 1 EG-Vertrag (früher: Art. 119) und gilt daher nach der Rechtsprechung des EuGH bereits seit 1962 „voll und unumkehrbar“; vgl. Urteil des EuGH v. 8. 4. 1976 (Rs. 43/75, Defrenne II), EuGHE 1976, S. 455.

995 Richtlinie 76/207/EWG v. 9. 2. 1976, Abl. EG 1976, L 39, S. 40.

996 Richtlinie 79/9/EWG, Abl. EG 1979, L 6, S. 24

997 Richtlinie 86/378/EWG v. 24. 7. 1986, Abl. EG 1986, L 225, S. 40.

998 So *Birk*, Freizügigkeit der Arbeitnehmer und Harmonisierung des Arbeitsrechts, S. 313.

999 Polen ist bereits im Jahr 1954 dem ILO-Übereinkommen Nr. 100 über die Gleichheit des Entgelts männlicher und weiblicher Arbeitskräfte für gleichwertige Arbeit

und wäre *verfassungswidrig*. Polens Verfassung von 1997 enthält nicht nur in Art. 32 den allgemeinen Gleichheitsgrundsatz mit einem allgemeinen Diskriminierungsverbot[1000], sondern darüber hinaus in Art. 33 auch einen speziellen Gleichheitsgrundsatz hinsichtlich der Gleichberechtigung von Mann und Frau, welcher in seinem Abs. 2 ungerechtfertigte Ungleichbehandlungen beim Entgelts explizit verbietet:

„1. Frau und Mann haben in der Republik Polen gleiche Rechte im Familienleben, im politischen, gesellschaftlichen und wirtschaftlichen Leben.

2. Frau und Mann haben insbesondere gleiche Rechte auf Ausbildung, Beschäftigung und Beförderung, *auf gleichen Lohn für Arbeit von gleichem Wert*, auf Sozialversicherung und Einnahme einer Stellung, Ausübung von Funktionen und den Empfang von öffentlichen Würden und Auszeichnungen“ [Hervorhebung nur hier].

Gemäß diesem speziellen Gleichheitsgrundsatz wurden durch eine Novelle von 1996[1001] der Gleichbehandlungsgrundsatz und das Diskriminierungsverbot in Arbeitsverhältnissen in das ArbGB aufgenommen:

„Art. 11^2. Die Arbeitnehmer haben die gleichen Rechte aus der gleichen Erfüllung derselben Pflichten; das gilt insbesondere für die gleiche Behandlung von Männern und Frauen in der Arbeit.

Art. 11^3. Jegliche Diskriminierung in Arbeitsverhältnissen, insbesondere wegen des Geschlechts [...] ist unzulässig.“

Bei der Regelung der *allgemeinen Arbeitsbedingungen* trifft das polnische Beamtenrecht allerdings an einigen Stellen Unterscheidungen zwischen Mann und Frau[1002]. So bestimmt Art. 92 Abs. 8 ZDG 1998, dass die *Überstundenregelungen*

„auf Frauen in der Schwangerschaft sowie – ohne ihre Zustimmung – auf Korpsmitglieder, die ständig pflegebedürftige Personen pflegen oder Kinder im Alter von unter acht Jahren beaufsichtigen, nicht angewandt werden“.

---

beigetreten (Dz. U. 1955, Nr. 38, Pos. 238); vgl. *Jackowiak*, Die Rolle des Arbeits- und Sozialrechts beim Schutz der Rechte und Interessen von Frauen, S. 413.

1000 „1. Alle sind vor dem Gesetz gleich. Alle haben das Recht auf Gleichbehandlung durch die öffentlichen Gewalten. 2. Niemand darf im politischen, gesellschaftlichen oder wirtschaftlichen Leben aus irgendwelchen Gründen diskriminiert werden.“

1001 Änderungsgesetz v. 2. 2. 1996, Dz. U. 1996, Nr. 24, Pos. 110.

1002 Vgl. neben Art. 92 Abs. 8 ZDG 1998 auch die vergleichbare Regelung zu den Versetzungen von Beamten in eine andere Ortschaft gemäß Art. 51 Abs. 3 S. 1 i.V.m. Abs. 2 ZDG 1998.

Der erste Teil der Regelung dient dem *Schwangerenschutz*, somit liegt kein Eingriff in den Gleichheitsgrundsatz vor, denn die Ungleichbehandlung trifft nicht wesentlich Gleiche, weil Männer nicht schwanger werden können. Spezielle Vorschriften zum Schutz der Frau sind durch die Gleichbehandlungsrichtlinie nicht ausgeschlossen[1003]. Der zweite Teil der Regelung ist insoweit vorbildlich unter dem Gesichtspunkt der Gleichbehandlung, als er beim Schutz der Erziehungsberechtigten nicht zwischen Mann und Frau unterscheidet.

Anders sieht es in letzterer Hinsicht mit dem vergleichbaren Art. 29 Abs. 3 des Gesetzes über die Beschäftigten der staatlichen Ämter von 1982 aus. Nach dieser Vorschrift dürfen die Überstundenregelungen nicht auf Schwangere und nicht „auf Frauen, die Kinder im Alter von unter acht Jahren beaufsichtigen", angewandt werden. Erziehungsberechtigte Männer sind hier vom Schutzbereich der Norm ausgeschlossen. Insoweit liegt ein Verstoß gegen die Gleichbehandlung von Mann und Frau vor, für den keine Rechtfertigung ersichtlich ist[1004].

Hinsichtlich der *Sozialversicherung* werden Frauen und Männer nach Art. 27 Abs. 2 und 3 des Gesetzes über die Beschäftigten der staatlichen Ämter von 1982 ungleich behandelt: Frauen haben bei Vorliegen der erforderlichen Beschäftigungszeit bereits mit 55 Jahren einen vollen Ruhegehaltsanspruch, wenn ihr Beschäftigungsverhältnis wegen der Auflösung oder Reorganisierung des Amts aufgelöst wird, Männer erst mit 60 Jahren. Eine ähnliche Regelung enthält Art. 93 Abs. 2 ZDG 1998, wonach Frauen bereits mit 55 Lebensjahren, Männer erst mit 60 Lebensjahren einen Pensionsanspruch haben[1005]. Ob für diese Ungleichbe-

---

1003 Vgl. *Birk*, Freizügigkeit der Arbeitnehmer und Harmonisierung des Arbeitsrechts, S. 316. Das Gleiche gilt im Übrigen auch nach Art. 5 des von Polen bereits 1961 ratifizierten ILO-Übereinkommens Nr. 111 über die Diskriminierung in Beschäftigung und Beruf (Dz. U. 1961, Nr. 42, Pos. 218); vgl. hierzu *Jackowiak,* Die Rolle des Arbeits- und Sozialrechts beim Schutz der Rechte und Interessen von Frauen, S. 404.

1004 Bei Versetzungen ohne Zustimmung des Beamten enthält das Beamtengesetz von 1982 hingegen keine Diskriminierung, da es neben Schwangeren erziehungsberechtigte Männer und Frauen in gleicher Weise schützt (vgl. Art. 10 Abs. 4).

1005 Diese Vorschrift ist als Übergangsregelung zu begreifen, denn Art. 93 Abs. 3 ZDG 1998 bestimmt, dass sie nur auf Personen angewandt wird, die vor dem 1. Januar 1949 geboren sind. Für die nach dem 31. 12. 1948 geborenen Beschäftigten gilt gemäß Art. 93 Abs. 1 ZDG 1998 i.V.m. Art. 24 Abs. 1 des Gesetzes über die Ruhestandsgehälter und Renten aus dem Sozialversicherungsfonds v. 17. 12. 1998 (Dz.

handlung, in der sowohl eine Benachteiligung der Männer (späterer Erwerb des Ruhegehaltsanspruchs) als auch eine solche der Frauen (früheres Ausscheiden aus dem Erwerbsleben) gesehen werden kann, ein rechtfertigender Zweck vorliegt, ist zweifelhaft. Nach der traditionellen Rollenverteilung könnte er allenfalls in der *Doppelbelastung* der berufstätigen Frau (Haushalt und Beruf) gesehen werden[1006]. Eine solche Betrachtungsweise entspricht aber gerade nicht dem Grundsatz der Gleichberechtigung, denn sie behandelt Männer und Frauen ungleich, obwohl es hierfür keine im engeren Sinn geschlechtsspezifischen Gründe (Schwangerschaft, Mutterschutz, Lebenserwartung usw.) gibt[1007]. Insbesondere die statistisch gesehen höhere Lebenserwartung der Frauen spricht gegen einen früheren Eintritt der Frauen in den Ruhestand[1008]. Ähnliche Argumente werden auch in den EG-Mitgliedstaaten zur Durchsetzung der Gleichbehandlung der Geschlechter in diesem Bereich vorgebracht. So erhöht das Vereinigte Königreich derzeit aus Gründen der Gleichbehandlung von Männern und Frauen schrittweise das Eintrittsalter in den Ruhestand für Frauen von 60 auf 65 Jahre[1009].

Ein eindeutiger Verstoß gegen den gemeinschaftsrechtlichen Gleichbehandlungsgrundsatz von Mann und Frau liegt jedenfalls in der – vom polnischen Verfassungsgerichtshof bereits für verfassungswidrig erklärten – Regelung des Art. 13 Abs. 1 Punkt 5 des Gesetzes über die Be-

---

U. 1998, Nr. 162, Pos. 1118; vgl. hierzu m.w.N. *Institut für Ostrecht*, WiRO 1999, 119) ein jeweils um fünf Jahre erhöhtes Eintrittsalter (Frauen mit 60, Männer mit 65 Lebensjahren). Die Ungleichbehandlung bleibt also insoweit aufrechterhalten.

1006 So der polnische VerfGH in seiner o.g. Entscheidung v. 24. 10. 1989, OTK 1989, Pos. 7 (s.o., V.1a), und das polnische OG in seinem o.g. Urteil v. 14. 5. 1996, OSP 1997, Pos. 126, S. 333 (s.o., V.1a,cc), die von den „biologischen und gesellschaftlichen Unterschieden zwischen Männern und Frauen“ sprechen.

1007 Vgl. *Boruta*, OSP 1997, Pos. 126, S. 335.

1008 Vgl. *Jackowiak*, Die Rolle des Arbeits- und Sozialrechts beim Schutz der Rechte und Interessen von Frauen, S. 406: „Was die Altersgrenze (das Ruhestandsalter) betrifft, fällt es schwer, eine Differenzierung mit anatomischen oder psychologischen Verschiedenheiten zu begründen. Aus den Statistiken geht hervor, dass die Lebenserwartung der Frauen länger ist als die der Männer, und im Falle von Neugeborenen die Sterblichkeit von Jungen größer ist als die der Mädchen. In den medizinischen Wissenschaften hat sich die Anschauung durchgesetzt, wonach Frauen über die größere biologische Stärke verfügen“.

1009 In Italien gilt hingegen noch das frühere Eintrittsalter für Frauen (60 statt 65 Jahre); vgl. *Bossaert/Demmke/Nomden/Polet,* Der öffentliche Dienst im Europa der Fünfzehn, S. 194.

schäftigten der staatlichen Ämter und in den vergleichbaren Regelungen anderer polnischer Dienstpragmatiken, wonach die *Kündigung des Ernennungsverhältnisses weiblicher Staatsbeamter* allein aus dem Grund erfolgen kann, dass sie das (im Vergleich mit Männern frühere) Eintrittsalter in den Ruhestand erreicht haben[1010]. Der EuGH entschied in einem Urteil von 1986, dass die Kündigung einer Frau nur aus dem Grund des Erreichens des früheren Eintrittsalters gegen Art. 5 Abs. 1 der o.g. EG-Richtlinie zur Gleichbehandlung von Mann und Frau aus dem Jahr 1976 verstößt[1011]. In dem Urteilstenor heißt es:

> „1) Art. 5 Abs. 1 der Richtlinie 76/207 ist dahin auszulegen, dass eine allgemeine Entlassungspolitik, wonach eine Frau nur aus dem Grund entlassen wird, weil sie das Alter erreicht oder überschritten hat, in dem sie Anspruch auf eine staatliche Rente erwirbt und das nach den nationalen Rechtsvorschriften für Männer und Frauen unterschiedlich ist, eine durch diese Richtlinie verbotene Diskriminierung aufgrund des Geschlechts darstellt.
>
> 2) Art. 5 Abs. 1 der Richtlinie des Rates v. 9. 2. 1976, der Diskriminierungen aufgrund des Geschlechts hinsichtlich der Arbeitsbedingungen einschließlich der Entlassungsbedingungen verbietet, kann gegenüber einer als Arbeitgeber handelnden staatlichen Stelle in Anspruch genommen werden, um die Anwendung jeder nationalen Bestimmung, die nicht diesem Art. 5 Abs. 1 entspricht, auszuschließen."

Damit wird nach einem EG-Beitritt Polens die vom OG in seinem Urteil von 1996 (s.o., V.1a,cc) vertretene Argumentation wegen Verstoßes gegen Gemeinschaftsrecht nicht mehr aufrecht zu erhalten sein. Solange das Eintrittsalter in den Ruhestand für Männer und Frauen noch nicht vereinheitlicht ist, werden die Vorschriften zur früheren, altersbedingten Kündigung von Beamtinnen daher gemeinschaftsrechtkonform so auszulegen sein, dass eine Kündigung weiblicher wie männlicher Beamter gleichermaßen erst bei Erreichen des höheren, für Männer geltenden Eintrittsalters möglich ist. Jede andere Auslegung durch die polnischen Gerichte wäre nach dem EG-Beitritt Polens ein Verstoß gegen Gemeinschaftsrecht, der vor dem EuGH keinen Bestand haben wird[1012].

1010 Frauen erreichen, wie gesagt, das Eintrittsalter gemäß Art. 24 Abs. 1 des Gesetzes „Über die Ruhestandsgehälter und Renten aus dem Sozialversicherungsfonds" fünf Jahre früher als Männer (mit 60 statt wie Männer mit 65 Lebensjahren).

1011 Urteil des EuGH v. 26. 2. 1986 (Rs. 152/84, Marshall), EuGHE 1986, S. 723.

1012 Dies übersieht *Przybysz*, PiP 4/1997, S. 107.

Festzuhalten ist, dass der *polnische Verfassungsgerichtshof* mit seinen bisherigen Judikaten zur im Vergleich mit Männern früheren, zwangsläufigen Beendigung des Beschäftigungsverhältnisses von Beamtinnen (s.o., V.1a) den gleichen, weit reichenden Schutz hinsichtlich der Gleichheit der Geschlechter gewährt wie der EuGH.

bb) Gleichbehandlung unter dem Gesichtspunkt der Staatsangehörigkeit. Nach dem EG-Beitritt (und dem Ablauf der Übergangsfristen) ist Polen gem. Art. 39 Abs. 1 EG-Vertrag dazu verpflichtet, die *Freizügigkeit der Arbeitnehmer* aus den EG-Mitgliedstaaten sicherzustellen. Diese umfasst gem. Art. 39 Abs. 2 EG-Vertrag auch die „Abschaffung jeder auf der Staatsangehörigkeit beruhenden unterschiedlichen Behandlung der Arbeitnehmer der Mitgliedstaaten in Bezug auf Beschäftigung, Entlohnung und sonstige Arbeitsbedingungen“.

Gemäß Art. 4 Punkt 1 ZDG 1998 kann im zivilen Dienst nur beschäftigt werden, wer *polnischer Staatsangehöriger* ist. Die gleiche Voraussetzung gilt nach Art. 3 Punkt 1 des Beamtengesetzes von 1982 für die Beschäftigten der staatlichen Ämter. Legt man die derzeitige Rechtslage zugrunde, können also Staatsangehörige der EG-Mitgliedstaaten nach dem EG-Beitritt Polens nicht Beschäftigte der allgemeinen, zivilen Regierungsverwaltung in Polen werden.

Fraglich ist, ob hierin ein *Verstoß gegen die Arbeitnehmerfreizügigkeit* gem. Art. 39 EG-Vertrag liegt. Gemäß Art. 39 Abs. 4 EG-Vertrag findet dieser Artikel keine Anwendung auf die *Beschäftigung in der öffentlichen Verwaltung*. Dem Wortlaut nach sind somit die Beschäftigten der allgemeinen, zivilen Regierungsverwaltung *nicht* von der Arbeitnehmerfreizügigkeit gem. Art. 39 EG-Vertrag erfasst.

Der *Europäische Gerichtshof* legt diesen Ausnahmetatbestand allerdings entgegen seinem Wortlaut und dem historischen Willen der Vertragsstaaten grundsätzlich eng aus. Unter Berufung auf teleologische („nützliche Wirkung“) und auf systematische Argumente[1013] fordert er „einen Zusammenhang mit den spezifischen Tätigkeiten der öffentlichen Verwaltung, soweit diese mit der Ausübung hoheitlicher Befugnisse und mit der Verantwortung für die Wahrung der allgemeinen Belange betraut

---

[1013] Kritisch hierzu *Hillgruber*, ZfB 1997, S. 2.

ist“[1014]. Nur die Beschäftigung auf solchen Stellen setze ein Verhältnis der besonderen Verbundenheit des jeweiligen Stelleninhabers zum Staat sowie die Gegenseitigkeit von Rechten und Pflichten voraus, die dem Staatsangehörigkeitsverband zugrunde liegen. Die Einordnung hänge davon ab, ob die Stelle angesichts der mit ihr verbundenen Aufgaben und Verantwortlichkeiten die Merkmale der spezifischen Tätigkeiten der Verwaltung auf den genannten Gebieten aufweisen könne[1015].

Jedenfalls für die in *Führungspositionen* Beschäftigten der allgemeinen, zivilen Regierungsverwaltung gem. Art. 2 ZDG 1998 und Art. 1 des Beamtengesetzes von 1982 dürfte der Ausnahmetatbestand des Art. 39 Abs. 4 EG-Vertrag wohl erfüllt sein. Für die niedrigeren Dienstposten in einigen Ministerien oder Woiwodschaftsbehörden kommt hingegen nach dem EG-Beitritt Polens eine Öffnung für Bewerber aus den Mitgliedstaaten in Betracht[1016]. Das Gleiche gilt für andere Beschäftigtengruppen wie etwa die Krankenschwestern, Lehrer o.ä.[1017].

Festzuhalten ist, dass das polnische Beamtenrecht nach dem EG-Beitritt Polens im Hinblick auf die Arbeitnehmerfreizügigkeit geändert werden muss[1018]. Es gilt der gleiche Grundsatz wie im Fall des Beitritts Österreichs zur Europäischen Gemeinschaft:

> „Das Berufsbeamtentum ist nicht vom Untergang bedroht, es muss sich nur dort, wo die Ausnahme des Art. 48 Abs. 4[1019] nicht Platz greift, den Angehörigen anderer EG-Mitgliedstaaten öffnen. Jede Etikettierung einer Beschäftigung als ‚hoheitlich' muss sich die Prüfung nach den oben skizzierten, vom EuGH entwickelten Kriterien gefallen lassen, ob sie dies nach Gemeinschaftsrecht auch ist.“[1020]

1014 Stdg. Rspr. des EuGH; vgl. nur Urteil v. 3. 7. 1986 (Deborah Lawrie-Blum/Baden-Württemberg), EuGHE 1988, S. 2121; vgl. m.w.N. *Czaputowicz*, SC 1 (2000/2001), S. 45; *Hillgruber*, ZfB 1997, S. 1-4; *Mantl*, Europäische Integration und öffentlicher Dienst, S. 376-382.

1015 *Hillgruber*, ZfB 1997, S. 2.

1016 Näher hierzu *Bossaert/Demmke/Nomden/Polet,* Der öffentliche Dienst im Europa der Fünfzehn, S. 71-82.

1017 Vgl. die Auflistung der Europäischen Kommission, Communication Action in Respect of the Application of Article 48 (4) of the EEC Treaty, Official Journal 1988, 88/C, 72/02.

1018 So auch *Czaputowicz*, SC 1 (2000/2001), S. 49.

1019 Heute Art. 39 Abs. 4 EG-Vertrag.

1020 *Mantl*, Europäische Integration und öffentlicher Dienst, S. 384.

Nach dem Vorbild einiger anderer EG-Mitgliedstaaten empfiehlt sich die *Erstellung einer Liste* mit Dienstposten in der Regierungsverwaltung, die wegen der auf ihnen ausgeübten Funktionen ausschließlich polnischen Staatsangehörigen vorbehalten bleiben[1021].

b) Das Beitrittskriterium der institutionellen Stabilität

Die Kommission der Europäischen Gemeinschaft beobachtet im Vorfeld der EU-Osterweiterung die Erfüllung der sog. *Kopenhagener Kriterien* durch die Beitrittskandidaten und somit auch die Rechtsentwicklung im polnischen Beamtenrecht als wesentlichen Bestandteil des politischen Beitrittskriteriums der „institutionellen Stabilität zur Gewährleistung von Demokratie und Rechtsstaatlichkeit"[1022].

Die „institutionelle Stabilität" wird zwar als ein politisches, und nicht als rechtliches Beitrittskriterium betrachtet, jedoch hat sie auch eine im EG-Vertrag begründete, *rechtliche Komponente.* Denn Art. 10 EG-Vertrag bestimmt, dass die Mitgliedstaaten „alle geeigneten Maßnahmen allgemeiner oder besonderer Art zur Erfüllung der Verpflichtungen, die sich aus diesem Vertrag oder aus Handlungen der Organe der Gemeinschaft ergeben", treffen und „alle Maßnahmen, welche die Verwirklichung der Ziele des Vertrags gefährden könnten", unterlassen. Die Beamtenschaft der Mitgliedstaaten muss also grundsätzlich in der Lage sein, den gemeinschaftsrechtlichen *acquis communautaire* umzusetzen. Eine leistungsschwache, unstabile und ungeschulte Verwaltung ist hierzu grundsätzlich nicht in der Lage. Daher misst die Kommission dem Stabilitätskriterium hohe Bedeutung bei.

Bereits in ihrer ersten, im Juli 1997 veröffentlichten *Stellungnahme zu Polens Bewerbung um eine EU-Mitgliedschaft* stellte die EG-Kommission fest, Polen habe „Schwierigkeiten mit der Einführung eines Laufbahnsystems", und die Einstellung von Vertragsbeamten, die aus politischen Gründen rekrutiert werden, sei nach wie vor verbreitet und verhindere die Etablierung eines Mindestmaßes an Kontinuität in der

---

1021 Vgl. den Überblick über die Stellen mit Staatsangehörigkeitsvorbehalt im öffentlichen Dienst im Europa der Fünfzehn *Bossaert/Demmke/Nomden/Polet,* Der öffentliche Dienst im Europa der Fünfzehn, S. 73 f.

1022 S.o., A. und D II.1.

Verwaltungstätigkeit[1023]. Seither ruft die Kommission in ihren jährlichen Berichten über Polens Fortschritte auf dem Weg zum Beitritt zu Verbesserungen in diesem Bereich auf:

Im *Fortschrittsbericht 1998* heißt es, es bedürfe einer grundlegenden Reform des Status der öffentlichen Bediensteten, um die Verwaltung effizienter zu gestalten und den Aufbau ausreichender Kapazitäten zur Vorbereitung des Beitritts sicherzustellen[1024]. Im *Fortschrittsbericht 1999* steht, die meisten der 1998 festgestellten Schwächen bestünden unverändert fort, es müsse eine zusammenhängende, beitrittsorientierte Strategie für den Aufbau einer kompetenten öffentlichen Verwaltung entwickelt werden, und der häufige Personalwechsel und der Mangel an Fremdsprachenkenntnissen im öffentlichen Dienst müssten reduziert werden. Außerdem seien die Qualifikationskontrollen bei der Besetzung von Posten nach wie vor unzureichend[1025]. Im *Fortschrittsbericht 2000* kommt die Kommission zu dem Schluss, der öffentliche Dienst sei weiterhin äußeren Einflussnahmen ausgesetzt, und selbst mittelfristig gesehen sei es zweifelhaft, ob seine politische Unabhängigkeit und die Stabilität von Ernennungen und Amtshandlungen gewährleistet werden könnten[1026]. Der *Fortschrittsbericht 2001* stellt eine hohe politische Instabilität bei den höheren Dienstposten der öffentlichen Verwaltung fest. Ferner sei der Zuwachs der Beamtenzahl zu gering, um in nächster Zukunft einen unabhängigen, stabilen und kompetenten öffentlichen Dienst zu gewährleisten. Bis zum Beitritt Polens zur Gemeinschaft seien noch weitere Anstrengungen zur Sicherstellung eines gut ausgebildeten und motivierten öffentlichen Dienstes erforderlich[1027].

Die obige Untersuchung hat gezeigt, dass die Schlussfolgerungen der Europäischen Kommission im Großen und Ganzen zutreffen. Auch das neue ZDG 1998 hat bislang keine entscheidende Stabilisierung und Dauerhaftigkeit der Dienstverhältnisse mit sich gebracht[1028]. Das Be-

---

1023 Stellungnahme der Kommission zu Polens Bewerbung um eine EU-Mitgliedschaft v. 15. 7. 1997; http://europa.eu.int/comm/enlargement/poland/index.htm.

1024 Fortschrittsbericht 1998 v. November 1998 (dt. Version), S. 10, veröffentlicht ebda.

1025 Fortschrittsbericht 1999 v. 13. 10. 1999 (dt. Version), S. 64, veröffentlicht ebda.

1026 Fortschrittsbericht 2000 v. 8. 11. 2000 (dt. Version), S. 18, veröffentlicht ebda.

1027 Fortschrittsbericht 2001 v. 13. 11. 2001 (dt. Version), S. 20 f., 117, veröffentlicht ebda.

1028 Vgl. zur Dauerhaftigkeit als Kernelement von Institutionen *Glaeßner,* Demokratie nach dem Ende des Kommunismus, S. 197 m.w.N.

kenntnis des Gesetzgebers und der jeweiligen Regierungen zur Bestenauslese im Wege eines offenen und transparenten Wettbewerbs um die Ernennung zum Beamten und um die Besetzung von Führungspositionen wird durch eine nur schleppende Gesetzesumsetzung sowie auch durch gesetzgeberische Maßnahmen konterkariert.

Positiv zu bewerten ist, dass der polnische Gesetzgeber in seiner neuen Zusammensetzung seit 2001 – wohl auch unter dem u.a. von den Fortschrittsberichten ausgehenden Druck der Europäischen Kommission – davon abgesehen hat, wiederum ein neues Gesetz über den zivilen Dienst zu verabschieden. Die beibehaltene Sonderstellung der KSAP-Absolventen und der zunehmende gerichtliche Rechtsschutz für die Regierungsbeamten bieten mittelfristig gesehen Anlass für die Annahme einer zunehmenden Stabilisierung der Dienstverhältnisse. Hierfür sprechen auch die guten gesellschaftlichen Rahmenbedingungen für eine Umsetzung der strukturellen und personellen Verwaltungsreform und die vergleichsweise gute Motivationslage (s.o., II.3).

c) Ergebnis

Im Ergebnis lässt sich daher festhalten, dass das polnische Beamtenrecht, das nach wie vor von legislativer Beliebigkeit geprägt ist und zudem schleppend umgesetzt wird, derzeit nicht das Beitrittskriterium der institutionellen Stabilität erfüllt. Die gemeinschaftsrechtlichen Vorgaben hinsichtlich des Gleichheitsgrundsatzes sind hingegen weitgehend erfüllt. Lediglich bei einigen Einzelfragen ist die Gesetzeslage an den Grundsatz der Gleichbehandlung von Mann und Frau anzupassen. Nach dem EG-Beitritt Polens werden Anpassungen im Bereich der Arbeitnehmerfreizügigkeit vorzunehmen sein.

E. Zusammenfassung: 16 Thesen

1. Die *Wurzeln* des heutigen polnischen Beamtenrechts reichen von der kommunistischen Zeit über die Zwischenkriegszeit bis hinein in die Zeit der polnischen Teilungen, hier insbesondere in die Zeit des autonomen Galiziens im Rahmen der österreichisch-ungarischen Doppelmonarchie.

2. Die tiefe Verwurzelung des polnischen Beamtenrechts im *österreichisch* geprägten Beamtenrecht der Zwischenkriegszeit überdauerte selbst die kommunistische Zeit[1029]. Der auf diese Wurzeln zurückzuführende, grundlegende Aufbau der jeweiligen beamtenrechtlichen Vorschriften und Dienstpragmatiken blieb weitgehend gleich. Entfernte der kommunistische Gesetzgeber zeitweise einige Vorschriften, etwa in den Bereichen der Qualifikation oder des Pflichtenkreises der Beamten, so führte er sie entweder umgehend durch die Hintertür wieder ein oder kam später wieder auf sie zurück.

3. Ein Kennzeichen der Dienstrechtsreformen in der kommunistischen Zeit war ihre *Inkohärenz*. Das Statusrecht der Beschäftigten in der allgemeinen, zivilen Staatsverwaltung war in besonderer Weise einer *legislativen Beliebigkeit* unterworfen. Der polnische Gesetzgeber befand sich bei der Gestaltung des Beamtenrechts auf einer Gratwanderung zwischen ideologischem Anspruch (Nivellierung aller Beschäftigungsverhältnisse) und den Bedürfnissen der Rechtswirklichkeit (Qualitäts- und Effizienzsteigerung der Beamtenschaft).

4. Der Rechtscharakter des polnischen Beamtenrechts im Kommunismus war angesichts seines Regelungsbereichs in starkem Maße überlagert vom *Primat des Politischen*. Die Konzentrierung aller staatlichen Macht in den Händen der kommunistischen Partei gemäß dem Grundsatz der Volksrechtsstaatlichkeit und der Gewalteneinheit führte in der Verwaltungspraxis, v.a. im Bereich der Führungspositionen, zu einer „Kaderverwaltung“ genannten Personalpolitik, die an die rechtlichen und

---

1029 Vgl. *Nunberg,* Administrative Change in Central and Eastern Europe, S. 266: „Both communist and pre-communist structures and practices are still very much a part of today’s bureaucratic order. Instead, the overwhelming tendency has been one of structural conservatism.“

hier insbesondere an die statusrechtlichen Vorgaben aus den jeweiligen Beamtengesetzen nicht gebunden war.

5. Die beamtenrechtlichen Vorschriften im kommunistischen Polen waren keine toten Buchstaben. Das schriftlich fixierte Beamtenrecht diente den kommunistischen Machthabern einerseits dazu, die *Kontrolle* über die Verwaltungswirklichkeit zu verstärken, und andererseits dazu, *gesellschaftliche Bedürfnisse* (etwa das nach gewerkschaftlicher Mitsprache und Personalvertretung) zu kanalisieren. Wegen dieser beiden Gründe lassen sich aus dem – gemäß dem Anspruch der totalitären Machthaber – instrumental zur Steuerung der Lebenswirklichkeit eingesetzten Recht Rückschlüsse auf die Lebenswirklichkeit, d.h. auf die Verwaltungspraxis und den Zustand des Beamtenapparats ziehen.

6. Aus den verstreuten, einander widersprechenden gesetzgeberischen Maßnahmen im Bereich des Beamtenrechts lässt sich der Schluss ziehen, dass es während des Kommunismus trotz unterschiedlicher Reformansätze nicht gelang, einen qualitativ guten Beamtenapparat mit fachlich qualifizierten, sachlichen, effizienten und motivierten Staatsbeamten heranzuziehen. Damit ist die polnische Beamtenrechtsentwicklung dieser Zeit zugleich ein *Beispiel* für die Gesamtentwicklung der Volksrepublik Polen, die durch eine beständig wachsende Kluft zwischen der politischen Führung und der Gesellschaft und durch einen wirtschaftlichen Niedergang trotz zahlloser, unterschiedlicher Reformversuche der jeweiligen kommunistischen Machthaber geprägt war.

7. Angesichts der inkohärenten Reformstrategie des kommunistischen Gesetzgebers konnte die oberflächliche Verwurzelung des polnischen Beamtenrechts in der kommunistischen Zeit nach der Systemwende 1989/90 durch gesetzgeberische Eingriffe verhältnismäßig rasch gekappt werden, indem v.a. die *sozialistischen Klauseln* (Volksrechtsstaatlichkeit, Grundsätze des sozialistischen Aufbaus usw.) aus den Gesetzen entfernt wurden.

8. Das heutige polnische Beamtenrecht liegt in einem *Graubereich* zwischen Arbeitsrecht und öffentlichrechtlichem Sonderrecht. Die eindeutige Verortung des Beamtenrechts der Zwischenkriegszeit im öffentlichen Recht wurde im Kommunismus zunächst schrittweise, aber nicht vollständig abgelöst durch eine weitgehende Zuweisung zum Arbeitsrecht. Der Höhepunkt dieser Entwicklung war das Arbeitsgesetzbuch von 1974. Seit dem Gesetz über die Beschäftigten der staatlichen Ämter von 1982 rücken zunehmend die öffentlichrechtlichen Elemente (er-

nannte Staatsbeamte, verwaltungsgerichtlicher Rechtsschutz usw.) wieder in den Vordergrund.

9. Die Gesetze über den zivilen Dienst von 1996 und 1998, deren Umsetzung jedoch bislang zu wünschen übrig ließ, bieten den Ausgangspunkt für die Überwindung dieses Graubereichs und die endgültige Rückkehr des polnischen Beamtenrechts in den Bereich des *öffentlichen Rechts*. Allerdings gelten viele Regelungen des Gesetzes über die Beschäftigten der staatlichen Ämter von 1982 im Wege der Verweisung weiter.

10. Die Reform des polnischen Beamtenrechts seit der Systemwende 1989 weist im Vergleich mit den Übergangszeiten nach der Wiedererlangung der Staatlichkeit 1918 und nach der Einführung des kommunistischen Regierungssystems 1944 zwei wesentliche *Parallelen* auf. Zum einen wurde – im Sinne der Erkenntnis, dass *Verfassungsrecht vergeht, Verwaltungsrecht besteht* – trotz der jeweiligen Systemwechsel in keinem Fall ein rabiater Bruch mit den hergebrachten Traditionen vollzogen, und es bedurfte jeweils einer Übergangszeit von mehreren Jahren bis zur Verfestigung des neuen Beamtenrechts. Das Gesetz über die Beschäftigten der staatlichen Ämter von 1982, das auch heute noch mit eingeschränktem Geltungsbereich Bestand hat, spielt insoweit eine ähnliche Rolle wie das ZSDG 1922, das in Teilen noch bis 1974 fortgalt. Zum anderen wurde das Beamtenrecht von den jeweiligen Machthabern stets als Instrument zur Stärkung der eigenen Position eingesetzt: die politischen Veränderungen im Land finden ihre Entsprechung in den Modifizierungen des Beamtenrechts, insoweit kann es als ein *politischer Gradmesser* bezeichnet werden.

11. Die Entwicklung des polnischen Beamtenrechts seit der Systemwende 1989/90 zeigt, dass die kommunistische *Rechtskultur*, also die geistige und verhaltensbezogene Verwurzelung der Rechtsetzung und Rechtsanwendung im Rechtsverständnis und in den Verhaltensmustern der kommunistischen Rechtswirklichkeit, noch nicht überwunden ist. Aus Gründen der Machtsicherung und aus Partikularinteressen tragen Regierung und Gesetzgeber selbst nicht dazu bei, das Vertrauen in die Dauerhaftigkeit und den Geltungsanspruch der Beamtengesetze zu stärken.

12. Die zögerliche und fehlerhafte Umsetzung des Gesetzes über den zivilen Dienst von 1996 sowie schließlich seine Ersetzung durch das neue Gesetz über den zivilen Dienst von 1998 durch die jeweilige polni-

sche Regierung und die dahinter stehende Parlamentsmehrheit offenbarten Defizite bei der Rückkehr zu rechtsstaatlicher *Rechtssicherheit* und der damit verbundenen Abkehr von der legislativen Beliebigkeit und der einseitigen, partikularen Instrumentalisierung des Rechts.

13. Die derzeitige Regierung kann ihre Fähigkeit zum *institutionellen Lernen* und die Verfestigung der Rechtsstaatlichkeit in Polen dadurch unter Beweis stellen, dass sie das unter der Vorgängerregierung verabschiedete Gesetz über den zivilen Dienst von 1998 weiter umsetzt, anstatt es – wegen scheinbarer personalpolitischer Vorteile – wiederum zu blockieren oder durch ein neues Gesetz zu ersetzen.

14. Polens neues, vom ZDG 1998 geprägtes Beamtenrecht ist insoweit neuartig, als zum Zweck der „Sicherstellung einer professionellen, sachgerechten, unparteiischen und politisch neutralen Erledigung der staatlichen Aufgaben“ wettbewerbliche Elemente und die Schulung und Fortbildung der Staatsdiener in den Vordergrund gerückt sind. Der neuerdings zunehmende gerichtliche Rechtsschutz trägt zu einer Stabilisierung der Dienstverhältnisse bei.

15. Polen hat derzeit nicht ein einheitliches Recht des öffentlichen Dienstes im Sinne des deutschen Rechtsverständnisses. Es handelt sich um ein gemischtes System, das insbesondere durch seinen transitorischen Charakter geprägt ist.

16. Kurz vor dem beabsichtigten Beitritt zur Europäischen Gemeinschaft erfüllt Polen mit seinem heutigen Beamtenrecht, das weiterhin von legislativer Beliebigkeit geprägt ist und schleppend umgesetzt wird, nicht das Beitrittskriterium der institutionellen Stabilität. Die gemeinschaftsrechtlichen Vorgaben hinsichtlich des Gleichheitsgrundsatzes sind hingegen weitgehend erfüllt. Lediglich bei einigen Einzelfragen ist die Gesetzeslage an den Grundsatz der Gleichbehandlung von Mann und Frau anzupassen. Nach dem EG-Beitritt Polens werden Anpassungen im Bereich der Arbeitnehmerfreizügigkeit vorzunehmen sein.

Anhang: Gesetzesübersetzungen

I. GESETZ ÜBER DEN ZIVILEN STAATSDIENST V. 17. 2. 1922*

Titel 1. Einführungsbestimmungen 1-3

Titel 2. Über die Beamten 4-88
Kapitel I. Allgemeine Bestimmungen 4-20
Kapitel II. Pflichten 21-32
Kapitel III. Rechte des Beamten 33-51
Kapitel IV. Änderungen und Auflösung des Dienstverhältnisses 52-65
Kapitel V. Dienstliche Verantwortlichkeit 66-88

Titel 3 Über die niedrigeren Staatsfunktionäre 89-114
Kapitel I. Allgemeine Bestimmungen 89-94
Kapitel II. Pflichten 95-103
Kapitel III. Rechte 104-112
Kapitel IV. Änderungen und Auflösung des Dienstverhältnisses 113
Kapitel V. Bestimmungen über dienstliche Verantwortlichkeit 114

Titel 4. Übergangsvorschriften 115-120

Titel 1. Einführungsbestimmungen

Art. 1. Das zivile Staatsdienstverhältnis hat einen öffentlich-rechtlichen Charakter; es kann ausschließlich unter Anwendung der Vorschriften des öffentlichen Rechts, und insbesondere der Vorschriften dieses Gesetzes, geändert, aufgehoben oder aufgelöst werden.

Art. 2. (1) Die Minister sowie die konstitutionell verantwortlichen Leiter anderer Behördenspitzen und zentraler Ämter unterliegen den Bestimmungen dieses Gesetzes, soweit das Verfassungsgesetz oder Spezialgesetze keine abweichenden Vorschriften enthalten.
(2) Die Vorschriften der Art. 11 und 12 dieses Gesetzes gelten nicht für die Berufung der Minister.

---

* *Quelle*: Dz. U. 1922, Nr. 21, Pos. 164; Übers. d. Verf.

Art. 3 Die Funktionäre des zivilen Staatsdienstes sind in zwei Kategorien eingeteilt:
1) Beamte,
2) niedrigere Staatsfunktionäre.

Titel 2. Über die Beamten

Kapitel I. Allgemeine Bestimmungen

Art. 4 (1) Das Dienstverhältnis des Beamten wird durch die Ernennung mit dem Zeitpunkt der Aushändigung des Ernennungsschreibens begründet.
(2) In dem Ernennungsschreiben sind das Amt, in dem der ernannte Beamte seinen Dienst zu erfüllen hat, der Amtstitel und der Dienstgrad aufgeführt.
(3) Die Ernennung wird auf die Art und Weise bekannt gegeben wie Regierungsbekanntmachungen.

Art. 5 Die Ernennung kann für immer oder auf Widerruf erfolgen. Die (provisorische) Ernennung auf Widerruf soll im Ernennungsschreiben sichtbar gemacht werden, unter gleichzeitiger Bezeichnung des Termins der Beendigung des Dienstverhältnisses oder des Termins, zu dem der Beamte über den zu erfolgenden Widerruf benachrichtigt wird (Auflösung des Dienstverhältnisses).

Art. 6 (1) Zum Beamten kann nur ein polnischer Staatsangehöriger mit tadelloser Vergangenheit ernannt werden, der zur Vornahme von Rechtsgeschäften sowie körperlich und geistig zur Erfüllung der entsprechenden Dienstpflichten befähigt ist und der die polnische Sprache mündlich und schriftlich fließend beherrscht.
(2) Bei der Aufnahme von Minderjährigen und verheirateten Frauen in den Staatsdienst wird die Behörde die Grundsätze der geltenden Zivilgesetze beachten.

Art. 7 Eine Person, gegen die ein strafgerichtliches oder ein Konkursverfahren oder auch ein Entmündigungsverfahren läuft, kann nicht zum Beamten ernannt werden, solange ein solches Verfahren andauert.

Art. 8 (1) Die Ernennung des Beamten erfordert die Genehmigung der zuständigen Behördenspitze, soweit der Kandidat:
a) das achtzehnte Lebensjahr nicht vollendet hat,
b) das vierzigste Lebensjahr bereits vollendet hat und vorher noch nicht im Staatsdienst tätig war.

(2) Die Ernennung eines Beamten, soweit der Kandidat gerichtlich bestraft oder aus dem Staatsdienst entlassen wurde, erfordert ebenfalls die Genehmigung der Behördenspitze.
(3) Personen, die für eine aus Gewinnsucht begangene Straftat bestraft wurden, können überhaupt nicht in den Staatsdienst aufgenommen werden.

Art. 9 Außer den in Art. 8 aufgeführten Fällen ist die Genehmigung der zuständigen Behördenspitze erforderlich für die Ernennung einer Person, welche durch die Ernennung in ein unmittelbares dienstliches Vorgesetzten- oder Untergebenenverhältnis zu ihrem Ehegatten, ihrem Verwandten durch Geburt oder Adoption in auf- oder absteigender Linie oder auch zu einem Verwandten in einer Seitenlinie oder einem verschwägerten Verwandten treten würde, und zwar nicht weiter als bis zum dritten Verwandtschaftsgrad und zum zweiten Verschwägerungsgrad.

Art. 10 (1) Ehegatten, Verwandte durch Geburt oder Adoption in auf- oder absteigender Linie, Verwandte in der Seitenlinie bis zum dritten Grad sowie Verschwägerte bis zum zweiten Grad einschließlich – können nicht Beamte desselben Amts (Behörde) sein, welchem Kassentätigkeiten, die Verwaltung und Verfügung über Wirtschaftsmaterialien oder die Buchhaltung und Kontrolle zukommen.
(2) Personen, die zueinander in dem oben bezeichneten Verhältnis stehen, können auch nicht gleichzeitig Beamte in Kassen- oder Wirtschaftsämtern auf der einen und in Rechen- und Kontrollämtern auf der anderen Seite sein, soweit die Ersteren den Letzteren im Hinblick auf die Buchhaltung und Kontrolle unterstehen.

Art. 11 (1) Unter Berücksichtigung des von den Beamtenkandidaten verlangten Ausbildungsniveaus werden die Beamten bzw. die Dienstposten in den Ämtern in folgende drei Kategorien unterteilt:
I. die eine durch Ablegung entsprechender Prüfungen bestätigte, höhere Bildung erfordernde Kategorie;
II. die den Abschluss einer mittleren allgemeinbildenden oder beruflichen Bildung erfordernde Kategorie;
III. die den Abschluss einer allgemeinen Schule oder niedrigerer Klassen der Mittelschule erfordernde Kategorie.
(2) Die Kandidaten, die sich um die Zuweisung eines Postens im Amt bewerben, sind verpflichtet, den Beweis des für eine der obigen Kategorien vorgeschriebenen Ausbildungsniveaus vorzulegen.
(3) Die Zurechnung der einzelnen Posten im Amt zu den oben aufgeführten Kategorien, die Auflistung, welche wissenschaftlichen Einrichtungen als höhere oder mittlere und welche Prüfungen als ausreichend im Sinne dieses Gesetzes

anzusehen sind, sowie die Festlegung spezieller Anforderungen an die Kandidaten auf die einzelnen Dienstposten im Amt – darunter die Einführung praktischer Prüfungen – wird durch eine gesonderte Verordnung des Ministerrats vorgenommen.
(4) In den Fällen, denen eine besondere Berücksichtigung zukommt, kann der Ministerrat auf Antrag der zuständigen Behördenspitze die Ernennung einer Person genehmigen, die nicht das Ausbildungsniveau besitzt, das für die entsprechende Kategorie des Postens im Amt vorgeschrieben ist.

Art. 12 (1) Der Ernennung auf einen Dienstposten geht ein einjähriger Vorbereitungsdienst (Praktikum) voraus.
(2) Personen, die zum Vorbereitungsdienst zugelassen sind, unterliegen den für die Beamten festgelegten Vorschriften dieses Gesetzes, soweit es nicht für sie gesonderte Bestimmungen enthält.
(3) In Ausnahmefällen kann die zuständige Behördenspitze den einjährigen Vorbereitungsdienst verlängern oder verkürzen oder die Ernennung eines Beamten ohne die Pflicht zur Ableistung des Vorbereitungsdienstes genehmigen.
(4) Als Beweis der Zulassung zum Vorbereitungsdienst erhält der Praktikant eine entsprechende Bestätigung, auf welche die Vorschrift des Art. 4 dieses Gesetzes entsprechend angewandt wird.

Art. 13 (1) Der Dienstantritt erfolgt an dem Tag, den die Behörde zu diesem Zweck bezeichnet, und soweit aber ein solcher Tag nicht bezeichnet wurde, im Laufe von 15 Tagen seit der Aushändigung des Ernennungsschreibens oder der Zulassungsbestätigung zum Vorbereitungsdienst.
(2) Zum Zweck des Dienstantritts soll der Beamte (Praktikant) sich bei der Dienstbehörde melden, d.h. bei dem Vorgesetzten, der zur Ausübung der unmittelbaren Dienstaufsicht über ihn berufen ist. Diese Behörde ist im Ernennungsschreiben aufzuführen.
(3) Die Dienstbehörde bestätigt den Dienstantritt auf dem Ernennungsschreiben.
(4) Meldet sich der Ernannte nicht zur vorgeschriebenen Zeit (Abs. 1), so wird die Ernennung oder die Zulassung zum Vorbereitungsdienst ungültig, soweit der neuernannte Beamte (Praktikant) die Verspätung nicht im Lauf von weiteren fünfzehn Tagen rechtfertigt.

Art. 14 (1) Die Dienstzeit wird sowohl bei der erstmaligen als auch bei der erneuten Ernennung auf einen Dienstposten (Reaktivierung) vom Tag des tatsächlichen Dienstantritts an gerechnet (Art. 13 Abs. 3).
(2) Im Fall eines unmittelbaren Übergangs aus dem zivilen Staatsdienst, auf welchen sich dieses Gesetz nicht erstreckt oder welcher den Bestimmungen dieses Gesetzes zwar unterfällt, aber der sich im Hinblick auf die speziellen Anforderungen und Beförderungsvoraussetzungen auf andere Grundsätze als

auf das neue Dienstverhältnis stützt, sowie auch aus dem Militärdienst wird die Dienstzeit vom Tag der Befreiung von den vorangegangenen Dienstpflichten an gerechnet.
(3) Die Zeit des provisorischen und des Vorbereitungsdienstes (Praktikum) wird in die Zeit des dauerhaften Dienstes eingerechnet, soweit der provisorische Beamte oder der Praktikant während des provisorischen Dienstes oder unmittelbar nach der Ableistung des Vorbereitungsdienstes zum dauerhaften Beamten ernannt werden.
(4) Im Fall eines unmittelbaren Übergangs des Beamten aus dem vertraglichen Staatsdienst in den dauerhaften Staatsdienst kann die betreffende Behörde (Art. 2) die Zeit des vertraglichen Dienstes ganz oder teilweise auf den dauerhaften Dienst anrechnen.

Art. 15 (1) Der dauerhaft ernannte Beamte legt den Diensteid gegenüber der vorgesetzten Dienstbehörde in der vorgeschriebenen Form ab.
(2) Besondere Vorschriften können bestimmen, dass einige Beamte diesen Eid gegenüber dem Präsidenten der Republik ablegen werden.
(3) Die provisorisch ernannten Beamten sowie die Praktikanten leisten beim Dienstantritt in der vorgeschriebenen Form das Dienstgelöbnis, auf welches die Bestimmungen über den Diensteid entsprechend angewandt werden.

Art. 16 (1) Die Dienstbehörde führt für jeden Beamten (Praktikanten) ein Dienststandsverzeichnis, in welches alle wesentlichen Angaben über den Beamten und seinen Dienstverlauf eingetragen werden, insbesondere aber die Umstände, die einen Einfluss auf die Zuerkennung einer höheren Dienstbesoldung, den Umfang der Ruhestandspension sowie das Witwen- oder Waisengeld haben.
(2) Der Beamte (Praktikant) legt der Dienstbehörde bei der erstmaligen Aufnahme der Dienstpflichten die persönlichen Unterlagen vor, welche die im ersten Absatz erwähnten Angaben bestätigen, während er im weiteren Dienstverlauf zur Vorlage der Unterlagen verpflichtet ist, die sämtliche auftretenden Veränderungen in diesen Beziehungen bezeugen, soweit diese Veränderungen nicht aus den Anordnungen der vorgesetzten Behörden resultieren.
(4) Die Behörde behält in den Amtsakten die Abschriften der vorgelegten Unterlagen, während die Unterlagen selbst ihrem Eigentümer zurückgegeben werden.
(5) Das Muster für das Dienststandsverzeichnis wie auch die besonderen Vorschriften über seine Ausfüllung und Führung legt eine Verordnung des Ministerrats fest.
(6) Der Beamte hat das Recht, in sein Dienststandsverzeichnis Einsicht zu nehmen und Abschriften hiervon anzufertigen.

Art. 17 (1) Jedem Dienstposten ist ein Dienstgrad sowie ein Amtstitel zugewiesen, der die jeweiligen Amtshandlungen möglichst genau beschreibt. Dies

betrifft nicht die Titel, die im diplomatischen und konsularischen Dienst kraft spezieller Vorschriften vergeben werden.
(2) Es werden zwölf Dienstgrade festgelegt.
(3) Die Zurechnung der Dienstposten zu den einzelnen Dienstgraden und die Festlegung der den einzelnen Dienstposten zugewiesenen Titel ergibt sich aus einer Verordnung des Ministerrats.
(4) Der dauerhafte Staatsdienst beginnt im Sinne des Art. 11:
- in der I. Dienstkategorie mit dem VIII. Dienstgrad,
- in der II. Dienstkategorie mit dem X. Dienstgrad,
- in der III. Dienstkategorie mit dem XI. oder XII. Dienstgrad.

(5) Die Ernennung auf Dienstposten, welche den ersten vier Dienstgraden zugerechnet werden, ist dem Präsidenten der Republik vorbehalten, bei den übrigen Dienstgraden hingegen den zuständigen Behördenspitzen, wobei die Ernennung auf Dienstposten über dem VI. Dienstgrad die vorherige Zustimmung des Ministerpräsidenten erfordert.
(6) Die Ernennung auf die Dienstposten der fünf niedrigsten Dienstgrade kann kraft spezieller Vorschriften den Leitern der Behörden übertragen werden, welche der Behördenspitze unmittelbar unterstehen.
(7) Die Sejmbeamten ernennt der Marschall des Sejm.

Art. 18 (1) Das Dienstalter der Beamten gleichen Dienstgrads wird auf der Grundlage der Dienstzeit auf dem Dienstposten im gleichen Dienstgrad festgestellt. Die Dienstzeit in dem letztgenannten Dienstgrad wird vom Tag der Ernennung an berechnet, soweit nicht der in Art. 14 geregelte Fall auftritt.
(2) Die Zeiträume, die bei der Zuerkennung von Dienstalterszulagen nicht angerechnet werden oder während derer der Beamte von der Zuerkennung dieser Zulagen ausgeschlossen war, werden bei der Berechnung des Dienstalters nicht berücksichtigt.
(3) Zum Zweck der Feststellung des Dienstalters wird in jedem Fall in nachfolgender Reihenfolge berücksichtigt:
1) die Dienstzeit auf dem Dienstposten im nächstniedrigeren Dienstgrad;
2) die Zeit des (zivilen oder militärischen) Staatsdienstes und bei einem Fehlen des Letzteren die auf den Ruhestandsanspruch angerechnete Zeit eines anderen öffentlichen Dienstes oder einer anderen Berufstätigkeit;
3) das Lebensalter.

(4) Über das Dienstalter des Praktikanten entscheidet ausschließlich die Zeit des Vorbereitungsdienstes, der für die Ernennung zum dauerhaften Beamten in der entsprechenden Dienstpostenkategorie (Art. 11) in dem entsprechenden Zweig der Staatsverwaltung erforderlich ist.

Art. 19 (1) Alle Behördenspitzen führen für jeden Zweig der Staatsverwaltung, jede Dienstart, jede Beamtenkategorie sowie jeden Dienstgrad jeweils

gesonderte Dienstalterslisten ihrer Beamten. Die Behörden der II. Instanz führen nach den gleichen Grundsätzen die Listen der Beamten sowohl der zweiten wie der ersten Instanz.
(2) Diese Listen müssen jährlich nach dem Stand zum 31. Dezember abgeschlossen und den Dienstbehörden der auf der Dienstaltersliste eingetragenen Beamten übersandt werden.
(3) Die Dienstbehörde ist verpflichtet, jedem untergebenen Beamten die Dienstaltersliste, auf welcher er eingetragen ist, zur Einsichtnahme zu übergeben, und zwar innerhalb von 30 Tagen nach ihrer Feststellung beziehungsweise nach dem Erhalt der Dienstaltersliste von der vorgesetzten Behörde. Die Übergabe der Liste zur Einsichtnahme muss von dem Beamten durch seine Unterschrift bestätigt werden.
(4) Der Beamte kann innerhalb von 15 Tagen nach der Einsichtnahme der Liste die seine Person betreffende Dienstalterseinordnung bei der Behördenspitze beanstanden.

Art. 20 (1) Zur Abgabe von Stellungnahmen in den Personalangelegenheiten der Beamten und Praktikanten sowie der Dienstpostenbewerber werden bei den einzelnen Behördenspitzen und den unmittelbar den Behördenspitzen unterstellten Behörden der II. Instanz Qualifikationskommissionen gebildet. Die Stellungnahmen dieser Kommissionen werden in den ständig bei den Behörden geführten Qualifikationstabellen sichtbar gemacht.
(2) Die Zusammensetzung und der Tätigkeitsbereich dieser Kommissionen sowie die Art und Weise der Führung der Qualifikationstabellen bestimmt der Ministerrat.
(3) Der Beamte hat das Recht zu verlangen, dass ihm seine Qualifikationen gezeigt werden.

Kapitel II. Pflichten

Art. 21 Der Beamte ist verpflichtet, der Republik treu zu dienen, die Gesetze und Vorschriften streng zu beachten, seine Amtspflichten gewissenhaft, sorgfältig und unparteilich zu erfüllen sowie nach bestem Wollen und Wissen um das öffentliche Wohl bemüht zu sein und alles zu unternehmen, was diesem Wohl nützt, sowie alles zu vermeiden, was ihm schaden könnte.

Art. 22 (1) Der Beamte ist verpflichtet, jede Anweisung seiner Vorgesetzten zu befolgen, soweit sie nicht eindeutig mit den geltenden Gesetzesvorschriften im Widerspruch steht.
(2) Soweit eine dienstliche Anweisung nach der Überzeugung des Beamten mit dem dienstlichen oder dem öffentlichen Wohl im Allgemeinen im Widerspruch

steht oder auch das Kennzeichen eines Irrtums in tatsächlicher oder rechtlicher Hinsicht enthält, ist der Beamte verpflichtet, seine Bedenken der vorgesetzten Behörde darzulegen und im Fall der Bestätigung diese Anweisung auszuführen. Soweit die Anweisung mündlich erteilt wurde, kann der Beamte im oben genannten Fall eine schriftliche Bestätigung verlangen.
(3) In den Fällen, in denen die Verständigung der vorgesetzten Behörde eine nicht eindeutig gegen die Gesetzesvorschriften verstoßende Anweisung undurchführbar oder gegenstandslos machen würde, ist der Beamte verpflichtet, diese Anweisung auszuführen, ausgenommen den Fall eines drohenden, unwiederbringlichen Schadens.

Art. 23 Im Fall eines dringenden Bedürfnisses ist der Beamte verpflichtet, auf Anweisung der vorgesetzten Behörde zeitweise auch solche Diensthandlungen vorzunehmen, die nicht zu seinen gewöhnlichen Dienstpflichten gehören.

Art. 24 (1) Der Beamte ist verpflichtet alle Angelegenheiten streng geheim zu halten, von denen er dank seiner Dienststellung Kenntnis erlangt hat oder von denen er in Ausübung seiner Dienstpflichten erfahren hat, soweit diese Angelegenheiten eindeutig als vertraulich bezeichnet worden sind, oder wenn das öffentliche Wohl oder andere dienstliche Gesichtspunkte ihre Geheimhaltung erfordern.
(2) Die Geheimhaltungspflicht des Beamten besteht gegenüber jedem, dem er diese Angelegenheiten nicht dienstlich mitzuteilen hat, soweit seine vorgesetzte Behörde oder die unmittelbare Behördenspitze ihn im Einzelfall nicht von dieser Pflicht befreit.
(3) Die Geheimhaltungspflicht besteht sowohl in der aktiven Dienstzeit als auch nach der Beendigung der aktiven Dienstzeit und dem Übergang in den Ruhestand sowie nach der Beendigung des Dienstverhältnisses unabhängig von dem Grund für die Beendigung.
(4) Dem Beamten ist es nicht erlaubt, außerhalb des Amts seine Meinungen über die im Amt erledigten Angelegenheiten von Betroffenen und ihr wahrscheinliches Ergebnis kundzutun.

Art. 25 Hinsichtlich des Verhaltens binden den Beamten folgende Grundsätze:

1) der Beamte hat im Dienst und außerhalb des Dienstes das Ansehen seines Postens zu bewahren, sich immer entsprechend den Anforderungen des dienstlichen Gehorsams zu verhalten und alles zu vermeiden, das die Achtung und das Vertrauen beschädigen könnte, welches sein Posten benötigt; auch nach dem Übergang in den inaktiven Zustand (Art. 54, 55, 56) hat er sich in einer Art und Weise zu verhalten, die das Ansehen seiner Stellung nicht beschädigt;

2) dem Beamten ist es nicht erlaubt, Beziehungen zu knüpfen oder Abmachungen einzugehen, die den ordnungsgemäßen Verlauf der Staatsverwaltung oder das normale Verwaltungsverfahren behindern könnten;
3) gegenüber seinen Vorgesetzten hat der Beamte sich mit Wertschätzung zu verhalten, und im Verhältnis zu anderen Beamten und Untergebenen mit Freundlichkeit;
4) in den amtlichen Beziehungen der Beamten mit den betroffenen Interessenten hat der Beamte unter Wahrung der gebotenen Autorität unparteilich und freundlich zu sein und ihnen in den zulässigen Grenzen mit Rat und Hilfe zu dienen;
5) der Beamte hat alle seine Bitten, Vorstellungen und Beschwerden in Personal- und Beamtenangelegenheiten, die aus dem Dienstverhältnis herrühren, auf dem Dienstweg vorzubringen und nur in den Fällen, in denen die Art der Angelegenheit dies erfordert, unmittelbar bei der vorgesetzten Behördenspitze;
6) dem Beamten ist es ohne Genehmigung der Dienstbehörde nicht erlaubt, in irgendeiner Form die mit seiner Amtswaltung verbundenen Angelegenheiten sowie auch die sein Dienstverhältnis betreffenden Angelegenheiten in der Presse zu erläutern.

Art. 26 (1) Dem Beamten ist es nicht erlaubt, Geschenke, die ihm oder seiner Familie unmittelbar oder mittelbar im Zusammenhang mit seinem Dienstposten angeboten werden, zu fordern oder anzunehmen oder in irgendeiner Weise ein solches Geschenk zu provozieren.
(2) Es ist dem Beamten auch nicht erlaubt, unter Ausnutzung seines Dienstpostens sich oder seiner Familie irgendwelche Vorteile zu sichern oder sich darum zu bemühen.

Art. 27 (1) Der Beamte hat die ihm übertragenen Tätigkeiten möglichst schnell und zielgerichtet zu erledigen sowie auch die vorgeschriebenen Dienststunden einzuhalten und, soweit dies nach Feststellung der Behörde wichtige dienstliche Belange erfordern, seine Tätigkeiten auch außerhalb der für die Dienstbeschäftigungen vorgeschriebenen Stunden vorzunehmen. In jedem Fall sind dem Beamten, soweit sich dies mit den unumgänglichen dienstlichen Bedürfnissen vereinbaren lässt, die Sonntagsruhe zu ermöglichen und dienstfreie Feiertage zu gewähren.
(2) Die Dienstbehörde oder die Behördenspitze kann den Beamten aus wichtigen Gründen zeitweise von der Einhaltung der Dienststunden befreien.

Art. 28 (1) Der Beamte ist verpflichtet, die Dienstbehörde unverzüglich über jede Verhinderung an der Diensterfüllung zu benachrichtigen, sei sie durch eine Krankheit oder durch andere berechtigte Gründe hervorgerufen. Die Behörde

kann von dem Beamten einen Beweis für diese Verhinderung verlangen und ihn im Krankheitsfall einer ärztlichen Untersuchung unterziehen.
(2) Soweit der Gesundheitszustand des Beamten, der eine Erholung oder eine Behandlung fordert, die Erfüllung seiner Dienstpflichten nicht ausschließt, kann der Beamte die Diensterfüllung nicht anders unterbrechen, als nach der Gewährung eines Urlaubs. Das Gesuch um einen solchen Urlaub muss unverzüglich geprüft und beschieden werden.
(3) Die gerechtfertigte Abwesenheit vom Dienst, und bei weiblichen Beamten auch die durch das Wochenbett verursachte Abwesenheit, hat keine dienstlichen Nachteile zur Folge, und zwar weder hinsichtlich der Bezüge noch hinsichtlich anderer Rechte des Beamten; jedoch kann der Beamte, dessen Abwesenheit vom Dienst infolge einer Krankheit und auch dessen krankheitsbedingter Urlaub länger als ein Jahr dauern, durch eine einseitige Verfügung der Behörde nach den im Ruhestandsgesetz aufgeführten Grundsätzen in den Ruhestand versetzt werden.

Art. 29 (1) Dem Beamten ist es nicht erlaubt, irgendein Amt oder einen Posten anzunehmen oder sich außerhalb des Amts solchen Beschäftigungen zu widmen, deren Ausübung im Widerspruch zu seinen Dienstpflichten steht, ihn bei der genauen Ausübung seiner Diensthandlungen behindert oder den begründeten Verdacht der Parteilichkeit oder der Eigennützigkeit hervorrufen kann.
(2) Der Beamte hat seine Dienstbehörde über jede Nebentätigkeit zu benachrichtigen, die ihm irgendwelche materiellen Vorteile bringt, und diejenigen Beschäftigungen aufzugeben, die die Behörde als unzulässig im Sinne der obigen Bestimmungen bezeichnet.
(3) Die Entscheidung der Behörde in dieser Angelegenheit kann der Beamte bei der unmittelbar höheren Behörde beanstanden.
(4) Die endgültige Entscheidung in diesen Angelegenheiten trifft die zuständige Behördenspitze.
(5) Der Beamte kann keine wirtschaftlichen Geschäfte mit den Ämtern des Zweigs der Staatsverwaltung eingehen, in welchem er seine Dienstpflichten erfüllt.

Art. 30 Der Beamte vom achten Dienstgrad aufwärts, der in der allgemeinen oder Finanzverwaltung tätig ist, kann auf dem Gebiet, welches in seinen Verwaltungsbereich fällt, keinen Landwirtschafts-, Industrie- oder Handelsbetrieb besitzen. Die Bestimmungen dieses Artikels betreffen nicht die Beamten der Zentralbehörden.

Art. 31 (1) Ohne Genehmigung der Dienstbehörde ist es dem Beamten nicht erlaubt, als Sachverständiger in Angelegenheiten aufzutreten, die in unmittelba-

rem Zusammenhang mit seinen Dienstaufgaben stehen, mit Ausnahme des Falls, in dem seine Stellungnahme als Sachverständiger vom Gericht angeordnet wird.
(2) Die Dienstbehörde erteilt die Genehmigung, soweit die Abgabe der Stellungnahme im Hinblick auf ihren Gegenstand sowie den Posten und Tätigkeitsbereich des Beamten nicht das dienstliche Wohl beeinträchtigt.

Art. 32 (1) Der Beamte hat sich seinen Wohnort derart auszuwählen, dass er allen Dienstpflichten nachkommen kann, er hat der Dienstbehörde seinen Aufenthaltsort anzugeben und jede diesbezügliche Veränderung anzuzeigen.
(2) Der Beamte ist während der inaktiven Zeit verpflichtet, derjenigen Behörde, bei welcher er zuletzt seinen Dienst erfüllt hat, die jeweilige genaue Adresse, an die ihm dienstliche Benachrichtigungen zuzuschicken sind, anzugeben.
(3) Soweit besondere dienstliche Verhältnisse dies unbedingt erfordern, kann die Behördenspitze vorübergehend eine Entfernung des Beamten vom Amtssitz selbst außerhalb der Dienstzeit beschränken. Unter außergewöhnlichen Umständen, die keinen Verzug zulassen, kann auch die Dienstbehörde eine solche Beschränkung anordnen.

Kapitel III. Rechte des Beamten

Art. 33 (1) Der dauerhafte Beamte besitzt alle in diesem Gesetz gewährten Rechte und kann nur durch eine rechtskräftige, kraft dieses Gesetzes ergangene Anordnung der Behörde oder kraft einer Entscheidung der Disziplinarkommission aus dem Dienst entfernt oder beseitigt werden.
(2) Die provisorische Ernennung kann keine Grundlage für einen Anspruch auf Ernennung zum dauerhaften Beamten sein.

Art. 34 Der Beamte hat bei der Erfüllung des Dienstes das in den Strafgesetzen bestimmte Recht auf einen besonderen Rechtsschutz.

Art. 35 (1) Der Beamte hat einen Anspruch auf einen dem ihm übertragenen Dienstposten entsprechenden Titel beziehungsweise Dienstgrad.
(2) Der Beamte ist zum Tragen einer Uniform oder von Dienstabzeichen berechtigt, die dem Zweig der Staatsverwaltung und dem Dienstgrad, den er innehat, entsprechen, soweit die Uniform oder die Dienstabzeichen durch spezielle Vorschriften eingeführt werden.

Art. 36 (1) Der Beamte und der Praktikant, der mindestens ein Jahr im Staatsdienst gedient hat, haben Anspruch auf den jährlichen Erholungsurlaub, soweit keine wichtigen dienstlichen Hindernisse auftreten.

(2) Die Praktikanten und Beamten haben bei einer bis zu zehnjährigen Dienstzeit Anspruch auf einen Erholungsurlaub von vier Wochen, bei einer zehn- bis zwanzigjährigen Dienstzeit von fünf, und bei einer über zwanzigjährigen Dienstzeit von sechs Wochen.
(3) Auf den Erholungsurlaub kann die Behörde alle Urlaube anrechnen, die dem Beamten im Lauf des Jahres gewährt wurden, mit Ausnahme der Kurzurlaube zur Erledigung wichtiger persönlicher, familiärer oder Vermögensangelegenheiten, die jeweils drei Tage nicht überschreiten.

Art. 37 (1) Der Erholungsurlaub kann jederzeit widerrufen werden, soweit dies wichtige und unaufschiebbare dienstliche Belange erfordern.
(2) Sobald hingegen der Dienst dies erlaubt, ist dem Beamten die Fortsetzung des gewährten Urlaubs zu ermöglichen, und die durch die unvorhergesehene Abberufung aus dem Urlaub entstandenen Hin- und Rückreisekosten sind ihm nach den für die Dienstreisen festgelegten Vorschriften zu erstatten.
(3) Wenn dem Beamten sein Urlaub vollständig versagt oder die Urlaubsdauer verkürzt wurde, so ist dies im Rahmen des Möglichen bei der Gewährung des Erholungsurlaubs im folgenden Jahr zu berücksichtigen.

Art. 38 (1) Der Beamte kann zum Zweck der Erledigung wichtiger persönlicher, familiärer und Vermögensangelegenheiten oder zur Wiederherstellung der Gesundheit Urlaub erhalten.
(2) Wenn der Urlaub zur Wiederherstellung der Gesundheit ununterbrochen länger als sechs Monate und der Urlaub aus anderen Gründen länger als zwei Monate dauert, so werden die Dienstbezüge für die weitere Urlaubszeit einbehalten, und diese Urlaubszeit wird nicht auf die Zeit des aktiven Dienstes angerechnet.
(3) Die Dauer dieses Urlaubs ohne Bezüge kann zwei Jahre nicht überschreiten.
(4) Die Behörde kann von diesen Voraussetzungen nur dann ganz oder teilweise abweichen, wenn die Gewährung eines längeren Urlaubs aus wichtigen öffentlichen Gründen erwünscht ist.
(5) Bei der Berechnung der halbjährigen beziehungsweise zweimonatigen Urlaubsdauer gelten als Unterbrechungen nur diejenigen Zeiträume der Ableistung aktiven Dienstes, die mindestens die Hälfte der unmittelbar vorher im Urlaub verbrachten Zeit betragen. Soweit der aktive Dienst kürzer dauert, bildet er keine Unterbrechung, und die jeweiligen Urlaubszeiträume werden zusammengerechnet.

Art. 39 Die Beamtenbezüge regelt ein spezielles Gesetz über die Bezüge.

Art. 40 Die Praktikanten erhalten für die Zeit der Dauer des Vorbereitungsdienstes Bezüge in folgender Höhe:

- Praktikanten der I. Kategorie (Art. 11) gemäß den Bezügen des X. Dienstgrads;
- Praktikanten der II. Kategorie gemäß den Bezügen des XI. Dienstgrads;
- Praktikanten der III. Kategorie gemäß den Bezügen des XII. Dienstgrads.

Art. 41 (1) Der Beamte wird auf höhere Dienstgrade nach dem Ermessen der vorgesetzten Behörde befördert, die bei der Besetzung einer freien Stelle insbesondere die ihr unterstellten Beamten mit den unmittelbar niedrigeren Dienstgraden entsprechend dem Dienstalter in Betracht zieht.
(2) Bei der Beförderung des Beamten soll die Behörde außerdem die Befähigung, die Nützlichkeit und den Vertrauensgrad sowie eine besondere Qualifizierung für einen bestimmten Dienstposten berücksichtigen, und bei gleichen Voraussetzungen die Dienstjahre.
(3) Die Besetzung einer freien Dienststelle soll ohne ungerechtfertigte Verzögerung erfolgen.

Art. 42 In der Zeit, die nicht zur aktiven Dienstzeit (Dienstjahre) gezählt wird, kann der Beamte nicht befördert und der Praktikant nicht zum Beamten ernannt werden.

Art. 43 Wird gegen den Beamten (Praktikanten) ein Straf- oder Disziplinarverfahren angestrengt oder wird er von der Erfüllung seiner Dienstpflichten suspendiert, so kann ihm vor der Beendigung dieses Verfahrens oder der Aufhebung der Suspendierung keine Dienstalterszulage zuerkannt werden, er kann nicht auf einen höheren Dienstgrad befördert werden und der Praktikant kann auch nicht zum Beamten ernannt werden.

Art. 44 Dem Beamten und seiner nächsten Familie werden in dem in einem gesonderten Gesetz vorgesehenen Bereich ärztliche Behandlung und Medikamente gewährt.

Art. 45 (1) Dem dauerhaften Beamten kann die zuständige Behörde in berücksichtigungswürdigen Fällen aus den Staatsfonds einen zinslosen Vorschuss in Höhe der vollen Bezüge für drei Monate gewähren, welcher in monatlichen Raten im Lauf von zwei Jahren spätestens zurückzuzahlen ist.
(2) Die Gewährung eines höheren Vorschusses erfordert die Genehmigung der Behördenspitze, welche die Bedingungen für die Rückzahlung des Vorschusses und nötigenfalls dessen Sicherung bestimmt.

Art. 46 Der Beamte hat das Recht auf Ruhestandsbezüge und die hinterbliebene Witwe und die Waisen auf Witwen- und Waisengeld nach den in einem gesonderten Gesetz (Ruhestandsgesetz) geregelten Grundsätzen.

Art. 47 Die Beamtenbezüge unterliegen der Verwaltungspfändung oder der gerichtlichen Ankündigung und Pfändung in der Höhe von höchstens einem Fünftel des Betrags der auszuzahlenden Bezüge oder der Vergütung.

Art. 48 (1) Als Ausnahmetatbestand von dem obigen allgemeinen Grundsatz (Art. 47) unterliegen die Beamtenbezüge und die Praktikantenvergütung der gerichtlichen Ankündigung und Pfändung aus Unterhaltsansprüchen bis zur Höhe von zwei Fünfteln der Bezüge oder der Vergütung, wobei die übrigen drei Fünftel von allen Ankündigungen und Pfändungen befreit sind.
(2) In Verstrickungsverfahren aus Unterhaltsansprüchen und aus anderen Verbindlichkeiten oder Schulden wird ein Fünftel der Bezüge oder der Vergütung zu entsprechenden Teilen sowohl auf die Unterhaltsansprüche als auch auf die anderen Verbindlichkeiten oder Schulden aufgeteilt, das zweite Fünftel wird hingegen ausschließlich zur Befriedigung der Unterhaltsansprüche verwendet, soweit das erste Fünftel hierfür bei einem Verfahren mit anderen Gläubigern nicht ausgereicht hat.

Art. 49 Vollständig ausgeschlossen von den in den Art. 47 und 48 bestimmten Ankündigungen und Pfändungen sind:
a) Tagegelder sowie Reise- und Umzugskosten in Dienstangelegenheiten,
b) Unterstützungen und Beihilfen, die dem Beamten oder Praktikanten für seine oder seiner Familie ärztliche Behandlung, für die Beerdigung seiner Eltern, Ehefrau oder Kinder oder auch aus dem Grund einer existenziellen Notlage oder eines anderen Unglücksfalls gewährt worden sind.

Art. 50 Die Abtretung des Anspruchs auf Bezüge oder auf die Praktikantenvergütung aus irgendeinem Rechtsgrund ist verboten. Jeder hierzu im Widerspruch stehende Vertrag ist ungültig.

Art. 51 Die Dienstverhältnisse der Beamten während der Ableistung des Wehrdienstes regelt ein spezielles Gesetz.

Kapitel IV. Änderungen im Dienstverhältnis und Auflösung des Dienstverhältnisses

Art. 52 (1) Soweit das dienstliche Wohl dies erfordert, kann die zuständige Behörde den Beamten in eine andere Ortschaft und auf einen anderen Dienstposten mit einem nicht niedrigeren Dienstgrad in derselben Beamtenkategorie und in demselben Zweig der Staatsverwaltung versetzen.
(2) Bei Versetzungen von Amts wegen oder im Wege des Wettbewerbs stehen dem Beamten die Versetzungskosten zu.

(3) Bei Versetzungen auf Gesuch des Beamten hängt die Zubilligung der Versetzungskosten von der Entscheidung der zuständigen Behördenspitze ab.
(4) Für den Umzug ist dem Beamten eine entsprechende Frist zu gewähren, und er ist für eine angemessene Zeit unter Berücksichtigung seiner persönlichen und familiären Verhältnisse von der Diensterfüllung zu befreien.

Art. 53 Der Beamte kann auf sein eigenes Gesuch hin in einen anderen Zweig der Staatsverwaltung überwechseln, soweit seine bisherige vorgesetzte Behörde dies genehmigt.

Art. 54 (1) Wenn es infolge einer Veränderung in der Organisation der Behörden und Ämter für einen dauerhaften Beamten vorübergehend keinen entsprechenden Dienstposten desselben Dienstgrads in demselben Zweig der Staatsverwaltung gibt, so geht der Beamte in den inaktiven Zustand über.
(2) Soweit Umstände auftreten, die es im Hinblick auf das öffentliche Wohl nicht erlauben, dass der dauerhafte Beamte einen Dienstposten desselben Dienstgrads in demselben Zweig der Staatsverwaltung bekleidet, so kann ihn der Ministerrat auf Antrag des Chefs der zuständigen Behördenspitze in den inaktiven Zustand versetzen, soweit es keine Versetzung in einen anderen Zweig der Staatsverwaltung auf der Grundlage von Art. 53 gibt.
(3) Die Beamten des auswärtigen Dienstes des Ministeriums für Auslandsangelegenheiten können in entsprechenden Fällen in den Zustand der Verfügbarkeit versetzt werden. Die Ordnung, Fristen und Voraussetzungen einer solchen Versetzung bestimmt der Ministerrat.

Art. 55 (1) Für die gesamte Verweildauer im inaktiven Zustand bezieht der Beamte in vollem Umfang die ihm zustehenden Dienstbezüge.
(2) Die im inaktiven Zustand verbrachte Zeit wird dem Beamten nur auf den Umfang des Ruhegehalts angerechnet.

Art. 56 Der Beamte im inaktiven Zustand kann jederzeit in den aktiven Dienst zurückberufen werden, soweit jedoch eine solche Berufung nicht im Lauf eines halben Jahres seit dem Zeitpunkt der Versetzung des Beamten in den inaktiven Zustand erfolgt, ist er in den Ruhestand zu versetzen.

Art. 57 (1) Der Beamte, der in den Gesetzgebungskörper gewählt wird, wird für die Dauer des Mandats von der Amtsausübung befreit unter gleichzeitiger Einbehaltung der Dienstbezüge für die gesamte Zeit.
(2) Nach dem Erlöschen des Mandats kehrt der Beamte zur Amtsausübung zurück beziehungsweise zur Ausübung eines Amts desselben Dienstgrads in demselben Zweig der Staatsverwaltung.

(3) Die Zeit der Wahrnehmung eines Mandats im Gesetzgebungskörper wird voll auf die Dienstzeit (Dienstalter) angerechnet.
(4) Die Tätigkeit des Beamten während der Wahrnehmung des Abgeordnetenmandats kann keine dienstlichen Repressionen gegen ihn zur Folge haben.
(5) Die Bestimmungen des ersten Absatzes dieses Artikels betreffen nicht die Minister und die Unterstaatssekretäre.

Art. 58 Das Dienstverhältnis des dauerhaften und des provisorischen Beamten sowie des Praktikanten kann außer den im Kapitel V dieses Gesetzes vorgesehenen Fällen durch den freiwilligen Austritt des Beamten (Praktikanten) aus dem Staatsdienst aufgelöst werden; das Dienstverhältnis des provisorischen Beamten und des Praktikanten jedoch darüber hinaus durch eine einseitige Anordnung der Behörde unter den in Art. 62-63 einschließlich aufgeführten Voraussetzungen.

Art. 59 (1) Der Beamte hat sowohl im aktiven Dienst als auch im inaktiven Zustand das Recht, den Austritt aus dem Staatsdienst anzumelden.
(2) Diese Anmeldung wird bei der Dienstbehörde schriftlich vorgelegt.

Art. 60 (1) Die Anmeldung des Austritts bedarf der Annahme von Seiten derjenigen Behörde, die den Beamten ernannt hat.
(2) Die Annahme der Anmeldung kann von einer ordnungsgemäßen Übergabe der Amtsgeschäfte abhängig gemacht werden, die endgültige Entscheidung über die Annahme der Anmeldung kann jedoch nur dann verschoben werden, wenn sich der Beamte in einem Strafverfolgungs- oder Disziplinarverfahren befindet oder wenn er mit finanziellen Verbindlichkeiten, die sich aus dem Dienstverhältnis ergeben, in Rückstand ist.

Art. 61 (1) Soweit dem Beamten im Lauf von vier Wochen keine Entscheidung über seine Anmeldung bekannt gegeben wurde, wird die Anmeldung als angenommen betrachtet.
(2) Gegen eine bedingte Annahme oder gegen die Verschiebung der Annahme der Anmeldung zum Austritt aus dem Dienst kann der Beamte im Lauf von 15 Tagen seit dem Tag der Zustellung der Entscheidung unter Vermittlung seiner Dienstbehörde einen Widerspruch bei der Behördenspitze erheben, die spätestens im Lauf eines Monats die endgültige Entscheidung erlässt.

Art. 62 (1) Die Auflösung des Dienstverhältnisses des Beamten, der auf Widerruf (provisorisch) ernannt wurde, kann jederzeit durch Anordnung der Behörde unter Anwendung der Vorschriften des Art. 5 erfolgen.
(2) Der provisorische Dienst kann ohne die Zustimmung des Beamten nicht länger als fünf Jahre dauern.

Art. 63 (1) Das Dienstverhältnis des Praktikanten kann aufgelöst werden, wenn die Behörde, die ihn aufgenommen hat, befindet, dass er für die Ausübung des Amts, in dessen Bereich der Vorbereitungsdienst abgeleistet wird, nicht geeignet ist.
(2) Soweit das Verhalten des Praktikanten während der Zeit des Vorbereitungsdienstes tadellos war, ist ihm eine Zulage in der Höhe von einer bis zu zwölf Monatsvergütungen zu gewähren.
(3) Bei der Auflösung des Dienstverhältnisses aus dem Grund der Nichtablegung der für die Ernennung zum dauerhaften Beamten erforderlichen praktischen Prüfungen zum vorgeschriebenen Termin sind die Vorschriften über Prüfungen anzuwenden, die für den entsprechenden Zweig der Staatsverwaltung und die entsprechende Beamtenkategorie ergangen sind.

Art. 64 (1) Durch den freiwilligen Austritt aus dem Dienst sowie auch durch die Auflösung des Dienstverhältnisses gemäß den obigen Bestimmungen (Art. 59 bis 63 einschließlich) verlieren der Beamte (Praktikant) und seine Familie alle Ansprüche, die sich aus dem Dienstverhältnis ergeben.
(2) Im Fall eines erneuten Eintritts in den Staatsdienst kann die Zuerkennung der durch den vorhergehenden Dienst erworbenen Ansprüche nach einer Genehmigung durch die zuständige Behördenspitze erfolgen.

Art. 65 (1) Die Ernennung des Beamten wird für ungültig befunden, und der Beamte wird aus dem Dienst entlassen, wenn er die Ernennung auf der Grundlage falscher oder ungültiger Urkunden erlangt hat oder wenn Umstände zutage treten, die gemäß den geltenden Vorschriften eine Ernennung nicht zulassen.
(2) Die Entscheidung über die Ungültigmachung der Ernennung und die Entlassung aus dem Dienst trifft die zuständige Behörde auf der Grundlage einer Stellungnahme der Qualifikationskommission (Art. 20) zum Vorliegen der in Abs. 1 vorgesehenen Umstände.

Kapitel V. Dienstliche Verantwortlichkeit

Art. 66 Die unmittelbar und die mittelbar vorgesetzte Behörde haben das Recht, die untergebenen Beamten wegen Unzulänglichkeiten in der Amtsführung oder im Verhalten sowie wegen Fahrlässigkeit im Dienst zu tadeln und zu rügen.

Art. 67 Die Beamten, welche die Pflichten ihrer Stellung und ihres Amts im Dienst oder außerhalb des Dienstes durch eine Handlung, ein Unterlassen oder ein Versäumnis verletzen, werden unabhängig von ihrer straf- oder zivilrechtlichen Verantwortlichkeit vor Gericht zur Disziplinar- oder Ordnungsverantwortlichkeit nach den Vorschriften dieses Gesetzes herangezogen.

Art. 68 Der Beamte trägt die Disziplinarverantwortlichkeit für Dienstvergehen und die Ordnungsverantwortlichkeit für Dienstverstöße.

Art. 69 (1) Ein Dienstvergehen ist eine solche Verletzung der Dienstpflichten, die einen Verstoß gegen das öffentliche Interesse bewirkt oder die dem öffentlichen Wohl einen Schaden zufügt.
(2) Ein Dienstverstoß ist jede Verletzung einer Dienstpflicht, die nicht die oben angegebenen Merkmale eines Dienstvergehens aufweist.
(3) Das Zusammentreffen mehrerer Dienstverstöße oder ihre Wiederholung sowie auch ein Verstoß unter besonders erschwerenden Umständen werden als Dienstvergehen angesehen.

Art. 70 Ein Disziplinar- oder Ordnungsverfahren aus dem Grund der Verletzung von Dienstpflichten, das die Merkmale einer strafwürdigen, strafgesetzlich verfolgten Tat aufweist, kann gleichzeitig mit dem gerichtlichen Strafverfahren in derselben Sache eingeleitet werden; es kann jedoch bis zur endgültigen Beendigung des gerichtlichen Strafverfahrens ausgesetzt werden.

Art. 71 Der durch ein rechtskräftiges Urteil eines Strafgerichts verurteilte Beamte wird ohne Disziplinarverfahren aus dem Dienst entlassen, soweit die Verurteilung den Verlust der Fähigkeit zur Bekleidung eines öffentlichen Amts nach sich zieht.

Art. 72 Zum Ordnungs- und Disziplinarverfahren gehört nicht die Entscheidung über zivilrechtliche Forderungen.

Art. 73 Wegen Dienstverstößen werden folgende Ordnungsstrafen verhängt:
1) Ermahnung,
2) Kürzung oder Versagung des Erholungsurlaubs.

Art. 74 (1) Ordnungsstrafen verhängt die Dienstbehörde oder die vorgesetzte Oberbehörde, soweit die Sache nicht bereits der Disziplinarkommission zur Entscheidung vorgelegt wurde; sie können auch von der Disziplinarkommission verhängt werden.
(2) Vor der Verhängung der Ordnungsstrafe muss dem beschuldigten Beamten die Möglichkeit der Rechtfertigung gegeben werden.

Art. 75 Die verhängte Ordnungsstrafe wird dem Beamten schriftlich unter Angabe der Gründe mitgeteilt. Ordnungsstrafen werden nicht in das Dienststandsverzeichnis eingetragen.

Art. 76 (1) Gegen eine nicht von der Disziplinarkommmission und nicht von der Behördenspitze verhängte Ordnungsstrafe kann der Beamte im Lauf von acht Tagen bei der unmittelbar höheren Behörde vorgehen, welche die Sache endgültig entscheidet.
(2) Gegen die Entscheidungen der Disziplinarkommissionen und der Behördenspitzen über die Verhängung von Ordnungsstrafen ist der Widerspruch nicht gegeben.

Art. 77 Wegen Dienstvergehen werden folgende Disziplinarstrafen verhängt:
1) Verweis,
2) Aberkennung von einem bis zu drei Dienstjahren,
3) Degradierung um einen oder zwei Dienstgrade unter Aussetzung der Beförderungsmöglichkeit für den Zeitraum von einem bis zu drei Jahren,
4) Versetzung in den dauerhaften Ruhestand mit um höchstens 50% verringerten Ruhestandsbezügen,
5) Entlassung aus dem Dienst.

Art. 78 Disziplinarstrafen kann nur die zuständige Disziplinarkommission im Urteilswege auf der Grundlage des Ergebnisses des gemäß dem Gesetz über das Disziplinarverfahren durchgeführten Disziplinarverfahrens verhängen. Bei der Zumessung der in Art. 77 aufgeführten Disziplinarstrafen sind in jedem einzelnen Fall die Schwere des Dienstvergehens und der aus diesem Grund entstandenen Schäden, der Verschuldensgrad sowie auch das bisherige Verhalten des Beamten zu berücksichtigen. Das Disziplinarurteil kann nicht durch eine Verwaltungsanordnung geändert oder aufgehoben werden.

Art. 79 Bei der Strafe der Aberkennung von Dienstjahren wird der im Urteil aufgeführte Zeitraum dieser Strafe nicht zur aktiven Dienstzeit (Dienstalter) hinzugerechnet. Die Dauer dieser Strafe wird von der aktiven Dienstzeit (Dienstalter) unabhängig von den Zeiträumen abgezogen, die von der aktiven Dienstzeit (Dienstalter) aus anderen Gründen, die in diesem Gesetz oder in speziellen Gesetzen bestimmt sind, abgezogen werden.

Art. 80 Die Degradierung kann nur im Bereich derselben Dienstpostenkategorie und desselben Zweigs der Staatsverwaltung erfolgen.

Art. 81 Bei den Disziplinarstrafen des Verweises und der Aberkennung von Dienstjahren kann der Beamte nicht befördert werden: bei der Strafe des Verweises – für ein Jahr, bei der Strafe der Aberkennung von Jahren – für die Zeit der Dauer dieser Strafe.

Art. 82 Die Entlassung des Beamten aus dem Dienst hat den Verlust aller Ansprüche zur Folge, die mit der Bekleidung des Amts verbunden sind, darunter auch die Ruhestandsansprüche.

Art. 83 (1) Den Familienmitgliedern des Entlassenen kann bei Vorliegen von Umständen, die eine besondere Berücksichtigung verdienen, in dem Urteil eine entsprechende dauerhafte Unterhaltsbeihilfe zugesprochen werden, welche jedoch ihr normales Witwen- oder Waisengeld nicht übersteigen darf.
(2) Diese Beihilfe kann entweder schon ab dem Zeitpunkt der Beendigung der Auszahlung der Bezüge des entlassenen Beamten zugesprochen werden oder vom Zeitpunkt seines Todes an.
(3) Auf die obige Beihilfe werden die Bestimmungen des Ruhestandsgesetzes über den Verlust des Anspruchs auf das Witwen- und Waisengeld angewandt.

Art. 84 Die Beamten im inaktiven Zustand unterliegen der disziplinarischen Verantwortlichkeit aus den Gründen:
1) eines Dienstvergehens, das sie sich in der Zeit des aktiven Dienstes haben zuschulden kommen lassen,
2) der Begehung solcher Pflichtverletzungen während der Dauer des inaktiven Zustands, welche die Merkmale eines Dienstvergehens aufweisen.

Art. 85 Gegen die Beamten im inaktiven Zustand werden folgende Disziplinarstrafen verhängt:
1) Verweis,
2) dauerhafte oder vorübergehende Herabsetzung der Bezüge im inaktiven Zustand um höchstens 25%,
3) bei dem Vorliegen von besonders erschwerenden Umständen Verlust aller Ansprüche, die sich aus ihrem Verhältnis zum Staat ergeben, darunter die Bezüge und die Versorgung für Familienmitglieder mit der Möglichkeit der analogen Anwendung der Bestimmungen des Art. 83 dieses Gesetzes.

Art. 86 (1) Der Beamte im inaktiven Zustand, gegen den die Disziplinarstrafe der dauerhaften Herabsetzung der Bezüge im inaktiven Zustand verhängt wurde, kann nicht zurück in den aktiven Dienst berufen werden.
(2) Soweit die obige Disziplinarstrafe nur für eine bestimmte Zeit verhängt wurde, kann der Beamte im inaktiven Zustand oder im Ruhestand erst nach voller Verbüßung der Disziplinarstrafe zurück in den aktiven Dienst berufen werden.

Art. 87 Die Verfolgung von Dienstvergehen und -verstößen unterliegt nicht der Verjährung.

Art. 88 Die Organisation der Disziplinarbehörden und das Disziplinarverfahren regelt ein gesondertes Gesetz.

Titel 3. Über die niedrigeren Staatsfunktionäre

Kapitel I. Allgemeine Bestimmungen

Art. 89 Die Bestimmungen der Art. 4 bis 9 und des Art. 65 werden analog auf die niedrigeren Funktionäre angewandt.

Art. 90 (1) Jeder Bewerber für die Stellung eines niedrigeren Funktionärs sollte die polnische Sprache lesen und schreiben können.
(2) Die speziellen Anforderungen an die Kandidaten für die jeweiligen Stellungen der niedrigeren Funktionäre im Bereich der jeweiligen Behörden und Ämter werden von der zuständigen Behördenspitze festgelegt.

Art. 91 Die in den Art. 13 bis 16 einschließlich dieses Gesetzes enthaltenen Bestimmungen über den Dienstantritt und den Beginn der Dienstzeit, über den Diensteid und das Dienstgelöbnis sowie auch über das Dienstzustandsverzeichnis sind auf die niedrigeren Funktionäre analog anzuwenden.

Art. 92 Die Zuordnung der jeweiligen Gruppen von Staatsfunktionären zur Kategorie der niedrigeren Funktionäre sowie auch die Festlegung ihrer Titel nimmt der Ministerrat vor, soweit es um Funktionäre mit gleichbleibenden Qualifikationsanforderungen und gleichbleibenden Dienstfunktionen bei allen oder den meisten staatlichen Behörden und Ämtern geht, und die zuständige Behördenspitze, soweit es um Funktionäre mit speziellen Qualifikationsanforderungen geht, die es nur in einem bestimmten Zweig der Staatsverwaltung gibt.

Art. 93 (1) Das Dienstalter der niedrigeren Funktionäre gleichen Dienstgrads wird nach der Dauer des zivilen und militärischen Staatsdienstes bestimmt und bei ihrem Fehlen nach der Zeit eines anderen öffentlichen Dienstes oder einer Berufstätigkeit, die auf den Ruhestandsanspruch angerechnet wird; im Fall der Gleichheit der auf den Ruhestandsanspruch angerechneten Jahre entscheidet das Lebensalter. Soweit jedoch für bestimmte Kategorien von niedrigeren Funktionären das Untergebenenverhältnis der einen gegenüber den anderen eingeführt wird, sind bei der Feststellung des Dienstalters die Bestimmungen des Art. 18 analog anzuwenden.

Art. 94 Die in Art. 19 enthaltenen Vorschriften über das Führen von Listen sind analog auf die niedrigeren Funktionären anzuwenden.

Kapitel II. Pflichten

Art. 95 Der niedrigere Funktionär ist verpflichtet, der Republik treu zu dienen, die geltenden Vorschriften streng zu beachten, seine Pflichten gewissenhaft, sorgfältig und unparteilich zu erfüllen sowie nach bestem Wollen und Wissen um das öffentliche Wohl bemüht zu sein und alles zu unternehmen, was diesem Wohl nützt, sowie alles zu vermeiden, was ihm schaden könnte.

Art. 96 (1) Die Dienstpflichten der niedrigeren Funktionäre werden durch Dienstordnungen oder Instruktionen bestimmt, die von den vorgesetzten Behörden erlassen werden, und solange solche Vorschriften nicht eingeführt wurden – durch Anweisungen, die schriftlich von den Vorgesetzten der Behörden oder Ämter erlassen werden, in welchen die niedrigeren Funktionäre ihren Dienst erfüllen.
(2) Soweit der Kreis der dienstlichen Pflichten des niedrigeren Funktionärs nicht ausdrücklich auf bestimmte dienstliche Leistungen beschränkt wird, ist er verpflichtet, dem Amt zu dienen, in dem er seinen Dienst erfüllt.

Art. 97 (1) Während der Diensterfüllung ist der niedrigere Funktionär verpflichtet, sich ausschließlich mit der Durchführung der ihm aufgetragenen Tätigkeiten zu befassen.
(2) Im Fall eines dringenden dienstlichen Bedürfnisses ist der niedrigere Funktionär verpflichtet, den Dienst vorübergehend auch außerhalb der ihm zugewiesenen Dienststunden zu erfüllen sowie auch vorübergehend andere als die zu seinem normalen Tätigkeitsbereich gehörenden Dienstpflichten zu erfüllen.

Art. 98 Der niedrigere Funktionär ist verpflichtet, alle dienstlichen Anweisungen eines Vorgesetzten der Behörde oder des Amts, der in ihnen tätigen Beamten und allgemein derjenigen Funktionäre, zu denen er im Untergebenenverhältnis steht, zu befolgen.

Art. 99 (1) Der niedrigere Funktionär ist verpflichtet, hinsichtlich aller dienstlichen Angelegenheiten gegenüber jedem, dem er über solche Angelegenheiten nicht dienstlich berichten muss, die größte Geheimhaltung ohne Rücksicht darauf zu bewahren, auf welche Art und Weise er davon Kenntnis genommen hat, soweit nicht seine Dienstbehörde oder die unmittelbar höhere Behörde ihn im jeweiligen Fall von dieser Pflicht befreit hat.

(2) Dem niedrigeren Funktionär ist es nicht gestattet, über dienstliche Angelegenheiten heimlich Auskünfte einzuholen oder dies Dritten zu ermöglichen.

Art. 100 (1) Der niedrigere Funktionär ist verpflichtet:
1) sich immer entsprechend den Anforderungen des dienstlichen Gehorsams zu verhalten und alles zu vermeiden, das die Achtung beschädigen könnte, welche sein Posten benötigt;
2) die Bestimmungen des Art. 25 Abs. 2, 5 und 6 einzuhalten,
3) sich gegenüber seinem Vorgesetzten, den Beamten und den niedrigeren Funktionären, zu denen er im Untergebenenverhältnis steht, mit Wertschätzung zu verhalten, und im Verhältnis zu den Funktionären, die eine ihm gleichrangige oder untergebene Stellung haben, immer freundlich zu sein.

(2) In den amtlichen Beziehungen mit den betroffenen Interessenten hat der niedrigere Funktionär immer freundlich zu sein.

Art. 101 Die Bestimmungen des Art. 27 werden auf den niedrigeren Funktionär analog mit den folgenden Änderungen angewandt:
1) Die Dienstzeit des niedrigeren Funktionärs ist auf die Art und Weise festzulegen, dass sie grundsätzlich nicht acht Stunden täglich übersteigt,
2) wenn eine Diensterfüllung an einem Sonntag für einen Zeitraum notwendig ist, der normalerweise für einen Werktag vorgeschrieben ist, so ist der Funktionär in der auf diesen Sonntag folgenden Woche für einen Tag vom Dienst zu befreien oder ihm ist eine entsprechende Vergütung zu gewähren, deren Höhe in den Vorschriften über Sondervergütungen festgelegt ist.

Art. 102 Die Bestimmungen der Art. 28, 29 und 32 werden auf die niedrigeren Funktionäre analog angewandt.

Art. 103 Dem niedrigeren Funktionär ist es nicht gestattet, für die Erfüllung von Dienstpflichten die Gewährung irgendwelcher Vorteile oder Geschenke zu fordern oder zu veranlassen sowie auch unter Ausnutzung seiner Amtsstellung irgendwelche Vorteile für sich oder andere Personen zu vermehren oder sich um deren Vermehrung zu bemühen.

Kapitel III. Rechte

Art. 104 (1) Die Bestimmungen der Art. 33, 34 und 35 werden auf die niedrigeren Funktionäre analog angewandt.

(2) Der provisorisch (auf Widerruf) ernannte niedrigere Funktionär kann nicht länger als zwei Jahre im provisorischen Dienst verbleiben, soweit er das 21. Lebensjahr vollendet hat.

Art. 105 (1) Der niedrigere Funktionär hat einen Anspruch auf den jährlichen Erholungsurlaub, soweit keine wichtigen dienstlichen Hindernisse auftreten.
(2) Die niedrigeren Funktionäre haben bei einer Dienstzeit von einem bis zu zehn Jahren einschließlich Anspruch auf einen Erholungsurlaub von zwei Wochen, bei einer zehn- bis zwanzigjährigen Dienstzeit von drei, und bei einer über zwanzigjährigen Dienstzeit von vier Wochen.
(3) Im Übrigen werden auf die niedrigeren Funktionäre die Bestimmungen der Art. 36 Abs. 3 und Art. 37 und 38 analog angewandt.

Art. 106 Die Bezüge des niedrigeren Funktionärs werden in einem speziellen Gesetz über die Bezüge geregelt.

Art. 107 Soweit in den jeweiligen Kategorien der niedrigeren Funktionäre die Beförderung auf Dienststellungen eingeführt wird, die mit einer höheren Gehaltsstufe verbunden sind, werden bei der Beförderung der niedrigeren Funktionäre die Bestimmungen der Art. 41 und 42 analog angewandt.

Art. 108 Die in Art. 43 aufgezählten Gründe verhindern auch die Zuerkennung der Dienstalterszulage, und im Fall der Einführung der Beförderung – auch die Beförderung.

Art. 109 Dem niedrigeren Funktionär und seiner nächsten Familie werden in dem in einem gesonderten Gesetz vorgesehenen Bereich ärztliche Behandlung und Medikamente gewährt.

Art. 110 Die Bestimmungen des Art. 45 über den Vorschuss auf die Bezüge werden auch auf die niedrigeren Funktionäre angewandt.

Art. 111 Der niedrigere Funktionär hat einen Anspruch auf Ruhestandsbezüge und die hinterbliebene Witwe und die Waisen auf Witwen- und Waisengeld nach den in einem gesonderten Gesetz (Ruhestandsgesetz) geregelten Grundsätzen.

Art. 112 Die Bestimmungen der Art. 47 bis 51 einschließlich gelten auch für die niedrigeren Funktionäre.

Kapitel IV. Änderungen im Dienstverhältnis und Auflösung des Dienstverhältnisses

Art. 113 Die Bestimmungen der Art. 52 bis 62 einschließlich und des Art. 64 werden auf die niedrigeren Funktionäre analog angewandt.

Kapitel V. Bestimmungen über dienstliche Verantwortlichkeit

Art. 114 Die in den Art. 66 bis 88 dieses Gesetzes und die im Disziplinargesetz enthaltenen Vorschriften werden auf die niedrigeren Funktionäre analog angewandt.

Titel 4. Übergangsvorschriften

Art. 115 (1) Für einen Zeitraum von fünf Jahren ab dem Zeitpunkt des In-Kraft-Tretens des Gesetzes über den zivilen Dienst werden die Bestimmungen des Art. 11 letzter Absatz dieses Gesetzes dahin gehend aufgehoben, dass die Genehmigung zur Ernennung von Personen, die nicht das in diesem Artikel vorgeschriebene Ausbildungsniveau besitzen, auf alle Ämter vom XII. bis zum VIII. Dienstgrad der Chef der zuständigen Behördenspitze erteilt, soweit es um die Ämter des VI. und VII. Dienstgrads geht – mit Genehmigung des Ministerpräsidenten.
(2) Für einen Zeitraum von fünf Jahren ab dem Zeitpunkt des In-Kraft-Tretens dieses Gesetzes werden die Bestimmungen des Art. 6 Abs. 1 und des Art. 90 dieses Gesetzes hinsichtlich der Pflicht des Funktionärs, die polnische Sprache mündlich und schriftlich zu beherrschen aufgehoben, wobei nach Ablauf dieses Zeitraums jeder Funktionär verpflichtet ist, ausreichende mündliche und schriftliche Kenntnisse der polnischen Sprache vorzuweisen.
(3) In Ausnahmefällen kann die Behördenspitze den obigen Zeitraum auf Antrag der vorgesetzten Behörde der jeweiligen Funktionäre für weitere drei Jahre verlängern.

Art. 116 (1) Für einen Zeitraum von zwei Jahren ab dem Zeitpunkt des In-Kraft-Tretens des Gesetzes über den zivilen Dienst werden die Bestimmungen des Art. 33 dieses Gesetzes, auf den auch in Art. 104 verwiesen wird, aufgehoben, soweit es um Personen geht, die einen Dienstposten vom XII. bis zum IV. Dienstgrad einschließlich innehaben oder Arbeitsstellen niedrigerer Funktionäre einnehmen, welche in der Organisation der staatlichen Behörden und Ämter vorgesehen sind, oder die im obigen Zeitraum auf einen solchen Dienstposten oder die Arbeitsstellen berufen worden sind.

(2) Der Beamte und der niedrigere Funktionär erwerben die vollen, in den obigen Artikeln vorbehaltenen Rechte erst dann, wenn sie von der Behörde, die sie ernannt hat, ein Schreiben erhalten, welches sie im polnischen Staatsdienst bestätigt, wobei im Lauf von zwei Jahren nach dem In-Kraft-Treten dieses Gesetzes diese Bestätigung nicht ohne die Genehmigung des Ministerpräsidenten und des Schatzministers erfolgen kann.
(3) Die Bestätigung im Dienst kann die Behörde abhängig machen von der Erfüllung bestimmter Voraussetzungen durch den Beamten oder den niedrigeren Funktionär wie: der Ableistung des Probedienstes, dem Abschluss von Spezialkursen, der Teilnahme an praktischen Prüfungen o.ä., welche eine Verordnung des Ministerrats auf Antrag der interessierten Behördenspitze bestimmt.
(4) Soweit der Beamte nicht das in Art. 11 des Gesetzes über den zivilen Dienst vorgeschriebene Ausbildungsniveau besitzt, kann seine Bestätigung im eingenommenen Amt erst nach seiner Befreiung vom Nachweis dieses Niveaus in der Art und Weise erfolgen, die im letzten Absatz des Art. 11 bzw. in Art. 115 aufgeführt ist.
(5) Die Beamten auf den Dienstposten, die den Dienstgraden IV, V, und VI zugerechnet werden, können nur mit Genehmigung des Ministerpräsidenten bestätigt werden.
(6) Soweit der Beamte oder niedrigere Funktionär nicht im Lauf von zwei Jahren nach dem In-Kraft-Treten des Gesetzes über den zivilen Dienst bestätigt wird, ist er aus dem Staatsdienst zu entlassen unter Beibehaltung der erworbenen Ruhestandsansprüche, die gemäß den Bestimmungen des Art. 14 des Ruhestandsgesetzes vom 28. Juli 1921 (Dz. U. Nr. 70, Pos. 466) berechnet werden.
(7) Soweit er keine Ruhestandsansprüche erworben hat, erhält er bei der Entlassung eine Abfindung in Höhe einer dreimonatigen Vergütung.
(8) Der Anspruch auf diese Vergütung steht dem Staatsfunktionär jedoch nicht zu, soweit er über die Absicht der Entlassung unter Einhaltung einer Dreimonatsfrist benachrichtigt wurde.

Art. 117 Soweit im Gesetz über den zivilen Dienst auf die Bestimmungen der Straf- bzw. Strafverfahrensgesetze verwiesen wird, sind bis zur Einführung von einheitlichen Gesetzen auf dem gesamten Gebiet der Republik die Vorschriften der Gebietsstraf- bzw. Gebietsstrafverfahrensgesetze anzuwenden.

Art. 118 (1) Den Bestimmungen dieses Gesetzes unterliegen nicht die Richter, Staatsanwälte (Justiz), Gerichtsapplikanten, Beschäftigten der staatlichen Eisenbahnen, Post, Telegraphen, Telephone sowie die Lehrer aller staatlichen Schulen.
(2) Auf die Beamten der Staatlichen Kontrolle werden die Vorschriften dieses Gesetzes angewandt, soweit das Gesetz über die Staatliche Kontrolle vom 3. Juni 1921 (Dz. U. Nr. 51, Pos. 314) nichts anderes bestimmt.

(3) Darüber hinaus wird dieses Gesetz bis zum Erlass spezieller Dienstgesetze für die Funktionäre der staatlichen Polizei, des Zolls sowie der Gefängnisaufseher in Bezug auf diese Personen angewandt, soweit es nicht im Widerspruch mit den Bestimmungen der Gesetze über die Bezüge bzw. mit den speziellen Vorschriften steht, die sich aus dem Dienstcharakter der jeweiligen Funktionäre ergeben.

Art. 119 Die Durchführung dieses Gesetzes wird dem Ministerpräsidenten und den anderen Ministern für ihren jeweiligen Zuständigkeitsbereich übertragen.

Art. 120 (1) Dieses Gesetz tritt am 1. April 1922 in Kraft. Der Ministerrat kann jedoch im Verordnungswege diesen Termin in einigen Gebieten der Republik verschieben, höchstens jedoch um drei Monate nach dem oben bezeichneten Termin.

(2) Mit dem 1. April 1922 verlieren die bislang verbindlichen Gesetze und Vorschriften, die zu den in diesem Gesetz geregelten Gegenständen ergangen sind, ihre Gültigkeit.

II. GESETZ ÜBER DIE BESCHÄFTIGTEN DER STAATLICHEN ÄMTER V. 16. 9. 1982*

Kapitel 1. Allgemeine Vorschriften ... 1-2
Kapitel 2. Begründung, Änderung und Auflösung des Arbeitsverhältnisses ... 3-16
Kapitel 3. Pflichten und Rechte des Staatsbeamten ... 17-30[1]
Kapitel 4. Preise und Auszeichnungen ... 31-33
Kapitel 5. Ordnungs- und Disziplinarverantwortlichkeit des Staatsbeamten ... 34-37[1]
Kapitel 6. Überprüfung von Streitigkeiten über Ansprüche der Beamten aus dem Arbeitsverhältnis ... 38-39
Kapitel 7. *(gestrichen)*
Kapitel 8. Besondere Vorschriften ... 42[1]-48
Kapitel 9. Änderungen in geltenden Vorschriften sowie Übergangs- und Schlussvorschriften ... 49-55

Kapitel 1. Allgemeine Vorschriften

Art. 1[1](1) Das Gesetz bestimmt die Pflichten und Rechte der Staatsbeamten sowie anderer Beschäftigter in:
1) der Kanzlei des Sejm,
2) der Kanzlei des Senats,[2]
3) der Kanzlei des Präsidenten der Republik Polen,
3a)-5) *(gestrichen)*
6) der Geschäftsstelle des Verfassungsgerichtshofs,
7) der Geschäftsstelle des Bürgerrechtsbeauftragten,
7a)[3] der Geschäftsstelle des Kinderrechtsbeauftragten,

---

* Quelle: Dz. U. 1982, Nr. 31, Pos. 214 i.d.F. der Neubekanntmachung des Ministerpräsidenten v. 2. 8. 2001 (Dz. U. 2001, Nr. 86, Pos. 953) m.w.Ä.; Übers. d. Verf.

1 Art. 1 mit Wirkung v. 27. 1. 1995 geändert durch Art. 1 Punkt 1 des Änderungsgesetzes zu diesem Gesetz v. 2. 12. 1994 (Dz. U. 1994, Nr. 136, Pos. 704); mit Wirkung v. 1. 7. 1999 geändert durch Art. 126 Punkt 1 des Gesetzes über den zivilen Dienst v. 18. 12. 1998 (Dz. U. 1999, Nr. 49, Pos. 483).

2 Art. 1 Abs. 1 Punkt 2 mit Wirkung v. 6. 6. 1989 geändert durch Art. 12 des Gesetzes zur Übertragung der bisherigen Kompetenzen des Staatsrats auf den Präsidenten der Volksrepublik Polen und auf andere staatliche Organe v. 29. 5. 1989 (Dz. U. 1989, Nr. 33, Pos. 178).

8) der Geschäftsstelle des Landesrats für Rundfunk und Fernsehen,
9)[4] dem Landeswahlbüro,
9a)[5] der Geschäftsstelle des Vertreters des öffentlichen Interesses,
10) der Staatlichen Arbeitsinspektion,
11) (*gestrichen*)
12) den regionalen Rechnungskammern,
13)[6] der Geschäftsstelle des Generalinspektors zum Schutz von Personendaten,
14)[7] dem Institut der Nationalen Erinnerung – Kommission zur Verfolgung von Verbrechen gegen das polnische Volk.

(2) Das Gesetz bestimmt die Pflichten und Rechte der Beschäftigten in:
1) der Kanzlei des Ministerpräsidenten,
2) den Behörden der Minister und der Komiteevorsitzenden, die zum Ministerrat gehören, sowie in den Zentralbehörden der Organe der Regierungsverwaltung,
3) den Woiwodschaftsämtern sowie anderen Ämtern, welche den Hilfsapparat der Territorialorgane der Regierungsverwaltung bilden und den Ministern oder den Zentralorganen der Regierungsverwaltung unterstehen,
4) dem Regierungszentrum für Strategische Studien,
4a)[8] dem Regierungszentrum für die Gesetzgebung,
5) den Kommandaturen, Inspektoraten und anderen Organisationseinheiten, welche den Hilfsapparat der Leiter der vereinigten Dienste, Inspektionen und

---

3 Art. 1 Abs. 1 Punkt 7a mit Wirkung v. 1. 1. 2000 eingefügt durch Art. 16 Punkt 1 des Gesetzes über den Kinderrechtsbeauftragten v. 6. 1. 2000 (Dz. U. 2000, Nr. 6, Pos. 69).

4 Art. 1 Abs. 1 Punkt 9 mit Wirkung v. 1. 12. 1995 geändert durch Art. 3 Punkt 1 des Änderungsgesetzes zur Wahlordnung zum Sejm der Republik Polen und zu einigen anderen Gesetzen v. 22. 9. 1995 (Dz. U. 1995, Nr. 132, Pos. 640).

5 Art. 1 Abs. 1 Punkt 9a mit Wirkung v. 27. 11. 1998 eingefügt durch Art. 2 Punkt 1 des Änderungsgesetzes zum Gesetz über die Bekanntgabe der Arbeit oder des Dienstes in den Organen der Staatssicherheit oder der Zusammenarbeit mit ihnen in den Jahren 1944-1990 seitens der Personen, die eine öffentliche Funktion ausüben sowie zu einigen anderen Gesetzen v. 18. 6. 1998 (Dz. U. 1998, Nr. 131, Pos. 860).

6 Art. 1 Abs. 1 Punkt 13 mit Wirkung v. 13. 11. 1997 eingefügt durch Art. 56 Punkt 1 des Gesetzes über den Schutz von Personendaten v. 29. 8. 1997 (Dz. U. 1997, Nr. 133, Pos. 883).

7 Art. 1 Abs. 1 Punkt 14 mit Wirkung v. 19. 1. 1999 eingefügt durch Art. 57 Punkt 1 des Gesetzes über das Institut der Nationalen Erinnerung – Kommission zur Verfolgung von Verbrechen gegen das polnische Volk v. 18. 12. 1998 (Dz. U. 1998, Nr. 155, Pos. 1016).

8 Art. 1 Abs. 2 Punkt 4a mit Wirkung v. 1. 1. 2000 eingefügt durch Art. 2 des Änderungsgesetzes zum Gesetz über die Zweige der Regierungsverwaltung sowie zu einigen anderen Gesetzen v. 24. 7. 1999 (Dz. U. 1999, Nr. 70, Pos. 778).

Wachen in den Woiwodschaften sowie der Leiter der Dienste, Inspektionen und Wachen in den Kreisen bilden,

6)-7) (*unbeachtlich*)[9],

auf welche die Vorschriften des Gesetzes über den zivilen Dienst vom 18. 12. 1998 (Dz. U. 1999, Nr. 49, Pos. 483) nicht angewendet werden können.

Art. 2 Der Ministerrat:

1) bestimmt im Verordnungswege die Dienststellen, auf denen die Arbeitnehmer, welche in den in Art. 1 aufgeführten Ämtern beschäftigt sind, Staatsbeamte im Sinne des Gesetzes sind,
2) kann die Vorschriften des Gesetzes ganz oder teilweise auf die Arbeitnehmer anderer staatlicher Ämter als in Art. 1 beschrieben ausdehnen.

Kapitel 2. Begründung, Änderung und Auflösung des Arbeitsverhältnisses

Art. 3[10] Staatsbeamter kann sein, wer:

1) polnischer Staatsangehöriger ist,
2) das 18. Lebensjahr vollendet hat, voll rechtlich handlungsfähig ist und wem alle öffentlichen Rechte zustehen,
3) von untadeligem Charakter ist,
4) eine entsprechende Ausbildung hat und die Verwaltungsapplikantur[11] absolviert hat,
5) einen Gesundheitszustand hat, der eine Beschäftigung auf dem bestimmten Dienstposten zulässt.

Art. 4-6[12] (*gestrichen*)

---

9 Gemäß dem Urteil des Verfassungsgerichtshofs v. 28. 4. 1999 (M.P. 1999, Nr. 16, Pos. 227) unvereinbar mit Art. 153 der Verfassung der Republik Polen.

10 Art. 3 mit Wirkung v. 27. 1. 1995 geändert durch Art. 1 Punkt 2 des Änderungsgesetzes zu diesem Gesetz v. 2. 12. 1994 (Dz. U. 1994, Nr. 136, Pos. 704).

11 Gemeint ist ein Vorbereitungsdienst, in etwa vergleichbar mit dem deutschen Referendariat.

12 Art. 4-6 mit Wirkung v. 27. 1. 1995 gestrichen durch Art. 1 Punkt 3 des Änderungsgesetzes zu diesem Gesetz v. 2. 12. 1994 (Dz. U. 1994, Nr. 136, Pos. 704). Die Bestimmungen lauteten:
Art. 4 (1) Das Arbeitsverhältnis mit den Staatsbeamten, die Führungsposten oder selbständige Posten innehaben, wird auf der Grundlage der Ernennung begründet. Die Ernennung nimmt der Leiter des staatlichen Amts vor, wenn nicht besondere Vorschriften etwas anderes bestimmen.

Art. 7 (1) Die Verwaltungsapplikantur hat die theoretische und praktische Vorbereitung des zum ersten Mal in einem staatlichen Amt die Arbeit aufnehmenden Arbeitnehmers auf die angemessene Erfüllung der Pflichten eines Staatsbeamten zum Ziel.
(2) Die Verwaltungsapplikantur dauert zwölf Monate und wird mit einer Qualifikationsbeurteilung beendet. Der Amtsleiter kann eine frühere Beschäftigung des Applikanten auf die Applikantur anrechnen und ihm die Applikantursdauer um bis zu sechs Monate verkürzen.
(3) Ein Applikant, der eine positive Qualifikationsbeurteilung erhalten hat, sollte auf dem Dienstposten beschäftigt werden, auf den er während der Applikantur vorbereitet worden ist.
(4) Ein Applikant, der eine negative Qualifikationsbeurteilung erhalten hat, kann auf einem Dienstposten beschäftigt werden, für dessen Besetzung eine Verwaltungsapplikantur nicht erforderlich ist.
(5) Nach einer einjährigen Arbeit auf dem Dienstposten gemäß Abs. 4 wird der Applikant einer erneuten Qualifikationsbeurteilung unterzogen.
(6) Der Ministerrat bestimmt im Verordnungswege die Grundsätze und das Verfahren für die Ableistung der Applikantur, eine Auflistung der von der Applikantur umfassten Dienstposten, und auch die Grundsätze und Fälle, die eine Anrechnung der Applikantur sowie eine Befreiung von ihrer Ableistung zulassen.

---

(2) Der Ernennungsakt sollte insbesondere bestimmen:
1) den Dienstposten und den Arbeitsplatz,
2) die Bestandteile und die Höhe der Vergütung,
3) das Datum der Begründung des Arbeitsverhältnisses.
(3) Der Ministerrat bestimmt im Verordnungswege:
1) die Führungsposten sowie die selbständigen Posten, auf welchen die Staatsbeamten auf der Grundlage der Ernennung beschäftigt werden,
2) *andere als die in Punkt 1 aufgeführten Posten und Ausnahmefälle, in denen Staatsbeamte auf der Grundlage der Ernennung beschäftigt werden.*
***Art. 5** Das Arbeitsverhältnis mit Beschäftigten der staatlichen Ämter, die keine Staatsbeamten sind, wird auf der Grundlage des Arbeitsvertrags begründet.*
***Art. 6** (1) Vor der Ernennung auf einen Führungsposten kann der Staatsbeamte für eine bestimmte Zeit, jedoch nicht länger als ein Jahr, auf diesem Posten auf der Grundlage eines Arbeitsvertrags beschäftigt werden.*
(2) Vor der Ernennung auf einen selbständigen Posten kann der Staatsbeamte für eine bestimmte Zeit, jedoch nicht länger als zwei Jahre, auf diesem Posten auf der Grundlage eines Arbeitsvertrags beschäftigt werden.
(3) In begründeten Fällen kann ein Staatsbeamter auf einem selbständigen Posten auf der Grundlage eines Arbeitsvertrags beschäftigt werden.

Art. 7^{1}[13] (1) Der Amtsleiter kann einen Beamten mit juristischer Ausbildung in die Ableistung der Gesetzgebungsapplikantur einweisen. Die gegenseitigen Pflichten und Rechte des Amts und des Beamten, welche mit der Einweisung in die Gesetzgebungsapplikantur verbunden sind, bestimmt ein zwischen dem Amtsleiter und dem Beamten geschlossener Vertrag.
(2) Die Gesetzgebungsapplikantur wird mit einer Prüfung beendet.
(3) Die genauen Grundsätze und das Verfahren der Organisation und der Ableistung der Applikantur bestimmen gesonderte Vorschriften.

Art. 8[14] *(gestrichen)*

Art. 9 Ehegatten sowie Verwandte bis zum zweiten Grad einschließlich oder Schwäger ersten Grades können nicht im gleichen Amt beschäftigt sein, wenn zwischen diesen Personen ein dienstliches Unterordnungsverhältnis entstehen würde.

Art. 10[15] (1) Wenn die Bedürfnisse des Amts es erfordern, kann der Staatsbeamte beauftragt werden, für einen Zeitraum von bis zu drei Monaten im Kalenderjahr eine seinen Qualifikationen entsprechende andere Arbeit als im Ernennungsakt oder im Arbeitsvertrag bestimmt auszuüben. In diesem Zeitraum steht ihm eine der ausgeübten Arbeit entsprechende, aber nicht höhere als die bisherige Vergütung zu.
(1a) Bei einer Reorganisierung des Amts kann der ernannte Staatsbeamte auf einen anderen, den Qualifikationen des Beschäftigten entsprechenden Dienstposten versetzt werden, wenn wegen der Auflösung des Dienstpostens des Beamten seine weitere Beschäftigung auf diesem Dienstposten nicht möglich ist. Nach der Versetzung steht ihm eine der ausgeübten Arbeit entsprechende, für einen Zeitraum von sechs Monaten jedoch nicht niedrigere als die bisherige Vergütung zu.
(1b) Wenn es wegen der besonderen Bedürfnisse des Amts notwendig ist, kann der ernannte Staatsbeamte auf einen anderen Dienstposten versetzt werden, der

---

[13] Art. 7^{1} mit Wirkung v. 27. 1. 1995 eingefügt durch Art. 1 Punkt 4 des Änderungsgesetzes zu diesem Gesetz v. 2. 12. 1994 (Dz. U. 1994, Nr. 136, Pos. 704); mit Wirkung v. 1. 7. 1999 geändert durch Art. 126 Punkt 2 des Gesetzes über den zivilen Dienst v. 18. 12. 1998 (Dz. U. 1999, Nr. 49, Pos. 483).

[14] Art. 8 mit Wirkung v. 27. 1. 1995 gestrichen durch Art. 1 Punkt 5 des Änderungsgesetzes zu diesem Gesetz v. 2. 12. 1994 (Dz. U. 1994, Nr. 136, Pos. 704).

[15] Art. 10 Abs. 1a und 1b mit Wirkung v. 27. 1. 1995 eingefügt durch Art. 1 Punkt 6 des Änderungsgesetzes zu diesem Gesetz v. 2. 12. 1994 (Dz. U. 1994, Nr. 136, Pos. 704).

den Qualifikationen des Beamten entspricht und hinsichtlich der Vergütung gleichartig ist.
(2) Ein Staatsbeamter kann auf seinen Antrag oder mit seiner Einwilligung zu einer Arbeit in einem anderen Amt in der gleichen oder in einer anderen Ortschaft versetzt werden. Die Versetzung nimmt der Leiter des Amts vor, in welchem der Beamte beschäftigt werden soll, im Einvernehmen mit dem Leiter des Amts, welches den Beamten bisher beschäftigt hat.
(3) In begründeten Fällen kann der ernannte Staatsbeamte für einen Zeitraum von bis zu sechs Monaten in ein anderes Amt in der gleichen oder in einer anderen Ortschaft für eine den vorliegenden Qualifikationen entsprechende Arbeit versetzt werden. Für den Zeitraum der Versetzung steht ihm eine der ausgeübten Arbeit entsprechende, jedoch nicht niedrigere als die bisherige Vergütung zu. Eine solche Versetzung ist nur einmal in zwei Jahren zulässig.
(4) Ohne Zustimmung des Interessenten ist eine vorübergehende Versetzung einer schwangeren Frau oder eines Staatsbeamten, der ein Kind im Alter von bis zu 14 Jahren betreut, unzulässig, und auch dann, wenn dem wichtige persönliche oder familiäre Belange des Beamten entgegenstehen.
(5) Bei einem dauerhaften Verlust der Arbeitsfähigkeit auf dem Dienstposten, welche durch einen Befund der ärztlichen Kommission für die Angelegenheiten der Behinderung und Beschäftigung festgestellt wurde, kann der ernannte Staatsbeamte mit seiner Zustimmung auf einen anderen, auch auf einen niedrigeren Dienstposten versetzt werden, wobei er für einen Zeitraum von drei Monaten den bisherigen Vergütungsanspruch beibehält. Wird der Staatsbeamte in die berufliche Rehabilitation oder die Eingewöhnung in eine andere Arbeit eingewiesen, behält er den bisherigen Vergütungsanspruch für einen Zeitraum von zwölf Monaten.

Art. 11 (1) Der Staatsbeamte wird bei einer vorläufigen Festnahme kraft Gesetzes bis zum Erlöschen des Arbeitsverhältnisses von der Erfüllung seiner Dienstpflichten suspendiert, wenn nicht das Arbeitsverhältnis mit ihm bereits früher ohne eine von ihm verschuldete Kündigung aufgelöst wurde oder die Kündigungsfrist bereits vor der vorläufigen Festnahme des Beamten abgelaufen ist.
(2) Die Vergütung wird während der vorläufigen Festnahme des Staatsbeamten auf die Hälfte verkürzt. Wird in einem Urteil seine Unschuld festgestellt oder wird das Strafverfahren eingestellt, so wird dem Staatsbeamten der verbliebene Teil der Vergütung ausgezahlt, wenn das Strafverfahren nicht unter einer Bedingung oder aufgrund einer Amnestie eingestellt wurde und der Interessierte auf dem vorgeschriebenen Verfahrenswege keine Rehabilitation verlangt hat.

Art. 12 (1) Der Amtsleiter kann den Staatsbeamte von der Erfüllung seiner Dienstpflichten suspendieren, wenn gegen ihn ein Disziplinarverfahren eingeleitet wurde.
(2) Die Entbindung gemäß Abs. 1 kann nicht länger als drei Monate dauern.
(3) Für den Zeitraum der Suspendierung gemäß Abs. 1 behält der ernannte Staatsbeamte den Anspruch auf die Vergütung und die anderen ihm aufgrund des Arbeitsverhältnisses zustehenden Leistungen.

Art. 13[16] (1) Die Auflösung des Arbeitsverhältnisses mit dem ernannten Staatsbeamten kann im Wege der Kündigung erfolgen bei:
1) dem Erhalt einer negativen Qualifikationsbeurteilung, die durch eine erneute negative Beurteilung, welche nicht früher als nach Ablauf von drei Monaten erfolgen kann, bestätigt wird,
2) der Auflösung des Amts oder seine Reorganisation, wenn die Versetzung des ernannten Staatsbeamten auf einen anderen Dienstposten in demselben Amt nicht möglich ist,
3) dem unverschuldeten Verlust der für die Ausübung der Arbeit auf dem Dienstposten erforderlichen Berechtigungen,
4) dem dauerhaften Verlust der körperlichen oder psychischen Fähigkeit zur Arbeit auf dem Dienstposten, welche durch einen Befund der ärztlichen Kommission für die Angelegenheiten der Behinderung und Beschäftigung festgestellt wird, wenn es keine Möglichkeit der Beschäftigung des ernannten Staatsbeamten auf einem anderen Dienstposten gibt, der seinem Gesundheitszustand und seinen beruflichen Qualifikationen entspricht, oder wenn der ernannte Staatsbeamte die Aufnahme dieser Arbeit ablehnt,
5) dem Erwerb des Rechts auf den Ruhestand auf der Grundlage der die Gesamtheit der Arbeitnehmer betreffenden Vorschriften.

(2) Die Kündigungsfrist für das Arbeitsverhältnis beträgt drei Monate und endet mit dem letzten Tag des Monats.
(3) In den in Abs. 1 Punkt 3 bestimmten Fällen soll das Amt dem ernannten Staatsbeamten die Aufnahme einer Arbeit auf einem anderen Dienstposten vorschlagen, der seinen Qualifikationen entspricht, wenn es über einen solchen Dienstposten verfügt.

---

[16] Art. 13 Abs. 1 Punkt 2 und Abs. 4 mit Wirkung v. 27. 1. 1995 geändert durch Art. 1 Punkt 7 des Änderungsgesetzes zu diesem Gesetz v. 2. 12. 1994 (Dz. U. 1994, Nr. 136, Pos. 704); Art. 13 Abs. 1 Punkt 5 laut Urteil des Verfassungsgerichtshofs v. 5. 12. 2000 (Dz. U. 2000, Nr. 109, Pos. 1165) verfassungswidrig wegen Verstoßes gegen Art. 32 und 33 Verf., soweit er die Grundlage bildet für eine im Vergleich zu den männlichen ernannten Staatsbeamten frühere Auflösung des Arbeitsverhältnisses von weiblichen ernannten Staatsbeamten.

(4) Auf die Auflösung des Arbeitsverhältnisses in den in Abs. 1 Punkte 1-3 bestimmten Fällen wird die Vorschrift des Art. 38 Arbeitsgesetzbuch angewandt.

Art. 13^1[17] (1) Bei einer Auflösung des Arbeitsverhältnisses mit dem ernannten Staatsbeamten aus den in Art. 13 Abs. 1 Punkt 2 bestimmten Gründen steht diesem Beamten für den Zeitraum zwischen dem Beschäftigungsende in dem aufgelösten oder reorganisierten Amt und der Aufnahme einer Arbeit oder einer wirtschaftlichen Tätigkeit eine Geldleistung aus den Mitteln des Staatshaushalts für einen Zeitraum von höchstens sechs Monaten zu, welche wie der Geldausgleich für Erholungsurlaub berechnet wird. Diese Leistung steht nicht dem ruhestandsberechtigten Staatsbeamten zu.
(2) Bezieht der ehemalige Beamte in dem Zeitraum gemäß Abs. 1 eine Erziehungsbeihilfe, Krankheits- oder Mutterschaftsgeld, so wird die Höhe der Geldleistung entsprechend reduziert.
(3) Der Bezugszeitraum für die Geldleistung gemäß Abs. 1 wird auf die für den Erwerb oder die Beibehaltung von Arbeitnehmerrechten erforderlichen Arbeitszeiten sowie auf die Beschäftigungszeiten im Sinne der Vorschriften über die Ruhestandsversorgung von Arbeitnehmern und ihren Familien angerechnet – unter den in den Vorschriften über die Beschäftigung und die Arbeitslosigkeit bestimmten Voraussetzungen, nach denen der Bezugszeitraum einer Arbeitslosenbeihilfe angerechnet wird. Von der Geldleistung führt das Amt den Sozialversicherungsbeitrag nach den Grundsätzen ab, die für die ausgezahlte Vergütung während des Bestehens des Arbeitsverhältnisses gegolten haben.

Art. 14[18] (1) Das Arbeitsverhältnis mit dem ernannten Staatsbeamten unterliegt von Gesetzes wegen der verschuldeten, fristlosen Auflösung bei:
1) der rechtskräftigen Verurteilung zum Verlust der öffentlichen Rechte oder des Berufsausübungsrechts,
2) der rechtskräftig verhängten Disziplinarstrafe des Ausschlusses von der Arbeit im Amt,
3) dem schuldhaften Verlust der für die Ausübung der Arbeit auf dem Dienstposten erforderlichen Berechtigungen.

---

[17] Art. 13^1 mit Wirkung v. 27. 1. 1995 eingefügt durch Art. 1 Punkt 8 des Änderungsgesetzes zu diesem Gesetz v. 2. 12. 1994 (Dz. U. 1994, Nr. 136, Pos. 704).

[18] Art. 14 Abs. 1 und Abs. 2 mit Wirkung v. 27. 1. 1995 geändert durch Art. 1 Punkt 9 des Änderungsgesetzes zu diesem Gesetz v. 2. 12. 1994 (Dz. U. 1994, Nr. 136, Pos. 704).

(2) Das Arbeitsverhältnis mit dem ernannten Staatsbeamten unterliegt auch beim Verlust der polnischen Staatsangehörigkeit von Gesetzes wegen der Auflösung ohne Kündigung.
(3) Die Auflösung ohne Kündigung des Arbeitsverhältnisses mit dem ernannten Staatsbeamten kann auch im Fall seiner Abwesenheit vom Arbeitsplatz aus dem Grund einer länger als ein Jahr andauernden Krankheit oder einer Isolierung wegen einer Infektionskrankheit während des Bezugszeitraums einer aus diesem Rechtsgrund gewährten Beihilfe erfolgen, und ebenso im Fall einer begründeten Abwesenheit vom Arbeitsplatz aus anderen Gründen –nach Ablauf der in Art. 53 Arbeitsgesetzbuch vorgesehenen Zeiträume.
(4) Das Arbeitsverhältnis mit dem ernannten Staatsbeamten erlischt in den im Arbeitsgesetzbuch sowie in Sondervorschriften bestimmten Fällen.

Art. 15[19] Das Arbeitsverhältnis mit dem ernannten Staatsbeamten wird aufgelöst bei einer Einigung der Vertragsparteien oder bei einer von diesem Beamten ausgesprochenen Kündigung unter Einhaltung einer dreimonatigen Kündigungsfrist.

Art. 15^{1}[20] Während der Kündigungsfrist kann der ernannte Staatsbeamte unter Beibehaltung des Vergütungsanspruchs von der Erfüllung seiner Pflichten suspendiert werden.

Art. 16 Die Bestimmungen dieses Kapitels verletzen nicht die Vorschriften über den besonderen Arbeitnehmerschutz bei Kündigung und Auflösung des Arbeitsverhältnisses.

Kapitel 3. Pflichten und Rechte des Staatsbeamten

Art. 17[21] (1) Der Staatsbeamte ist verpflichtet, die Interessen des Staates sowie die Rechte und vertretbaren Interessen der Bürger zu wahren.
(2) Der Staatsbeamte ist insbesondere verpflichtet:
1) die Verfassung der Republik Polen und andere Rechtsvorschriften zu beachten,

---

[19] Art. 15 mit Wirkung v. 27. 1. 1995 geändert durch Art. 1 Punkt 10 des Änderungsgesetzes zu diesem Gesetz v. 2. 12. 1994 (Dz. U. 1994, Nr. 136, Pos. 704).

[20] Art. 15^{1} mit Wirkung v. 27. 1. 1995 eingefügt durch Art. 1 Punkt 11 des Änderungsgesetzes zu diesem Gesetz v. 2. 12. 1994 (Dz. U. 1994, Nr. 136, Pos. 704).

[21] Art. 17 Abs. 1 und Abs. 2 mit Wirkung v. 27. 1. 1995 geändert durch Art. 1 Punkt 12 des Änderungsgesetzes zu diesem Gesetz v. 2. 12. 1994 (Dz. U. 1994, Nr. 136, Pos. 704).

2) die Autorität der Republik Polen zu bewahren sowie auf eine Vertiefung des Vertrauens der Bürger in die Staatsorgane hinzuwirken,
3) mit den öffentlichen Mitteln rationell zu wirtschaften,
4) die übertragenen Aufgaben redlich und unparteiisch, tüchtig und termingerecht zu erfüllen,
5) Staats- und Dienstgeheimnisse zu bewahren,
6) die eigenen beruflichen Kenntnisse weiterzuentwickeln,
7) sich innerhalb und außerhalb der Arbeit würdig zu verhalten.

(3) Der Amtsleiter ist verpflichtet, dem Staatsbeamten angemessene Bedingungen zur Erfüllung der im Gesetz bestimmten Pflichten zu gewährleisten.

(4) Der Staatsbeamte ist verpflichtet, bei der Begründung des Arbeitsverhältnisses sowie auf Anforderung des Amtsleiters eine Erklärung über seinen Vermögensstand abzugeben.

Art. 18 (1) Der Staatsbeamte ist verpflichtet, die Dienstanweisungen der Vorgesetzten gewissenhaft zu befolgen.

(2) Ist eine Dienstanweisung nach der Überzeugung des Staatsbeamten rechtswidrig, verletzt sie das gesellschaftliche Interesse oder enthält sie ein Irrtumsmerkmal, so soll er seine Bedenken dem Vorgesetzten vortragen; im Fall einer schriftlichen Bestätigung der Anweisung soll er sie befolgen und zugleich den Amtsleiter und, wenn der Amtsleiter die Anweisung erlassen hat, das dem Amt übergeordnete Organ über die Bedenken benachrichtigen. Die Benachrichtigung hat unverzüglich zu erfolgen. Soweit sich im weiteren Verfahrensverlauf herausstellt, dass die Bedenken des Beamten begründet waren, trägt der Vorgesetzte, der die Anweisung erlassen hat, hierfür die Verantwortung.

(3) Dem Staatsbeamten ist es nicht gestattet, Anweisungen zu befolgen, deren Befolgung eine Straftat wäre oder mit unwiederbringlichen Verlusten verbunden wäre.

Art. 19 (1) Der Staatsbeamte kann keine Nebenbeschäftigung annehmen ohne die Einholung der vorherigen Zustimmung seines Amtsleiters.

(2) Der Staatsbeamte kann keine Aufgaben erledigen, die im Widerspruch zu seinen Pflichten stünden oder einen Verdacht auf Parteilichkeit oder Eigennützigkeit hervorrufen könnten.

(3) Dem Staatsbeamten ist es nicht gestattet, an Streiks oder an die normale Arbeitsweise des Amts behindernden Aktionen oder an einer Tätigkeit im Widerspruch zu den Pflichten des Staatsbeamten teilzunehmen.

Art. 20 (1)[22] Der ernannte Staatsbeamte unterliegt regelmäßigen Qualifikationsbeurteilungen. Die Beurteilungen nimmt der Leiter des Amts vor, in dem der Beamte beschäftigt ist, wobei er die Meinung des direkten Vorgesetzten und der Gewerkschaftsorganisation der Anstalt berücksichtigt. Zur Vornahme dieser Tätigkeit kann der Amtsleiter eine Kommission einberufen.
(2) Der Amtsleiter benachrichtigt den Beamten über den Inhalt der Qualifikationsbeurteilung.
(3) Der Staatsbeamte kann innerhalb von sieben Tagen gegen die Qualifikationsbeurteilung beim Leiter der dem Amt übergeordneten Einheit Widerspruch einlegen. Der in einem Ministerium beschäftigte Beamte kann beim Minister Widerspruch einlegen.
(4) Der Ministerrat bestimmt im Verordnungswege die besonderen Grundsätze sowie den Gang des Widerspruchsverfahrens in diesen Angelegenheiten.

Art. 21 (1) Dem Staatsbeamten steht eine von seinem Dienstposten, seinen beruflichen Qualifikationen, der Qualität seiner Arbeit und seinem Dienstalter abhängige Vergütung zu.
(2) Ein Staatsbeamter, der im Dienst Eigeninitiative entfaltet und seine Pflichten gewissenhaft erfüllt, soll in eine höhere Vergütungsgruppe eingestuft oder auf einen höheren Dienstposten befördert werden.
(3)[23] Der Ministerrat bestimmt, vorbehaltlich des Abs. 3a, im Verordnungswege die Vergütungs- und Beförderungsgrundsätze sowie die im Bereich der Ausbildung und der Berufspraxis der Staatsbeamten erforderlichen Qualifikationen.
(3a)[24] Der Ministerpräsident bestimmt im Verordnungswege die Vergütungs- und Beförderungsgrundsätze sowie die im Bereich der Ausbildung und der Berufspraxis der in der Kanzlei des Ministerpräsidenten Beschäftigen erforderlichen Qualifikationen.

---

22 Art. 20 Abs. 1 mit Wirkung v. 19. 7. 1984 geändert durch Art. 1 Punkt 1 des Änderungsgesetzes zu diesem Gesetz v. 12. 7. 1984 (Dz. U. 1984, Nr. 35, Pos. 187); mit Wirkung v. 27. 1. 1995 geändert durch Art. 1 Punkt 13 des Änderungsgesetzes zu diesem Gesetz v. 2. 12. 1994 (Dz. U. 1994, Nr. 136, Pos. 704).

23 Art. 21 Abs. 3 mit Wirkung v. 27. 1. 1995 geändert durch Art. 1 Punkt 14 a des Änderungsgesetzes zu diesem Gesetz v. 2. 12. 1994 (Dz. U. 1994, Nr. 136, Pos. 704).

24 Art. 21 Abs. 3a mit Wirkung v. 27. 1. 1995 eingefügt durch Art. 1 Punkt 14 b des Änderungsgesetzes zu diesem Gesetz v. 2. 12. 1994 (Dz. U. 1994, Nr. 136, Pos. 704); mit Wirkung v. 1. 1. 1997 geändert durch Art. 17 Punkt 3 des Gesetzes v. 8. 8. 1996 über die Änderung einiger Gesetze über die Funktionsweise der öffentlichen Wirtschaft und Verwaltung (Dz. U. 1996, Nr. 106, Pos. 496).

(4)[25] Die Grundsätze der jährlichen Erhöhung der Durchschnittsvergütung der Staatsbeamten bestimmen die Vorschriften über die Bereitstellung von Mitteln für die Vergütungen im Bereich des Staatshaushalts. Die Vorschriften des Gesetzes vom 3. März 2000 über die Vergütung der Leiter einiger Rechtssubjekte (Dz. U. 2000, Nr. 26, Pos. 306) werden auf die Staatsbeamten, darunter der Vorsitzende und der stellvertretende Vorsitzende der Einheiten gemäß Art. 1 Abs. 2 Punkte 4 und 4a, nicht angewandt.

Art. 22 (1) Dem Staatsbeamten steht die Dienstalterszulage der staatlichen Ämter zu, welche nach fünf Dienstjahren 5% der monatlichen Grundvergütung beträgt. Diese Zulage erhöht sich um 1% für jedes weitere Dienstjahr bis auf höchstens 20% der monatlichen Grundvergütung.
(2)[26] Der Ministerrat bestimmt im Verordnungswege die genauen Grundsätze für die Zuerkennung und Auszahlung der Zulage gemäß Abs. 1, sowie auch die Fälle und die Voraussetzungen, bei deren Vorliegen die Beschäftigungszeit in anderen Arbeitsbetrieben und -anstalten zur Beschäftigungszeit in den staatlichen Ämtern hinzugerechnet wird.

Art. 23[27] (1) Den Staatsbeamten stehen Jubiläumszuwendungen zu in Höhe von:
1. nach 20 Dienstjahren – 75% des Monatsgehalts,
2. nach 25 Dienstjahren – 100% des Monatsgehalts,
3. nach 30 Dienstjahren – 150% des Monatsgehalts,
4. nach 35 Dienstjahren – 200% des Monatsgehalts,
5. nach 40 Dienstjahren – 300% des Monatsgehalts,
6. nach 45 Dienstjahren – 400% des Monatsgehalts.

(2) Der Ministerrat bestimmt im Verordnungswege die Grundsätze für die Feststellung der Beschäftigungszeiten und anderer Zeiten, die einen Anspruch auf die Jubiläumszuwendung begründen, sowie auch die Grundsätze für ihre Berechnung und Auszahlung.

---

25 Art. 21 Abs. 4 mit Wirkung v. 1. 1. 1989 geändert durch Art. 8 des Gesetzes v. 31. 1. 1989 über die Bereitstellung von Mitteln für die Vergütungen im Bereich des Staatshaushalts (Dz. U. 1989, Nr. 4, Pos. 24); geändert mit Wirkung v. 26. 8. 2000 durch Art. 1 Punkt 1 des Änderungsgesetzes zu diesem Gesetz v. 26. 7. 2000 (Dz. U. 2000, Nr. 66, Pos. 787).

26 Art. 22 Abs. 2 mit Wirkung v. 27. 1. 1995 geändert durch Art. 1 Punkt 15 des Änderungsgesetzes zu diesem Gesetz v. 2. 12. 1994 (Dz. U. 1994, Nr. 136, Pos. 704).

27 Art. 23 Abs. 1 mit Wirkung v. 27. 1. 1995 geändert – auch hinsichtlich der Nummerierung – und Art. 23 Abs. 2 eingefügt durch Art. 1 Punkte 16a und 16b des Änderungsgesetzes zu diesem Gesetz v. 2. 12. 1994 (Dz. U. 1994, Nr. 136, Pos. 704).

Art. 24[28] (1) In den staatlichen Ämtern wird ein Anstaltsfonds für Zuwendungen in Höhe von 8,5% des Vergütungsfonds gebildet. Die Höhe und die Grundsätze der Zuerkennung von individuellen Zuwendungen aus diesem Fonds werden durch gesonderte Vorschriften bestimmt.
(2) Der Ministerrat kann im Verordnungswege einen zusätzlichen Fonds für Zuwendungen für die Staatsbeamten bilden, der für Zuwendungen für besondere Leistungen in der beruflichen Tätigkeit bestimmt ist und der 3% der eingeplanten, den Amtsleitern zur Disposition stehenden persönlichen Vergütungen beträgt.

Art. 24¹[29] *(gestrichen)*

Art. 25[30] *(aufgehoben)*

Art. 26[31] (1) Der aus dienstlichen Gründen für Tätigkeiten außerhalb des Sitzes des Amts, in dem er beschäftigt ist, delegierte Staatsbeamte hat einen Anspruch auf Erstattung der Reise- und Unterbringungskosten sowie auf die Tagesgelder nach den bei inländischen Dienstreisen angewendeten Grundsätzen.
(2) Der zur Arbeit in einer anderen Ortschaft versetzte Staatsbeamten hat einen Anspruch auf Erstattung der Versetzungskosten, auf die Tagesgelder, die Erstattung der Reisekosten sowie auf andere Leistungen.
(2a) Der Ministerrat bestimmt im Verordnungswege die Höhe und die Voraussetzungen für die Auszahlung der Leistungen an die zur Arbeit in einer anderen Ortschaft versetzten Staatsbeamten, insbesondere für die Tagesgelder für die Anreise und den ersten Aufenthaltstag am neuen Wohnort, für die Erstattung der

---

28 Art. 24 Abs. 1 mit Wirkung v. 27. 1. 1995 geändert durch Art. 1 Punkt 17 des Änderungsgesetzes zu diesem Gesetz v. 2. 12. 1994 (Dz. U. 1994, Nr. 136, Pos. 704); Abs. 2 geändert mit Wirkung v. 26. 8. 2000 durch Art. 1 Punkt 2 des Änderungsgesetzes zu diesem Gesetz v. 26. 7. 2000 (Dz. U. 2000, Nr. 66, Pos. 787).

29 Art. 24¹ mit Wirkung v. 1. 1. 1997 eingefügt durch Art. 88 Punkt 1 des Gesetzes über den zivilen Dienst v. 5. 7. 1996 (Dz. U. 1996, Nr. 89, Pos. 402); mit Wirkung v. 1. 7. 1999 gestrichen durch Art. 126 Punkt 3 des Gesetzes über den zivilen Dienst v. 18. 12. 1998 (Dz. U. 1999, Nr. 49, Pos. 483).

30 Art. 25 mit Wirkung v. 1. 1. 1993 aufgehoben durch Art. 9 Abs. 2 Punkt 8 des Gesetzes über die Berechtigungen zu kostenfreien und ermäßigten Fahrten mit den Mitteln des öffentlichen Massentransports v. 20. 6. 1992 (Dz. U. 1992, Nr. 54, Pos. 254).

31 Art. 26 Abs. 2 geändert und Abs. 2a eingefügt mit Wirkung v. 26. 8. 2000 durch Art. 1 Punkte 3a und 3b des Änderungsgesetzes zu diesem Gesetz v. 26. 7. 2000 (Dz. U. 2000, Nr. 66, Pos. 787); Abs. 3 mit Wirkung v. 27. 1. 1995 eingefügt durch Art. 1 Punkt 18 des Änderungsgesetzes zu diesem Gesetz v. 2. 12. 1994 (Dz. U. 1994, Nr. 136, Pos. 704).

bei der Reise, dem Umzug der Hauseinrichtung und der Unterbringung angefallenen Kosten sowie für die Trennungsentschädigung, unter Berücksichtigung des Zeitraums, für welchen der Beamte versetzt wurde, sowie auch seines Familienstands in Anbetracht dessen, dass als Familienmitglieder der Ehegatte, die Kinder sowie andere mit ihm in einer Hausgemeinschaft lebenden Personen angesehen werden, wenn sie zusammen mit dem Beamten umziehen.
(3) Der Ministerrat bestimmt im Verordnungswege die Leistungen, die den Absolventen der Landesschule für Öffentliche Verwaltung zustehen, welche zum dauernden Aufenthalt im Zusammenhang mit der Aufnahme einer Beschäftigung auf den vom Ministerpräsidenten benannten Dienstposten in eine andere Ortschaft umziehen.

Art. 27[32] (1) Dem Staatsbeamten stehen Ruhegehalts- und Rentenleistungen nach den in den Vorschriften über die allgemeine Ruhegehaltsversorgung der Beschäftigten und ihrer Familien zu, mit Ausnahme der staatlichen Beschäftigten, deren Berechtigungen in diesem Bereich von gesonderten Vorschriften geregelt werden.
(2) Im Fall der Auflösung des Arbeitsverhältnisses mit dem Staatsbeamten aus dem Grund der Auflösung des Amts oder seiner eine Weiterbeschäftigung des Arbeitnehmers unmöglich machenden Reorganisierung, hat der Staatsbeamte einen Ruhegehaltsanspruch, wenn er das 60. Lebensjahr (Männer) bzw. das 55. Lebensjahr (Frauen) vollendet hat und die erforderliche Beschäftigungszeit vorweist.
(3) Im Fall der Auflösung des Arbeitsverhältnisses mit dem ernannten Staatsbeamten aus den in den folgenden Normen bestimmten Gründen:
1) in Art. 13 Abs. 1 Punkt 3, soweit das Amt nicht über den Dienstposten gemäß Art. 13 Abs. 3 verfügt,
2) in Art. 13 Abs. 1 Punkt 4, mit Ausnahme des Falles, in dem der Arbeitnehmer die Beschäftigung auf dem Dienstposten gemäß dieser Vorschrift ablehnt,

steht diesem Beamten das volle Ruhegehalt zu, wenn er das 60. Lebensjahr (Männer) bzw. das 55. Lebensjahr (Frauen) vollendet hat und die erforderliche Beschäftigungszeit vorweist.
(4) Die Vorschriften der Abs. 1-3 werden auf die vor dem 1. Januar 1949 geborenen Personen angewandt.

---

[32] Art. 27 Abs. 2 mit Wirkung v. 27. 1. 1995 geändert durch Art. 1 Punkt 19 des Änderungsgesetzes zu diesem Gesetz v. 2. 12. 1994 (Dz. U. 1994, Nr. 136, Pos. 704); Art. 27 Abs. 4 mit Wirkung v. 1. 1. 1999 eingefügt durch das Gesetz über Ruhegehälter und Renten aus dem Sozialversicherungsfonds v. 17. 12. 1998 (Dz. U. 1998, Nr. 162, Pos. 1118).

Art. 28[33] (1) Dem in den Ruhestand oder in den Bezug einer Invalidenrente tretenden Staatsbeamten steht eine einmalige Abfindung zu:
1) nach zehn Dienstjahren in den Ämtern – in Höhe von zwei Monatsgehältern,
2) nach fünfzehn Dienstjahren in den Ämtern – in Höhe von drei Monatsgehältern,
3) nach zwanzig Dienstjahren in den Ämtern – in Höhe von sechs Monatsgehältern.

(2) Zur Dienstzeit in den Ämtern zählt die Beschäftigungszeit in anderen Anstalten gemäß den in Art. 22 Abs. 2 genannten Vorschriften.
(3) Die Vergütung gemäß Abs. 1 wird wie der Geldausgleich für Erholungsurlaub berechnet.

Art. 29[34] (1) Die Arbeitszeit der Staatsbeamten darf acht Stunden pro Tag und durchschnittlich 40 Stunden pro Woche in einem angenommenen Berechnungszeitraum von höchstens acht Wochen nicht überschreiten.
(1a) In Fällen, die in der Art des Dienstes und seiner Organisation begründet sind, können Dienstpläne aufgestellt werden, nach denen eine Verlängerung der Dienstzeit auf zwölf Stunden pro Tag zulässig ist. Die Dienstzeit nach diesen Dienstplänen darf jedoch durchschnittlich 40 Stunden pro Woche in einem angenommenen Berechnungszeitraum von höchstens zwölf Wochen nicht überschreiten.
(2) Wenn die Bedürfnisse des Amts dies erfordern, kann der Staatsbeamte außerhalb der normalen Dienststunden beschäftigt werden, in Ausnahmefällen auch in der Nacht und an Sonn- und Feiertagen.
(3) Die Vorschriften der Abs. 1a und 2 werden auf Frauen in der Schwangerschaft, auf Frauen, die Kinder im Alter von unter acht Jahren beaufsichtigen, sowie in den anderen, in gesonderten Vorschriften bestimmten Fällen nicht angewandt.

Art. 30[35] (1) Den Wochendienstplan und die jeweiligen Tagesdienstpläne legt der Amtsleiter nach den im Verordnungswege durch den Ministerpräsidenten bestimmten Grundsätzen fest.

---

33 Art. 28 Abs. 2 und Abs. 3 mit Wirkung v. 27. 1. 1995 geändert durch Art. 1 Punkt 20 des Änderungsgesetzes zu diesem Gesetz v. 2. 12. 1994 (Dz. U. 1994, Nr. 136, Pos. 704).

34 Art. 29 Abs. 1 mit Wirkung v. 27. 1. 1995 geändert durch Art. 1 Punkt 21a des Änderungsgesetzes zu diesem Gesetz v. 2. 12. 1994 (Dz. U. 1994, Nr. 136, Pos. 704) und mit Wirkung v. 1. 1. 1997 geändert durch Art. 88 Punkt 2 des Gesetzes über den zivilen Dienst v. 5. 7. 1996 (Dz. U. 1996, Nr. 89, Pos. 402); Abs. 1a eingefügt und Abs. 3 geändert mit Wirkung v. 27. 1. 1995 durch Art. 1 Punkt 21b und 21c des Änderungsgesetzes zu diesem Gesetz v. 2. 12. 1994 (Dz. U. 1994, Nr. 136, Pos. 704).

(1a) Wochentage, die keine Arbeitstage in dem Amt sind, werden nicht auf den Erholungsurlaub angerechnet.
(2) Dem Staatsbeamten steht für den Dienst außerhalb der normalen Dienststunden auf Anweisung des Vorgesetzten nach seiner Wahl eine Vergütung oder Freizeitausgleich zu, der direkt vor Antritt oder nach Beendigung eines Erholungsurlaubes gewährt werden kann.
(3) Den in den Haupt- und Zentralorganen der Staatsverwaltung auf leitenden und selbständigen Dienstposten beschäftigten Staatsbeamten steht der Freizeitausgleich für den Dienst außerhalb der normalen Dienststunden in der Nacht und an Sonn- und Feiertagen zu.

Art. 30^1 [36] Auf teilzeitbeschäftigte Staatsbeamte werden die Vorschriften der Art. 7 und 27 Abs. 2 nicht angewandt.

Kapitel 4. Preise und Auszeichnungen[37]

Art. 31 (1) Den Staatsbeamten, die ihre Pflichten musterhaft erfüllen, Initiative im Dienst zeigen und die Art und Weise der Diensterfüllung verbessern, können die im Arbeitsgesetzbuch bestimmten Preise und Auszeichnungen zuerkannt werden.
(2) Für Errungenschaften im Dienst kann dem Staatsbeamten das Ehrenabzeichen „Verdienter staatlicher Beschäftigter" verliehen werden.
(3) Das Ehrenabzeichen „Verdienter staatlicher Beschäftigter" verleiht der Ministerpräsident.

---

[35] Art. 30 Abs. 1 mit Wirkung v. 1. 1. 1997 geändert durch Art. 88 Punkt 3 des Gesetzes über den zivilen Dienst v. 5. 7. 1996 (Dz. U. 1996, Nr. 89, Pos. 402) und mit Wirkung v. 26. 8. 2000 geändert durch Art. 1 Punkt 4a des Änderungsgesetzes zu diesem Gesetz v. 26. 7. 2000 (Dz. U. 2000, Nr. 66, Pos. 787); Abs. 1a mit Wirkung v. 26. 8. 2000 eingefügt durch Art. 1 Punkt 4b des Änderungsgesetzes zu diesem Gesetz v. 26. 7. 2000 (Dz. U. 2000, Nr. 66, Pos. 787); Abs. 21 mit Wirkung v. 19. 7. 1984 geändert durch Art. 1 Punkt 2 des Änderungsgesetzes zu diesem Gesetz v. 12. 7. 1984 (Dz. U. 1984, Nr. 35, Pos. 187).

[36] Art. 30^1 mit Wirkung v. 19. 7. 1984 eingefügt durch Art. 1 Punkt 3 des Änderungsgesetzes zu diesem Gesetz v. 12. 7. 1984 (Dz. U. 1984, Nr. 35, Pos. 187); mit Wirkung v. 27. 1. 1995 geändert durch Art. 1 Punkt 22 des Änderungsgesetzes zu diesem Gesetz v. 2. 12. 1994 (Dz. U. 1994, Nr. 136, Pos. 704).

[37] Kapitelbezeichnung mit Wirkung v. 23. 12. 1992 geändert durch Art. 10 Punkt 1 des Gesetzes – Vorschriften zur Einführung des Gesetzes über Orden und Auszeichnungen, zur Aufhebung der Vorschriften über Ehrentitel sowie zur Änderung einiger Gesetze v. 16. 10. 1992 (Dz. U. 1992, Nr. 90, Pos. 451).

(4) Der Ministerrat bestimmt im Verordnungswege die genauen Grundsätze für die Verleihung des Ehrenabzeichens „Verdienter staatlicher Beschäftigter“, das Vorschlagsverfahren für die Verleihung des Ehrenabzeichens, die Muster der Ehrenabzeichen sowie das Verfahren ihrer Überreichung und Trageweise.

Art. 32[38] (*gestrichen*)

Art. 33[39] Der im Sinne von Art. 31 Abs. 2 ausgezeichnete Staatsbeamte kann in eine höhere Vergütungsgruppe außerhalb der vorgesehenen Einstufungsfristen eingestuft oder auf einen höheren Dienstposten befördert werden.

Kapitel 5. Ordnungs- und Disziplinarverantwortlichkeit des Staatsbeamten

Art. 34 (1) Die ernannten Staatsbeamten tragen die Ordnungs- bzw. Disziplinarverantwortlichkeit für eine Verletzung der Dienstpflichten.
(2) Die Ordnungsstrafe für ein Verschulden von geringerem Gewicht ist die Verwarnung.
(3) Disziplinarstrafen sind:
1) Verweis,
2) scharfer Verweis,
3) Verweis mit zweijähriger Versagung der Einstufung in eine höhere Vergütungsgruppe oder der Beförderung auf einen höheren Dienstposten,
4) Versetzung auf einen niedrigeren Dienstposten,
5) Entlassung aus dem Dienst in dem Amt.

Art. 35 Die Verwarnung wird vom Amtsleiter erteilt. Der Staatsbeamte kann innerhalb von drei Tagen nach Erteilung des Verweises an ihn beim Leiter der übergeordneten Einheit Widerspruch erheben. Er hat kein Widerspruchsrecht, wenn die Strafe von einem Minister verhängt wurde.

Art. 36[40] (1) In den Disziplinarangelegenheiten entscheiden die von den Leitern der jeweiligen Ämter einberufenen Disziplinarkommissionen I. und II. Instanz.

---

[38] Art. 32 mit Wirkung v. 23. 12. 1992 gestrichen durch Art. 10 Punkt 2 des Gesetzes – Vorschriften zur Einführung des Gesetzes über Orden und Auszeichnungen, zur Aufhebung der Vorschriften über Ehrentitel sowie zur Änderung einiger Gesetze v. 16. 10. 1992 (Dz. U. 1992, Nr. 90, Pos. 451).

[39] Art. 33 mit Wirkung v. 23. 12. 1992 geändert durch Art. 10 Punkt 3 des Gesetzes – Vorschriften zur Einführung des Gesetzes über Orden und Auszeichnungen, zur Aufhebung der Vorschriften über Ehrentitel sowie zur Änderung einiger Gesetze v. 16. 10. 1992 (Dz. U. 1992, Nr. 90, Pos. 451)

(2) Die Mitglieder der Disziplinarkommissionen, darunter auch den Vorsitzenden und den stellvertretenden Vorsitzenden, beruft für eine Amtszeit von vier Jahren der jeweilige Amtsleiter nach Einholung der Stellungnahme der Gewerkschaftsorganisation der Anstalt. Mitglied in einer Disziplinarkommission kann ein ernannter Beamter sein, der in dem Amt mindestens fünf Jahre beschäftigt ist und der die Gewähr dafür gibt, diese Funktion in gehöriger Weise auszuüben.
(3) Die Disziplinarkommission entscheidet in dreiköpfiger Zusammensetzung.
(4) Disziplinarkommissionen I. Instanz werden in allen staatlichen Ämtern einberufen, wobei der Woiwode eine Disziplinarkommission I. Instanz für die in den Ämtern einiger regionaler Organe der allgemeinen Regierungsverwaltung beschäftigten Beamten einberufen kann.
(5) Disziplinarkommissionen II. Instanz (Berufungskommissionen) werden einberufen:
1) beim Marschall des Sejm – für die Beamten der Kanzlei des Sejm, der Staatlichen Arbeitsinspektion, des Landeswahlbüros, des Büros des Generalinspektors zum Schutz von Personendaten sowie des Instituts der Nationalen Erinnerung – Kommission zur Verfolgung von Verbrechen gegen das polnische Volk,
2) beim Marschall des Senats – für die Beamten der Kanzlei des Senats,

---

40 Art. 36 Abs. 2, Abs. 4 und Abs. 5 geändert und Abs. 5a eingefügt mit Wirkung v. 27. 1. 1995 durch Art. 1 Punkt 23 des Änderungsgesetzes zu diesem Gesetz v. 2. 12. 1994 (Dz. U. 1994, Nr. 136, Pos. 704); Abs. 3 und Abs. 7 mit Wirkung v. 26. 8. 2000 geändert durch Art. 1 Punkt 5 des Änderungsgesetzes zu diesem Gesetz v. 26. 7. 2000 (Dz. U. 2000, Nr. 66, Pos. 787); Abs. 5 Punkt 1 geändert mit Wirkung v. 13. 11. 1997 durch Art. 56 Punkt 2 des Gesetzes über den Schutz von Personendaten v. 29. 8. 1997 (Dz. U. 1997, Nr. 133, Pos. 883) und mit Wirkung v. 19. 1. 1999 durch Art. 57 Punkt 2 des Gesetzes über das Institut der Nationalen Erinnerung – Kommission zur Verfolgung von Verbrechen gegen das polnische Volk v. 18. 12. 1998 (Dz. U. 1998, Nr. 155, Pos. 1016); Abs. 5 Punkt 4 und 6 mit Wirkung v. 1. 1. 1997 geändert durch Art. 17 Punkt 4 des Gesetzes v. 8. 8. 1996 über die Änderung einiger Gesetze über die Funktionsweise der öffentlichen Wirtschaft und Verwaltung (Dz. U. 1996, Nr. 106, Pos. 496); Abs. 5 Punkt 9a mit Wirkung v. 27. 11. 1998 eingefügt durch Art. 2 Punkt 2 des Änderungsgesetzes zum Gesetz über die Bekanntgabe der Arbeit oder des Dienstes in den Organen der Staatssicherheit oder der Zusammenarbeit mit ihnen in den Jahren 1944-1990 seitens der Personen, die eine öffentliche Funktion ausüben sowie zu einigen anderen Gesetzen v. 18. 6. 1998 (Dz. U. 1998, Nr. 131, Pos. 860); Abs. 5 Punkt 9b mit Wirkung v. 1. 1. 2000 eingefügt durch Art. 16 Punkt 2 des Gesetzes über den Kinderrechtsbeauftragten v. 6. 1. 2000 (Dz. U. 2000, Nr. 6, Pos. 69); Abs. 5 Punkt 10 Wirkung v. 1. 12. 1995 gestrichen durch Art. 3 Punkt 2 des Änderungsgesetzes zur Wahlordnung zum Sejm der Republik Polen und zu einigen anderen Gesetzen v. 22. 9. 1995 (Dz. U. 1995, Nr. 132, Pos. 640).

3) beim Präsidenten der Republik Polen – für die Beamten der Kanzlei des Präsidenten der Republik Polen,
4) beim Ministerpräsidenten – für die Beamten der Kanzlei des Ministerpräsidenten, der dem Ministerpräsidenten unterstellten Behörden sowie der Ministerien und der Behörden der Zentralorgane der Regierungsverwaltung,
5) beim zuständigen Minister – für die Beamten der den Haupt- und Zentralorganen der Staatsverwaltung unterstellten Ämter,
6) beim Minister für Innere Angelegenheiten und für Verwaltung – für die Beamten der Woiwodschaftsämter und der regionalen Rechnungskammern,
7) beim Vorsitzenden des Landesrats für Rundfunk und Fernsehen – für die Beamten der Geschäftsstelle des Landesrats für Rundfunk und Fernsehen unter Berücksichtigung des Abs. 5^a,
8) beim Vorsitzenden des Verfassungsgerichtshofs – für die Beamten der Geschäftsstelle des Verfassungsgerichtshofs unter Berücksichtigung des Abs. 5^a,
9) beim Bürgerrechtsbeauftragten – für die Beamten der Geschäftsstelle des Bürgerrechtsbeauftragten,
9a) beim Vertreter des öffentlichen Interesses – für die Beamten der Geschäftsstelle des Vertreters des öffentlichen Interesses,
9b) beim Kinderrechtsbeauftragten – für die Beamten der Geschäftsstelle des Kinderrechtsbeauftragten,
10) (*gestrichen*)
11) beim Woiwoden – für die Beamten der regionalen Ämter der allgemeinen Regierungsverwaltung.

(5a) Die Disziplinarkommission II. Instanz (Berufungskommission) für die in Abs. 5 Punkt 7 aufgeführten Beamten kann beim Präsidenten der Republik Polen auf Antrag des Vorsitzenden des Landesrats für Rundfunk und Fernsehen einberufen werden, und für die in Abs. 5 Punkt 8 aufgeführten Beamten beim Marschall des Sejm auf Antrag des Vorsitzenden des Verfassungsgerichtshofs.

(6) Die Mitglieder der Disziplinarkommissionen sind im Bereich der Urteilsfindung unabhängig und nur den Gesetzen unterworfen.

(7) Der Ministerpräsident bestimmt im Verordnungswege die genauen Grundsätze und den Gang des Ermittlungs- und Disziplinarverfahrens, die Grundsätze und das Verfahren für die Berufung und Abberufung der Disziplinarkommissionen sowie der Disziplinaranwälte unter besonderer Berücksichtigung des Verlaufs des Ermittlungs- und Disziplinarverfahrens und auch der Gewährleistung eines angemessenen Tätigwerdens der Disziplinarkommissionen und -anwälte.

Art. 36^1[41] (1) Der Amtsleiter beruft den Disziplinaranwalt des Amts für die Amtszeit der Disziplinarkommission aus dem Kreis der ihm untergebenen ernannten Staatsbeamten.
(2) Der Disziplinaranwalt leitet das Ermittlungsverfahren auf Anweisung des Amtsleiters ein. Über die Einleitung dieses Verfahrens benachrichtigt der Disziplinaranwalt den Beamten, den es betrifft.
(3) Die Entscheidung über die Übersendung eines Antrags auf Einleitung des Disziplinarverfahrens an die Disziplinarkommission I. Instanz trifft der Amtsleiter.

Art. 36^2[42] (1) Zu den Aufgaben des Disziplinaranwalts gehören insbesondere:
1) die Durchführung des Ermittlungsverfahrens,
2) die Beantragung der Einleitung des Disziplinarverfahrens, wenn dies durch die Ergebnisse des Ermittlungsverfahrens begründet ist,
3) die Teilnahme an Verhandlungen als Partei,
4) die Einlegung von Berufungen gegen die Entscheidungen der Disziplinarkommission I. Instanz,
5) die Teilnahme am Berufungsverfahren.

Art. 36^3[43] (1) Die Disziplinarkommission I. Instanz leitet das Disziplinarverfahren am Tag der Beantragung der Verfahrenseinleitung durch den Disziplinaranwalt ein.
(2) Der Angeklagte ist, vorbehaltlich der gesetzlichen Geheimhaltungsvorschriften, berechtigt, die Hilfe eines Verteidigers seiner Wahl in Anspruch zu nehmen.
(3) Wenn der Disziplinaranwalt die Verurteilung zur Entfernung aus dem Dienst beantragt und der Angeklagte keinen Wahlverteidiger hat, bestimmt der Vorsitzende des Spruchkörpers einen Pflichtverteidiger aus dem Kreis der Staatsbeamten.
(4) Die Disziplinarkommission I. Instanz fällt ihr Urteil nach der mündlichen Verhandlung, in deren Verlauf sie den Disziplinaranwalt und den Angeklagten und, falls vorhanden, seinen Verteidiger angehört hat, sowie nach Heranziehung anderer für die Angelegenheit bedeutsamer Beweismittel.

---

41 Art. 36^1 mit Wirkung v. 26. 8. 2000 eingefügt durch Art. 1 Punkt 6 des Änderungsgesetzes zu diesem Gesetz v. 26. 7. 2000 (Dz. U. 2000, Nr. 66, Pos. 787).
42 Art. 36^2 mit Wirkung v. 26. 8. 2000 eingefügt durch Art. 1 Punkt 6 des Änderungsgesetzes zu diesem Gesetz v. 26. 7. 2000 (Dz. U. 2000, Nr. 66, Pos. 787).
43 Art. 36^3 mit Wirkung v. 26. 8. 2000 eingefügt durch Art. 1 Punkt 6 des Änderungsgesetzes zu diesem Gesetz v. 26. 7. 2000 (Dz. U. 2000, Nr. 66, Pos. 787).

(5) Ein unentschuldigtes Fehlen des Angeklagten oder seines Verteidigers verhindert nicht die Untersuchung der Angelegenheit.
(6) Die Verhandlung ist öffentlich für die ernannten Staatsbeamten. In begründeten Fällen kann der Spruchkörper die Öffentlichkeit der Verhandlung ausschließen, jedenfalls ist aber die Urteilsverkündung öffentlich.

Art. 36^4[44] (1) Die Entscheidung sollte unmittelbar nach der Beratung bekannt gegeben werden.
(2) In Ausnahmefällen kann die Bekanntgabe der Entscheidung für eine Zeit von höchstens drei Tagen aufgeschoben werden. Über den Termin der Bekanntgabe der Entscheidung benachrichtigt der Vorsitzende des Spruchkörpers die Parteien unmittelbar nach der Beendigung der Beratung.
(3) Nach der Bekanntgabe der Entscheidung erläutert der Vorsitzende des Spruchkörpers mündlich die wesentlichen Entscheidungsgründe.
(4) Die Entscheidung wird den Parteien von Amts wegen zusammen mit der Begründung spätestens sieben Tage nach ihrer Bekanntgabe zugestellt.

Art. 36^5[45] (1) Die Parteien haben das Recht, gegen die Entscheidung der Disziplinarkommission I. Instanz Berufung einzulegen. In der Berufung kann die Entscheidung ganz oder teilweise angefochten werden.
(2) Die Berufung wird bei der Disziplinarkommission II. Instanz unter Vermittlung der Disziplinarkommission I. Instanz, welche die angefochtene Entscheidung erlassen hat, innerhalb von 14 Tagen nach der Zustellung der Entscheidung und der Begründung eingelegt.

Art. 36^6[46] (1) Vor dem Fristablauf für die Einlegung der Berufung ist die Entscheidung nicht vollstreckbar.
(2) Die fristgerechte Einlegung der Berufung führt zur Aussetzung der Entscheidungsvollstreckung.

Art. 36^7[47] (1) In dem Verfahren vor der Disziplinarkommission II. Instanz werden die Vorschriften über das Verfahren vor der Disziplinarkommission I. Instanz entsprechend angewandt.

---

44 Art. 36^4 mit Wirkung v. 26. 8. 2000 eingefügt durch Art. 1 Punkt 6 des Änderungsgesetzes zu diesem Gesetz v. 26. 7. 2000 (Dz. U. 2000, Nr. 66, Pos. 787).

45 Art. 36^5 mit Wirkung v. 26. 8. 2000 eingefügt durch Art. 1 Punkt 6 des Änderungsgesetzes zu diesem Gesetz v. 26. 7. 2000 (Dz. U. 2000, Nr. 66, Pos. 787).

46 Art. 36^6 mit Wirkung v. 26. 8. 2000 eingefügt durch Art. 1 Punkt 6 des Änderungsgesetzes zu diesem Gesetz v. 26. 7. 2000 (Dz. U. 2000, Nr. 66, Pos. 787).

47 Art. 36^7 mit Wirkung v. 26. 8. 2000 eingefügt durch Art. 1 Punkt 6 des Änderungsgesetzes zu diesem Gesetz v. 26. 7. 2000 (Dz. U. 2000, Nr. 66, Pos. 787). Art. 36^7

(2) Gegen die Entscheidungen der Disziplinarkommission II. Instanz steht den Parteien die Berufung beim Appellationsgericht Warschau zu. Auf das Berufungsverfahren werden die Vorschriften des Zivilverfahrensgesetzbuchs über die Appellation angewandt.

Art. 36^{8}[48] (1) Eine Abschrift der rechtskräftigen Entscheidung der Disziplinarkommission wird den Personalakten des ernannten Staatsbeamten hinzugefügt.
(2) Die rechtskräftige Verurteilung unterliegt der sofortigen Vollstreckung.

Art. 37[49] (1) Das Disziplinarverfahren kann weder nach Ablauf eines Monats nach dem Tag der Kenntniserlangung von der Vornahme der die disziplinarische Verantwortlichkeit begründenden Handlung noch nach Ablauf eines Jahres nach dem Tag der Vornahme dieser Handlung eingeleitet werden. Hat der Beamte wegen Abwesenheit vom Dienst keine Möglichkeit, Erklärungen abzugeben, so beginnt der Lauf der Monatsfrist nicht, und eine laufende Frist wird bis zum Tag der Rückmeldung des Beamten zum Dienst ausgesetzt. Wenn die Handlung jedoch die Merkmale einer Straftat enthält, erfolgt die disziplinarische Verjährung nicht vor der strafrechtlichen Verjährung.
(2) Nach dem Ablauf von zwei Jahren seit der Rechtskrafterlangung der Entscheidung wird eine Disziplinarstrafe, mit Ausnahme der Strafe der Entlassung aus dem Dienst in dem Amt, als nicht vorhanden erklärt, und ihr Vermerk wird aus den Akten der Disziplinarkommission und des Amts gestrichen. Die Disziplinarkommission kann unter Berücksichtigung der dienstlichen Errungenschaften und des Verhaltens des Beschäftigten auf Antrag des Beschäftigten oder seines Vorgesetzten die Strafe zu einem früheren Termin als nicht vorhanden erklären und ihre Streichung anordnen.
(3) Nach dem Ablauf von fünf Jahren seit der Rechtskrafterlangung der Entscheidung der Disziplinarkommission kann der Verurteilte beantragen, dass die Strafe der Entlassung aus dem Dienst in dem Amt als nicht vorhanden erklärt wird.

Abs. 2 mit Wirkung v. 1. 1. 2004 geändert durch Art. 11 Punkt 1 der Einführungsvorschriften zur Verwaltungsgerichtsordnung und zur Verwaltungsgerichtsverfahrensordnung v. 30. 8. 2002 (Dz. U. 2002, Nr. 153, Pos. 1271).

48 Art. 36^{8} mit Wirkung v. 26. 8. 2000 eingefügt durch Art. 1 Punkt 6 des Änderungsgesetzes zu diesem Gesetz v. 26. 7. 2000 (Dz. U. 2000, Nr. 66, Pos. 787).

49 Art. 37 mit Wirkung v. 27. 1. 1995 geändert durch Art. 1 Punkt 24 des Änderungsgesetzes zu diesem Gesetz v. 2. 12. 1994 (Dz. U. 1994, Nr. 136, Pos. 704).

Art. 37^{1}[50] (1) In dem Verfahren vor den Disziplinarkommissionen I. und II. Instanz in den im vorliegenden Kapitel nicht geregelten Angelegenheiten werden die Vorschriften des Strafverfahrensgesetzbuchs entsprechend angewandt.

Kapitel 6. Überprüfung von Streitigkeiten über Ansprüche der Beamten aus dem Arbeitsverhältnis

Art. 38 (1)[51] Gegen die Entscheidungen in den Angelegenheiten der Kündigung oder der Auflösung des Arbeitsverhältnisses mit dem ernannten Staatsbeamten, seiner Versetzung oder Einweisung in die Ausübung einer anderen Arbeit, seiner Versetzung auf einen höheren oder anderen Dienstposten oder seiner Suspendierung von der Erfüllung der Dienstpflichten kann dieser Beamte innerhalb von sieben Tagen beim Leiter des dem Amt, in dem er beschäftigt ist, übergeordneten Organs Widerspruch erheben. Gegen die von einem Minister erlassene Entscheidung gibt es kein Widerspruchsrecht.
(2)[52] (*gestrichen*)

Art. 39[53] Streitigkeiten über Forderungen aus dem Arbeitsverhältnis der Staatsbeamten werden nach dem im Arbeitsgesetzbuch bestimmten Verfahren untersucht.

Kapitel 7.[54] (*gestrichen*)

Kapitel 8. Besondere Vorschriften

Art. 42^{1}[55] Die in diesem Gesetz sowie in gesonderten Vorschriften vorgesehenen Aufgaben des Amtsleiters übt in den Ämtern der Regierungsverwal-

---

50 Art. 37^{1} mit Wirkung v. 26. 8. 2000 eingefügt durch Art. 1 Punkt 7 des Änderungsgesetzes zu diesem Gesetz v. 26. 7. 2000 (Dz. U. 2000, Nr. 66, Pos. 787).

51 Art. 38 Abs. 1 mit Wirkung v. 27. 1. 1995 geändert durch Art. 1 Punkt 25 des Änderungsgesetzes zu diesem Gesetz v. 2. 12. 1994 (Dz. U. 1994, Nr. 136, Pos. 704).

52 Art. 38 Abs. 2 mit Wirkung v. 1. 1. 2004 gestrichen durch Art. 11 Punkt 2 der Einführungsvorschriften zur Verwaltungsgerichtsordnung und zur Verwaltungsgerichtsverfahrensordnung v. 30. 8. 2002 (Dz. U. 2002, Nr. 153, Pos. 1271).

53 Art. 39 mit Wirkung v. 1. 1. 2004 geändert durch Art. 11 Punkt 3 der Einführungsvorschriften zur Verwaltungsgerichtsordnung und zur Verwaltungsgerichtsverfahrensordnung v. 30. 8. 2002 (Dz. U. 2002, Nr. 153, Pos. 1271).

54 Kapitel 7 mit Wirkung v. 27. 1. 1995 gestrichen durch Art. 1 Punkt 26 des Änderungsgesetzes zu diesem Gesetz v. 2. 12. 1994 (Dz. U. 1994, Nr. 136, Pos. 704).

tung, mit Ausnahme der Regionalämter und der Territorialämter der speziellen Verwaltung der Generaldirektor des Amts aus.

Art. 43[56] (1) Die Vorschriften des Gesetzes, vorbehaltlich der Vorschriften der Abs. 2 und 3, werden auf die in den militärischen Einheiten Beschäftigten angewandt.
(1a) Die Vorschriften des Gesetzes werden auf die in der Hauptkommandantur der Militärgendarmerie und in anderen Organisationseinheiten der Militärgendarmerie Beschäftigten angewandt.
(2) Der Minister für die Nationale Verteidigung bestimmt im Verordnungswege die militärischen Einheiten sowie die Dienstposten, auf denen das Arbeitsverhältnis mit den in Abs. 1 bestimmten Beschäftigten im Weg der Ernennung oder des Arbeitsvertrags begründet wird, und er passt auch die Organisation der Disziplinarkommissionen an die Organisationsstruktur der militärischen Einheiten an.
(3) Die aus Abs. 2 resultierenden Berechtigungen stehen dem für die inneren Angelegenheiten zuständigen Minister in Bezug auf die in den ihm unterstellten militärischen Einheiten Beschäftigten zu.
(4) Der Ministerrat kann im Verordnungswege auf besondere Weise einige Pflichten und Rechte der Beschäftigten gemäß Abs. 1 bestimmen, wobei er die Wesensart der Arbeit und die Arbeitsbedingungen in den militärischen Einheiten berücksichtigt.

Art. 44[57] Die Vorschriften dieses Gesetzes werden auf die Verwaltungs-, Hilfs- und technischen Beschäftigten und auf das Servicepersonal des Obersten Ge-

---

[55] Art. 42[1] mit Wirkung v. 1. 1. 1997 eingefügt durch Art. 88 Punkt 4 des Gesetzes über den zivilen Dienst v. 5. 7. 1996 (Dz. U. 1996, Nr. 89, Pos. 402).

[56] Art. 43 Abs. 1a mit Wirkung v. 1. 1. 2002 eingefügt durch Art. 68 des Gesetzes über die Militärgendarmerie und die militärischen Ordnungsorgane v. 24. 8. 2001 (Dz. U. 2001, Nr. 123, Pos. 1353); Abs. 2 mit Wirkung v. 26. 8. 2000 geändert durch Art. 1 Punkt 8 des Änderungsgesetzes zu diesem Gesetz v. 26. 7. 2000 (Dz. U. 2000, Nr. 66, Pos. 787); Abs. 3 mit Wirkung v. 1. 4. 1999 geändert durch Art. 46 des Gesetzes über die Zweige der Regierungsverwaltung v. 4. 9. 1997 (Dz. U. 1997, Nr. 141, Pos. 943; 1998, Nr. 162, Pos. 1122; 2000, Nr. 66, Pos. 787).

[57] Art. 44 mit Wirkung v. 27. 1. 1995 geändert durch Art. 1 Punkt 27 des Änderungsgesetzes zu diesem Gesetz v. 2. 12. 1994 (Dz. U. 1994, Nr. 136, Pos. 704)); mit Wirkung v. 30. 11. 1997 geändert durch Art. 96 des Gesetzes über die Gerichtsvollzieher und über die Zwangsvollstreckung v. 29. 8. 1997 (Dz. U. 1994, Nr. 133, Pos. 882); mit Wirkung v. 1. 1. 2002 geändert durch Art. 94 des Gesetzes über die Gerichtskuratoren v. 27. 7. 2001 (Dz. U. 2001, Nr. 98, Pos. 1071).

richts und anderer Gerichte und der Staatsanwaltschaft mit den aus besonderen Vorschriften resultierenden Änderungen angewandt.

Art. 45[58] (1) Die Vorschriften dieses Gesetzes über die Begründung und die Auflösung des Arbeitsverhältnisses werden nicht auf die Personen angewandt, die in einem in besonderen Vorschriften bestimmten Verfahren zur Ausübung von Funktionen der Staatsverwaltungsorgane sowie auf andere leitende Posten in der Staatsverwaltung berufen worden sind.
(2) Wer aus seiner in Abs. 1 bezeichneten Funktion bzw. von seinem Dienstposten abberufen wurde und vor der Berufung in diese Funktion oder auf diesen Dienstposten ernannter Staatsbeamter war, der hat einen Anspruch auf die Ernennung auf einen Dienstposten, der mit seinem Dienstposten vor der Berufung gleichwertig ist, wenn er die Anforderungen gemäß Art. 3 Punkt 4 erfüllt.

Art. 45^1[59] (1) Den Staatsbeamten in der Kanzlei des Sejm, der Kanzlei des Senats, der Kanzlei des Präsidenten der Republik Polen sowie in der Geschäftsstelle des Landesrats für Rundfunk und Fernsehen ist es nicht erlaubt, öffentlich ihre politischen Überzeugungen kundzugeben.
(2) Das Verbot gemäß Abs. 1 betrifft nicht die auf der Grundlage von Art. 47^1 Abs. 1 Beschäftigten und auch nicht die Personen auf leitenden Dienstposten in der Kanzlei des Präsidenten der Republik Polen, welche in Art. 2 des Gesetzes über die Vergütung von Personen auf leitenden Dienstposten des Staates vom 31. 7. 1981 (Dz. U. 1981, Nr. 20, Pos. 101; 1982, Nr. 31, Pos. 214; 1985, Nr. 22, Pos. 98 und Nr. 50, Pos. 262; 1987, Nr. 21, Pos. 123; 1989, Nr. 34, Pos. 178; 1991, Nr. 100, Pos. 443; 1993, Nr. 1, Pos. 1; 1995, Nr. 34, Pos. 163 und Nr. 142, Pos. 701; 1996, Nr. 73, Pos. 350, Nr. 89, Pos. 402, Nr. 106, Pos. 496 und Nr. 139, Pos. 647 sowie 1997, Nr. 75, Pos. 469) aufgeführt sind.

Art. 46[60] Die Vorschriften der Art. 21-31 und 33 werden auch auf die Beschäftigten der staatlichen Ämter, die keine Beamten sind, angewandt.

Art. 47[61] Auf die Beamten der Zollverwaltung werden die Vorschriften dieses Gesetzes mit den Änderungen und Ergänzungen angewandt, die der Ministerrat

---

58 Art. 45 mit Wirkung v. 1. 1. 1989 geändert durch Art. 6 des Gesetzes über die Änderung einiger Gesetze, die die Funktionsgrundsätze der Territorialorgane der Staatsgewalt und -verwaltung regeln, v. 16. 6. 1988 (Dz. U. 1988, Nr. 19, Pos. 132).

59 Art. 45^1 mit Wirkung v. 19. 9. 1997 eingefügt durch Art. 51 des Gesetzes über die politischen Parteien v. 27. 6. 1997 (Dz. U. 1997, Nr. 98, Pos. 604).

60 Art. 46 mit Wirkung v. 1. 1. 1992 geändert durch Art. 133 des Gesetzes über die Staatliche Feuerwehr v. 24. 8. 1991 (Dz. U. 1991, Nr. 88, Pos. 400).

im Verordnungswege in dem im Hinblick auf den besonderen Charakter der Arbeit dieser Beschäftigten notwendigen Bereich bestimmt.

Art. 47[1] [62] (1) Die Beschäftigung:

1) des Angestellten im politischen Kabinett des Ministerpräsidenten, des stellvertretenden Ministerpräsidenten, eines Ministers oder eines anderen Mitglieds des Ministerrats,
2) der Berater oder der eine Beraterfunktion ausübenden Personen auf anderen als den in Punkt 1 aufgeführten staatlichen leitenden Dienstposten

erfolgt auf der Grundlage eines für die Zeit der Ausübung der Funktion durch die Person auf dem staatlichen leitenden Dienstposten befristeten Arbeitsvertrags. Eine frühere Auflösung des Arbeitsvertrags kann mit einer zweiwöchigen Kündigungsfrist vollzogen werden.

(2) Die Vorschrift des Art. 42[1] wird auf das Arbeitsverhältnis der Beschäftigten gemäß Abs. 1 nicht angewandt.

(3) Der Ministerrat bestimmt im Verordnungswege die aufgrund der in Abs. 1 bestimmten Beschäftigung zustehenden Vergütungsgrundsätze sowie die anderen Leistungen, darunter die Abfindungen aus dem Grund der Auflösung oder des Erlöschens des Arbeitsverhältnisses.

Art. 48 [63](1)[64] Die in den Art. 2 Punkt 1, 7 Abs. 6, 7[1] Abs. 2, 20 Abs. 4, 21 Abs. 3, 22 Abs. 2, 23 Abs. 2, 24 Abs. 2, 26 Abs. 2, 30 Abs. 1, 31 Abs. 4, 36 Abs. 7 und 47[1] Abs. 3 bestimmten Vorschriften erlässt im Wege der Anordnung:

1) (*gestrichen*),[65]

---

61 Art. 47 geändert durch Art. 45 des Gesetzes über den auswärtigen Dienst v. 27. 7. 2001 (Dz. U. 2001, Nr. 128, Pos. 1403).

62 Art. 47[1] mit Wirkung v. 1. 1. 1997 eingefügt durch Art. 88 Punkt 5 des Gesetzes über den zivilen Dienst v. 5. 7. 1996 (Dz. U. 1996, Nr. 89, Pos. 402).

63 Art. 48 mit Wirkung v. 6. 6. 1989 geändert durch Art. 12 des Gesetzes zur Übertragung der bisherigen Kompetenzen des Staatsrats auf den Präsidenten der Volksrepublik Polen und auf andere staatliche Organe v. 29. 5. 1989 (Dz. U. 1989, Nr. 33, Pos. 178); mit Wirkung v. 27. 1. 1995 geändert durch Art. 1 Punkt 28 des Änderungsgesetzes zu diesem Gesetz v. 2. 12. 1994 (Dz. U. 1994, Nr. 136, Pos. 704).

64 Art. 48 Abs. 1 mit Wirkung v. 1. 1. 1997 geändert durch Art. 88 Punkt 6 des Gesetzes über den zivilen Dienst v. 5. 7. 1996 (Dz. U. 1996, Nr. 89, Pos. 402); mit Wirkung v. 1. 7. 1999 geändert durch Art. 126 Punkt 4a Strich 1 des Gesetzes über den zivilen Dienst v. 18. 12. 1998 (Dz. U. 1999, Nr. 49, Pos. 483).

65 Art. 48 Abs. 1 Punkt 1 mit Wirkung v. 13. 11. 1997 geändert durch Art. 56 Punkt 3 des Gesetzes über den Schutz von Personendaten v. 29. 8. 1997 (Dz. U. 1997, Nr. 133, Pos. 883); mit Wirkung v. 1. 7. 1999 gestrichen durch Art. 126 Punkt 4a

2) (*gestrichen*),[66]
3) der Präsident der Republik Polen –in Bezug auf die Beschäftigten des Kanzlei des Präsidenten, der Geschäftsstelle des Landesrats für Rundfunk und Fernsehen sowie des Obersten Gerichts.

(1a)[67] Die Vorschriften der Art. 2 Punkt 1, 7 Abs. 6 und 30 Abs. 1 werden nicht angewandt in Bezug auf die Angestellten der in den Art. 1 Abs. 1 Punkte 1,2 6, 7, 7a, 9, 10 und 13 aufgeführten Ämtern. Die Leiter dieser Ämter sind berechtigt zur Festlegung:
1) der Dienstposten, auf denen die beschäftigten Angestellten Staatsbeamte sind,
2) der Auflistung der von der Verwaltungsapplikantur umfassten Dienstposten sowie der Grundsätze und des Verfahrens zur Ableistung dieser Applikantur,
3) des Wochendienstplans und der jeweiligen Tagesdienstpläne.

(1b)[68] Im Rahmen der vorhandenen, im Haushaltsgesetz bestimmten Vergütungsmittel legen die Amtsleiter gemäß Abs. 1 die Vergütungsordnung im Amt fest. Diese Ordnung wird in Bezug auf die Kanzlei des Sejm vom Marschall des Sejm und in Bezug auf die Kanzlei des Senats vom Marschall des Senats bestätigt. Die Vorschriften der Art. 21 Abs. 3, 22 Abs. 2, 23 Abs. 2 und 47^1 Abs. 3 werden nicht angewandt.

(1c)[69] Der auf der Grundlage des Art. 24 Abs. 2 in den Ämtern gemäß Abs. 1a gebildete Zusatzfonds für die Zuwendungen für Staatsbeamte für besondere Leistungen im Dienst, steht den Leitern dieser Ämter zur Disposition und kann von ihnen im Rahmen der vorhandenen Vergütungsmittel erhöht werden.

(2)[70] Die Berechtigung gemäß Art. 31 Abs. 3 steht in entsprechender Weise dem in Abs. 1 aufgeführten Organ zu sowie dem Marschall des Sejm in Bezug auf

---

Strich 2 des Gesetzes über den zivilen Dienst v. 18. 12. 1998 (Dz. U. 1999, Nr. 49, Pos. 483).

66 Art. 48 Abs. 1 Punkt 2 mit Wirkung v. 1. 7. 1999 gestrichen durch Art. 126 Punkt 4a Strich 2 des Gesetzes über den zivilen Dienst v. 18. 12. 1998 (Dz. U. 1999, Nr. 49, Pos. 483).

67 Art. 48 Abs. 1a mit Wirkung v. 1. 7. 1999 eingefügt durch Art. 126 Punkt 4b des Gesetzes über den zivilen Dienst v. 18. 12. 1998 (Dz. U. 1999, Nr. 49, Pos. 483); mit Wirkung v. 1. 1. 2000 geändert durch Art. 16 Punkt 3a des Gesetzes über den Kinderrechtsbeauftragten v. 6. 1. 2000 (Dz. U. 2000, Nr. 6, Pos. 69).

68 Art. 48 Abs. 1b mit Wirkung v. 1. 7. 1999 eingefügt durch Art. 126 Punkt 4b des Gesetzes über den zivilen Dienst v. 18. 12. 1998 (Dz. U. 1999, Nr. 49, Pos. 483).

69 Art. 48 Abs. 1c mit Wirkung v. 1. 7. 1999 eingefügt durch Art. 126 Punkt 4b des Gesetzes über den zivilen Dienst v. 18. 12. 1998 (Dz. U. 1999, Nr. 49, Pos. 483).

70 Art. 48 Abs. 2 mit Wirkung v. 1. 7. 1999 geändert durch Art. 126 Punkt 4c des Gesetzes über den zivilen Dienst v. 18. 12. 1998 (Dz. U. 1999, Nr. 49, Pos. 483); mit Wirkung v. 1. 1. 2000 geändert durch Art. 16 Punkt 3b des Gesetzes über den Kinderrechtsbeauftragten v. 6. 1. 2000 (Dz. U. 2000, Nr. 6, Pos. 69).

die Beschäftigten der Kanzlei des Sejm, des Landeswahlbüros, der Staatlichen Arbeitsinspektion und der Geschäftsstelle des Generalinspektors für den Schutz von Personendaten, und auch dem Marschall des Senats in Bezug auf die Beschäftigten der Kanzlei des Senats sowie den Leitern der in Art. 1 Abs. 1 Punkte 6, 7 und 7a erwähnten Ämter in Bezug auf die Angestellten dieser Ämter.
(3)[71] Die in diesem Gesetz vorgesehenen Berechtigungen der Minister stehen in entsprechender Weise den Leitern der in Abs. 1 sowie in Art. 1 Abs. 1 Punkte 1, 2, 6, 7, 7a, 9, 10 und 13 aufgeführten Ämter zu.
(4) (*gestrichen*).[72]

Kapitel 9. Änderungen in geltenden Vorschriften sowie Übergangs- und Schlussvorschriften

Art. 49 (1) Im Gerichtsverfassungsgesetz (Dz. U. 1964, Nr. 6, Pos. 40, 1967, Nr. 13, Pos. 55, 1969, Nr. 13, Pos. 98, 1974, Nr. 50, Pos. 316, 1975, Nr. 16, Pos. 91 und Nr. 34, Pos. 183 sowie 1982, Nr. 16, Pos. 125 und Nr. 19, Pos. 145) werden folgende Änderungen eingeführt:
1) Art. 65 erhält den Wortlaut:
„Art. 65. In den in diesem Gesetz oder in besonderen Vorschriften nicht geregelten Angelegenheiten werden auf die Richter dic Vorschriften über die Angestellten in den staatlichen Ämtern entsprechend angewandt.";
2) Art. 139 wird gestrichen.
(2) Im Notariatsgesetz vom 25. Mai 1951 (Dz. U. 1963, Nr. 19, Pos. 106, 1964, Nr. 41, Pos. 278, 1965, Nr. 52, Pos. 318 sowie 1974, Nr. 50, Pos. 317) wird Art. 28 § 3 gestrichen.
(3) Im Gesetz über die Staatsanwaltschaft der Volksrepublik Polen vom 14. 4. 1967 (Dz. U. 1980, Nr. 10, Pos. 30) werden folgende Änderungen eingeführt:
1) in Art. 57 Abs. 1 wird die Formulierung „der auf der Grundlage von Art. 298 des Arbeitsgesetzbuchs erlassenen Verordnung des Ministerrats über die Rechte und Pflichten der Angestellten der staatlichen Ämter – es sei denn, der Staatsrat bestimmt etwas anderes" ersetzt durch die Formulierung „über die Angestellten der staatlichen Ämter";
2) in Art. 64 wird Abs. 3 gestrichen.

---

71 Art. 48 Abs. 3 mit Wirkung v. 1. 7. 1999 geändert durch Art. 126 Punkt 4d des Gesetzes über den zivilen Dienst v. 18. 12. 1998 (Dz. U. 1999, Nr. 49, Pos. 483); mit Wirkung v. 1. 1. 2000 geändert durch Art. 16 Punkt 3c des Gesetzes über den Kinderrechtsbeauftragten v. 6. 1. 2000 (Dz. U. 2000, Nr. 6, Pos. 69).

72 Art. 48 Abs. 4 mit Wirkung v. 1. 7. 1999 gestrichen durch Art. 126 Punkt 44 des Gesetzes über den zivilen Dienst v. 18. 12. 1998 (Dz. U. 1999, Nr. 49, Pos. 483)

(4) Im Arbeitsgesetzbuch vom 26. Juni 1974 (Dz. U. 1974, Nr. 24, Pos. 141 sowie 1975, Nr. 16, Pos. 91) wird in Art. 298 § 1 die Formulierung „der staatlichen Ämter, in anderen“ ersetzt durch „einiger“.
(5) Im Gesetz über die Staatliche Wirtschaftsarbitrage vom 23. Oktober 1975 (Dz. U. 1975, Nr. 34, Pos. 183) wird in Art. 27 die Formulierung „erlassen auf der Grundlage von Art. 298 des Arbeitsgesetzbuchs über die Rechte und Pflichten der Angestellten der staatlichen Ämter“ ersetzt durch die Formulierung „über die Angestellten der staatlichen Ämter“.
(6) Im Gesetz vom 31. Juli 1981 über die Vergütung von Personen auf leitenden Dienstposten des Staates (Dz. U. 1981, Nr. 20, Pos. 101) werden folgende Änderungen eingeführt:

1) Art. 3 Abs. 2 erhält folgenden Wortlaut:
   „(2) Auf die Personen auf leitenden Dienstposten des Staates werden die Vorschriften der Art. 22-24 sowie des Art. 28 des Gesetzes über die Angestellten staatlicher Ämter vom 16. September 1982 (Dz. U. 1982, Nr. 31, Pos. 214) in entsprechender Weise angewandt.“;
2) Art. 6 Abs. 1 erhält folgenden Wortlaut:
   „(1) Die genauen Grundsätze für die Vergütung der in Art. 2 aufgeführten Personen sowie für die Pauschalvergütung gemäß Art. 4 Abs. 1 legt der Staatsrat fest.“

Art. 49[1] [73] Die Berechtigung gemäß Art. 25 Abs. 2 besteht auch für den Fall, wenn das Arbeitsverhältnis auf dem Dienstposten, welcher dem Dienstposten eines Staatsbeamten entspricht, vor dem Tag des In-Kraft-Tretens dieses Gesetzes im Zusammenhang mit dem Übergang in den Altersruhestand oder die Rente endet.

Art. 50 (1) In einem Zeitraum von zwölf Monaten nach dem Tag des In-Kraft-Tretens dieses Gesetzes führen die Amtsleiter die Ernennungen der auf den in Art. 4 Abs. 3 Punkt 1 bestimmten Dienstposten Beschäftigten durch, wenn sie die in Art. 3 bestimmten Voraussetzungen erfüllen und ihre Zustimmung zur Ernennung erklären, und wenn der bisherige Arbeitsverlauf die Ernennung rechtfertigt.
(2) Wenn vor dem Tag des In-Kraft-Tretens dieses Gesetzes eine in den aufgrund von Art. 298 Arbeitsgesetzbuch ergangenen Vorschriften vorgesehene Entscheidung über einen Widerspruch gegen eine Kündigung oder eine Auflösung des Arbeitsvertrags mit dem staatlichen Angestellten gefallen ist, so wird

---

73 Art. 49[1] mit Wirkung v. 19. 7. 1984 geändert durch Art. 1 Punkt 5 des Änderungsgesetzes zu diesem Gesetz v. 12. 7. 1984 (Dz. U. 1984, Nr. 35, Pos. 187).

das weitere Widerspruchsverfahren nach den Vorschriften dieses Gesetzes verlaufen.

Art. 51 Bis zum Erlass der in diesem Gesetz vorgesehenen Durchführungsvorschriften werden die bisherigen Vorschriften mit den aus diesem Gesetz resultierenden Änderungen angewandt.

Art. 52[74] Die Vorschriften über die Minister und Woiwoden werden in entsprechender Weise auf die Leiter der zentralen Ämter sowie auf den Chef der Kanzlei des Ministerpräsidenten angewandt.

Art. 53[75] (1) Den Staatsbeamten, die auf dem Dienstposten des Bildungskurators oder in den Ämtern der Staatsverwaltungsorgane auf Dienstposten, welche pädagogische Qualifikationen erfordern, beschäftigt sind, stehen die in den Art. 30, 31, 32 Abs. 3, 33, 36, 46, 50-52, 57-60, 86 und 88-90 der Lehrer-Charta vom 26. Januar 1982 bestimmten Berechtigungen zu, und die Beschäftigungszeit auf diesen Dienstposten wird als Beschäftigungszeit angerechnet, von der die in diesem Gesetz bestimmten Berechtigungen des Lehrers abhängig sind.
(2) (*gestrichen*).
(3) Der Ministerrat kann die Kategorien der Staatsbeamten bezeichnen, denen besondere Berechtigungen im Bereich der Bezahlung und andere Leistungen, die in den am Tag des In-Kraft-Tretens dieses Gesetzes geltenden Vorschriften vorgesehen sind, zugute kommen.

Art. 54 Die bisherigen, auf der Grundlage von Art. 298 § 1 des Arbeitsgesetzbuchs vom 26. Juni 1974 (Dz. U. 1974, Nr. 24, Pos. 141 und 1975, Nr. 16, Pos. 91) erlassenen Vorschriften über die Rechte und Pflichten der Angestellten der staatlichen Ämter treten außer Kraft.

Art. 55 Das Gesetz tritt am 1. Januar 1983 in Kraft.

---

74 Art. 52 mit Wirkung v. 27. 1. 1995 geändert durch Art. 1 Punkt 29 des Änderungsgesetzes zu diesem Gesetz v. 2. 12. 1994 (Dz. U. 1994, Nr. 136, Pos. 704); mit Wirkung v. 1. 1. 1997 geändert durch Art. 17 Punkt 5 des Gesetzes v. 8. 8. 1996 über die Änderung einiger Gesetze über die Funktionsweise der öffentlichen Wirtschaft und Verwaltung (Dz. U. 1996, Nr. 106, Pos. 496).

75 Art. 53 Abs. 1 mit Wirkung v. 1. 9. 1989 geändert durch Art. 1a des Änderungsgesetzes zu diesem Gesetz v. 29. 5. 1989 (Dz. U. 1989, Nr. 34, Pos. 182); mit Wirkung v. 25. 10. 1991 geändert durch Art. 98 des Gesetzes über das Bildungssystem v. 7. 9. 1991 (Dz. U. 1991, Nr. 95, Pos. 425); Abs. 2 mit Wirkung v. 1. 9. 1989 gestrichen durch Art. 1b des Änderungsgesetzes zu diesem Gesetz v. 29. 5. 1989 (Dz. U. 1989, Nr. 34, Pos. 182).

III. GESETZ ÜBER DEN ZIVILEN DIENST V. 18. 12. 1998*

Kapitel 1.	Allgemeine Vorschriften	1-7
Kapitel 2.	Organisation des zivilen Dienstes	8-20
Kapitel 3.	Begründung des Dienstverhältnisses	21-40
Kapitel 4.	Besetzung höherer Dienstposten	41-49
Kapitel 5.	Änderung und Beendigung des Dienstverhältnisses	50-66
Kapitel 6.	Pflichten des Korpsmitgliedes	67-77
Kapitel 7.	Rechte des Korpsmitgliedes	78-97
Kapitel 8.	Schulung und Fortbildung	98-105
Kapitel 9.	Disziplinarische Verantwortlichkeit	106-124
Kapitel 10.	Änderungen geltender Vorschriften	125-135
Kapitel 11.	Übergangs- und Anpassungsvorschriften	136-148
Kapitel 12.	Schlussvorschriften	149-150

Kapitel 1. Allgemeine Vorschriften

Art. 1 Zur Sicherstellung einer professionellen, redlichen, unparteilichen und politisch neutralen Erledigung der staatlichen Aufgaben wird der zivile Dienst gebildet, und es werden die Grundsätze für den Zugang zu diesem Dienst, seine Organisation, Funktionsweise und Entwicklung festgelegt.

Art. 2 (1) Das Korps des zivilen Dienstes bilden die Bediensteten auf den Dienstposten in:

1. der Kanzlei des Ministerpräsidenten,
2. den Ministerien und den zum Ministerrat gehörenden Komitees sowie den Zentralbehörden der Regierungsverwaltung,
3. den Woiwodschaftsbehörden sowie den anderen Behörden, welche den Gebietsorganen der Regierungsverwaltung, also der Ministerien oder der Zentralbehörden, unterstellt sind,
4. dem Regierungszentrum für Strategische Studien,

---

* *Quelle*: Dz. U. 1999, Nr. 49, Pos. 483, geändert in Dz. U. 1999, Nr. 70, Pos. 778; Nr. 110, Pos. 1255; 2001, Nr. 102, Pos. 1116; Nr. 111, Pos. 1194; Nr. 128, Pos. 1403; Nr. 154, Pos. 1800; 2002, Nr. 150, Pos. 1237; Übers. d. Verf. (überarbeitete und aktualisierte Fassung der Erstveröffentlichung in: JOR 41 (2000) 1, S. 194-221).

5. den Kommandanturen, Inspektoraten und anderen Organisationseinheiten, die den Leitern der vereinigten Dienste, Inspektionen und Wachen der Woiwodschaften sowie den Leitern der Dienste, Inspektionen und Wachen der Kreise unterstellt sind, soweit gesetzlich nichts anderes bestimmt ist,
6. (weggefallen),
7. (weggefallen)[76],

welche nachfolgend „Behörden“ genannt werden.

(2) Der Ministerpräsident legt im Verordnungswege fest[77]:
1. die Dienstpostengruppen,
2. eine Auflistung der Dienstposten in den jeweiligen Gruppen,
3. die für die Diensterfüllung auf den Dienstposten erforderlichen beruflichen Qualifikationen der Bediensteten, soweit dies nicht in Sondervorschriften geregelt ist.

(3) Die Dienstposten in den Behörden können auch von Personen besetzt werden, die auf Grund gesonderter Vorschriften zum Dienst außerhalb ihrer eigentlichen Organisationseinheit abgeordnet worden sind.

(4) Die Rechte und Pflichten der Mitglieder des Korps des Auswärtigen Dienstes sowie die Grundsätze der Organisation und Funktionsweise dieses Dienstes bestimmt ein gesondertes Gesetz.

Art. 3 Im Sinne dieses Gesetzes bedeutet:
1. „Angestellter des zivilen Dienstes“ eine Person, die auf Grund eines Arbeitsvertrages gemäß den in diesem Gesetz bestimmten Grundsätzen beschäftigt ist,
2. „Beamter des zivilen Dienstes“ eine Person, die auf Grund einer Ernennung gemäß den in diesem Gesetz bestimmten Grundsätzen beschäftigt ist,
3. „Korpsmitglied“[78] eine Person, von der in Punkt 1 sowie Punkt 2 die Rede ist.

Art. 4 Im zivilen Dienst kann beschäftigt werden,
1. wer polnischer Staatsangehöriger ist,
2. wem alle öffentlichen Rechte zustehen,
3. wer nicht wegen einer vorsätzlich begangenen Straftat verurteilt worden ist,
4. wer die im zivilen Dienst erforderlichen Qualifikationen besitzt,

---

[76] Die Punkte 6-7 hat der Verfassungsgerichtshof mit Urteil v. 28. 4. 1999 (M. P. 1999, Nr. 16, Pos. 227) wegen Verstoßes gegen Art. 153 der Verfassung der Republik Polen für nichtig erklärt.

[77] Vgl. VO v. 29. 10. 1999 (Dz. U. 1999, Nr. 89, Pos. 996) und VO v. 24. 1. 2002 (Dz. U. 2002, Nr. 8, Pos. 62).

[78] Eigentlich: „Angehöriger des Korps des zivilen Dienstes“.

5. wer sich eines unbescholtenen Leumunds erfreut.

Art. 5 Jeder Bürger ist berechtigt, sich über freie Stellen im zivilen Dienst zu informieren, und die Bewerberauslese ist offen und wettbewerblich.

Art. 6 (1) Die Höchstzahl der Beamtenernennungen im zivilen Dienst für das jeweilige Haushaltsjahr sowie die finanziellen Grenzen und Mittel für die Besoldung und Schulung der Korpsmitglieder bestimmt das Haushaltsgesetz.
(2) Der Ministerrat erneuert jährlich den Dreijahresplan für die Höchstzahl der Beamtenernennungen im zivilen Dienst und legt ihn dem Sejm zusammen mit dem Entwurf zum Haushaltsgesetz zur Kenntnisnahme vor.

Art. 7 (1) In den in diesem Gesetz nicht geregelten Angelegenheiten, die sich aus dem Dienstverhältnis eines Korpsmitgliedes ergeben, sind die Vorschriften des Arbeitsgesetzbuches und andere arbeitsrechtliche Vorschriften anwendbar.
(2) Für Rechtsstreitigkeiten über Ansprüche aus dem Dienstverhältnis eines Korpsmitgliedes sind die Arbeitsgerichte zuständig, soweit dieses Gesetz nichts anderes bestimmt.

Kapitel 2. Organisation des zivilen Dienstes

Art. 8 (1) Der Chef des zivilen Dienstes ist das zentrale Organ der Regierungsverwaltung, das in den Sachen des zivilen Dienstes in dem durch dieses Gesetz bestimmten Umfang zuständig ist.
(2) Der Chef des zivilen Dienstes untersteht dem Ministerpräsidenten.

Art. 9 (1) Der Chef des zivilen Dienstes wird vom Ministerpräsidenten nach Anhörung des Rats des zivilen Dienstes aus dem Kreis der Beamten des zivilen Dienstes berufen.
(2) Die Amtszeit des Chefs des zivilen Dienstes dauert fünf Jahre ab dem Tag der Berufung; der Chef des zivilen Dienstes erfüllt seine Pflichten bis zum Tag der Berufung seines Nachfolgers.
(3) Die Amtszeit des Chefs des zivilen Dienstes ist im Fall seines Todes oder seiner Abberufung vorzeitig beendet.
(4) Der Ministerpräsident beruft den Chef des zivilen Dienstes in folgenden Fällen ab:
1. Rücktritt vom Dienstposten,
2. Verlust der Fähigkeit zur Pflichterfüllung wegen dauerhafter, mindestens sechsmonatiger Krankheit.

(5) Der Ministerpräsident beruft den Chef des zivilen Dienstes auch ab, wenn er eine der in Art. 4 beschriebenen Voraussetzungen nicht mehr erfüllt. Die Abbe-

rufung in den Fällen des Art. 4 Punkte 4 und 5 erfolgt mit Zustimmung von mindestens zwei Dritteln der Mitglieder des Rats des zivilen Dienstes.

Art. 10 (1) Der Chef des zivilen Dienstes erfüllt seine Aufgaben, die sich aus diesem Gesetz ergeben, mit Hilfe seines Stellvertreters.
(2) Der Stellvertreter des Chefs des zivilen Dienstes wird vom Ministerpräsidenten auf Antrag des Chefs des zivilen Dienstes aus dem Kreis der Beamten des zivilen Dienstes berufen und abberufen.

Art. 11 Der Chef des zivilen Dienstes realisiert die Aufgaben des zivilen Dienstes mit Hilfe der Generaldirektoren.

Art. 12 (1) Insbesondere ist der Chef des zivilen Dienstes zuständig für:
1. die Überwachung der Einhaltung der Grundsätze des zivilen Dienstes,
2. die Leitung des Verfahrens zur Aufstellung von Kadern im zivilen Dienst,
3. das Sammeln von Informationen über das Korps des zivilen Dienstes,
4. die Planung und Beaufsichtigung der Verwendung von Mitteln gemäß Art. 6 Abs. 1,
5. die Organisation und Durchführung des Qualifikationsverfahrens im zivilen Dienst,
6. die Durchführung der Wettbewerbe zur Besetzung höherer Posten im zivilen Dienst,
7. die Registrierung der zur Organisierung und Durchführung von Schulungen im zivilen Dienst berechtigten Einheiten,
8. die Erarbeitung der in diesem Gesetz vorgesehenen Rechtsnormentwürfe,
9. die Verbreitung von Informationen über den zivilen Dienst,
10. die Herausgabe des Bulletins des zivilen Dienstes.

(2) Der Chef des zivilen Dienstes legt dem Ministerpräsidenten einen Jahresbericht über die Lage des zivilen Dienstes und über die Realisierung der Aufgaben dieses Dienstes vor.
(3) Der Chef des zivilen Dienstes kann in Angelegenheiten, die zu seinem Aufgabenbereich gehören, Arbeitsgruppen und Kommissionen als unterstützende oder beratende Organe einrichten.

Art. 13 (1) Das Amt des zivilen Dienstes stellt das Bedienungspersonal des Chefs des zivilen Dienstes.
(2)[79] Die Organisation des Amts des zivilen Dienstes wird durch ein vom Ministerpräsidenten im Wege der Anordnung erlassenes Statut bestimmt[80]. Das

---

[79] Art. 13 Abs. 2 mit Wirkung v. 1. 1. 2002 geändert durch Art. 31 Punkt 1 des Änderungsgesetzes zum Gesetz über die Organisation und das Arbeitsverfahren des Minis-

Statut des Amts des zivilen Dienstes legt insbesondere die Aufgaben, die Organisationsstruktur und die Grundsätze für die Erteilung von Vollmachten fest.

Art. 14 (1) Es wird ein Rat des zivilen Dienstes gebildet, der den Ministerpräsidenten berät sowie den Verlauf der Qualifikations- und Wettbewerbsverfahren im zivilen Dienst hinsichtlich der in Art. 1 bestimmten Grundsätze beurteilt.

(2) Der Rat des zivilen Dienstes ist insbesondere zuständig für:

1. Stellungnahmen in Angelegenheiten des zivilen Dienstes, mit denen er durch den Ministerpräsidenten oder den Chef des zivilen Dienstes oder aus eigener Initiative befasst wird,
2. Stellungnahmen zum Haushaltsgesetzesentwurf, soweit er den zivilen Dienst betrifft, und zur jährlichen Haushaltsentwicklung in diesem Bereich,
3. Stellungnahmen zu den den zivilen Dienst betreffenden Rechtsnormentwürfen,
4. Stellungnahmen zu den Beurteilungskriterien für die Beamten des zivilen Dienstes und zur Art der Durchführung dieser Beurteilungen,
5. Stellungnahmen zu den Beförderungsgrundsätzen der Beamten des zivilen Dienstes,
6. Stellungnahmen zum Schulungsplan des zivilen Dienstes,
7. Stellungnahmen zu Standesfragen des Korps des zivilen Dienstes,
8. Stellungnahmen zu dem ihm vom Ministerpräsidenten vorgestellten Kandidaten für den Posten des Chefs des zivilen Dienstes,
9. Stellungnahmen zum Dienstordnungsentwurf der Höheren Disziplinarkommission des zivilen Dienstes,
10. Stellungnahmen zum Jahresbericht des Chefs des zivilen Dienstes.

Art. 15 (1) Der Rat des zivilen Dienstes besteht aus 16 Mitgliedern.

(2) Der Ministerpräsident beruft acht Ratsmitglieder aus dem Kreis der Personen, die den Voraussetzungen des Art. 4 Punkte 1-3 und 5 entsprechen und deren Wissen, Erfahrung und Autorität eine ordnungsgemäße Erfüllung der Aufgaben des Rats gewährleisten.

(3) Der Ministerpräsident beruft acht Ratsmitglieder aus dem Kreis der Personen, die alle parlamentarischen Klubs repräsentieren und die den Voraussetzungen des Art. 4 Punkte 1-3 und 5 entsprechen.

---

terrats sowie über den Aufgabenbereich der Minister, zum Gesetz über die Zweige der Regierungsverwaltung sowie zu einigen Gesetzen v. 21. 12. 2001 (Dz. U. 2001, Nr. 154, Pos. 1800).

80 Vgl. die aufgrund der ursprünglichen Verordnungsermächtigung ergangene VO v. 28. 9. 1999 (Dz. U. 1999, Nr. 79, Pos. 895).

(4) Der Ministerpräsident beruft den Vorsitzenden des Rats des zivilen Dienstes.
(5) Der Rat wählt auf Antrag des Ratsvorsitzenden einen Stellvertretenden Vorsitzenden aus seiner Mitte.

Art. 16 (1) Die Amtszeit der nach Art. 15 Abs. 2 berufenen Ratsmitglieder dauert sechs Jahre, alle drei Jahre endet die Amtszeit der Hälfte der Ratsmitglieder.
(2) Die Amtszeit der nach Art. 15 Abs. 3 berufenen Ratsmitglieder entspricht der Amtszeit von Sejm und Senat.
(3) Die Ratsmitglieder bleiben bis zur Berufung ihrer Nachfolger im Amt.

Art. 17 (1) Die Mitgliedschaft im Rat des zivilen Dienstes erlischt:
1. mit dem Tod eines Ratsmitgliedes,
2. wenn ein Ratsmitglied gemäß Art. 15 Abs. 2 einer der in Art. 4 Punkte 1-3 bestimmten Voraussetzungen nicht mehr entspricht.

(2) Der Ministerpräsident beruft ein Ratsmitglied auf Antrag des Rats ab:
1. bei Nichterfüllung der Pflichten eines Ratsmitgliedes,
2. bei einer Krankheit, die die Arbeit als Ratsmitglied unmöglich macht.

(3) Der Ministerpräsident beruft ein Ratsmitglied auch ab, wenn das Ratsmitglied von seinem Amt zurücktritt.
(4) Der Ministerpräsident beruft ein Ratsmitglied, das der in Art. 4 Punkt 5 bestimmten Voraussetzung nicht mehr entspricht, mit Zustimmung von mindestens zwei Dritteln aller Ratsmitglieder ab.
(5) Im Falle des Erlöschens der Ratsmitgliedschaft oder der vorzeitigen Abberufung eines Ratsmitgliedes beruft der Ministerpräsident ein neues Ratsmitglied für den Rest der Amtszeit.

Art. 18 (1) Die Arbeitsweise des Rats des zivilen Dienstes bestimmt die vom Rat festgelegte Geschäftsordnung.
(2) Die Kanzlei des Ministerpräsidenten stellt das Bedienungspersonal des Rats des zivilen Dienstes.

Art. 19 Der Ministerpräsident bestimmt im Verordnungswege die jeweils als ein Vielfaches des niedrigsten Angestelltengehalts festzulegende Höhe des Gehalts des Vorsitzenden, des Stellvertretenden Vorsitzenden und der übrigen Mitglieder des Rats des zivilen Dienstes[81]. Die in den Rat des zivilen Dienstes berufenen Abgeordneten und Senatoren erhalten kein Gehalt.

---

[81] Vgl. VO v. 16. 11. 1999 (Dz. U. 1999, Nr. 93, Pos. 1070) und VO v. 25. 1. 2002 (Dz. U. 2002, Nr. 8, Pos. 63).

Art. 20 (1) In den Behörden wird unter Vorbehalt der Abs. 4 und 5 der Dienstposten des Generaldirektors der Behörde gebildet, der direkt dem zuständigen Minister, Leiter der Zentralbehörde oder Woiwoden unterstellt ist.

(2) Der Generaldirektor der Behörde:

1. stellt die Arbeitsweise und Kontinuität der Behördenarbeit, die Voraussetzungen für die Behördentätigkeit sowie auch die Arbeitsorganisation sicher, indem er insbesondere:
   a) die Behördenabteilungen hinsichtlich der ordnungsgemäßen Erfüllung ihrer von der Regierungsverwaltung festgelegten Aufgaben direkt beaufsichtigt, mit Ausnahme der Abteilungen, die direkt von der Regierungsverwaltung auf gesetzlicher Grundlage beaufsichtigt werden,
   b) den Arbeitsverlauf hinsichtlich der fristgemäßen Vorbereitung des Haushaltsprojekts in dem die Behörde betreffenden Teil organisatorisch beaufsichtigt,
   c) beim zuständigen Organ der Regierungsverwaltung einen Organisationsplans der Behörde beziehungsweise ihrer Abteilungen beantragt und nachfolgend eine Dienstordnung festlegt,
   d) das Behördeneigentum verwaltet, Dienstleistungen beauftragt, Einkäufe für die Behörde erledigt sowie die Führung eines Vermögensregisters der Behörde sicherstellt,
   e) den Fiskus gegenüber dem Behördeneigentum vertritt, vorbehaltlich des Art. 26 Punkt 1 des Gesetzes über die Regierungsverwaltung in der Woiwodschaft vom 5. Juni 1998 (Dz. U. 1998, Nr. 91, Pos. 577)[82],
   f) die Innenrevision in der Behörde durchführt,
   g) die Hilfsverwaltungen der Behörde beaufsichtigt,
   h) die Einhaltung gesetzlicher Geheimhaltungsvorschriften gewährleistet,
   i) die Einhaltung der Grundregeln der Rechtsetzungstechnik gewährleistet,
2. wird, wenn nicht das Gesetz etwas anderes bestimmt, im Bereich der arbeitsrechtlichen Beziehungen zu den Behördenbediensteten tätig und realisiert die Personalpolitik des zivilen Dienstes, insbesondere
   a) vollzieht er alle Tätigkeiten im Zusammenhang mit der Begründung, Fortdauer und Beendigung des Dienstverhältnisses der Korpsmitglieder,
   b) verfügt er über den Vergütungsfonds, soweit nicht durch gesonderte Vorschriften etwas anderes bestimmt ist,
   c) verwaltet er die Mittel des Sozialleistungsfonds in der Behörde,
3. übt bestimmte Aufgaben des Behördenleiters aus, wenn dies in gesonderten Vorschriften bestimmt ist,
4. übt andere Aufgaben mit Genehmigung der Regierungsverwaltung aus.

---

[82] Dt. Übers. d. Verf. in *Brunner* (Hg.), VSO, Polen, Kapitel 2.1.6.a.

(3) Der Generaldirektor der Behörde bezeichnet unverzüglich, mit Zustimmung des zuständigen Organs der Regierungsverwaltung, den ihn vertretenden Abteilungsleiter. Er informiert den Chef des zivilen Dienstes unverzüglich über die Vertretungsregelung.
(4) Die Aufgaben des Generaldirektors der Behörde werden in den den Ministerien oder den Zentralbehörden unterstellten Behörden der Gebietsorgane der Regierungsverwaltung sowie in den Behörden des Art. 2 Abs. 1 Punkt 5 von den Leitern dieser Behörden wahrgenommen[83].
(5) Der Ministerpräsident kann im Verordnungswege die Behörden der Zentralorgane der Regierungsverwaltung bestimmen, die mit Rücksicht auf die Besonderheiten der von ihnen erledigten Aufgaben den Dienstposten des Generaldirektors der Behörde nicht zu schaffen brauchen.
(6) Die Aufgaben des Generaldirektors der Behörde erledigen in den Behörden, die in Abs. 5 erwähnt sind, die Behördenleiter aus. Die gesetzlichen und sonstigen Vorschriften über den Generaldirektor werden auf die Behördenleiter, die in Abs. 5 erwähnt sind, und auf ihre Vertreter entsprechend angewendet.
(7) Im Laufe von sechs Monaten nach dem Erlass der Vorschriften gemäß Abs. 5 werden die Dienstposten der Behördenleiter und ihrer Vertreter im Rahmen eines Wettbewerbs besetzt.

Kapitel 3. Begründung des Dienstverhältnisses

Art. 21 (1) Der Generaldirektor der Behörde organisiert die Auslese der Kandidaten für das Korps des zivilen Dienstes.
(2) Die Auslese gemäß Abs. 1 betrifft auch die Absolventen der Landesschule für Öffentliche Verwaltung.
(3)[84] Die Auslese der Kandidaten für das Korps des zivilen Dienstes auf Dienstposten, die mit der Landesverteidigung verbunden sind, erfolgt unter Berücksichtigung des den vom Berufswehrdienst befreiten Personen gemäß Art. 88 Abs. 1 des Gesetzes v. 30. 6. 1970 über den Wehrdienst der Berufssoldaten (Dz. U. 1997, Nr. 10, Pos. 55; Nr. 106, Pos. 678; Nr. 107, Pos. 688;

---

83 Entsprechend dem oben erwähnten Urteil des Verfassungsgerichtshofs ist diese Vorschrift hinsichtlich der regionalen Rechnungskammern und der Berufungskollegien der Selbstverwaltung wegen Verstoßes gegen Art. 153 der Verfassung unwirksam.

84 Art. 21 Abs. 3 mit Wirkung v. 1. 1. 2002 eingefügt durch Art. 31 Punkt 2 des Änderungsgesetzes zum Gesetz über die Organisation und das Arbeitsverfahren des Ministerrats sowie über den Aufgabenbereich der Minister, zum Gesetz über die Zweige der Regierungsverwaltung sowie zu einigen Gesetzen v. 21. 12. 2001 (Dz. U. 2001, Nr. 154, Pos. 1800).

Nr. 117, Pos. 753; Nr. 121, Pos. 770; Nr. 141, Pos. 944; 1998, Nr. 162, Pos. 1117; 1999, Nr. 1, Pos. 7; 2001, Nr. 85, Pos. 925; Nr. 88, Pos. 961; Nr. 154, Pos. 1800)[85] zustehenden Beschäftigungsvorrangs.

Art. 22 (1) Der Generaldirektor der Behörde ist vorbehaltlich des Art. 23 verpflichtet, die Information über freie Stellen im zivilen Dienst in seiner Behörde an einer öffentlich zugänglichen Stelle am Behördensitz bekannt zu machen und im Bulletin des zivilen Dienstes zu veröffentlichen[86].
(2) Die Bekanntmachung soll enthalten:
1. den Namen und die Adresse der Behörde,
2. die Bezeichnung des Dienstpostens,
3. die mit dem Dienstposten entsprechend der Dienstpostenbeschreibung verbundenen Anforderungen, unter Hinweis darauf, welche von ihnen unabdingbar und welche zusätzlich sind,
4. eine Beschreibung des mit dem Dienstposten verbundenen Aufgabenbereichs,
5. eine Auflistung der erforderlichen Dokumente,
6. den Termin und den Ort zur Einreichung der Dokumente.

(3) Die Bekanntmachung im Bulletin des zivilen Dienstes erfolgt kostenlos.

Art. 23 Der Ministerpräsident weist auf Vorschlag des Chefs des zivilen Dienstes entsprechend gesonderten Vorschriften den Absolventen aus den jeweiligen Jahrgängen der Landesschule für Öffentliche Verwaltung ihre ersten Dienstposten im zivilen Dienst, mit Ausnahme der höheren Posten, an.

Art. 24 Das Angestelltenverhältnis im zivilen Dienst wird durch einen unbefristeten oder höchstens auf drei Jahre befristeten Arbeitsvertrag begründet. Es kann bei einem befristeten Arbeitsvertrag nach einer Kündigung mit zweiwöchiger Frist beendet werden.

Art. 25 (1) Personen, die zum ersten Mal im zivilen Dienst beschäftigt sind, erhalten einen befristeten Arbeitsvertrag; während der Dauer des Vertragsverhältnisses sind diese Personen zur Ableistung des Vorbereitungsdienstes[87], vorbehaltlich des Art. 27, verpflichtet.

---

85 Gemeint sind ehemalige Berufssoldaten.

86 Alle Stellenausschreibungen des zivilen Dienstes, Bewerbungsformulare sowie weitere Informationen sind zudem im Internet veröffentlicht unter www.usc.gov.pl.

87 Hierbei handelt es sich um die sog. *Verwaltungsapplikantur.*

(2) Der Vorbereitungsdienst hat die theoretische und praktische Vorbereitung des Angestellten des zivilen Dienstes auf eine ordnungsgemäße Erfüllung seiner dienstlichen Pflichten zum Ziel.
(3) Der Generaldirektor der Behörde beruft die Prüfungskommission, die die Fähigkeit des Kandidaten zur praktischen Anwendung des während seines Vorbereitungsdienstes erworbenen Wissens beurteilt.
(4) Der Vorbereitungsdienst dauert sechs Monate und endet spätestens 18 Monate nach dem Arbeitsbeginn des Angestellten in der Behörde. Er wird mit der Zeugniserteilung durch die Prüfungskommission beendet.
(5) Auf der Grundlage der Beurteilung durch die Prüfungskommission schließt der Generaldirektor der Behörde mit dem Angestellten einen unbefristeten Arbeitsvertrag oder löst das Vertragsverhältnis auf.

Art. 26 (1) Der Vorbereitungsdienst wird vom Generaldirektor der Behörde entsprechend dem vom Chef des zivilen Dienstes im Einvernehmen mit der Landesschule für Öffentliche Verwaltung ausgearbeiteten und im Bulletin des zivilen Dienstes veröffentlichten Programm organisiert.
(2) Das Programm des Vorbereitungsdienstes kann vom Generaldirektor der Behörde um einen besonderen, die Aufgaben seiner Behörde berücksichtigenden Teil erweitert werden.

Art. 27 (1) Die Absolventen der Landesschule für Öffentliche Verwaltung sind von der Ableistung des Vorbereitungsdienstes befreit.
(2) Der Generaldirektor der Behörde kann die Zeit des Vorbereitungsdienstes eines Angestellten verkürzen oder ihn von der Pflicht zur Ableistung befreien, wenn er das im Programm des Vorbereitungsdienstes erforderliche theoretische Wissen, die Fähigkeiten zur praktischen Anwendung dieses Wissens und die Kenntnis der Organisation und Funktionsweise der Behörde aufweist.

Art. 28 Für eine Ernennung zum Beamten des zivilen Dienstes kann sich bewerben, wer:
1. Angestellter des zivilen Dienstes ist,
2. den Vorbereitungsdienst, vorbehaltlich des Art. 27, absolviert hat,
3. eine mindestens zweijährige Arbeitserfahrung im zivilen Dienst hat,
4. den Titel eines Magisters oder einen gleichwertigen Titel besitzt,
5. mindestens eine Fremdsprache beherrscht,
6. Reservesoldat ist oder der allgemeinen Wehrpflicht nicht unterliegt.

Art. 29 (1) Der Chef des zivilen Dienstes legt für die Angestellten des zivilen Dienstes das Bewerbungsformular für das zur Beamtenernennung führende Qualifikationsverfahren und für die Absolventen der Landesschule für Öffent-

liche Verwaltung das Antragsformular zur Beamtenernennung fest und veröffentlicht die Formulare im Bulletin des zivilen Dienstes.
(2) Der Chef des zivilen Dienstes gibt 14 Tage nach der Veröffentlichung des Haushaltsgesetzes die Höchstzahl der neuen Beamtenernennungen im jeweiligen Jahr durch Veröffentlichung im Bulletin des zivilen Dienstes bekannt.

Art. 30 (1) Der Angestellte des zivilen Dienstes richtet seine Bewerbung für das Qualifikationsverfahren an den Chef des zivilen Dienstes. Die Bewerbung für das Qualifikationsverfahren im jeweiligen Kalenderjahr wird zwischen dem 1. Januar und dem 31. Mai eingereicht.
(2) Die Absolventen der Landesschule für Öffentliche Verwaltung, die die Voraussetzungen des Art. 28 Punkte 1 und 4-6 erfüllen, richten ihren Antrag auf Ernennung in den zivilen Dienst an den Chef des zivilen Dienstes. Die Anträge werden zwischen dem 1. Januar und dem 31. Mai eingereicht.
(3) Der Generaldirektor der zuständigen Behörde bescheinigt dem eine Bewerbung oder einen Antrag gemäß Art. 29 Abs. 1 einreichenden Angestellten des zivilen Dienstes, dass er die Voraussetzungen des Art. 4 Punkte 1-3 und Art. 28 erfüllt.

Art. 31 (1) Der Chef des zivilen Dienstes führt, vorbehaltlich des Art. 30 Abs. 2, das Qualifikationsverfahren für die sich um eine Beamtenernennung bewerbenden Angestellten des zivilen Dienstes durch.
(2) Zur Durchführung des Qualifikationsverfahrens beruft der Chef des zivilen Dienstes ein mindestens fünfköpfiges Prüfungskollegium.
(3) Im Qualifikationsverfahren werden das Wissen und die zur Aufgabenerfüllung im zivilen Dienst erforderlichen Qualifikationen und Veranlagungen geprüft.
(4) Die Einzelergebnisse des Qualifikationsverfahrens werden in Punkten ausgedrückt.
(5) Zusätzliche Punkte werden verteilt für:
1. die Ergebnisse der letzten Beurteilung gemäß Art. 73,
2. die Kenntnis bestimmter Fremdsprachen,
3. den Abschluss von Postgraduiertenstudien,
4. wissenschaftliche Grade oder Titel,
5. bestimmte berufliche Qualifikationen.

(6) Das Prüfungsergebnis setzt sich zusammen aus der Summe aller Punkte gemäß Abs. 4 und 5.
(7) Die über der vom Ministerpräsidenten im Verordnungswege festgelegten Mindestpunktzahl liegenden Prüfungsergebnisse werden in absteigender Reihenfolge sortiert.
(8) Die Prüfungsergebnisse des Abs. 7 werden im Bulletin des zivilen Dienstes veröffentlicht.

Art. 32 Der Rat des zivilen Dienstes entsendet einen Vertreter zur Beobachtung des Prüfungskollegiums. Bei einer Verletzung von Vorschriften zur Durchführung des Qualifikationsverfahrens informiert der Rat des zivilen Dienstes den Ministerpräsidenten und den Chef des zivilen Dienstes.

Art. 33 Bei einer festgestellten Verletzung von Vorschriften zur Durchführung des Qualifikationsverfahrens ordnet der Chef des zivilen Dienstes die Durchführung eines erneuten Qualifikationsverfahrens an.

Art. 34 Die Teilnehmer am Qualifikationsverfahren zahlen hierfür einen Betrag von höchstens 50 % des niedrigsten Angestelltengehalts. Der Betrag stellt eine fiskalische Einnahme dar.

Art. 35 Die zur Aufgabenerfüllung im zivilen Dienst erforderlichen Kenntnisse, Qualifikationen und Veranlagungen der Absolventen der Landesschule für Öffentliche Verwaltung werden im Laufe der Ausbildung an dieser Schule geprüft und durch das Abschlussdiplom bestätigt.

Art. 36 Der Ministerpräsident regelt im Verordnungswege die Durchführung des Qualifikationsverfahrens im zivilen Dienst durch Bestimmung[88]:

1. der zu prüfenden Themen,
2. der Organisation und Durchführungsweise des Qualifikationsverfahrens sowie der Vorschriften zur Punkteverteilung gemäß Art. 31 Abs. 4 und 5,
3. der nicht unter 3/5 der erreichbaren Höchstpunktzahl liegenden Mindestpunktzahl gemäß Art. 31 Abs. 7,
4. der die Erfüllung der Voraussetzungen gemäß Art. 28 Punkt 5 und Art. 31 Abs. 5 Punkte 2-5 bescheinigenden Dokumente,
5. der Höhe des Betrages und der Zahlungsweise gemäß Art. 34,
6. der Fremdsprachen gemäß Art. 28 Punkt 5 und Art. 31 Abs. 5 Punkt 2 sowie der Arten der beruflichen Qualifikationen gemäß Art. 31 Abs. 5 Punkt 5.

Art. 37 (1) Die Beamtenernennungen erfolgen im von Art. 6 Abs. 1 vorgegebenen Rahmen.

(2) Der Chef des zivilen Dienstes ernennt im Namen der Republik Polen die Angestellten des zivilen Dienstes, die im jeweiligen Jahr das Qualifikationsverfahren mit einer über der in Art. 31 Abs. 7 erwähnten Punktzahl liegenden Punktzahl beendet und einen zur Beamtenernennung berechtigenden Platz belegt haben oder die die Landesschule für Öffentliche Verwaltung beendet haben.

---

[88] Vgl. VO v. 28. 9. 1999 (Dz. U. 1999, Nr. 79, Pos. 894).

(3) Die Erreichung eines zur Beamtenernennung berechtigenden Platzes ist abhängig vom Erreichen der Mindestpunktzahl und der Einhaltung der Höchstzahl der Beamtenernennungen gemäß Art. 6 Abs. 1. Die Feststellung, welcher Platz zur Beamtenernennung berechtigt, erfolgt nach der Berücksichtigung der Zahl der Ernennungen von Absolventen der Landesschule für Öffentliche Verwaltung.
(4) Mit dem Tag der Ernennung verwandelt sich das bisherige Dienstverhältnis in ein Dienstverhältnis auf Ernennungsgrundlage.

Art. 38 (1) Die Ernennungsurkunde enthält Vornamen, Namen und Geburtsdatum des Beamten des zivilen Dienstes.
(2) Die Ernennungsurkunde wird schriftlich erteilt.

Art. 39 (1) Die Beamten des zivilen Dienstes leisten folgenden Diensteid:
„Ich schwöre, dem polnischen Staat zu dienen, die Verfassung der Republik Polen zu beachten und die Pflichten eines Beamten des zivilen Dienstes nach bestem Wissen und Gewissen sorgfältig und unparteiisch auszuüben."
(2) Die Schlussformel „So wahr mir Gott helfe" kann hinzugefügt werden.
(3) Der Beamte des zivilen Dienstes bestätigt die Ableistung seines Diensteides mit seiner Unterschrift.

Art. 40 (1) Der Generaldirektor der Behörde weist dem Beamten des zivilen Dienstes im Laufe von sieben Tagen seit der Ernennung mit Wirkung zum Tage der Ernennung den niedrigsten Dienstgrad zu.
(2) Die Zuweisung des Dienstgrades erfolgt in schriftlicher Form.

Kapitel 4. Besetzung höherer Dienstposten

Art. 41[89] (1) Die Dienstposten:
1. des Generaldirektors der Behörde sowie des Hauptinspektors für die interne Wirtschaftsprüfung,

---

[89] Art. 41 Abs. 1 Nr. 1 mit Wirkung v. 1. 1. 2002 geändert durch Art. 4 Punkt 1 des Änderungsgesetzes zum Gesetz über die öffentlichen Finanzen, zum Gesetz über die Organisation und das Arbeitsverfahren des Ministerrats sowie über den Aufgabenbereich der Minister, zum Gesetz über die Zweige der Regierungsverwaltung sowie zum Gesetz über den zivilen Dienst v. 27. 7. 2001 (Dz. U. 2001, Nr. 102, Pos. 1116) sowie durch Art. 31 Punkt 3 des Änderungsgesetzes zum Gesetz über die Organisation und das Arbeitsverfahren des Ministerrats sowie über den Aufgabenbereich der Minister, zum Gesetz über die Zweige der Regierungsverwaltung sowie zu einigen Gesetzen v. 21. 12. 2001 (Dz. U. 2001, Nr. 154, Pos. 1800).

2. des Abteilungsleiters und des Vertreters des Abteilungsleiters in den in Art. 2 Abs. 1 Punkte 1, 2 und 4 erwähnten Behörden und den Woiwodschaftsbehörden

bilden die Gruppe der höheren Dienstposten im zivilen Dienst.

(2) Die Besetzung freier, in Abs. 1 erwähnter Dienstposten erfolgt im Wege des Wettbewerbs.

Art. 42 (1) Für die höheren Dienstposten im zivilen Dienst können sich die Beamten des zivilen Dienstes bewerben.

(2) Wenn nach zweimaliger Durchführung des Wettbewerbs um einen Dienstposten gemäß Art. 41 Abs. 1 Punkt 2 kein geeigneter Kandidat unter den Beamten des zivilen Dienstes ausgewählt worden ist, sind auch andere Personen zur Teilnahme am nachfolgenden Wettbewerb um den Dienstposten zugelassen.

(3) Der Chef des zivilen Dienstes kann der Zulassung anderer Personen zum Wettbewerb um einen Dienstposten gemäß Art. 41 Abs. 1 Punkt 2 zustimmen, wenn zum Dienst auf diesem Posten besondere Fertigkeiten oder berufliche Fähigkeiten erforderlich sind. Die Vorschriften des Art. 48 Abs. 2 und 3 werden entsprechend angewandt.

Art. 43 (1) Die Wettbewerbe um die höheren Posten im zivilen Dienst werden vom Chef des zivilen Dienstes durchgeführt.

(2) Zur Durchführung des Wettbewerbs beruft der Chef des zivilen Dienstes ein mindestens fünfköpfiges Wettbewerbskollegium.

(3) Im Wettbewerb werden die zur Aufgabenerfüllung auf dem betroffenen Dienstposten erforderlichen Kenntnisse, Veranlagungen, allgemeinen Fähigkeiten und Führungsqualitäten geprüft. Der Wettbewerbsleiter legt die Anforderungen an die betroffenen Dienstposten zusammen mit dem zuständigen Minister, Zentralbehördenleiter oder Woiwoden fest.

Art. 44 (1) Die Wettbewerbe um die in Art. 41 Abs. 1 erwähnten freien Dienstposten werden entsprechend den Vorgaben des Art. 22 Abs. 2 im Bulletin des zivilen Dienstes angekündigt.

(2) Am Wettbewerb kann teilnehmen, wer die in der Ankündigung beschriebenen Anforderungen erfüllt.

(3) Der Chef des zivilen Dienstes informiert die Generaldirektoren der Behörden über die angekündigten Wettbewerbe. Die Generaldirektoren der Behörden verbreiten diese Informationen in ihren Behörden.

Art. 45 Die Wettbewerbsteilnehmer können gegen das Prüfungsergebnis beim Chef des zivilen Dienstes Berufung einlegen.

Art. 46 (1) Der Rat des zivilen Dienstes kann seinen Vertreter zur Beobachtung aller Wettbewerbe um höhere Dienstposten im zivilen Dienst entsenden.
(2) Bei einer Verletzung der Wettbewerbsvorschriften kann der Rat des zivilen Dienstes beim Chef des zivilen Dienstes die Durchführung eines neuen Wettbewerbs verlangen.

Art. 47 Bei Feststellung einer Verletzung der Wettbewerbsvorschriften ordnet der Chef des zivilen Dienstes die Durchführung eines neuen Wettbewerbs an.

Art. 48 (1) Der Ministerpräsident überträgt dem Beamten des zivilen Dienstes, der im Wettbewerb um einen in Art. 41 Abs. 1 erwähnten Dienstposten ausgewählt wurde, auf Antrag des Chefs des zivilen Dienstes und nach Einholung einer Stellungnahme des zuständigen Ministers, des Zentralbehördenleiters oder des Woiwoden diesen Dienstposten und legt die Höhe des Gehalts für diesen Dienstposten fest.
(2) Der Chef des zivilen Dienstes überträgt dem im Wettbewerb um einen Dienstposten gemäß Art. 41 Abs. 1 Punkt 2 ausgewählten Korpsmitglied diesen Dienstposten und legt die Höhe des Gehalts für diesen Dienstposten fest.
(3) Der Generaldirektor einer Behörde schließt mit einer Person, die kein Korpsmitglied ist und in einem Wettbewerb gemäß Art. 42 Abs. 2 ausgewählt worden ist, einen auf drei Jahre befristeten Arbeitsvertrag ab. Das Vertragsverhältnis kann mit zweiwöchiger Frist gekündigt werden.

Art. 49 Der Ministerpräsident bestimmt im Verordnungswege die Organisation und besonderen Verfahrensvorschriften für die Wettbewerbe um höhere Dienstposten im zivilen Dienst, insbesondere erstellt er eine Liste mit den Anforderungen, die für die Zulassung eines Kandidaten zur Wettbewerbsteilnahme erforderlich sind, und er legt die Wettbewerbsabschnitte fest[90].

Kapitel 5. Änderung und Beendigung des Dienstverhältnisses

Art. 50 (1) Der Generaldirektor der Behörde kann, wenn dies durch die Bedürfnisse der Behörde begründet ist, den Beamten des zivilen Dienstes unter Berücksichtigung seiner beruflichen Vorbildung jederzeit auf einen anderen Dienstposten in der gleichen Behörde versetzen.
(2) Der in Abs. 1 erwähnte Beamte behält während der auf den Monat der Versetzung folgenden drei Monate den Anspruch auf sein bisheriges Gehalt, wenn

---

90 Vgl. VO v. 3. 11. 1999 (Dz. U. 1999, Nr. 91, Pos. 1028).

dieses höher ist als das Gehalt auf dem neuen Dienstposten. Die Höhe der Zulage für den zivilen Dienst bleibt unverändert.
(3) Die Vorschrift des Abs. 1 betrifft nicht die Beamten des zivilen Dienstes auf den in Art. 41 Abs. 1 erwähnten Dienstposten.

Art. 51 (1) Bei Vorliegen eines Interesses des zivilen Dienstes kann der Chef des zivilen Dienstes den Beamten des zivilen Dienstes in eine andere Behörde in der gleichen Ortschaft versetzen.
(2) Bei Vorliegen eines besonderen Interesses des zivilen Dienstes kann der Chef des zivilen Dienstes den Beamten des zivilen Dienstes für einen Zeitraum von höchsten zwei Jahren in eine andere Behörde in einer anderen Ortschaft versetzen. Der Chef des zivilen Dienstes gewährleistet ihm hierbei unter Berücksichtigung der familiären Situation des Beamten die gleichen Wohnverhältnisse. Eine solche Versetzung kann höchstens zwei Mal während des Dienstverhältnisses des Beamten des zivilen Dienstes erfolgen.
(3) Betrifft eine Versetzung nach Abs. 2 schwangere Frauen oder Alleinerziehende von höchstens 15 Jahre alten Kindern, so ist sie ohne die Zustimmung des betroffenen Beamten des zivilen Dienstes unzulässig. Eine solche Versetzung kann ferner dann nicht erfolgen, wenn dem besonders wichtige persönliche oder familiäre Gesichtspunkte des Beamten entgegenstehen.
(4) Die Versetzungen der Abs. 1 und 2 betreffen nicht die Beamten des zivilen Dienstes auf den in Art. 41 Abs. 1 erwähnten Dienstposten.

Art. 52 (1) Der Chef des zivilen Dienstes versetzt den Beamten des zivilen Dienstes auf den in Art. 41 Abs. 1 erwähnten Dienstposten in eine andere Behörde in der gleichen oder – mit seiner Zustimmung – anderen Ortschaft oder erteilt dem Generaldirektor der Behörde die Befugnis zur Zuweisung eines anderen Dienstpostens bei:
1. Rücktritt von dem Dienstposten,
2. einem als Disziplinarstrafe ausgesprochenen Verbot, höhere Dienstposten im zivilen Dienst zu besetzen,
3. dauerhafter, mindestens sechsmonatiger Krankheit,
4. Auflösung des Dienstpostens wegen Reorganisation der Behörde.

(2) Bei Vorliegen eines wichtigen Interesses des zivilen Dienstes kann der Ministerpräsident auf einen begründeten Antrag des Chefs des zivilen Dienstes oder einen mit seiner Stellungnahme versehenen Antrag des zuständigen Ministers, Zentralbehördenleiters oder Woiwoden den in Art. 41 Abs. 1 Punkt 1 erwähnten Beamten des zivilen Dienstes in eine andere Behörde in der gleichen oder – mit seiner Zustimmung – anderen Ortschaft versetzen oder dem Chef des zivilen Dienstes die Befugnis zur Zuweisung eines anderen Dienstpostens erteilen.

(3) Bei Vorliegen eines wichtigen Interesses des zivilen Dienstes kann der Chef des zivilen Dienstes auf einen begründeten Antrag des Generaldirektors der Behörde den in Art. 41 Abs. 1 Punkt 2 erwähnten Beamten des zivilen Dienstes in eine andere Behörde in der gleichen oder – mit seiner Zustimmung – anderen Ortschaft versetzen oder dem Generaldirektor der Behörde die Befugnis zur Zuweisung eines anderen Dienstpostens erteilen.

Art. 53 (1) Die Versetzung eines Korpsmitgliedes in eine andere Behörde in der gleichen oder auch in einer anderen Ortschaft kann auf seinen Antrag oder mit seiner Zustimmung jederzeit erfolgen, wenn der Versetzung nicht das Interesse des zivilen Dienstes entgegensteht.
(2) Die in Abs. 1 erwähnte Versetzung vollzieht der Generaldirektor der aufnehmenden Behörde im Einvernehmen mit dem Generaldirektor der bisherigen Behörde des Korpsmitgliedes.

Art. 54 Wird die Behörde eines Beamten des zivilen Dienstes aufgelöst oder so reorganisiert, dass sein weiterer Dienst in der Behörde nicht mehr möglich ist, versetzt der Chef des zivilen Dienstes ihn in eine andere Behörde in der gleichen oder einer anderen Ortschaft und verpflichtet den Generaldirektor dieser Behörde zur Zuweisung eines Dienstpostens unter Berücksichtigung der beruflichen Vorbildung des Beamten.

Art. 55 (1) Bei Vorliegen eines öffentlichen Interesses erteilt der Chef des zivilen Dienstes dem Beamten des zivilen Dienstes auf seinen Antrag unbezahlten Sonderurlaub für die Übernahme von außerhalb des zivilen Dienstes liegenden Aufgaben, Dienstposten oder Funktionen.
(2) Der in Abs. 1 erwähnte Sonderurlaub wird – für insgesamt höchstens fünf Jahre – als Beschäftigungszeit anerkannt, von der Berechtigungen des Beamten des zivilen Dienstes abhängen.

Art. 56 (1) Der Beamte des zivilen Dienstes kann gegen die in den Art. 51, 54 und 55 beschriebenen Entscheidungen innerhalb von 14 Tagen nach ihrer Zustellung beim Ministerpräsidenten Widerspruch erheben.
(2) Der Widerspruch hat keine aufschiebende Wirkung.
(3) Gegen die Entscheidung des Ministerpräsidenten kann Klage beim Hauptverwaltungsgericht erhoben werden.

Art. 57 (1) Bei Vorliegen eines besonderen Interesses des zivilen Dienstes kann der Chef des zivilen Dienstes den Beamten des zivilen Dienstes für den Zeitraum von bis zu einem Jahr in den einstweiligen Ruhestand versetzen. Wenn die Gründe für die Versetzung in den einstweiligen Ruhestand nach Ablauf dieses Zeitraums nicht fortgefallen sind, kann der Chef des zivilen

Dienstes den einstweiligen Ruhestand des Beamten für einen bestimmten Zeitraum von bis zu sechs Monaten verlängern.

(2) Der Beamte des zivilen Dienstes leistet während seines einstweiligen Ruhestandes keine Arbeit, behält aber den Anspruch auf das Gehalt und die Zulage für den zivilen Dienst sowie auf andere Leistungen des zivilen Dienstes.

(3) Auf den in den einstweiligen Ruhestand versetzten Beamten des zivilen Dienstes wird Art. 72 entsprechend angewandt.

(4) Der in den einstweiligen Ruhestand versetzte Beamte des zivilen Dienstes kann vom Chef des zivilen Dienstes jederzeit zur Wiederaufnahme seiner dienstlichen Pflichten aufgefordert werden.

(5) Der Generaldirektor der Behörde weist dem Beamten des zivilen Dienstes, der nach Beendigung des einstweiligen Ruhestandes seine dienstlichen Pflichten wieder aufnimmt, einen Dienstposten unter Berücksichtigung seiner beruflichen Vorbildung zu.

(6) Die Teilnahme des in den einstweiligen Ruhestand versetzten Beamten an einem Wettbewerb um einen Dienstposten gemäß Art. 41 Abs. 1 bedarf der Zustimmung des Chefs des zivilen Dienstes.

(7) Die Zeit des einstweiligen Ruhestandes wird als Beschäftigungszeit anerkannt, von der Berechtigungen des Beamten des zivilen Dienstes abhängen.

Art. 58 (1) Das Dienstverhältnis eines vorläufig festgenommenen Korpsmitgliedes unterliegt von Rechts wegen der Suspendierung. Während der Suspendierung erhält das Korpsmitglied vom Tag der vorläufigen Festnahme an die Hälfte seines Gehalts.

(2) Wird das Strafverfahren eingestellt oder das Korpsmitglied in einem Strafurteil für nicht schuldig befunden, ist ihm das restliche Monatsgehalt auszuzahlen; dies gilt nicht für die bedingte Einstellung des Strafverfahrens.

(3) Die Zeit der Suspendierung des Dienstverhältnisses infolge einer vorläufigen Festnahme wird als Beschäftigungszeit anerkannt, von der Berechtigungen des Korpsmitgliedes abhängen.

Art. 59 (1) Der Generaldirektor der Behörde kann das Korpsmitglied von der Erfüllung seiner Dienstpflichten suspendieren, wenn gegen ihn ein Disziplinar- oder Strafverfahren eingeleitet ist.

(2) Die Suspendierung gemäß Abs. 1 dauert bis zur Beendigung des Disziplinar- oder Strafverfahrens, jedoch nicht länger als drei Monate.

(3) Während der Suspendierung gemäß Abs. 1 behält das Korpsmitglied den Anspruch auf das Gehalt und auf andere Leistungen des zivilen Dienstes.

(4) Die Zeit der Suspendierung wird als Beschäftigungszeit anerkannt, von der Berechtigungen des Korpsmitgliedes abhängen.

(5)[91] Gegenüber dem Hauptinspektor für die interne Wirtschaftsprüfung und dem Generaldirektor der Behörde nimmt der Chef des zivilen Dienstes die Handlungen gemäß Abs. 1 vor.

Art. 60 Das Dienstverhältnis des Beamten des zivilen Dienstes erlischt in folgenden Fällen:
1. Weigerung, den Diensteid zu leisten,
2. Aufgabe der polnischen Staatsangehörigkeit,
3. rechtskräftige Verurteilung in einem Disziplinarverfahren zur Entfernung aus dem zivilen Dienst,
4. rechtskräftige Verurteilung wegen einer vorsätzlich begangenen Straftat,
5. rechtskräftige Verurteilung zum Verlust der öffentlichen Rechte oder zum Verbot, den Beruf des Beamten des zivilen Dienstes auszuüben,
6. dreimonatige Abwesenheit vom Dienst wegen vorläufiger Festnahme,
7. Weigerung, einer Versetzungsentscheidung gemäß Art. 50 nachzukommen, oder Nichtaufnahme der Arbeit in der Behörde, in die der Beamte gemäß Art. 51 oder 54 versetzt worden ist,
8. Nichterfüllung der dienstlichen Pflichten trotz Aufforderung gemäß Art. 57 Abs. 4.

Art. 61 (1) Die Beendigung des Dienstverhältnisses des Beamten des zivilen Dienstes erfolgt, unter Einhaltung einer dreimonatigen Kündigungsfrist, bei:
1. zwei aufeinanderfolgenden negativen Beurteilungen gemäß Art. 74 Abs.1,
2. der Feststellung eines ärztlichen Sachverständigen der Sozialversicherungsanstalt, dass eine dauerhafte, die Erfüllung der Beamtenpflichten im zivilen Dienst unmöglich machende Arbeitsunfähigkeit vorliegt; zur Untersuchung des Gesundheitszustandes des Beamten kann er von Amts wegen oder auf seine Bitte hin zur Sozialversicherungsanstalt geschickt werden,
3. dem Verlust des unbescholtenen Leumunds,
4. einem länger als drei Monate währenden Strafverfahren.

(2) Die Beendigung des Dienstverhältnisses des Beamten des zivilen Dienstes kann, unter Einhaltung einer dreimonatigen Kündigungsfrist, erfolgen bei:

---

[91] Art. 59 Abs. 5 mit Wirkung v. 1. 1. 2002 geändert durch Art. 4 Punkt 2 des Änderungsgesetzes zum Gesetz über die öffentlichen Finanzen, zum Gesetz über die Organisation und das Arbeitsverfahren des Ministerrats sowie über den Aufgabenbereich der Minister, zum Gesetz über die Zweige der Regierungsverwaltung sowie zum Gesetz über den zivilen Dienst v. 27. 7. 2001 (Dz. U. 2001, Nr. 102, Pos. 1116) und durch Art. 31 Punkt 4 des Änderungsgesetzes zum Gesetz über die Organisation und das Arbeitsverfahren des Ministerrats sowie über den Aufgabenbereich der Minister, zum Gesetz über die Zweige der Regierungsverwaltung sowie zu einigen Gesetzen v. 21. 12. 2001 (Dz. U. 2001, Nr. 154, Pos. 1800).

1. dem Erreichen der Altersgrenze von 65 Jahren, wenn seine Beschäftigungszeit ihm die Erlangung eines Pensionsanspruchs ermöglicht,
2. der Weigerung, sich vom ärztlichen Sachverständigen der Sozialversicherungsanstalt untersuchen zu lassen,
3. der Auflösung der Behörde, wenn eine Versetzung gemäß Art. 54 unmöglich ist.

(3) Die Beendigung des Dienstverhältnisses des Beamten des zivilen Dienstes kann ohne Kündigung bei einer länger als ein Jahr währenden Abwesenheit vom Dienst wegen dauerhafter Krankheit erfolgen.

(4) Die Beendigung des Dienstverhältnisses des Beamten des zivilen Dienstes aus den in den Abs. 1-3 beschriebenen Gründen kann die besonderen Vorschriften zum Schutz der Beschäftigten bei Kündigung und Beendigung des Beschäftigungsverhältnisses nicht verletzen.

(5) Die Beendigung des Dienstverhältnisses des Beamten des zivilen Dienstes kann auch im gegenseitigen Einvernehmen erfolgen oder bei Kündigung mit dreimonatiger Frist wegen Rücktritts des Beamten des zivilen Dienstes.

Art. 62 Im Falle einer Kündigung kann das Korpsmitglied von der Erfüllung seiner Dienstpflichten unter Beibehaltung seines Gehaltsanspruches befreit werden.

Art. 63 (1) Bei einer Beendigung des Dienstverhältnisses des Beamten des zivilen Dienstes aus den in Art. 61 Abs. 2 Punkt 3 beschriebenen Gründen steht diesem Beamten zwischen dem Dienstzeitende in der aufgelösten Behörde und der Aufnahme einer privatwirtschaftlichen Arbeit oder Tätigkeit für einen Zeitraum von höchstens sechs Monaten eine Geldleistung aus dem Staatshaushalt zu, welche wie ein geldwerter Ausgleich für Erholungsurlaub berechnet wird. Diese Leistung steht einem Beamten mit Pensionsanspruch nicht zu.

(2) Erhält der ehemalige Beamte des zivilen Dienstes während des in Abs. 1 erwähnten Zeitraums Kranken- oder Mutterschaftsgeld, unterliegt die Höhe der Geldleistung einer entsprechenden Reduzierung.

(3) Der in Abs. 1 erwähnte Zeitraum des Erhalts der Geldleistung wird als zum Erwerb oder Erhalt von Berechtigungen nötige Beschäftigungszeit sowie als Beschäftigungszeit im Sinne der Vorschriften über Pensionen und Renten aus dem Sozialversicherungsfonds anerkannt – zu den gleichen, in den Vorschriften über die Beschäftigung und die Bekämpfung der Arbeitslosigkeit beschriebenen Bedingungen wie das Arbeitslosengeld. Die Behörde führt von der Geldleistung den Sozialversicherungsbeitrag nach den für das während des Dienstverhältnisses ausgezahlte Gehalt geltenden Grundsätzen ab.

Art. 64 (1) Der Generaldirektor der Behörde beendet das Dienstverhältnis des Korpsmitgliedes oder stellt sein Erlöschen fest.

(2)[92] Gegenüber dem Sekretär des Ministerrats, dem Hauptinspektor für die Interne Wirtschaftsprüfung und dem Generaldirektor der Behörde nimmt der Chef des zivilen Dienstes Handlungen gemäß Abs. 1 vor.

Art. 65 Bei einer Versetzung des Korpsmitgliedes in eine andere Behörde werden seine Personalakten zusammen mit der weiteren Dokumentation der mit dem Dienstverhältnis verbundenen Angelegenheiten an die aufnehmende Behörde übersandt.

Art. 66 Die Vorschriften der Art. 60 und 61 werden auf den Chef des zivilen Dienstes und seinen Stellvertreter nicht angewandt.

Kapitel 6. Pflichten des Korpsmitgliedes

Art. 67 (1) Das Korpsmitglied ist insbesondere verpflichtet,
1. die Verfassung der Republik Polen und andere Rechtsvorschriften einzuhalten,
2. die Interessen des Staates sowie die Menschen- und Bürgerrechte zu schützen
3. mit den öffentlichen Mitteln sinnvoll umzugehen,
4. die übertragenen Aufgaben redlich und unparteiisch, genau und pünktlich zu erfüllen,
5. die gesetzlichen Geheimhaltungsvorschriften zu wahren,
6. seine beruflichen Kenntnisse weiterzuentwickeln,
7. sich innerhalb und außerhalb des Dienstes würdig zu verhalten.

(2) Der Generaldirektor der Behörde ist verpflichtet, die geeigneten Voraussetzungen dafür zu schaffen, dass das Korpsmitglied seiner in diesem Gesetz bezeichneten Pflichten erfüllen kann.

Art. 68 (1) Das Korpsmitglied ist verpflichtet, den dienstlichen Anweisungen seiner Vorgesetzten Folge zu leisten.

---

[92] Art. 64 Abs. 2 mit Wirkung v. 1. 1. 2002 geändert durch Art. 4 Punkt 3 des Änderungsgesetzes zum Gesetz über die öffentlichen Finanzen, zum Gesetz über die Organisation und das Arbeitsverfahren des Ministerrats sowie über den Aufgabenbereich der Minister, zum Gesetz über die Zweige der Regierungsverwaltung sowie zum Gesetz über den zivilen Dienst v. 27. 7. 2001 (Dz. U. 2001, Nr. 102, Pos. 1116) und durch Art. 31 Punkt 5 des Änderungsgesetzes zum Gesetz über die Organisation und das Arbeitsverfahren des Ministerrats sowie über den Aufgabenbereich der Minister, zum Gesetz über die Zweige der Regierungsverwaltung sowie zu einigen Gesetzen v. 21. 12. 2001 (Dz. U. 2001, Nr. 154, Pos. 1800).

(2) Ist das Korpsmitglied überzeugt, dass die Anweisung unrechtmäßig ist oder auf einem Irrtum beruht, hat es den Vorgesetzten darüber schriftlich zu informieren. Erfolgt eine schriftliche Bestätigung der Anweisung, ist das Korpsmitglied zu ihrer Befolgung verpflichtet.
(3) Das Korpsmitglied befolgt keine Anweisung, die zur Begehung einer Straftat oder Ordnungswidrigkeit führen würde, und benachrichtigt hierüber unverzüglich den Generaldirektor der Behörde.

Art. 69 (1) Das Korpsmitglied darf sich bei der Erfüllung seiner dienstlichen Pflichten nicht von einem Individual- oder Gruppeninteresse leiten lassen.
(2) Das Korpsmitglied darf in der Öffentlichkeit keine politischen Ansichten äußern.
(3) Das Korpsmitglied darf weder an einem Streik noch an einer den üblichen Arbeitsverlauf der Behörde störenden Protestaktion teilnehmen.
(4) Der Beamte des zivilen Dienstes darf in den Gewerkschaften keine Ämter übernehmen.
(5) Der Beamte des zivilen Dienstes ist weder zur Gründung einer politischen Partei noch zur Parteimitgliedschaft berechtigt.
(6) Die Arbeit als Beamter des zivilen Dienstes ist mit einem Ratsmandat unvereinbar.

Art. 70 (1) Art. 69 Abs. 2 wird nicht angewandt auf einen Beamten des zivilen Dienstes während seines unbezahlten Sonderurlaubs, der ihm gemäß Art. 55 Abs. 1 im Zusammenhang mit einer Kandidatur für ein Ratsmandat für die Zeit der Wahlkampagne – und bei Erlangung des Mandats für die Zeit seiner Wahrnehmung – gewährt wurde.
(2) Art. 69 Abs. 2 wird nicht angewandt auf einen Angestellten des zivilen Dienstes während seines unbezahlten Sonderurlaubs, der ihm gemäß Art. 174 des Arbeitsgesetzbuches im Zusammenhang mit einer Kandidatur für ein Ratsmandat für die Zeit der Wahlkampagne gewährt wurde.

Art. 71 Im zivilen Dienst darf kein dienstliches Abhängigkeitsverhältnis bestehen zwischen Ehegatten sowie Verwandten ersten oder zweiten Grades, Schwägern ersten Grades sowie Personen, die miteinander durch eine Adoption, Pflegschaft oder Vormundschaft verbunden sind.

Art. 72 (1) Das Korpsmitglied darf ohne die Zustimmung des Generaldirektors der Behörde keiner Nebentätigkeit nachgehen und keine Tätigkeiten oder Beschäftigungen aufnehmen, die seinen gesetzlichen Pflichten zuwiderlaufen oder das Vertrauen in den zivilen Dienst erschüttern.

(2)[93] Der Beamte des zivilen Dienstes darf keine Erwerbstätigkeit ohne die Zustimmung des Generaldirektors der Behörde aufnehmen. Dem Beamten des zivilen Dienstes auf einem in Art. 41 Abs. 1 Punkt 1 erwähnten Dienstposten erteilt der Chef des zivilen Dienstes die Zustimmung.

Art. 73 (1) Hinsichtlich der ihm übertragenen Aufgaben und auch zur Erstellung seines individuellen Programms zur beruflichen Fortbildung unterliegt das Korpsmitglied der ständigen Beurteilung durch den direkten Vorgesetzten.
(2)[94] Den Hauptinspektor für die Interne Wirtschaftsprüfung und den Generaldirektor der Behörde beurteilt der Chef des zivilen Dienstes im Einvernehmen mit dem zuständigen Minister, Zentralbehördenleiter oder Woiwoden.

Art. 74 (1) Mindestens alle zwei Jahre sowie jederzeit auf eigene Initiative hin erteilt der direkte Vorgesetzte dem Beamten des zivilen Dienstes eine periodische schriftliche Beurteilung zusammen mit den Anträgen, die sein individuelles Programm zur beruflichen Fortbildung betreffen.
(1a)[95] Dem Hauptinspektor für die Interne Wirtschaftsprüfung und dem Generaldirektor der Behörde erteilt der Chef des zivilen Dienstes die Beurteilung gemäß Abs. 1 im Einvernehmen mit dem zuständigen Minister, Leiter der Zentralbehörde oder dem Woiwoden, und dem Sekretär des Ministerrats erteilt der Ministerpräsident die Beurteilung.

---

93 Art. 72 Abs. 2 S. 2 mit Wirkung v. 1. 1. 2002 eingefügt durch Art. 4 Punkt 4 des Änderungsgesetzes zum Gesetz über die öffentlichen Finanzen, zum Gesetz über die Organisation und das Arbeitsverfahren des Ministerrats sowie über den Aufgabenbereich der Minister, zum Gesetz über die Zweige der Regierungsverwaltung sowie zum Gesetz über den zivilen Dienst v. 27. 7. 2001 (Dz. U. 2001, Nr. 102, Pos. 1116).

94 Art. 73 Abs. 2 mit Wirkung v. 1. 1. 2002 geändert durch Art. 4 Punkt 5 des Änderungsgesetzes zum Gesetz über die öffentlichen Finanzen, zum Gesetz über die Organisation und das Arbeitsverfahren des Ministerrats sowie über den Aufgabenbereich der Minister, zum Gesetz über die Zweige der Regierungsverwaltung sowie zum Gesetz über den zivilen Dienst v. 27. 7. 2001 (Dz. U. 2001, Nr. 102, Pos. 1116) und durch Art. 31 Punkt 6 des Änderungsgesetzes zum Gesetz über die Organisation und das Arbeitsverfahren des Ministerrats sowie über den Aufgabenbereich der Minister, zum Gesetz über die Zweige der Regierungsverwaltung sowie zu einigen Gesetzen v. 21. 12. 2001 (Dz. U. 2001, Nr. 154, Pos. 1800).

95 Art. 74 Abs. 1a mit Wirkung v. 1. 1. 2002 eingefügt durch Art. 4 Punkt 6 des Änderungsgesetzes zum Gesetz über die öffentlichen Finanzen, zum Gesetz über die Organisation und das Arbeitsverfahren des Ministerrats sowie über den Aufgabenbereich der Minister, zum Gesetz über die Zweige der Regierungsverwaltung sowie zum Gesetz über den zivilen Dienst v. 27. 7. 2001 (Dz. U. 2001, Nr. 102, Pos. 1116).

(2) Die Beurteilung gemäß Abs. 1 betrifft die Erfüllung der sich aus der Dienstpostenbeschreibung ergebenden Pflichten. Die Beurteilung wird dem Beamten unverzüglich zugestellt.
(3) Der Ministerpräsident bestimmt im Verordnungswege die genauen Grundsätze für die Durchführung der Beurteilungen der Beamten des zivilen Dienstes[96].

Art. 75 (1)[97] Gegen die Beurteilung kann innerhalb von sieben Tagen nach der Zustellung Widerspruch beim Generaldirektor der Behörde erhoben werden. Gegen die auf der Grundlage von Art. 74 Abs. 1a erteilte Beurteilung kann der Widerspruch entsprechend beim Chef des zivilen Dienstes und beim Ministerpräsident eingelegt werden.
(2) Gibt der Generaldirektor der Behörde dem Widerspruch gemäß Abs. 1 nicht statt, kann der Beamte des zivilen Dienstes innerhalb von 14 Tagen nach der Zustellung dieser Entscheidung das Arbeitsgericht anrufen.

Art. 76 Bei einer negativen Beurteilung wird der Beamte des zivilen Dienstes erneut beurteilt, und zwar frühestens sechs Monate nach der Zustellung der Beurteilung.

Art. 77 Die Vorschriften der Art. 73-76 werden auf den Chef des zivilen Dienstes und seinen Stellvertreter nicht angewandt.

Kapitel 7. Rechte des Korpsmitgliedes

Art. 78 [98] Das Gehalt im zivilen Dienst wird bestimmt unter Anwendung von Multiplikatoren zur Basisquote, deren Höhe im Haushaltsgesetz nach gesonderten Grundsätzen festgelegt wird.

Art. 79 (1) Es werden neun Dienstgrade der Beamten des zivilen Dienstes festgesetzt.

---

96 Vgl. VO v. 6. 5. 2002 (Dz. U. 2002, Nr. 69, Pos. 633).

97 Art. 75 Abs. 1 S. 2 mit Wirkung v. 1. 1. 2002 eingefügt durch Art. 4 Punkt 7 des Änderungsgesetzes zum Gesetz über die öffentlichen Finanzen, zum Gesetz über die Organisation und das Arbeitsverfahren des Ministerrats sowie über den Aufgabenbereich der Minister, zum Gesetz über die Zweige der Regierungsverwaltung sowie zum Gesetz über den zivilen Dienst v. 27. 7. 2001 (Dz. U. 2001, Nr. 102, Pos. 1116).

98 Art. 78 geändert durch Art. 27 des Gesetzes über die Verwendung von Haushaltsmitteln auf die Bezahlung von Löhnen und Gehältern und über einige Gesetzesänderungen v. 23. 12. 1999 (Dz. U. 1999, Nr. 110, Pos. 1255).

(2) Den jeweiligen Dienstgraden werden entsprechende Dienstgradzulagen für den zivilen Dienst zugewiesen.

Art. 80 (1) Das Gehalt des Angestellten des zivilen Dienstes setzt sich zusammen aus der Grundvergütung für den jeweiligen Dienstposten und der Dienstalterszulage des zivilen Dienstes.
(2) Das Gehalt des Beamten des zivilen Dienstes setzt sich zusammen aus der Grundvergütung für den jeweiligen Dienstposten, der Dienstalterszulage des zivilen Dienstes sowie der Dienstgradzulage für den zivilen Dienst.
(3) Der Ministerpräsident bestimmt im Verordnungswege[99]:
1. die Multiplikatoren zur Festlegung der Grundvergütung der Korpsmitglieder,
2. die Dienstgrade der Beamten des zivilen Dienstes und die Multiplikatoren für die Zulage des zivilen Dienstes.

Art. 81 (1) Der Beamte des zivilen Dienstes kann nach einer positiven Beurteilung gemäß Art. 74 Abs. 1 auf den nächsten Dienstgrad befördert werden, wenn sie einen diesbezüglichen, begründeten Antrag des direkten Vorgesetzten enthält. Eine positive Beurteilung ohne einen solchen Antrag hat keine Beförderung des Beamten auf den nächsten Dienstgrad zur Folge.
(2) Auf einen mit besonderen Arbeitsergebnissen begründeten Antrag des Generaldirektors der Behörde kann der Chef des zivilen Dienstes einer früheren Beförderung auf den nächsten Dienstgrad zustimmen, frühestens jedoch zwölf Monate nach der letzten Beförderung.
(3) Der Lauf der in Abs. 2 genannten Frist beginnt nicht, und eine begonnene Frist ist gehemmt:
1. im Falle einer negativen Beurteilung bis zur Erlangung einer positiven Beurteilung,
2. im Falle einer Befreiung vom Dienst bis zur Wiederaufnahme des Dienstes.

Art. 82 (1) Dem Korpsmitglied steht die Dienstalterszulage des zivilen Dienstes zu, welche nach fünf Dienstjahren 5 % der monatlichen Grundvergütung beträgt. Diese Zulage erhöht sich um 1 % für jedes weitere Dienstjahr bis auf höchstens 20 % der monatlichen Grundvergütung.
(2) Zulagefähig hinsichtlich der Dienstalterszulage des zivilen Dienstes sind alle früheren Beschäftigungszeiten sowie andere nachgewiesenen Zeiten, wenn sie kraft gesonderter Vorschriften als Beschäftigungszeiten anerkannt werden, von denen Berechtigungen abhängen.

---

[99] Vgl. VO v. 29. 10. 1999 (Dz. U. 1999, Nr. 89, Pos. 996) und VO v. 24. 1. 2002 (Dz. U. 2002, Nr. 8, Pos. 62).

(3) Zu den Beschäftigungszeiten gemäß Abs. 2 zählen weder die Beschäftigungszeiten in der Kommunistischen Partei (Polnische Arbeiterpartei und Polnische Vereinigte Arbeiterpartei) noch die Beschäftigungszeiten zwischen dem 22. Juli 1944 und dem 1. Juli 1989 in den Organen der Staatssicherheit im Sinne des Art. 2 des Gesetzes über die Offenlegung der Arbeit und des Dienstes in den Organen der Staatssicherheit oder der Zusammenarbeit mit diesen Organen in den Jahren 1944-1990 durch Personen, die öffentliche Funktionen ausüben, vom 11. April 1997 (Dz. U. 1999, Nr. 42, Pos. 428)[100].
(4) Der Ministerpräsident bestimmt im Verordnungswege die genauen Grundsätze für die Zuerkennung und Auszahlung der Zulage gemäß Abs. 1[101].

Art. 83 (1) Für langjährige Dienstzeit erhält das Korpsmitglied als Jubiläumszuwendung:
1. nach 20 Dienstjahren – 75 % des Monatsgehalts,
2. nach 25 Dienstjahren – 100 % des Monatsgehalts,
3. nach 30 Dienstjahren – 150 % des Monatsgehalts,
4. nach 35 Dienstjahren – 200 % des Monatsgehalts,
5. nach 40 Dienstjahren – 300 % des Monatsgehalts,
6. nach 45 Dienstjahren – 400 % des Monatsgehalts.

(2) Zu den Dienstzeiten gemäß Abs. 1 zählen alle früheren Beschäftigungszeiten sowie andere nachgewiesenen Zeiten, wenn sie kraft gesonderter Vorschriften als Beschäftigungszeiten anerkannt werden, von denen Berechtigungen abhängen.
(3) Zu den Beschäftigungszeiten gemäß Abs. 2 zählen weder die Beschäftigungszeiten in der Kommunistischen Partei (Polnische Arbeiterpartei und Polnische Vereinigte Arbeiterpartei) noch die Beschäftigungszeiten zwischen dem 22. Juli 1944 und dem 1. Juli 1989 in den Organen der Staatssicherheit im Sinne des Art. 2 des Gesetzes über die Offenlegung der Arbeit und des Dienstes in den Organen der Staatssicherheit oder der Zusammenarbeit mit diesen Organen in den Jahren 1944-1990 durch Personen, die öffentliche Funktionen ausüben, vom 11. April 1997 (Dz. U. 1999, Nr. 42, Pos. 428).
(4) Der Ministerpräsident bestimmt im Verordnungswege die genauen Grundsätze für die Feststellung und Auszahlung der Jubiläumszuwendung[102].

Art. 84 Den Korpsmitgliedern steht ein jährliches Zusatzgehalt[103] nach in gesonderten Vorschriften beschriebenen Grundsätzen zu.

---

[100] Es handelt sich um das sog. *Lustrationsgesetz* (JOR 39, 1998, S. 198).
[101] Vgl. VO v. 29. 10. 1999 (Dz. U. 1999, Nr. 89, Pos. 996) und VO v. 24. 1. 2002 (Dz. U. 2002, Nr. 8, Pos. 62).
[102] Ebda.

Art. 85 (1) Den Korpsmitgliedern kann für besondere Leistungen im Dienst eine Vergütung aus einem speziell zu diesem Zweck eingerichteten Vergütungsfonds des zivilen Dienstes gewährt werden.
(2) Der in Abs. 1 erwähnte Vergütungsfonds in Höhe von 3 % der geplanten Personalgehälter steht den Generaldirektoren der Behörden zur Verfügung und kann von ihnen im Rahmen der für die Gehälter vorhandenen Mittel erhöht werden.

Art. 86 (1) Dem dienstlich für Tätigkeiten außerhalb seines Behördensitzes abgeordneten Korpsmitglied stehen die Vergütungen nach den in den auf Grund des Arbeitsgesetzbuches erlassenen Vorschriften zur Festlegung und Höhe der Reisekostenvergütungen beschriebenen Grundsätzen zu.
(2) Dem gemäß Art. 51 Abs. 2 versetzten Beamten des zivilen Dienstes stehen außer der Zurverfügungstellung einer seiner familiären Situation entsprechenden Wohnung die Rückzahlung der Umzugskosten und der Zahlungen für die zeitweise zur Verfügung gestellte Wohnung sowie eine einmalige Geldleistung in Höhe von drei Monatsgehältern zu. Zu den Umzugskosten zählen die Fahrtkosten des Beamten und seiner Angehörigen und die Transportkosten.
(3) Der Ministerpräsident bestimmt im Verordnungswege die genauen Voraussetzungen für die Gewährung der in Abs. 2 erwähnten Leistungen, die dem in eine andere Ortschaft versetzten Beamten des zivilen Dienstes zustehen.

Art. 87 (1) Dem Korpsmitglied, dessen Dienstverhältnis im Zusammenhang mit dem Übergang in eine Arbeitsunfähigkeitsrente oder in die Pension[104] aufgehört hat, steht eine einmalige Abfindung in Höhe von drei Monatsgehältern, bei mindestens 20 Dienstjahren im zivilen Dienst in Höhe von sechs Monatsgehältern zu.
(2) Zu den Dienstzeiten gemäß Abs. 1 zählen alle früheren Beschäftigungszeiten sowie andere nachgewiesenen Zeiten, wenn sie kraft gesonderter Vorschriften als Beschäftigungszeiten anerkannt werden, von denen Berechtigungen abhängen.
(3) Zu den Beschäftigungszeiten gemäß Abs. 2 zählen weder die Beschäftigungszeiten in der Kommunistischen Partei (Polnische Arbeiterpartei und Polnische Vereinigte Arbeiterpartei) noch die Beschäftigungszeiten zwischen dem 22. Juli 1944 und dem 1. Juli 1989 in den Organen der Staatssicherheit im Sinne des Art. 2 des Gesetzes über die Offenlegung der Arbeit und des Dienstes in den Organen der Staatssicherheit oder der Zusammenarbeit mit diesen

---

[103] Dies ist vergleichbar mit unserem sog. „dreizehnten Monatsgehalt".
[104] Die polnische „Pension" (*emerytura*) ist eine nicht nur Beamten zustehende Altersrente – in Abgrenzung zu anderen Renten.

Organen in den Jahren 1944-1990 durch Personen, die öffentliche Funktionen ausüben, vom 11. April 1997 (Dz. U. 1999, Nr. 42, Pos. 428).
(4) Die Abfindung gemäß Abs. 1 wird wie ein geldwerter Ausgleich für Erholungsurlaub berechnet.

Art. 88 (1) Dem Beamten des zivilen Dienstes steht nach mindestens zehn Dienstjahren im zivilen Dienst jährlich ein zusätzlicher Erholungsurlaub von sechs Arbeitstagen zu, und nach mindestens 20 Dienstjahren im zivilen Dienst von zwölf Arbeitstagen.
(2) Auf die Dienstzeit, die zum zusätzlichen Erholungsurlaub berechtigt, wird die Beschäftigungszeit in der öffentlichen Verwaltung angerechnet.

Art. 89 Für die Zeit der Arbeitsunfähigkeit infolge einer Krankheit stehen dem Beamten des zivilen Dienstes ein Jahr lang das Gehalt und das in gesonderten Vorschriften der Höhe und seinen Grundsätzen nach bestimmte Krankengeld zu.

Art. 90 (1) Dem Beamten des zivilen Dienstes kann nach mindestens zehn Dienstjahren ein jeweils höchstens sechsmonatiger bezahlter Urlaub zur Wiederherstellung der Gesundheit bewilligt werden.
(2) Der Urlaub zur Wiederherstellung der Gesundheit kann nicht bewilligt werden, wenn der Beamte des zivilen Dienstes ein Jahr lang wegen Arbeitsunfähigkeit infolge einer Krankheit nicht im Dienst war.
(3) Den Urlaub zur Wiederherstellung der Gesundheit bewilligt, auf einen mit einem ärztlichen Gutachten begründeten Antrag des Beamten des zivilen Dienstes hin, der Generaldirektor der Behörde.
(4) Der Generaldirektor der Behörde darf ohne ein ärztliches Gutachten, welches hinsichtlich des Dienstes auf dem bestimmten Dienstposten das Fehlen von Gegenanzeigen bestätigt, einen Beamten des zivilen Dienstes nicht zum Dienst zulassen, der einen Urlaub zur Wiederherstellung der Gesundheit genommen hat.
(5)[105] Den Urlaub zur Wiederherstellung der Gesundheit bewilligen: dem Chef des zivilen Dienstes sowie seinem Stellvertreter – der Ministerpräsident, und

---

[105] Art. 90 Abs. 5 mit Wirkung v. 1. 1. 2002 geändert durch Art. 4 Punkt 8 des Änderungsgesetzes zum Gesetz über die öffentlichen Finanzen, zum Gesetz über die Organisation und das Arbeitsverfahren des Ministerrats sowie über den Aufgabenbereich der Minister, zum Gesetz über die Zweige der Regierungsverwaltung sowie zum Gesetz über den zivilen Dienst v. 27. 7. 2001 (Dz. U. 2001, Nr. 102, Pos. 1116) und durch Art. 31 Punkt 7 des Änderungsgesetzes zum Gesetz über die Organisation und das Arbeitsverfahren des Ministerrats sowie über den Aufgabenbereich der Mi-

dem Hauptinspektor für die Interne Wirtschaftsprüfung und dem Generaldirektor der Behörde – der Chef des zivilen Dienstes. Die Vorschrift des Abs. 4 wird entsprechend angewandt.
(6) Auf die Dienstzeit, welche zum zusätzlichen Urlaub zur Wiederherstellung der Gesundheit berechtigt, wird die Beschäftigungszeit in der öffentlichen Verwaltung angerechnet.

Art. 91 (1) Erlöscht das Dienstverhältnis des Beamten des zivilen Dienstes wegen vorläufiger Festnahme, ist der Generaldirektor der Behörde des Beamten unter Berücksichtigung seiner beruflichen Vorbildung verpflichtet, ihn erneut einzustellen, wenn das Strafverfahren eingestellt wurde oder er vom Gericht für nicht schuldig befunden wurde, und wenn der Beamte innerhalb von sieben Tagen nach der Rechtskraft des Urteils seine Rückkehr in den Dienst angezeigt hat.
(2) Die Vorschrift des Abs. 1 wird bei der Beendigung des Dienstverhältnisses des Beamten des zivilen Dienstes aus dem in Art. 61 Abs. 1 Punkt 4 bestimmten Grund entsprechend angewandt.
(3) Die Vorschrift des Abs. 1 wird nicht angewandt, wenn das Strafverfahren wegen Verjährung oder einer Amnestie eingestellt wurde, und auch nicht im Falle einer bedingten Einstellung des Verfahrens.
(4) Bei Versagung einer erneuten Einstellung in den zivilen Dienst kann der in den Abs. 1 und 2 erwähnte Beamte beim Chef des zivilen Dienstes innerhalb von 14 Tagen nach der Zustellung der Entscheidung in dieser Angelegenheit Widerspruch erheben. Gegen die Entscheidung des Chefs des zivilen Dienstes kann beim Arbeitsgericht Berufung eingelegt werden.

Art. 92 (1) Die Dienstzeit der Korpsmitglieder darf acht Stunden pro Tag und 40 Stunden pro Woche in einem höchstens achtwöchigen Berechnungszeitraum nicht überschreiten.
(2) In Fällen, die in der Art des Dienstes und seiner Organisation begründet sind, können Dienstpläne aufgestellt werden, nach denen eine Verlängerung der Dienstzeit auf zwölf Stunden pro Tag zulässig ist. Die Dienstzeit nach diesen Dienstplänen darf jedoch 40 Stunden pro Woche in einem höchstens zwölfwöchigen Berechnungszeitraum nicht überschreiten.
(3) Den Wochendienstplan und die jeweiligen Tagesdienstpläne legt der Generaldirektor der Behörde nach den im Verordnungswege durch den Ministerpräsidenten bestimmten Grundsätzen fest.

---

nister, zum Gesetz über die Zweige der Regierungsverwaltung sowie zu einigen Gesetzen v. 21. 12. 2001 (Dz. U. 2001, Nr. 154, Pos. 1800).

(4) Wenn die Bedürfnisse der Behörde dies erfordern, tut das Korpsmitglied auf Anweisung des Vorgesetzten außerhalb der normalen Dienststunden, in Ausnahmefällen auch in der Nacht und an Sonn- und Feiertagen, Dienst.
(5) Dem Angestellten des zivilen Dienstes steht für Überstunden auf Anweisung des Vorgesetzten eine Dienstbefreiung gleichen Umfanges zu. Auf Antrag des Angestellten kann die Dienstbefreiung direkt vor Antritt oder nach Beendigung eines Erholungsurlaubes wahrgenommen werden.
(6) Dem Beamten des zivilen Dienstes steht für nächtliche Überstunden eine Dienstbefreiung gleichen Ausmaßes zu.
(7) Dem Beamten des zivilen Dienstes steht für Dienst an einem Sonntag ein dienstfreier Tag in der anschließenden Woche, und für Dienst an einem Feiertag ein anderer freier Tag zu.
(8) Die Vorschriften der Abs. 2 und 4 werden auf Frauen in der Schwangerschaft sowie – ohne ihre Zustimmung – auf Korpsmitglieder, die ständig pflegebedürftige Personen pflegen oder Kinder im Alter von unter acht Jahren beaufsichtigen, nicht angewandt.

Art. 93 (1) Dem Korpsmitglied stehen Pensions- und Rentenleistungen nach den in den Vorschriften über Pensionen und Renten aus dem Sozialversicherungsfonds bestimmten Grundsätzen zu.
(2) Bei einer Beendigung des Dienstverhältnisses des Angestellten des zivilen Dienstes wegen Auflösung der Behörde steht diesem Angestellten eine Pension zu, wenn er das 60. (bei Männern) bzw. das 55. Lebensjahr (bei Frauen) vollendet hat und wenn die erforderliche Beschäftigungszeit vorliegt.
(3) Die Vorschrift des Abs. 2 wird auf Personen angewandt, die vor dem 1. Januar 1949 geboren sind.

Art. 94 Der Ministerpräsident kann im Verordnungswege unter Berücksichtigung des besonderen Charakters der zu erledigenden Aufgaben und der Voraussetzungen ihrer Erledigung:
1. besondere Berechtigungen im Bereich des Gehalts und der anderen, einigen Kategorien von Korpsmitgliedern zustehenden Leistungen sowie die Grundsätze der Gewährung und Höhe dieser Leistungen bestimmen,
2. andere als in dem Gesetz vorgesehene Gehaltszulagen bestimmen,

wenn diese Leistungen und Zulagen in den beim In-Kraft-Treten des Gesetzes geltenden Vorschriften vorgesehen waren[106].

Art. 95[107] Den Korpsmitgliedern auf dem Dienstposten des Bildungskurators oder den Dienstposten, welche pädagogische Qualifikationen erfordern, stehen

---

[106] Vgl. VO v. 29. 10. 1999 (Dz. U. 1999, Nr. 89, Pos. 997).

die in den Art. 9a-9i, 30-33, 49 Abs. 1 Punkte 2 und 3, Art. 51, 58-60, 86, 88 und 90 der Charta des Lehrers vom 26. Januar 1982 (Dz. U. 1997, Nr. 56, Pos. 357; 1988, Nr. 106, Pos. 668 und Nr. 162, Pos. 1118; 2000, Nr. 12, Pos. 136; Nr. 19, Pos. 239; Nr. 22, Pos. 291 und Nr. 122, Pos. 1323 sowie 2001, Nr. 111, Pos. 1194) bestimmten Berechtigungen zu, und die Beschäftigungszeit auf diesen Dienstposten wird als Beschäftigungszeit anerkannt, von der die in diesem Gesetz bestimmten Berechtigungen des Lehrers abhängen.

Art. 96 Nach den in gesonderten Vorschriften bestimmten Grundsätzen genießen die Korpsmitglieder den für öffentliche Funktionäre vorgesehenen Schutz.

Art. 97 Die Vorschriften der Art. 78-87 und des Art. 92 werden auf den Chef des zivilen Dienstes und seinen Stellvertreter nicht angewandt.

Kapitel 8. Schulung und Fortbildung

Art. 98 (1) Das Korpsmitglied nimmt an Schulungen im zivilen Dienst teil.
(2) Die Schulungen im zivilen Dienst umfassen:
1. zentrale Schulungen, die vom Chef des zivilen Dienstes geplant, organisiert und beaufsichtigt werden,
2. allgemeine Schulungen, die vom Generaldirektor der Behörde geplant, organisiert und beaufsichtigt werden,
3. Schulungen im Rahmen des individuellen Programms zur beruflichen Fortbildung des Beamten des zivilen Dienstes, die vom Generaldirektor der Behörde jeweils im Einvernehmen mit dem Beamten des zivilen Dienstes in der entsprechenden Behörde geplant, organisiert und beaufsichtigt werden,
4. das Studium strategischer Maßnahmen für die Generaldirektoren der Behörden,
5. fachliche Schulungen, die vom Generaldirektor der Behörde geplant, organisiert und beaufsichtigt werden und mit den Behördenaufgaben verbundene Themen behandeln.

Art. 99 (1) Der Chef des zivilen Dienstes erstellt jährlich einen Plan der zentralen Schulungen im zivilen Dienst.
(2) Der Plan der zentralen Schulungen enthält insbesondere:

---

[107] Art. 95 geändert durch Art. 19 des Änderungsgesetzes zum Gesetz über das Bildungssystem, zu den Einführungsvorschriften zur Reform des Schulsystems, zur Charta des Lehrers sowie zu einigen anderen Gesetzen v. 23. 8. 2001 (Dz. U. 2001, Nr. 111, Pos. 1194).

1. die Schulungsprioritäten der Korpsmitglieder,
2. die Art der Schulungen, die im jeweiligen Jahr von besonderer Bedeutung sind,
3. weitere Anweisungen und Informationen für diejenigen Personen, die die Schulungen im zivilen Dienst planen, organisieren und beaufsichtigen.

(3) Bei der Erstellung der Schulungsprogramme kooperiert der Chef des zivilen Dienstes insbesondere mit der Landesschule für Öffentliche Verwaltung.

Art. 100 (1) Der Generaldirektor der Behörde erstellt, und zwar für jeden Beamten des zivilen Dienstes in seiner Behörde gesondert, das individuelle Programm zur beruflichen Fortbildung als Grundlage für die Schulungseinweisung des Beamten, wobei insbesondere zu berücksichtigen sind:
1. die vom direkten Vorgesetzten des Beamten vorgenommene Beurteilung des Beamten,
2. die beruflichen Perspektiven des Beamten,
3. die Bedürfnisse und Möglichkeiten der Behörde,
4. die in Übereinstimmung mit dem Beamten festgestellten Bedürfnisse und Möglichkeiten des Beamten.

(2) Das individuelle Programm zur beruflichen Fortbildung des Generaldirektors der Behörde wird vom Chef des zivilen Dienstes erstellt. Abs. 1 gilt entsprechend.

Art. 101 (1) Die Teilnahme des Korpsmitgliedes an den Schulungen des zivilen Dienstes gilt als gleichwertig mit der Erfüllung seiner dienstlichen Pflichten.

(2) Das Korpsmitglied erhält für die Teilnahme an den Schulungen des zivilen Dienstes keine Vergütung.

(3) In Ausnahmefällen kann der Generaldirektor der Behörde sich mit der teilweisen oder vollständigen Deckung der Kosten für die Teilnahme des Korpsmitgliedes an für den zivilen Dienst nicht vorgesehenen Schulungen oder Unterrichten einverstanden erklären.

Art. 102 (1) Der Generaldirektor der Behörde kann ein Korpsmitglied mit juristischer Ausbildung in die Gesetzgebungsapplikantur einweisen[108]. Die gegenseitigen Rechte und Pflichten der Behörde und des Korpsmitgliedes im Zusammenhang mit der Einweisung in die Gesetzgebungsapplikantur werden zwischen dem Generaldirektor der Behörde und dem Korpsmitglied vertraglich festgelegt.

---

[108] Es handelt sich hierbei um einen zehnmonatigen juristischen Vorbereitungsdienst für die Gesetzgebungstätigkeit (WiRO 1995, S. 431).

(2) Die Gesetzgebungsapplikantur endet mit einem Examen.
(3) Der Ministerpräsident bestimmt im Verordnungswege die genauen Grundsätze und die Art der Organisation und Ableistung der Applikantur, insbesondere: die im Laufe des Programms der Gesetzgebungsapplikantur zu behandelnden Rechtsgebiete, die Umstände der Aufnahme in die Applikantur, und zwar auch für Personen, die keine Korpsmitglieder sind, die Höhe und Zahlungsweise der Gebühr für die Teilnahme an der Applikantur, die Pflichten der Applikanten und ihrer Ausbilder, die genauen Grundsätze, Umstände und Etappen der Zulassung zum Abschlussexamen und seiner Durchführung, die Zusammensetzung der Prüfungskommission sowie ein Muster für die Bescheinigung des bestandenen Examens[109].

Art. 103 (1) Die Schulungskosten im zivilen Dienst werden gedeckt aus:
1. aus gesonderten Haushaltsmitteln der jeweiligen Behörden für die Finanzierung der allgemeinen Schulungen, der Schulungen im Rahmen des individuellen Programms zur beruflichen Fortbildung des Beamten des zivilen Dienstes sowie der fachlichen Schulungen,
2. einer den Schulungen der Korpsmitglieder gewidmeten Haushaltsreserve für die Finanzierung der zentralen Schulungen sowie des Studiums strategischer Maßnahmen.

Art. 104 Der Ministerpräsident bestimmt im Verordnungswege die besonderen Umstände der Organisation und Durchführung der Schulungen im zivilen Dienst, insbesondere:
1. die Kriterien, die diejenigen erfüllen müssen, die mit der Durchführung der Schulungen betraut sind,
2. die Art und Umstände der Beurteilung der durchgeführten Schulungen[110].

Art. 105[111] Die Vorschriften des vorliegenden Kapitels werden auf den Chef des zivilen Dienstes und seinen Stellvertreter nicht angewandt.

---

[109] Vgl. VO v. 27. 4. 2000 (Dz. U. 2000, Nr. 38, Pos. 422).
[110] Vgl. VO v. 22. 3. 2000 (Dz. U. 2000, Nr. 22, Pos. 280).
[111] Art. 105 mit Wirkung v. 1. 1. 2002 geändert durch Art. 31 Punkt 3 des Änderungsgesetzes zum Gesetz über die Organisation und das Arbeitsverfahren des Ministerrats sowie über den Aufgabenbereich der Minister, zum Gesetz über die Zweige der Regierungsverwaltung sowie zu einigen Gesetzen v. 21. 12. 2001 (Dz. U. 2001, Nr. 154, Pos. 1800).

Kapitel 9. Disziplinarische Verantwortlichkeit

Art. 106 (1) Der Beamte und der Angestellte des zivilen Dienstes sind bei Verletzung der Pflichten der Korpsmitglieder disziplinarisch verantwortlich.
(2)[112] Das Disziplinarverfahren darf frühestens drei Monate nach der Kenntnisnahme des Generaldirektors von der Pflichtverletzung des Korpsmitgliedes und spätestens zwei Jahre nach dieser Pflichtverletzung beginnen. Bei einer Pflichtverletzung durch den Hauptinspektor für die interne Wirtschaftsprüfung oder den Generaldirektor der Behörde berechnet sich die Dreimonatsfrist nach dem Tag der Kenntnisnahme durch den Chef des zivilen Dienstes.
(3) Wenn dem Korpsmitglied seine Stellungnahme wegen Abwesenheit vom Dienst unmöglich ist, beginnt die Dreimonatsfrist nicht zu laufen, und eine laufende Frist ist bis zum Tag seiner Rückkehr gehemmt.
(4) Wenn die Pflichtverletzung des Korpsmitgliedes eine vorsätzliche Straftat enthält richtet sich die Verjährung nach den Vorschriften des Strafgesetzbuches.

Art. 107 (1) Gegen die Beamten des zivilen Dienstes werden folgende Disziplinarstrafen verhängt:
1. Ermahnung,
2. Verweis,
3. zweijährige Versagung der Beförderung auf einen höheren Dienstgrad,
4. Degradierung auf einen niedrigeren Dienstgrad im zivilen Dienst,
5. zweijähriges Verbot der Teilnahme an einem Wettbewerb um einen höheren Dienstposten im zivilen Dienst,
6. zwei- bis fünfjähriges Verbot, einen höheren Dienstposten im zivilen Dienst zu besetzen,
7. Entfernung aus dem zivilen Dienst.

(2) Gegen die Angestellten des zivilen Dienstes werden folgende Disziplinarstrafen verhängt:
1. Ermahnung,
2. Verweis,

---

112 Art. 106 Abs. 2 S. 2 mit Wirkung v. 1. 1. 2002 geändert durch Art. 4 Punkt 9 des Änderungsgesetzes zum Gesetz über die öffentlichen Finanzen, zum Gesetz über die Organisation und das Arbeitsverfahren des Ministerrats sowie über den Aufgabenbereich der Minister, zum Gesetz über die Zweige der Regierungsverwaltung sowie zum Gesetz über den zivilen Dienst v. 27. 7. 2001 (Dz. U. 2001, Nr. 102, Pos. 1116) und durch Art. 31 Punkt 8 des Änderungsgesetzes zum Gesetz über die Organisation und das Arbeitsverfahren des Ministerrats sowie über den Aufgabenbereich der Minister, zum Gesetz über die Zweige der Regierungsverwaltung sowie zu einigen Gesetzen v. 21. 12. 2001 (Dz. U. 2001, Nr. 154, Pos. 1800).

3. scharfer Verweis,
4. Verweis mit zweijähriger Versagung der Höhergruppierung,
5. Eingruppierung in eine niedrigere Vergütungsgruppe,
6. Entlassung aus dem Dienst in der Behörde.

(3) Die rechtskräftige Verhängung der in Abs. 2 Punkt 6 erwähnten Disziplinarstrafe hat das Erlöschen des Dienstverhältnisses zur Folge.

(4) Die rechtskräftige Verhängung der in Abs. 1 Punkt 7 und Abs. 2 Punkt 6 erwähnten Disziplinarstrafen hat ein fünfjähriges Bewerbungsverbot für den zivilen Dienst zur Folge.

Art. 108 (1) Bei leichteren Pflichtverletzungen des Korpsmitgliedes kann der Generaldirektor der Behörde einen schriftlichen Verweis erteilen. Dem kann ein Untersuchungsverfahren vorangehen.

(2) Das Korpsmitglied kann innerhalb von sieben Tagen nach Erteilung des Verweises beim Generaldirektor der Behörde Widerspruch erheben.

(3) Wird ein Widerspruch gemäß Abs. 2 erhoben, übergibt der Generaldirektor die Angelegenheit dem Disziplinaranwalt.

(4)[113] Im Falle einer Pflichtverletzung gemäß Abs. 1 durch den Hauptinspektor für die interne Wirtschaftsprüfung oder den Generaldirektor der Behörde wird der Verweis durch den Chef des zivilen Dienstes erteilt. Die Abs. 2 und 3 werden entsprechend angewandt.

Art. 109 Über die Disziplinarangelegenheiten der Korpsmitglieder entscheiden die Disziplinarkommissionen, und zwar:
1. in erster Instanz die Disziplinarkommission der Behörde,
2. in zweiter Instanz die Höhere Disziplinarkommission des zivilen Dienstes, welche im folgenden „Höhere Disziplinarkommission“ genannt wird.

Art. 110 (1) Die Disziplinarkommission der Behörde wird vom Generaldirektor der Behörde aus dem Kreis der Korpsmitglieder der Behörde berufen. Gegebenenfalls kann der Chef des zivilen Dienstes eine Disziplinarkommission für mehrere Behörden bilden.

---

[113] Art. 108 Abs. 4 mit Wirkung v. 1. 1. 2002 geändert durch Art. 4 Punkt 9 des Änderungsgesetzes zum Gesetz über die öffentlichen Finanzen, zum Gesetz über die Organisation und das Arbeitsverfahren des Ministerrats sowie über den Aufgabenbereich der Minister, zum Gesetz über die Zweige der Regierungsverwaltung sowie zum Gesetz über den zivilen Dienst v. 27. 7. 2001 (Dz. U. 2001, Nr. 102, Pos. 1116) und durch Art. 31 Punkt 8 des Änderungsgesetzes zum Gesetz über die Organisation und das Arbeitsverfahren des Ministerrats sowie über den Aufgabenbereich der Minister, zum Gesetz über die Zweige der Regierungsverwaltung sowie zu einigen Gesetzen v. 21. 12. 2001 (Dz. U. 2001, Nr. 154, Pos. 1800).

(2) Die aus mindestens zehn Korpsmitgliedern, einschließlich des Vorsitzenden und seiner Stellvertreter, bestehende Disziplinarkommission der Behörde wird für drei Jahre berufen.
(3) Die Disziplinarkommission der Behörde beruft aus ihrer Mitte den Kommissionsvorsitzenden und seine Stellvertreter.
(4) Die Arbeitsweise der Disziplinarkommission der Behörde wird in einer von der Kommission erlassenen und vom Generaldirektor der Behörde bestätigten Geschäftsordnung festgelegt.

Art. 111[114] (1) Die Höhere Disziplinarkommission wird vom Ministerpräsidenten berufen.
(2) Die Höhere Disziplinarkommission setzt sich aus 15 Mitgliedern zusammen, die vom Ministerpräsidenten für sechs Jahre berufen werden, darunter zwölf Mitglieder, die auf Antrag des Chefs des zivilen Dienstes aus dem Kreis der Beamten des zivilen Dienstes berufen werden, sowie drei Mitglieder, die vom Generaldirektor des auswärtigen Dienstes aus dem Kreis der Mitglieder des diplomatisch-konsularischen Personals berufen werden. Die Mitglieder der Höheren Disziplinarkommission üben ihr Amt bis zur Berufung ihrer Nachfolger aus.
(3) Die Höhere Disziplinarkommission beruft aus ihrer Mitte den Vorsitzenden der Höheren Disziplinarkommission und seine Stellvertreter.
(4) Die Arbeitsweise der Höheren Disziplinarkommission wird in einer von der Kommission erlassenen Geschäftsordnung festgelegt.
(5) Das Amt des zivilen Dienstes stellt das Bedienungspersonal der Höheren Disziplinarkommission.

Art. 112 (1) Während der Arbeit in den Disziplinarkommissionen werden ihre Mitglieder vom Dienst freigestellt.
(2) Die Vorschriften des Art. 17 werden auf die Kommissionsmitglieder entsprechend angewandt.

Art. 113 (1) Der Ministerpräsident bestimmt im Verordnungswege das Gehalt der Mitglieder der Höheren Disziplinarkommission sowie der Disziplinarkommission der Behörde, indem er das niedrigste Angestelltengehalt als Bemessungsgrundlage für die Höhe des Gehalts des Vorsitzenden, der Stellvertretenden Vorsitzenden und der übrigen Kommissionsmitglieder heranzieht[115].

---

[114] Art. 111 Abs. 1 und 2 geändert durch Art. 50 des Gesetzes über den auswärtigen Dienst v. 27. 7. 2001 (Dz. U. 2001, Nr. 128, Pos. 1403).
[115] Vgl. VO v. 26. 1. 2000 (Dz. U. 2000, Nr. 6, Pos. 71).

Art. 114 (1) Die Höhere Disziplinarkommission entscheidet über Berufungen gegen Entscheidungen der Disziplinarkommissionen der Behörden.
(2)[116] Über die Disziplinarangelegenheiten des Hauptinspektors für die interne Wirtschaftsprüfung sowie der Generaldirektoren der Behörden entscheidet in erster und zweiter Instanz die Höhere Disziplinarkommission, wobei sie in zweiter Instanz in voller Besetzung entscheidet.

Art. 115 (1) Die Mitglieder der Disziplinarkommissionen sind im Bereich ihrer Disziplinarentscheidungen unabhängig und an Entscheidungen anderer Spruchkörper nicht gebunden, mit Ausnahme von Gerichtsurteilen.

Art. 116 (1) Die Disziplinarkommissionen entscheiden in folgender Zusammensetzung:
1. in erster Instanz:
   a) drei Mitglieder, wenn der Disziplinaranwalt die Verhängung einer der in Art. 107 Abs. 1 Punkte 1-4 sowie Abs. 2 Punkte 1-3 beschriebenen Strafen beantragt hat,
   b) fünf Mitglieder mit einem juristisch ausgebildeten Vorsitzenden, wenn der Disziplinaranwalt die Verhängung einer der in Art. 107 Abs. 1 Punkte 5-7 sowie Abs. 2 Punkte 4-6 beschriebenen Strafen beantragt hat,
2. in zweiter Instanz fünf Mitglieder, wovon bei der Verhandlung von Angelegenheiten, bei denen eine der in Art. 107 Abs. 1 Punkte 5-7 sowie Abs. 2 Punkte 4-6 beschriebenen Strafen verhängt wurde, mindestens zwei eine juristische Ausbildung haben sollten.

(2) Der Vorsitzende der Disziplinarkommission bestimmt die Zusammensetzung des Spruchkörpers und den Verhandlungstermin.
(3) In die Beamten des zivilen Dienstes betreffenden Angelegenheiten ist der Vorsitzende des Spruchkörpers ein Beamter des zivilen Dienstes.

---

[116] Art. 114 Abs. 2 mit Wirkung v. 1. 1. 2002 geändert durch Art. 4 Punkt 9 des Änderungsgesetzes zum Gesetz über die öffentlichen Finanzen, zum Gesetz über die Organisation und das Arbeitsverfahren des Ministerrats sowie über den Aufgabenbereich der Minister, zum Gesetz über die Zweige der Regierungsverwaltung sowie zum Gesetz über den zivilen Dienst v. 27. 7. 2001 (Dz. U. 2001, Nr. 102, Pos. 1116) und durch Art. 31 Punkt 4 des Änderungsgesetzes zum Gesetz über die Organisation und das Arbeitsverfahren des Ministerrats sowie über den Aufgabenbereich der Minister, zum Gesetz über die Zweige der Regierungsverwaltung sowie zu einigen Gesetzen v. 21. 12. 2001 (Dz. U. 2001, Nr. 154, Pos. 1800).

Art. 117[117] (1) Der Generaldirektor der Behörde beruft den Disziplinaranwalt der Behörde aus dem Kreis der ihm untergebenen Beamten des zivilen Dienstes, und der Chef des zivilen Dienstes beruft den Disziplinaranwalt für die Disziplinarangelegenheiten des Sekretärs des Ministerrats, des Hauptinspektors für die interne Wirtschaftsprüfung und des Generaldirektors der Behörde.
(2) Der Disziplinaranwalt leitet das Untersuchungsverfahren auf Anweisung des Generaldirektors der Behörde oder – in den Disziplinarangelegenheiten des Hauptinspektors für die interne Wirtschaftsprüfung und des Generaldirektors der Behörde – auf Anweisung des Chefs des zivilen Dienstes ein und informiert sie über die getroffenen Feststellungen. Der Disziplinaranwalt benachrichtigt die betroffene Person über die Einleitung des Untersuchungsverfahrens.
(3) Der Disziplinaranwalt entscheidet, ob er bei der Disziplinarkommission die Einleitung eines Disziplinarverfahrens beantragt oder ob er mit Zustimmung des Generaldirektors der Behörde das Untersuchungsverfahren einstellt.

Art. 118 (1) Die Disziplinarkommission der Behörde leitet das Disziplinarverfahren am Tag seiner Beantragung durch den Disziplinaranwalt ein.
(2) Der Angeklagte ist, vorbehaltlich der gesetzlichen Geheimhaltungsvorschriften, berechtigt, die Hilfe eines Verteidigers seiner Wahl in Anspruch zu nehmen. Wenn der Disziplinaranwalt die Entfernung aus dem Dienst beantragt und der Angeklagte keinen Wahlverteidiger hat, bestimmt der Vorsitzende des Spruchkörpers einen Pflichtverteidiger aus dem Kreis der Beamten des zivilen Dienstes.
(3) Die Disziplinarkommission fällt ihr Urteil nach der mündlichen Verhandlung, in deren Verlauf sie den Disziplinaranwalt und den Angeklagten und, falls vorhanden, seinen Verteidiger angehört hat, sowie nach Heranziehung anderer für die Angelegenheit bedeutsamer Beweismittel.
(4) Ein unentschuldigtes Fehlen des Angeklagten oder seines Verteidigers verhindert nicht die Untersuchung der Angelegenheit.
(5) Die Verhandlung ist öffentlich. In begründeten Fällen kann der Spruchkörper die Öffentlichkeit der Verhandlung ausschließen, jedenfalls ist aber die Urteilsverkündung öffentlich.

---

[117] Art. 117 Abs. 1 und 2 mit Wirkung v. 1. 1. 2002 geändert durch Art. 4 Punkt 9 des Änderungsgesetzes zum Gesetz über die öffentlichen Finanzen, zum Gesetz über die Organisation und das Arbeitsverfahren des Ministerrats sowie über den Aufgabenbereich der Minister, zum Gesetz über die Zweige der Regierungsverwaltung sowie zum Gesetz über den zivilen Dienst v. 27. 7. 2001 (Dz. U. 2001, Nr. 102, Pos. 1116) und durch Art. 31 Punkte 5 und 9 des Änderungsgesetzes zum Gesetz über die Organisation und das Arbeitsverfahren des Ministerrats sowie über den Aufgabenbereich der Minister, zum Gesetz über die Zweige der Regierungsverwaltung sowie zu einigen Gesetzen v. 21. 12. 2001 (Dz. U. 2001, Nr. 154, Pos. 1800).

(6) Das Urteil wird den Parteien spätestens sieben Tage nach der Urteilsverkündung zugestellt.
(7) Die Parteien können innerhalb von 14 Tagen nach der Zustellung des Urteils der Disziplinarkommission der Behörde Berufung bei der Höheren Disziplinarkommission einlegen.

Art. 119 (1) Im Verfahren vor der Höheren Disziplinarkommission werden die Vorschriften des Art. 118 Abs. 1-6 entsprechend angewandt.
(2) Die Parteien sowie der Chef des zivilen Dienstes können gegen die Urteile der Höheren Disziplinarkommission Berufung beim Appellationsgericht in Warschau einlegen.
(3) Auf die Untersuchung der Berufung werden die Vorschriften des Zivilverfahrensgesetzbuches über die Appellation entsprechend angewandt.

Art. 120 (1) Eine Abschrift des rechtskräftigen Urteils der Disziplinarkommission wird in die Personalakten des Korpsmitgliedes aufgenommen.
(2) Der Generaldirektor vollstreckt die in Art. 107 Abs. 1 Punkte 3-6 sowie Abs. 2 Punkt 5 erwähnten Strafen, sobald das Urteil rechtskräftig ist.

Art. 121 (1) Nach Ablauf von drei Jahren seit der Zustellung des rechtskräftigen Urteils unterliegen die in Art. 107 Abs. 1 Punkte 1-5 sowie Abs. 2 Punkte 1-5 beschriebenen Disziplinarstrafen der Löschung und die den Personalakten beigefügte Urteilsabschrift der Vernichtung. Auf Antrag des Verurteilten kann die Löschung bereits nach Ablauf von zwei Jahren erfolgen.
(2) Wenn gegen das Korpsmitglied in der Zeit vor der Löschung erneut eine Disziplinarstrafe verhängt wird, beginnt die Dreijahresfrist gemäß Abs. 1 mit der Zustellung des neuen rechtskräftigen Urteils erneut zu laufen.
(3) Bei Verhängung einer der in Art. 107 Abs. 1 Punkte 6 und 7 sowie Abs. 2 Punkt 6 beschriebenen Disziplinarstrafen erfolgen Löschung und Vernichtung der Urteilsabschrift drei Jahre nach dem Ablauf der Zeit, für die die Strafe verhängt wurde oder der in Art. 107 Abs. 4 beschriebenen Zeit.

Art. 122 Im Verfahren vor den Disziplinarkommissionen werden bei Fragen, die im vorliegenden Kapitel nicht geregelt sind, die Vorschriften des Strafverfahrensgesetzbuches entsprechend angewandt.

Art. 123 (1) Die Kosten eines Wahlverteidigers, der nicht Korpsmitglied ist, trägt der Angeklagte.
(2) Die Kosten der von der Disziplinarkommission berufenen Sachverständigen und die Kosten der von ihr in Auftrag gegebenen Expertisen trägt die Behörde, bei der die Disziplinarkommission eingerichtet ist.

Art. 124 Die Vorschriften des vorliegenden Kapitels werden auf den Chef des zivilen Dienstes und seinen Stellvertreter nicht angewandt.

Kapitel 10. Änderungen geltender Vorschriften

Art. 125 – 135 (*vom Abdruck wurde abgesehen*)

Kapitel 11. Übergangs- und Anpassungsvorschriften

Art. 136 (1) Mit dem Tag des In-Kraft-Tretens des Gesetzes werden, vorbehaltlich des Art. 137, die Angestellten auf den in Art. 2 beschriebenen Dienstposten von Rechts wegen Angestellte des zivilen Dienstes.
(2) Das nach den Vorschriften des vorliegenden Gesetzes berechnete Monatsgehalt der in Abs. 1 erwähnten Personen darf nicht niedriger sein als ihr bisheriges Monatsgehalt.

Art. 137 (1) Die Dienstverhältnisse in den in Art. 2 erwähnten Behörden, die vor dem In-Kraft-Treten des Gesetzes durch Ernennung gemäß den Grundsätzen des Gesetzes über die in den staatlichen Behörden Beschäftigten begründet worden sind, bleiben höchstens bis zum 31. Dezember 2003 bestehen, wenn sie nicht vorher nach den Vorschriften des vorliegenden Gesetzes verwandelt worden, aufgelöst worden oder erlöscht sind.
(2) Mit Wirkung zum 1. Januar 2004 verwandeln sich die bisherigen Dienstverhältnisse der auf Grund einer Ernennung nach den im Gesetz über die in den staatlichen Behörden Beschäftigten bestimmten Grundsätzen beschäftigten Personen in unbefristete Angestelltenverhältnisse.

Art. 138 (1) Auf die Beamten nach dem Gesetz über die in den staatlichen Behörden Beschäftigten werden Art. 10 Abs. 1a, 1b und 5, Art. 13-16 sowie Art. 27 Abs. 3 dieses Gesetzes angewandt.
(2) Die aus dem Amt eines Organs der Staatsverwaltung oder aus einer anderen leitenden Stellung in der Staatsverwaltung abberufenen Personen, die vor ihrer Berufung Staatsbeamte nach dem Gesetz über die in den staatlichen Behörden Beschäftigten waren, werden zu Angestellten des zivilen Dienstes, und auf sie wird Art. 45 Abs. 2 des Gesetz über die in den staatlichen Behörden Beschäftigten entsprechend angewandt.

Art. 139 (1) Mit dem Tag des In-Kraft-Tretens des Gesetzes werden die Beamten des zivilen Dienstes, die auf Grund der Vorschriften des Gesetzes über den zivilen Dienst vom 5. Juli 1996 (Dz. U. 1996, Nr. 89, Pos. 402; 1997, Nr. 106,

Pos. 679; 1998, Nr. 58, Pos. 366 und Nr. 162, Pos. 1126) ernannt worden sind, Beamte des zivilen Dienstes im Sinne des vorliegenden Gesetzes.
(2) Die in Abs. 1 erwähnten Beamten erhalten den niedrigsten Dienstgrad im zivilen Dienst.
(3) Auf die Gehälter der in Abs. 1 erwähnten Beamten werden die auf Grund des vorliegenden Gesetzes erlassenen Vorschriften über das Gehalt im zivilen Dienst angewandt.
(4) Ist das Gehalt der in Abs. 1 erwähnten Beamten niedriger als vorher, so erhalten sie für einen Zeitraum von drei Monaten nach dem In-Kraft-Treten des Gesetzes eine Ausgleichszulage in Höhe des Unterschiedsbetrages.

Art. 140 Bis zum In-Kraft-Treten des in Art. 2 Abs. 4 erwähnten Gesetzes werden auf die im diplomatisch-konsularischen Dienst beschäftigten Korpsmitglieder die Vorschriften des vorliegenden Gesetzes mit den Änderungen und Ergänzungen gemäß den auf Grund des Gesetzes über die in den staatlichen Behörden Beschäftigten ergangenen Durchführungsvorschriften angewandt.

Art. 141 Auf die in der Zollverwaltung beschäftigten Korpsmitglieder werden die Vorschriften des vorliegenden Gesetzes mit den Änderungen und Ergänzungen gemäß der auf Grund Art. 47 des Gesetzes über die in den staatlichen Behörden Beschäftigten ergangenen Durchführungsvorschrift angewandt.

Art. 142 (1) Die Vorschriften, die vor dem In-Kraft-Treten des vorliegenden Gesetzes auf Grund der Art. 2 Punkt 1, Art. 7 Abs. 6, Art. 21 Abs. 3, Art. 22 Abs.2, Art. 23 Abs. 2, Art. 30 Abs. 1, Art. 47^1 Abs. 3 im Zusammenhang mit Art. 48 Abs. 1 Punkte 1 und 2 des Gesetzes über die in den staatlichen Behörden Beschäftigten ergangen sind, behalten ihre Gültigkeit bis zum Erlass der in Art. 48 erwähnten Vorschriften.

Art. 143 (1) Auf die Angestellten des zivilen Dienstes, die beim In-Kraft-Treten dieses Gesetzes seit mindestens zwei Jahren in der öffentlichen Verwaltung arbeiten, wird die Vorschrift des Art. 28 Punkt 2 nicht angewandt.
(2) Während eines Zeitraums von zwei Jahren nach dem In-Kraft-Treten des Gesetzes gilt als Arbeitserfahrung im zivilen Dienst gemäß Art. 28 Punkt 3 auch die Arbeitserfahrung in der öffentlichen Verwaltung.

Art. 144 (1) Während eines Zeitraums von zwei Jahren nach dem In-Kraft-Treten des Gesetzes können sich auch Personen, die keine Beamten des zivilen Dienstes sind, für die in Art. 41 Abs. 1 erwähnten Dienstposten bewerben.

(2) Mit den Personen, die keine Beamten des zivilen Dienstes sind und sich für die in Art. 41 Abs. 1 Punkt 1 erwähnten Dienstposten bewerben, schließt der Ministerpräsident einen Arbeitsvertrag ab.
(3) Auf die Personen, die keine Beamten des zivilen Dienstes sind und sich für die in Art. 41 Abs. 1 Punkt 2 erwähnten Dienstposten bewerben, werden die Vorschriften des Art. 48 entsprechend angewandt.

Art. 144a[118] (1) In dem Zeitraum bis zum 31. 12. 2002, wenn dies durch die Bedürfnisse einer Behörde gerechtfertigt ist, kann der Chef des zivilen Dienstes auf Antrag des Generaldirektors der Behörde jederzeit die freien Dienstposten gemäß Art. 41 Abs. 1 Punkt 2 durch Personen besetzen, die keine Korpsmitglieder sind und die in Art. 4 beschriebenen Voraussetzungen erfüllen.
(2) Wenn dies durch die Bedürfnisse einer Behörde gerechtfertigt ist, schließt der Ministerpräsident in Bezug auf die Dienstposten gemäß Art. 41 Abs. 1 Punkt 1 auf einen nach Einholung der Stellungnahme des Chefs des zivilen Dienstes vorgelegten Antrag des zuständigen Ministers, des Leiters der Zentralbehörde oder des Woiwoden hin einen Arbeitsvertrag mit den Personen, welche die in Art. 4 beschriebenen Voraussetzungen erfüllen.
(3) Auf die in Abs. 1 oder 2 beschriebenen Situationen werden die Anforderungen des Art. 22 entsprechend angewandt.
(4) Mit einer Person, die kein Korpsmitglied ist und der die Erfüllung der Pflichten gemäß Abs. 1 oder 2 übertragen wurde, wird bis zum Tag der Besetzung dieses Dienstpostens im Wege des Wettbewerbs, jedoch nicht länger als für sechs Monate, ein befristeter Arbeitsvertrag abgeschlossen. Eine frühere Entbindung von den übertragenen Pflichten hat die Rechtsfolgen einer Kündigung des Arbeitsverhältnisses durch den Arbeitgeber.

Art. 145[119] (1) Die Dienstverhältnisse der Personen, die beim In-Kraft-Treten des vorliegenden Gesetzes die Dienstposten des Chefs des zivilen Dienstes, des Generaldirektors der Behörde gemäß Art. 93 des Gesetzes über den zivilen Dienst vom 5. Juli 1996 besetzen, verwandeln sich von Rechts wegen in

---

118 Art. 144a mit Wirkung vom 1. 1. 2002 eingefügt durch Art. 31 Punkt 10 des Änderungsgesetzes zum Gesetz über die Organisation und das Arbeitsverfahren des Ministerrats sowie über den Aufgabenbereich der Minister, zum Gesetz über die Zweige der Regierungsverwaltung sowie zu einigen Gesetzen v. 21. 12. 2001 (Dz. U. 2001, Nr. 154, Pos. 1800).

119 Art. 145 mit Wirkung vom 1. 1. 2002 geändert durch Art. 31 Punkt 11 des Änderungsgesetzes zum Gesetz über die Organisation und das Arbeitsverfahren des Ministerrats sowie über den Aufgabenbereich der Minister, zum Gesetz über die Zweige der Regierungsverwaltung sowie zu einigen Gesetzen v. 21. 12. 2001 (Dz. U. 2001, Nr. 154, Pos. 1800).

Dienstverhältnisse auf Grund Berufung, die bis zu einer dem vorliegenden Gesetz entsprechenden Besetzung dieser Dienstposten, höchstens jedoch für einen Zeitraum von zwei Jahren nach dem In-Kraft-Treten des vorliegenden Gesetzes befristet sind.
(2) Der Chef des zivilen Dienstes wird vom Ministerpräsidenten abberufen, und der Generaldirektor der Behörde vom Chef des zivilen Dienstes.
(3) Auf die in Abs. 1 erwähnten Personen werden die die Angestellten des zivilen Dienstes betreffenden Vorschriften des vorliegenden Gesetzes angewandt.
(4) Gegenüber dem Generaldirektor der Behörde ist der Chef des zivilen Dienstes für die in Art. 30 Abs. 3 sowie Art. 40 Abs. 1 erwähnten Tätigkeiten zuständig.

Art. 146 (1) Die Person, die gemäß Art. 93 des Gesetzes über den zivilen Dienst vom 5. Juli 1996 den Dienstposten des Chefs des zivilen Dienstes besetzt, kann im Verlaufe eines Monats nach dem In-Kraft-Treten des Gesetzes beim Ministerpräsidenten die Ernennung in den zivilen Dienst beantragen.
(2) Die Ernennung der in Abs. 1 erwähnten Person vollzieht der Ministerpräsident im Namen der Republik Polen.

Art. 146a[120] (1) Im Jahr 1999 reichen die Angestellten des zivilen Dienstes, die sich um eine Beamtenernennung in den zivilen Dienst bewerben, beim Chef des zivilen Dienstes ihre in Art. 30 Abs. 1 erwähnten Anmeldungen zum Qualifikationsverfahren bis zum 31. Oktober 1999 ein.
(2) Im Jahr 1999 beantragen die in Art. 30 Abs. 2 erwähnten Absolventen der Landesschule für Öffentliche Verwaltung beim Chef des zivilen Dienstes ihre Beamtenernennung in den zivilen Dienst bis zum 31. Oktober 1999.

Art. 147 (1) Für einen Zeitraum von zwei Jahren nach dem In-Kraft-Treten des Gesetzes kann die Höhere Disziplinarkommission auch mit Angestellten des zivilen Dienstes besetzt sein.
(2) Während des In Abs. 1 erwähnten Zeitraums kann das Amt des Disziplinaranwalts der Behörde auch von einem Angestellten des zivilen Dienstes wahrgenommen werden.

---

[120] Art. 146a eingeführt durch Art. 11 des Änderungsgesetzes zum Gesetz über die Zweige der Regierungsverwaltung sowie zu einigen anderen Gesetzen v. 24. 7. 1999 (Dz. U. 1999, Nr. 70, Pos. 778).

Art. 147a[121] Bis zum 31. Dezember 2003 kann die Funktion des Disziplinaranwalts der Behörde ein Beschäftigter des zivilen Dienstes ausüben.

Art. 148 (1) In den ersten Rat des zivilen Dienstes beruft der Ministerpräsident die vier in Art. 15 Abs. 2 erwähnten Ratsmitglieder für drei Jahre und die übrigen vier Mitglieder für sechs Jahre.
(2) In den ersten Rat des zivilen Dienstes beruft der Ministerpräsident die in Art. 15 Abs. 3 erwähnten Ratsmitglieder für den bis zur Beendigung der Legislaturperiode des am 21. August 1997 gewählten Sejm verbleibenden Zeitraum.

Kapitel 12. Schlussvorschriften

Art. 149 Das Gesetz über den zivilen Dienst vom 5. Juli 1996 (Dz. U. 1996, Nr. 89, Pos. 402; 1997, Nr. 106, Pos. 679; 1998, Nr. 58, Pos. 366; Nr. 162, Pos. 1126) tritt außer Kraft.

Art. 150 Das Gesetz tritt einen Monat nach der Bekanntmachung in Kraft.

---

[121] Art. 147a eingeführt durch Art. 1 des Änderungsgesetzes zum Gesetz über den zivilen Dienst v. 24. 7. 2002 (Dz. U. 2002, Nr. 150, Pos. 1237).

Rechtsquellenverzeichnis*

1918:
Vorläufige Dienstvorschriften für die Staatsbeamten v. 11. 6. 1918 (Dz. Pr. 1918, Nr. 6, Pos. 13).

1921:
Verfassung der Republik Polen v. 17. 3. 1921 (Dz. U. 1921, Nr. 44, Pos. 267).

1922:
Gesetz v. 17. 2. 1922 über den *staatlichen zivilen Dienst* (Dz. U. 1922, Nr. 21, Pos. 164; Nr. 67, Pos. 606; 1924, Nr. 29, Pos. 286; 1925, Nr. 32, Pos. 224; Nr. 43, Pos. 294; Nr. 129, Pos. 920; 1926, Nr. 127, Pos. 739; 1927, Nr. 31, Pos. 255; Nr. 114, Pos. 969; 1928, Nr. 38, Pos. 367; 1930, Nr. 86, Pos. 658; 1932, Nr. 87, Pos. 737; Nr. 93, Pos. 804; 1933, Nr. 86, Pos. 661; 1939, Nr. 18, Pos. 107; 1948, Nr. 50, Pos. 381; einheitliche Fassung: Dz. U. 1949, Nr. 11, Pos. 72 m.w.Ä.); dt. Übers. v. *Redecker*, s. Anhang I.

1923:
Gesetz v. 11. 12. 1923 über die *Ruhestandsversorgung der staatlichen Funktionäre* und der Berufssoldaten (Dz. U. 1924, Nr. 6, Pos. 46; 1931, Nr. 42, Pos. 380; 1934, Nr. 20, Pos. 160 m.w.Ä.).

1933:
Verordnung des Präsidenten der Republik v. 28. 10. 1933 über die *Bezüge* der staatlichen Funktionäre (Dz. U. 1933, Nr. 86, Pos. 663).

1944:
Dekret v. 27. 12. 1944 über die *vorläufige Regelung des Dienstverhältnisses und die Einstufung der staatlichen Funktionäre* (Dz. U. 1944, Nr. 16, Pos. 89).

1946 :
Dekret v. 14. 5. 1946 über die *vorläufige Regelung der Dienstbeziehung der staatlichen Funktionäre* (Dz. U. 1946, Nr. 22, Pos. 139 ; 1947, Nr. 65, Pos. 382 ; 1948, Nr. 50, Pos. 382).

---

* Fundstellenverzeichnis einiger, für den vorliegenden Zusammenhang wichtiger Rechtsquellen.

1947:
Dekret v. 22. 10. 1947 über die Regelung des *Arbeitsverhältnisses der im Ausland verweilenden öffentlichen Beschäftigten* (Dz. U. 1947, Nr. 65, Pos. 387).

1948:
Dekret v. 6. 10. 1948 über den *Diensteid* der Minister, Staatsfunktionäre, Richter und Staatsanwälte sowie der Funktionäre des öffentlichen Sicherheitsdienstes (Dz. U. 1948, Nr. 49, Pos. 370);
Dekret v. 25. 10. 1948 über die Änderung des Gesetzes v. 17. 2. 1922 über den *staatlichen zivilen Dienst* (Dz. U. 1948, Nr. 50, Pos. 381).

1949:
Bekanntmachung des Vorsitzenden des Ministerrats v. 8. 1. 1949 über die Bekanntgabe einer einheitlichen Fassung des Gesetzes vom 17. 2. 1922 über den *staatlichen zivilen Dienst* (Dz. U. 1949, Nr. 11, Pos. 72);
Gesetz v. 4. 2. 1949 über die *Bezüge der staatlichen Beschäftigten* (Dz. U. 1949, Nr. 7, Pos. 39).

1952:
Verfassung der Volksrepublik Polen (Dz. U. 1952, Nr. 33, Pos. 232; dt. Übers. v. *Lammich*, JOR 16 (2/1975), S. 159-180.

1954:
Dekret v. 25. 6. 1954 über die *Altersversorgung der Beschäftigten und ihrer Familien* (Dz. U. 1954, Nr. 30, Pos. 116).

1955:
Dekret v. 9. 11. 1955 über die *Altersversorgung der Funktionäre der Bürgermiliz und der Gefängnisdienstes* sowie ihrer Familien (Dz. U. 1955, Nr. 43, Pos. 273).
Anordnung des Vorsitzenden des Ministerrats v. 1955 (keine Ernennungen mehr).

1956:
Gesetz v. 15. 11. 1956 über die *Haftung des Staates für durch staatliche Funktionäre zugefügte Schäden* (Dz. U. 1956, Nr. 54, Pos. 243).

1968:
Gesetz v. 15. 7. 1968 über die *Bediensteten der Volksräte* (Dz. U. 1968, Nr. 25, Pos. 164).

1974:

***Arbeitsgesetzbuch* v. 26. 6. 1974** (Dz. U. 1974, Nr. 24, Pos. 141); dt. Übers. v. *Adamiak*, in: *Breidenbach* (Hg.), Handbuch WiRO, PL 600.

- DVO v. 20. 12. 1974 über die *Rechte und Pflichten der Bediensteten der staatlichen Ämter* (Dz. U. 1974, Nr. 49, Pos. 300).

Einführungsvorschriften zum Arbeitsgesetzbuch v. 26. 6. 1974 (Dz. U. 1974, Nr. 24, Pos. 142).

1982:

Gesetz v. 16. 8. 1982 über die *Beschäftigten der staatlichen Ämter* (Dz. U. 1982, Nr. 31, Pos. 214); dt. Übers. v. *Redecker*, s. Anhang II.

- DVO v. 8. 11. 1982 über die Erstreckung der Vorschriften des Gesetzes über die Beschäftigten der staatlichen Ämter auf die Beschäftigten des Verwaltungssekretariats der Polnischen Akademie der Wissenschaften (Dz. U. 1982, Nr. 39, Pos. 256);
- DVO v. 8. 11. 1982 über die Beschreibung der *Beamtenposten* sowie der Grundsätze der Begründung des Arbeitsverhältnisses mit den Staatsbeamten auf der Grundlage der *Ernennung* (Dz. U. 1982, Nr. 39, Pos. 257);
- DVO v. 8. 11. 1982 über die *Verwaltungsapplikantur* sowie die *Qualifikationsbeurteilungen der Staatsbeamten* (Dz. U. 1982, Nr. 39, Pos. 258);
- DVO v. 8. 11. 1982 über die *Vergütungsgrundsätze* der Beschäftigten in den staatlichen Ämtern (Dz. U. 1982, Nr. 39, Pos. 259);
- DVO v. 8. 11. 1982 über die Grundsätze, die Zusammensetzung und das Berufungsverfahren der *Disziplinarkommissionen*, das Berufungsverfahren der *Disziplinaranwälte* sowie über die Grundsätze und den Verfahrenszug vor den Disziplinarkommissionen in den staatlichen Ämtern (Dz. U. 1982, Nr. 39, Pos. 260);
- DVO v. 8. 11. 1982 über die Grundsätze der *Zusammenarbeit zwischen den Leitern der staatlichen Ämter und den Beschäftigtenräten* (Dz. U. 1982, Nr. 39, Pos. 261);
- Beschluss Nr. 225 des Ministerrats v. 8. 11. 1982 über die *Leistungen*, die den Beschäftigten der staatlichen Ämter zustehen, welche zum Dienst in einer anderen Ortschaft versetzt wurden (M.P. 1982, Nr. 30, Pos. 258);
- AO Nr. 27 des Vorsitzenden des Ministerrats v. 25. 11. 1982 über die Bestimmung der Dienstposten in den staatlichen Ämtern, deren Besetzung das Recht zur *Vereinigung in Gewerkschaften* ausschließt (M.P. 1982, Nr. 30, Pos. 262);
- AO Nr. 32 des Vorsitzenden des Ministerrats v. 29. 12. 1982 über die Grundsätze der Festlegung der Aufteilung und der Dauer der Arbeitszeit der Beschäftigten der staatlichen Ämter (M.P. 1982, Nr. 33, Pos. 294).

1990:

Gesetz v. 22. 3. 1990 über die *Selbstverwaltungsbeschäftigten* (Dz. U. 1990, Nr. 21, Pos. 124);

Einführungsvorschriften zum Gesetz über die territoriale Selbstverwaltung und zum Gesetz über die Selbstverwaltungsbeschäftigten v. 10. 5. 1990 (Dz. U. 1990, Nr. 32, Pos. 191).

1991:

Gesetz v. 14. 6. 1991 über die *Landesschule für öffentliche Verwaltung* (Dz. U. 1991, Nr. 63, Pos. 266).

1996:

Gesetz v. 5. 7. 1996 über den *zivilen Dienst* (Dz. U. 1996, Nr. 89, Pos. 402; 1997, Nr. 106, Pos. 679; 1998, Nr. 58, Pos. 366);

- DVO v. 6. 1. 1997 zum *Erlass des Statuts des Amts für den zivilen Dienst* (Dz. U. 1997, Nr. 2, Pos. 10);
- DVO v. 28. 4. 1997 zur *Zahl der Mitglieder der Kommissionen des zivilen Dienstes und zur Amtszeit dieser Kommissionen* (Dz. U. 1997, Nr. 42, Pos. 266);
- DVO v. 28. 4. 1997zu den *Vergütungen der Kommissionsmitglieder des zivilen Dienstes* (Dz. U. 1997, Nr. 42, Pos. 267);
- DVO v. 17. 9. 1997 zur *Auflistung der Ämter im zivilen Dienst und zur Beschreibung der Ämter im zivilen Dienst,, die nur den Beamten des zivilen Dienstes übertragen werden können, sowie zu Ausnahmen von dieser Regel* (Dz. U. 1997, Nr. 109, Pos. 707);
- DVO v. 19. 9. 1997 zur *Beschreibung der Grundsätze bei der Bildung von Sektionen der Qualifikationskommission des zivilen Dienstes und zur Ergänzung seiner Zusammensetzung* (Dz. U. 1997, Nr. 111, Pos. 728);
- DVO v. 30. 9. 1997über den *genauen Tätigkeitsbereich des Generaldirektors einer Behörde* (Dz. U. 1997, Nr. 124, Pos. 788).

1997:

***Verfassung* der Republik Polen v. 2. 4. 1997** (Dz. U. Nr 78, Pos 483); dt. Übers. v. *Diemer-Benedict*, OER 2-3/1997, S. 227-264;

Gesetz v. 21. 8. 1997 über die *Begrenzung der wirtschaftlichen Betätigung von Personen mit öffentlichen Funktionen* (Dz. U. 1997, Nr. 106, Pos. 679).

1998:

Gesetz v. 5. 6. 1998 über die *Regierungsverwaltung in der Woiwodschaft* (Dz. U. 1998, Nr. 91, Pos. 577); dt. Übers. v. *Redecker*, in: *Brunner* (Hg.), VSO, Polen, Kapitel 2.1.6.a;

Gesetz v. 18. 12. 1998 über den *zivilen Dienst* (Dz. U. 1999, Nr. 49, Pos. 483); dt. Übers. v. *Redecker*, JOR 41 (2000) 1, S. 194-221; s. Anhang III;

- DVO v. 28. 9. 1999 über die Art der Durchführung des *Qualifikationsverfahrens* im zivilen Dienst (Dz. U. 1999, Nr. 79, Pos. 894);
- DVO v. 28. 9. 1999 über den Erlass eines *Statuts für das Amt des zivilen Dienstes* (Dz. U. 1999, Nr. 79, Pos. 895);
- DVO v. 29. 10. 1999 über die Beschreibung der *Beamtenposten*, der erforderlichen beruflichen *Qualifikationen*, der *Dienstgrade* der Beamten des zivilen Dienstes, der *Multiplikatoren* zur Feststellung der Vergütung sowie der besonderen Grundsätze für die Feststellung und Auszahlung anderer den Mitgliedern des Korps des zivilen Dienstes zustehender Leistungen (Dz. U. 1999, Nr. 89, Pos. 996);
- DVO v. 29. 10. 1999 über die Festlegung der besonderen Berechtigungen im Bereich der *Gehälter und anderer Leistungen*, der Grundzüge der Gewährung dieser Leistungen und ihrer Höhe sowie über die Festlegung der einigen Kategorien von Mitgliedern des Korps des zivilen Dienstes zustehenden *Vergütungszulagen* (Dz. U. 1999, Nr. 89, Pos. 997);
- DVO v. 3. 11. 1999 über die Organisationsweise und die besonderen Grundsätze der Durchführung der *Wettbewerbe um die höheren Posten* im zivilen Dienst (Dz. U. 1999, Nr. 91, Pos. 1028);
- DVO v. 16. 11. 1999 über die *Vergütung* der Mitglieder des Rats des zivilen Dienstes (Dz. U. 1999, Nr. 93, Pos. 1070);
- DVO v. 26. 1. 2000 über die *Vergütung* der Mitglieder der Höheren Disziplinarkommission sowie der Mitglieder der Disziplinarkommission der Behörde (Dz. U. 2000, Nr. 6, Pos. 71);
- DVO v. 22. 3. 2000 über die besonderen Voraussetzungen der Organisation und der Durchführung von *Schulungen* im zivilen Dienst (Dz. U. 2000, Nr. 22, Pos. 280);
- DVO v. 14. 4. 2000 über die Grundsätze für die Festsetzung der Aufteilung und des Umfangs der *Arbeitszeit* der Beschäftigten der Ämter der Regierungsverwaltung (Dz. U. 2000, Nr. 28, Pos. 350);
- DVO v. 27. 4. 2000 über die *Gesetzgebungsapplikantur* (Dz. U. 2000, Nr. 38, Pos. 422);
- DVO v. 13. 6. 2000 über die *Änderung* der Verordnung über die Beschreibung der Beamtenposten, der erforderlichen beruflichen Qualifikationen, der Dienstgrade der Beamten des zivilen Dienstes, der Multiplikatoren zur Feststellung der Vergütung sowie der besonderen Grundsätze für die Feststellung und Auszahlung anderer den Mitgliedern des Korps des zivilen Dienstes zustehender Leistungen (Dz. U. 2000, Nr. 48, Pos. 562);
- DVO v. 13. 6. 2000 über die *Änderung* der Verordnung über die Festlegung der besonderen Berechtigungen im Bereich der Gehälter und anderer Leistungen, der Grundzüge der Gewährung dieser Leistungen und ihrer Höhe

sowie über die Festlegung der einigen Kategorien von Mitgliedern des Korps des zivilen Dienstes zustehenden Vergütungszulagen (Dz. U. 2000, Nr. 48, Pos. 563);

- DVO v. 24. 1. 2002 über die *Änderung* der Verordnung über die Beschreibung der Beamtenposten, der erforderlichen beruflichen Qualifikationen, der Dienstgrade der Beamten des zivilen Dienstes, der Multiplikatoren zur Feststellung der Vergütung sowie der besonderen Grundsätze für die Feststellung und Auszahlung anderer den Mitgliedern des Korps des zivilen Dienstes zustehender Leistungen (Dz. U. 2002, Nr. 8, Pos. 62);
- DVO v. 25. 1. 2002 über die *Vergütung der Mitglieder des Rates des zivilen Dienstes* (Dz. U. 2002, Nr. 8, Pos. 63);
- DVO v. 6. 5. 2002 über die besonderen Grundsätze der Durchführung der *Beurteilungen der Beamten* des zivilen Dienstes (Dz. U. 2002, Nr. 69, Pos. 633).

Literaturverzeichnis

Adamiak, Barbara, Wadliwość decyzji administracyjnej (Die Fehlerhaftigkeit der Verwaltungsentscheidung), Breslau 1986 (Acta Universitatis Wratislaviensis No. 955 – Prawo CLVI).

Adamiak, Barbara/Jan Boć/Marcin Miemiec/Konrad Nowacki (Red.), Administracja publiczna w państwie prawa. Księga jubileuszowa dla professora *Jana Jendrośki* (Die öffentliche Verwaltung im Rechtsstaat. Festschrift für Professor *Jan Jendrośka*), Breslau 1999 (Acta Universitatis Wratislaviensis No. 2154 – Prawo CCLXVI).

Adamiak, Barbara/Janusz Borkowski, Polskie postępowanie administracyjne i sądowoadministracyjne (Das polnische Verwaltungs- und Verwaltungsgerichtsverfahren), 8. Aufl., Warschau 2001.

Adamowitsch, Georg Wilhelm, Fortbildung der öffentlichen Verwaltung auf kommunaler Ebene, in: *Urbanowicz/Adamowitsch*, Die Kader der öffentlichen Verwaltung in der Volksrepublik Polen, S. 35-42.

Albrow, Martin, Bureaucracy, London 1970.

Alexander, Manfred, Geschichtlicher Überblick, in: *Wöhlke* (Hg.), Länderbericht Polen, S. 17-45.

Arendt, Hannah, The Origins of Totalitarianism, San Diego u.a., o.J.

Bafoil, François, Systemumbruch in Ostdeutschland und Polen zwischen außengesteuerter Integration und endogener Systemveränderung, in: *Wollmann/Wiesenthal/Bönker* (Hg.), Transformation sozialistischer Gesellschaften, S. 597-608.

Baker, R. (Hg.), Public Administration in Small and Island States, Connecticut 1992.

Banaszak, Bogusław, Die juristische Bewältigung des kommunistischen Unrechts in Polen, in: *Brunner* (Hg.), Juristische Bewältigung des kommunistischen Unrechts in Osteuropa und Deutschland, S. 41-52.

Banaszak, Bogusław, Die Reform der territorialen Selbstverwaltung in Polen, WGO-MfOR 1999, S. 333-350.

Banaszak, Bogusław, Probleme der sog. Lustration in den gegenwärtigen gesetzgeberischen Arbeiten in Polen, ROW 1997, S. 32-35.

Banaszkiewicz, Bolesław, Normenkontrolle durch Fachgerichte versus Verwerfungsmonopol des Verfassungsgerichtshofes in Polen – am Beispiel des Streits um die Richtergehälter, JOR 43 (1/2002), S. 69-90.

Bar, Ludwik (Red.), Studia z dziedziny prawa administracyjnego (Studien aus dem Bereich des Verwaltungsrechts), Breslau u.a. 1971.

Baran, Krzysztof Wojciech, Der rechtliche Status der Beschäftigten der territorialen Selbstverwaltung (poln.), PS 1-3/1991, S. 86-99.

Bardach, Juliusz/Bogusław Leśnodorski/Michał Pietrzak, Historia państwa i prawa polskiego (Staatsgeschichte und polnische Rechtsgeschichte), Warschau 1976.

Bartel, Wojciech M., Die Beteiligung von Vertretern der akademischen Welt an den Arbeiten der Kodifizierungskommission der Republik Polen (1919-1939) (poln.), Krakowskie Studia Prawnicze 23 (1990), S. 175-184.

Barzycka-Banaszczyk, Małgorzata, Prawo Pracy (Arbeitsrecht), 2. Aufl., Warschau 1995.

Baszkiewicz, Jan, Zur Modernisierung der Jura- und Verwaltungsstudien (poln.), PiP 4/1975, S. 28-37.

Battis, Ulrich, Entwicklung des Beamtenrechts im Jahre 2000, NJW 2001, S. 1101-1108.

Battis, Ulrich, Entwicklungstendenzen und Probleme der Einführung des Dienstrechts in den neuen Ländern, Neue Justiz 3 (1991), S. 89-93.

Bednarzak, Jan, Der „öffentliche Funktionär“ als Tatbestandsmerkmal der Straftat im Amt (poln.), Nowe Prawo 3-4/1982, S. 85-90.

Bekke, Hans A.G.M./James L. Perry/Theo A.J. Toonen (Hg.), Civil Service Systems in Comparative Perspective, Bloomington – Indianapolis 1996.

Bender, Gerd/Ulrich Falk (Hg.), Recht im Sozialismus, Band 3: Sozialistische Gesetzlichkeit, Frankfurt am Main 1999 (Studien zur Europäischen Rechtsgeschichte, Sonderheft 115).

Bendetson, Witold, Über die Haftung des Staates für die von den Staatsfunktionären zugefügten Schäden (poln.), Nowe Prawo 3/1957, S. 18-37.

Benz, Winfried, Beamtenverhältnis und Arbeitsverhältnis, Stuttgart 1969.

Bertók, János, Die Förderung einer ethischen Haltung im öffentlichen Dienst – Erfahrungen der OECD-Länder (poln.), SC 2 (2001), S. 51-78.

Beyme, Klaus v., Systemwechsel in Osteuropa, Frankfurt/Main 1994.

Bieniek, Gerard/Jan Brol/Andrzej Krajewski/Walery Masewicz/Józef Szczersky, Kodeks Pracy. Komentarz (Arbeitsgesetzbuch. Kommentar), Warschau 1977.

Bilinsky, Andreas, Der sowjetische öffentliche Dienst vor dem Hintergrund des deutschen Beamtenrechts, ROW 1981, S. 41-60.

Bingen, Dieter, Ausgestaltung der Demokratie, in: *Bundeszentrale für politische Bildung* (Hg.): Polen (Informationen zur politischen Bildung 273), S. 15-24.

Bingen, Dieter, Grundzüge der Außenpolitik, in: *Bundeszentrale für politische Bildung* (Hg.): Polen (Informationen zur politischen Bildung 273), S. 50-54.

Bingen, Dieter, Jaruzelskis Polen im Jahre fünf, APuZ B39/86 (1986), S. 3-15.

Bingen, Dieter, Tausend Jahre wechselvoller Geschichte, in: *Bundeszentrale für politische Bildung* (Hg.): Polen (Informationen zur politischen Bildung 273), S. 3-14.

Birk, Rolf, Freizügigkeit der Arbeitnehmer und Harmonisierung des Arbeitsrechts, in: *Lenz* (Hg.), EG-Handbuch Recht im Binnenmarkt, S. 297-330.

Biro, Anna-Maria/Petra Kovacs (Hg.), Diversity in Action: Local Public Management of Multi-Ethnic Communities, Budapest 2001.

Biuro Informacji i Dokumentacji Senackiej Kancelarii Senatu (Hg.), Służba cywilna – wybrane zagadnienia (Der zivile Dienst – ausgewählte Probleme), Warschau 2000 (November).

Błachowska, Barbara, Die Urlaube des Gefängnisdienstfunktionärs (poln.), Nowe Prawo 6/1975, S. 809-816.

Bober, Joanna/Niels v. Redecker, Chronik der Rechtsentwicklung in Osteuropa – Polen, WiRO 2001, S. 250-251.

Bober, Joanna/Niels v. Redecker, Polens Gesetzgebung im Zuge der EG-Rechtsangleichung – Zur polnischen Debatte über Gesetzesfehler und das Gesetzgebungsverfahren, OER 2/2002, S. 83-104.

Boć, Jan, Die rechtliche Kontrolle der Verwaltung (poln.), in: *ders.* (Red.), Prawo administracyjne, S. 212-249.

Boć, Jan (Red.), Prawo administracyjne (Verwaltungsrecht), Breslau 1993.

Böhm, Monika, Leistungsanreize im öffentlichen Dienst im internationalen Vergleich, ZfB 1997, S. 101-107.

Borkowski, Janusz, Der sachliche Geltungsbereich des Verwaltungsverfahrensgesetzbuchs im Licht der Novellierung (poln.), PiP 5/1980, S. 35-47.

Borkowski, Janusz, Fragen zur Vervollkommnung der Staatsverwaltung im Lichte der Beschlüsse des VII. Parteitags (poln.), PiP 1-2/1976, S. 59-72.

Borkowski, Janusz, Glosse zum Urteil des HVG v. 20. 7. 1981 (Az. SA 1163/81) (poln.), OSPiKA 1982, Nr. 9-10, Pos. 169, S. 351-352.

Borkowski, Janusz/Jan Jendrośka/Remigiusz Orzechowski/Adam Zieliński, Kodeks postępowania administracyjnego. Komentarz (Verwaltungsverfahrensgesetzbuch. Kommentar), Warschau 1985.

Boruta, Irena, Glosse zum Urteil des OG v. 14. 5. 1996 (Az. U III ARN 93/95) (poln.), OSP 1997, Pos. 126, S. 334-336.

Bossaert, Danielle/Christoph Demmke/Koen Nomden/Robert Polet, Der öffentliche Dienst im Europa der Fünfzehn – Trends und neue Entwicklungen, Maastricht 2001.

Breidenbach, Stefan (Hg.), Handbuch Wirtschaft und Recht in Osteuropa, Loseblatt, München.

Brol, Jan, Die unbegründete Kündigung des Arbeitsvertrags nach Art. 45 des Arbeitsgesetzbuchs (poln.), PiP 8-9/1977, S. 128-141.

Broszat, Martin, Nationalsozialistische Polenpolitik 1939-1945, Stuttgart 1961 (Schriftenreihe der Vierteljahreshefte für Zeitgeschichte, Nummer 2).

Brunner, Rechtskultur in Osteuropa: Das Problem der Kulturgrenzen, in: *ders.* (Hg.) Politische und ökonomische Transformation in Osteuropa, S. 111-132.

Brunner, Georg (Hg.), Juristische Bewältigung des kommunistischen Unrechts in Osteuropa und Deutschland, Berlin 1995 (Osteuropaforschung, Nr. 34).

Brunner, Georg (Hg.) Politische und ökonomische Transformation in Osteuropa, 3. Aufl., Berlin 2000.

Brunner, Georg (Hg.), VSO – Verfassungs- und Verwaltungsrecht der Staaten Osteuropas, Loseblatt, Berlin 1995 ff.

Brzeziński, Zbigniew, The Great Transformation, The National Interest, Fall 1993, S. 3-13.

Bundeszentrale für politische Bildung (Hg.): Polen (Informationen zur politischen Bildung 273), Bonn 2001.

Burda, Andrzej, Demokracja i praworządność (Demokratie und Rechtsstaatlichkeit), Breslau 1965.

Burda, Andrzej, Die Probleme der Koordination der Tätigkeit im Rahmen der zentralen Staatsorgane und zwischen ihnen (poln.), Annales 25 (1978), S. 1-19.

Burda, Andrzej, Die sozialistische Konzeption der Rechtsstaatlichkeit, in: *Schnur* (Hg.), Probleme der Gesetzlichkeit im Staatsapparat der Volksrepublik Polen, S. 37-52.

Byrt, Andrzej, Weg in die Europäische Union, in: *Bundeszentrale für politische Bildung* (Hg.): Polen (Informationen zur politischen Bildung 273), S. 54-56.

Chajn, Leon, Trzy lata demokratyzacji prawa i wymiaru sprawiedliwości (Drei Jahre der Demokratisierung desRechts und des Justizwesens), Warschau 1947.

Chmurski, Anton, Die Reform des Polnischen Obersten Verwaltungsgerichts, Zeitschrift für Ostrecht 2 (2/1928), S. 196-203.

Ciemniewski, Jerzy, Einige Probleme der Struktur der Regierung der VRP (poln.), PiP 8/1981, S. 42-57.

Cieślak, Zbigniew, Die Beschäftigten der öffentlichen Verwaltung (poln.), in: *Wierzbowski* (Red.), Prawo administracyjne, S. 262-284.

Cieślak, Zbigniew/Jacek Jagielski/Krzysztof Rączka, Komentarz do ustawy o służbie cywilnej (Kommentar zum Gesetz über den Zivilen Dienst), Warschau 1998.

Corte-Real, Isabel, Die öffentliche Verwaltung und die Europäische Union (poln.), SC 1 (2000/2001), S. 9-21.

Crawford, Keith, East Central European politics today. From chaos to stability?, Manchester 1996.

Creifelds Rechtswörterbuch, hg. v. *Klaus Weber*, 16. Aufl., München 2000.

Czaputowicz, Jacek, Implikationen für den polnischen zivilen Dienst im Zusammenhang mit der Integration in die Europäische Union (poln.), SC 1 (2000/2001), S. 22-49.

Czechowski, Paweł R., Die Lokalverwaltung in Polen, DVBl. 1987, S. 441-446.

Ćwik, Władysław/Wacław Mróz/Andrzej Witkowski, Administracja w systemie ustrojowym Polski do 1939 r. (Die Verwaltung im Verfassungssystem Polens bis 1939), 3. veränderte Aufl., Przemyśl 1999.

David/Grasmann, Einführung in die großen Rechtssysteme der Gegenwart, bearb. v. *Günter Grasmann u.a.*, 2. Aufl., München 1988.

Dawidowicz, Wacław, Nochmals zur sachlichen Reichweite der Verwaltungsrechtsprechung in der VRP (poln.), PiP 10/1980, S. 63-68.

Delhaes, Karl v., Lokale und regionale Selbstverwaltung in Polen. Diskussion und Entwicklung nach 1990, DokOst N.F. 20 (1994), S. 219-276.

Delorme, Andrzej, Über wirksame Garantien der Rechtsstaatlichkeit (poln.), Prace Prawnicze 4 (1974), S. 55-69.

Departament Reform Ustrojowych Państwa Kancelarii Prezesa Rady Ministrów (Hg.), Po co nam reforma administracji? Mała książeczka o powiecie, województwie i dobrej administracji (Wozu brauchen wir die Verwaltungsreform? Kleines Büchlein über den Kreis, die Woiwodschaft und über gute Verwaltung), Warschau 1998.

Diemer-Benedict, Tanja, Das polnische Gesetz über das Hauptverwaltungsgericht (HVwGG) vom 11. Mai 1995, Osteuropa-Recht 2/1996, S. 160-175.

Diemer-Benedict, Tanja, Die neue Verfassung der Republik Polen, OER 2-3/1997, S. 223-264.

Długosz, Dagmir, Der zivile Dienst – was für ein System für Polen? (poln.), Res Publica nowa 6/1998, S. 32-37.

Długosz, Dagmir, Die politische Neutralität des zivilen Dienstes (poln.), in: *Biuro Informacji i Dokumentacji Senackiej Kancelarii Senatu* (Hg.), Służba cywilna – wybrane zagadnienia, S. 1-14.

Dolnicki, Bogdan, Wesen und Aufgaben der territorialen Selbstverwaltung in Polen, Verw 28 (1995), S. 65-78.

Domeracki, Lech, Das Justizressort und das Programm des X. Parteitags der PVAP (poln.), Nowe Prawo 9/1986, S. 3-9.

Domeracki, Lech, Das vierzigjährige Bestehen der Justiz der VRP (poln.), Nowe Prawo 2/1985, S. 3-10.

Dubel, Lech, Das Problem der Bürokratie im Werk von Karl Marx und Friedrich Engels (poln.), Annales 22/23 (1985/1986), S. 45-72.

Dubowik, Anna, Der Inhalt, die Veränderung und die Beendigung des Beschäftigungsverhältnisses im zivilen Dienst (poln.), PiZS, 20. 11. 1999.

Dubowik, Anna, Die Grundlagen der Beschäftigung im zivilen Dienst (poln.), PiZS, 14. 10. 1999.

Dubowik, Anna, Glosse zum Beschluss des OG v. 18. 11. 1994 (II UZP 31/94) (poln.), PS 4/1996, S. 94-101.

Dubowik, Anna, Glosse zum Urteil v. 16. Mai 1997 (I PKN 151/97) (poln.), PS 11-12/1998, S. 183-191.

Dziadzio, Andrzej, Österreichs Haltung gegenüber Galizien und Tschechien zur Zeit der Verfassungsänderungen der Habsburgermonarchie (1861-1871) (poln.), Czasopismo Prawno-Historyczne 50 (1998) 1, S. 83-115.

Działocha, Kazimierz, Der Rechtsstaat unter den Bedingungen einer grundlegenden Umformung des Rechtssystems, dargestellt am Beispiel Polens, OER 1993, S. 1-21.

Działocha, Kazimierz, Probleme der Lustration der Staatsbeamten und der Beseitigung einiger Folgen der kommunistischen Gesetzgebung in der Rechtsprechung des polnischen Verfassungsgerichtshofes, in: *Brunner* (Hg.), Juristische Bewältigung des kommunistischen Unrechts in Osteuropa und Deutschland, S. 81-84.

Ehrlich, Stanisław, Bemerkungen zur sozialistischen Rechtsstaatlichkeit (poln.), PiP 8-9/1958, S. 233-253.

Elles, Lukas, Europäische Verwaltungsförderung in Mittel- und Osteuropa. Zugleich ein Beitrag über den Aufbau moderner Sozialsicherungssysteme am Beispiel des Programmes PHARE, Frankfurt am Main 1997.

Ferens, Andrzej/Iwona Macek (Red.), Administracja i polityka. Wprowadzenie (Verwaltung und Politik. Einführung), Breslau 1999.

Filipek, Józef, Stosunek administracyjnoprawny (Das Verwaltungsrechtsverhältnis), Krakau 1968.

Filipek, Józef, Die rechtliche Situation des Beschäftigten der Staatsverwaltung in der Volksrepublik Polen (poln.), Krakowskie Studia Prawnicze 15 (1982), S. 135-145.

Filipek, Józef, Inhalt und Grenzen des Verwaltungsrechts. Seine Stelle im System des Rechts, Archivum Iuridicum Cracoviense 18 (1985), S. 165-188.

Filipek, Józef, Wirkungen des Europarechts auf die polnische Verwaltungsorganisation – Diskussionsbeitrag, in: *Schoch* (Hg.), Das Verwaltungsrecht als Element der europäischen Integration, S. 87-90.

Fincke, Martin, Marxismus und sozialistisches Recht, JOR 16 (1/1975), S. 7-36.

Florek, Ludwik, Das polnische Beamtenrecht, JOR 24 (1983), S. 275-297.

Florek, Ludwik, Die Institution der Berufung im Gesetz über die Bediensteten der Volksräte (poln.), Palestra 2/1971, S. 39-49.

Florek, Ludwik, Überlegungen zur rechtlichen Stellung des Staatsbeamten (poln.), PiP 4/1984, S. 44-57.

Florek, Ludwik/Zieliński, Tadeusz, Prawo pracy (Arbeitsrecht), geänderte und verbesserte Aufl., Warschau 1997.

Franzke, Jochen, Polens Transformationspfad, WeltTrends Nr. 27 (Sommer 2000), S. 7-24.

Friedrich Ebert Stiftung – Vertretung in Polen (Hg.), Rechtliche Grundlagen, Aufgaben und Kompetenzen der Gemeinden in Polen, Warschau 1992.

Fundacja Rozwoju Demokracji Lokalnej (Hg.), Sprawozdanie z działalności (Tätigkeitsbericht), Warschau 1990 ff.

Funk, Bernd-Christian u.a. (Hg.), Staatsrecht und Staatswissenschaften in Zeiten des Wandels. Festschrift für *Ludwig Adamovich* zum 60. Geburtstag, Wien – New York 1992.

Garlicki, Leszek, Das Recht auf den Richter (poln.), Annales 37 (1990), S. 59-72.

Garlicki, Polskie prawo konstytucyjne – zarys wykładu (Polnisches Verfassungsrecht – Grundriss der Vorlesung), 2. Aufl., Warschau 1998.

Geilke, Georg, Einführung in das Recht der Polnischen Volksrepublik, Darmstadt 1971.

Geilke, Georg, Zur polnischen Rechtsgeographie, JOR 4 (2/1963), S. 105-172.

Geistlinger, Michael, Einführung, in: *Slawinski/Geistlinger* (Hg.), Probleme der Rechtsüberleitung, S. 13-16.

Geistlinger, Michael, Verfassung und Verwaltung in Osteuropa, in: *Luchterhandt* (Hg.), Verwaltung und Verwaltungsrecht im Erneuerungsprozess Osteuropas, S. 383-414.

Gintowt-Jankowicz, Maria, Eine andere Meinung zum Zivilstaatsdienst (poln.), Rzeczpospolita, 1. 4. 1998.

Gintowt-Jankowicz, Maria/Anita Weiss-Gänger, The role of education and training in civil service, in: *Jabes* (Hg.), Developing Organizations and Changing Attitudes: Public Administration in Central and Eastern Europe, S. 213-215.

Glaeßner, Gert-Joachim, Demokratie nach dem Ende des Kommunismus. Regimewechsel, Transition und Demokratisierung im Postkommunismus, Opladen 1994.

Glaeßner, Gert-Joachim, Vom „demokratischen Zentralismus" zur demokratischen Verwaltung? Probleme des Umbaus einer Kaderverwaltung, in: *Seibel/Benz/Mäding* (Hg.), Verwaltungsreform und Verwaltungspolitik im Prozess der deutschen Einigung, S. 67-79.

Głowacki, Sławomir/Marcin Jełowicki/Bronisław Ostapczuk, Kaderpolitik in der Verwaltung (poln.), in: *Łętowski* (Red.), Pracownicy administracji w PRL, S. 157-196.

Goerlich, Helmut, Hergebrachte Grundsätze und Beitrittsbeamtentum, JZ 1991, S. 75-78.

Goetz, Klaus H., Ein neuer Verwaltungstyp in Mittel- und Osteuropa? Zur Entwicklung der post-kommunistischen öffentlichen Verwaltung, in: *Wollmann/Wiesenthal/Bönker* (Hg.), Transformation sozialistischer Gesellschaften, S. 538-553.

Gotchold, Jerzy/Bronisław Ostapczuk, Juristen in der Verwaltung (poln.), PiP 6/1973, S. 68-74.

Górzyńska, Teresa, Die Problematik der Führungsposten in den Ämtern der Staatsverwaltungsorgane (poln.), in: *Łętowski* (Red.), Pracownicy administracji w PRL, S. 197-257.

Górzyńska, Teresa, Les emplois de direction dans les offices d'état en Pologne, DPC 3-4/1983, S. 41-58.

Górzyńska, Teresa, Zur neuen Regelung des Staatsdienstrechts in Polen (poln.), PiP 9/1983, S. 62-73.

Górzyńska, Teresa/Janusz Łętowski, Urzędnicy administracji państwowej (Die Beamten der Staatsverwaltung), Warschau 1986.

Górski, Artur, Civil servans oder politicus servans – in der Zwischenkriegszeit und heute (Das Problem des Einflusses der politischen Welt auf die Beamtenwelt in den Sejm-Diskussionen in den Jahren 1919-1922 und 1992-1998) (poln.), SC 3 (2001/2002), S. 70-97.

Górski, Artur, Das Gesetz über den zivilen Dienst vom 18. Dezember 1998 im Licht der Rechtsakte über den zivilen Staatsdienst aus den Jahren 1918-1922 (poln.), SC 1 (2000/2001), S. 73-96.

Grodziski, Stanisław, Bemerkungen über die Verfassung und die rechtliche Lage Galiziens im Rahmen der Habsburger monarchie, Archivum Iuridicum Cracoviense 17 (1984), S. 41-52.

Grodziski, Stanisław, Commission de Codification de la Rèpublique de Pologne, Archivum Iuridicum Cracoviense 18 (1985), S. 59-77.

Grodziski, Stanisław, Die Gemeinde- und Kreisselbstverwaltung im Galizien der autonomen Epoche (poln.), Krakowskie Studia Prawnicze 25 (1992), S. 77-90.

Grosse, Tomasz Grzegorz, Der zivile Dienst in Polen und die Möglichkeiten seiner Entwicklung (poln.), SC 2 (2001), S. 79-113.

Grzybowski, Konstanty, Historia państwa i prawa Polski (Polens Staats- und Rechtsgeschichte), Bd. 4, Warschau 1982.

Hahn, Hans-Henning, Zur Dichotomie von Gesellschaft und Staat in Polen – Genese und Aktualität eines Grundmusters der polnischen Mentalität, Köln 1989 (Berichte des Bundesinstituts für ost-wissenschaftliche und internationale Studien, Heft 20).

Harasymiw, Bohdan, Nomenklatura: The Soviet Communist Party's Leadership Recruitment System, Canadian Journal of Political Science 1969, S. 493-512.

Harmathy, Attila, Systemwende, Rechtssystemveränderung in den Mittel- und Osteuropäischen Staaten, in: *Immenga u.a.* (Hg.), Festschrift für Ernst-Joachim Mestmäcker, S. 167-175.

Hatschikjan, Magarditsch/Franz-Lothar Altmann (Hg.), Eliten im Wandel: politische Führung, wirtschaftliche Macht und Meinungsbildung in Osteuropa, Paderborn 1998.

Hebdzyńska, Beata, Ustawa o pracownikach urzędów państwowch z komentarzem (Gesetz über die Beschäftigten in den staatlichen Ämtern mit Kommentar), 2. Aufl., Warschau – Krakau 1995.

Hegedüs, Andras, Sozialismus und Bürokratie, Reinbek 1981.

Heinemann-Grüder, Andreas, Transformation durch Elitenwechsel? Indikatoren des Systemwechsels am Beispiel russischer Regionaleliten, Osteuropa 47 (1997), S. 26-37.

Herrnfeld, Hans-Holger, Recht europäisch. Rechtsreform und Rechtsangleichung in den Visegrád-Staaten, Gütersloh 1995.

Hesse, Joachim Jens, A Crucial Bottleneck: Training and Public Sector Reform in Central and Eastern Europe, Staatswissenschaften und Staatspraxis 7 (1996), S. 419-437.

Hesse, Joachim Jens, Administrative Modernisation in Central and Eastern European Countries, Staatswissenschaften und Staatspraxis 2 (1991), S. 197-217.

Hesse, Joachim Jens, Rebuilding the State: Public Sector Reform in Central and Eastern Europe, in: *Lane* (Hg.), Public Sector Reform, S. 114-146.

Hesse, Joachim Jens/Klaus H. Goetz, Public Sector Reform in Central and Eastern Europe: The Case of Poland, Staatswissenschaften und Staatspraxis 3 (1992), S. 406-451.

Hillgruber, Christian, Die Entwicklung des deutschen Beamtenrechts unter der Einwirkung des europäischen Gemeinschaftsrechts, ZfB 1997, S. 1-13.

Hinze, Peter, Doppelbeschäftigung der leitenden Staatsbeamten in Polen unzulässig, WiRO 1995, S. 146-147.

Hochschulrektorenkonferenz (Hg.), Das polnische Hochschulgesetz vom 12. September 1990, übersetzt und kommentiert von *Ilse Renate Wompel*, Bonn 1991 (Dokumente zur Hochschulreform 71/1991).

Horvath, Tamás M. (Hg.), Decentralization: Experiments and Reforms, Budapest 2000.

Huntington, Samuel P., Political Order in Changing Societies, New Haven – London 1968.

Immenga, Ulrich u.a. (Hg.), Festschrift für Ernst-Joachim Mestmäcker. Zum 70. Geburtstag, 1. Aufl., Baden-Baden 1996.

Institut für Ostrecht München, Chronik der Rechtsentwicklung in den osteuropäischen Staaten, ROW 1990, S. 269-283.

Institut für Ostrecht München, Chronik der Rechtsentwicklung in Osteuropa, WiRO 1998, S. 30-40; WiRO 1999, S. 109-119; S. 345-359.
Iserzon, Emanuel, Das Recht der staatlichen Beschäftigten (poln.), in: *Staroś-ciak/Iserzon*, Prawo administracyjne w zarysie, S. 115-121.
Iserzon, Emanuel, Fundamentum regnorum, Nowe Prawo 2/1960, S. 155-170.
Ito, Takayuki, Nomenklatura in Polen. Die Kontroverse um ein Hauptinstrument politischer Kontrolle der Gesellschaft, Köln 1983 (Sonderveröffentlichung des Bundesinstituts für ostwissenschaftliche Studien).
Itrich-Drabarek, Jolanta, Die Korruption in Polen im Licht der Berichte der Weltbank und der Obersten Kontrollkammer (poln.), SC 1 (2000/2001), S. 122-134.
Izdebski, Hubert, Die öffentliche Verwaltung – allgemeine und terminologische Probleme (poln.), BSC 3/1997, S. 41-43.
Izdebski, Hubert, Die Reform der öffentlichen Verwaltung in Polen (Erfahrungen und Vorschläge) (poln.), PiP 9/1994, S. 50-61.
Izdebski, Hubert, The reform of public administration in Poland, Studia Iuridica 30 (1995), S. 149-163.
Izdebski, Hubert, Historia administracji (Verwaltungsgeschichte), 4. Aufl., Warschau 1997.
Izdebski, Hubert, Principes préliminaires de la transformation de l'administration publique en Pologne, Revue européenne de Droit Public 4 (1992), S. 327-351.
Izdebski, Hubert, Samorząd terytorialny. Podstawy, ustroju i działalności (Die territoriale Selbstverwaltung. Grundlagen, Aufbau und Tätigkeit), Warschau 2001.
Izdebski, Hubert/Michał Kulesza, Administracja publiczna – zagadnienia ogólne (Die öffentliche Verwaltung – allgemeine Probleme), 2. Aufl., Warschau 1999.
Izdebski, Zygmunt, Revision des Begriffs der Volksrechtsstaatlichkeit (poln.), PiP 3/1957, S. 443-455.

Jabes, Jak (Hg.), Developing Organizations and Changing Attitudes: Public Administration in Central and Eastern Europe, Pressburg 1997 (NISPAcee – The Network of Institutes and Schools of Public Administration in Central and Eastern Europe, Proceedings from the Fourth Annual Conference held in Tirana, Albania, March 28-30, 1996).
Jackowiak, Urszula, Die Rolle des Arbeits- und Sozialrechts beim Schutz der Rechte und Interessen von Frauen, in: *Maydell/Zieliński* (Hg.), Die Sozialordnung in Polen und Deutschland in einem zusammenwachsenden Europa, S. 403-416.
Jagielski, Jacek/Krzysztof Rączka, Komentarz do ustawy o służbie cywilnej (Kommentar zum Gesetz über den Zivilen Dienst), Warschau 2001.

Janiszewski, Kamil, Die Entscheidung von Streitigkeiten aus dem Arbeitsverhältnis besonderer Beschäftigtengruppen (poln.), PiP 5/1976, S. 87-97.

Janowicz, Zbigniew, Das Verwaltungsverfahren in der Rechtsprechung des Hauptverwaltungsgerichts (poln.), Nowe Prawo 11-12/1985, S. 16-27.

Janowicz, Zbigniew, Die Verwaltungsrechtsprechung der neunziger Jahre (poln.), RPEiS 3/1991, S. 1-12.

Janowicz, Zbigniew, Kodeks postępowania administracyjnego, Komentarz (Das Verwaltungsverfahrensgesetzbuch. Kommentar), Warschau-Posen 1992.

Jaroszyński, Adam (Red.), Aktualne problemy administracji i prawa administracyjnego (Aktuelle Probleme der Verwaltung und des Verwaltungsrechts), Warschau 1987.

Jaroszyński, Maurycy, Akademische Lehrer (poln.), PiP 8-9/1972, S. 3-19.

Jasiński, Filip, Die Bekämpfung der Korruption im Rahmen der OECD (poln.), SC 2 (2001), S. 158-162.

Jasiński, Filip/Ewa Prus, Neue Regelungen in ausgewählten Ländern (poln.), SC 2 (2001), S. 172-180.

Jastrzębski, Ludwik/Jacek Lang/Jerzy Służewski/Marek Wierzbowski (Hg.), Polskie prawo administracyjne. Część pierwsza (Polnisches Verwaltungsrecht. Erster Teil), Warschau 1985.

Jaśkiewicz, Wiktor, Der Verwaltungsakt als Grundlage für die Begründung des Arbeitsverhältnisses (poln.), in: *Poznańskie Towarzystwo Przyjaciół Nauki – Wydział Historii i Nauk Społecznych* (Hg.), Studia z zakresu prawa administracyjnego, S. 52-60.

Jaśkiewicz, Wiktor, Die Entwicklung der rechtlichen Situation der Beschäftigten der Staatsverwaltung in Volkspolen (poln.), in: *Łętowski* (Red.), Pracownicy administracji w PRL, S. 43-85.

Jaśkiewicz, Wiktor, Die rechtliche Situation der Beschäftigten der Nationalräte im Licht des Gesetzes vom 15. 7. 1968 (poln.), PiP 2/1969, S. 275-289.

Jaśkiewicz, Wiktor, Rechtliche Probleme des Staatsdienstes in der Arbeits- und Verwaltungsrechtslehre (poln.), in: *Piotrowski* (Red.), Zagadnienia prawne stosunków pracy w administracji państwowej, S. 11-25.

Jaśkiewicz, Wiktor, Sozialistische Staaten. Allgemeines Gutachten zu besonderen Fragen des öffentlichen Dienstes in den sozialistischen Staaten, in: *Kaiser/Meyer/Ule* (Hg.), Recht und System des öffentlichen Dienstes, S. 65-103.

Jaśkiewicz, Wiktor, Studia nad sytuacją prawną pracowników państwowych (Studien über die rechtliche Situation der staatlichen Angestellten); Bd. 1: Formy prawne służby państwowej w niemieckim prawie urzędniczym – Stosunek służbowy w prawie urzędniczym RP (Rechtsformen des Staatsdienstes im deutschen Beamtenrecht – Das Dienstverhältnis im Beamtenrecht der RP), Posen 1961; Bd. 2: Socjalistyczna służba państwowa PRL – ZSRR (Der sozialistische Staatsdienst VR Polen – UdSSR), Posen 1966.

Jaśkiewicz, Wiktor (Red.), Studia nad kodeksem pracy (Studien zum Arbeitsgesetzbuch), Posen 1975 (Uniwersytet im. Adama Mickiewicza w Poznaniu, Seria Prawo Nr. 71).

Jaśkiewicz, Wiktor/Czesław Jackowiak/Włodzimierz Piotrowski, Prawo pracy w zarysie (Arbeitsrecht im Grundriss), Warschau 1980.

Jaśkowska, Małgorzata/Andrzej Wróbel, Kodeks postępowania administracyjnego. Komentarz (Das Verwaltungsverfahrensgesetzbuch. Kommentar), Krakau 2000.

Jaśkowski, Kazimierz, Die Beendigung des Arbeitsverhältnisses eines auf der Grundlage der Berufung Beschäftigten (poln.), PiP 1-2/1976, S. 164-176.

Jełowicki, Marcin, Das Beamtenrecht im Rechtssystem der VRP (poln.), Studia Iuridica 18 (1990), S. 83-92.

Jełowicki, Marcin, Normative und übernormative Aspekte der politischen Verantwortlichkeit des Beschäftigten der Staatsverwaltung (poln.), PiP 6/1976, S. 63-70.

Jendrośka, Jan/Jerzy Jendrośka, Das neue Modell der Verwaltungsgerichtsbarkeit in Polen (poln.), PiP 8-9/1996, S. 16-28.

Jeżewski, Jan, Zu den Problemen der Abgrenzung von Politik und Verwaltung (poln.), in: *Adamiak/Boć/Miemiec/Nowacki* (Red.), Administracja publiczna w państwie prawa, S. 121-129.

Jędrzejewski, Stanisław, Zur gerichtlichen Kontrolle von Verwaltungsakten (poln.), Nowe Prawo 4/1972, S. 543-551.

Jończyk, Jan, Wprowadzenie, in: *Bieniek/Brol/Krajewski/ Masewicz/ Szczersky*, Kodeks Pracy, S. 5-7.

Jungwirth, W., Die österreichischen Verwaltungsverfahrensgesetze als Element der Stabilisierung in Mitteleuropa, ÖzöR NF 1 (1948), S. 497-503.

Kaiser, Jo*seph H./Franz Meyer/Carl H. Ule* (Hg.), Recht und System des öffentlichen Dienstes. Österreich, sozialistische Staaten, Jugoslawien, Polen, Ungarn, Baden-Baden 1973 (Studienkommission für die Reform des öffentlichen Dienstrechts, Bd. 3).

Kapera, Tomasz, Die Reform der École Nationale d'Administration in Frankreich (poln.), SC 2 (2001), S. 168-171.

Kijowski, Andrzej, Das System der Entscheidung von Arbeitnehmerstreitigkeiten (poln.), in: *Jaśkiewicz* (Red.), Studia nad kodeksem pracy, S. 227-247.

Kijowski, Andrzej, Die Besonderheit der Arbeit des akademischen Lehrers vor dem Hintergrund seiner Berechtigung zum Erholungsurlaub (poln.), PiP 11/1987, S. 66-77.

Kijowski, Andrzej/Feliks Siemiński, Rechtliche Instrumente der Kaderpolitik gegenüber akademischen Lehrern (poln.), RPEiS 1/1987, S. 13-29.

Kilian, Alina (Hg.), Wörterbuch der Rechts- und Wirtschaftssprache. Bd. 1: polnisch-deutsch, München 2000; Bd. 2: deutsch-polnisch, Warschau 1996.

Kimball, Jonathan D. (Hg.), The Transfer of Power: Decentralization in Central and Eastern Europe, Budapest 1999.

Kleniewska, Irena/Krystyna Krzekotowska, Meinungen über das Hauptverwaltungsgericht (poln.), Palestra 7-8/1985, S. 25-29.

Kłosiewicz, Przemysław, Die Institution der Berufung im Arbeitsrecht und die Scheinberufung (poln.), PiP 6/1966, S. 994-1006.

Kmieciak, Zbigniew, Der Grundsatz der Gleichheit der Bürger vor dem Gesetz in der Rechtsprechung des HVG (poln.), PiP 10/1988, S. 56-65.

Kmieciak, Zbigniew/Jan Paweł Tarno, Postępowanie administracyjne oraz postępowanie przed naczelnym sądem administracyjnym (w świetle orzecznictwa NSA) (Das Verwaltungsverfahren sowie das Verfahren vor dem Verwaltungsgericht (im Licht der Rechtsprechung des HVG), Warschau 1988.

Knosala, Ernest/Andrzej Matan/Grzegorz Łaszczyca (Red.), Prawo administracyjne w okresie transformacji ustrojowej (Das Verwaltungsrecht in der Zeit der Systemtransformation), Krakau 1999.

Kobiałka, Józef, Das Gesetz über die Haftung des Staates für von Staatsfunktionären zugefügte Schäden in der Praxis des Obersten Gerichts (poln.), Nowe Prawo 2/1960, S. 181-197.

König, Klaus, Bureaucratic Integration by Elite Transfer: The Case of the Former GDR, Governance 1993, S. 386-396.

König, Klaus, Die Transformation der öffentlichen Verwaltung: Ein neues Kapitel der Verwaltungswissenschaft, VerwArch 84 (1993), S. 311-327.

König, Klaus, Kaderverwaltung und Verwaltungsrecht, VerwArch 73 (1982), S. 37-59.

König, Klaus, Zur Transformation einer real-sozialistischen Verwaltung in eine klassisch-europäische Verwaltung, 4. Aufl., Speyer 1996 (Speyerer Forschungsberichte 99).

Korczak, Jerzy, Dienstordnung der Selbstverwaltung, in: *Friedrich Ebert Stiftung – Vertretung in Polen* (Hg.), Rechtliche Grundlagen, Aufgaben und Kompetenzen der Gemeinden in Polen, S. 142-161.

Korkisch, Friedrich, Das polnische Privatrecht vor 1939, in: *ders.*, Fragen des mitteleuropäischen Rechts, S. 149-186.

Korkisch, Friedrich, Fragen des mitteleuropäischen Rechts, Tübingen – Basel 1979 (Studien des Instituts für Ostrecht München, Bd. 27).

Korzan, Kazimierz, Der Charakter des Arbeitsverhältnisses der Richter vor dem Hintergrund der Zulässigkeit des Verwaltungsrechtswegs (poln.), Studia Iuridica Silesiana 15 (1990), S. 74-97.

Kościołek, J., Państwowa służba cywilna. Komentarz (Der zivile Staatsdienst. Kommentar), Warschau 1947.

Krajewski, Witold, Rechtliche Regelungen über die Ethik im öffentlichen Dienst in Polen (poln.), SC 1 (2000/2001), S. 97-121.

Krzekotowska, Krystyna, Der Status des Staatsbeamten und das Recht zur Vereinigung in Gewerkschaften (poln.), PiP 1/1986, S. 60-65.

Krzekotowska, Krystyna, Die gerichtliche Kontrolle von Verwaltungsentscheidungen (im Licht der Beratungen der allgemeinpolnischen wissenschaftlichen Konferenz in Warschau) (poln.), Nowe Prawo 5/1981, S. 59-68.

Kubot, Zdisław, Odpowiedzialność dyrektora przedsiębiorstwa państwo-wego (Die Verantwortlichkeit des Direktors eines staatlichen Unternehmens), Breslau 1995.

Kucharski, Piotr, Die Beendigung des Arbeitsverhältnisses der akademischen Lehrer im Licht des Gesetzes über das Hochschulwesen (poln.), PiP 5/1992, S. 60-66.

Kucharski, Piotr, Die Beendigung des Arbeitsverhältnisses des ernannten Beschäftigten aus dem Grund seiner disziplinaren Bestrafung mit der Entlassung (poln.), PiP 5/1995, S. 78-85.

Kucharski, Piotr, Die rechtliche Situation der akademischen Lehrer im Licht des Gesetzes über das Hochschulwesen (poln.), Nowe Prawo 6/1983, S. 46-61.

Kucharski, Piotr, Glosse zum Beschluss des OG v. 23. 6. 1993 (I PZP 16/93) (poln.), OSP 1994, Pos. 93, S. 238-240.

Kucharski, Piotr, Glosse zum Beschluss v. 16. 8. 1985, III PZP 32/85 (poln.), PiP 11/1987, S. 140-143.

Kudrycka, Barbara, Die Grundlagen für Verhaltensnormen des Zivilstaatsdienstes in Polen (vor rechtsvergleichendem Hintergrund) (poln.), PiP 2/1997, S. 24-37.

Kudrycka, *Barbara*, Neutralność polityczna urzędników (Die politische Neutralität der Beamten), Warschau 1998.

Kudrycka, *Barbara*, Professionalität und der Schutz der politischen Neutralität der Beamten (poln.), Samorzad Terytorialny 3/1998, S. 3-18.

Kudrycka, Barbara, The Ethical Codes of Polish Public Officials, Budapest 1999 (The Open Society Institute, Local Government and Public Service Reform Initiative, Discussion Papers, No. 8).

Küpper, Herbert, Rechtskultur und Modernisierung in Ostmitteleuropa, Osteuropa 4/1999, S. 337-353.

Kulesza, *Michał,* Die Transformation des Verwaltungssystems Polens (1990-2000) (poln.), Studia Iuridica 38 (2000), S. 79-86.

Kulesza, *Michał,* Die Verwaltungsreform. Rückkehr zum wahren Polen (poln.), Rzeczpospolita, 12. 3. 1998.

Kulesza, Michał, Einführung (poln.), in: *o.V.*, Samorząd Terytorialny, S. IX-XXX.

Kulesza, Michał, Zur Verwaltungslehre und zur Verwaltungspolitik (poln.), Studia Iuridica 18 (1990), S. 103-116.

Kulesza, Michał/Adam Barbasiewicz, Die Funktionen politischer Kabinette (poln.), SC 1 (2000/2001), S. 50-72.

Kunig, Philip, Das Recht des öffentlichen Dienstes, in: *Schmidt-Aßmann* (Hg.), Besonderes Verwaltungsrecht, S. 577-666.

Kuss, Klaus-Jürgen, Gerichtliche Verwaltungskontrolle in Osteuropa, Berlin 1990 (Osteuropa-Institut an der Freien Universität Berlin – Rechtswissenschaftliche Veröffentlichungen, Band 15).

Kuss, Klaus-Jürgen, Polen – Gesetz über das Hauptverwaltungsgericht (Auszug), JOR 22 (1981), S. 483-485.

Kuss, Klaus-Jürgen, Polen – Verwaltungsverfahrensordnung, JOR 22 (1981), S. 487-550.

Kuss, Klaus-Jürgen, Polens Rückkehr zur Verwaltungsgerichtsbarkeit, JOR 22 (1981), S. 263-303.

Lammich, Siegfried, Bemerkungen zur Rechtsentwicklung in Polen in der Zeit 1980-1982, ROW 1983, S. 12-22.

Lammich, Siegfried, Das Recht des öffentlichen Dienstes in Polen nach Inkrafttreten des Arbeitsgesetzbuches von 1974, VerwArch 67 (1976), S. 288-301.

Lammich, Siegfried, Das Justizrecht der Volksrepublik Polen, Berlin 1976.

Lammich, Siegfried, Die Polnische Vereinigte Arbeiterpartei (PVAP), in: *ders.*, Die Staats- und Verwaltungsordnung der Volksrepublik Polen, S. 11-23.

Lammich, Siegfried, Die Staats- und Verwaltungsordnung der Volksrepublik Polen, 2. Aufl., Berlin 1982 (Quellen zur Rechtsvergleichung aus dem Osteuropa-Institut an der Freien Universität Berlin, Einzelausgabe 6).

Lammich, Siegfried, Die Vorstellungen der polnischen Rechtslehre über die Demokratisierung des Rechtssystems Polens nach 1956, JOR 11 (1/1970), S. 121-139.

Lammich, Siegfried, Organisation und Funktion der territorialen Verwaltung in Polen nach der Reform von 1975, Verw 9 (1976), S. 242-254.

Lammich, Siegfried, Regierung und Verwaltung in Polen, Köln 1975 (Dokumente zum Ostrecht, Bd. 8).

Lammich, Siegfried, Verfassung der Volksrepublik Polen, JOR 16 (2/1975), S. 159-180.

Lammich, Siegfried, Verfassungsordnung der Volksrepublik Polen, in: *ders.*, Die Staats- und Verwaltungsordnung der Volksrepublik Polen, S. 87-110.

Lane, Jan-Erik (Hg.), Public Sector Reform. Rationale, Trends and Problems, London – Thousand Oaks – New Delhi 1997.

Lang, Jacek, Eingangsfragen (poln.), in: *Jastrzębski/Lang/Służewski/Wierzbowski* (Hg.), Polskie prawo administracyjne, S. 11-22.

Larenz, Karl/Claus-Wilhelm Canaris, Methodenlehre der Rechtswissenschaft, 3. Aufl., Berlin – Heidelberg 1995.

Lenin, Wladimir I., Dzieła. Tom 10 (Werke. Band 10), Warschau 1957.

Lenz, Carl Otto (Hg.), EG-Handbuch Recht im Binnenmarkt, Herne-Berlin 1991.

Leoński, Zbigniew, Die „Ordnungsverantwortlichkeit" im Arbeitsgesetzbuch und die disziplinarische Verantwortlichkeit der Staatsbeamten (poln.), in: *Piotrowski* (Red.), Zagadnienia prawne stosunków pracy w administracji państwowej, S. 115-126.

Leoński, Zbigniew, Odpowiedzialność dyscyplinarna w prawie Polski Ludowej (Die disziplinarische Verantwortlichkeit im Recht Volkspolens), Posen 1959.

Leoński, Zbigniew (Red.), Model prawny szkoły wyższej a zasady zarządzania (Das rechtliche Modell der Hochschule und die Grundsätze des Leitens), Posen 1980.

Leszczyna, Henryk, Einige Betrachtungen zum Thema der sozialistischen Demokratie (poln.), Studia Iuridica 7 (1979), S. 39-50.

Levits, Egil, Verfassungsgerichtsbarkeit in Lettland, in: *Scholz/Tenhagen* (Hg.), Die Baltischen Staaten im 5. Jahr der Unabhängigkeit, S. 27-68.

Lewandowski, Henryk, Die subjektive und objektive Reichweite des Arbeitsgesetzbuchs. Betrachtungen de lege ferenda (poln.), RPEiS 4/1988, S. 31-43.

Lewytzkyj, Borys, Die Nomenklatur – ein wichtiges Instrument sowjetischer Kaderpolitik, Osteuropa 6/1961, S. 408-412.

Lipowicz, Irena, Wirkungen des Europarechts auf die polnische Verwaltungsorganisation, in: *Schoch* (Hg.), Das Verwaltungsrecht als Element der europäischen Integration, S. 79-86.

Liszcz, Teresa, Der rechtliche Charakter des Akts der Berufung auf den Posten des Direktors eines Staatsunternehmens (poln.), PiP 8/1986, S. 83-94.

Liszcz, Teresa, Der Wettbewerb als Methode der Auswahl von Kandidaten auf Führungs- und Spezialistenpositionen (rechtliche Probleme) (poln.), Annales 34 (1987), S. 245-266.

Liszcz, Teresa, Glosse zum Urteil des HVG v. 12. 5. 1995 (II SA 699/95) (poln.), OSP 1996, Nr. 10, Pos. 199, S. 483-486.

Litiński, Adam, O prawie i sądach początków Polski Ludowej (Über das Recht und die Gerichte in den Anfangsjahren Volkspolens), Białystok 1999.

Litwin, Józef, Der 150-jährige Jahrestag der ersten Rechtszeitschrift im Land – der Lemberger „Annales Jurisprudentiae" (poln.), Nowe Prawo 12/1961, S. 1573-1585.

Litwin, Józef, Die Problematik der Verwaltungsrechtsprechung. Fragen der Organisation und des Verfahrens (poln.), Nowe Prawo 10/1956, S. 3-19.

Luchterhandt, Otto, Gegenstand, Ziele und Methoden der Ostrechtswissenschaft. Kritische Zusammenfassung einer Fachdiskussion, OER 1976, S. 85-107.

Luchterhandt, Otto, Künftige Aufgaben der Ostrechtsforschung, WGO-MfOR 1996, S. 159-175.

Luchterhandt, Otto, Thesen zum Verhältnis von Ostrechtsforschung und Politikwissenschaft, in: *Meissner/Roggemann/Schroeder/Westen* (Hg.), Grundsatzfragen der Ostrechtsforschung, S. 103-106.

Luchterhandt, Otto (Hg.), Verwaltung und Verwaltungsrecht im Erneuerungsprozess Osteuropas, Baden-Baden 2001 (Osteuropaforschung – Schriftenreihe der Deutschen Gesellschaft für Osteuropakunde, Bd. 44).

Luchterhandt, Otto, Zu Stand und Inhalten der Kodifikation des Allgemeinen Verwaltungsrechts in Ostmittel-, Ost- und Südosteuropa, in: *ders.* (Hg.), Verwaltung und Verwaltungsrecht im Erneuerungsprozess Osteuropas, S. 15-90.

Luchterhandt, Otto, Zur Klassifizierung und Rechtsstellung der sowjetischen Staatsangestellten, in: *Meissner/Brunner/Löwenthal* (Hg.), Einparteiensystem und bürokratische Herrschaft in der Sowjetunion, S. 137-153.

Łętowska, Ewa, Barrieren unseres Rechtsverständnisses unter dem Blickwinkel der Integration mit Europa (poln.), PiP 4-5/1996, S. 44-58.

Łętowska, Ewa, Civil servants in administration, in: *Łętowski* (Hg.), Administration in People's Poland, S. 143-162.

Łętowska, Ewa, Die Verantwortlichkeit des Staates für Schäden nach der Novellierung des Verwaltungsverfahrensgesetzbuchs (poln.), PiP 4/1980, S. 47-63.

Łętowska, Ewa, Konflikte zwischen Bürger und Staat im Transformationsprozess – Möglichkeiten und Schwierigkeiten auf dem Wege Ost- und Zentraleuropas zum Rechtsstaat, in: *Roggemann/Sundhausen* (Hg.), Ost- und Südosteuropa zwischen Tradition und Aufbruch, S. 169-182.

Łętowska, Ewa, Staatshaftung für Schäden, die bei der Ausübung der Verwaltungstätigkeit entstehen, in: *Schnur* (Hg.), Probleme der Gesetzlichkeit im Staatsapparat der Volksrepublik Polen, S. 149-167.

Łętowska, Ewa/Janusz Łętowski, Glosse zum Beschluss des OG v. 1. März 1983 (Az. III AZP 11/82) (poln.), OSPiKA 1984, Nr. 1, Pos. 1, S. 4-8.

Łętowski, Janusz, Besondere Organe der Kontrolle der Gesetzlichkeit des Verwaltungshandelns, in: *Schnur* (Hg.), Probleme der Gesetzlichkeit im Staatsapparat der Volksrepublik Polen, S. 89-110.

Łętowski, Janusz, Die dienstliche Anweisung in der Verwaltung im Licht des Gesetzes über die Beschäftigten der Volksräte (poln.), PiP 12/1968, S. 985-997.

Łętowski, Janusz, Die neue Struktur der lokalen und regionalen Verwaltung in Polen, VerwArch 1975, S. 151-159.

Łętowski, Janusz, Die rechtlichen Verhältnisse der Führung in der Staatsverwaltung (poln.), Studia Prawnicze 2/1975, S. 3-41.

Łętowski, Janusz, Die Verwaltungsbeschäftigten, in: *Sand* (Red.), Prawo Administracyjne Polskiej Rzeczypospolitej Ludowej, S. 125-133.

Łętowski, Janusz, Die Verwaltungsgerichtsbarkeit in Polen, ROW 1981, S. 241-246.
Łętowski, Janusz, Einige Probleme des Staatsdienstes im Licht aktueller rechtlicher Lösungen (poln.), PiP 8-9/1975, S. 43-51.
Łętowski, Janusz, Glosse zum Urteil des OG v. 21. 6. 1972 (poln.), PiP 10/1973, S. 164-166.
Łętowski, Janusz, Grundlegende Probleme des neuen Beamtenrechts (poln.), PiP 8/1983, S. 17-31.
Łętowski, Janusz, Introduction, in: *ders.* (Hg.), Administration in People's Poland, S. 5-23.
Łętowski, Janusz, Jurisprudence de la cour suprême dans les affaires relatives au fonctionnement de l'administration, DPC 3/1974, S. 21-30.
Łętowski, Janusz, Leitung und Unterordnung in der Staatsverwaltung (poln.), PiP 1/1974, S. 21-32.
Łętowski, Janusz, Les problèmes actuels de la fonction publique en Pologne, DPC 3-4/1976, S. 27-36.
Łętowski, Janusz, Les problèmes juridiques de la direction dans l'Administration, Breslau u.a. 1977.
Łętowski, Janusz, Polecenie służbowe w administracji (Die Dienstanweisung in der Verwaltung), Warschau 1972.
Łętowski, Janusz, The present-day problems of administration, DPC 1-4/1989, S. 15-30.
Łętowski, Janusz, Über die Probleme der disziplinarischen und dienstlichen Verantwortlichkeit in der Verwaltung (poln.), PiP 8-9/1971, S. 383-391.
Łętowski, Janusz, Die Verwaltungsbeschäftigten (poln.), in: *Sand* (Red.), Prawo administracyjne Polskiej Rzeczypospolitej Ludowej, S. 125-133.
Łętowski, Janusz (Hg.), Administration in People's Poland, Breslau u.a. 1980.
Łętowski, Janusz (Red.), Pracownicy administracji w PRL (Die Beschäftigten der Verwaltung in der VRP), Breslau 1984.
Łopatka, Adam, Das Modell des sozialistischen Rechtsbewusstseins in der VRP (poln.), Studia Prawnicze 3/1975, S. 3-12.
Łopatka, Adam, Die jüngsten Änderungen in der Verfassung der Volksrepublik Polen, in: *Schnur* (Hg.), Probleme der Gesetzlichkeit im Staatsapparat der Volksrepublik Polen, S. 15-35.
Łopatka, Adam, Die Linie des Parteitags der PVAP: Stärkung des Staates, Entwicklung der Demokratie, Vervollkommnung des Rechts, Festigung der Rechtsstaatlichkeit (poln.), PiP 1/1980, S. 3-12.
Łopatka, Adam, Die Rechte und Pflichten der Parteien im allgemeinen Verwaltungsverfahren in der VRP (poln.), Annales 25 (1978), S. 33-43.

Łopatka, Adam, Kierownicza rola partii komunistycznej w stosunku do państwa socjalistycznego – Zasady Leninowskie (Die führende Rolle der kommunistischen Partei gegenüber dem sozialistischen Staat – die leninistischen Grundsätze), 2. Aufl., Posen 1963.
Łopatka, Adam, La Haute Cour administrative en République Populaire de Pologne, DPC 3-4/1980, S. 5-16.
Łustacz, Leon, Der Kampf mit der Bürokratie als Element der gesellschaftlichen Kontrolle (poln.), Studia Iuridica 7 (1979), S. 65-78.

Malec, Jerzy/Dorota Malec, Historia administracji i myśli administracyjnej (Geschichte der Verwaltung und des Verwaltungsgedankens), Krakau 2000.
Malec, Jerzy/Dorota Malec, Historia administracji nowożytnej (Geschichte der neuzeitlichen Verwaltung), Krakau 1996.
Mantl, Wolfgang, Europäische Integration und öffentlicher Dienst, in: *Funk* u.a. (Hg.), Staatsrecht und Staatswissenschaften in Zeiten des Wandels, S. 372-387.
Marschall v. Bieberstein, Christoph, Freiheit in der Unfreiheit. Die nationale Autonomie der Polen in Galizien nach dem österreichisch-ungarischen Ausgleich von 1867 – Ein konservativer Aufbruch im mitteleuropäischen Vergleich, Wiesbaden 1993 (Studien der Forschungsstelle Ostmitteleuropa an der Universität Dortmund, Bd. 11).
Matey, Maria, Approximation of the Polish labour law to European standards, DPC 1-4/1993, S. 41-57.
Maydell, Bernd Baron v./Tadeusz Zieliński (Hg.), Die Sozialordnung in Polen und Deutschland in einem zusammenwachsenden Europa. Gedächtnisschrift für Czesław Jackowiak, Warschau 1999.
Mażewski, Lech, Zum Stand der polnischen Doktrin der Gewalteneinheit (poln.), PiP 2/1984, S. 52-64.
Meissner, Boris/Georg Brunner/Richard Löwenthal (Hg.), Einparteiensystem und bürokratische Herrschaft in der Sowjetunion, Köln (o.J.).
Meissner, Boris/Herwig Roggemann/Friedrich-Christian Schroeder/Klaus Westen (Hg.), Grundsatzfragen der Ostrechtsforschung. Referate und Diskussionsbeiträge des 10. Symposiums der Studiengruppe für Ostrecht, Tübingen 1980 (Studien des Instituts für Ostrecht München, Bd. 28).
Merkel, Wolfgang, Systemtransformation. Eine Einführung in die Theorie und Empirie der Transformationsforschung, Opladen 1999.
Merkel, Wolfgang/Eberhard Sandschneider/Dieter Segert, Einleitung: Die Institutionalisierung der Demokratie, in: *dies.* (Hg.), Systemwechsel 2, S. 9-36.
Merkel, Wolfgang/Eberhard Sandschneider/Dieter Segert (Hg.), Systemwechsel 2. Die Institutionalisierung der Demokratie, Opladen 1996.

Michaelsen, Jörn, Das Kommunalrecht in Polen, ROW 1996, S. 1-8.

Mincer, Małgorzata, Glosse zum Urteil des HVG v. 23. 10. 1981 (Az. II SA 590/81) (poln.), OSPiKA 1982, Nr. 12, Pos. 208, S. 450-452.

Mincer, Małgorzata, Die Zulässigkeitsreichweite der Kontrolle von Verwaltungsentscheidungen vor dem Hauptverwaltungsgericht (poln.), Nowe Prawo 5/1981, S. 3-14.

Ministerstwo Spraw Wewnętrznych i Administracji, Polska Administracja publiczna po reformie. Ustrój – Kompetencje – Liczby (Die polnische öffentliche Verwaltung nach der Reform. Aufbau – Kompetenzen – Zahlen), Warschau 1999.

Minz, Hubert, Eine Beurteilung des deutschen öffentlichen Dienstes (poln.), BSC 5-6/1997, S. 76-78.

Minz, Hubert, Zur Vorbereitung eines Beamtengesetzes für die Republik Bulgarien, ZfB 1996, S. 41-43.

Mirończuk, Albin, Prawa i obowiązki pracowników urzędów państwowych (Die Rechte und Pflichten der in den staatlichen Ämtern Beschäftigten), Warschau 1988.

Müller-Römer, Dietrich, Ziele und Methoden der Rechtsvergleichung zwischen beiden Teilen Deutschlands, ROW 1969, S. 1-8.

Münch, Ingo v./Philip Kunig (Hg.), Grundgesetz-Kommentar, 4. Aufl., München 1992.

Muranowski, Włodzimierz, Probleme der Ethik der Beschäftigten der Staatsverwaltung (poln.), in: *Łętowski* (Red.), Pracownicy administracji w PRL, S. 355-380.

Murzynowski, Andrzej, Die Beschlüsse des VIII. Parteitags und die Aufgaben der Juristen (poln.), PiP 5/1980, S. 5-18.

Murzynowski, Andrzej, Istota i zasady procesu karnego (Das Wesen und die Grundsätze des Strafprozesses), 2. Aufl., Warschau 1984.

Muszalski, Wojciech, Grundlagen der rechtlichen Regulierung des Staatsdienstes (poln.), in: *Jaroszyński* (Red.), Aktualne problemy administracji i prawa administracyjnego, S. 269-281.

Najnigier, Sławomir, Verwaltung oder Business? (poln.), SC 2 (2001), S. 8-24.

Neumayer, Karl H., Grundriss der Rechtsvergleichung, in: *David/Grasmann,* Einführung in die großen Rechtssysteme der Gegenwart, S. 1-78.

Niedbała, Zdzisław, Das wettbewerbliche Auswahlverfahren für Bewerber um leitende Positionen (poln.), PiP 6/1986, S. 80-90.

Niedbała, Zdzisław, Die rechtliche Situation der Beschäftigten auf Führungsposten (und anderer berufener Beschäftigter) (poln.), in: *Jaśkiewicz* (Red.), Studia nad kodeksem pracy, S. 191-207.

Nowacki, Konrad, Die Fragen der gerichtlichen Kontrolle von Verwaltungsentscheidungen (poln.), Nowe Prawo 1/1979, S. 107-119.

Nowacki, Konrad, Kontrola decyzji opartych na uznaniu administracyjnym (Die Kontrolle von auf das Verwaltungsermessen gestützten Entscheidungen), Breslau 1986 (Acta Universitatis Wratislaviensis, No. 744).

Nowotny, Stanisław, Der Entwurf eines Gesetzes über den Zivilstaatsdienst der Republik Polen, ZfB 1994, S. 261-263.

Nunberg, Barbara, Administrative Change in Central and Eastern Europe: Emerging Country Experience, in: *dies.,* The State After Communism, S. 237-272.

Nunberg, Barbara, The State After Communism. Administrative Transitions in Central and Eastern Europe, Washington D.C. 1998 (World Bank Regional and Sectoral Studies).

Nunberg, Barbara/Luca Barbone, Breaking Administrative Deadlock in Poland:Internal Obstacles and External Incentives, in: *Nunberg,* The State After Communism, S. 7-51.

Ochendowski, Eugeniusz, Das Konzept des besonderen Gewaltverhältnisses und seine Rolle (poln.), in: *Bar* (Red.), Studia z dziedziny prawa administracyjnego, S. 29-47.

Ochendowski, Eugeniusz, Die Organisation der Hochschulen im Licht des neuen Gesetzes über das Hochschulwesen (poln.), PiP 10/1982, S. 18-30.

Ochendowski, Eugeniusz, Prawo administracyjne. Część ogólna (Verwaltungsrecht. Allgemeiner Teil), Thorn 1998.

Office of Civil Service (Hg.), Poland: The Public Service in Transition and Establishing a Professional Civil Service. A brief information, Warschau 1998.

Oleszko, Aleksander, Die administrative Oberaufsicht und die richterliche Unabhängigkeit im Licht des Gerichtsverfassungsgesetzes (poln.), Nowe Prawo 10-12/1988, S. 29-46.

Olszewski, Józef, Biurokracya (Bürokratie), Lemberg 1903.

Olszewski, Josef, Bureaukratie, Würzburg 1904.

Opałek, Kazimierz/Witold Zakrzewski, Z zagadnień praworządności socjalistycznej (Zur Problematik der sozialistischen Rechtsstaatlichkeit), Warschau 1958.

Orlean, Rita, Die öffentliche Verwaltung Polens und die Anpassung von human resources an die neue ökonomisch-soziale Situation unter besonderer Berücksichtigung von Transformation und Assoziation seit 1985, Brühl/Rheinland 1996.

o.V., Die Leninschen Grundsätze der Justiz (poln.), Nowe Prawo 10/1967, S. 1231-1238.

o.V., Die Reform der Staatsverwaltung – ein wichtiger Schritt zur Stärkung der sozialistischen Systemgrundsätze (poln.), Nowe Prawo 6/1976, S. 771-776.

o.V., Informator, BSC 1/1998, S. 51-52.

o. V., Samorząd Terytorialny (Territoriale Selbstverwaltung), 2. Aufl., Warschau 1996.

o. V., Über die weitere Entwicklung der sozialistischen Demokratie (aus dem Beschluss des VI. Parteitags der PVAP) (poln.), Nowe Prawo 1/1972, S. 3-7.

o. V., Zusammensetzung des Rats des Zivilstaatsdiensts (poln.), BSC 7-8/1998, S. 7.

Paliwoda, Józef, Die allgemeine Aufsicht der Staatsanwaltschaft und die Verwaltungsrechtsprechung (poln.), Nowe Prawo 1/1960, S. 33-49.

Pastwa, Jan, Neue Problemlösungen im Zivilstaatsdienst (poln.), BSC 7-8/1998, S. 7-10.

Pastwa, Jan, Vom Herausgeber (poln.), SC 1 (2000/2001), S. 5-8.

Piasecki, Adam v., Polens neue Verfassung, Zeitschrift für osteuropäisches Recht N.F. 2 (2/1935), S. 57-71.

Piekalkiewicz, Jaroslaw/Christopher Hamilton (Hg.), Public Bureaucracies between Reform and Resistance. Legacies, Trends, and Effects in China, the USSR, Poland, and Yugoslavia, New York – Oxford 1991.

Piotrowski, Włodzimierz, Einführung (poln.), in: *ders.* (Red.), Zagadnienia prawne stosunków pracy w administracji państwowej, S. 5-10.

Piotrowski, Włodzimierz, Stosunek pracy (Das Arbeitsverhältnis), Posen 1977 (Uniwersytet im. Adama Mickiewicza w Poznaniu, Seria Prawo, Nr. 85).

Piotrowski, Włodzimierz (Red.), Zagadnienia prawne stosunków pracy w administracji państwowej (Rechtliche Probleme der Arbeitsbeziehungen in der Staatsverwaltung), Posen 1981 (Uniwersytet im. Adama Mickiewicza w Poznaniu, Seria Prawo Nr. 99).

Piprek, Jan/Juliusz Ippoldt/Tadeusz Kachlak/Alina Wójcik/Aniela Wójtowicz, Großwörterbuch Polnisch-Deutsch, Bd. II (O-Ż), Leipzig 1974.

Pitschas, Rainer, Verwaltungsreform und Reorganisation des öffentlichen Dienstes als Erfolgsbedingungen der Rechtsvereinheitlichung, in: *ders.* (Hg.), Rechtsvereinheitlichung und Verwaltungsreform in den neuen Ländern der Bundesrepublik Deutschland, S. 16-41.

Pitschas, Rainer (Hg.), Rechtsvereinheitlichung und Verwaltungsreform in den neuen Ländern der Bundesrepublik Deutschland, Regensburg 1991 (Schriften des Wissenschaftlichen Institutes Öffentlicher Dienst, Bd. 12).

Pomorski, Marek, Zur Problematik der Besetzung von Richterposten in der VRP (poln.), Nowe Prawo 1/1972, S. 73-79.

Poznańskie Towarzystwo Przyjaciół Nauki – Wydział Historii i Nauk Społecznych (Hg.), Studia z zakresu prawa administracyjnego ku czci Prof. Dra Mariana Zimmermanna (Studien aus dem Bereich des Verwaltungsrechts zu Ehren von Prof. Dr. Marian Zimmermann), Warschau – Posen 1973 (Prace Komisji Nauk Społecznych, Bd. 16, Heft 2).

Prus, Ewa, Verwaltung und Recht im osteuropäischen Reformprozess (poln.), BSC 9/1998, S. 30-32.
Przybysz, Piotr, Das Recht auf den gesetzlichen Richter in den Verwaltungsangelegenheiten (poln.), in: *Knosala/Matan/Łaszczyca* (Red.), Prawo administracyjne w okresie transformacji ustrojowej, S. 347-358.
Przybysz, Piotr, Glosse zum Urteil v. 14. 5. 1996, III ARN 93/95 (poln.), PiP 4/1997, S. 101-107.
Pusylewitsch, Teresa, Zum neuen polnischen Hochschulrecht, JOR 27 (2/1986), S. 277-306.

Quaisser, Wolfgang, Institutionelle Reformen und Wachstum in Polen, München 1997 (Osteuropa-Institut München, Working Papers, Nr. 203).
Quaisser, Wolfgang, Wirtschaftssystem und Wirtschaftspolitik, in: *Bundeszentrale für politische Bildung* (Hg.): Polen (Informationen zur politischen Bildung 273), S. 24-33.

Rabska, Teresa, Der Aufbau einer neuen öffentlichen Verwaltung (poln.), in: *Adamiak/Boć/Miemiec/Nowacki* (Red.), Administracja publiczna w państwie prawa, S. 309-320.
Rabska, Teresa, Die Selbst- und die Regierungsverwaltung (Ein neues Modell der Staatsverwaltung?) (poln.), RPEiS 2/1991, S. 7-20.
Rabska, Teresa, Poland: The reform of the Economic and Administrative Centre of Government in Poland, European Public Law 1/1997, S. 17-25.
Redecker, Niels v., Chronik der Rechtsentwicklung in Osteuropa – Polen, WiRO 2000, S. 321-322; 418-419; WiRO 2001, S. 121-123; 345-347; WiRO 2002, S. 214; WiRO 9/2002 (i.Dr.); WiRO 10/2002 (i.Dr.).
Redecker, Niels v., Der neue Zivile Dienst nach dem Gesetz von 1998. Textübersetzung mit Einführung, JOR 41 (2000), S. 191-221.
Redecker, Niels v., Die Rechtsentwicklung in Osteuropa 1999 – Polen, JOR 41 (2000), S. 98-110.
Redecker, Niels v., Ist Polen auf dem Weg zu einem Recht des öffentlichen Dienstes?, in: *Luchterhandt* (Hg.), Verwaltung und Verwaltungsrecht im Erneuerungsprozess Osteuropas, S. 91-137.
Redecker, Niels v., Polen, in: *Weidenfeld/Wessels* (Hg.), Jahrbuch der Europäischen Integration 1999/2000, S. 417-421; 2000/2001, S. 437-442.
Rek, Tadeusz, Die Justiz im Dienst der arbeitenden Massen (poln.), Nowe Prawo 2/1956, S. 29-39.
Resich, Zbigniew, Die Legalitätskontrolle von Verwaltungsakten (Thesen), Zeszyty Naukowe 3 (1975), S. 63-69.
Resich, Zbigniew, Die Legalitätskontrolle von Verwaltungsentscheidungen im Gerichtsverfahren (poln.), Studia Iuridica 5 (1976), S. 161-172.

Resich, Zbigniew, Nauka o ustroju organów ochrony prawnej (Die Lehre vom System der Rechtsschutzorgane), Warschau 1970.
Rheinstein, Max, Einführung in die Rechtsvergleichung, 2. Aufl., München 1987.
Roggemann, Herwig, Aufgaben der Ostrechtsforschung, in: *Meissner/Roggemann/Schroeder/Westen* (Hg.), Grundsatzfragen der Ostrechtsforschung, S. 53-78.
Roggemann, Herwig, Probleme des postsozialistischen Konstitutionalismus in Osteuropa, in: *ders./Sundhausen* (Hg.), Ost- und Südosteuropa zwischen Tradition und Aufbruch, S. 145-167.
Roggemann, Herwig/Holm Sundhausen (Hg.), Ost- und Südosteuropa zwischen Tradition und Aufbruch. Aspekte der Umgestaltungsprozesse in den postsozialistischen Ländern, Berlin 1996.
Rose, Richard, Trust and Distrust in an Hour-Glass Society, in: *Jabes* (Hg.), Developing Organizations and Changing Attitudes: Public Administration in Central and Eastern Europe, S. 19-32.
Rozmaryn, Stefan, Polskie Prawo państwowe (Polnisches Staatsrecht), Warschau 1948.
Różycka, Barbara, Der öffentliche Dienst und die Ethik seiner Funktionäre (poln.), in: *Biuro Informacji i Dokumentacji Senackiej Kancelarii Senatu* (Hg.), Służba cywilna – wybrane zagadnienia, S. 15-18.
Rüb, Friedbert W., Die drei Paradoxien der Konsolidierung der neuen Demokratien in Mittel- und Osteuropa, in: *Wollmann/Wiesenthal/Bönker* (Hg.), Transformation sozialistischer Gesellschaften, S. 509-537.
Rüb, Friedbert W., Zur Funktion und Bedeutung politischer Institutionen in Systemwechselprozessen, in: *Merkel/Sandschneider/Segert* (Hg.), Systemwechsel 2, S. 37-72.
Rybicki, Marian, Die systematische Position der Regierung im politischen System der VRP (poln.), in: *ders.* (Red.), Studia nad rządem PRL w latach 1952-1980, S. 11-42.
Rybicki, Marian (Red.), Studia nad rządem PRL w latach 1952-1980 (Studien über die Regierung der VRP in den Jahren 1952-1980), Breslau u.a. 1985.
Rybicki, Zygmunt, Aktuelle Probleme der Funktionsweise der Verwaltung (poln.), PiP 6/1968, S. 855-868.
Rybicki, Zygmunt/Tadeusz Skoczny, Die Funktionsweise der sozialistischen Staatsverwaltung (poln.), PiP 1/1972, S. 13-25.
Rydlewski, Grzegorz, Regierung und Regierungsverwaltung in Polen, Welt-Trends 27 (2000), S. 41-59.
Rydlewski, Grzegorz, Służba cywilna w Polsce (Der zivile Dienst in Polen), Warschau 2001.
Ryszka, Franciszek (Red.), Historia Państwa i Prawa Polski 1918-1939, Część 1 (Polens Staats- und Rechtsgeschichte 1918-1939, Teil 1), Warschau 1962.

Rzepliński, Andrzej, Die Justiz in der Volksrepublik Polen, Frankfurt am Main 1996 (Studien zur Europäischen Rechtsgeschichte, Sonderheft 88).
Rzepliński, Andrzej, Principles and Practice of Socialist Justice in Poland, in: *Bender/Falk* (Hg.), Recht im Sozialismus, S. 1-26.

Sadowski, Józef/Eugeniusz Zwierzchowski, Die Konstitutionalisierung des Grundsatzes der führenden Rolle der marxistisch-leninistischen Partei in den europäischen sozialistischen Ländern. Grundriss der Verfassungskonstruktionen (poln.), Prace Prawnicze 4 (1974), S. 5-21.
Sadurski, Wojciech, Was für ein Polen die Union benötigt (poln.), Rzeczpospolita, 16. 10. 2001.
Salwa, Zbigniew/Wacław Szubert/Marcin Święcicki, Podstawowe problemy prawa pracy (Grundlegende Probleme des Arbeitsrechts), Warschau 1957.
Sand, Kazimierz (Red.), Prawo administracyjne Polskiej Rzeczypospolitej Ludowej (Das Verwaltungsrecht der Volksrepublik Polen), Warschau 1979.
Sanetra, Walerian, Die Verantwortlichkeit des Verwaltungsbeschäftigten (poln.), in: *Łętowski* (Red.), Pracownicy administracji w PRL, S. 381-438.
Sanetra, Walerian, Zur Aufnahme und Beendigung des Arbeitsverhältnisses im zivilen Dienst (poln.), PS 2/1997, S. 3-17.
Scheerbarth, Hans Walter/Heinz Höffken/Hans-Joachim Bauschke/Lutz Schmidt, Beamtenrecht, 6. Aufl., Siegburg 1992.
Schmidt-Aßmann, Eberhard (Hg.), Besonderes Verwaltungsrecht, 10. Aufl., Berlin – New York 1995.
Schnitzer, Adolf F., Vergleichende Rechtslehre, 2. Aufl., Basel 1961.
Schnur, Roman (Hg.), Probleme der Gesetzlichkeit im Staatsapparat der Volksrepublik Polen, Berlin 1977.
Schoch, Friedrich (Hg.), Das Verwaltungsrecht als Element der europäischen Integration. Referate und Diskussionsbeiträge des Neunten Deutsch-Polnischen Verwaltungskolloquiums vom 5.-10. September 1994 in Tübingen, Stuttgart u.a. 1995.
Scholz, Friedrich/Wolfgang Tenhagen (Hg.), Die Baltischen Staaten im 5. Jahr der Unabhängigkeit. Eine Bestandsaufnahme – Beiträge zu einem internationalen Symposium in Münster 14./15. November 1996, Münster 1997.
Schroeder, Friedrich-Christian, Literaturbericht Rechtsvergleichung, ZStW 86 (1974), S. 783-827.
Schroeder, Friedrich-Christian, Methodenprobleme der Ostrechtsforschung, in: *Meissner/Roggemann/Schroeder/Westen* (Hg.), Grundsatzfragen der Ostrechtsforschung, S. 79-102.
Schultz, Lothar, Die neue Verfassung der Volksrepublik Polen vom 10. Februar 1976, JOR 16 (2/1975), S. 9-33.
Sędłak, Barbara, Das Europazentrum in Natolin, oder: Polnische Beamten näher an Europa (poln.), BSC 2/1998, S. 53-54.

Seibel, Wolfgang/Arthur Benz/Heinrich Mäding (Hg.), Verwaltungsreform und Verwaltungspolitik im Prozess der deutschen Einigung, Baden-Baden 1993.
Seidler, Grzegorz Leopold, Józef Olszewskis Konzept der Bürokratie (poln.), Annales 22/23 (1985/1986), S. 1-25.
Seidler, Grzegorz L., Zwei Konzeptionen der Bürokratie, Innsbruck 1987 (Veröffentlichungen der Universität Innsbruck, Nr. 161).
Siarkiewicz, Kazimierz, Reform der örtlichen Organe der Staatsmacht und der staatlichen Verwaltung in der VR Polen, Staat und Recht 1975, S. 649-661.
Sieg, Rainer/Marek Prujszczyk, Arbeitsrecht in Polen, München 1996.
SIGMA, Country profiles of civil service training systems (Papers No. 12), OCDE/GD 97/122/1997.
SIGMA, European Principles for Public Administration (Papers No. 27), Paris 1999.
SIGMA, Preparing Public Administrations for the European Administrative Space (Papers No. 23), CCNM/SIGMA/PUMA(98)39.
Sitkowska, Krystyna, Służba Cywilna w nowym ustawodawstwie (Der zivile Dienst in der neuen Gesetzgebung), Thorn 1998.
Skrzydło, Wiesław, Les partis politiques et l'administration en République Populaire de Pologne, Annales 26 (1979), S. 51-67.
Skrzydło, Wiesław, Ustrój polityczny RP w świetle Konstytucji z 1997 r. (Das politische System der RP im Licht der Verfassung von 1997), Krakau 1998.
Slapnicka, Helmut, Österreichs Recht außerhalb Österreichs. Der Untergang des österreichischen Rechtsraums, München 1973 (Schriftenreihe des österreichischen Ost- und Südosteuropa-Instituts, Bd. IV).
Slawinski, Ilona/Michael Geistlinger (Hg.), Gesetzgebung in Ost- und Südosteuropa. Legislative Technik im Wandel, Wien – München 1991.
Slawinski, Ilona/Michael Geistlinger (Hg.), Probleme der Rechtsüberleitung in der Tschechischen Republik, Ungarn, Polen und der Slowakischen Republik, Bern u.a. 1997.
Służewski, Jerzy, Der Geltungsbereich des Verwaltungsverfahrensgesetzbuchs (poln.), Nowe Prawo 6/1980, S. 16-29.
Służewski, Jerzy, Die beruflichen Beschäftigten der Staatsverwaltung (poln.), in: *Jastrzębski/Lang/Służewski/Wierzbowski* (Hg.), Polskie prawo administracyjne, S. 218-234.
Służewski, Jerzy, Postępowanie administracyjne (Das Verwaltungsverfahren), Warschau 1982.
Smoliński, Tadeusz, Rządy Józefa Piłsudskiego w latach 1926-1935 (Die Regierungen des Josef Piłsudski in den Jahren 1926-1935), Posen 1985 (Uniwersytet im. Adama Mickiewicza w Poznaniu, Seria Prawo Nr. 115).

Sobczak, Karol, Rechtlich-organisatorische Probleme der wissenschaftlichen Forschungen in den Universitäten (poln.), in: *Leoński* (Red.), Model prawny szkoły wyższej a zasady zarządzania, S. 17-26.

Sobolewski, Marek, La notion du parti politique, Archivum Iuridicum Cracoviense 7 (1974), S. 65-85.

Sootla, Georg/Harry Roots, The Civil Service in the Republic of Estonia, in: *Verheijen* (Hg.), Civil Service Systems in Central and Eastern Europe, S. 235-266.

Starck, Christian, Rechtsvergleichung im öffentlichen Recht, JZ 1997, S. 1021-1030.

Starilov, Juri, Prinzipien des Staatsdienstes in der Russischen Föderation, OER 43 (1997), S. 122-147.

Starosta,Pawel, The change of attitudes towards public administration, in: *Jabes* (Hg.), Developing Organizations and Changing Attitudes, S. 182-193.

Starościak, Jerzy, Die Kontrolle der Rechtmäßigkeit von Handlungen der Verwaltungsorgane (poln.), PiP 11/1971, S. 719-727.

Starościak, Jerzy, Polen. Der Dienst in den staatlichen Verwaltungsorganen. Landesbericht, in: *Kaiser/Meyer/Ule* (Hg.), Recht und System des öffentlichen Dienstes, S. 221-276.

Starościak, Jerzy, Prawo administracyjne (Verwaltungsrecht), 1. Aufl., Warschau 1969, 3. Aufl., Warschau 1975.

Starościak, Jerzy, Problèmes de la situation juridique de la fonction publique en république populaire de Pologne, DPC 19 (1973), S. 5-19.

Starościak, Jerzy/Emanuel Iserzon, Prawo administracyjne w zarysie (Verwaltungsrecht im Grundriss), Warschau 1959.

Stembrowicz, Jerzy, Über die Konzeption und Rolle der Regierung (poln.), in: *Rybicki* (Red.), Studia nad rządem PRL w latach 1952-1980, S. 43-112.

Surma, Jerzy, Niektóre aspekty statusu prawnego pracownika zatrudnionego w urzędzie terenowego organu administracji państwowej (Einige Aspekte des Rechtsstatus des in einem Amt eines Territorialorgans der Staatsverwaltung Beschäftigten), Warschau-Krakau 1979 (Zeszyty naukowe uniwersytetu jagiellońskiego, Prace Prawnicze, zeszyt 83).

Süssmuth, Hans (Hg.), Transformationsprozesse in den Staaten Ostmitteleuropas 1989-1995, Baden-Baden 1998.

Süssmuth, Hans, Umbrüche, Übergänge und demokratische Neuanfänge in Politik und Wirtschaft: Thematische Einführung, in: *ders.* (Hg.), Transformationsprozesse in den Staaten Ostmitteleuropas 1989-1995, S. 11-30.

Sychowicz, Marek, Die judikative Aufsicht des Obersten Gerichts über das Hauptverwaltungsgericht (poln.), Nowe Prawo 7-8/1986, S. 33-53.

Sychowicz, Marek, Übersicht über die Rechtsprechung des Obersten Gerichts zu Klagen gegen Verwaltungsentscheidungen (poln.), Nowe Prawo 9/1985, S. 73-91.

Sypniewski, Zbigniew, Das Arbeitsverhältnis der Beschäftigten der Staatsverwaltung – Begründung, Veränderung, Beendigung und Inhalt (poln.), in: *Łętowski* (Red.), Pracownicy administracji w PRL, S. 259-353.

Sypniewski, Zbigniew, Der rechtliche Charakter der Arbeitsbeziehungen auf der Grundlage der Ernennung (poln.), in: *Jaśkiewicz* (Red.), Studia nad kodeksem pracy, S. 209-225.

Sypniewski, Zbigniew, Einige Probleme der Stabilisierung des Beschäftigungsverhältnisses der Beschäftigten des Staatsapparats, in: *Piotrowski* (Red.), Zagadnienia prawne stosunków pracy w administracji państwowej, S. 39-70.

Sypniewski, Zbigniew, Nawiązanie i zmiany stosunku pracy na podstawie mianowania (Die Begründung und Veränderungen des Arbeitsverhältnisses auf der Grundlage der Ernennung), Warschau – Posen 1976.

Sypniewski, Zbigniew, Służba pracownicza u pracodawcy samorządowego (Der Dienst beim Arbeitgeber in der Selbstverwaltung), Zielona Góra 2000.

Szablowski, George J./Hans-Ulrich Derlien, East European Transitions, Elites, Bureaucracies, and the European Community, Governance 1993, S. 305-324.

Szewc, Andrzej, Über das Recht der territorialen Selbstverwaltung (poln.), PiP 8/2000, S. 17-26.

Szpunar, Adam, Odpowiedzialność Skarbu Państwa za funkcjonariuszy (Die Haftung des Fiskus für die Funktionäre), Warschau 1985.

Szubert, Wacław,

Szubert, Wacław, Übersicht zur Rechtsprechung des Obersten Gerichts in Angelegenheiten aus dem Arbeitsverhältnis (Jahr 1971) (poln.), PiP 6/1973, S. 121-135.

Szubert, Wacław, Übersicht zur Rechtsprechung des Obersten Gerichts in Angelegenheiten aus dem Arbeitsverhältnis im Jahr 1973 (poln.), PiP 1-2/1976, S. 198-211.

Szubert, Wacław, Zarys prawa pracy (Grundriss des Arbeitsrechts), Warschau 1976.

Szubert, Wacław, Zum Rechtscharakter des Arbeitsrechts (poln.), PiP 7/1964, S. 81-96.

Szwalbe, Stanisław, Die Bürger über Ämter und Beamte (poln.), SC 1 (2000/2001), S. 135-140.

Szwedek, Edward, Der Begriff des öffentlichen Funktionärs im neuen Strafgesetzbuch (poln.), Nowe Prawo 1/1970, S. 18-27.

Szypliński, Mieczysław, Der Kontrollumfang des Hauptverwaltungsgerichts (poln.), PiP 5/1988, S. 48-54.

Śmieja, Andrzej, Der Begriff der anonymen Schuld vor dem Hintergrund der Haftung des Staatsschatzes für die Staatsfunktionäre (poln.), Nowe Prawo 6/1976, S. 777-786.

Świątek-Druś, Agnieszka, Eine Schmiede europäischer Beamter (poln.), BSC 9/1998, S. 52-53.

Świątkiewicz, Jerzy, Die sachliche Reichweite der gerichtlichen Kontrolle der Rechtmäßigkeit von Verwaltungsentscheidungen (poln.), PiP 3/1980, S. 5-17.

Świątkiewicz, Jerzy, Naczelny Sąd Administracyjny. Komentarz do Ustawy (Das Hauptverwaltungsgericht. Kommentar zum Gesetz), 2. Aufl., Warschau 2001.

Świątkowski, Andrzej, Die Reichweite der Zuständigkeit des Hauptverwaltungsgerichts in Beschäftigungs- und Sozialsachen (poln.), Krakowskie Studia Prawnicze 17 (1984), S. 151-167.

Świątkowski, Andrzej, Glosse zum Beschluss des OG v. 1. März 1983 (Az. III AZP 11/82) (poln.), OSPiKA 1984, Nr. 7-8, Pos. 144, S. 354-357.

Świątkowski, Andrzej, Glosse zum Urteil des HVG v. 27. 3. 1996 (Az. II SA 175/92) (poln.), PS 5/1994, S. 92-101.

Święcicki, Marcin, Die Reichweite des künftigen Arbeitsgesetzbuchs und einige Probleme seines Inhalts und seiner Form (poln.), PiP 11/1969, S. 750-767.

Święcicki, Marcin, Prawo pracy (Arbeitsrecht), Warschau 1968.

Świst, Edward, Der Rechtscharakter des Berufungsverhältnisses nach der Kodifizierung des Arbeitsrechts (poln.), in: *Zieliński* (Red.), Z problematyki prawa pracy i polityki socjalnej, S. 125-138.

Świst, Edward, Die Auflösung des Arbeitsverhältnisses mit den akademischen Lehrern (poln.), Nowe Prawo 2/1974, S. 165-178.

Taras, Wojciech, Probleme der öffentlichen Verwaltung im Lichte der Rechtsprechung des Obersten Gerichts (1990-1993) (poln.), PiP 11-12/1993, S. 50-57.

Tarno, Jan Paweł, Zur Frage der Vorlagefähigkeit von Kassationsentscheidungen beim Hauptverwaltungsgericht (poln.), PiP 3/1987, S. 89-95.

Tkaczyński, Jan Wiktor, Die Auseinandersetzung um den Verwaltungsaufbau Polens nach 1989, Verw 30 (1997), S. 259-271.

Torres-Bartyzel, Claudia/Grazyna Kacprowicz, The National Civil Service System in Poland, in: *Verheijen* (Hg.), Civil Service Systems in Central and Eastern Europe, S. 159-183.

Turska, Anna, Das Recht des totalitären Staats (poln.), Studia Iuridica 22 (1990), S. 21-34.

Ura, Czesław, Samorząd terytorialny w Polsce Ludowej 1944-1950. Zagadnienia ustrojowe (Die territoriale Selbstverwaltung in Volkspolen 1944-1950. Systematische Probleme), Warschau 1972.

Ura, Elżbieta, Das theoretische Problem der den Status der Verwaltungsbeschäftigten gestaltenden Rechtsquellen (poln.), PiP 10-11/1995, S. 58-70.

Ura, Elżbieta, Der Begriff „Staatsbeamter" und „Selbstverwaltungsbeschäftigter" (poln.), Studia Iuridica 32 (1996), S. 241-249.

Ura, Elżbieta, Pozycja prawna pracowników terenowej administracji rządowej i samorządu terytorialnego (Die Rechtsposition der Beschäftigten der territorialen Regierungsverwaltung und der territorialen Selbstverwaltung), Lublin 1995.

Ura, Elżbieta/Edward Ura, Der Rechtsstatus der ernannten Beschäftigten der territorialen Selbstverwaltung (poln.), Annales 40 (1993), S. 273-281.

Ura, Elżbieta/Edward Ura, Prawo administracyjne (Verwaltungsrecht), Warschau 1999.

Ura, Edward/Elżbieta Ura, Rola aktu administracyjnego w kształtowaniu statusu prawnego urzędnika (Die Rolle des Verwaltungsakts bei der Gestaltung des Rechtsstatus des Beamten) (Przegląd Prawa i Administracji, Bd. 38), Breslau 1997.

Urbanowicz, Jolanta, Die rechtliche und organisatorische Stellung der höheren Kader in der polnischen Verwaltung, in: *Urbanowicz/Adamowitsch,* Die Kader der öffentlichen Verwaltung in der Volksrepublik Polen, S. 2-34.

Urbanowicz, Jolanta/Georg Wilhelm Adamowitsch, Die Kader der öffentlichen Verwaltung in der Volksrepublik Polen. Organisation, Dienstrecht, Aus- und Fortbildung, Speyer 1981 (Speyerer Forschungsberichte 19).

Verheijen, Tony (Hg.), Civil Service Systems in Central and Eastern Europe, Cheltenham – Northampton/USA 1999.

Voslensky, Michael, Nomenklatura. Anatomy of the Soviet Ruling Class, London/Sydney/Toronto 1984.

Walczak, Ryszard, Die führende Rolle der Partei und die Justiz (poln.), Nowe Prawo 3/1986, S. 3-10.

Walczak, Ryszard, Sprawowanie kierowniczej roli Partii w sądach i prokuraturze w Polsce Ludowej – Studium politologiczne) (Die Wahrnehmung der führenden Rolle der Partei an den Gerichten und in der Staatsanwaltschaft – politologische Studie), Warschau 1987.

Waldrauch, Harald, Was heißt demokratische Konsolidierung? Über einige theoretische Konsequenzen der osteuropäischen Regimewechsel, Wien 1996.

Walicki, Andrzej, Marksizm i skok do królestwa wolności. Dzieje komunistycznej utopii (Der Marxismus und der Sprung ins Königreich der Freiheit. Geschichte der kommunistischen Utopie), Warschau 1996.

Warzocha, Edward, Einige Fragen zur disziplinarischen Verantwortlichkeit der Richter der allgemeinen Gerichte (poln.), Nowe Prawo 1/1988, S. 50-62.

Wasilewski, Andrzej, Das Recht auf den gesetzlichen Richter in Disziplinarsachen (die polnische Gesetzgebung vor dem Hintergrund der Standards der Europäischen Menschenrechtskonvention sowie der Verfassung der Republik Polen) (poln.), PS 9/2001, S. 15-46.

Waszczyński, Jan, Ustrój organów ochrony prawnej (Das System der Rechtsschutzorgane), Łódź 1971.

Weber, Max, Wirtschaft und Gesellschaft, Tübingen 1964.

Weber, Rolf, Beamte in der Republik Lettland, ZfB 1996, S. 129-145.

Weidenfeld, Werner/Wolfgang Wessels (Hg.), Jahrbuch der Europäischen Integration 1999/2000, Bonn 2000.

Weidenfeld, Werner/Wolfgang Wessels (Hg.), Jahrbuch der Europäischen Integration 2000/2001, Bonn 2001.

Westen, Klaus, Die sozialistischen Rechtsordnungen, in: *David/Grasmann,* Einführung in die großen Rechtssysteme der Gegenwart, S. 221-429.

Westen, Klaus, Über die sachliche, institutionelle und personelle Eigenständigkeit der Ostrechtsforschung, in: *Meissner/Roggemann/Schroeder/Westen* (Hg.), Grundsatzfragen der Ostrechtsforschung, S. 39-51.

Wierzbowski, Marek (Red.), Prawo administracyjne (Verwaltungsrecht), 2. geänderte Aufl., Warschau 1999.

Wiesenthal, Helmut, Die Transformation Ostdeutschlands: Ein (nicht ausschließlich) privilegierter Sonderfall der Bewältigung von Transformationsproblemen, in: *Wollmann/Wiesenthal/Bönker* (Hg.), Transformation sozialistischer Gesellschaften, S. 134-159.

Winczorek, Piotr, Komentarz do Konstytucji Rzeczypospolitej Polskiej z dnia 2 kwietnia 1997 r. (Kommentar zur Verfassung der Republik Polen v. 2. April 1997), Warschau 2000.

Winderl, Thomas, Elitenwechsel in Osteuropa. Versuch einer Typologie, ÖZP 23 (1994), S. 381-393.

Wiśniewski, Andrzej, Über die Begründung und die Auflösung des Arbeitsverhältnisses der Lehrkräfte an Hochschulen (poln.), Nowe Prawo 1/1960, S. 80-87.

Witkowski, Zbigniew, Fakultät für Recht und Verwaltung der Nikolaus-Kopernikus-Universität in Thorn (poln.), BSC 5/1998, S. 50-51.

Włodyka, Stanisław, Organizacja sądownictwa (Die Organisation des Gerichtswesens), Krakau 1959.

Włodyka, Stanisław, The Functions of the Supreme Courts: A Study in Comparative Law, Archivum Iuridicum Cracoviense 3 (1970), S. 129-147.

Wöhlke, Wilhelm (Hg.), Länderbericht Polen, Bonn 1991.

Wollmann, Hellmut, Der Systemwechsel in Ostdeutschland, Ungarn, Polen und Russland. Phasen und Varianten der politisch-administrativen Dezentralisierung, APuZ 5/1997, S. 3-15.

Wollmann, Hellmut/Helmut Wiesenthal/Frank Bönker (Hg.), Transformation sozialistischer Gesellschaften: Am Ende des Anfangs, Opladen 1995 (Leviathan Sonderheft 15/1995).

Woś, Tadeusz, Glosse zum Beschluss des OG v. 1. März 1983 (Az. III AZP 11/82) (poln.), PiP 4/1984, S. 136-142.

Woś, Tadeusz, Judicial Control of Legality of Administrative Decisions in Poland – Eight Years' Achievements of the Supreme Administrative Court at Work, Archivum Iuridicum Cracoviense 24-25 (1991-92), S. 119-136.

Wronkowska, Slawomira, Zur Gesetzgebung in den Ländern des „realen Sozialismus", in: *Slawinski/Geistlinger* (Hg.), Gesetzgebung in Ost- und Südosteuropa, S. 26-33.

Wróbel, Andrzej, Der Einfluss des Europarechts auf das polnische Verwaltungsverfahrensrecht, in: *Schoch* (Hg.), Das Verwaltungsrecht als Element der europäischen Integration, S. 100-106.

Wróbel, Renata, Gute Kreise, schlechte Kreise. Wie Befürworter und Gegner der Reform ihre Ansichten vertreten (poln.), Rzeczpospolita, 16. 1. 1998.

Wyrzykowski, Mirosław, Europäisierung des polnischen Verwaltungsrechts, in: *Schoch* (Hg.), Das Verwaltungsrecht als Element der europäischen Integration, S. 47-62.

Wyrzykowski, Mirosław, Sądownictwo administracyjne w PRL (Die Verwaltungsrechtsprechung in der VRP), Warschau 1983.

Wysocki, Sławomir, Wie kann man die Qualität des Handelns der öffentlichen Verwaltung verbessern? (poln.), SC 2 (2001), S. 25-50.

Zawadzka, Barbara, Das Verbot der Verbindung eines Ratsmandats mit einer Beschäftigung in der Verwaltung derselben Gemeinde (poln.), PiP 12/1996, S. 28-39.

Zawadzki, Sylwester, Die Partei und der Staatsapparat (poln.), PiP 11/1971, S. 707-718.

Zawadzki, Sylwester, Polemik – Zum Begriff der Rechtsstaatlichkeit (poln.), PiP 4-5/1957, S. 909-913.

Zawadzki, Sylwester/Jerzy Świątkiewicz, Aus den Erfahrungen des Hauptverwaltungsgerichts (poln.), PiP 6/1981, S. 3-14.

Zieliński, Adam, Aus der Perspektive des zehnjährigen Bestehens des Hauptverwaltungsgerichts (poln.), PiP 9/1990, S. 3-12.

Zieliński, Adam, Der sachliche Kompetenzbereich des Hauptverwaltungsgerichts (poln.), Nowe Prawo 4/1984, S. 3-17.

Zieliński, Adam, Fünf Jahre der Tätigkeit des Hauptverwaltungsgerichts (poln.), Nowe Prawo 9/1985, S. 3-13.

Zieliński, Tadeusz, Das neue Modell der Entscheidung von Arbeits- und Sozialversicherungsstreitigkeiten (poln.), PiP 2/1986, S. 43-59.

Zieliński, Tadeusz, Das Problem der Dienstverhältnisse und die Kodifikation des Arbeitsrechts in der VRP (poln.), PiP 6/1974, S. 41-56.

Zieliński, Tadeusz, Der Schutz erworbener Rechte – ein rechtsstaatlicher Grundsatz (poln.), PiP 3/1992, S. 3-11.

Zieliński, Tadeusz, Die Beendigung des Arbeitsverhältnisses mit den Bediensteten der Volksräte in Führungspositionen (poln.), Nowe Prawo 7-8/1969, S. 1121-1134.

Zieliński, Tadeusz, Die Ungültigkeit von Rechtshandlungen im Licht des Arbeitsrechts und des Verwaltungsrechts (poln.), PiP 1/1968, S. 14-29.

Zieliński, Tadeusz, Glosse zum Beschluss des OG v. 1. März 1983 (Az. III AZP 11/82) (poln.), PiP 4/1984, S. 131-136.

Zieliński, Tadeusz, Grundprobleme der Reform des öffentlichen Dienstes in der VRP (poln.), PiP 9/1982, S. 45-57.

Zieliński, Tadeusz, Stosunek pracy i stosunek służbowy w administracji państwowej (Das Arbeitsverhältnis und das Dienstverhältnis in der staatlichen Verwaltung), in: *Łętowski* (Red.), Pracownicy administracji w PRL, S. 87-155.

Zieliński, Tadeusz, Stosunek prawa pracy do prawa administracyjnego (Das Verhältnis des Arbeitsrechts zum Verwaltungsrecht), Warschau 1977.

Zieliński, Tadeusz, Zur Problematik der Beendigung des Arbeitsverhältnisses des Direktors eines staatlichen Unternehmens (poln.), Prace Prawnicze V (1974), S. 71-87.

Zieliński, Tadeusz (Red.), Z problematyki prawa pracy i polityki socjalnej, Tom 1 (Zur Problematik des Arbeitsrechts und der Sozialpolitik, Band 1), Kattowitz 1977 (Prace Naukowe Uniwersytetu Śląskiego w Katowicach, Nr. 144).

Ziembiński, Jan, Zur Problematik des Begriffs und der Funktion der Verwaltungskontrolle (poln.), Annales 23 (1976), S. 27-43.

Ziemer, Klaus, Die politische Konsolidierung der polnischen Demokratie in den neunziger Jahren, APuZ 6-7/1998, S. 29-45.

Ziemer, Klaus, Politischer Wandel in Osteuropa: Die maßgeblichen innenpolitischen Kräfte, in: Brunner (Hg.), Politische und ökonomische Transformation in Osteuropa, S. 11-45.

Ziller, Jacques, Der öffentliche Dienst in Frankreich, ZfB 1997, S. 333-341.

Zweigert, Konrad/Hein Kötz, Einführung in die Rechtsvergleichung, 3. Aufl., Tübingen 1996.

Żarczyńska, Izabela/Filip Jasiński, Neue Regelungen in ausgewählten Ländern (poln.), SC 1 (2000/2001), S. 166-182.

Zeitungsartikelverzeichnis

b.i.w., m.d.z., Der Präsident akzeptiert das Harmonogramm (poln.), Rzeczpospolita, 16. 5. 1998.

Bida, Andrzej, Wozu und wem der zivile Dienst dient (poln.), Rzeczpospolita, 6. 3. 1998.

Bielecki, Czesław, Die Verwaltungsreform in der Diskussion (poln.), Rzeczpospolita, 16. 2. 1998.

d.fr., Wer trifft die Entscheidung (poln.), Rzeczpospolita, 27. 11. 1998.

d.p., pap, Wo ist der Starost? Der erste Arbeitstag der neuen Ämter (poln.), Rzeczpospolita, 5. 1. 1999.

Długosz, Dagmir, Welches System für Polen (poln.), Rzeczpospolita, 1. 4. 1998.

Dukiet-Nagórska, Was ist der bei der Gemeinde beschäftigte Wachmann? Sind eine „eine öffentliche Funktion ausübende Person" und ein „öffentlicher Funktionär" das Gleiche? (poln.), Rzeczpospolita, 16. 1. 2002.

E.O./B.K./M.D.Z., Begrenzte Lustration (poln.), Rzeczpospolita, 24. 10. 2001.

Frey, Danuta, Eine Ablehnung ist eine Entscheidung (poln.), Rzeczpospolita, 4. 9. 1997.

Frey, Danuta, Entlassungen in der Kanzlei des Premiers (poln.), Rzeczpospolita, 23. 4. 1998.

Gintowt-Jankowicz, Maria, Der politische Schlüssel reicht nicht aus (poln.), Rzeczpospolita, 15. 11. 2001.

Gintowt-Jankowicz, Maria, Eine andere Meinung zum zivilen Dienst (poln.), Rzeczpospolita, 1. 4. 1998.

J.K., Der zivile Dienst ist gefährdet (poln.), Rzeczpospolita, 26. 6. 2002.

JOL, Dienst von Neuem (poln.), Gazeta Wyborcza, 18. 3. 1998.

Kaps, Carola, Keine Einbahnstraße. Das erweiterte Europa braucht einen gut ausgebildeten öffentlichen Dienst, FAZ, 13. 6. 2002.

Kluczny, Artur K., Wem der zivile Dienst hinderlich ist (poln.), Rzeczpospolita, 24. 3. 1998.

Kroner, Jolanta, Der Rechtsstaat kann kein Parteienstaat sein. Staatliche Funktionäre dürfen sich nicht vereinigen – entschied der Verfassungsgerichtshof (poln.), Rzeczpospolita, 11. 4. 2002.

Kroner, Jolanta, Diskriminiert wegen des Geschlechts (poln.), Rzeczpospolita, 30. 9. 1997.
K.S., Der Wettbewerb des Chefs des zivilen Dienstes und der „Rzeczpospolita" ist entschieden (poln.), Rzeczpospolita, 12. 11. 2001.
Kulesza, Michał, Die Verwaltungsreform. Rückkehr zum wahren Polen (poln.), Rzeczpospolita , 12. 3. 1998.

Landaburu, Eneko, Es erwartet Euch viel Arbeit (poln.), Rzeczpospolita, 25. 1. 2002.
Ludwig, Michael, Das Rauschen der Sintflut hallt nach. Ein Jahr nach der Oderkatastrophe: „Betondenken" weicht neuem Plan, FAZ, 6. 7. 1998.

m.j.j., Erst führen wir ein, dann verbessern wir (poln.), Rzeczpospolita, 23. 3. 1998.
ma.s., Bericht über den zivilen Dienst. Vielfache Missbräuche (poln.), Rzeczpospolita, 5. 3. 1998.
ma.s., Die vierte Etappe wird die letzte sein (poln.), Rzeczpospolita, 13. 5. 1998.
ma.s., Verwicklung im zivilen Dienst (poln.), Rzeczpospolita, 22. 2. 1997.
MA.S./AST, Eine schlankere Verwaltung (poln.), Rzeczpospolita, 16. 11. 2001.
M.D.Z./E.O./A.M./MA.S., Der Beginn des Kaderkarussells (poln.), Rzeczpospolita, 15. 11. 2001.
M.L., Eingeschränkte „Durchleuchtung", FAZ, 16. 2. 2002.

Raszkowska, Grażyna, Gutes Gehalt und eine stabile Karriere (poln.), Rzeczpospolita v. 10. 7. 2002.
R.W., Die Mutigsten in den ersten Angriffsreihen (poln.), Rzeczpospolita, 17. 1. 2000.
r.w., Die Regierung wird's machen. Eliten über die Verwaltungsreform (poln.), Rzeczpospolita, 30. 1. 1998.
r.w., Beamte durch Ausschreibung (poln.), Rzeczpospolita, 6. 3. 1998.
R.W., Hohe Schwellen (poln.), Rzeczpospolita, 10. 2. 2000.
r.w., Erweist sich ein Jahr als zu kurz? (poln.), Rzeczpospolita, 1. 8. 1997.
r.w., Untergebene des Premiers (poln.), Rzeczpospolita, 9. 4. 1998.

Semprich, Żaneta, Alle Beamten der Regierungsverwaltung (poln.), Rzeczpospolita, 4. 12. 1998.
Semprich, Żaneta, Zwei Beamtenkategorien (poln.), Rzeczpospolita, 13. 7. 1998.
St. B., Tödliche Krankheit (poln.), Rzeczpospolita, 28. 3. 1998.

Trusewicz, Iwona, Jan Pastwa kündigt Disziplinarverfahren an (poln.), Rzeczpospolita, 7. 10. 1998.

Wielopolska Anna/F. Gawryś, Verwaltung – Bitte rufen Sie morgen wieder an (poln.), Rzeczpospolita, 11. 8. 2000.

Wildstein, Bronisław, Spielen wir nicht mit Europa (poln.), Rzeczpospolita, 1. 2. 2002.

Wróbel, Renata, Gute Kreise, schlechte Kreise. Wie Befürworter und Gegner der Reform ihre Ansichten vertreten (poln.), Rzeczpospolita, 16. 1. 1998.

Wróbel, Renata, Hoffnung in den Ausschreibungen (poln.), Rzeczpospolita, 26. 3. 1998.

Wróbel, Renata, In nächster Zeit wird es keine Ernennungen geben (poln.), Rzeczpospolita, 15. 11. 1997.

Wróbel, Renata, Interview mit Jan Pastwa (poln.), Rzeczpospolita, 11. 7. 1999.

Wróbel, Renata, Nike hat immer noch Flügel (poln.), Rzeczpospolita, 13. 5. 1998.

Homepageverzeichnis

http://europa.eu.int/comm/enlargement	EG-Kommission
http://saksap.republika.pl/publikacje.html	Vereinigung der KSAP-Absolventen
www.ksap.gov.pl	Landesschule für Öffentliche Verwaltung
www.oecd.org/puma/sigmaweb	OECD/SIGMA
www.president.pl	Präsident der Republik Polen
www.rzeczpospolita.pl	Tageszeitung Rzeczpospolita
www.sejm.gov.pl	Sejm der Republik Polen
www.usc.gov.pl	Büro des zivilen Dienstes

Studien des Instituts für Ostrecht München

Begründet von Professor Dr. Reinhart Maurach
Herausgegeben von Professor Dr. Friedrich-Christian Schroeder,
Dr. h.c. (Breslau), Regensburg

Band 41 Manfred Gratzl: Die Reform der tschechischen Strafprozeßordnung nach 1989. Im Spannungsfeld von Rechtsstaatlichkeit, Verfahrensökonomie und Effizienz. 2002.

Band 42 Thomas Paintner: Die Insolvenz des Unternehmers in Polen. 2003.

Band 43 Niels von Redecker (Hrsg.): Deutsch-Estnische Rechtsfragen. 2003.

Band 44 Niels von Redecker: Die polnischen Vertreibungsdekrete und die offenen Vermögensfragen zwischen Deutschland und Polen. 2003.

Band 45 Niels von Redecker: Das polnische Beamtenrecht. Entwicklung und Stand beim Beitritt Polens zur Europäischen Gemeinschaft. 2003.

Kolibri 360 GmbH
Ferdinand-Jühlke-Straße 7
99095 Erfurt, Deutschland
produktsicherheit@kolibri360.de

Druck:
CPI Druckdienstleistungen GmbH
im Auftrag der
Kolibri 360 GmbH
Ferdinand-Jühlke-Str. 7
99095 Erfurt